中铁隧道集团年鉴

CHINA RAILWAY TUNNEL GROUP YEARBOOK

2005

中铁隧道集团有限公司史志编纂委员会 编

CHINA TUNNEL GROUP

中隧集团

中 国 铁 道 出 版 社

图书在版编目（CIP）数据

中铁隧道集团年鉴．2005/中铁隧道集团有限公司史志编纂委员会编．—北京：中国铁道出版社，2005.12

（中铁建设年鉴.2005）

ISBN 7-113-06667-4

Ⅰ.中...　Ⅱ.中...　Ⅲ.铁路工程：隧道工程—建筑企业—中国—2005—年鉴　Ⅳ.F532.6-54

中国版本图书馆CIP数据核字（2005）第116237号

书　　名：中铁隧道集团年鉴2005
作　　者：中铁隧道集团有限公司史志编纂委员会
出版发行：中国铁道出版社(100054,北京市宣武区右安门西街8号)
责任编辑：罗桂英
封面设计：董俊保
印　　刷：中铁隧道集团有限公司印刷厂
开　　本：787×1092　1/16　印张:26.5　插页:52　字数:580千
版　　本：2005年10月第1版　2005年10月第1次印刷
印　　数：1～800册
书　　号：ISBN 7-113-06667-4/T·32
定　　价：200.00元

中铁隧道集团有限公司史志编纂委员会

主 任 委 员：周世祥

副主任委员：林万里　郭大焕　刘子万

委　　　员：（按姓氏笔划排列）63人

丁荣富	王小平	王水海	王社成	王贤绪	王梦恕
石新栋	刘　忻	刘子万	刘少巍	刘招伟	华　波
牟献远	何国平	初继旺	吴代兴	宋建平	张　炜
张先锋	张存旭	张国亮	张建和	张修本	张继昌
张继奎	张瑞刚	李长林	李永凯	李军央	李建农
李建斌	李站国	杨延安	杨廷利	杨跃俊	苏　华
陆林强	周世祥	周振国	周校光	林万里	范国文
郑蓉蓉	相瑞平	唐　忠	郭大焕	郭陕云	高　伟
高海宏	崔　原	崔志宏	康宝生	梁绍勋	程振绶
蒋　肃	谢建蒲	谢新禄	韩亚丽	雷宏亮	蔡东程
裴广进	谭炳海	魏　都			

《中铁隧道集团年鉴》(2005年版)编辑部

主　　编：刘　忻

执行主编：董俊保

编　　辑：董俊保　吕惠聪

中铁隧道集团2004年国

哈磴高速公路9标
子靖高速公路N－2、N－11标
靖安高速公路L11标
新疆精伊霍线S5标
延黄高速公路U、V、P标
兰武复线乌鞘岭隧道
南二环桃源路立交桥
西汉高速公路户—洋—勉段
万开高速公路E2、G2、B1、B4标
云万高速公路U标
317国道鹧鸪山隧道
姜射坝水电站工程6标
沪蓉西高速公路28标
重庆过江排水隧道工程
渝怀铁路工程第23标
青藏铁路二期23标
国道318海竹段改建BT8标
213国道乐宜段改建工程D标
怀新高速公路11标
向家坝水电站输送1标
溪洛渡水电站公路F标
三凯高速公路6标
云南大丽铁路7标
安楚高速公路5－2B标
保龙高速公路9标、11标
百罗高速公路6标
洞巴水电站1号、2号隧洞
玉林欧景嘉园工程
南宁阳光新城
南友高速公路12标、13标
思小高速公路6－2标

图例：铁路工程　公路工程　市政工程　水电工程　城轨工程　房建工程

主要在建工程分布图

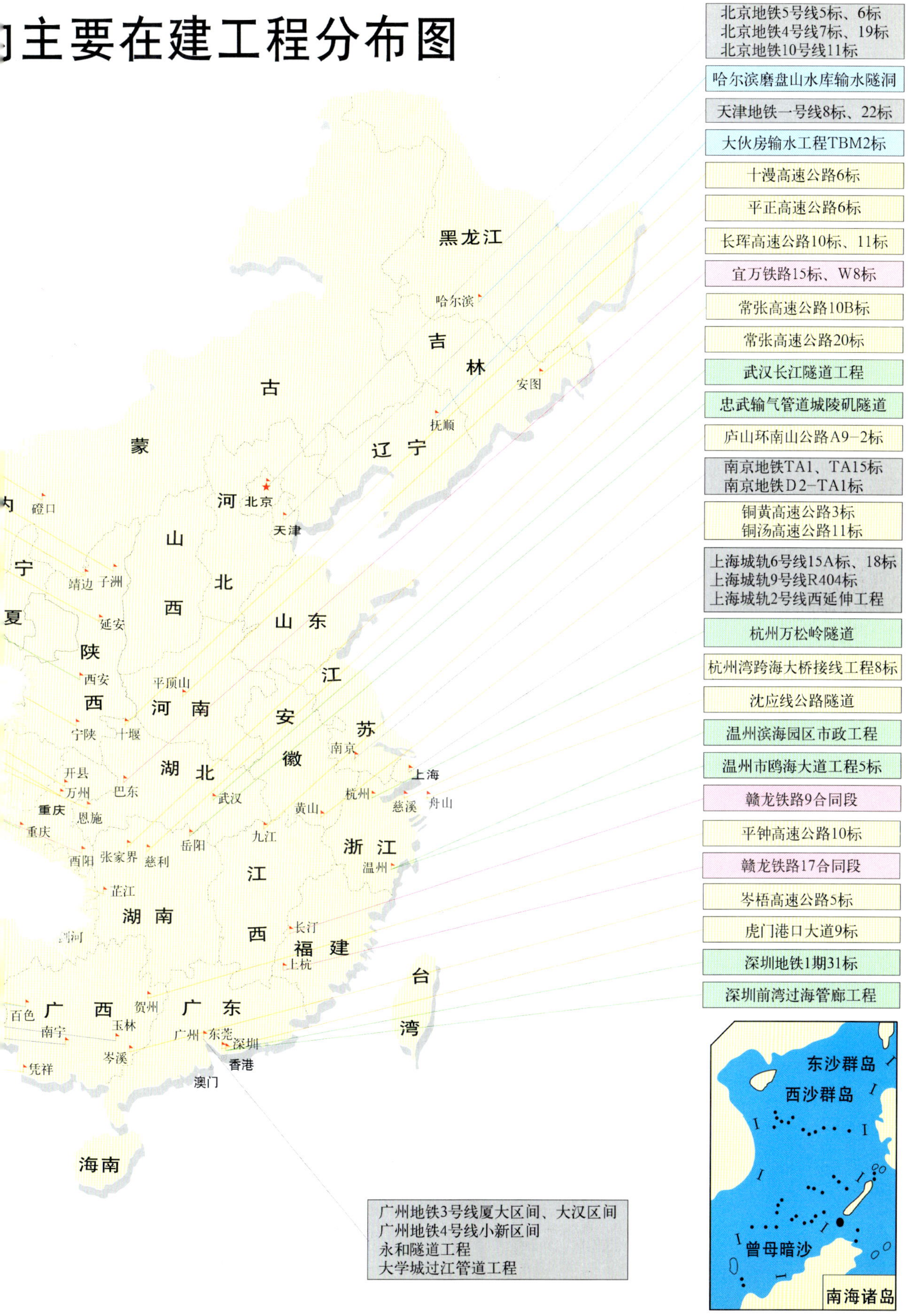

北京地铁5号线5标、6标
北京地铁4号线7标、19标
北京地铁10号线11标
哈尔滨磨盘山水库输水隧洞
天津地铁一号线8标、22标
大伙房输水工程TBM2标
十漫高速公路6标
平正高速公路6标
长珲高速公路10标、11标
宜万铁路15标、W8标
常张高速公路10B标
常张高速公路20标
武汉长江隧道工程
忠武输气管道城陵矶隧道
庐山环南山公路A9−2标
南京地铁TA1、TA15标
南京地铁D2−TA1标
铜黄高速公路3标
铜汤高速公路11标
上海城轨6号线15A标、18标
上海城轨9号线R404标
上海城轨2号线西延伸工程
杭州万松岭隧道
杭州湾跨海大桥接线工程8标
沈应线公路隧道
温州滨海园区市政工程
温州市鸥海大道工程5标
赣龙铁路9合同段
平钟高速公路10标
赣龙铁路17合同段
岑梧高速公路5标
虎门港口大道9标
深圳地铁1期31标
深圳前湾过海管廊工程
广州地铁3号线厦大区间、大汉区间
广州地铁4号线小新区间
永和隧道工程
大学城过江管道工程
黑龙江
哈尔滨
吉
林
安图
古
蒙
辽 宁
抚顺
河
北京
天津
磴口
宁
夏
靖边
子洲
延安
山
西
北
山 东
陕
西
西安
平顶山
河 南
江
苏
安
徽
南京
上海
舟山
杭州
慈溪
宁陕
十堰
开县
万州
巴东
重庆
恩施
湖 北
武汉
黄山
九江
岳阳
酉阳
张家界
慈利
浙 江
温州
芷江
江
西
湖 南
长汀
福 建
上杭
台
湾
百色
广 西
贺州
玉林
南宁
广 东
广州
东莞
深圳
香港
澳门
岑溪
凭祥
海南
东沙群岛
西沙群岛
曾母暗沙
南海诸岛

2004年11月28日，武汉长江隧道正式开工。中共中央政治局委员、湖北省委书记俞正声(左二)，中共中央委员、湖北省省长罗清泉(左一)，中共中央候补委员、中国铁路工程总公司党委书记石大华(左三)，中共武汉市委书记陈训秋出席开工仪式并共同按响开工礼炮。 秦明 摄

2004年12月28日，中共中央委员、重庆市委书记黄镇东(前)出席万开高速公路南山隧道左线B4合同段贯通庆典并现场视察。 陈洲频 摄

领导视察

2004年11月28日，中共中央候补委员、中铁工程总公司党委书记石大华(左)参加武汉长江隧道开工典礼并视察工作时，与集团公司董事长周世祥亲切交谈。 秦明 摄

2004年4月28日，浙江省委常委、杭州市委书记王国平(右二)出席杭州解放路延伸工程通车典礼时与集团公司党委书记林万里(右一)亲切握手。

秦明 摄

2004年6月12日，铁道部副部长陆东福(前右二)等在集团公司总经理郭大焕（前右一）、党委副书记崔原（前左一）的陪同下视察兰武复线乌鞘岭隧道9号斜井。

石少军 摄

2004年8月4日，铁道部副部长陆东福（右一）、铁道部宜万铁路总指挥部指挥长朱鹏飞（左一）视察15标野三关隧道进口平导工程。

包秀峰　摄

2004年11月4日，中铁工程总公司总经理秦家铭（左二）、副总经理白中仁（左三）到中铁隧道集团四处有限公司调研。

金志强　摄

2004年10月17日，中国铁路工程总公司总经理秦家铭（右一）到广西岑梧高速公路牛岭界隧道视察工作。

金志强　摄

2004年7月24日，辽宁省常务副省长徐卫国(前右二)到施工中的大伙房水库输水工程TBM2标段视察。

股份公司供稿

2004年4月13日，北京市副市长刘敬民(前右)视察施工中的北京地铁五号线崇文门站。

田成　摄

2004年6月8日，云南省人大视察组到安楚高速公路大红田隧道视察工作。

王坚　摄

2004年10月29日，集团公司董事长周世祥（左二）陪同中铁工程总公司副总经理白中仁（左三）视察三处有限公司。

三处有限公司供稿

2004年9月2日，集团公司党委书记林万里(前右)和新乡市副市长杨书延(前左)到中隧股份制造公司检查工作并出席大伙房输水工程TBM组装调试成功仪式。

秦明　摄

集团公司总经理郭大焕(左二)率管理和技术人员在宜万铁路现场勘察。

三处有限公司供稿

施工中的宜万铁路野三关隧道进口。　　股份公司供稿

施工中的宜万铁路高阳寨隧道。
三处有限公司供稿

施工中的大丽铁路北衙隧道1号横洞。　　四处有限公司供稿

青藏铁路二期23标段二工区施工的桥墩。
二处有限公司供稿

已完工的赣龙铁路桥隧工程。
四处有限公司供稿

施工中的兰武复线乌鞘岭隧道9号斜井。 秦明 摄

已建成的呼集高速公路TJ009合同段卧佛山隧道及其洞景。　　赵胜　摄

施工中的万开高速公路E2合同段铁峰山一号隧道　　一处供稿

施工中的国道318线海竹段BT8标波戈溪隧道出口。
三处有限公司供稿

施工中的石万公路万州段二级公路改建工程B1合同段走马岭隧道。
二处有限公司供稿

施工中的舟山沈应线南口隧道。 秦明 摄

施工中的广西岑梧高速公路牛岭界隧道。
四处有限公司供稿

施工中的云南溪洛渡水电站对外交通专用公路F标大路梁子隧道。
黄华维 摄

施工中的常张高速公路 20标段七里潭特大桥。
三处有限公司供稿

已建成的京福高速公路B7-2合同段杭桥高架桥。
二处有限公司供稿

施工中的广东高明市对川至迳尾段公路改建工程第3合同段。
三处有限公司供稿

施工中的陕西子靖高速公路N-11标。
三处有限公司供稿

已建成的南京地铁小行车站。 南京指挥部供稿

广州地铁三号线大汉区间盾构贯通。 股份公司供稿

施工中的广州地铁三号线厦大区间。 股份公司供稿

施工中的上海地铁2号线西延伸工程2标。
秦明 摄

施工中的北京地铁五号线06标段。
黄华维　摄

施工中的北京地铁四号线07标段。　秦明　摄

已完成土建工程的天津地铁一号线改建工程8标段营口道车站。　股份公司供稿

施工中的上海地铁15A标龙阳路站。　秦明　摄

施工中的南京地铁D2-TA1标向兴路站。　南京指挥部供稿

2004年3月25日，武汉长江隧道工程设计采购施工总承包中隧集团联合体联合意向书签字仪式在武汉举行。

秦明　摄

中国工程院院士王梦恕(左一)在武汉长江隧道考察。　　秦明　摄

武汉长江隧道设计效果图　　秦明　摄

已建成的国内第一条单洞双向四车道公路隧道——杭州万松岭隧道。 秦明 摄

已建成的广州科学城永和隧道。 股份公司供稿

已建成的杭州新城隧道。 黄华维 摄

施工中的成都天府隧道。 股份公司供稿

自行研制的盾构机刀盘

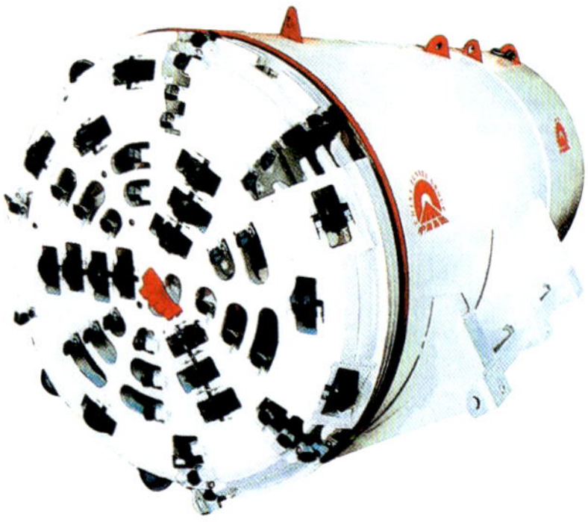

自主制造的盾构机滚刀

自主设计的盾构机液压系统

盾构研发中心

2004年11月17日，上海地铁二号线西延伸工程盾构掘进贯通，标志着中铁隧道集团承担的国家〞863〞计划——盾构国产化开发工业性试验取得阶段性成果。

盾构现场组装

盾构机维修制造车间

三处有限公司施工的川藏公路二郎山隧道荣获中国建筑工程鲁班奖。

三处有限公司供稿

广州地铁二号线越秀公园站至三元里（不含）荣获第四届詹天佑土木工程大奖。

三处有限公司供稿

北京城铁光熙门至东直门站荣获火车头优质工程一等奖。

二处有限公司供稿

福宁高速公路吉坑隧道荣获火车头优质工程二等奖和中铁工程总公司优质工程奖。

股份公司供稿

天津至滨海快速轨道交通XQD标段线桥工程荣获中铁工程总公司优质工程奖。 三处有限公司供稿

杭州至衢州高速公路第4合同段荣获中铁工程总公司优质工程奖。 一处供稿

南京市玄武湖隧道荣获市政金杯示范工程奖。股份公司供稿

西安绕城高速公路(南段)浐河特大桥荣获中铁工程总公司优质工程奖。 三处有限公司供稿

京珠高速公路林场双口河1号大桥荣获中铁工程总公司优质工程奖。 二处有限公司供稿

2004年2月26日至28日，中铁隧道集团首届三次职代会、2004年工作会暨集团公司首届四次员工持股会代表会议在洛阳召开。

秦明　摄

2004年10月27日至28日，中铁隧道集团第二届科技大会在洛阳召开。

秦明　摄

2004年5月26日至28日，集团公司党委在延安召开项目党建思想政治工作现场会，确定今后3年党建思想政治工作奋斗目标。

秦明　摄

2004年11月9日，中铁隧道集团企业文化年会暨行为识别手册(BI)发布仪式在洛阳举行。

秦明　摄

2004年10月11日，中铁隧道集团有限公司主辅分离座谈会在洛阳召开。

秦明　摄

2004年12月21日至22日，中铁隧道集团2004年度财务工作会议在洛阳召开。

曹彬　摄

2004年10月21日，中铁隧道集团职工互助合作保险工作会议在洛阳召开。

秦明　摄

2004年2月27日，中铁隧道勘测设计院有限公司出资人出资协议签字仪式在洛阳举行。　　秦明　摄

2004年11月28日，由中铁隧道集团联合体设计、采购、施工总承包的武汉长江隧道合同签字仪式在武汉举行。中铁隧道集团有限公司董事长周世祥（左）代表联合体在合同上签字。

秦明　摄

2004年7月9日，集团公司党委书记、南京指挥部指挥长林万里(右)代表集团公司与宁波市高速公路建设指挥部签订杭州湾跨海大桥南岸连接线施工第8标段合同协议书。

南京指挥部供稿

2004年3月29日至31日，共青团中铁隧道集团有限公司第一次代表大会在洛阳召开。　　团委供稿

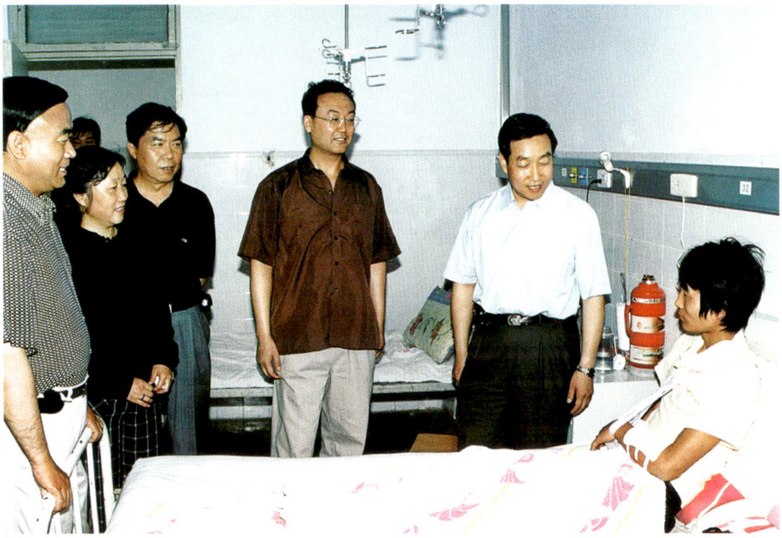

2004年5月22日，中隧集团职工大学2003级中专测量(3)班学生苏付瑞等7名同学见义勇为，在同持刀歹徒搏斗中，苏付瑞身负重伤。集团公司领导多次到医院看望慰问苏付瑞。共青团洛阳市委授予苏付瑞“优秀共青团员”光荣称号；集团公司团委授予苏付瑞“见义勇为优秀团干部”荣誉称号。图为集团公司工会主席初继旺(右二)、副总经理魏都(右三)到医院看望苏付瑞。

曹彬　摄

2004年9月20日至26日，中铁隧道集团首届员工篮球赛在洛阳举行。

秦明　摄

编辑说明

一.《中铁隧道集团年鉴》2005版是本企业志书出版之后的第7部年鉴，记述时限为2004年1月1日至2004年12月31日。

二.《中铁隧道集团年鉴》2004版仍采用分类编排法，设栏目、分目、条目3个层次，以条目为主。全书共有栏目13个，分目100个，条目650个，加配有图表40个，彩色图片170幅。框架设置在保持相对稳定的同时对栏目和分目设置作了部分调整。为减少重复，“综述”栏目中的“施工生产与主要工程”分目变为“施工生产与A类工程”，B类工程和Z类工程放在施工生产单位中记述；为方便查阅，增设了“统计资料”栏目，将企业年度经营生产情况等综合性数据列成表格，集中编排；根据实际情况，本部年鉴没有“专文”栏目。

三. 本书中凡是集团公司的综合性数字一律以集团公司企业发展规划部提供的年度统计数字为准。反映各施工项目进展情况的数字以集团公司工程管理部和各施工生产单位提供的数字为准，一般为调度数字。各子、分公司资料中的重要数字与集团公司资料中的数字不符的均以集团公司的为准。

四. 本年鉴在组稿、编辑、审核及印刷发行过程中得到了集团公司各职能部门、各单位和各子公司的大力支持，在此谨向为本年鉴提供资料和协助出版的单位和个人表示诚挚的谢意。同时，敬请广大读者对本书编纂多提宝贵意见，以便我们改进工作，共同把《中铁隧道集团年鉴》办出新水平，更好地为企业发展服务。

目　录

特　载

综　述

概述

施工生产与A类工程

机构设置

理事会

股东会

董事会

监事会

员工持股会

人物名录

大　事　记

企业管理

发展规划管理

经营合同管理

科研设计管理

施工技术管理

涉外工作

劳动人事管理

财务会计管理

设备物资管理

安全质量管理

多种经营管理

行政综合管理

企业事务管理

审计工作

公安保卫

法律事务工作

企业文化建设

社会事业管理

社会保险

普教与卫生

离退休人员管理

职工大学

洛阳中小学校

中心医院

卫生防疫总站

无锡培训中心

派出机构

西汉高速公路户洋项目经理部

南友高速公路 12、13 标项目经理部

321 国道内江段改建工程施工管理总指挥部

成都办事处

广州办事处

上海联络处

郑州办事处

党群工作

党委组织工作

党委宣传工作

分　公　司

第一工程处

北京分公司

科学技术研究所

杭州分公司

专用设备中心

物资供应中心

物业管理中心

生活服务中心

子 公 司

中铁隧道股份有限公司

二处有限公司

三处有限公司

四处有限公司

中铁隧道勘测设计院有限公司

强力机械有限公司

汤姆洛克（洛阳）机械有限公司

上海中隧集团物业管理有限公司

荣誉记载

受行业表彰的先进集体和个人

受中铁工程总公司表彰的先进个人

受地方表彰的先进集体和个人

2004 年度“五好班子”

2004 年度项目党建“示范党支部”

2004 年度劳动模范、“双先”

获奖项目

文献辑录

重要文件

统计资料

附　录

特载

编辑：吕惠聪

全面提升企业能力　重在增进效益水平

——在中铁隧道集团首届三次职代会、2004年工作会议暨集团公司首届四次员工持股会代表会议上的讲话(摘要)

2004年2月26日

郭陕云

一　2003年董事会的工作

2003年,集团公司董事会遵循公司法和集团公司章程,对股东会认真负责,紧盯"国内领先,世界著名"的总体发展目标,认真履行职责,全年共召开正式董事会4次、临时董事会3次,在企业重大事项研究和决策、确保资产保值增值、推动企业发展方面发挥了积极作用,取得了可喜成绩。

(一)资产管理情况。2003年,董事会加强经营、投资决策,督促加强财务管理和资产管理,认真抓好资产产权登记及资产的清查、建账、核对等工作,确保了资产的保值增值。2003年初净资产总额为6.964亿元,年末净资产总额为7.311亿元,净资产保值增值率为105%,是近几年增值幅度较大的一年。

(二)资本运作情况。在经营生产规模扩大、资金压力增大的情况下,积极组织实施资本运作,有力地促进了企业发展,保证了经营生产的需要。争取到工程总公司为集团公司提供2.6亿元和五局提供的4亿元保函担保;利用德国政府贷款1.2亿元引进2台盾构机;积极参与BOT项目的运作,为内江321国道改建工程提供4.95亿元的融资担保;向中原物流中心二期工程建设方提供贷款担保5800万元;先后筹措3000余万元,保证了部分单位和工程项目经营生产急需。

(三)法人治理结构运转情况。从建立健全制度着手,推动了法人治理结构的规范运作,协调运转。在《股东会制度》、《董事会制度》、《监事会制度》、《总经理工作制度》等基本工作制度的基础上,经过深入调研和论证,先后制订了《关于规范法人治理结构运作程序有关问题的通知》、《进一步明确集团公司股东会、董事会、总经理职责职权的通知》、《监事会细则》及《股东代表、董事、监事工作程序和工作制度》、《集团公司本部派出股东代表、董事、监事管理暂行办法》等,完善了相关制度,规范了运行程序。建立了董事会决议落实情况报告制度和总经理报告工作制度,加大了对董事会决议落实情况的检查督促力度。

为增强董事会决策的科学性,提高董事会决策水平,按照公司章程,集团公司及时成立了风险投资审议委员会、财经与审计委员会、人事与考评委员会三个董事会非常设机构，并制订了相应的工作制度和工作程序。

在子公司法人治理结构方面，从企业的实际情况出发，先后分别试行了四种模式：一是董事长、党委书记、总经理分设；二是董事长兼总经理；三是党委书记兼董事长；四是集团公司领导兼任董事长。从运转情况看，符合企业实际，促进了企业的经营生产管理，保持了班子的连续性和队伍的稳定。

（四）企业发展战略实施情况。积极贯彻实施集团五项发展战略，成效显著。在走出去战略上，凭借专业技术优势，通过“借船出海”策略，继成功承揽伊朗德黑兰北部高速公路项目后，又在伊朗德黑兰地铁、高速公路二期及印度、巴基斯坦等国的一些项目上积极追踪、运作，已取得一定的成效，境外建筑市场开拓呈现可喜局面。在资本运营战略上，运用德国政府贷款购置盾构机、以 BT 方式承揽 321 国道内江段改建工程、向中原物流中心建设方提供贷款担保承揽较大规模房建项目、推进股份公司上市等工作，都取得了可喜成绩。在科技兴企战略上，大力加强专业技术人才队伍建设，加大科研的资金投入力度，加强技术攻关，在 TBM 和盾构机研发、台车研制、复杂地质隧道施工技术研究等关键方面取得了令人鼓舞的成果，巩固发展了集团的专业技术优势。在质量品牌战略上，认真落实质量方针，精心打造中隧品牌，2003 年牛郎河隧道获鲁班奖、华蓥山隧道获国优银奖和詹天佑大奖，集团连续 5 年获得国家级质量奖，创树了企业良好形象。在集团联合战略上，集团公司充分发挥“旗舰”作用，与各子公司协同作战，在经营开发、施工生产、科技攻关等方面形成了资源共享、风险共担、成果共尝的可喜局面，并凭借“四位一体”优势，增强了集团整体适应市场能力。

（五）计划控制情况。2003 年初，根据企业发展需要和实际可能，董事会充分调研、认真研究制订了经营生产计划及科技创新、设备购置、设备大修、小型基建、建筑物大修等各类投资计划。在实施过程中，总经理层精心组织，有效控制，认真分析，适时调整，各类计划均完成较好，达到或超过了预期目标。

二　企业面临的形势和任务

（一）全面认清宏观形势。一方面，国民经济继续保持高速发展态势，施工领域基建投资将继续保持良好势头，隧道和地下工程市场前景广阔；另一方面，有限的建筑市场相对于亿万之众的施工队伍而言，仍显得过于狭小。越来越多的建筑队伍为求生存正在拼命挤进隧道和地下工程领域。市场投资主体多元化、项目招投标操作及建设管理模式多样化，使市场风险和运作难度进一步加大，对企业的综合实力、资信状况、组织操作能力和管理水平都提出了极高的要求。

（二）客观看待企业自身情况。近几年来，集团取得了快速发展，经营生产规模连年跨台阶，综合实力和市场竞争力显著增强。同时，逐步形成了治理企业、发展企业的总体思路和一系列战略、方针和机制，为下一步更好更快发展打下了牢固基础。同时，我们也必须看到企业底子薄、领域窄、积累少、社会负担多、历史包袱重等主要困难和人才缺、管理弱、效率低、责任意识差、制度不落实等主要问题。现实的情况是，在建工程分布地域广，造价普遍低，技术含量高，施工难度大，利润空间小，工期要求紧，对合同履行、现场管理和资源配置形成了巨大压力。而重点和难点工程上的任何闪失都可能成为企业的致命“杀手”。

(三)准确把握形势特点和主要矛盾。 我们所面临形势的突出特点是经营生产规模的快速扩张。1999年～2003年,全集团新签施工合同额分别实现20.8亿元、32.7亿元、33.2亿元、41.1亿元、60.9亿元,年均增幅为10亿元;施工营业额分别实现21.7亿元、25.4亿元、30.5亿元、33.1亿元、38.3亿元,年均增长4亿元,且呈加速发展态势。市场经济价值规律这只“看不见的手”在左右着所有竞争者。一方面,随着工程造价的一再降低,项目施工的利润空间被极度压缩,企业要生存,就必须扩大规模,“广种薄收”;另一方面,要与竞争对手抗衡,要保持自身的市场地位,就不可避免地要卷入这场“疯狂”的扩张“比赛”中。显而易见,当前的矛盾焦点是企业能力如何适应经营生产规模快速扩大的要求。要全面提升企业能力,有效地化解这一主要矛盾,就必须解决以下突出问题:

1.思想认识落后。 缺乏与时俱进、不断开拓的思想,与“至精,至诚;更优,更新”的企业精神相违背。如有的墨守成规,因循守旧;有的畏首畏尾,无所作为;有的自我满足,小富即安;有的不顾大局,为所欲为。缺乏市场紧迫感、危机感和敏锐性,对市场和对手认识不深刻、不到位,不懂得开拓市场的艰辛,对来之不易的任务和市场不珍惜。

2.资源配置缺位。 对市场需求缺乏全面认识,对自身状况认识不深,没有以市场为导向建立起与生产规模相适应的人、财、物、机、技术、信息资源体系。导致心中无数,盲目指挥,生产能力低下,计划履行差。

3.管理能力薄弱。 有些单位管理体制混乱,管理机制落后,管理制度不规范。计划管理形同虚设,系统管理软弱乏力,项目管理随心所欲,成本管理奖罚不明。

4.经营水平不高。 领域不宽,方式单一,现有资质未得到充分利用,铁路、水电、工民建市场份额严重不足;经营力度不够,重点跟踪的大项目屡屡失手,痛惜扼腕;责任追究制度不落实,责任心不强,信息不准确,标书失误多;公关层次不高,服务意识不强。这些都阻碍着市场份额的扩大和既有市场的巩固。

面对如此严峻的形势和突出矛盾,我们唯有树立必胜信念,阔步前进,才能从根本上解决前进中的问题;我们也唯有正视和克服自身存在的问题,才能不断开创未来,持续加快企业发展。我们必须在改革深化、管理提高、市场经营、技术开发、文化培育、队伍建设等方面狠下力气,全面提升企业能力,大力增进效益水平,推动企业更快更好地发展。

三　全面提升企业能力

(一)改革深化。 调整产业结构。充分发挥专业技术优势,进一步扩大盾构、TBM工程及技术复杂、施工难度大的地下市政工程的产品比重;充分发挥“四位一体”整体优势,加强协同,联合攻关,积极进行设计施工总承包,力争在重大项目特别是在地铁项目上取得总包突破;依托隧道和地下工程施工主业,瞄准专业机械加工市场,打造工程施工与专业施工机械设备修理、加工、制造的“双星”产业。力保股份尽早上市。重点要规范股份公司主营业务,妥善解决同业竞争和关联交易,积极开展变更相关工程项目合同主体工作。推进主辅分离。摸清家底,用好政策,统筹规划,分步实施,成熟一个,推出一个,努力迈出实质性步伐,逐步实现辅业的产权多元化和体制公司化。精减、整合机构。参照总公司新增集团公司的机关定编、定员规模，整合集团公司机关，精减管服岗位，裁减冗员。深化三项制度改革。进一步建立和完善与现代企业制度相适应的人事、用工和分配机制，积极推行“浮动岗位等级工资制”和“年度全员考评制”，切实调动广大员工的积极性和创造性。

（二）管理提高。严肃计划管理。根据企业发展需要和履约要求，科学制定计划，保证计划的完善性、合理性，健全监控机制，加强过程控制，确保阶段计划和年度计划落到实处。强化系统管理。完善人、财、物、机、技术、信息等资源管理系统，强化项目服务意识，实现资源的动态管理，不断优化资源配置。规范项目管理。严格贯彻执行集团公司关于项目管理的各项规定，规范项目操作，严禁把项目放在“工程队”、“分队”甚至民工队上的严重违规行为。项目部要履行职责到位，减少项目层次，严控管服人数，切实担当起企业的“委托”，发挥应有作用。落实成本管理。狠抓53号文及配套文件的落实，严格依照相关规定，认真落实集团公司、片区指、项目部、施工单位的经济责任，坚决兑现奖罚，严控项目成本。严格分包管理。规模的快速扩张，要求我们切实增强利用和管理外部分包队伍的能力。要认真贯彻分包管理的有关规定，坚决扭转执行不严、监督不力、个人行为严重的自由涣散作风。规范分包操作，坚决杜绝完全依赖“包工队”揽工程、干工程和“二次经营”等出卖企业利益的行为。建立合格分包商名录，动态掌握其业绩、信誉情况，严禁使用列入黑名单的分包商。

（三）市场经营。拓宽经营市场领域。充分利用已有的工民建和其他专业资质承揽任务，满足资质需要，扩大市场份额。积累资质以外的工程业绩，扩大经营领域，拓宽企业的生存发展空间。加大重点项目经营力度。对长线项目和重点项目，如南水北调、厦门海底东通道和沿海储气工程等要未雨绸缪，建立责任制，紧盯不放，对项目建设单位和招标模式等信息要及时准确掌握，充分做好投标准备。对重点经营项目，要从人、财、物上加大投入，确保工作到位，决不能因为一点疏忽而功亏一篑。提高经营公关水平。各子、分公司、各片区都要建立和完善各自的公关、信息网络，与集团公司经营部公关信息网并网形成集团“大经营”网络。除铁道部工管中心组织招标的铁路大项目由集团公司经营部直接操作外，其余的铁路、公路、市政、水电、房建项目均由各片区指挥部负责操作，各有关单位予以配合。经营部要做好协调服务，切实提高中标率。积极加强资本运作。充分利用资信品牌优势和专业优势，加强银企合作和施工企业间的联合，积极运作BT、BOT和建设代理项目，我们的方针应该是“大胆实践，慎重操作，认清风险，利在必得”。继续开拓境外市场。今年，伊朗北部高速公路项目行将开工，要求初战必胜。其他涉外工程项目正在积极跟踪和酝酿中，要力争取得新的突破。必须大力提高外经队伍整体素质，健全外经工作体系和工作规范，适应外经工作的需要。

（四）技术开发。抓紧盾构开发。抓住辽宁大伙房输水隧洞工程TBM和广州地铁小新区间盾构在新乡组装的大好机遇，在外方的指导下，学习、吸收、掌握TBM和盾构组装技术，加大人力和资金投入，使盾构车间具备组装、调试能力，培养出我们自己的人才。要严格按照合同要求，完成所承担的国家863盾构研制开发任务，确保年内研制出用于地铁施工的土压平衡盾构样机，力争年底在南京地铁二号线中元区间进行工业性试验，并申报国家专利，成为集团拥有自主知识产权的拳头产品。重视工法开发。紧盯集团重、难点项目，认真总结圆梁山隧道深埋冲填性溶洞施工技术、乌鞘岭隧道大台竖井快速施工技术、泥水盾构过江施工技术、浅埋大跨车站隧道暗挖施工技术，积极开发新工法，做好技术储备，指导今后同类工程施工。

（五）文化培育。2004年要重点贯彻落实企业理念。借助网络、报纸、板报、广播以及座谈会，宣传企业文化的有关知识，深入传播企业理念和企业宗旨。结合 VI 规范和 BI 运行，突出理念的统领作用，广泛开展员工宣誓活动，组织传唱《中隧之歌》，增强员工的价值认同感和作为中隧员工的光荣感、自豪感。使企业文化切实发挥凝聚、激励、导向、塑造功能，成为支撑企业发展的精神力量和员工行为准则，推动集团成为协作统一、奋发向上的战斗集体和互相帮助、亲善友爱的“大家庭”。

(六)队伍建设。加快项目组织机构建设。为适应形势发展需要，集团公司将用 3 年左右时间，组建若干工程承包中心。届时，集团公司机关为发展决策、资金投入、财务结算、资源管理、经营策划中心，工程承包中心则是项目组成基地、技术操作人员培训基地和劳务基地。这样做，更有利于管理规范化和弹性操作，更有利于生产经营规模的扩大，更有利于机构的精简和效率的提高。大力推进专业化队伍建设。按照市场竞争需要和项目法管理要求，坚决走队伍专业化道路，通过技术装备、人员整合、教育培训，着力打造盾构、隧道、桥梁、基础、道路、市政、岩土、防水、通风、环保等各类专业公司，彻底更新改造现有的“工程队”，增强队伍专业施工能力，完善项目管理和专业承包机制，进一步突出专业化施工优势。

四　努力增进企业效益

(一)树立正确的效益观。我们一直致力于企业的发展壮大，但只有在做强的前提下，才能真正实现做大。企业要做强做大，靠的是综合实力，靠的是赢利能力，否则，没有效益，没有积累，没有发展后劲，一切都是空谈、空想。因此，我们必须切实增强效益意识、发展意识，牢牢树立一切工作以经济效益为中心、以经济效益为落脚点的观念。教育员工把个人的利益建立在为企业做贡献、为集体谋利益的基础上，使每个管理者及员工树立企业的事就是自己的事、企业的钱就是自己的钱的观念，实现员工在企业发展中致富，企业在员工奉献中发展。

(二)坚决确保资金上缴。近几年，我们的经营生产规模迅速扩大，但资金上缴情况并不理想，2003 年集团公司 A 类项目完成应缴款总额的 102%，完成上缴的项目数量比例为 62.5%；B 类项目完成应缴款总额的 52%，完成上缴的项目数量比例为 23%。新的企业会计制度对我们的财务管理提出了更高的要求，我们必须积极主动适应，进一步加强资金收缴和集中管理，努力探索和改进资金收缴机制。从今年起，集团公司应实行按验工比率及时上缴资金的管理办法，各单位、各项目要从大局出发，切实领会其精神实质，严格执行，保证上缴。对 B 类项目应实行子、分公司总经理、项目经理现款上缴联保责任制，要采取严厉的经济手段和果断的组织措施，确保资金上缴渠道的畅通。

(三)大力抓好增收节支。要认真做好创收单位创收计划的制定，有关部门要逐一深入调研，切实根据其资产占有、资源能力、市场状况和单位发展情况，认真核算，严格审查，使计划符合实际，确保不断增收，防止效益流失。转变项目部的财务管理和会计核算模式，充分调动项目部增收节支的积极性。加强各项营业收入的管理，严格结算纪律，制止截留收入、虚列成本。对经费补贴单位严格实施经费逐年核减，各经费单位要积极走向市场，努力组织创收，加强管理，尽快实现自养。加强物资管理，改进物资采购供应和材料成本管理办法，堵塞漏洞，降低成本。严格控制各项非生产性支出，杜绝效益流失。积极推进管理信息化、网络化，控制、减少机关及各附属单位的办公费用支出。

各位代表、同志们，2004年我们肩上的担子更重，责任更大，让我们以新的风貌、新的精神，投入市场大潮，深化企业改革，全面加强管理，不断提高企业盈利水平，为早日实现中隧集团“国内领先，世界著名”的宏伟目标而不懈奋斗！

创新运作增活力　严抓落实提效益
为全面实现2004年各项目标而努力奋斗

——在中铁隧道集团首届三次职代会、2004年工作会议暨集团公司首届四次员工持股会代表会议上的工作报告(摘要)

2004年2月26日

郭大焕

一　2003年工作回顾

2003年，中铁隧道集团在中国铁路工程总公司的正确领导和关心支持下，大力实施各项发展战略，着力提升企业核心竞争能力，全面推进经营、生产、改革、管理等各项工作，全集团继续保持了稳步发展的良好态势。

(一)经营开发取得丰硕成果

全集团新签合同总额73.3亿元，完成年度计划45亿元的163%。其中，工程项目中标89项，价款56.9亿元，完成年度计划40亿元的152%；在建工程合同外增加34项，价款4亿元；多经新签合同额12.4亿元，完成年度计划5亿元的248%。集团公司中标工程项目50项，价款34.1亿元，完成年度计划20.8亿元的164%。

(二)完成营业额再跨新台阶

全集团完成总营业额50.72亿元，为年度计划40亿元的127%。其中，施工营业额完成38.26亿元，为年度计划36亿元的106%；多经营业额完成12.46亿元，为年度计划4亿元的312%。集团公司完成施工营业额26亿元，为年度计划20亿元的130%。全集团完成隧道隧洞折合单线100.6千米，完成桥梁10.8千米，完成土石方2496万立方米。

(三)重点难点工程不断突破，总体进展顺利

铁路项目。圆梁山隧道克服各种地质灾害顽强推进，不断取得重大突破。继12月11日3号溶洞正洞胜利贯通后，12月28日2号溶洞平导实现贯通标志着圆梁山隧道深埋高压富水冲填性溶洞施工取得了重大胜利。(前天，2号溶洞段正洞实现贯通，至此全隧已胜利贯通)。乌鞘岭隧道地质复杂，施工条件恶劣，施工进展一度受阻。经过集团上下艰苦努力，迅速扭转了被动局势，多次超额完成总指阶段考核目标，受到通报表彰。青藏铁路23标克服严寒、缺氧、气候恶劣等种种困难，努力解决冻土、湿地、生态脆弱等带来的技术难题，超额完成业主下达的年度计划。在铁道部青藏总指的年度考核评比中，取得了资信等级A级、综合考核优良的好成绩。赣龙铁路17标蛟洋隧道7月7日提前工期85天实现全隧贯通，受到了建设指挥部的高度评价。9标猫头岭隧道11月15日比施组工期提前6个月实现贯通。

城市地铁、轻轨及市政项目。广州地铁大汉区间盾构工程右线、左线隧道分别于11月9日和12月31日顺利通过暗挖段并完成二次始发，明、暗挖主体结构已全部完成。上海轨道交通杨浦线1B标黄兴绿地车站在工期极为紧张的情况下，经过艰苦努力，实现了北端头、南端头井的提前移交和主体工程的按期建成，创树了良好信誉。南京地铁TA15标于8月28日提前两个月实现贯通。北京地铁五号线06标竖井7月12日进洞施工，首月便创造了地铁单口月成洞99米的全国纪录，工程稳步推进。天津地铁一号线22合同段南运河风道竖井开挖完成，区间围护结构除变更部分外全部完成。杭州解放路延伸工程经过联合攻关和艰苦努力，扭转了前期被动局面，主体工程于11月26日提前完工。重庆过江排污隧道南岸竖井于12月12日开挖到底并开始盾构始发洞开挖，北岸竖井于12月中旬开始竖井开挖。中原物流中心一期工程进展顺利，Ⅰ、Ⅱ、Ⅲ区先后移交业主。

公路项目。徽杭高速公路16标竹岭隧道于6月22日贯通。剩余工程工期压力很大，正在采取措施努力保证工期目标实现。四川鹧鸪山隧道平导于7月22日贯通，业主连续两次追加施工任务。9月10日正洞打到分界里程，超过原合同里程263米，提前计划工期2个月。户洋公路秦岭Ⅰ号隧道克服地质差、雨雪多及多次水灾影响，施工生产有序推进。常张高速公路20标努力创造开工条件，目前已具备了确保总工期的施工能力。10B标进展正常。南友公路克服征地、拆迁以及雨季影响，10月份步入正常。漳华公路红旗山隧道10月30日顺利开挖至分界里程，11月6日实现贯通。

其他重点项目。城陵矶过江隧道工程南岸竖井于4月6日提前施组工期9天顺利实现封底，10月16日盾构机一次始发成功。大伙房输水工程TBM2标按照"一短两快"要求，迅速进场展开施工，各支洞均保持快速掘进态势。12月19日正式签订TBM采购合同。姜射坝水电站引水隧洞6标下游端于6月6日开挖至合同里程，10月30日开始衬砌。溪洛渡水电站专用公路F标大梁子隧道进口12月16日按计划进洞施工。

工程质量稳定可控。竣工交验单位工程158件，其中一次验收合格158件，优良156件，一次验收合格率100%，优良品率98.7%。西安安康铁路秦岭Ⅰ线隧道、广渝高速公路华蓥山隧道两项工程获第三届土木工程詹天佑大奖，晋焦高速公路牛郎河隧道获建筑工程鲁班奖。QC小组活动成果显著，深圳地铁3C标QC小组被评为"全国工程建设优秀质量管理小组"，另有4个被评为"铁道部优秀质量管理小组"，4个被评为"工程总公司优秀质量管理小组"。安全生产形势严峻。全集团发生责任死亡事故1起，死亡3人，死亡率0.21‰；重伤事故2起，重伤2人，重伤率0.14‰；轻伤事故3起，轻伤4人，负伤率0.42‰。

(四)综合实力进一步增强

全集团实现主营业务利润3.35亿元，实现利润总额3769万元，完成年度计划3000万元的125.6%；完成成本降低率9%，比计划多降低1个百分点；净资产收益率6.45%，完成总公司考核指标3.14%的205.4%。全员劳动生产率达31.18万元/人年，同比上升38.8%，全集团拥有机械设备 2359 台，原值 7.94 亿元，净值 4.12 亿元，总功率 14 万 kw，新度系数 52.5%，完好率 88.1%，利用率 87.9%。

（五）科技进步成果显著

全年科研立项 32 项，安排科研经费 1762 万元，集团公司年内已拨付 844 万元，其中含“863”计划 400 万元。全年共鉴定、评审或验收科研项目 29 项，其中省部级鉴定 6 项，总公司级评审 4 项。获省部级科技进步奖 2 项，获工程总公司科技进步奖 4 项。敞开式硬岩掘进机在软弱围岩铁路隧道施工、弹性整体道床施工、铁路车站三线大跨软弱围岩隧道施工等 3 项工法被评为国家级工法。TBM、盾构国产化研究按合同计划进展顺利。结合城陵矶过江隧道和重庆主城排污隧道工程，积极展开泥水盾构施工技术开发和应用。

（六）企业改革稳步推进

1.改制建股工作取得明显进展。经过精心筹划，认真组织，中铁隧道股份有限公司设立申请报批、召开创立大会、登记注册等工作紧张有序展开，于 3 月 26 日顺利挂牌。同时积极开展上市辅导工作，深入研究和努力解决同业竞争、关联交易、员工持股等问题，制定了相应措施，有关项目合同主体变更事宜经过积极努力取得了一定进展。

2.结构调整及机构改革取得新成果。为突出股份公司主营业务，将原一处有限公司的部分资产转让给集团公司，组建成立了分公司——第一工程处。队伍重组、资产分离、工程项目划分及其他遗留问题等较顺利地得到解决。在工程总公司的大力支持下，设计院顺利回归集团，并紧锣密鼓展开企业改制等相关工作。同时，适应形势发展需要，及时设立了企业总法律顾问，成立了集团公司法律事务部、技术开发中心、院士办公室和信息中心。

3.“三项制度”改革不断深化。以建立员工能进能出、能上能下、优胜劣汰、双向选择的用人机制为目标，先后出台了一系列人事管理和培训、考核办法，促进了员工素质和工作效率的提高。本着“效率优先、兼顾公平”的原则，努力建立“以岗定薪、能增能减”的分配机制，制定和完善了一系列分配制度，较为有效地发挥了工资分配的激励、约束和保障功能，进一步调动了各方面的积极性。

4.主辅分离工作有序推进。根据国家八部委关于国有大中型企业主辅分离辅业改制有关规定，成立了主辅分离改革领导小组和工作班子，对集团公司“三类”资产及人员进行调查摸底，提出了改制的基本思路、操作原则和操作程序。目前，正在加紧编制集团辅业改制总体方案，集团公司物业中心、生活中心改制具体方案正在拟定中。

（七）企业管理得到明显提高和加强

1.重视制度建设，系统管理更趋规范。集团公司全年共修订、颁布各类规范性管理文件 67 个，及时清理废止过期文件 22 个，促进了集团公司系统管理体系良性运行。通过集团理事会和 11 个专业协会（委员会）的规范运作，集团系统管理更加有序可控。片区作为系统管理的延伸，在经营开发和生产管理方面的作用日益突出。

2.完善管理办法，项目管理不断改进。为进一步理顺集团内经济关系，提高项目管理水平，在充分调查研究的基础上重新修订了 A 类工程项目管理办法，先后出台了集团公司经济关系若干规定、工程项目管理考核办法，进一步明确了各方责任。通过总经理现场办公会、专题会、部长讲座、项目经理继续教育培训等多种方式，努力加强重点项目的资源配置、系统支持、节点工期控制和履约能力，促进了项目管理状况的不断改善。

3.注重持续改进,贯标认证取得新成果。集团公司质量、环境、职业健康安全一体化管理体系运行有效性不断增强,进一步推动了管理标准化、规范化。通过了中国新时代质量认证中心对集团公司2000版质量体系认证和环境、安全管理体系预审。

4.推进办公自动化,工作效率明显提高。建立了较为完善的集团公司局域网,同时对机关员工全面开展了微机基本操作培训。目前,机关绝大部分员工已能够通过网络进行即时通讯、信息发布,集团内主要单位之间已实现了网上办公系统的互通互联,管理效率较以往明显提高。

(八)两个文明建设全面发展

2003年,全集团员工人均年收入达到21576元,同比增长10.7%。按时足额发放养老金9340万元,养老金完全实现社会化发放。医疗保险和职工互助保险进一步普及,有17796人、12000人分别参加了基本医疗保险和职工互助保险。

2003年,企业文化建设取得丰硕成果,编制了《企业理念识别MI手册》。培训工作扎实有效,举办各类培训班284期,培训员工11334人次。审计工作力度加大,全年完成审计项目24项,查处各类违纪违规金额1.73亿元。"双清"工作成效显著,累计收回各类外欠应收账款4.82亿元。在突如其来的非典疫情面前,各单位高度重视,措施得力,取得了预防和防治非典的重大胜利。综合治理、公安保卫、物业管理、生活服务、医疗卫生、员工文化体育、学校教育、计划生育等工作也都取得了可喜成绩。

一年来所取得的辉煌成绩是集团员工同心同德、奋力拼搏的结果,也是广大员工家属和离退休人员大力支持的结果。在此,我代表集团公司向集团全体员工,向全体员工家属和离退休人员致以崇高的敬意和衷心的感谢!

回顾一年来的工作,主要有以下几点体会:第一,努力扩大经营生产规模,走规模发展之路,是企业适应市场竞争形势、提高效益的必然选择;第二,严格落实各项规章制度,是保证各项管理目标实现,有效提升企业能力、增进经济效益的前提和关键;第三,积极推进"三项制度"改革和辅业改制,突出效率,兼顾公平,是企业永葆生机与活力的源泉;第四,大力建设高素质员工队伍,是稳固企业基础,促进企业持续发展的根本保证。

在总结回顾2003年取得成绩的同时,我们也必须清醒地认识到自身存在的主要问题:一是管理能力不强。手段不硬,监督不严,奖罚不明。在项目管理、计划管理、系统管理、分包管理、资金管理、成本管理等诸方面,有章不循、有禁不止的现象屡有发生,极大地影响了工作成效。二是资源配置不到位。人力资源管理模式滞后,项目经理、项目总工、验工计价及财务主管等主要管理、技术人员匮乏;财力积累机制落实不力,资金调控能力不强;对设备更新、大修重视不够,投入不足,常规施工设备缺口较大,用于设备租赁的费用偏高。三是安全生产形势严峻。制度不落实、专职安全员不到位等问题在某些单位和项目还很突出,引发的安全事故对集团市场形象和信誉造成了不良影响。四是集团各单位间发展依然不平衡。部分单位履约能力差,效益水平低,影响了全集团计划目标的顺利实现,严重制约着集团的整体效益和发展能力。

剖析以上问题,其主要原因是:在思想认识、主观努力上存在明显差距,市场意识、责任意识、发展意识淡漠;对待问题只讲客观,不讲主观,不善于总结和反思;组织纪律性差,个人行为严重;不注意学习、提高,办事凭经验、想当然;对市场变化反应迟钝,应变能力差,等等。我们必须正视存在的问题及其所产生的原因，并从根本上予以解决，才能顺利完成 2004 年艰巨、繁重的履约任务，才能确保中铁隧道集团再跨大台阶，再图大发展。

二　2004 年形势和任务

2004 年是中铁隧道集团全面深化改革，加强各项管理，提升企业能力和效益，促进企业快速发展至关重要的一年，企业改革和发展面临许多有利条件和新的机遇，也存在不少困难和新的挑战。

（一）新的机遇和有利条件

1.基建投资规模进一步扩大，建筑市场秩序将进一步规范。2004 年全国固定资产投资仍将保持快速增长，施工领域基建投资规模将进一步扩大。铁路基建投资将超过 1000 亿元，公路、市政基建投资均将超过 4000 亿元，水电项目投资规模也将大幅增加。同时，国家将进一步加大建筑市场执法检查力度，着力规范建筑市场秩序，平等竞争的外部环境日臻完善。

2.与公司制相适应的管理体系和管理制度已基本形成。改制以来，按照现代企业制度要求，本着与市场接轨的原则，修订、出台了 330 多个管理文件，内容涵盖了企业各方面业务，为实现管理规范化和有序可控提供了较为完善的运行“软件”。

3.经受了各种严峻考验，使我们对下一步管理重点有了更加清醒的认识和更加切合实际的工作思路。2003 年，对我们集团来讲是“多事之秋”，多年积淀的一系列问题接连浮出水面，经过上下艰苦不懈的努力及时得以解决，并为今后激流勇进标识了航向，增添了知难而进的勇气和信心。

（二）面临的挑战和主要困难

1.竞争对手愈来愈多，竞争态势愈演愈烈。全国从事建筑业的施工队伍多、从业人数多，施工能力过剩，僧多粥少、竞争白热化的态势进一步加剧。同时，原路局所属施工企业进行了重组，新成立了 10 个大型集团公司，我们身边又多了颇具实力的竞争对手。

2.资源紧张，履约压力骤增。随着经营规模的不断扩大，资源保障和履约问题日益突出。2003 年的履约压力已经让我们深受其苦。2004 年集团公司的履约合同额将再创新高，预计 A、B 类营业额将超过 32 亿元，较去年增幅 46%。同时，人力资源短缺，机械设备紧张，原材料价格上涨，不少地方电力供应告急，从而使在建项目特别是新上项目面临空前的履约压力。

3.铁路市场份额不断萎缩，特级资质面临严重威胁。2003 年我们在经营投标方面取得不斐成绩，但铁路中标价款仅为 2 亿元，在工程总公司系统横向比较，我们有不小差距。目前我们在手的铁路任务已所剩无几，与保持铁路特级资质所需施工营业额差距甚大。因此，今年铁路项目经营投标任务重、压力大。

4.深化改革任务艰巨，工作难度大。股份公司上市、辅业改制即将进入实质性攻坚阶段，操作难度大；机关冗员多，精简压力大；受多方因素影响，“三项制度”改革向纵深推进困难。

（三）2004 年的总体目标

根据以上两方面的分析和企业总体发展目标的要求，2004 年集团的总体工作思路是：以“三个代表”重要思想和党的十六大精神为指引，规范管理，提高效益；加强执法，堵塞漏洞；强化能力，确保履约；深化改革，激发活力；重视开发，增强实力；创新运作，扩大市场，适应新的经济形势,走规模效益之路。

2004 年集团的主要工作目标是:企业管理从系统到项目进一步规范;努力强化施工组织和手段,提高生产能力,确保合同履行;股份上市准备充分,条件具备;“三项制度”改革进一步深化,主辅分离工作取得实质性进展;技术开发、工法开发取得新成果,TBM 技术实现创新,过江隧道泥水盾构施工技术取得突破;加快实施资本运营战略,企业经营生产呈现新局面;文化建设完成框架,队伍建设逐步专业化。

2004 年经营生产主要指标——

1.全集团新签合同额 68 亿元,其中新签施工合同额 55 亿元,多经新签合同额 13 亿元。新签施工合同额分劈如下:

股份公司	14 亿元	京 隧 建	1.5 亿元
二处	10.5 亿元	第一工程处	6 亿元
三处	11.5 亿元	北京分公司	4.5 亿元
四处	6 亿元	宁波分公司	1 亿元

2.全集团营业额 53.5 亿元,其中施工营业额 41.5 亿元,力争 43 亿元,多经营业额 12 亿元。施工营业额分劈如下:

股份公司	12 亿元	京 隧 建	0.5 亿元
二处	8 亿元(力争 9 亿元)	第一工程处	4.3 亿元
三处	9.5 亿元(力争 10 亿元)	北京分公司	2.7 亿元
四处	4 亿元	宁波分公司	0.5 亿元

3.实现利润总额 3300 万元,其中集团公司 1000 万元;

4.工程成本降低率 7.5%以上;

5.员工收入随经营生产发展相应增长;

6.工程质量一次验收合格率 100%,优良率 90%以上(或满足顾客需求),杜绝重大质量事故;因工死亡率 0.15‰以下,重伤率 0.5‰以下。

三　2004 年重点工作部署

(一)努力适应市场,切实提高经营水平

1.追踪重点项目,增强经营工作的针对性。铁路项目是今年经营工作的重中之重,重点要追踪宜万线内资标二期及外资标、北京至北京西地下直径线、浦东铁路、温福铁路、洛湛通道南段、京沪高速铁路、武汉至广州客运专线、郑州至西安客运专线等。公路项目今年仍是集团经营工作的重点,主要项目有西安至安康、三明至泉州、芜湖至铜陵、安庆至六安、厦门至同安东通道、阳城至侯马、上海至武威公路河南段、珲春至吉林公路等。地铁项目主要集中在北京、上海、广州、沈阳、杭州、苏州、成都等地,我们要把工作提前做好。市政重点是厦门东通道海底隧道及西出口工程、上海中环线越江隧道等项目,经营准备工作要做到位。水电要抓好南水北调穿黄工程、溪洛渡水电站导流洞、甘肃引洮供水工程等项目的信息追踪。外经要重点做好伊朗德黑兰地铁四号线、拉夫桑加输水隧道、巴基斯坦铁路隧道项目的投(议)标组织、

技术和商务准备，力争获得实质性突破。

2.超前做好公关，创造经营工作良好氛围。要认真研究甲方、研究对手，抓紧建立专家信息库、建设单位通讯录和竞争对手档案，动态掌握有关情况。各施工单位、各片区都要建立健全公关信息网，集团公司经营部要成为全集团公关信息中心，并使公关信息在集团内共享、畅通、灵敏、准确。与企业生存发展密切相关的经营项目，必须做到精心策划，费用充足，人员到位，责任落实，行动快捷。要提高公关意识和公关水平，为经营投标创造良好的外部环境。

3.加大运作力度，力争在BT项目上取得新成果。目前，要以重庆菜园坝长江大桥、上海市中环南段高架两个项目为重点，深入追踪，充分论证，力争在BT项目上取得新的突破。经营部门要按照建设单位要求做好资审及编标工作，财务部门要积极与有关银行联系，做好融资准备。

4.落实经营制度，提高经营投标工作质量。认真组织做好资格预审和标书编制，切实执行专家会审制度，充分体现标书的专业化水平，充分响应招标文件，坚决杜绝因工作疏漏而失标的现象发生。严格执行投标项目负责制和责任追究制，中标奖励，失误责罚。

（二）强化履约意识，确保完成施工计划

1.新上项目务必做到"一短两快"。认真汲取以往有的项目因前松后紧造成施工被动、被业主亮"黄牌"的深刻教训，新上项目一定要提前搞好项目策划，确保做到筹备短、进场快、形成生产能力快。

2.在建项目努力实现稳产高产。目前在建项目128个，各项目要重视施工方案优化，严格控制节点工期，认真安排、落实计划，确保履约。圆梁山隧道必须充分利用今年旱季，在保证安全和技术措施到位的情况下，树立信心，合理组织，强攻硬上，打好歼灭战。6月20日正洞衬砌要全部完成，并提前做好整体道床施工的技术准备和劳动力资源储备。

青藏铁路23标政治意义重大，外部关系复杂，资源配置要求高，要认真抓好施工组织，严格工程分包管理，要充分利用冬休期做好各项策划，做到复工后迅速形成生产能力，实现9月30日前完成全部工程。乌鞘岭隧道工期压力大，技术复杂，施工难度大，要切实加强现场的协调组织、工序控制和安全质量管理，确保设备正常运转和阶段及总体目标实现。北京地铁5号线05、06标技术风险及难度非常大，施工干扰多，履约要求高。要加强现场管理，认真落实各项管理制度，严格执行施工技术方案。广州地铁小新区间下穿江底，且围岩软硬交互，在江底段作业难度大，要认真做好各项准备和设备管理。厦大区间要加大施工组织管理和协调力度，处理好与地方关系，加强资源配置，确保"8·30"总工期。重庆过江隧道施工难度大，工期要求紧，业主期望高。必须抓紧盾构组装调试，尽快投入使用，确保6月20日完成盾构掘进施工，10月底工程竣工。大伙房输水工程水文地质复杂，工程规模巨大，进度要求高，要合理安排工期，加强管理，搞好文明施工和环保、水保工作，认真做好TBM在新乡的组装调试，确保第一家进场、第一家实施掘进。户洋公路要坚持施工标准，严肃作业纪律，狠抓工序衔接，确保隧道二次衬砌和路基年底完工。常张高速公路20标工期十分紧张，安全压力大，要高标准、严要求做好制梁、架梁工作，确保年内标段主体工程完工；10B标点多面广，工期压力大，标段控制工程星旗高架桥要加大现场安全质量监控力度，合理组织，确保年内完工。南友公路要增强市场意识，理顺与业主和协作方的关系，加大现场指挥力度，加强对分包队伍的管理和控制，确保完成年度计划。

3.收尾项目抓紧做好验工清算。今年集团收尾项目有46个,各单位要高度重视,制订计划,指定专人,落实责任,抓紧收尾项目的验工清算,确保项目效益最大化。

4.积极筹备,上快上好伊朗高速公路项目。尽快与伊方完成技术谈判。尽快完成指导性施工组织设计,做好4月份展开临时工程施工的准备。争取项目资金早日到位,认真与各子公司议标签订分包合同,为工程的大规模展开做好充分准备,打好首战。

5.扭转安全被动局面,保持质量良好势头。严格落实安全质量管理逐级负责制和责任追究制。分管安全质量工作的领导必须实质性到位,切实树立分管领导和安质部门、安质人员的权威和威信。加强安全质量的系统管理,尽快健全专职安检员队伍,各项目专职安检员必须在上半年内全部到位。各单位对安检员的职责履行、待遇、派遣方式都要做出明确规定。加强重点工程安全质量监督检查,坚决查处作业现场"三违"现象,杜绝各类事故的发生。提高安全质量教育培训针对性,注重做好民工及零散用工、特种作业人员岗前培训。项目部和主要生产单位要认真开展危险源的辨识和控制,提高现场危险控制能力和突发事故应变能力。

(三)加大科研力度,大力发展技术优势

1.保证科研开发的充分投入。2004年集团科研项目计划投入1770万元,其中集团公司本部投入600万元,项目自筹和单位自筹1170万元,确保重点科研项目资金落实到位。

2.加强技术创新和科研攻关。大力加强盾构研发,确保年内第一台盾构样机联合制造、组装调试成功,同时做好专利申报工作。结合在广州地铁大汉区间、南京地铁TA15标、杭州解放路延伸工程等已取得实效的科研项目,加速科研成果总结和技术创新。加强对圆梁山隧道高压富水岩溶区施工、乌鞘岭隧道竖井快速施工、北京地铁五号线05、06标浅埋大跨车站隧道下穿既有线和民房安全施工、城陵矶和重庆越江隧道泥水盾构施工、大伙房输水隧洞TBM施工等重难新工程的科研攻关和技术咨询,发挥科研工作的超前指导和攻关保障作用,保证工程项目安全顺利进展。

3.加大工法开发力度。2004年计划安排新开和延续工法开发项目30项,计划完成企业级工法10项,组织申报省部级工法9项,力争申报能够反映集团技术实力、代表国家水平,且具有市场开发前景的国家级工法2项。

(四)加强组织领导,全面深化企业改革

1.争取股份公司早日上市。要把上市作为"全集团的第一要务",把思想统一到"一切为了上市"上来。集团内部业务和利益的调整,必须服从上市大局,集团其他单位不得再经营股份公司的主营业务。严格落实责任,集团公司企划、经营、财务等有关部门要积极做好政策支持、督办指导、信息沟通、组织协调及经济关系调整工作,确保3月底前完成有关项目的合同主体变更手续,谁误事谁负责。

2.积极推进主辅分离。2004年主辅分离要取得实质性进展。对效益看好、有市场、有发展前景的辅业单位,逐步进行公司制改造,其余予以关闭或出售。同时清理对企业经营绩效无足轻重但企业却承担潜在风险的主业小公司,使其规范运作。建立相对独立、完善的社会事业管理运行机制,逐步完善养老、工伤、医疗、失业等保险业务向地方有关机构的移交手续。加强与地方政府的沟通,待条件成熟后逐步将医院、学校移交地方。积极推进物业管理中心、生活服务中心公司化进程。目前,应通过引入竞争机制,逐步减少并最终取消企业补贴。

3.深化“三项制度”改革。深化人事制度改革。实行评聘分开，严格按岗位设置标准聘用人员，逐步实现公开招聘。向项目下放用人权，项目部人员除项目班子成员和财务主管外由项目经理行使聘用权。重视大中专毕业生的现场实践锻炼，全面追踪，重点培养，大胆使用。

深化用工制度改革。调整内部劳动组织结构，逐步将专业施工能力较差的“工程队”转化为劳务公司。规范混岗民工管理，降低用工成本。

深化分配制度改革。打破项目间平均主义的分配形式，下放工资分配权给项目。机关实行浮动岗位等级工资制和年度全员考评制。改变二级机构工资分配与公司机关挂钩的问题。以市场为导向，改变经营人员只奖不罚的局面。完善有突出贡献科技人员的奖励办法。

4.努力实施机构精简。抓紧组织调研，依据市场要求和企业经营生产需要梳理企业职能，参照总公司新增“工程局”的机关规模，整合机关，分离二级机构，精减管服人员，实现机关的精干高效。根据总公司统一部署，稳步推进公安系统改制工作，确保年内集团各级公安机关按照新的管理方式和工作机制运转。

（五）狠抓工作落实，大力加强管理

经营生产规模的快速扩张，对我们的管理能力提出了非常高的要求。我们决不能陶醉于所取得的成绩，必须勇敢地正视我们在管理上存在的问题，这些问题不解决，将严重制约企业的发展壮大。如：有的单位管理思路不清、方法不当，抓不住主要矛盾，致使企业发展滞缓，问题越积越多；有的单位抓管理缺乏全面、统筹考虑，顾此失彼，“按下葫芦浮起瓢”；有的单位在项目管理上过分依赖外部队伍，甚至以包代管，造成效益严重流失，且存在极大风险；有的项目管理层次多，管服人员膨胀，吃效益现象严重；有的单位明明有足够的任务量，可就是不能严格按计划执行，履约能力差；有的单位明明知道设备能力不足，可就是舍不得在设备购置和大修上投入，造成恶性循环，生产能力日渐衰弱；有的单位安全会议经常开，文件规定也不少，但各类安全事故仍一再发生，就连项目上的专职安全员都落实不了；资金上缴的道理，大会小会都在讲，大账小账都在算，但就是保证不了现款上缴。以上种种问题，非常令人担忧，其症结突出集中在“不落实”上。我们必须以铁的组织纪律、雷厉风行的工作作风、真抓实干的工作态度，坚决、彻底铲除“不落实”这一顽症。

1.坚决保证计划落实。集团上下都要努力提高计划的科学性、合理性，维护计划的严肃性、权威性。对经营生产计划、财务收支计划、设备购置与大修计划等都要全面、严格、认真执行，层层分解指标，将责任落到实处。在抓落实上，要大力加强监督检查、执法监察，建立强有力的约束机制和控制手段，发现问题及时采取措施。对计划完成情况的考核要制订有力的措施，严格奖惩兑现。各单位、有关部门要在增强约束、控制能力上狠下功夫，不搞花架子，不搞形式主义，认认真真、扎扎实实，切实扭转执行与计划脱节的现象。

2.切实改进和加强项目管理。各单位、各项目部要严格认真执行集团公司关于项目管理的有关规定，项目部、项目经理要切实提高认识，履行职责，牢记“委托”，不辱使命。今年，将全面推行项目管理绩效考核，着力加强项目资源配置，项目经理要履行好所赋予的职权。在项目形式上，要根据形势的变化和发展的需要认真研究，不断改进和完善。

3.全面加强系统管理。加强资金和成本管理。加大资金的收缴力度，严格执行现金上缴考核制度。对项目部要建立多缴多奖、欠缴处罚的制度。对B类项目实行子分公司总经理、项目经理现款上缴联保责任制，对完不成上缴的，除采取经济处罚外，还要采取果断的组织措施。要派出专职或兼职财务人员负责资金的收缴工作，把该收的资金坚决收上来。为适应新的会计制度，今年对项目实施按验工比率及时上缴资金的管理办法，各单位、各项目要严格执行。继续采取措施催收应收账款及各种保函、垫付资金。继续深入推行责任成本，总结推广成功经验，严格按照分劈的概预算层层编制下达责任成本。第一管理者和技术主管作为责任成本的责任人，要切实负起责任。严格执行工程项目亏损预警反应管理办法，努力减少亏损项目。

改进机械和物资管理。要认真抓好设备、物资管理规则的贯彻执行。进一步做好现场调研，认真制定能够适应系统正常运行和企业发展的装备规划。正确处理购置与租赁的关系，加大常规专用设备投资，保证必要的设备新度系数，抓好施工设备的配套优化。充分重视设备大修工作，确保大修计划完成和大修质量过硬。加大对TBM、盾构施工项目的现场管理力度，对潜在的问题要制定出预案，确保项目的顺利进行。进一步探索集团物资采购供应方式，狠抓材料成本管理，努力降低材料采购成本。

抓好合同管理。要在强化合同管理意识、充实管理力量、提高管理人员素质的基础上，建立健全合同履约动态管理体系和风险预警防范机制。要继续加大二次经营力度，力争在利润空间日益狭小的情况下获取较好的收益。进一步理顺内部经济关系，解决处理好内部利益分配。

规范分包管理。坚决扭转对分包管理规定执行不严、监督不力和个人行为严重的被动局面。对分包队伍要严格“三证”审查，注重业绩和信誉，严禁使用列入黑名单的包工队。加大监督检查力度，狠刹个人行为，对敢于顶风作案、以身试法人员，坚决、严肃查处，坚决给予处罚，决不手软。

4.抓好一体化管理体系运行。进一步提高对贯标工作重要性的认识，着重加强过程控制。加大环境保护、职业健康安全方面投入，切实改善现场管理。抓好内部审核，确保按计划顺利通过环境、健康安全体系认证审核和质量体系监督审核。年内要把施工分公司纳入集团公司一体化管理体系，同时各施工子公司要处理好与集团公司管理体系的接口，力争与集团公司体系认证和审核工作同步、协调推进。

5.加快网络化办公进程。加快实现办公无纸化、信息化、网络化，提高办公效率，节约办公经费。加强网管员培训，努力提高网络化办公整体水平。各级领导干部应增强现代化办公意识，带头学好用好网络。计划从下半年开始在集团内全面推行网络化办公，除特定文件、涉密文件外一律实行网络传送。

（六）落实“以人为本”，加强企业文化和员工队伍建设

1.深入推进企业文化建设。重点抓好MI手册宣贯和BI手册编写，构建集团企业文化建设的整体框架。大力开展企业核心理念和单项理念的宣传和贯彻，使之真正深入人心，增强员工的价值认同感和作为中隧员工的光荣感、自豪感。

2.全面加强队伍建设。根据企业发展需要，积极推进专业化公司建设，大力增强专业施工能力。严格实行全员持证上岗，认真组织好建造师考试取证工作，切实改变项目经理、总工匮乏的不利局面。加快企业急需人才的引进，今年计划招收大中专毕业生660人。加强对初级管理人员专业技能培训，抓好专业技术人员继续教育，不断提高员工素质和水平。

3.努力提高员工生活水平。随着企业的发展和效益的增长，使员工收入水平相应增长，让广大员工能够充分分享企业发展成果。落实离休干部的政治、生活待遇，关注退休、内退和下岗人员的实际困难，做好再就业安置工作。推进住房制度改革，探索符合集团特色的货币化分房办法。加大各项社会保险费的征缴力度，确保按时足额上缴，同时努力推进退休人员社会化管理。抓好非典和禽流感预防等医疗防疫工作，加强治安综合治理，积极开展“三工”建设和职工体育活动，为员工创造健康、安全、和谐、文明的生产生活环境。

求真务实　改革创新
为企业持续健康发展提供政治保证

——在中铁隧道集团首届三次职代会、2004年工作会议暨集团公司首届四次员工持股会代表会议上的讲话(摘要)

2004年2月26日

林 万 里

一　2003年政治工作的回顾与总结

2003年，各级党组织坚持以“三个代表”重要思想为指导，深入学习党的十六届三中全会精神，紧紧抓住发展这个执政兴国的第一要务，认真贯彻“落实五个通过，做到五个体现”的政治工作基本思路，紧密围绕经营生产中心，扎实推进五项重点建设，有力地促进了经营生产，使企业改革发展和政治工作取得了长足进步。

(一)高度重视，强化领导，“非典”预防取得全局性胜利。从4月至7月，面对“非典”疫情蔓延的严峻形势，集团公司党委认真贯彻党中央、国务院的通知精神，把防治“非典”作为首要政治任务和头等大事来抓。及时成立领导小组，下发紧急通知，层层建立日报告和零报告制度；及时调整工作安排，果断中止大型会议活动，严格控制员工出差，暂停员工探亲和家属反探亲；严格执行防范措施，加强对外来人员和流动人口的管理；划拨专项资金免费为员工购买口罩和预防中药，定期对办公场所、生活区进行消毒；坚持一手抓“非典”防治，一手抓经济建设，利用一切有效手段，加强对重难点工程的督促指导；克服工点散布重点疫区、人员流动频繁等诸多困难，取得了全集团无一人感染“非典”的非凡成绩，确保了经营生产的正常秩序和稳步发展。

(二)围绕发展，强化研讨，思想作风建设有了新加强。组织广大员工收听收看全国人大政协“两会”、党的十六届三中全会实况转播，组织洛阳地区、新乡地区员工聆听总公司实践“三个代表”先进人物事迹报告，召开集团公司党委政治工作会议、各单位党委书记会议，学习传达上级文件，用十六届三中全会精神武装头脑。坚持每季度至少集中研讨一次、一次一个专题，以胡锦涛总书记“七·一”讲话、十六届三中全会决定等为主题，组织中心组集中研讨5次，累计15天。2次邀请北京海通证券公司项目经理张刚、北京大成律师事务所于绪刚博士就股份公司上市进行专题辅导，围绕规避同业竞争、减少关联交易展开学习研讨。先后召开“坚持和发扬党的艰苦奋斗优良作风”专题民主生活会和以“三学习、三对照、三检查”为主题的年终民主生活会。针对上半年现场管理和队伍建设存在的问题，部署开展以强化市场意识、发展意识、责任意识为主要内容的“爱岗敬业促发展”主题教育活动。开展机关部(处)长系列讲座10讲，以加强机关部门之间的业务交流，推动机关业务建设。

(三)深化改革，强化管理，员工队伍建设取得新成绩。2次对主要经营生产单位领导班子进行考察考核，按照“政绩突出、群众公认”的原则，先后对14个单位的56名班子成员进行调整交流，优升劣降，其中免职2人，降职1人，除名1人，诫勉1人。重新修订“五好班子”考评办法，将法人治理结构运转情况作为主要考评内容。组织调查组对10个主要经营生产单位开展“全员素质工程”活动情况进行调研，印发《关于“全员素质工程”教育活动调研情况的报告》，以推动活动的深入开展。对1998年以来专业技术人员的流失情况进行专题调研，制订《中铁隧道集团内部人才流动管理办法》。召开集团干部人事工作会议，制订《关于进一步做好专业技术人员稳定工作的意见》和《中铁隧道集团人才培养推荐工作办法》。集团公司共举办各类培训班28期，培训794人次，委外培训609人次。

(四)完善制度，强化指导，基层组织建设有了新提高。明确各A类项目部党工委接受所在片区指挥部党工委的领导，各B类项目部党工委同时接受集团公司片区指挥部党工委和施工单位党委的双重领导，进一步理顺集团公司党委、片区指挥部党工委和各项目部党组织的关系。制定下发《中铁隧道集团公司工程指挥部(项目部)党工委工作实施细则》、《中铁隧道集团工程项目部党支部工作实施细则》和《中铁隧道集团基层党支部考核办法》，并对主要经营生产单位贯彻落实情况进行督导。坚持党支部“达标升级”和党员“创岗建区”活动不换镜头，组织开展“圆梁山中党旗红”、“藏北高原党旗红”、“黄延线上立新功”等主题活动，动员广大党员围绕安全、质量、工期、效益，争做管理能人，争做技术标兵，争做降耗能手，争做劳动模范。确定股份公司隧道四公司党总支、二处九分公司黄延党支部为集团项目党建示范党支部。积极推行发展党员公示制，全年共发展新党员230名，其中2名是在抗击“非典”斗争中表现突出的医务工作者。在圆梁山、乌鞘岭隧道施工困难时，向参建党员发出慰问信，号召大家迎难而上、攻坚克险、奋勇拼搏，发挥党员的先锋模范作用。组织开展“树组工干部形象”教育活动，举办2期党支部书记培训班和2期党委业务培训班，培训专兼职党支部书记61人、政工干部60人。

(五)突出主题，强化教育，党风廉政建设取得新进步。在各级领导干部中开展“坚持和发扬党的艰苦奋斗优良作风”主题教育和“向郑培民同志学习”活动，重温毛泽东同志“两个务必”的教诲。制定《中铁隧道集团工程分包违纪处理暂行规定》，下发《工程指挥部(项目部)党风廉政建设责任制》和《工程项目廉政合同》范本，指导项目部加强廉政建设。召开集团“双清”工作会议，将“双清”纳入子(分)公司主要经营管理者绩效考核体系，与纪检监察相结合，以清促查，以查促清，全年全集团累计收回各类外欠应收账款525笔，资金4.5亿元，提前4个月完成总公司下达的考核指标。制定《中铁隧道集团工程分包违纪处理暂行规定》，对工程指挥部(项目部)工程分包、物资采购、劳务队伍使用、资金管理等“热点”问题进行专项执法监察,共查出问题72个,纠正59个,处理43人,罚款13万余元,挽回损失209.6万元。下发《中铁隧道集团有限公司监事会工作细则》、《中铁隧道集团监察审计协会工作制度》、《中铁隧道集团有限公司案件查办工作督查试行办法》。加大对重大亏损项目的审计和主要责任人的查处力度,对重大失职、渎职人员以及侵害企业利益的人员坚决追究责任。全年全集团共受理各类举报61件,摸排线索、初查核实25件,立案9件,结案5件。党纪处分3人,政纪处分7人,党纪政纪双重处分3人。

(六)系统规划,强化规范,企业文化建设有了新发展。深入开展企业文化宣传教育,邀请青岛大学陈德耀、葛树荣教授做《海尔再造——海尔文化的启示》和《转变观念,调整心态,应对挑战》的专题报告,组织收看《海尔经验》系列录像。按照企业文化建设“三步走”规划和三年三部书的目标,在2002年编制《中铁隧道集团企业VI识别手册》的基础上,编制完成《中铁隧道集团企业MI识别手册》。制定下发《关于规范施工现场企业形象宣传工作的通知》、《中铁隧道集团新闻宣传工作管理办法》。统一制作集团旗帜、胸徽,加强对基层单位贯彻落实VI手册的检查指导,初步实现了集团标识的统一化、规范化。按照“企业品牌共创,无形资产共享”的指导思想,发挥集团整体优势,适时组织战役性报道,全年共在中央级媒体发稿286篇,省部级媒体发稿157篇。《隧道工人》连续11年被评为河南省优秀企业报,并获2003年度“特别优秀报刊”荣誉称号。

(七)加强领导,热情支持,党的群众工作展示新作为。集团公司党委注重加强对群众工作的领导,热情支持工会、共青团组织依法独立自主地开展工作。坚持每月听取工作情况汇报,对重点工作提出要求。及时与行政、基层单位沟通,协调解决工作中遇到的问题,在机构设置、经费收取和活动组织上给予帮助指导。集团公司被评为河南省“厂务公开工作先进集体”,并第一次荣获河南省“五一劳动奖状”。集团公司工会获河南省“模范职工之家”称号。各级共青团组织紧贴中心开展工作,共有3个团组织获“全国五四红旗团支部”等荣誉称号,创省部级青年文明号5个。

此外,公安保卫、综合治理、政研会、统战、信访、老协、关工委等工作也都取得了新成绩。

回顾总结一年来的工作,有五点经验体会值得我们在今后的工作中坚持和发扬:

首先,坚持改革创新,是改进党建思想政治工作的生命源泉。随着改革的深入,党建思想政治工作面临着前所未有的新挑战。只有以“三个有利于”为根本评判标准,积极适应公司制法人治理结构的要求,大胆探索,勇于实践,努力实现政治工作从理念到机制、从内容到方法的创新发展,切实改进党组织发挥作用的方式,政治工作才有生命力。

其次,坚持求真务实,是强化党建思想政治工作的威力所在。党建思想政治工作相对经营生产是虚功,但虚功要实做。只有坚持实事求是,善于将上级普遍性要求同本单位特殊性实际结合起来,创造性地抓好落实,抓出实效,将政治优势化作竞争优势,把服务企业改革发展的实际效果作为出发点和落脚点,政治工作才有感召力。

第三,坚持服务发展,是开展党建思想政治工作的中心任务。企业的生存发展是其他一切工作的基础和前提。只有紧密围绕发展第一要务抓党建思想政治工作,把企业改革、发展、稳定的难点作为工作的重点,作为各级党工团组织发挥作用的着力点,将党建思想政治工作真正融入企业管理,化精神动力为生产能力,政治工作才有说服力。

第四，坚持以人为本，是发挥党建思想政治工作作用的有效途径。“政以才治，国以人兴”。企业竞争最根本的是人才的竞争。只有突出人力第一资源，坚持不懈地抓队伍建设，深入开展“全员素质工程”活动，大力营造“四个尊重”的环境氛围，充分发挥广大员工的聪明才智，让一切创造企业财富的源泉充分涌流，政治工作才有凝聚力。

第五，坚持齐抓共管，是构建党建思想政治工作格局的必然选择。减员增效是国有企业与民企、外企同一平台竞争的需要。只有科学整合党政工团资源，按照“双向进入、交叉任职”的要求，真正做到“一岗双责，两手都硬”，目标同向，各展其长，完善党委统一领导、党政共同负责、党政工团齐抓共管的“大政工”格局，政治工作才有战斗力。

在肯定成绩的同时，我们也要清醒地看到工作中存在的不足：一是一些单位不能联系实际执行上级的工作部署，工作浮在表面上，基层一线的思想政治工作作用发挥不够；二是部分员工的市场观念不牢，发展欲望不高，责任意识不强，工作作风不实，管理要求不严，制约了企业的规模扩张和效益提高；三是有的单位对高素质、复合型的政工干部培养选拔重视不够，致使面对“小机构、大政工”的形势要求，部分政工干部的综合素质有待提高。

二　政治工作面临的主要任务和重点工作

2004 年政治工作面临着五个方面的繁重任务：

一是随着经营生产规模的扩张，企业的发展进入了新的关键时期，如何围绕企业发展做文章，引导各级领导班子进一步廓清发展思路，完善发展措施，保持企业持续、快速、健康发展，是我们面临的首要政治任务。

二是随着主辅分离、辅业改制、分流富余人员“二次改革”的实施，涉及员工切身利益的深层次矛盾将会更加突出，如何围绕企业改革做文章，引导广大员工理解、支持、参与改革，确保员工队伍稳定，是我们面临的重要政治任务。

三是随着国有资产监督管理体制的完善，企业经营要由行政式管理向产权式管理转变，如何围绕资产经营做文章，规范法人治理结构运作，提高企业经营管理水平，确保国有资产保值增值，是上级党组织赋予我们的紧要政治任务。

四是随着员工构成、收入、价值观念的多元化，政治工作的对象发生了重大变化，如何围绕队伍建设做文章，将不同身份、知识、价值取向的员工思想意志统一起来，做到心系企业、爱岗敬业，是我们面临的长期政治任务。

五是随着改革的深化，机构精简、人员精干是提高企业经济效益的必然选择，如何围绕机制创新做文章，真正落实“一岗双责，两手都硬”，完善“小机构、大政工”格局，是我们自身建设面临的紧迫政治任务。

2004 年政治工作的指导思想是：**以“三个代表”重要思想为指导，深入学习贯彻党的十六届三中全会精神，抓住发展第一要务，突出人力第一资源，按照“落实五个通过，做到五个体现”的基本工作思路，以改革创新的精神和求真务实的作风，大力加强和改进党建思想政治工作，在完善工作机制、强化基础建设、提高工作实效上取得新进展，为中铁隧道集团深化改革、强化管理、巩固发展、做强做大提供强有力的思想和组织保证。**主要做好以下六个方面的工作：

(一)弘扬联系实际、学以致用的学风,深入学习贯彻党的十六大和十六届三中全会精神

大力倡导善于学习、勤于思考的风气,重点抓好党委中心组和各级领导干部的学习。以《"三个代表"重要思想学习纲要》、党的十六届三中全会决定、全国人大政协十届二次会议精神以及相关政策法律为重点,坚持统一安排与自选内容、分散自学与集中研讨相结合,坚持每季度至少集中一次、一次一个专题,坚持理论联系实际,学以致用,紧密围绕企业改革发展的战略性问题进行深入研讨。

今年的中心组学习研讨要在以下三个方面达成共识:

一是进一步理清发展思路。2005 年 WTO 过渡性条款到期,面对跨国公司和民营企业的夹击,我们必须以非常的紧迫感,抓住本世纪前 20 年国家新一轮经济增长的战略机遇期,努力把自己做强做大。为此首先要弄清楚企业的生存环境是什么,我们的目标市场是什么,扩张的有效途径是什么。要高度警惕思想上不切实际,或因循守旧、盲目自满,或重揽轻管、好大喜功的"大企业病";认真防范工作上浮夸骄躁,或教条主义、照搬照抄,或形式主义、抓而不实的"四不象"病。要积极适应市场,与时俱进,不断修正完善中铁隧道集团的发展观。

二是进一步完善运营战略。要充分认识股改上市对整个集团的积极意义,按要求对同业竞争、关联交易等进行有效规范,争取早日上市融资,解决加快发展的资金"瓶颈"问题。要积极适应建筑市场融资—施工一体化的发展趋势,加强对 BT、BOT 项目运作的研究开发,培养专业人才,迅速提高我们的资本运作能力。要正确评估并积极应对资本运作项目和"走出国门"经营的困难和风险,做到勇于开拓,慎重决策。要高度重视子、分公司发展不平衡的问题,全面履行好出资人职责,推动集团协调发展和资产保值增值。

三是进一步规范企业管理。要按照现代企业制度的要求,完善法人治理结构,规范股东会、董事会、监事会和经营管理者的权责,健全激励约束等各项机制,改进党组织发挥作用的方式。要善于总结,勇于创新,从市场和顾客的需求出发,从强化系统建设和项目管理入手,紧跟市场持续改进,服务现场常改永新,以精细高效的管理,提高企业市场应变和竞争开发能力,推动企业效益增长和综合实力的增强。

好的发展思路必须化作经营战略,就如同理想的火花要付诸实践的行动,而规范和强化管理则是企业永恒的主题。集团公司党委希望各单位党委中心组紧密围绕上述三大课题开展学习研讨,同时希望各级管理人员认真学习集团公司有关计划管理、系统管理、项目管理等方面的文件规章,吃透精神,抓好落实,努力把 2004 年建成中隧集团的改革创新年、求真务实年、管理效益年。

(二)贯彻党管干部、党管人才的原则,加强领导班子和干部队伍建设

1.以法人治理结构换届为契机,加强各级领导班子建设。认真做好集团公司、子公司法人治理结构的换届工作,保证新一届法人治理结构的平稳过渡和协调运转。结合法人治理结构换届,加强对各单位领导班子的考核考察、调整充实,继续深入开展"五好班子"创建活动,强化班子的分工负责和团结协作,增强班子的整体功能。以高级经营管理人员和项目管理人员的考察培养为重点,加强后备干部队伍和项目经理班子建设。

2.把握正确的用人导向,不断完善选贤任能的用人机制。树立"人力资源是第一资源"的理念,把选人用人作为各级党组织"最大的导向"。修订完善《中铁隧道集团中高级管理人员管理考核办法》,积极探索现代企业制度下党管人才的标准、方式和决策程序,逐步推行"票决制”，建立“以业绩论英雄，凭德才定位置”的新机制。坚持“四化”方针，正确处理资历与能力、学历与素质、经历与潜力的关系，防止和克服选人用人上的重直觉轻科学考察、重挑选轻岗位培养的现象，切实发挥党组织考察培养、审核把关作用。

3.建立健全工作制度，加大干部日常教育管理力度。针对当前干部队伍年轻化、高学历的特点，在健全干部述职制度的基础上，探索建立干部考学制度，每年组织以党和国家基本政策法规、企业经营管理知识和集团有关规章制度为主要内容的问卷考试，成绩记入个人档案。引导年轻干部注重党性觉悟、政策水平和廉政观念的提高，注重领导艺术、程序意识和协作精神的养成，注重道德修养、群众观点和民主作风的锤炼。

4.大力弘扬求真务实精神，大兴求真务实之风。组织广大党员干部深入学习贯彻胡锦涛总书记在中纪委三次全会上的重要讲话精神，结合企业实际，不断求企业竞争生存环境之真，务勤俭兴企之实；求强化企业经营管理之真，务加快发展之实；求规范现代企业制度之真，务深化改革之实；求创新企业党建途径之真，务发挥政治优势之实。

5.深入开展“全员素质工程”活动，扎实推进员工队伍建设。贯彻党管人才的原则和“四个留人”的政策，一手抓培养，一手抓引进。加强各类人才信息库建设，抓好《人力资源发展规划》的落实。推行全员持证上岗制度，激励员工参加在职学习，不断提高专业技能，鼓励符合条件的管理人员和专业技术人员进修硕士、博士学位。树立“培训是对员工最大的福利”的理念，强化各类专业知识适应性培训，全面提高员工的岗位技能水平。按照“突出重点、择优选用”的原则，加大毕业生的引进力度，修订见习生管理办法，加强对见习生的跟踪培养。

（三）坚持党要管党、从严治党的方针，加强基层党组织和党员队伍建设

1.加强党委工作制度建设。层层建立和完善下级党组织向上级党组织定期报告工作制度，强化对工作落实的督促检查。积极探索现代企业制度下发挥党组织政治核心作用的新机制、新方法，以上级文件精神为指导，结合本单位实际，制定加强和改进党建思想政治工作的有关决定，明确党组织参与企业重大问题决策的程序和方法，推进党建思想政治工作的制度化、规范化和程序化。

2.继续深化工程项目部党组织建设。把工程项目部党组织建设作为增强党组织凝聚力、战斗力的主阵地来抓，在健全工作体系、建立长效机制上下功夫。深入抓好两个《细则》、一个《办法》的贯彻落实，坚持施工生产与党建思想政治工作同规划、同部署、同检查、同考核。加强对B类项目部党建思想政治工作的管理，督促和指导各子公司抓好Z类项目部党建思想政治工作，并高度重视海外工程项目部党组织建设，保证党建思想政治工作覆盖全员、全过程。

3.夯实基层党支部基础建设。坚持“抓两头，带中间”的工作方法，建立基层党支部联系点制度，加强对党支部的分类指导，及时总结党建工作经验，开展向示范党支部学习活动。按照“政治坚定，品质优良，事业心强，作风民主，能力胜任，知识面宽”的要求，督促抓好对基层党支部书记的选配、考核、管理和培训工作，不断提高党支部书记“两手抓，两手都要硬”的工作能力。

4.培育过硬党员队伍。按照上级党组织的统一部署，积极做好“保持共产党员先进性教育”活动的调研准备工作。建立健全党建网络，运用电化手段，推行业务党课，增强党员教育的吸引力和感染力。建立和完善“流动党员证”制度，加强对流动、退养、离退休党员的管理。把增加申请人数、壮大积极分子队伍作为基础工作来抓；以专业技术人员特别是中高级专业技术人员、一线生产骨干为重点对象，加大力度，确保全年发展新党员210名以上；严格发展程序，规范公示制度，确保新党员质量。

5.以“学一流技能、创一流业绩、带一流班组”为主题，深化党员“创岗建区”活动。引导广大党员树立“好党员首先应是好员工，先进性体现在工作中”的意识，积极投身“全员素质工程”活动，成为各个领域的行家里手，拿出真本事干出好业绩，为广大员工做出榜样，使党员的先锋模范作用不仅表现在思想上，更要表现在工作中。

（四）适应深化改革、加快发展的形势，切实加强和改进思想政治工作

1.全面实施形象识别系统（VI），大力宣贯理念识别系统（MI），科学规范行为识别系统（BI）。把建设企业先进文化作为固企业生存之本、强企业发展之基、筑企业兴旺之魂的大事来抓。深入开展以企业目标、精神、理念、宗旨、使命为核心内容的理念识别系统（MI手册）的宣传贯彻工作，统一员工思想，集中员工意志，促进企业发展。加紧进行集团公司、各子公司行为识别系统（BI手册）的设计、整合工作，年内结集发布，对员工行为、礼仪进行规范。以工程项目为重点，加强工作督促检查，全面落实集团形象识别系统（VI手册），规范现场宣传，提升企业形象。

2.以召开项目党建思想政治工作现场会为契机，强化改革发展稳定中的思想政治工作。深入开展以主辅分离、辅业改制、分流富余人员“二次改革”为重点的改革教育，抓住重、难、热点问题，认真做好思想工作，引导广大员工理解、支持、参与改革，确保各项改革措施的顺利推进。继续深化“爱岗敬业促发展”主题教育活动，引导广大员工进一步解放思想、更新观念，以高度的市场意识、发展意识和责任意识，努力干好在建，确保安全质量，争创最佳效益。坚持把确保员工思想和队伍稳定作为改革发展的前提来抓，加强调研，主动出击，及时准确把握员工动态；全面落实治安综合治理责任制；深入开展同“法轮功”邪教组织的斗争；高度重视军转干部的稳定工作，为企业发展创造稳定的内部环境。

集团公司党委决定二季度召开项目党建思想政治工作现场会，学习传达上级有关文件精神，交流基层党建思想政治工作经验做法，讨论制定加强和改进现场宣传思想工作的指导意见。各单位要深入开展调查研究，积极选树典型、培育经验，做好会议的准备工作。

三季度在全集团范围内开展项目法施工知识竞赛。各级干部、宣传、工会部门和各指挥部、项目部党工委要在认真组织广大员工特别是各级管理人员系统学习集团公司加强项目管理的有关规章制度的基础上，广泛组织参赛，以推动项目法施工管理文件的宣贯落实。

3.进一步扩大对外宣传。服务对外经营，以中央电视台、《人民日报》、《人民铁道》、《中国交通报》、《中国建设报》以及片区经营所在地方媒体为主要目标，各单位、各项目部应指定专人负责对外报道工作，健全新闻网络，进一步加大对外宣传报道力度。全年计划在中央级媒体发稿290篇以上，省部级媒体发稿160篇以上，每月在《中国铁路工程》刊稿10篇以上。

4.提高《隧道工人》的办报质量。认真实践党中央提出的“贴近实际、贴近生活、贴近群众”的要求，加强通讯员队伍建设，在增强指导性、强化时效性、提高可读性和增大信息量上下功夫，更好地服务于企业的经营生产，服务于企业的两个文明建设。

（五）强化立党为公、执政为民的思想，进一步加强党风廉政建设

1.深入学习贯彻《党内监督条例》和《纪律处分条例》。以中纪委三次全会精神为指导，以母、子公司中层以上管理人员为重点对象，认真组织、深入学习、广泛宣传、严格执行《中国共产党党内监督条例(试行)》和《中国共产党纪律处分条例》。加强正面典型示范教育、反面典型警示教育、党纪政纪条规教育,引导广大党员干部对照“为民、务实、清廉”的要求,强化立党为公、执政为民的意识,自觉筑起拒腐防变的“防火墙”。

2.认真落实党风廉政建设责任制。坚持把落实党风廉政建设责任制作为从严治党的基础制度、反腐败工作的基本措施、党风廉政建设的“龙头”工作来抓,进一步完善责任分解、责任考核、责任追究制度。坚持党政主要领导“负总责、亲自抓、做表率”,加强对子公司、分公司、指挥部(项目部)责任制落实情况的考核检查,切实解决责任制落实不到位的问题。

3.继续加大经济案件查处力度。严肃查处在工程分包、物资采购、劳务队伍管理、资金运作中的以权谋私、失职渎职等案件。多方位、多渠道排查案件线索,落实“三定一包”制度,贯彻“二十四字”办案方针,努力提高办案水平。

4.突出抓好执法监察。整合纪检、监察、审计、监事会工作资源,进一步健全监督约束机制。把执法监察作为纪检监察工作的重中之重,紧紧围绕工程分包、合同管理、物资采购、管理效益、安全质量等热点难点问题选题立项。认真执行总公司《执法监察暂行办法》、《执法监察工作制度(试行)》,确保总公司下达的“双清”效能监察任务的完成。认真执行《中铁隧道集团有限公司监事会工作细则》,建立健全监事会各项工作制度,完善程序,履行法人治理结构赋予监事会的职责,逐步达到工作的科学化、制度化和规范化。

(六)落实党的依靠方针,改进和加强对群众工作的领导

各级党组织要进一步提高对新时期群众工作重要性的认识,强化依靠职工群众办好企业的思想,切实担负起“总揽全局、协调各方”的责任,大力支持工会、共青团组织依法独立自主创造性地开展工作,及时帮助解决工作中遇到的问题和困难。同时要按现代企业制度要求,积极探索新途径,整合群工资源,发挥好党联系群众的桥梁纽带作用。

各级工会组织要积极适应加快企业改革发展的新形势,深入研究工作环境、对象的变化,围绕党政工作大局,加强自身建设,突出企业特色,实现工作思路、活动方式的创新发展。积极探索现代企业制度下职工民主管理的有效途径,强化对职代会代表和职工(员工持股会)董事监事的培训,提高参政水平,发挥好职代会作用;以项目部为重点,建立健全厂务公开档案,加强督导,推动厂务公开向经营生产管理领域延伸;加强职工业校建设,围绕“全员素质工程”,深入开展“岗位练兵、岗位创新、岗位成才”等活动;全面推行“一法三卡”制度,因地制宜开展社会主义劳动竞赛;扎实推进职工互助合作保险,组织“送温暖”活动;提高职工文化体育活动的品位,满足职工不断增长的精神文化需求。

各级团组织要以服务企业改革发展、服务青年成长成才为宗旨,以创造新成绩、展示新作为、做出新贡献为目标,以求真、求实、求新、求效为方针,大力加强项目团建。坚持一个时期一个重点,扎实开展“每月一本书”、第十四届“青年技能大赛”、创建“青年安全生产示范岗”、评选“十大杰出青年”等活动,开好集团公司第一次团代会,团结带领广大团员青年在企业改革发展中发挥生力军和突击队作用。

在中铁隧道集团第二届科技大会上的讲话

（摘要）

2004年10月27日

刘　辉

一　总公司近期的基本情况

总公司自2001年首届党代会以来，始终秉持“科技兴企”方针，以“把总公司建设成为资本化、多元化、国际化和跨地区、跨行业、跨所有制、跨国经营的大企业大集团”为战略目标，坚持以改革发展和科技进步为动力，以结构调整为主线，以市场开发和控股经营为重点，不断创新体制，转换机制，理顺关系，变革管理，总公司各项工作取得了长足进步。1996年至2003年，企业营业额和新签合同额每年以50亿元的增幅实现了七次大跨越。2003年底，全公司完成营业额715.6亿元，新签合同额1033.8亿元，提前两年实现了总公司第一次党代会提出的“用二至三年时间(即2005年)把总公司建成全国建筑行业龙头企业”的目标。为在国际、国内的市场竞争中抢占新的制高点，总公司2004年根据发展形势，又提出了今后三年的奋斗目标，即：企业营业额突破1000亿元，牢固确立中国建筑业“龙头企业”地位；进入世界企业500强；成为国资委培育的30－50家具有国际竞争力的大公司大企业集团。并在此基础上，实现“两大历史性转变”，即：由传统的国有老企业向现代企业转变，由中国的大企业向具有国际竞争力的大公司大企业集团转变。漫漫征途，总公司正以充满自信和豪情的步伐一步步攀向新的高峰。

今年1～9月份，全公司新签合同额859亿元，为年度计划1005亿元的85.5%，比去年同期增加306亿元，增幅55.3%。其中，大桥局、十局、五局、七局、山桥、二院、三院、设计咨询集团等单位已提前完成年度计划。全公司1～9月份完成企业营业额612.78亿元，为年度计划805亿元的76.1%。其中二院、三院、山桥、宝桥、中海外等单位已超额完成计划，中铁四局、十局、大桥局已接近完成年度计划的90%。

根据今年前九个月的生产经营完成情况，结合当前国内建筑行业竞争趋势来看，中国建筑工程总公司和中国铁道建筑总公司都紧追着我们毫不放松，甚至上半年的营业额一度超过了我们，只要我们稍有疏忽，随时都会丧失辛辛苦苦努力争取来的龙头地位。所以，总公司要想巩固和强化在国内建筑领域的既有地位，把自身打造成一艘坚不可摧的航空母舰，就必须带领所有成员企业，继续对外大力加强市场开发力度，对内强化管理，深挖潜力，根据十六大提出的“用高新技术和先进适用技术改造传统产业”的要求,充分发挥既有优势,以建立完善科技创新体系和提高全员素质为基础,坚持大科技格局,实施“四大”科技创新战略,加大科技创新力度,加速科技成果转化,加快企业产业改造和技术升级,早日把总公司改造成为一个拥有著名品牌和自主知识产权、主业突出、核心竞争力强、具有国际竞争力的特大型企业集团。

二 总公司近期的主要科技工作

总公司提出构建以提高科技实力、增强竞争能力为主题的“大科技”格局以来,科技进步体制和创新机制不断得到发展和完善。在十五初期召开的总公司第二届科技创新大会上,总公司又对“大科技”格局进行了扩展和完善,确定了“十五”期间科技发展规划的指导思想,即:**以“三个代表”重要思想为指导,以实现总公司“分两步走”战略规划为目标,以建立完善科技创新体系和提高全员素质为基础,坚持大科技格局,实施“四大”科技创新战略,加大科技创新力度,加速成果转化,加快企业产业改造和技术升级,把总公司建成拥有著名品牌和自主知识产权、主业突出、核心竞争力强、具有国际竞争力的大型企业集团。**在此基础上提出了科技发展的总体目标,即:**建立和完善适应企业发展的科技创新体系和行之有效的运行机制,全面提高总公司系统的施工、设计、科研、管理水平,在特大桥、特长隧道的设计施工综合技术、地下工程等领域和道岔、钢结构、轨行机械等产品方面,继续保持国内领先水平;在线、桥、隧、电气化等专业关键技术上达到或接近世界先进水平;在管理现代化、信息化、网络化、科学化方面有显著提高。**

总公司根据科技发展的指导思想和总体任务,近年来紧紧抓住高速铁路、高原铁路、城市地铁轨道交通、大型桥梁、长大隧道、电气化铁路等十大重点领域和关键技术开展科技攻关,不断推进和完善领先创新、品牌发展、联合开发和专利保护四大技术创新战略,广泛应用新技术、新工艺、新材料和新设备,依靠科技创新提高企业施工技术水平,科技领域的各项工作取得显著成效。自 2001 年以来,总公司系统新开科研项目 1551 项,科研投入 66158 万元。承担国家科技部社会公益研究专项资金项目和国家科研院所技术开发研究专项 5 项,国家“863”计划项目 1 项。主持或参与铁道部科研开发计划项目 118 项。通过省部级鉴定或评审 94 项,总公司及各单位自行评审和验收 400 多项;获国家级科技进步奖 4 项,获省部级科技进步奖 71 项。开发企业级工法 170 项,其中 43 项被评为部级(国家二级)工法,国家一级工法 12 项。有 12 项成果获国家专利。通过科技攻关,促进了企业的科技进步,提高了企业技术管理水平,建成了一系列精品工程,大大提高了总公司的知名度,使总公司在大跨桥梁设计和修建、长大隧道施工、一次铺设跨区间无缝线路施工、电气化铁路设计和施工、大号码道岔制造等方面继续居于国内领先水平,部分已经达到国际先进水平。总公司系统的科技进步主要体现在以下几个主要领域:

——在高速铁路修建技术方面,围绕高速铁路软土路基及路桥过渡段施工、大吨位箱梁预制、运输和架设、桥位现浇施工、一次铺设跨区间无缝线路施工、大号码道岔铺设以及牵引供电施工工艺进行的各项科研工作进展顺利。研制的高速铁路大吨位架桥机、造桥机、大号码道岔、轨道车、探伤车、无缝线路长轨条铺轨机组、焊轨机组以及大号码道岔铺设设备取得阶段性成果。

——在高原冻土施工技术方面，围绕三大技术难题，开展了隧道喷射混凝土、施工通风、隔热保温施工工艺、衬砌混凝土灌注工艺、桥梁旋挖钻机干法成孔技术、低温早强耐久混凝土施工、铺架施工工艺及装备、机械设备低温起动、提高机械作业效率等关键技术研究，完成了《青藏铁路高原高寒地区铺架施工关键技术研究》、《高原多年冻土区桥涵与混凝土施工技术研究》、《高原多年冻土区隧道施工技术研究》等多项成果，填补了国内高原铺架技术上的空白，其综合水平达到国际领先水平。

——在城市地铁和轨道交通施工技术方面，重庆轻轨"繁花城区浅埋硬岩超大断面地下车站隧道施工技术"、深圳地铁国贸－老街区间单洞双层隧道施工研究的桩基主动托换技术、汕头 LPG 工程"大型地下水封式液化石油气储藏洞库修建技术"等一系列技术达到了地铁和轻轨施工的国内领先水平。自行研制的 AMS60 集装箱式移动焊轨机、"PG16 型城市轻轨铺轨机"、"跨座式单轨 PC 轨道梁运架设备"等一系列轻轨和地铁施工装备也填补了国内多项空白，具有良好的市场前景。

——在桥梁工程修建技术方面，为上海东海大桥制造的跨度 70 米、重达 2015 吨的简支箱梁现已批量生产，为此而研制的最大起升重量 2500 吨的"小天鹅"号起重船运转良好。水柏铁路北盘江大桥主跨为 236 米上承式 X 形钢管混凝土拱，标志着我国在大跨度铁路钢管混凝土拱桥施工方面取得了新的突破。北京五环石景山南站高架斜拉桥主桥为长 166.7 米的四跨连续箱梁独塔斜拉桥，每根索的张力达 1000 吨，居国内第一，该高架转体斜拉桥转体 14000 吨的重量，在亚洲同类桥梁中居首位。

——在隧道修建技术方面，主要以我们中铁隧道集团所参与的多项国家重点建设工程为主，在山岭隧道施工、盾构和 TBM 隧道施工技术、沉埋管隧道施工和海底隧道施工等诸多方面都达到了国内领先、世界一流的技术水平，我在这里不再展开叙述。

——在电气化铁路修建技术方面，在秦沈客运专线施工中率先提出了 SEI 列控联锁一体化系统施工技术标准，填补了国内信号施工技术领域的空白。结合京郑电气化和地铁施工研制出的 DZ1 型电气化接触网作业车，提供了电气化铁路和地铁小限界接触网施工的专用新型设备。为重庆轻轨的电气化施工研制的 KZQ 型跨座式单轨施工作业车，解决了在单轨上进行电气化施工的技术难题，属国内首创。结合广深三线、上海地铁二号线、神朔线电气化施工研制的新型环型等径(锥形)预应力混凝土接触网支柱，居国内领先水平。

此外，在机械装备研制、房建施工技术和信息化建设领域，总公司的科研工作也取得了很大成就。通过一系列科技攻关和举措，大大提高了总公司系统的施工、设计、科研和管理水平，确保了总公司在线路、路基、桥梁等领域和道岔、钢结构、轨行机械等产品方面继续保持国内领先水平，在线、桥、隧、电气化等专业关键技术上达到或接近世界先进水平。

三　对中铁隧道集团科技工作的认识和评价

中铁隧道集团自 1999 年制定五年科技发展规划以来，始终秉持"国内领先，世界知名"的科技发展总目标，广大科技人员在集团领导的高度重视下，积极开展科技攻关活动，紧跟国际国内先进技术发展动态不断开拓创新，在隧道及地下工程勘测设计和施工技术领域取得了一系列的重大突破，以国家"863"计划盾构机研制为代表的 10 多项先进技术的攻克，使得中铁隧道集团以绝对优势走在了国内隧道施工技术的前列，实现了企业由劳动密集型向技术密集型转变的飞跃。在传统的山岭隧道钻爆法施工技术领域，无论单线还是双线长大隧道，中铁隧道集团的技术能力和水平始终处于国内领先地位，以秦岭隧道、圆梁山隧道和乌鞘岭隧道为载体取得的多项隧道综合配套技术代表着国家目前先进的施工能力和水平。此外，在城市地铁和市政地下工程、水利水电工程、海底工程、水底隧道工程等领域，中铁隧道集团也取得了非凡的成就：如大跨度地铁车站、重叠地铁隧道、桩基托换、大型深基坑工程等施工技术成为企业具有核心竞争力的独门绝技。中铁隧道集团已经成为科技进步水平保持国内领先地位、大部分项目接近或达到国际先进水平的中国隧道施工领域的“排头兵”。

在“科技兴企”战略的指引下，中铁隧道集团的科技管理体系逐步完善，科研投入逐年加大，为科技创新和人才培养开辟了广阔空间，取得了多项国家和省部级科研成果和荣誉，成功打造了我国隧道施工领域的著名品牌，极大地提升了中铁隧道集团在国内国际市场上的竞争力。与此同时，中铁隧道集团依靠矩阵式的科技创新组织管理体系和各种配套管理机制，在重大科技攻关和总体科技开发研究项目上有意识地进行科技人才培养，逐步造就了一支政治素质好，业务水平高、结构合理、专业配套、活力倍增的科技创新队伍，为中铁隧道集团的可持续发展奠定了坚实基础。可以说，中铁隧道集团自 1999 年以来的五年取得了世人瞩目的成就，这五年是开拓的五年，是奋进的五年，更是辉煌的五年。

四　对中铁隧道集团今后科技工作的几点意见和建议

21 世纪将是地下空间技术飞速发展的世纪，为我们以隧道施工为主业的中铁隧道集团提供了无限广阔的发展空间，希望中铁隧道集团全体干部职工紧紧抓住这一重要机遇期，继续以科技创新带动企业发展，深化科技体制改革，推进科技进步，加速科技成果向现实生产力转化，实现中铁隧道集团的再一次历史飞跃。周总在主报告中对中铁隧道集团下一个五年科技发展的目标和任务、科技创新的总体思路和重点工作都做了部署，很详细，也很全面，我这里只谈三点意见和建议：

一是贯彻“科技兴企”战略，以科技进步谋求企业发展，为总公司整体目标做出更大贡献。胡锦涛总书记在今年六月份出席中国工程院第七次院士大会时指出：科学技术是经济社会发展的一个重要基础资源，是引领未来发展的主导力量。实现现代化，关键是科学技术现代化。对我们企业而言，科学技术就是企业的生命线，是企业发展的原动力，是企业利润的源泉。事实证明，近年来中国铁路工程总公司之所以实现了连续七次跨越式的发展，就在于我们正确树立了“科技兴企”的发展观，逐步建立和完善了“大科技”的战略格局，通过不断深化企业改革，逐步建立起了以科技经营一体化、科技成果产业化为方向，以提高技术实力、增强市场竞争力为目标、适应市场经济要求的技术创新机制、科技投入资金保障机制、科技成果转化机制和科技激励机制。中铁隧道集团作为工程总公司的核心成员企业，是“大科技”格局的重要载体，其所掌握的盾构隧道修建技术、TBM 隧道修建技术、沉埋管隧道修建技术、海底隧道修建技术、城市轨道交通与市政地下工程及地下空间技术、地下储藏洞库修建技术以及山岭隧道钻爆法修建技术等具有国内领先、世界一流水平的核心技术，不仅仅是中铁隧道集团战无不胜的法宝，也是工程总公司核心竞争力的重要组成部分。我希望中铁隧道集团各级领导干部要从更深的层次上认识科技进步对于集团兴亡的重要性，认识到集团振兴的根本途径在科技，集团发展最深厚的潜力在科技，市场竞争的立身之本、取胜之道也在科技。只有认识到这一点，才能真正把"以科技进步带动企业发展"落实到实际工作当中，才能真正实现中铁隧道集团由劳动密集型企业向技术密集型和智力密集型企业的转变，才能真正验证"科学是第一生产力"的巨大能量，取得更大的企业利润。中铁隧道集团发展壮大了，工程总公司才会"小河有水大河满"，最终形成全公司的规模效应。总公司秦总和石书记在10月份提出的"年底冲击世界五百强"的战略构想，就是希望各成员企业开拓市场，广挖潜力，最大限度地提高企业的整体实力和规模效益。具体到中铁隧道集团来说，就是要以"中铁隧道"品牌中所蕴含的科技实力作为坚强后盾，乘铁路建设新高潮来临的有利时机，积极开拓市场，形成以科技进步推动生产经营，以生产经营促进科技进步的良性发展循环，取得经济效益和科技进步双赢的良好效果，争取超额完成年初制定的生产经营目标，为总公司实现"三大目标、两大历史性转变"作出更大贡献。

二是树立"有所为，有所不为"思想，走专业化建设道路，努力打造中铁隧道集团的核心竞争力。社会化大生产发展到今天，社会分工越来越细致，社会合作越来越密切，社会竞争越来越激烈。这客观上要求我们企业在汹涌的市场经济大潮中必须始终保持清醒头脑，审时度势，在细致的社会分工中找准定位，走特色发展道路，才能在日益激烈的市场竞争中独树一帜，成就伟业。胡锦涛同志在谈科技发展的时候曾强调要坚持"有所为有所不为"的方针，努力在关键领域和若干技术发展前沿掌握核心技术，拥有一批自主知识产权。对我们企业而言，就是要理清思路，找准方向，建设高水平的专业化企业，重点发展一批"人无我有，人有我优"的科技项目，特别要在高水平、原创性方面加强技术创新，形成具有著名品牌和自主知识产权的主导产品和核心技术，提高企业的核心竞争能力。现代企业之间的竞争，归根结底就是企业核心竞争力的竞争，是科技水平的竞争。中铁隧道集团经过数十年的发展壮大，已经形成了集科研、设计、施工、制造四位一体的集团优势，在集团内部形成了比较完整的产业链，在中国隧道施工领域走出了一条独具特色的专业化道路，形成了国内其他同行业无法比拟的核心竞争力。尤其是中铁隧道股份有限公司的成立，标志着中铁隧道集团在走专业化发展，形成产业链中下游的施工、装备研制一体化道路上迈出了突破性的一步。希望中铁隧道集团借助于国家"863"计划的推动，加快中铁隧道股份的融投资步伐，理顺管理关系，加强盾构整机装配调试的能力，培养出一批既懂外语又熟悉专业技术的年青人才，早日研制出具有自主知识产权的TBM和盾构样机并投入生产。也希望中铁隧道集团继续保持这种既有的专业化发展方向，在盾构和TBM隧道施工、沉埋管隧道施工、城市轨道交通与市政地下工程及地下工程施工等领域继续保持国内领先水平，并继续瞄准国内外技术领先水平和先进水平，积极开发具有自主知识产权的新材料、新装备、新技术、新工艺，不断寻求创新和突破，提高企业的竞争力和创新能力。还要进一步提高知识产权的保护意识，加强专利管理，把先进的、科技含量高的施工方法要尽快总结成工法，对重大科技目中的发明创造，要加快专利申请审批速度，促进其尽快形成市场竞争力。

三是建好企业技术中心，健全科研保障机制，培养专家队伍，增强企业发展后劲。国家出台技术中心的政策，是对国有大型企业有力的支持。建立健全企业技术创新体系，关键是建好技术中心。希望中铁隧道集团要根据总公司二级四层技术创新体系的要求，建立和完善中铁隧道集团有限公司技术中心，各子公司作为集团公司技术创新体系的重要组成部分，必须建立健全科技管理机构，形成完整的技术创新体系。要加大科技创新的力度，严格按照国资委"技术中心评价体系指标"和"总公司技术中心管理条例"的要求，在人员、装备、经费等方面充分投入，要按照总公司的要求，逐年加大企业的科技投入，按标准完善运作机制。技术中心要紧密围绕国家重点工程开展前瞻性科技攻关，为中铁隧道集团的长远发展提供雄厚的技术支持。

要加强与高校和科研院所的的联系与合作，坚持"高标准、高起点、高质量"的原则，以科研项目为纽带，广泛领域促进产、学、研相结合，推动企业的技术进步。要建立科研资金保障机制，对重点科研项目、重大施工设备研制、及新产品开发项目要给予重点资助。

在人才培养方面，要以培养院士和大师级专家为目标，消除体制性障碍，为培养目标提供国家重点工程项目作为舞台，凭借企业行为加快院士和大师级专家的选拔培养步伐。要造就一批德才兼备、国际一流的科技创新人才，形成一支高素质的科技创新队伍，特别是要为年轻人才脱颖而出、施展才干提供更大的舞台和更多的机会。要进一步健全科技人才的激励机制，深化收入分配制度改革，充分体现科技人才地创造性劳动价值。

加速科技创新步伐　推进企业快速发展
为实现中铁隧道集团经营生产新突破而努力

——在中铁隧道集团第二届科技大会上的致辞

2004 年 10 月 27 日

周 世 祥

各位领导、各位来宾、同志们：

在集团上下认真学习贯彻党的十六届四中全会精神，集团经营生产不断传来喜讯之际，中铁隧道集团第二届科技大会今天隆重召开了。借此机会，我代表集团全体员工向出席会议的各位领导、各位专家学者、各位来宾表示热烈的欢迎和衷心的感谢，向来自集团施工现场、直属单位、机关部门的科技人员代表、管理骨干代表表示亲切的问候和诚挚的敬意！

这次科技大会，是集团五年一届的科技盛会。会议的主要任务是对集团五年来的科技创新工作进行回顾和总结，对下个五年科技创新规划进行讨论和修改，对当前科技创新工作的重点进行部署。会议的主题是：加速科技创新步伐，推进集团科技水平和综合实力的迅速提升。动员集团各成员单位加大科技创新工作力度，切实把科技创新工作放在先导地位，实现集团高质快速发展。

科技创新是企业进步发展的灵魂，是企业增强核心竞争力、不断提高企业知名度、推动企业经营生产跨台阶的重要手段。集团上个五年规划的实施和建局以来的发展历史表明，集团的历史就是一部科技创新发展史。集团承建的每项工程，无不闪耀着科技创新的光芒，凝聚着隧道和地下工程领域专家、管理人员、技术人员以及广大员工的智慧和辛勤汗水。在施工技术上，从山岭隧道“矿山法”施工到“新奥法”的率先引进、吸收和发展，从城市地铁施工的“大开膛”到“浅埋暗挖法”的首创和推广；在技术装备上，在铁道部、总公司的大力扶持下，率先成功引进和使用四臂台车、门架式台车、TBM、盾构机等世界先进设备。正是有了这些先进的施工技术和装备技术，集团修建了全国最长的铁路双线隧道——衡广复线大瑶山隧道、最长的铁路单线隧道——西康线秦岭隧道；修建了国内当时最长的公路隧道——深圳梧桐山隧道和广渝华蓥山隧道；修建了北京、上海、广州、深圳、南京等地铁工程。通过这些国内瞩目并在世界上具有一定知名度的工程，使集团的专业技术水平总体上达到了国内领先，部分项目接近和达到了国际先进水平。这些先进的技术使集团得到了发展，成为了国家的代表队和排头兵。取得这样的成绩，是河南省、洛阳市、铁道部、中国铁路工程总公司以及专家学者指导、关心和帮助的结果。在此，我代表中铁隧道集团再次表示衷心的感谢！回顾历史，成绩斐然，但这些都只能说明过去。在施工行业激烈竞争和科技迅速发展的今天，集团面临着更加严峻的挑战。要保持国内行业领先地位，实现企业快速发展，必须具有不断超越的自主创新能力及雄厚的科技实力，采用更多的新技术、新工艺、新材料、新设备，才能适应工程难、大、新的发展趋势。从目前集团科技工作的实际看，我们的自主创新能力还比较弱，科技创新体制和运行机制还需要进一步完善，在特长、长大隧道工程的竞争优势并不明显，水下隧道的施工和能力有待进一步加强，暂时领先的专业化装备、配套水平随着市场的迅速发展也已受到严重的挑战。对此，要引起我们的高度重视，切实加强科技创新工作，巩固和拓展集团的专业优势。

首先，要牢固树立科技是第一生产力的思想。企业发展，科技先行。在我国加入 WTO、建筑市场竞争全球化的今天，企业惟一持久的竞争优势，来源于企业持续学习、改进和创新，培育核心技术并以此构筑核心竞争力的能力。各级领导干部，尤其是各单位的第一管理者，要充分认识到企业的科技创新能力是影响和决定一个企业存亡兴衰的战略性因素，把科技进步与创新作为企业管理的重点工作常抓不懈。各单位要紧密结合实际，做到有科技创新规划、有制度保证措施、有检查落实机制，把科技创新工作落到实处，抓出实效。

第二，要瞄准隧道和地下工程技术制高点，取得新突破。坚持“人无我有、人有我优、人优我精”的科学理念，根据企业发展战略、市场需求和行业前景选准课题，把研发的重点放在对企业经营生产和改革发展有影响、有促进的关键技术上，放在提高企业产业化程度及生产水平的项目上。要注意技术的超前研究储备，充分发挥科技工作的先导作用，及时占领隧道和地下工程技术领域的“制高点”。重点组织好 12 项技术攻关：

1. 盾构隧道修建技术，特别是穿越江河的高水压、复杂地层、大断面、长距离盾构隧道设计施工综合技术和城市地铁在复杂环境、复杂地质、长距离、高进度条件下的盾构隧道设计施工综合技术；

2. TBM 隧道修建技术，主要是长距离大断面快速施工综合配套技术；

3. 沉埋管隧道设计修造技术；

4. 海底隧道设计修造技术；

5. 城市地铁、轻轨、市政地下工程设计施工综合技术；

6. 大型地下空间开发技术；

7. 大型地下储气洞室修建技术；

8. 长大深埋复杂隧道，主要是高水压、大埋深、复杂岩溶隧道修建技术；

9. 高速铁路及客运专线修建技术；

10. 地下工程的环境保护技术；

11. 专用配套机械设备的研发，实验检验技术；

12. 勘测设计技术，桥梁、路基综合工程技术。

第三，结合集团重点工程搞好科技攻关和总结推广，提高企业竞争力和综合实力。集团现有各类工程项目165个，1－9月份共完成施工产值31.2亿元，占年度计划的76.5%。部分重难点工程关键节点都取得了突破，施工生产总体态势较好。但是我们对过去一些重点工程遇到技术难关而造成工程进度严重受阻，集团上下背负着进度、安全、企业形象压力的问题至今记忆犹新。因此，要结合集团重点工程加强科技攻关力度，使科技创新工作真正成为企业生产经营的坚实后盾和强大支持。如渝怀线圆梁山隧道岩溶、高水压、瓦斯地区特长隧道修建技术，高水压、富水区帷幕注浆、岩溶地区预测预报及安全施工技术；兰武复线乌鞘岭隧道软弱地质深竖井快速施工技术、岭脊地段复杂应力条件下施工综合技术；徽杭高速公路岭脚特大桥悬臂灌注法施工技术；常张高速公路艰险山区特大型长桥高墩桥梁的施工技术；城陵矶隧道盾构法和矿山法修建城穿越长江隧道综合施工技术；重庆过江隧道泥水盾构施工综合技术；广州地铁小新盾构区间不同盾构机型在软硬交互地层穿越珠江综合施工技术、带压进舱技术；北京地铁五号线05标砂土地层大跨浅埋穿越民房单拱两柱车站隧道暗挖法修建技术、地下工程中光纤监测技术；北京地铁五号线06标隧道变形的远程自动化监测技术；辽宁大伙房水库输水工程大直径敞开式TBM长距离掘进综合施工技术；杭州解放路延伸工程超浅埋近距大跨双洞城市道路隧道修建技术；宜万线新型注浆材料性能综合分析及在隧道施工中的应用等技术问题，要加强总结推广，根据施组适时攻关，推进重点工程实现高质、按时、高效。

第四，加大和确保科技投入。科技投入是推进企业科技创新工作的必要条件和基本保证。2000年至2004年，集团科技创新经费的投入占当年建安产值的比例已出现逐年递增的趋势。为了集团的快速发展，尽管当前资金形势较为紧张，我们仍要加大和确保科技投入，通过科技创新降低成本、缩短工期、提高劳动效率、提升企业经济效益，形成投入产出的良性循环。各单位要合理筹措、安排资金投入，建立科学合理的经费审批和使用制度，确保企业科技发展所需经费、设备投入及科研基础设施建设的需要。

第五，加强科技人才队伍建设。在2004年国家科学技术奖励大会上，温家宝总理指出“经济社会发展要依靠科技，科技进步要依靠创新，科技创新要依靠人才”。从企业来讲，人力资源是企业进步和发展的第一资源，是保障和促进企业持续稳定发展的最活跃、最根本的生产力因素。各单位要形成浓厚的尊重劳动、尊重知识、尊重人才、尊重创造的氛围，积极搭建人才发挥作用、施展抱负的平台，努力创造良好的政策环境、工作环境、学术环境、人际环境和制度环境，使集团上下各类人才创业有机会、干事有平台、发展有空间。各级领导干部要自觉地为各类人才诚心诚意办实事、尽心竭力解难题，切实帮助他们解决干事创业过程中遇到的各种困难和问题，切实做到吸引人才、留住人才、用好人才，开创人才工作的新局面。

随着我国国民经济的发展和城市化进程的加快，隧道和地下工程领域将迎来一个发展的"黄金期"。我们既要对发展专业、开拓市场充满信心，更要对未来所面临的市场竞争和技术挑战有清晰的分析和定位。只有通过不断的科技进步与技术创新，加速产业改造和技术升级，努力形成自己的技术规范和自主知识产权，占领并保持行业中的领先地位，才能在激烈的市场竞争中立于不败之地。

同志们，第二届科技创新大会是集团科技工作的一次重要会议，必将使集团科技创新工作跨上一个新的台阶，必将在集团发展史上产生重大的影响。让我们在以胡锦涛同志为总书记的党中央领导下，高举邓小平理论和"三个代表"重要思想的伟大旗帜，认真贯彻落实十六届四中全会精神，以更加强烈的紧迫感、危机感和高度的历史责任感，真抓实干，攻坚克难，奋发有为，为实现中铁隧道集团的快速发展做出新的更大的贡献！

最后，预祝大会圆满成功。谢谢大家！

在中铁隧道集团第二届科技大会上的总结讲话

（摘要）

2004年10月28日

郭大焕

中铁隧道集团第二届科技大会在大家的共同努力下，历时两天，圆满完成了各项议程，即将落下帷幕。

这次大会得到了铁道部科技司、河南省科技厅、洛阳市委、市政府及有关部门、工程总公司和部分院士、专家的高度重视和大力支持。河南省科技厅祝蕴智副厅长，洛阳市委朱广平副书记、市政府杨萍副市长等亲临大会祝贺并作重要讲话，中国地质、工程界泰斗孙钧院士、卢耀如院士、周丰峻院士专门向大会致了贺辞，工程总公司副总经理、总工程师刘辉同志代表工程总公司参加会议并讲话，通报了中国铁路工程总公司总体发展、科技工作情况，对我集团过去几年的科技发展给予了充分肯定和高度评价，对我集团下步科技创新工作提出了很好的意见和要求。孙钧院士、周丰峻院士、卢耀如院士、王梦恕院士和轩辕啸雯专家、齐景岳专家向与会的科技人员作了极高价值的学术报告。上级领导、院士、专家对我集团的关心重视和支持对与会人员是一个很大的鼓舞和激励，为开好本次大会创造了很好的条件和氛围。在此，我提议让我们再次以热烈的掌声向上级领导、院士专家对中隧集团的支持关爱表示最衷心的感谢！

会上，周振国总工代表集团公司作了主题报告，全面回顾了过去五年中铁隧道集团的科技创新工作，深入分析了当前面临的科技发展形势，提出了今后五年科技创新的目标和任务，明确了加快科技进步与创新步伐的主要措施。与会人员对《集团2005～2009年科技发展规划(草案)》和主题报告等会议文件进行了认真的讨论，大家精神振奋，发言主动踊跃，为集团科技发展大计积极献计献策，提出了很好的意见和建议，内容主要包括以下几个方面：一是应明确“科技兴企”的内涵和外延，进一步巩固集团的专业优势；二是对规划的基础工作、可操作性以及责任和推进的阶段性要求应给予更充分的明确；三是人才培养具体的规划和操作，特别是高端人才的培养问题；四是重视传统技术和装备；五是管理科学问题；六是做精做强再做大；七是核心产业问题；八是科技成果转化和重复研究的问题；九是集团科技大格局和科技经费的投入保证以及科技经费监督使用的问题等等。会后将根据讨论意见对规划修改完善，正式颁布实施。大会对首届科技大会以来涌现出的先进集体和个人、优秀科技成果进行了表彰，先进单位、先进个人在会上进行了经验交流。

总之，这次大会，大家普遍认为层次高，规模大，时机好，主题鲜明，内容丰富，非常务实，收获很大，明确了任务，增强了信心，鼓舞了干劲，是一次科技工作总结大会、动员大会和全集团的发展盛会。我们一定要以这次大会为契机，更进一步强化科技兴企、人才强企意识，进一步加大科技创新工作力度，去创造更多更新的科技成果，促进集团持续快速健康发展。

在此，结合大家提出的意见，我再谈以下三个方面的问题，是说明，也是强调。

一　进一步认识科技进步在企业发展中的地位

党的十六大提出了“加快科技进步，提高科技创新能力和国际竞争能力，应对世界竞争”的要求，党的十六届三中全会进一步明确“提高科技创新能力，实现科技和经济社会发展紧密结合。确立企业技术创新和科技投入的主体地位，为各类企业创新活动提供平等竞争条件。”温家宝总理在今年的政府工作报告中再次强调了“科教兴国”战略和“人才强国”战略。集团20多年来的实践证明：科技创新能力是企业的核心竞争力之关键，兴企业必须兴科技，强实力必须强人才。

科技进步的加速和建筑市场的深入改革，对施工企业采用先进技术、加强科学管理、降低施工成本提出了越来越高的要求。当前，隧道及地下工程向长、大、难、新方向发展，企业面对的国内外强手越来越多，竞争成败越加决定于技术领先和人才优势。如此情势下，除了紧扣市场脉搏，紧跟科学技术脉搏，精心打造技术实力，我们别无选择。俗话说“一招鲜，吃遍天”，这个招对于我们来说就是技术诀窍、是科技本领，必须具有不断超越的自主创新能力，使科技创新真正成为企业的自觉行为，否则，是无法做到“人无我有，人有我优”和“国内领先”的。

二　进一步营造以人才为本促进企业科技创新的良好氛围

要使科技创新真正发挥作用，就要在企业内切实形成促进科技创新的大气候，让落入中隧土壤的每一颗种子都能尽情地开花结果。为此，必须从以下方面营造促进企业科技创新的良好氛围：

一是营造依靠知识、依靠科技、依靠人才的导向氛围，让科技人员成为企业中倍受尊重的群体。要树立人才强企的理念，真正使广大科技人员受到应有的尊重和爱护。要积极培养选树科技典型，引导和激励广大科技人员投身科技生产实践；要进一步加大政策倾斜力度，使科技人员的价值真正得以体现。各单位党政主要领导，要自觉在工作上依靠人才，在生活上关心人才，在感情上爱惜人才，真正做到感情待人、待遇待人、事业待人；要积极主动地为科技工作创造条件，满腔热忱地为科技人员排忧解难；要采取行之有效的措施，进一步提高科技人员在员工队伍中的地位，通过倡导尊重人才、依靠人才的良好风气，使技术岗位成为集团最令人羡慕的岗位，使科技人员成为集团最受人尊崇的群体。

二是营造攻坚克难、甘于奉献、争做贡献的导向氛围，让科技人员成为最能为企业担负重任的群体。当前，企业发展面临着许多亟待解决的技术难题。我们必须形成一种导向，把广大科技人员的思想统一到企业发展上来，把他们的智慧和力量凝聚到攻克技术难题上来。要让攻坚克难成为广大科技人员的自觉行动，集团上下都要大力支持科技工作，为重点项目攻关保驾护航，确保各项重点攻关任务的全面完成。

三是营造热爱科技、潜心钻研、建功立业的导向氛围，让科技人员成为企业中和谐稳定的群体。保持科技队伍的稳定，是科技进步和企业发展的根本所在。近年来，科技人员流失严重，技术进步的动力和实力不足。对此，我们一方面要建立和完善有关激励政策，以调动和保护好广大科技人员钻研技术、事业成才的热情，另一方面要在科技队伍中大力弘扬“爱企、敬业、创新、奉献”精神，引导广大科技人员把对企业的情感和责任意识落实到岗位实践中，把个人的社会价值和现实追求落实到科技攻关中，把个人的远大理想和奋斗目标落实到可持续发展的伟大事业中，积极自觉地爱岗敬业、潜心钻研，进而在企业科技发展中成长成才、建功立业。

四是营造业绩回报、成果重奖、贡献取酬的导向氛围，让科技人员成为企业中的高收入群体。科技人员作为创造性的脑力劳动者，在工作中做出了突出贡献，创造了显著效益，理应得到相应的回报。这符合劳动、资本、技术和管理等生产要素按贡献参与分配的原则，也代表了今后集团薪酬制度改革的方向。今后，只要科技人员干出了成绩，创造了效益，为企业做出了贡献，我们都可以给政治荣誉、经济待遇上的回报。我们相信，在不久的将来，集团广大科技人员通过自己的聪明才智和突出贡献，一定能够成为全集团乃至同行业中令人钦佩的群体。

三　把握好关键问题，进一步提高科技工作水平

（一）落实责任，进一步加强科技工作组织管理

一是落实领导责任。切实加强企业最高领导层对科技创新工作的组织领导，真正做到“第一管理者亲自抓第一生产力”，把科技创新工作当成企业的头等大事和工作要务去抓，不仅要过问到，而且要规划到、检查到、督促到、支持到。重大科技项目的立项实行首席专家和主管领导双负责制度。

二是落实管理责任。要健全集团公司和子、分公司两级科技创新管理体系，进一步加强科管机构力量，配齐配强科管人员，形成以集团公司为核心，各子、分公司、指挥部、项目部共

同参与、协调统一的科技创新工作格局。通过明确管理责任，搞好分工协作，加强过程监控，切实把各项科技创新工作落到实处。

三是落实合同责任。大力实行课题制和主体单位责任制，对课题管理实行责任合同制管理，明确课题的责任单位、责任人，督促其认真履行合同义务，同时应切实尊重其合同权利，严格按合同规定及时拨付资金，充分提高课题人员的积极性和主动性。

（二）重视应用，进一步加快科技新成果的转化

一是要建立促进科研成果转化的激励机制。要实现科研成果向现实生产力的迅速转化，光吆喝是不行的，必须通过合理的机制使科研者及推广者能够从成果转化所取得的效益中受益，以引导和鼓励广大科技人员自觉从事创新技术研究与推广工作。有些地方规定：企事业单位在科技成果转化成功后，应连续 3～5 年从实施该项成果新增留利中按不低于 5%的比例提取，以奖金或股份形式奖励有关科技人员；转让职务科技成果时，应从转让该项成果净收入中，按不低于 20%的比例提取，奖励做出重大贡献的科技人员。这些做法值得我们结合实际加以研究、借鉴。

二是要建立促进科研成果转化的效益机制。科技成果的转化有许多自身因素的制约，如成果水平高低问题、科技成果的适应性、时效性和可操作性问题等等。只有先有了过硬的成果才有可能谈到产业化开发和科技成果的快速转化；只有让使用新科研成果的单位从中尝到甜头，才能让科研成果持续不断地转化为现实生产力。因而，应以成熟、实用、经济效益好及关键技术为重点，列出推广专项经费，鼓励、组织推广。鼓励二次开发和转化，对取得成效的实行奖励。尽快建立技术成果转让的内部市场，积极鼓励成果商品化、产品化，努力实现双赢。

三是要建立促进科研成果转化的“约束”机制。科技兴企是我集团的基本战略，科技领先是我们的“国内领先，世界著名”这个发展目标的基本含义，因而以先进的科研成果武装全集团施工队伍是集团公司和子、分公司的天职。因而在鼓励、激励的同时，还要在某些方面做出强制性规定，如重点工程、窗口工程、招牌工程，要舍得投入，从专业化装备配套水平到施工工艺工法都必须具有突出的科技含量，要讲政治、“爱面子”、顾大局，而不能就事论事、仅仅计较眼前的得失。

（三）精心培育，进一步提高科技队伍整体素质

一要积极引进人才。要通过实事求是的宣传和文化感染，认真做好大学毕业生的引进工作，真正把那些学有所成、富有进取心和吃苦精神的毕业生引进中隧集团。同时，根据经营生产、科研开发的需要，适时从社会引进我们急需的人才、特别是高层次、复合型人才。加强新闻宣传和网络宣传，让国内主要的土木、机械工程院校了解我国隧道和地下工程领域的先进水平，了解中隧集团的施工技术力量，提高中隧集团的社会知名度，特别是在建筑施工行业的知名度和吸引力。

二要加强培养和锻炼。一般说来，成才率高的地方，往往都是敢于用人、大胆用人的地方，因为人只有反复锻炼才能成才。所以，如何把人放到合适的岗位去锻炼是人事部门的第一要务。目前，人事工作面临的一个迫切问题就是如何帮助领导解决“目中无人”的问题。我们的一些项目经理、分公司经理和处领导老是目中无人，对分来的大学生干工作不放心，不敢放手使用，时间一长，这些毕业生要么荒废了专业，要么跑掉了，没走的也心存不满，无心工作。所以说，给毕业生尽量多的成长机会，让他们经常接受锻炼，是非常重要的。

三要放手使用，落实“事业留人”。要将引进外部人才和合理使用、稳定内部人才有机结合。既要为企业急需的外部高层次人才的引进积极创造条件，给予各种优惠政策和措施，同时对内部人才也要通过关心爱护、提高收入待遇、提供事业发展和升迁的机会等措施，真正做到感情留人、待遇留人和事业留人，努力减少人才流失的现象。特别在事业留人上，是目前各级领导干部都应该认真加以重视和研究的课题。广大科技人员的付出与收入的比例与外界相比确实还有一定差距，甚至是较大差距。但是，大多数科技人员还是选择了与企业同呼吸、共命运，为企业的生存发展积极做贡献。这里面的关键因素，一是他们对企业有着深厚的感情，另一方面我认为是企业为他们在事业的发展上提供了许多机会。人都有自尊心，都有自我价值实现的欲望。我们的领导干部要充分认识到事业发展对人才的激励作用，针对各自实际，制定激励措施，要保证他们能学以致用，让他们在最熟悉、最热爱、最易发挥潜能和力量的岗位上有所作为，以调动和激发广大科技工作者为企业奉献的积极性、主动性和创造性。

四要推出企业的名人。我们的工程有很多获得了鲁班奖、詹天佑大奖、国家金奖、国家级和省部级科技进步奖，我们在TBM、盾构、浅埋暗挖方面也有不少出色的专家型人才，但却没有推出相应的高层次人才、企业名人来，这是很遗憾的事。大桥局现在有2个院士、3个设计大师，我们也应该高度注意做这方面的工作，培养我们的院士后备人选，国家级专家的后备人选。作为专业局，我们和综合局是不一样的，我们在技术上走的是精深的专业道路，眼光要放宽，要多培养一些名人，这是企业发展和做大做强的必然要求。在推荐人才方面要打破平衡的顾虑，大胆推荐，早出人才，快出人才，多出高层次人才。

最后，向大家通报一下全集团1～10月份的经营生产情况和几项重要工作。

经营承揽任务。集团完成新签合同额46.4亿元，占总公司目标计划68亿元的68.2%。其中，施工新签合同额完成35亿元，占计划55亿元的63.5%。如果加上已进场或已确定中标的项目，集团新签合同额已突破55亿元。

营业额和实物工作量。集团完成营业额47.4亿元，占总公司目标计划53.5亿元的88.6%(占总公司力争计划58亿元的81.7%)；其中，施工营业额完成36.1亿元，占目标计划41.5亿元的87%，占在建计划的42.2亿元的85.6%。

全集团完成隧道隧洞55879.05米(折合单线86663.86米)，桥梁完成9582.1成桥米，土石方完成1455.38万立方米。

经济效益。据9月份财务快报，全集团实现主营业务利润23463.2万元，与上年同期持平；利润总额3563万元，占年度计划3300万元的107.97%，比上年同期增长75.69%；实现成本降低率8%，比计划指标多完成0.5个百分点；净资产收益率3%，完成总公司下达的3.34%的考核指标的90%。

后两个月的重点工作

1.经营。要严格认真落实集团公司近期发出的《关于加强四季度经营工作通知》及铁路项目投标安排。必须加强系统的支持力量，充分发挥各项机制的作用，增强片区经营工作的资源保证。各片区要及时通报新出现的情况，做好动态控制，力争年内有大的收获。

2.生产。营业额。从1～9月完成情况看，全集团总体形势良好，实现了计划目标，但各单位之间发展不平衡的现象也十分明显。为确保全集团年度目标的实现和满足总公司提出的再上新台阶的要求，各单位要结合自身的特点和实际情况，找问题、找差距、找原因，精心策划，合理安排，科学管理。对于能够超额完成全年目标计划的单位，不要保守、有所保留，要尽量多地完成施工营业额，其中：二处、第一工程处、杭州分公司要分别确保完成91000万元、64000和7500万元的年度在建计划；其他单位要确保实现目标计划。

此外，四季度是变更签认、验工计价和清算工作的重要时期，各单位、各级领导要充分认识其重要性，抓住这一有利时机，进一步加强变更签认、验工计价和清算工作，为实现年度目标做出贡献，为年度考核创造良好的条件。

工程质量。近期铁道部对因西合线问题，对工程质量问题高度紧张，各大指挥部都在翻箱倒柜地进行清查。这种情势下，我们不能有任何闪失，否则，就会给全集团带来严重的不良后果。

3.成本财务方面。要严格执行计划，各单位、部门要注意控制开支，无特殊情况不允许突破计划；要控制期末人数和工资支出，严格压缩非生产性支出；项目上要严格控制成本，根据近期集团公司组织的项目成本调查分析，制定相应措施，争取年底有明显好转。目前资金形势异常紧张，各项目一定要有大 局观，要坚决保证资金上缴，同时要加强资金的统一调度和使用，集中资金保重点经营项目和重点施工项目。

4.策划好明年的工作。如何做明年工作，要及早进行策划。策划要建立在对当前和今后一段形势的深入分析上，建立在对今年工作的深刻剖析和准确把握上。把能挖的潜力彻底挖出来，把可能遇到的各种困难理清楚，有所准备。总之，大账、细账都得算清楚，做到心中有数，保证明年工作开好头、起好步。

贯彻可持续发展观　深入推进科技进步
为加快实现中铁隧道集团发展目标而努力奋斗

——在中铁隧道集团第二届科技大会上的工作报告(摘要)

2004年10月27日

周　振　国

一　过去五年科技创新工作回顾

1999年首届科技大会以来，中铁隧道集团以“国内领先，世界著名”为发展目标，认真贯彻落实中国铁路工程总公司关于加快科技创新的决定及集团五年科技发展规划，大力实施“科技兴企”战略，全面加强科技创新，集团科技进步成果丰硕，综合技术能力显著增强。

（一）科技创新成果喜获丰收

1.成果鉴定、评审、验收情况。五年来，由集团公司科技创新立项 140 项，各单位自立项目 80 项，共承担国家和省部级科研项目 10 项，完成各类科研项目 120 项，目前正在执行项目 62 项。通过省部、市级成果鉴定 30 项，通过集团评审、验收的成果 110 项，其中达到国际先进水平的 14 项，达到国内领先水平的 25 项，达到国内先进水平的 12 项。承担了国家“863”重点计划《盾构机的研究设计》项目，以及《四臂门架式液压凿岩台车研制》、《盾构机关键技术研究》、《盾构机的研制》、《TBM 刀具国产化研究》、《TBM 施工底部清碴系统的研制》、《高压、富水、岩溶隧道施工技术》等铁道部重点科研项目。

2.获得科技进步奖情况。五年来，集团共获得国家科技进步奖 2 项，省部级科技进步奖 19 项，市级和总公司科技进步奖 16 项，集团科技进步奖励项目 66 项。获中国土木工程詹天佑大奖 5 项。涌现出一批质量优、水平高的“高、大、难、新”工程科技成果。《西安安康铁路秦岭特长隧道（TBM）修建技术》荣获国家科技进步一等奖，并荣获 2003 年全国十大建筑成就称号。《大型地下水封式液化石油气储藏洞库修建技术》首次申报建设部华夏科技进步奖并获得一等奖。《四臂门架式液压凿岩台车研制》等 2 项获铁道部科技进步二等奖。北京地铁天安门东、西站及区间工程、京九铁路五指山隧道工程、西安安康铁路秦岭隧道工程、华蓥山公路隧道工程、广州地铁越秀公园车站及越三区间等 5 个项目荣获中国土木工程詹天佑大奖。《侯月线云台山隧道设计》、《北京地铁天安门东和天安门西站设计》等 12 个项目分别荣获国家及省部级优秀勘察设计奖。

3.获得专利及发明情况。集团认真贯彻国家和工程总公司有关知识产权保护的精神，围绕“企业是科技创新的主体”，加强原创性技术研究与发明的知识产权管理，颁布了《知识产权和技术专利保护指导意见》。五年间获得国家专利 7 项，全集团现有专利技术 17 项。

4.工法开发情况。集团从 1998 年下半年开始恢复工法开发工作，尤其是近年来，集团工法开发无论是数量还是质量，都得到了明显的进步和提高，荣获工程总公司工法管理先进单位称号。至今已开发企业级工法 55 项，其中获部级工法 21 项，国家级工法 6 项，目前由铁道建筑协会推荐国家级工法 7 项，正在开发的工法 18 项。

5.国家“863”计划课题完成情况。1999 年科技大会后，我集团瞄准建筑市场的热点，重点展开了盾构施工技术的研究和盾构机的研究开发。在承担铁道部《盾构机关键技术研究》项目后，经过积极努力，争取到了国家“863”计划项目《盾构机的研究设计》部分任务。为保证“863”计划项目的顺利进行，集团在项目设置、技术力量、资源配置、资金配套等方面都给予了大力的支持和投入。目前，一个基地（863 计划研发基地）、三个中心（盾构研发中心、组装调试中心、翻新修理中心）已经初具规模，形成了良好的发展态势。

“863”计划项目目前已经完成了大部分关键技术的研究。完成了直径 6.3 米盾构机的技术设计以及刀盘刀具的设计制造。盾构机和 TBM 配套设备研发取得了实质性的进展，合作完成了 1 台盾构机的设计制造和工厂及现场组装，设计制造了 TBM 后配套设备，并完成工厂和现场组装。盾构管片模具国产化研制已经获得成果，国产化模具生产的管片现场试验正在进行中。研发的地铁盾构施工运输配套设备包括变频牵引机车、碴车、沙浆运输车、管片运输车等，获得 7 项国家专利，并正在逐步形成规模产品，现已对外销售，成果处于国内领先水平。

（二）专业技术优势得到巩固和发展

1.盾构技术取得大发展,达到国内领先、国际先进水平。集团自2000年开始进入盾构施工技术领域,至今已完成和在建的盾构项目共12项,拥有8台盾构机,为目前国内拥有盾构数量最多的企业之一。研究解决了在复杂地质和复杂周边环境条件下的复合式盾构选型设计、1.5米宽管片设计、施工运输系统设计制造、刀盘刀具的设计和制造、复杂地层掘进技术及配套技术等,完成了高难度的广州地铁二号线越三区间、三号线大汉区间隧道工程,先后创造了盾构单台月掘进405米和562.5米、日掘进30米的全国纪录,成果通过省级鉴定,技术处于国内领先、达到国际先进水平。研究完成了重庆穿越长江排污隧道、城陵矶穿越长江输气隧道工程,高水压复杂地层的泥水加压平衡盾构技术,达到国内领先水平。软土地层南京地铁盾构、小断面盾构施工技术也处于国内领先行列。同时,盾构机及后配套设备研发也取得了实质性进展。

2.敞开式TBM施工及配套技术取得新突破,达到国际先进水平。建成具有特硬岩的西安安康铁路秦岭特长隧道,综合研究成果荣获国家科技进步一等奖(施工单位我集团排在首位),同时还荣获詹天佑土木工程大奖,建筑工程鲁班奖。与之配套的弹性整体道床施工工法被评为国家级工法和铁道部部级工法。研究解决了敞开式TBM在不稳定破碎围岩地层施工的技术难题,成功地修建了西安南京铁路磨沟岭隧道,首次开拓了敞开式TBM在软岩地层的施工技术,成果荣获铁道学会科技进步二等奖。

3.山岭隧道钻爆法施工技术得到新发展,继续保持国内领先水平。我集团作为主要完成单位之一的《单线铁路长隧道快速施工配套技术及设备》荣获国家科技进步三等奖。为修建渝怀铁路圆梁山隧道而承担主持的铁道部重点科技攻关项目《高水压、充填性岩溶隧道施工技术》取得重大突破,研究运用综合超前地质预报、新型材料超前帷幕注浆技术等突破了世界性难题,圆梁山隧道实现胜利贯通,该施工工法已获部级工法并推荐参评国家级工法。兰武铁路复线乌鞘岭隧道《不良地质深大竖井机械化快速施工技术》取得突破,平均月进度超过90m,其工法成果获部级工法并推荐参评国家级工法,达到国内领先水平。《钻爆法隧道长距离独头施工通风技术》荣获铁道学会科技进步三等奖,处于国内领先水平。杭州万松岭四车道公路隧道施工技术研究解决了浅埋含水黄土、近距离下穿海军干休所和既有公路等难题,安全顺利建成。首次研究形成了6km隧道无辅助导坑的快速施工综合技术成果。完成了鹧鸪山隧道高原高寒隧道设备选型、保持机械功率、低温砼施工等关键技术难题。钻爆法快速施工已普遍形成,四条作业线已普遍使用,配套技术已很成熟,钻爆法技术在整体上已处于国内领先水平。

4.大跨岩石隧道修建技术取得显著成绩,继续保持国内领先水平。集团在内昆铁路结合工程实际研究的《浅埋岩堆体三线大跨隧道施工技术》荣获铁道学会科技进步二等奖;以重庆轻轨临江门车站隧道为依托的《繁华城区硬岩超大断面隧道钻爆法施工技术》荣获中铁工程总公司科技进步一等奖。与北方交通大学共同完成的无尺量测技术成果获铁道学会科技进步二等奖。

5.软弱、富水地层中城市地铁及市政地下工程施工技术取得新进展,继续处于国内领先,部分领域达到国际先进水平。结合深圳地铁工程实际,研究解决了《复杂周边环境和富水软弱地质的重叠隧道施工技术》难题,突破了1890T大轴力桩基托换技术难题,建成了深圳地铁3C标段,技术成果达到国际先进水平,荣获2003年度中铁工程总公司科技进步一等奖。研究运用控制降水与超前注浆结合、实时跟踪注浆动态纠偏、长大管棚超前支护、CRD法开挖、钻孔咬合桩、富水流沙地层预应力锚索等多项技术建成了超浅埋、小近距、大跨度、复杂周边环境的杭州解放路隧道，其综合施工技术处于国内领先水平。结合南京地铁工程实际研究的《软流塑地层浅埋暗挖修建技术》，通过了江苏省组织的专家鉴定，达到国际先进水平，其修建工法荣获部级工法并被推荐参评国家级工法。应用浅埋暗挖法研究的《导洞内隔离桩墙等技术》，在北京城铁14标繁华城区软弱地层首次建成双联拱隧道，成果通过北京市组织的专家鉴定，并荣获北京市科技进步二等奖，其工法荣获部级工法并被推荐参评国家级工法。在南京地铁TA1标菊花台隧道研究解决了浅埋、三洞并行、上下立交、双洞并线以及地质破碎等难题，成果通过中铁工程总公司组织的专家评审，达到国内领先、国际先进水平。承担的北京地铁5号线05标、06标《软弱地层超大断面车站浅埋暗挖施工技术》取得明显进展，目前已顺利下穿既有地铁。研究开发的钻孔咬合桩施工工法荣获部级工法。

6.LPG修建技术取得重要成果，处于国内领先水平。结合汕头LPG工程研究的利用水封原理储藏液化石油气《大型裸岩洞库修建成套技术》，通过了河南省组织的专家鉴定，达到国内领先水平，荣获河南省科技进步二等奖和建设部华夏科技进步一等奖，与其配套开发的工法荣获部级工法并被推荐参评国家级工法。该成果为国家做出石油库修建在地下的决策起了很大作用。

7.水底隧道修建技术做了积极的研究探索并形成了前期成果。为下一步进入厦门等海底隧道施工领域奠定了技术基础，为修建长江第一隧提供了技术支持。

8.软土路基、高速公路沥青路面工程和桥梁工程等领域取得可喜成果。完成了多项大型公路桥梁和城市轻轨桥梁的制、架施工。

9.岩土工程、非开挖技术获得新发展。具有了一定的竞争力，完成了高边坡破碎岩体压力分散型复合锚索施工技术，通过中铁工程总公司评审，达到国内先进水平。结合设计、施工的综合技术成果近期通过了浙江省组织的专家鉴定。在长大管棚、锚索施工技术方面有了新进步，完成了一些高水位流沙地层的工程项目。

10.勘察设计技术能力得到进一步提高。集团设计院承担完成了多项盾构隧道设计任务，在盾构隧道结构设计、计算、管片排版等方面取得了新成果，达到国内领先水平。在地铁隧道、车站等专业领域的勘察、设计技术获得十多项省部级以上优秀奖，继续处于国内领先地位。经过努力首次进入沉埋管段隧道设计领域，承担了广州生物岛沉管隧道设计任务。

11.设备研发、设计制造、管用养修及技术改造方面取得快速进步。研制完成的大型隧道开挖设备四臂门架式液压凿岩台车，成果通过了铁道部组织的专家鉴定，并荣获铁道学会2004年科技进步二等奖。《TBM故障诊断系统的研究》通过铁道部组织的专家鉴定。为TBM施工配套研制的隧道衬砌专用设备全圆穿行模板衬砌台车，解决了衬砌快速施工的难题，成果通过了铁道部组织的专家鉴定，并荣获中铁工程总公司科技进步奖和洛阳市科技进步奖。在液压凿岩台车技术改造、混凝土衬砌设备制造、隧道施工运输设备制造等方面也取得了新的进步。

12.信息化网络化应用技术取得积极成果。研究建立了科技信息网站并不断完善，集团网络化办公系统初步形成。隧道及地下工程施工信息化技术继续得到推广应用，并取得显著成效。

(三)科技人才队伍不断壮大

1.人才总量大大提高。近几年来,人才队伍建设取得明显成效,科技人才在总量、质量上都有了显著提高。目前,集团有国家级、省部级、总公司级专家21人(包括工程院院士和享受政府特殊津贴专家),铁道部科技拔尖人才12人,中铁工程总公司拔尖人才28人,集团公司拔尖人才64人。全集团技术、管理人员总数已达6743人,具有专业技术职务人员总数已达5902人。在中铁工程总公司的支持和指导下,建立了博士后流动站并已经开展了博士后研究工作。

2.人才结构逐步优化。近年来,根据企业总的定位和发展方向,加快人才队伍结构调整步伐,创新人才机制,构筑人才高地。在5902名专业技术人员中,正高17人,副高359人,中级职称1155人,初级职称4371人。从全集团技术、管理人员年龄结构来看,35岁及以下4496人,36岁至40岁982人,41岁至45岁427人,46岁至50岁438人,50岁以上400人。35岁及以下占总数的66.7%。从专业结构来看,工程(土木、机械)专业3747人,占总数5902人的63.5%;经济专业365人,占6.2%;财会专业625人,占10.6%;其他专业1165人,占19.7%。从学历结构来看,博士生、硕士生16人,本科1723人,专科1738人,中专1869人。集团专业技术人员队伍朝着年轻化、知识化、专业化方向发展,进一步增强了企业的生机和活力。

3.科技拔尖人才不断增加。青年科技拔尖人才的选拔、培养是集团人才战略的重要任务之一。近年来,重点在施工生产、科研、设计、修造方面具有发展潜力的优秀工程技术人员中,对那些获得地市级及以上科技进步奖的人员,以及在工程管理、设计、科研、施工机械设计制造和新产品开发等方面做出重大贡献的技术人才进行有针对性的选拔培养工作。目前,集团已进行了三批青年科技拔尖人才的评选活动,共有54人获得青年科技拔尖人才称号。这些拔尖人才作为集团专家梯队的后备力量,优化了企业的专家结构,增强了企业的科技竞争力。

(四)科技创新管理工作得到全面加强

1.管理体系逐步健全。集团改制后,为进一步适应市场竞争形势和"科技兴企"战略的需要,首先从建立健全科技创新管理体系入手,坚持实施"一把手是科技创新工作的第一责任人、总工程师是直接领导者"的模式,要求各单位配备专职或兼职科技管理人员,有力地促进了科技创新管理体系的建设。目前,集团公司及各主要单位基本上实现了科技创新管理体系建设的目标。集团公司科技创新工作归口总工程师办公室,专职实施科技创新全方位的管理工作,并取得了良好的效果和可喜的成绩。各单位积极支持和配合,涌现了一批先进管理单位和先进管理工作者。

2.整章建制不断完善。相继出台了《2000~2004年科技发展规划》、《科技创新经费计划管理办法》、《关于加强技术保护的指导意见》、《科技创新工作管理办法(修订)》、《技术专家委员会组织管理办法》等,逐步完善了科技创新管理工作,做到了有章可循。

3.经费投入逐年加大。五年来,本着"企业是科技经费投入的主体"精神,全集团科技创新经费的计划投入共计7774.6万元,平均每年占施工营业额的比例基本达到了要求的0.5%,年平均增长率为21.4%。集团积极争取到政府和业主科技资金1000多万元。技术改造投入3000多万元,"863"项目盾构机研究设计配套的科研投入、厂房和设备仪器投入3000多万元。科技创新经费有效地投入和使用,保证了我集团在"高、大、难、新"工程方面的技术攻关,保证了近几年来科技成果的质量和水平。

4.技术交流广泛开展。五年来,集团公司有针对性的组织了四次全集团的技术交流会,先后编辑了《首届科技大会论文集》、《大跨度隧道施工技术论文集》、《地下工程、桥梁、道路新技术论文集》等共约410万字,以及工法专辑等文献,供全集团交流和推广应用。本次科技大会,征集了139篇科技论文,从中优选出105篇约140万字编辑成《论文集》。2003-2004年工法专辑也将不久后印发。除全集团的科技交流外,近几年来各主要子、分公司基本每两年也举办一次本单位的技术交流会议或活动。更为可喜的是,在中国铁路工程总公司的大力支持下,通过我们的努力,使中铁隧道集团成为中国土木学会隧道与地下工程分会的挂靠单位,大大提升了集团的形象,并认真履行学会职责,精心组织年会及有关学术活动,极大地促进了我集团科技人员技术水平的提高和视野的拓展。

五年来中铁隧道集团科技创新工作所取得的可喜成绩,是集团广大科技工作者同心同德、开拓进取、奋力攻关、默默奉献的结果,同时与铁道部、中铁工程总公司、河南省、洛阳市等各级领导、专家和社会有关方面的关心、支持与帮助也是密不可分的。在此,我代表中铁隧道集团公司向你们致以崇高的敬意和衷心的感谢!

(五)五年来科技创新工作的认识和体会

1.大力实施"科技兴企"战略,是搞好企业科技创新工作的前提。中铁隧道集团最初成立时即定位为隧道和地下工程领域的专业企业,对我们这样的大型专业建筑企业而言,如何做强做大、如何成为专业带头者,是摆在我们面前的重大使命。26年来,我们始终把科技进步放在首位,从"三山两铁"时期,到全面进入市场,我们获得了包括国家科技进步特等奖在内的国家、省部级等诸多奖项,有力推动了隧道和地下工程领域的技术进步。从企业的发展历程、从当前市场的竞争形势来看,都要求我们必须立足于科技创新,必须依靠科技进步,必须牢牢坚持"科技为先导,质量为生命,人才为基础,诚信为根本"的发展理念,正确实施"一专多能,融会贯通,专于精深,能在全优"的技术方针,努力做到"刻意创新,不断提高,人无我有,人有我优"的程度,才能在隧道和地下工程领域中占领科技制高点,掌握主动权。

2.加强领导,齐抓共管形成合力,是科技创新得到落实的关键。几年来,我集团科技创新工作由各级行政一把手亲自抓、总工程师直接管,各部门大力支持,协调运转。各级党、工、团组织齐抓共管,工会、共青团大力开展群众性的创新创效活动、青年"五小"活动和青工技术比武活动等,有力地配合、促进了集团整体的科技创新工作。集团公司领导、专家顾问也曾多次亲自领导或参加重要的科研项目攻关,起到了很好的表率和推动作用。科技工作在企业管理中的地位得到大大提升,各项工作得到较好落实。

3.健全科技创新体系,加强组织管理,是科技创新工作顺利有效运转的基础。科技创新工作是一个完整、复杂、特殊的系统,包括规划、计划、合同、过程、评审、鉴定、奖励等诸多环节,同时其工作上涉及上级、政府部门,下涉及各单位、各工程项目,因此必须建立健全管理体系和运行机制,才能保证科技创新有人抓、有人管,有章可循,顺利推进。几年来,集团公司、子、分公司均设立了科管部门或科管人员,并建立了比较完整的能基本适应企业改革和发展的科技创新政策措施和规章制度,为保证集团科技创新工作的正常开展打下了好的基础。

4.多渠道多层次筹集资金,加大科技投入,是科技创新取得实效的保证。"企业是科技创新的主体",其最重要的体现就是要保证必要的科技投入。建筑行业由于过度竞争,往往利润低微,从而造成工程技术含量不高、起点低,科技投入不足。对此,集团采取了一系列的政策措施较好地解决了这一难题。一方面积极争取国家和省部的科研资金支持,另一方面通过集团公司、子、分公司筹集资金,同时还从工程项目筹措资金。集团公司投入的资金主要用于重大项目和开发项目,以及国家、省部项目配套,子、分公司资金用于技术改造项目、集团公司重点科研攻关项目及自立科研项目,结合工程的科研项目则主要从工程项目中筹集。这种多渠道多层次筹集资金、分级投入的方法,保证了我集团的科技创新资金,并逐年有所增加。工程实践也证明,没有科研项目的工程,没有科技投入的项目,很难出人才、出成果。

5.围绕企业生产经营中心组织创新和攻关,是科技创新取得成效的依托。企业科技创新的落脚点就是要增强企业的市场竞争力和可持续发展能力,提高企业自身的经济效益和社会效益。因此,围绕企业的经营投标需要及施工生产的重点、难点组织科技创新、科技攻关既很重要,也很现实。几年来,我们根据市场需求的预测进行立项,做超前的储备性研发,为经营竞标制胜起到了重要的先导作用。对工程施工涉及的项目则根据工程的重、难点组织针对性的科技攻关,为工程顺利进展保驾护航,也有力促进了施工效率和经济效益的提高。

6.加大激励力度,加强科技交流,是调动技术人员积极性,提高技术人员素质,促进成果推广应用的有效手段。几年来,我们一方面加大了奖励力度,由原来的每两年评一次科技进步奖改为每年评一次,并大幅度地提高了奖励额度;另一方面还设立了拔尖人才奖、优秀论文奖、优秀科技工作者奖励等,进一步提高了科技人员的积极性。近年来,每年申报集团公司科研立项的课题数均达到了50多项,有近千人次参加了各类科技创新、科技攻关、工法开发或技术改造项目。集团积极组织、鼓励技术人员参加国内外有关科技交流活动,每两年组织一次集团科技交流大会,不定期组织专题技术交流活动,并编印论文集和工法专辑,由此营造了较为浓厚的科技创新氛围,不仅促进了技术成果在全集团的推广应用,也提升了技术人员的水平。几年中我集团技术人员在各种公开发行刊物或全国性学术会议上发表论文数百篇,有数十篇获得优秀论文奖。

(六)存在的问题和不足

在看到五年来集团科技创新工作取得成绩的同时,也要清醒地认识到存在的主要问题和不足:

1.获得的高层次高级别成果较少,尤其是作第一单位完成的科技成果获得国家级科技进步奖和省部级科技进步一等奖的项目还太少,与我们专业化集团的地位极不相称。

2.企业的自主创新能力还较弱,原创性和拥有知识产权的成果较少,低水平重复性的研究开发还在一定程度上存在。

3.专业基础理论研究重视不够,技术储备明显不足。

4.全集团尤其是部分子、分公司的科管力量仍显薄弱,不能适应企业发展和市场需要,科管人员业务素质还有待提高。

5.科技投入尚嫌不足,经费投入的统计方法和口径有待协调统一。子、分公司的科技投入仍有很大差距,在工程项目中抽取科研资金的途径不畅,有待改进。

6.集团各单位间科技发展不平衡,专业领域的发展也不平衡,物化科技成果数量还太少。

以上问题反映在经营、生产上就是:在特长、长大隧道工程市场竞争中的优势不明显,在复杂隧道施工中攻关能力不够强;专业化装备、配套水平总体上优势不突出;部分隧道和地下工程施工工艺、操作水平不高;安全隐患未能及时、有效排查,质量通病仍在一定程度上存在;

工程管理手段落后、粗放，亏损工点较多；熟悉科技知识、懂施工、会管理的高素质人才匮乏等。这些都应引起我们的充分重视，需要我们认真研究，采取有效措施加以解决，推动企业更快更好地发展。

二 目前面临的形势和任务

(一)面临的形势

在世界范围内，21世纪是地下空间作为资源大力开发利用的世纪，是隧道和地下工程大发展的世纪，隧道和地下工程市场广阔。城市化进程的加快，城市轨道交通、地铁、各种地下空间开发必将继续快速发展；客运专线铁路将有大的发展，铁路高速化对线、桥、隧的修建技术提出了新要求；高速公路的建设，也将出现越来越多的长隧、高桥；水利水电建设继续加快，将会出现更多的特长、深埋和复杂地质隧道；南水北调、西气东输工程的实施，将出现不少穿山、越江的长、大、难、新隧洞工程；沿江、沿海地区和城市的发展，各种穿越江、河、海的隧道工程将不断增多；随着我国石油资源战略储备以及其他地下储藏需要的增长，各种地下储藏洞库将增多。今年以来，国家宏观调控力度在逐渐加大，采取了一些抑制投资规模膨胀的措施，但对关系国计民生的基础建设项目仍是支持的，特别是铁路建设项目，国家将继续加大投入，今后几年将是铁路建设发展的高潮期。总之，随着我国经济社会的发展，基础设施建设特别是隧道和地下工程的巨大需求，为以隧道和地下工程为主专业的中铁隧道集团提供了良好的发展机遇，呈现出美好的前景。

21世纪是信息时代，也是知识更新的时代，科技发展将更加迅猛，社会进步日愈加快。国家越来越重视经济发展的质量，将可持续发展作为经济发展的战略来抓，这就对科技水平、环境保护、资源利用、人员素质等方面提出了越来越高的要求。工程建设的发展趋势，特别是隧道工程向着长、大、难、新方向发展，需要采用先进的技术来建造，需要更多的新技术、新工艺、新材料、新设备。随着建筑市场的不断改革，对施工企业采用先进技术，加强科学管理，提高工程质量，增强创效能力提出了更高的要求。我国加入WTO后国外企业进入国内市场带来的竞争，国内庞大的建筑业队伍造成的愈来愈烈的竞争和许多不规范的市场，企业深化改革和转制面临的考验，市场化所带来人才流动的加剧等，对企业都是严峻的挑战。种种方面，迫使我们必须更多地依赖科技支撑，必须更加依赖于具有不断超越的自主创新能力及科技实力，必须更加依赖于掌握科技知识、具有创新能力的高素质人才。

面对经济发展的巨大需求所带来的发展机遇，面对社会要求、市场变化和激烈竞争而带来的严峻考验和挑战，中铁隧道集团未来科技创新的任务将十分艰巨。我们必须牢牢坚持可持续发展观，坚定不移地实施“科技兴企”战略，大力推进科技进步，依靠科技创新为企业发展注入强大动力，努力提升技术含量，增强自主创新能力，加快向新兴产业、高科技产业的渗透，使企业在激烈的竞争中发展壮大。

(二)今后五年科技创新的目标和任务

1.总体目标：建立和完善适应企业发展的科技创新体系和有效的运行机制，围绕国家及行业的基本建设发展规划以及国内国际市场竞争需要，紧跟国内外的先进科技发展动向，紧密结合城市地铁及轨道交通、铁路、公路、水利水电、市政地下工程、越江、越海隧道、地下储藏洞库等工程及信息化等领域的科技创新,全面提高中铁隧道集团的施工、设计、科研、设备修造水平,在隧道及地下工程的设计、施工综合技术及相关设备配套和施工组织管理等方面,继续保持国内领先水平,在隧道及地下工程关键技术方面总体上接近或达到国际先进水平,在桥梁、路基、路面工程技术等方面有明显进步,在管理现代化、信息化、网络化、科学化方面有显著提高。

2.重点领域及主要任务。为实现总体目标,应着重在以下重点领域加强技术研究,努力取得突破和发展。

(1)盾构技术:高水压、复杂地质、大断面、长距离越江盾构隧道修建技术取得突破;全面完成国家“863”计划和铁道部科技发展计划项目——盾构机研制项目;在盾构机设计、制造、组装调试和维修改造的核心和关键技术方面有突破;城市地铁软土、软硬不均地质和复杂周边环境下盾构隧道修建技术,简易小盾构设计、制造、修建技术,盾构施工配套设备、辅助材料研发等得到完善和提高。继续保持国内领先、国际先进水平。

(2)TBM 技术:后配套设计制造、整机组装技术有突破;敞开式 TBM 施工技术及辅助配套技术得到进一步完善;开展小型掘进机研制;开展小直径 TBM 与钻爆开挖组合快速施工研究,拓展小直径掘进机施工领域。继续保持国内领先,在总体技术上达到国际先进水平。

(3)海底隧道:以厦门海底隧道为主攻方向,进入海底隧道采用钻爆法施工技术领域,全面掌握穿越海底隧道设计、施工技术,达到国内领先、国际先进水平。

(4)沉埋管段隧道:设计技术要突破,设计水平进入国内先进行列;力争进入沉管施工领域,全面掌握施工配套技术。

(5)城市地下工程:设计、施工技术要在快速施工上有新发展,保持国内领先,总体上达到国际先进水平;大断面、复杂环境、软弱含水地层下浅埋暗挖技术应取得新成果,各种相关的辅助工法技术应有配套技术和设备。

(6)山岭岩石钻爆法隧道:提高整体施工技术,完善机具配套;高水压、复杂岩溶隧道设计、施工技术应取得新成果;特、长、大隧道快速施工配套技术及设备能力有所提高。保持国内领先,达到国际先进水平。

(7)地下储藏洞库:进入原油地下水封油库的设计、施工技术领域,拓宽 LPG 适用范围,保持国内领先。

(8)客运专线及高速铁路技术:进入高速铁路施工领域,全面掌握高速铁路隧道、桥梁和路基施工配套技术的特点,达到国内先进水平。

(9)专用设备的配套、设计、制造、新材料开发和应用要有显著进步,取得显著成果。

(10)不良地质和特殊地质隧道及地下工程设计、施工技术、隧道辅助工法技术、环境保护及沉降控制技术、信息化施工和管理技术、非开挖技术、岩土工程技术等要继续得到提高和发展,保持国内领先水平。

三　今后五年科技创新重点工作

(一)科技创新总体工作思路

大力实施“科技兴企”战略,以“国内领先,世界著名”为目标,以健全科技创新体系和提高全员科技素质为基础，坚持大科技格局，强化企业自主创新能力，加大科技创新力度，加大专业基础理论研究，加速成果转化，加强技术改造升级，巩固和拓展专业技术优势，全面增强企业整体实力和持续发展能力，把中铁隧道集团建成著名品牌，成为主业突出、科技领先、实力超群、人才聚集、核心竞争力强、具有国际竞争力的大型企业集团。

（二）科技创新遵循的工作原则

1.以市场为导向，突出重点，保持优势。加强对国际、国家、行业和地方政府经济和科技发展战略及重大方针政策的研究，深刻分析国内外建筑市场的需求，做到重大科技政策和决策跟着市场走，重大和关键技术研究围绕市场转。坚持突出以隧道及地下工程勘测设计、施工、修造及相关技术为重点，保持特长、长大隧道，复杂地质隧道，难、新隧道及地下工程、地铁和轨道交通工程的技术优势，带动其他领域的发展。

2.增强自主创新能力，注重原创性开发，实现技术跨越。瞄准国内外技术领先水平和先进水平，积极开发具有自主知识产权的新技术、新工艺、新装备、新材料，体现高起点、高技术、高效益，提高企业的竞争力和创新能力。在引进先进技术的同时，加强消化吸收，注重二次开发。

3.远近结合，适度超前，注重可持续发展能力培育。既要着重解决当前生产、经营和管理中的重难点问题，也要兼顾长远发展需要，适度进行超前和前期研究，保持技术的持续发展，增强企业的可持续发展能力。

4.突出系统配套和物化科技，强化成果的推广应用。根据经营、生产需求，围绕经济效益，在注重关键技术和控制技术研究的同时，突出对技术进行系统化的配套研究，形成综合能力；在注重软科学和技术工艺研究的同时，要突出物化科技的研发，尤其是新设备、新材料等的技术研发，并推进其产品化；大力推广采用成熟、实用、高效的技术，多形式、多途径强化成果的转化，提高科技创新的经济效益和综合效益。

5.坚持“四位一体”，带动相关产业，提高企业综合实力。在开展勘测设计、施工、技术创新研究的同时，突出机械设备、材料的研发及相关领域技术的研究，促进相关产业的发展，提高企业的整体实力。

6.加强管理科学研究，突出信息化、网络化研究与应用，提高企业科学管理水平。积极推进计算机应用技术研究和专用软件的开发，加速办公自动化、信息化、网络化研究，特别是要加强对工程项目管理的全面信息化、远程控制研究，加强集团科技资料、成果推广的信息化建设及资源共享，以信息化带动集团管理水平的现代化、科学化。

7.坚持“大科技”格局，发挥整体优势，加强联合协作，提高科技水平。充分发挥集团“四位一体”和集团公司的核心优势，尤其是要发挥集团内专门研究机构的创新性、基础性、储备性研究的带头作用，加强设计、施工、科研、修造之间的协作，组织联合攻关。同时也要加强与科研单位、院校的联合、合作，实现优势互补，提高攻关能力和科技水平。

8.以人才为本，充分调动科技人员创新创业的积极性。树立人才强企的思想观念，加大激励力度，真正做到感情待人、待遇待人、事业待人，充分调动和激发广大科技工作者为企业奉献的积极性、主动性和创造性。

（三）采取的主要措施

1.加强科技创新的组织领导，建立强有力的组织保障

要全面贯彻落实“科学技术是第一生产力”的思想，贯彻落实党中央、国务院《关于加强技术创新，发展高科技、实现产业化的决定》和中铁总公司《关于加强科技创新，推进企业跨越式发展的决定》的精神，大力实施“科技兴企”战略，把加速企业科技进步摆在企业发展的关键地位。要进一步确立由第一管理者挂帅的科技创新领导体制和以总工程师为首的科技创新管理体系，坚持第一管理者亲自抓第一生产力的原则，切实加强企业最高领导层对科技创新工作的领导和组织。要把科技创新工作的成效与对各级经营管理层的业绩考核挂钩。各子、分公司要建立强有力的科技创新领导小组和技术委员会，研究制定企业科技进步发展方向，确定重大科技攻关计划，协调科技与其他有关部门的关系，及时研究解决有关政策、资源和资金投入等重大问题。要进一步建立健全科管机构，配齐配强科管人员，落实好责、权、利相统一的科技发展责任制。进一步营造科技创新的氛围，增强全员科技意识，促进科技人才队伍建设，促进科技与生产经营的紧密结合，使科技在企业发展中发挥更大的作用，取得更大的成效。

2.落实企业科技创新主体地位，建立完善的科技创新体系和配套的运行机制

科技创新是以企业为主体的经济技术活动，要落实“企业是科技创新的主体，企业是科技推广应用的主体，企业是科技投入的主体”精神，把建立科技创新体系作为建立现代企业制度的重要内容，把提高企业科技创新能力作为走向市场、发展壮大的关键措施。要健全集团公司和子、分公司两级科技创新体系，形成以集团公司为核心，各子、分公司、指挥部、项目部共同参与的统一的科技创新格局。建立、完善集团的土木工程技术研究中心和机械研发中心，建立健全协调、有序、高效的科技研发、技术攻关、转化推广、信息交流的体制和机制，健全适应企业发展的科技创新运行机制。

3.确保并加大科技投入，提供充足的资金支持

体现企业是科技创新投入的主体，要多渠道、多层次筹集科技资金。在积极争取国家、省部和业主科技立项多方争取经费的同时，要充分利用国家扶持科技创新的财税、金融及相关政策，逐年加大企业的科技创新投入。按照中铁工程总公司的要求，每年的科技投入经费不低于当年施工营业额的1.2%，并且保证增加额度每年不少于10%。要建立健全集团公司、子、分公司和工程项目的分级科技投入的监促机制，提高科技投入的成效，为科技创新提供有力保障。

4.加大科技激励力度，充分调动技术人员的积极性和创造性

集团公司每年列出专项经费，用于科技成果、工法成果、发明专利、优秀论文和科技人才的奖励，并进一步提高奖励额度。同时也要研究建立科技人才科研资助制度，对有突出贡献的科技专家和人才，由集团公司提供专项研究经费，鼓励他们独立或带头组织开展科技创新、科技攻关，或撰写论文、出版专著等。要从政治思想、职称评定、工作、生活、物质待遇等多方面营造尊重知识、尊重人才的良好氛围，努力做到事业留人、感情留人、待遇留人、环境留人，为科技创新营造良好的环境。

5.加强科技创新管理，实行课题负责制和首席专家项目负责制

实行集团公司、子、分公司联合科技创新的统一管理，明确落实各指挥部、项目部以及各子、分公司的科技管理职责。对课题管理实行责任合同制管理，明确课题的责任主体单位和主体负责人，按照国家科技部的要求逐步实行课题制和主体单位责任制，以进一步落实单位的责任，提高课题人员的积极性和主动性。科技项目立项实行主管部门初审和专家委员会评审两级审查制，重大科技项目实行首席专家负责制和主管领导双重领导制度，确保高质量完成。

6.加速成果转化，建立转化机制和二次开发有偿奖励机制

采取多种形式促进科技成果的推广转化。以成熟、实用、经济效益好、关键技术为重点，加强推广转化，列出推广专项经费，组织推广。鼓励二次开发和转化，对取得成效的实行奖励。同时加强集团内的技术交流，在组织好每两年集团科技交流大会的同时，针对企业技术发展需要每年至少组织一次专题性技术交流，并及时编印集团科技论文集、工法专辑、工程总结、科技成果资料、技术资料等，以利技术推广应用。研究探索建立技术成果转让的内部市场，积极鼓励成果商品化、产品化。

7.发挥一体化优势，加强产学研横向联合

在科技发展上树立集团一盘棋思想，加强集团内的统一协调，加强设计、施工、科研、修造四位一体的协调和协作，扩大横向联合，开展产学研联合，形成以自主开发为主，项目为纽带，吸引高校、研究院所广泛参与，优势互补、利益共享、风险共担的联合机制，以提高研发水平和质量层次，创造具有自主知识产权、具有竞争优势的科技成果。设计院要努力拓展设计专业领域，增强综合配套技术能力，更好地适应市场、扩大市场占有份额，更好地发挥在集团“四位一体”中的作用。

8.加强人才培育，建设一支高素质的科技创新队伍

科技创新，人才为本，要努力建设一支政治素质好、业务水平高，结构合理、专业配套、数量充足的科技创新队伍。进一步完善科技人才的管理、选拔和培养制度，外引内培，引进高层次人才，培养企业核心人才，注重实际能力和业绩及其发展潜能，创造有利于优秀人才脱颖而出的良好环境。努力造就一批科技专家，知名技术专家和学科带头人，为完成规划任务，实现总体发展目标奠定坚实基础。

综述

编辑：董俊保

概　述

【概况】　中铁隧道集团有限公司是中铁隧道集团的核心企业，是国内最大的以从事隧道和地下工程建设为主，集设计、施工、科研、机械修造四大功能为一体的特级施工企业，具有对外承包工程资质和对外经营权。可承担铁路工程施工总承包特级；公路、市政、工业与民用建筑施工总承包壹级；隧道、水工隧洞、桥梁、土石方、公路路基工程专业承包壹级；爆破与拆除专业承包壹级；地质灾害防治工程甲级等经营范围的施工、科研、设计及技术服务项目。承包境外铁路综合工程，境内国际招标工程及其设备材料出口和派遣劳务，自营和代理商品进出口，进料加工和“三来一补”业务，经营对销贸易和转口贸易等对外经济技术合作业务。

2004年，中铁隧道集团积极应对环境变化，加大市场开发力度，落实科技兴企战略，注重项目策划管理，大力推进经营生产、改革管理等各项工作，全集团呈现快速发展态势。新签合同额、企业营业额和实现利润分别为上年的113.4%、118.9%、150.4%，创企业历史新高；主营业务利润和全员劳动生产率同比分别增长24.5%和20.1%，企业绩效评价进入中铁工程总公司优秀行列；竣工交验单位工程188件，一次验收合格率100%，优良品率98.9%；获中国土木工程詹天佑大奖1项、铁道部优质工程奖3项、中铁工程总公司优质工程奖5项；企业文化建设再结硕果，完成了BI手册编制，形成了中铁隧道集团企业文化VI、MI、BI总体构架；员工年平均工资同比增长2.3%，其中在岗员工平均工资同比增长6.2%。

【经营生产再攀新高】　全年新签合同总额87.8亿元，首次突破80亿元，完成年度计划的129.1%，其中施工新签合同额79.1亿元(工程中标92项69.7亿元，在建工程合同外增加9.4亿元)，完成年度计划的143.7%；多经新签合同额8.7亿元。铁路项目经营投标取得重大成果，中标铁路项目7项，价款13.4亿元，占全年中标工程合同额的19.23%，比上年提高16.58%。全年完成总营业额60.2亿元，首次突破60亿元，为年计划的112.5%，其中施工营业额完成49.5亿元，为年度计划的119.3%，同比上升29.4%。完成隧道隧洞折合米59698米，完成桥梁折合米13252米，完成土石方1170万立方米。

【综合实力稳步增长】　2004年，中铁隧道集团实现主营业务利润4.17亿元，实现利润总额5665万元，完成年度计划的171.7%；完成成本降低率7.2%。圆满完成中铁工程总公司下达的各项资产经营指标，企业绩效评价可进入优秀行列。全员劳动生产率达37.5万元/人年，同比上升20.1%。至年末，保有机械设备2621台，原值9.7亿元，净值4.79亿元，总功率17.5万千瓦，全部设备新度系数49.32%。其中盾构8台，原值3.9亿元，净值2.41亿元，新度系数61.87%。专用设备装备能力进一步增强。主要施工设备完好率88.65%，利用率91.91%。

【重难点工程全面突破】

铁路项目　渝怀线圆梁山隧道2月24日全隧正洞贯通，7月29日完成全隧衬砌，11月6日完成整体道床施工，12月31日完成高水位富水区渗漏水治理，世界级隧道技术难题被成功破解。兰武复线乌鞘岭隧道斜井4月9日提前36天到达正洞交点，并提前9天完成年度750米的正洞成洞施工计划；大台竖井平导兰州方向10月8日与9号斜井正洞29号横通道实现贯通,武威方向于10月19日顺利到达合同里程,并完成了30米追加施工任务。青藏线23标主体工程全部顺利完成,10月29日铺轨顺利通过。宜万线野三关隧道平导7月15日按期进洞施工,年内平导开挖完成1709米;高阳寨隧道进口横洞10月9日正式开挖。

公路项目 徽杭高速公路16标主体工程9月底完成,12月26日全线通车。常张高速公路10B标和20标施工进展正常。广西南友高速公路12标合同内工程已基本完工。西汉高速公路秦岭I号隧道上行线和下行线提前到达分界里程。重庆万开和沪蓉西、湖南怀新、安徽铜汤和铜黄、广西岑梧等高速公路工程施工先后进入稳产高产期。广西百罗、云南安楚和思小等工程已进入收尾阶段。

城轨项目 广州地铁三号线大汉区间已顺利完工,厦大区间主体已完工,四号线小新区间右线盾构顺利通过新造海段。南京地铁二号线向兴路站工程主体完工。上海轨道交通六号线15A标龙阳路站北基坑顺利移交、浦三路站主体顺利完工;九号线R404标主体结构施工已完成;地铁二号线西延区间盾构机已开始上行线的掘进。北京地铁四号线7标宣武门站通道施工基本完成,19标颐和园车站围护结构已基本完成;五号线06标段区间左线开挖结束、东单车站明挖基坑主体结构已完成;十号线20标展开施工准备工作。天津地铁一号线改建8标、22标主体工程基本完工。

市政项目 重庆主城排水过江隧道、杭州解放路延伸工程已完工。广州大学城过江隧道及永和隧道、成都天府路地下过街道等项目实现了当年开工、当年完工。南京火车站站前广场、温州滨海园区主体工程全部完工。深圳前湾过海管廊工程正在进行始发井与接收井施工,盾构机已进场。

其他项目 辽宁大伙房水库输水工程TBM2标3个支洞已顺利开挖到底,15号支洞TBM于12月15日开始正洞试掘进。城陵矶越江隧道已完工。广西洞巴导流洞9月完工后又增加300米发电洞。四川福堂坝2号主洞、贵州玉舍等水电项目已按期完工。中原物流中心工程于4月10日竣工,8月31日通过验收,12月30日完成清算。广西玉林欧景嘉园二期工程和南宁南国花园二期工程分别于10月22日、12月18日顺利交验。

【科技进步成果丰硕】 2004年,中铁隧道集团获国家级科技进步奖1项,省部级科技进步奖3项,中铁工程总公司科技进步奖3项,洛阳市科技进步奖2项,集团公司科技进步奖18项。通过省部级科技成果鉴定5项。集团内科研项目评审、验收21项。全年评审企业级工法17项,获部级工法9项,其中7项部级工法推荐参评国家级工法。完成了国家863计划盾构项目第二阶段的研究和应用,新乡盾构基地成功组装、调试了1台TBM和1台盾构,保证了业主所期望的工期。成功召开了集团第二届科技大会,制定了中铁隧道集团科技发展五年规划。

【改革工作稳步推进】 设计院改制于4月16日完成公司登记注册,成立了中铁隧道勘测设计院有限公司。"三项制度"改革进一步深化,人事制度改革方面:相继出台了《人力资源发展规划》、《稳定和吸引人才暂行办法》等文件,初步建立了定性定量相结合、考试考核相结合的评价体系。进一步向项目下放用人权,除项目班子成员和财务主管、验工计价主管外,项目部人员由项目经理聘用。用工制度改革方面:一是结合实际重新公布了劳动合同文本,完善了保护企业商业秘密的有关规定;二是规范用工渠道,严格用工程序，严肃用工纪律，健全完善了劳务合同管理制度、外部劳务队伍的资格注册、年审、奖惩监督制度等；三是开始调整优化内部劳动组织结构，在将“工程队”转化为劳务公司方面作了调研和尝试。分配制度改革方面：一是制定并实行《集团公司机关浮动岗位等级工资制办法》和年度全员考评制；二是全面实施绩效考核，打破了单位、指挥部、项目之间平均分配现象；三是坚持工资总量与各项考核指标完成情况挂钩，将项目员工工资分配权下放给项目部，调动了项目及员工两方面的积极性。按照“统筹规划、整体推进、分步实施”的总体思路和“体制公司化、股权多元化、业务市场化”指导思想，制定了中隧集团主辅分离辅业改制分流总体方案。公安系统实现精简，富余人员已得到妥善安置。

【集团整体实力增强】 2004 年，按照公司法和公司章程的规定，中铁隧道集团母、子公司两级董事会、监事会顺利完成换届，法人治理结构更加规范。集团公司在加大经营力度，加强项目管理，注重绩效考核的同时，各职能部门积极为基层提供资源保证和做好指导协调工作，全年新制定或修订各类管理办法 27 个，系统管理进一步加强。集团公司党委紧密围绕改革发展稳定大局，强化与现代企业制度相适应的运行机制建设，吸收现代科技成果和最新的管理知识，努力提高党建和思想政治工作服务企业经营生产管理的档次，有力地促进了集团经营生产再创新高。各子、分公司以增强执行力为重点，认真抓落实、抓提效，综合能力进一步提升。股份有限公司、二处有限公司、第一工程处、设计院、科研所等继续保持快速发展的良好势头；几年来一直处于困境中的三处有限公司经过艰苦努力，遏制了效益下滑，实现了盈利；北京分公司、杭州分公司、四处有限公司经营生产较上年都取得了不同程度的进步。

【员工素质进一步提高】 全年有 86 人取得建造师资格，培训项目经理、总工等管理、技术人员 436 人。引进大中专毕业生 615 人，并首次引进博士生 1 名。1.5 万余人次接受了实用性、技能性培训，116 人通过技师技能鉴定，28 人取得高级技师资格。至年末，全集团管理和专业技术人员 6096 人，占员工总数的 41.92%，其中中国工程院院士 1 名、中国工程勘测设计大师 1 名、高级专业技术人员 350 名、国家和省部级中青年专家、各级科技拔尖人才 91 名；作业人员中有技师 204 人，高级技师 30 人。

【党建思想政治工作保证服务有力】 2004 年，中铁隧道集团各级党组织坚持以“三个代表”重要思想为指导，认真学习贯彻党的十六届三中、四中全会精神，按照“落实五个通过，做到五个体现”的党委工作基本思路，紧密围绕发展第一要务、改革第一动力、人才第一资源、创新第一素质、科技第一生产力、团结第一战斗力这六个关系企业改革发展的根本问题开展党建思想政治工作，有力地促进了集团经营生产再创新高。

求真务实、因势利导，加强领导干部的政策理论学习和员工的形势任务教育 集团公司党委把中心组学习作为重点工作和规定动作，通过学习，进一步加深了班子成员对“发展第一要务”、“科学发展观、正确政绩观”等重大理论问题的理解。各级党组织适时对员工进行党的十六届三中、四中全会精神和企业改革发展面临的形势任务教育，大力宣传总公司“三大目标、两个转变”发展战略，引导广大员工正确认识形势，增强加快企业改革发展的责任感和紧迫感。

确立目标、规范管理，加强管理队伍和

人才队伍建设 根据中组部《党政领导干部选拔任用工作条例》精神，结合中铁隧道集团实际，制定下发《中铁隧道集团领导人员管理办法》和《中铁隧道集团有限公司项目部领导人员管理暂行办法》。以法人治理结构换届为契机，强化对各单位领导班子的考察考核，先后对8个单位的32名班子成员进行调整，并根据工作需要调整其他中级管理人员37人。建立后备干部数据库，推行干部考学制度。对人才流失情况进行调查分析，制定《中铁隧道集团内部人才流动管理办法》、《中铁隧道集团科技人才培养规划》、《中铁隧道集团引进(招聘)人才暂行规定》。制定下发《关于加强员工管理切实保护企业商业秘密的若干规定》和《关于明确违约员工赔偿责任的通知》，建立竞业限制制度和违约责任追究制度，加强对企业知识产权和商业秘密的保护。

健全制度、完善机制，加强党组织和党员队伍建设 推行党组织书记季度报告工作制度，建立项目党支部联系点制度，构建党代会闭会期间发挥党代表作用的运行机制，规范集团公司B类项目部党组织设立、调整、管理、工作职责，推行党员发展工作责任制和发展党员公示制。全年发展新党员224名，为计划的107%，其中生产一线党员199名，占89%；35岁以下青年党员197名，占88%；专业技术党员164名，占73%。开展党建状况调查、后进支部整顿和流动分散党员清理等保持共产党员先进性教育活动的准备工作。

深化教育、落实责任，加强党风建设和反腐倡廉工作 推行党风建设责任报告制度，对5个单位党风建设责任制落实情况进行重点检查。制定纪检监察信访举报工作实施办法、查办案件工作实施办法和党纪政纪案件审理程序实施办法，对信访举报、案件查处进行制度规范。全年共受理各类举报63件，通过办案为企业挽回直接经济损失122万元。坚持“双清”工作不放松，累计收回外欠工程款4.3亿元，其中一年内外欠工程款3.5亿元，回收率86%；二年以上外欠工程款0.8亿元，回收率43%。制定《关于超付工程款的处罚规定》、《物资采购廉洁责任书承诺书》、《工程项目管理中部分违规违纪行为责任追究暂行办法》等制度。围绕工程分包、物资采购、劳务队伍使用、资金管理等热点问题选题立项，开展执法监察。共查出并纠正违规违纪问题18个，为企业挽回经济损失274万元。

建立体系、创新载体，加强企业文化建设和思想政治工作 按照三年三本书的目标规划，完成了集团行为识别系统(BI手册)的设计整合，从而形成了集团企业文化视觉识别、理念识别、行为识别三个系统，搭建起了企业文化建设的整体框架，顺利实现企业文化建设第一阶段目标。以母、子(分)公司机关和重要工程项目为重点，狠抓新版VI手册的落实，实现了集团标识的统一化、规范化。制定下发《中铁隧道集团新闻宣传工作管理办法》，层层建立新闻发言人制度，严肃对外新闻宣传纪律和程序，促进对外新闻宣传工作的制度化、规范化，全年在中央级媒体发稿292篇，省部级媒体发稿367篇。制定《关于推进网络党建工作的指导意见》，建立集团公司党建思想政治工作网站，实现了集团内各单位通过网络进行信息交流和文件传递。

围绕中心、服务大局，注重发挥工会共青团组织作用 工会组织坚持职代会制度，全集团三级职代会(职工民主管理大会)召开率100%。制定下发《工程项目部厂务公开工作实施细则(试行)》，推动厂务公开向基层生产经营管理领域延伸。修订《工程项目部“三工”建设标准》，14个项目被命名为“三工”建设示范单位。组织开展“提一条安全生产建议、查一起事故隐患或违章行为、谈一条安全生产体会、受一次安全生产知识培训、忆一次事故教训、做一名安全哨兵”“六个一”活动，连续三年获河南省“安康杯”竞赛优胜企业称号。坚持开展“冬送温暖、夏送凉爽，一年四季送关怀”活动和形式多样的节假日文化、体育、旅游等活动，举办了集团公司首届篮球比赛和《普通人群体育锻炼标准》测试运动会。

共青团组织通过开展“每月一本书”读书活动，举办读书演讲比赛，加强对团员青年的思想政治教育；通过开展安全生产知识竞赛，促进共青团安全监督岗活动，抓好《青工安全生产包保责任书》的落实；通过开展“十大杰出青年”评选活动，激发团员青年向先进学习看齐。深化“青年文明号”创建活动和青年“创新创效”活动，创河南省和中铁工程总公司“青年文明号”5 项，3 人获中铁工程总公司“青年创新创效奖”。召开了集团公司第一次团代会，团的组织建设进一步加强。集团公司团委获河南省和中铁工程总公司“五四红旗团委”称号，获“十年河南省青年文明号活动优秀组织奖”。（董俊保）

施工生产与A类工程

【概况】 2004 年，中铁隧道集团共承建工程项目 183 个，其中年内完工 64 个。按工程类别分：铁路项目 12 个，公路项目 68 个，市政项目 49 个，城市轨道交通项目 21 个，水电项目 13 个，房建项目 11 个，其它项目 9 个。按工程进展分：续建项目 91 个，新上项目 92 个(其中未开工 18 个)，年底完工 64 个(其中当年开工当年完工的项目 12 个)。

【施工生产计划完成情况】 2004 年，中隧集团完成施工产值 495134.7 万元，为年度计划的 119.3%。其中：股份公司 126826.8 万元，为年度计划的 105.7%；二处有限公司完成 119332.4 万元，为年度计划的 149.2%；三处有限公司完成 97940.2 万元，为年度计划的 103.1%；四处有限公司 27590.2 万元，为度计划的 69%；第一工程处 80006 万元，为年度计划的 186.1%；北京分公司 25587.6 万元，为年度计划的 94.8%；杭州分公司 7291.3 万元，为年度计划的 145.8%。

实物指标完成分别为：隧道隧洞 59698 米，桥梁 13252 成桥米，土石方 1170 万立方米。

【施工生产特点】 一，铁路工程产值下降，公路工程产值上升。全年在建铁路项目 12 个，虽然较上年增加 4 个，但由于收尾和新开工项目多，完成施工营业额 46269 万元，占集团总数的 9.34%；在建公路项目 68 个，虽然较上年减少 4 个，但由于多数处于施工高潮期，完成施工产值 197950 万元，占集团总数的 39.98%；其它类别工程完成产值和占集团年度产值的比例分别为：市政项目 153737 万元，占 31.05%；房建项目 5613 万元，占 1.13%；水电项目 11773 万元，占 2.38%；其它项目 3492 万元，占 0.71%。

二，重点、难点及新开工工程多。兰武复线乌鞘岭隧道地处祁连山自然保护区，地质破碎、涌水量大，所承担的 9 号斜井长 2318.15 米、大台竖井 514.65 米，工期仅两年半，且为动态设计，勘测设计资料随着施工进展陆续提供。青藏铁路格拉段 23 标地处阿贡湿地保护区，湿地处理地段约 9 公里，占标段线路的 22%，环境保护和桩基工程防冻拨、路基工程防胀融沉是施工的重点和难点。渝怀线圆梁山隧道有岩溶涌突水、高水位富水、高地应力以及煤层瓦斯、断层破碎带等，且桥隧相连、车站和桥台伸入隧道内，施工难度大。宜万铁路 15 标和 W8 标、洛湛铁路永涔段2标、大丽铁路7标、北京地铁十号线20标和武汉长江隧道工程等合同价款1.5亿元以上的大工程均为下半年或年末进场工程。

【施工生产举措】 在施工管理方面,严格按照集团公司程序文件的要求,对集团公司21个A类项目和B类重点项目施工过程进行监控,督促其按时产生各种质量记录,确保其完成合同和集团公司规定的各项计划;认真组织重点工程项目施工组织设计和质量计划审核工作,施组审核率达到了95%,审核质量也比以前有了较大提高;对新开工项目、收尾项目和重、难点工程以控制其履约动态为重点,制定节点工期表,全面掌握和控制其施工进展情况,及时进行信息追踪控制和对比分析;对分包工程,依据集团的工程管理分包规定,结合集团公司的安全质量大检查,对部分A、B类项目和各子分公司的工程分包进行了调查,并于1月和7月公布合格和不合格劳务分包方名单,便于各A类项目部选择确定和确保分包工程的工期质量。

【新上工程】

1.宜万铁路15标 位于湖北省恩施州巴东县野三关镇。标段总长7065.5米,主要工程项目包括:野三关隧道进口正洞长6920.5米,平导长6901.5米,路基145米,盖板箱涵1座、198米长导流洞1座。合同工期2004年6月1日至2008年9月22日。合同价款25581万元。至2004年底,野三关隧道正洞已完成843.8成洞米,平导完成1700米,198米长导流洞已完,共完成施工产值4004万元。股份有限公司施工。A类工程。

2.宜万铁路W8标 位于湖北省恩施州巴东县野三关镇。标段总长6800米,主要工程项目包括高阳寨隧道4730米,桥梁9座2460延米、涵洞7道、站场土石方110.98万立方米、挡护及附属工程圬工3.5986万立方米、站后工程、轨道工程等。合同工期2004年6月1日至2008年9月22日。合同价款23332万元。2004年9月30日开工。至2004年底,高阳寨隧道正洞完成206米,横洞完成451.6米,涵洞完成70横延米,桥梁完成38延长米,共完成施工产值1025万元。二、三处有限公司共同施工。A类工程。

3.大丽铁路7标 位于云南省大理自治州洱源县江尾镇和鹤庆县西邑镇。施工标段全长10.932公里,主要有2座隧道(其中笔架山2号隧道长2183米、北衙隧道长8436米)、1座双线拱桥、1座中桥、1座车站(车站伸入两端隧道内,并跨越双线拱桥)、1座跨线公路桥及路基附属工程。合同工期2004年11月26日至2007年3月25日。合同价款24878万元。2004年11月23日开工。至2004年底,管理及技术人员、施工设备、材料到位,12月18日、22日北衙隧道2号横洞、1号横洞分别开始进洞施工。四处有限公司和第一工程处共同施工。A类工程。

4.洛湛铁路YQ2标段 位于广西壮族自治区贺州市境内。线路总长50.165公里,主要工程有隧道4座共计7484延长米(其中南山隧道5013米)、桥梁22座计5116.46延米,涵洞174道,计3906.66横延米、站场5个、路基总长37564.54米、路基防护及附属工程。合同工期2004年12月28日至2006年6月10日。合同价款40332万元。2004年12月28日开工,年内主要进行施工准备工作。股份有限公司、二处有限公司、三处有限公司、四处有限公司和第一工程处共同施工。A类工程。

5.北京地铁十号线一期工程20标 位于北京市北土城路北侧。工程主要包括熊猫环岛站－安定路站区间和十号线与奥运支线双线联络线。熊猫环岛站－安定路站区间长841.44双线延米(含一个施工竖井、一个横通道及两个防护段);十号线与奥运支线双线联络线右线长623.271米,左线长723.271米。合同工期2004年12月27日至2006年7月30日。合同价款15261万元。二处有限公司和北京分公司共同施工。A类工程。

6.武汉长江过江隧道 位于武汉长江一、二桥之间,为设计、采购和施工总承包项目。设计为左右两条隧道,隧道为单向两车道。工程包括盾构始发井、到达井、盾构隧道、联络通道、六条匝道、管理中心大楼、路面工程及设备安装工程。合同工期2004年11月16日至2008年8月26日。合同价款99777万元。2004年11月28日开工。至年底,已完成办公区房屋建设、解决施工用水、用电、导墙施工60米及影响始发井施工的通讯电缆改移、房屋拆迁等。股份有限公司施工。A类工程。

(本条数字均为调度数字)

【续建工程】

1.渝怀铁路23标段 该标段主要为圆梁山隧道,全长11.068公里,为全线十大关键性控制工程之首。合同工期2001年1月至2005年3月。2004年2月5日实现正洞全断面贯通,8月20日衬砌完工,年底主体工程已基本完工。股份有限公司和二、三处有限公司共同施工。A类工程。

2.兰武铁路复线乌鞘岭隧道 位于兰新线兰武段打柴沟站和龙沟站之间,祁连山自然保护区内。至2004年底,大台竖井完成开挖、支护516.18米及其井下平导1395米,9号斜井完成2399.34米及其井下正洞1725米、平导开挖并扩挖299米。完成施工产值10278.3万元。股份有限公司和二处有限公司共同施工。A类工程。

3.青藏铁路格拉段第二批土建工程23标段 位于西藏那曲县。标段全长40.713公里。合同工期2003年4月1日至2004年9月25日。至2004年底,主体工程全部完工,附属工程完成85%左右,产值12746万元。股份有限公司和二、三处有限公司共同施工。A类工程。

4.户洋高速公路03标段 位于陕西省陕宁县江口镇境内,工程项目为秦岭Ⅰ号隧道出口段,上行线隧道长2827米,下行线隧道长2859米。合同工期2002年9月10日至2006年3月9日。上行线2004年9月14日较合同工期提前8个月到达分界里程,下行线2004年12月23日提前6个月到达分界里程。股份有限公司施工。A类工程。

5.常张高速公路10B标 位于湖南省慈利县,全长3.18公里。合同工期2003年11月1日至2005年8月31日。至2004年底,完成挖土方200万立方米,涵洞、通道已完工、桥梁完成478成桥米,施工产值3019万元。四处有限公司施工。A类工程。

6.常张高速公路20标 位于湖南省张家界市。全长5.10公里。合同工期2003年11月1日至2005年10月31日。至2004年底,完成土石方挖方73万立方米,桥梁成桥3160延米,涵洞205横延米,隧道成洞216成洞米,防护施工1.6万立方米,施工产值10300万元。二、三、四处有限公司共同施工。A类工程。

7.南友高速公路C12、C13标 位于广西凭祥市。C12合同段长5.914公里,C13合同段长13.85公里。合同工期2002年12月1日至2005年11月30日。至2004年底,C12标完成施工产值3421万元、C13标完成施工产值1679万元。共完成路基土石方145.47万立方米、通道553.1米、涵洞771.5横延米、桥梁122成桥米、隧道200成洞米、防护和排水圬工3.51万立方米、路面底基层11万平方米、路面下基层9.2万平方米。

三、四处有限公司共同施工。A类工程。

8.国道321线球溪至隆昌段改造工程 位于四川省内江市。合同工期2003年12月至2006年12月。2004年底基本完成了调研摸底、公司设立、贷款审批、设计优化、招标投标、一级路段的征地拆迁及总指挥部建点等任务。但由于地亩问题未解决,项目未能全面开工。三、四处有限公司共同施工。A类工程。

9.北京地铁5号线05标段 工程包括为崇文门站和磁器口－崇文门区间暗挖段。合同工期2002年12月至2004年12月。至2004年底,完成施工产值9527.3万元,其中车站北端中洞一、二、三、四开挖、车站南端中东开挖、侧洞开挖已完成,附属结构已陆续开工,磁崇区间开挖已完成,衬砌左线完成631米,右线完成572米。北京分公司和二处有限公司共同施工。A类工程。

10.北京地铁5号线06标 工程包括东单站和崇文门－东单区间。合同工期2002年12月1日至2004年12月1日。至2004年底,完成施工产值9571万元,其中区间左线完成开挖621.1米,衬砌511米,右线完成开挖534.1米,衬砌306.06米,联络线完成开挖243.02米,衬砌120米,迂回风道结构已完;车站工程明挖基坑主体结构已完,南基坑主体结构施作54.2米,北基坑主体结构施作54.4米,暗挖段柱洞施工33米,车站附属工程已完70%。北京分公司和二处有限公司共同施工。A类工程。

11.北京地铁四号线07标(宣武门车站) 位于玄武门内、外大街与玄武门东、西大街交叉路口下,为两端双层中间单层14米宽岛式站台暗挖站。合同工期2003年12月27日至2006年5月30日。至2004年底,完成施工产值3607.05万元。北京分公司和二处有限公司共同施工。A类工程。

12.上海轨道交通6号线15A标 工程范围为龙阳路站和浦三路站两个车站,合同工期:龙阳路站390天、浦三路站345天。至2004年底,完成施工产值8118.5万元,其中龙阳路站实物工程量全部完成,浦三路站围墙结构、基坑开挖全部完成。二、三处有限公司共同施工。A类工程。

13.上海轨道交通9号线R404标 施工范围为九亭站、地下线及敞开段。合同工期2003年10月30日至2004年11月30日。至2004年底,已完成合同内工程总量的93%。其中九亭站车站主体结构、2号出入口围墙及结构、地下线及敞开段主体结构全部完成,蒲汇塘改河挡墙完成81%,信号电缆沟完成69.4%。股份公司、三处有限公司施工。A类工程。

14.天津地铁一号线既有线改建工程8标段 位于天津市和平区南京路与营口道、赤峰道交叉口。合同工期2002年5月20日至2004年12月31日。因拆迁及管线切改等问题,工程于2003年3月12日开工。至2004年底,主体结构已完工。三处有限公司施工。A类工程。

15.天津地铁1号线22合同段 主要工作内容为既有区间及风道改建工程。合同工期2003年2月至2004年1月。至2004年底,南运河区间风道、西门区间风道隧道、血研所区间风道、四马路区间风道和长春道区间风道已完工,新华路区间风道隧道开挖完成。股份有限公司施工。A类工程。

16.伊朗北部高速公路工程 该工程是连接首都德黑兰至里海之滨查努斯的工程项目,位于德黑兰市西北褶皱短块高中山地,全线长120公里。合同工期3年。2004年末正式开工。A类工程。

(本条数字均为调度数字)

【已完工工程】

1.赣龙铁路第9、17合同段 9合同段长11.41976公里,17合同段长8.6公里。9标段合同工期2002年6月至2004年8月,17标段合同工期2001年11月至2004年4月。两标段分别于2004年8月、4月按期完工。9标段由二、三、四处有限公司共同施工,17标段由股份公司施工。A类工程。

2.广州市轨道交通三号线厦大明挖区间工程 施工范围包括:正线总长444.899米,入线段总长872.0米,出线段总长929.0米。合同工期2003年6月至2004年8月。2004年8月完成全部施工任务。二、三处有限公司共同施工。A类工程。

3.南京地铁二号线向兴路站(D2-TA1) 为地下明挖车站,并包含一个地下商场。合同工期2003年11月至2004年12月。2004年底,工程按期完工。二、三处有限公司共同施工。A类工程。

4.上海轨道交通黄兴绿地站 位于上海市杨浦区营口路。合同工期2002年7月1日~2003年6月30日。实标开工日期2002年11月4日。2004年主体工程完工,附属工程由于征地、拆迁进展慢,影响施工进度。至年末,剩余口附属工程有东、西出入口和南、北风井。2004年完成产值560万元,开累2929万元。三处有限公司施工。A类工程。

5.广州地铁三号线厦大区间 位于广州番禺厦滘村。合同工期2003年6月~2004年8月,2003年6月1日开工。2004年,完成主体工程和出入段结构,剩余1号出入口结构、通道2块顶板。二、三处有限公司共同施工。A类工程。

(于翠丽)

机构设置

【期末机构状况】 2004年末,中铁隧道集团有限公司本部行政部门设置,根据业务特点分为资源管理、经营生产、监督监察、事务管理四大块,设置11个部、2个室、5个处、1个中心。党群系统机构设置:集团公司党委、纪委、工会、团委、机关党委共11个部门。

派出机构:片区经营型指挥部、项目经理部(A、B)类和各办事处(联络处)。

附属机构:精测队、资金调度中心、技能鉴定站、防疫站、汽车所、信息中心。

分公司:科研所、物资供应中心、专用设备中心、北京分公司、宁波分公司、第一工程处。

其他单位:生活服务中心、物业管理中心、职工大学、洛阳中小学、中心医院。

【成立A类项目部/指挥部】

1.6月4日,隧编[2004]27号,成立宜万铁路15标项目经理部(已撤销)。

2.9月10日,隧编[2004]36号,成立宜万铁路W8标项目经理部(对外)。

3.8月26日,隧编[2004]40号,成立宜万铁路工程指挥部。

4.11月08日,隧编[2004]42号,成立武汉长江隧道工程指挥部。

5.11月23日,隧编[2004]46号,成立大丽铁路项目经理部。

6.11月23日,隧编[2004]47号,成立北京地铁十号线第20标段项目经理部。

7.12月13日,隧编[2004]50号,成立洛湛铁路YQ2标段工程指挥部。

【成立B类项目部/指挥部】

1.1月8日,隧编[2004]02号,成立321国道内江段改建工程施工管理一级路分指挥部。

2.1月12日,隧编[2004]03号,成立213国道郎川项目经理部。

3.1月13日,隧编[2004]04号,成立靖安高速公路(榆林段)L-11合同段项目经理部。

4．1月19日,隧编[2004]05号,成立郎川公路B合同段项目经理部。

5．2月4日,隧编[2004]06号,成立国道321线JB2合同段项目经理部。

6．2月20日,隧编[2004]07号,成立沈阳市地下过街通道工程项目经理部。

7．2月26日,隧编[2004]08号,成立阳江核电工程项目经理部。

8．3月3日,隧编[2004]9号,成立广州开发区永和隧道及连接线扩建工程项目经理部。

9．3月3日,隧编[2004]10号,成立怀新高速公路11标项目经理部。

10．3月4日,隧编[2004]11号,成立天府隧道项目经理部。

11．3月18日,隧编[2004]12号,成立北京雍和宫电力工程项目经理部。

12．4月1日,隧编[2004]14号,成立北京地铁四号线第十九标段项目经理部。

13．4月12日,隧编[2004]15号,成立安徽沿江高速公路项目经理部(已变更名称)。

14．4月12日,隧编[2004]17号,成立舟山市普陀沈应线公路隧道工程项目部。

15．4月30日,隧编[2004]18号,成立湖北沪蓉西第28合同段项目经理部。

16．5月18日,隧编[2004]20号,成立农园路人行地道项目经理部。

17．5月26日,隧编[2004]21号,成立八官线改建工程项目经理部。

18．5月26日,隧编[2004]22号,成立子洲至靖边高速公路N-2合同段项目经理部(已变更名称)。

19．5月26日,隧编[2004]23号,成立铜汤高速公路第11合同段项目经理部。

20．5月29日,隧编[2004]24号,成立深圳地铁竹子林站地下通道项目经理部。

21．6月1日,隧编[2004]25号,成立正平高速公路N06合同段项目经理部(已变更名称)。

22．1月16日,隧编[2004]28号,成立上海轨道交通2号线西延伸工程项目经理部。

23．6月30日,隧编[2004]29号,成立西安市雁塔北广场人行通道工程项目经理部。

24．7月13日,隧编[2004]30号,成立杭州湾大桥南接线工程第八合同段项目经理部。

25．7月13日,隧编[2004]31号,成立向家坝水电站输送线工程项目经理部。

26．7月23日,隧编[2004]32号,成立深圳前湾过海管廊工程项目经理部。

27．8月10日,隧编[2004]33号,成立上海轨道交通6号线工程土建18标项目经理部。

28．8月10日,隧编[2004]34号,成立西汉高速公路汉中东收费站项目经理部。

29．10月10日,隧编[2004]39号,成立云万高速公路U合同段项目经理部。

30．11月09日,隧编[2004]43号,成立东莞市港口大道第9合同段项目经理部。

31．11月16日,隧编[2004]44号,成立黄万铁路工程指挥部。

32．11月22日,隧编[2004]45号,成立溪洛渡水电站渡口乡至新市镇辅助道路工程Ⅰ标段项目部。

33．12月10日,隧编[2004]49号,成立保龙高速公路工程项目经理部。

34．12月16日,隧编[2004]53号,成立南宁排水工程项目经理部。

35．12月31日,隧编[2004]57号,成立南京地铁一号线TA30标工程项目经理部。

【成立其它机构】

1．4月06日，隧编[2004]13号，成立武汉过江隧道标前工作组。

2．8月26日，隧编[2004]35号，成立上市工作推进项目部。

3．12月01日，隧编[2004]48号，成立大丽铁路项目经理部材料厂。

4．12月13日，隧编[2004]52号，成立中原铁路工程指挥部。

5．12月18日，隧编[2004]55号，成立武汉分公司。

【撤销机构】

1．4月9日，隧编[2004]16号，撤销南宁办事处。

2．9月21日，隧编[2004]37号，撤销宜万铁路15标项目经理部。

3．9月28日，隧编[2004]38号，撤销兴隆庄煤矿地下通道项目经理部。

【变更机构名称】

1．1月4日，隧编[2004]01号，“北京地铁四号线宣武门站项目经理部”名称变更为“北京地铁四号线第7标段项目经理部”。

2．5月11日，隧编[2004]19号，“安徽沿江高速公路项目经理部”名称变更为“沿江高速公路YJ1－06标项目经理部”。

3．6月1日，隧编[2004]26号，“子洲至靖边高速公路N－2合同段项目经理部”名称变更为“子靖高速公路N－2合同段项目经理部”。

4．10月15日，隧编[2004]41号，“宁波分公司”名称变更为“杭州分公司”。

5．12月13日，隧编[2004]51号，“正平高速公路No6合同段项目经理部”名称变更为“平正高速公路No.6合同段项目经理部”。

（杨荷红）

中铁隧道集团有限公司组织机构设置示意图

- 中铁隧道集团有限公司
  - 工程管理部
  - 经营合同部
  - 涉外工程部
  - 设备物资部
  - 安全质量管理处
  - 企业发展规划部
  - 财务部
  - 审计处
  - 事务管理处
  - 多经开发部
  - 总工办
  - 公司办公室
  - 企业文化部
  - 科研开发部
  - 设计咨询部
  - 人事部
  - 监察处
  - 第七公安处
  - 社会事业管理中心
  - 控股子公司
    - 中铁隧道股份有限公司
    - 二处有限公司
    - 三处有限公司
    - 四处有限公司
    - 强力机械有限公司
    - 勘测设计院有限公司
    - 汤姆洛克洛阳公司
    - 鹏捷利公司
    - 洛阳建材有限公司
    - 北京中铁隧建筑有限公司
    - 新鸿路业发展有限公司
    - 上海中隧物业管理有限公司
  - 分公司及分立单位
    - 第一工程处
    - 北京分公司
    - 杭州分公司
    - 深圳分公司
    - 科研所
    - 专用设备中心
    - 物资供应中心
    - 物业管理中心
    - 生活服务中心
    - 中心医院
    - 中隧洛阳中小学
    - 职工大学
  - 派出机构
    - 北京指挥部
    - 广州指挥部
    - 南京指挥部
    - 西安指挥部
    - 成都指挥部
    - 中原指挥部
    - 广州办事处
    - 成都办事处
    - 上海联络处
    - A类项目部22个（略）

中国共产党中铁隧道集团有限公司委员会办事机构及组织系统示意图

（党委 15 个，工会党组 1 个，片区党工委 6 个，直属单位党工委 3 个，直属 A 类项目（指挥）部党工委 22 个，B 类项目部党工委 14 个、党支部 2 个）

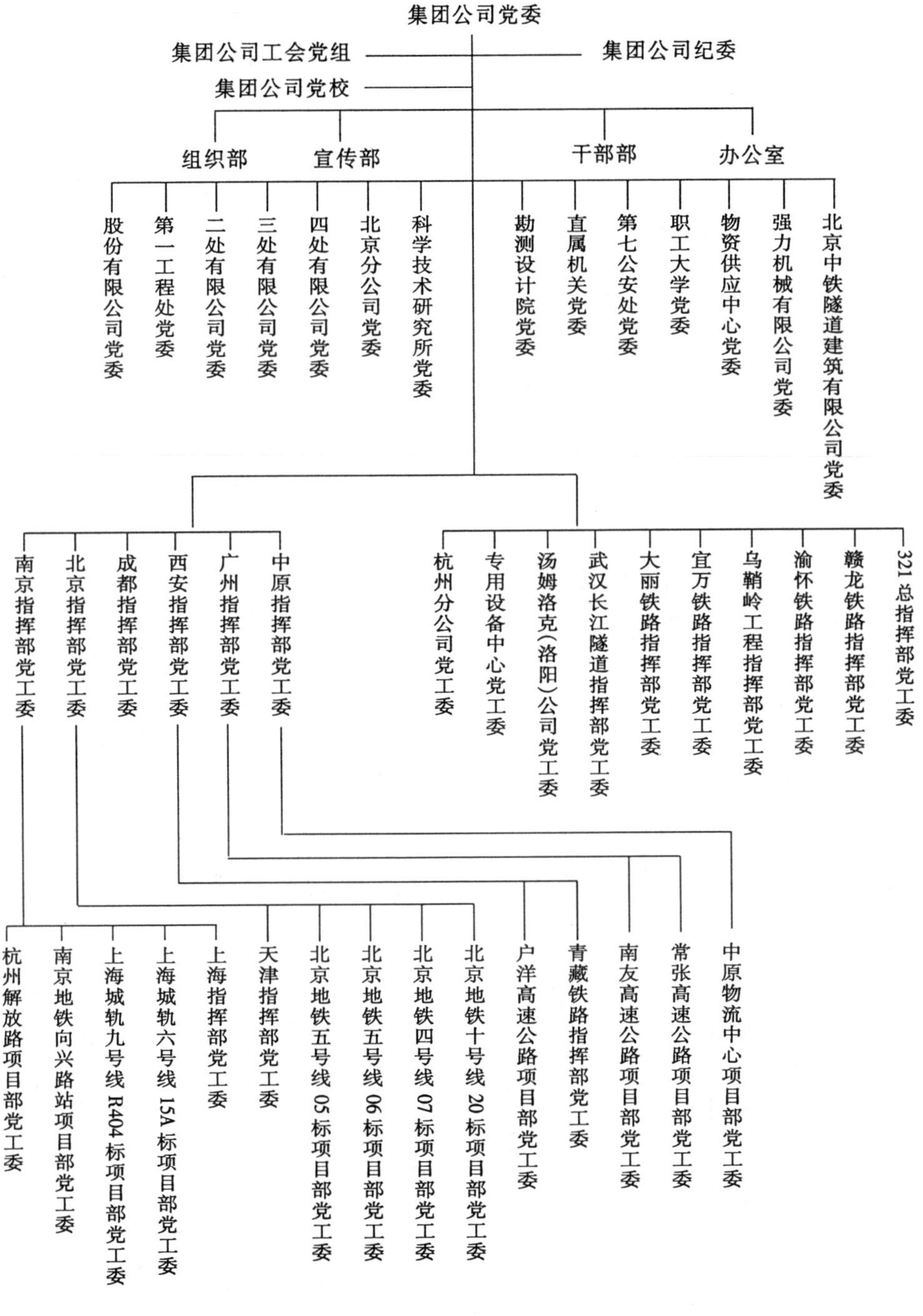

中共中铁隧道集团有限公司纪律检查委员会组织机构系统示意图

- 集团公司纪委(监察处)
  - 办公室
  - 案件检查室
    - 股份有限公司纪委
    - 二处有限公司纪委
    - 三处有限公司纪委
    - 四处有限公司纪委
    - 强力公司纪委
    - 勘测设计院纪委
    - 第一工程处纪委
    - 北京分公司纪委
    - 科研所纪委
    - 物资供应中心纪委
    - 职工大学纪委
    - 直属机关纪委
    - 第七公安处纪委
  - 审理教育室

中国铁路工会中铁隧道集团有限公司委员会组织机构系统示意图

- 集团公司工会
  - 组织民管部
  - 权益保障部
  - 生产教育部
    - 股份有限公司工会
    - 二处有限公司工会
    - 三处有限公司工会
    - 四处有限公司工会
    - 强力机械有限公司工会
    - 勘测设计院有限公司工会
    - 第一工程处工会
    - 北京分公司工会
    - 杭州分公司工会
    - 科研所工会
    - 物资供应中心工会
    - 直属机关工会
    - 专用设备中心工会
    - 汤姆洛克公司工会
    - 职工大学工会
    - 公安处工会
    - 北京指挥部工工委
    - 广州指挥部工会工委
    - 南京指挥部工会工委
    - 成都指挥部工会工委
    - 西安指挥部工会工委
  - 办公室
  - 体协

共青团中铁隧道集团有限公司委员会组织机构系统示意图

- 集团公司团委
  - 股份有限公司团委
  - 二处有限公司团委
  - 三处有限公司团委
  - 四处有限公司团委
  - 强力机械有限公司团委
  - 勘测设计院有限公司团委
  - 第一工程处团委
  - 北京分公司团委
  - 杭州分公司团委
  - 直属机关团委
  - 职工大学团委
  - 乌鞘岭隧道工程指挥团工委
  - 青藏铁路指挥部团工委
  - 赣龙铁路工程指挥部团工委
  - 宜万铁路工程指挥部团工委
  - 北京地铁四号线07标项目部团工委
  - 北京地铁五号线05标项目部团工委
  - 北京地铁五号线06标项目部团工委
  - 南京地铁TA01标项目部团工委
  - 物资中心团总支
  - 科研所团支部

理 事 会

【概况】 2004年,中铁隧道集团理事会及各专业委员会(协会)按照工作制度开展工作,发挥了议事协商、审议集团重大事宜、协调集团成员生产经营活动的作用。全年共召开理事会会议1次,各专业委员会(协会)会议24次(其中,专业技术职务任职资格评审委员会10次、经营管理委员会6次)。

【理事会会议】 2004年7月16日,中铁隧道集团理事会首届二次会议在洛阳召开。会议由集团公司副董事长林万里主持。集团公司董事长周世祥,副董事长、总经理郭大焕,监事会主席刘子万,员工持股会理事长初继旺,总经理层其他领导,及各子公司有关领导参加了会议。集团公司有关部门负责人列席了会议。周世祥董事长报告了《集团章程》、《集团理事会工作制度》等修改意见,会议进行了审议和表决;宣布了集团理事会理事长、副理事长及各专业委员会(协会)成员的调整。会议通过了《集团章程》修正案、《集团理事会工作制度》修正案。根据集团公司董事会首届十二次会议决议和《集团理事会工作制度》规定,会议宣布集团公司董事长周世祥任集团理事会理事长;副董事长林万里,副董事长、总经理郭大焕任副理事长。根据《集团理事会工作制度》规定和集团公司领导班子调整、分工变化,有关单位变动情况及工作需要,会议宣布了各专业委员会(协会)成员的调整,具体内容为:

1.安全质量管理委员会,增设副主任委员1名,由集团公司纪委书记担任。

2.企业管理委员会,主任委员改由集团公司总经理担任;增加设计院院长为委员。

3.企业文化委员会,增设副主任委员1名,由集团公司总经理担任。

4.社会事业管理委员会,增设副主任委员1名,由集团公司事务处处长担任。

5.财会专业协会,增加设计院财务部部长为委员。

6.计划统计协会,主任委员由集团公司总经理担任;集团公司分管生产副总经理调整为副主任委员。

7.原委员会中"一处"变更为"股份公司","北京工程处"更名为"北京分公司"。

8.科学技术发展委员会、经营管理委员会、企业文化委员会、社会事业管理委员会、设备物资专业协会、财会专业协会、监察审计协会、计划统计协会等8个委员会中增加"第一工程处"相应职务为委员。

(杜潮继)

股 东 会

【概况】 2004年,中铁隧道集团有限公司股东会(简称"股东会")共召开股东会4次,其中年度股东会1次,临时股东会3次。会议对集团公司财务决算、财务预算、利润分配、投资方案等重大事项进行了审议,调整了部分董事、监事,并进行了集团公司董事会、监事会换届选举。

【股东会会议及决策事项】 2004年2月24日,召开2004年第一次临时股东会,调整集团公司监事会2名监事:项晓凯不再担任集团公司国有股监事,何荣康为新的国有股监事;孙秀英不再担任集团公司职工监事,刘建媛为新的职工监事。

2004年2月24日,召开2004年度股东会议。会议审议批准集团及集团公司2003年度财务决算方案;审议批准集团及集团公司2003年度利润分配方案;审议批准集团及集团公司2004年度财务预算方案;审议批准2004年度集团公司投资方案(固定资产购置、小型项目、基地大修改造、科研、设备大修);审议批准2003年度集团公司高管人员奖惩方案。

2004年7月5日,召开2004年第二次临时股东会,审议通过关于郭陕云不再担任集团公司董事会董事的议案。

2004年11月30日,召开2004年第三次临时股东会,选举集团公司第二届董事会董事、监事会监事。白中仁、陈唯一、周世祥、林万里、郭大焕、席树旗、张继奎当选为集团公司第二届董事会国有股董事,崔原、初继旺、裴广进当选为集团公司第二届董事会员工股董事;刘子万、王宏利、何荣康当选为集团公司第二届监事会国有股监事,石祖贵当选为集团公司第二届监事会员工股监事。另外,经职代会选举,王梦恕当选为集团公司第二届董事会职工董事,刘建媛当选为集团公司第二届监事会职工监事。 (梅鹏)

董事会

【概况】 2004年,中铁隧道集团有限公司董事会(简称"董事会")共召开正式董事会4次,临时董事会3次,审议集团公司资本运作、对外担保等重大事项,并对股改上市、子公司规范等重要问题进行研究;进行集团公司法人治理结构换届,选举了第二届董事会董事长、副董事长,聘任了总经理、副总经理、三总师等高管人员;先后印发《关于召开年中董事会有关事项的通知》和《关于做好二季度财务决算检查和审定工作的通知》等董事会文件,规范决策程序,狠抓董事会议案质量和决议落实;进一步加强对子公司股东会、董事会的业务指导,加强对委派子公司股东代表、董事和监事的考核,法人治理结构运作质量持续提高。

【董事会会议及决策事项】 2004年2月24日,集团公司董事会首届十一次会议听取并审议总经理关于2003年度计划执行情况的报告;审议通过2003年度财务决算方案、利润分配方案,审议通过2004年度财务预算方案、投资方案;研究子公司2003年度利润分配方案;审议与中铁十五局集团有限公司互相提供5亿元人民币保函反担保事宜;审议设计院改制股权结构及法人治理结构的建议方案;制订2003年度集团公司高管人员奖惩方案;研究2003年度委派子公司董事、监事的奖惩;研究子(分)公司领导班子2003年度集体合同奖惩方案;听取重庆、上海BT项目标前介入情况汇报。

2004年7月5日,集团公司董事会首届十二次会议审议通过郭陕云不再担任董事长职务;选举周世祥担任集团公司董事长;解聘周世祥副总经理职务;选举郭大焕担任副董事长职务;聘任宋建平担任副总经理、总经济师职务;解聘王福柱总工程师职务;聘任周振国担任总工程师职务;审议承揽武汉长江隧道工程需购置两台盾构机的议案;审议确认集团清产核资结果。

2004年8月16日,集团公司董事会首届十三次会议听取并审议总经理郭大焕关于上半年执行股东会批准计划情况的报告;听取总会计师席树旗关于集团公司资金情况的报告;听取监事会主席刘子万关于子、分公司亏损项目的情况通报;审议关于继续授权总会计师席树旗办理集团公司对外担保、借款及保函信贷事宜的议案;审议为股份公司重新提供1.7亿元授信担保的议案;审议关于是否参与长江南京段过江隧道工程投标的议案;审议关于宁波分公司搬迁杭州投资购房的议案;审议关于股份公司上市辅导期延长半年的议案；审议关于四处有限公司拟设房地产开发公司的议案；听取国道321线内江段工程进展及管理有关情况汇报；研究有关人事事项。

2004年11月30日，集团公司董事会二届一次会议选举董事长和副董事长；聘任总经理和委任董事长秘书长；聘任副总经理和三总师；听取首届十三次董事会决议执行情况通报；听取总公司委派股东代表和董事、监事对集团检查调研的情况通报；审议集团公司为二处提供保函反担保和集团公司与中铁七局互相提供保函和担保事宜；审议国道321内江段改建工程有关事宜；审议北京奥运专线有关事宜；审议武汉长江隧道设备购置资金使用计划。 （*梅鹏*）

监 事 会

【概况】 2004年末，中铁隧道集团有限公司监事会共有监事5人。其中国有股代表3人：刘子万（主席）、王宏利、何荣康（总公司下派监事）；职工代表1人：刘建媛；员工股代表1人：石祖贵。

【监事会首届五次会议】 2004年2月19日，中铁隧道集团有限公司监事会首届五次会议在洛阳召开。会议审议了集团公司2003年财务决算报告和利润分配建议方案。会议应到监事5人，刘子万、石祖贵2人到会，王宏利、项晓凯（总公司下派监事）2人书面征求意见，孙秀英已内部退养未参加会议。集团公司副总会计师兼财务部部长蔡里昂、董事会秘书长王贤绪、纪委副书记兼监察处处长张修本列席了会议。会议由监事会主席刘子万主持。

会议听取了集团公司副总会计师兼财务部部长蔡里昂《关于集团公司2003年度财务决算报告》和《集团公司2003年度利润分配建议方案》。与会监事认为，2003年，集团公司全面完成了年初下达的各项财务目标，同时也圆满地完成了总公司下达的各项资产经营指标。在保证科技投入、设备引进、经营投标等大额资金需求的情况下，净资产大幅度增加，企业竞争力得到了提升，财务运行情况良好，并达到历史最好水平。会议认为，2003年度财务决算报告反映的主要问题：一是应收账款大幅增加，需加大清欠力度；二是B类工程在集团公司施工任务中的比例已占60%以上，但收取的费用只占55%，影响企业资金及资本运转；三是集团公司为子公司的投资、借款、担保额越来越大，存在一定的风险。针对上述问题，建议集团公司董事会在新的一年里采取有力措施，加大财务工作力度，加强企业经营管理，确保国有资产保值增值。会议经过认真审议，同意集团公司2003年度财务决算报告和集团公司2003年度利润分配建议方案，提交集团公司董事会、股东会审议批准。

【监事会首届六次会议】 2004年8月11日，中铁隧道集团有限公司监事会首届六次会议在洛阳召开。会议审议了集团公司2004年上半年财务决算报告和母子公司亏损项目报告。会议应到监事5人，刘子万、石祖贵、刘建媛3人到会，王宏利、何荣康2人书面征求意见。集团公司副总会计师兼财务部部长蔡里昂、董事会秘书长王贤绪、纪委副书记兼监察处处长张修本、财务部部长裴广进列席了会议。会议由监事会主席刘子万主持。

会议听取了财务部部长裴广进《关于集团公司2004年上半年财务决算报告》和《集团母子公司亏损项目报告》。与会监事认为，2004年上半年中铁隧道集团生产、经营、财务等各项指标完成较好，比上年同期有所增加,呈上升态势。存在的主要问题是:子(分)公司未完施工增长过快;货币资金减少及短期借款增加过快,加大了集团公司的风险,已影响到场集团公司资金的正常运行。针对上述问题,建议董事会加大财务工作力度,特别是工程项目部财务管理,降低成本,提高企业经济效益。会议经过认真审核,原则同意集团公司2004年上半年财务决算报告,并就母子公司项目亏损情况决议如下:一、集团公司财务部对成本降低率和亏损项目等要进一步的统一标准,确保数字的准确真实,为集团公司决策层提供真实可靠的财务分析报告;二、建议董事会加强对全集团亏损项目的管理,要求子(分)公司立即着手对亏损项目部进行自查,认真分析和剖析亏损原因,制定止亏扭亏措施;三、集团公司监事会牵头,组成由财务、监察、审计等部门参加的效能监察执法检查小组,深入到亏损项目调研分析,制定止亏、减亏措施。

【监事会二届一次会议】 2004年11月30日,中铁隧道集团有限公司监事会二届一次会议在洛阳召开。会议受集团公司董事长周世祥委托,由集团公司党委副书记、纪委书记刘子万主持。会议应到集团公司第二届监事会监事5人,实到4人(刘子万、王宏利、何荣康、刘建媛),石祖贵因公出差,委托刘子万代行职权。会议根据中铁工程总公司关于中铁隧道集团有限公司第二届董事会、监事会、经理层推荐人选的通知(中铁程任免[2004]148号),5名监事进行选举表决,一致同意刘子万为集团公司监事会主席。

(夏国衡)

员工持股会

【概况】 中铁隧道集团有限公司员工持股会理事会(简称"员工持股会")由17名理事组成,初继旺任理事长,蔡里昂、刘建媛任副理事长,刘建媛兼任秘书长;员工持股会常务理事会由9名理事组成。日常办事机构为员工持股会秘书处(集团公司工会办公室兼)。员工持股会监事组由5人组成,牟献远任组长。

2004年,员工持股会加强和完善组织建设,增强财务管理,发挥在企业法人治理结构中的作用,推进了无锡培训中心的开发建设。员工持股会作为企业二元股东之一,按股权比例推选代表进入企业法人治理结构。至年末,全集团有员工股董事11名,监事4名,代表广大员工参与企业经营、生产、管理等重要决策的确定,参与企业主要规章制度的制定和主要管理办法的出台,在维护广大员工的合法权益的同时,也维护企业整体利益,推动企业深化改革、快速稳步发展。

【首届四次员工持股会代表会议】 2004年2月26日至28日,集团公司员工持股会在洛阳召开了首届四次代表会议,共有121名代表参加了会议。会议听取审议了集团公司工会主席、员工持股会理事长初继旺所作的《关于集体合同履行兑现情况及员工持股会工作情况的报告》,评议了3名员工股董事、监事,替补选举石祖贵为员工股代表进入集团公司监事会监事。鉴于孙秀英、王邦至因年龄关系失去员工持股会理事会理事和监事组监事资格,按照持股会章程替补规定,替补选举刘建媛为员工持股会理事会理事,张修本为监事组监事。

【理事会第四次全体会议】 2004年2月27日,集团公司员工持股会理事会召开第四次全体会议,无记名投票选举产生了由初继旺、刘建媛、蔡里昂、苏华、杨延平、皇甫贵诚、罗昭伦、宁建东、段玉琼9人组成的员工持股会常务理事会。替补选举刘建媛为集团公司员工持股会理事会副理事长兼秘书长。会议听取审议了无锡培训中心关于2003年基建工程进展及投资使用情况和发展前景的报告，会议决定鉴于目前建材价格持续上涨和无锡培训中心一期工程建设整体规划将突破总投资的实际，追加一期基建工程投资。

【理事会第五次全体会议】 2004年11月26日，集团公司员工持股会理事会召开第五次全体会议，听取理事长初继旺关于会议议题的情况说明，听取员工持股会代表进入集团公司第二届董事会、监事会员工股董事候选人初继旺、崔原、裴广进，监事候选人石祖贵的个人情况简介。一致同意初继旺、崔原、裴广进为集团公司第二届董事会员工股董事推荐人选，同意石祖贵为监事会员工股监事推荐人选。

【员工股本金】 2004年末，根据中铁工程总公司对国有股权调整要求，按同股同利原则，全集团员工持股会股本金有21449.16万元，其中集团公司员工持股会股本金12249.16万元，占母公司总股本的24.05%；二处有限公司员工持股会股本金3035万元，占该子公司总股本的49.75%；三处有限公司员工持股会股本金3035万元，占该子公司总股本的49.75%；四处有限公司员工持股会股本金2740万元，占该子公司总股本的49.82%；强力机械有限公司员工持股会股本金390万元，占该子公司总股本的39%。2003年度员工持股会投资收益53.95万元，现金红利225.36万元，累计279.3万元；2004年度员工持股会获投资收益171.59万元。2001年以来，集团公司员工持股会共获投资收益累计306.46万元，现金红利281.56万元。这些收益将全部投入到员工事业发展和集体福利之中。

【无锡培训中心建设开发】 2004年，员工持股会对对无锡培训中心的管理原则、经营方向、员工待遇、财务收支管理以及对原主任离任审计的遗留问题，进行了明确的规范。员工持股会先后召开了4次理事会会议和4次联席、碰头会议，听取工程进展情况的汇报，制定解决问题的措施，并多次派人现场指导、帮助工作。4月8日，员工持股会在无锡分别与第一工程处代表、欣业达监理公司代表签订了无锡培训中心连接桥工程建设合同和监理合同，连接桥工程正式开工。同日，理事长初继旺与无锡培训中心签订了2004年工作责任状。8月份，员工持股会根据工程的进展情况，向集团公司写出了改扩建总体情况和追加投资的报告。8月19日、27日，集团公司董事长周世祥主持召开有员工持股会、经营合同部和事务处参加的联席会议，研究修订扩建规模、房间设置以及配套设施、基建归口等相关事宜。10月份，总经理办公会议研究决定，向无锡培训中心追加投资360万元。12月底，无锡培训中心连接桥的修建任务基本完成，扩建通过验收，具备对外营业的能力。2004年共接待中铁工程总公司体育工作会议和集团内部培训班4期，接待旅游团体49批，计1712人次。

（程延林）

人物名录

高级管理人员

周世祥
董事长
男，汉族，四川新都人
正高级工程师

林万里
党委书记、副董事长，
男，汉族，山东招远人，
高级经济师

郭大焕
总经理
男，汉族，湖南临澧人
高级工程师

刘子万
党委副书记、纪委书记、
监事会主席
男，汉族，黑龙江望奎人
高级政工师

崔　原
党委副书记
男，汉族，山东济南人
高级工程师

初继旺
工会主席
男，汉族，山东聊城人
高级政工师

王福柱
副总经理
男，汉族，河北唐山人
高级工程师

魏　都
副总经理
男，汉族，陕西绥德人
高级经济师

席树旗
总会计师
男，汉族，河南孟津人
高级会计师

张继奎
副总经理
男，汉族，甘肃武山人
正高级工程师

李建斌
副总经理
男，汉族，河北赵县人
高级工程师

周振国
总工程师
男，汉族，湖南衡南人
正高级工程师

宋建平
副总经理、总经济师
男，汉族，湖北麻城人
正高级工程师

范国文
副总经理
男，汉族，江西临川人
正高级工程师

院士

王梦恕
中国工程院院士、
男，汉族，河南温县人
正高级工程师

大师

谢世华
中国勘测设计大师、中铁隧道
勘测设计院有限公司顾问
男，汉族，安徽人

表 2－1

副总及机关中级管理人员名表

顺号	单位	姓名	性别	民族	籍贯	职务	技术职称
1	集团公司	王梦恕	男	汉	河南温县	院士、副总工程师	正高工
2	集团公司	白聚敏	男	汉	河北南和	副总经济师	高级工程师
3	集团公司	李才儒	男	汉	湖南祁东	副总工程师	高级工程师
4	集团公司	张　炜	男	汉	河南唐河	副总工程师兼涉外部部长	高级工程师
5	集团公司	万姜林	男	汉	广东五华	副总工程师兼总工办主任	正高工
6	集团公司	韩亚丽	女	汉	陕西澄城	副总工程师兼设物部部长	高级工程师
7	集团公司	罗　琼	男	汉	湖南隆回	副总工程师	正高工
8	集团公司	肖龙鸽	男	汉	河南宁陵	副总工程师	正高工

续表 2-1

顺号	单位	姓名	性别	民族	籍贯	职务	技术职称
9	集团公司	张先锋	男	汉	安徽宿县	副总工程师	高级工程师
10	集团公司	王水海	男	汉	河南孟津	副总经济师兼企划部长	工程师
11	集团公司	李智清	男	汉	湖北汉阳	副总经济师	高级经济师
12	集团公司	孟宪增	男	汉	河南灵宝	副总经济师	高级工程师
13	集团公司	吴宗学	男	汉	四川南江	副总经济师	高级工程师
14	集团公司	蔡里昂	男	汉	广东广州	副总会计师	高级会计师
15	人事部	梁绍勋	男	汉	四川遂宁	部长	高级政工师
16	人事部	彭登勇	男	汉	四川双流	副部长	工程师
17	人事部	曹武现	男	汉	河南伊川	副部长	高级政工师
18	企划部	黄志杰	男	汉	河南兰考	副部长	工程师
19	财务部	裴广进	男	汉	河南光山	部长	高级会计师
20	财务部	吴代兴	男	汉	四川荣县	副部长	高级会计师
21	财务部	严廷明	男	汉	四川广元	副部长	高级会计师
22	经营部	高　伟	男	汉	山东烟台	副部长(主持工作)	工程师
23	经营部	张滋成	男	汉	河南许昌	副部长	高级工程师
24	经营部	林声波	男	汉	广西合浦	副部长	高级工程师
25	经营部	刘　松	男	汉	山东	副部长	正高工
26	工程部	周校光	男	汉	湖南莲源	副部长	正高工
27	工程部	庄金波	男	汉	河南封丘	副部长兼技术科长	高级工程师
28	工程部	许燕峰	男	汉	河南尉氏	副部长	高级工程师
29	涉外部	王永民	男	汉	黑龙江兰西	副部长	翻译
30	涉外部	张静一	男	汉	河南许昌	副部长	高级工程师
31	多经部	牟献远	男	汉	四川苍溪	部长	政工师
32	审计处	石祖贵	男	汉	重庆璧山	处长	会计师
33	审计处	党宝成	男	汉	甘肃定西	处长助理	会计师
34	安质处	雷宏亮	男	汉	山西平遥	副处长(主持)	局内工程师
35	公安处	相瑞平	男	汉	山东青岛	处长、党委书记	三级警监
36	公安处	宋祥和	男	汉	山东金乡	政治委员、政治处主任	一级警督
37	公司办	张存旭	男	汉	山东莱州	主任	政工师
38	公司办	符世祥	男	汉	河南义马	副主任	高级经济师
39	社管中心	苏　华	男	汉	甘肃庄浪	主任	局内经济师
40	社管中心	薛荣昌	男	汉	江苏阜宁	副主任	会计师
41	党办	王贤绪	男	汉	河南南阳	秘书长、主任	局内经济师
42	党办	吴巨才	男	汉	湖南耒阳	副主任	政工师
43	组织部	何国平	男	汉	河南荥阳	副部长(主持)	政工师
44	组织部	熊孝平	女	汉	四川江津	党委组织员	政工师
45	宣传部	刘　忻	男	汉	河南镇平	部长	政工师
46	宣传部	杨延安	男	汉	黑龙江望奎	副部长	政工师
47	公司纪委	崔志宏	男	汉	黑龙江齐齐哈尔	纪委副书记、监察处长	政工师
48	公司纪委	张　鸣	男	汉	河南开封	案检室主任	政工师
49	公司纪委	王云平	男	汉	山西晋城	审教室副主任(主持工作)	政工师

续表 2－1

顺号	单位	姓名	性别	民族	籍贯	职务	技术职称
50	公司工会	刘建媛	女	汉	河南郑州	工会党组副书记	高级经济师
51	公司工会	罗昭伦	男	汉	四川成都	生产教育部部长	局内经济师
52	公司工会	孟国军	男	汉	河北新乐	办公室主任	政工师
53	公司工会	皇甫贵诚	男	汉	河南南阳	权益部部长	经济师
54	公司团委	李站国	男	汉	河南宜阳	书记	政工师
55	事务处	李军央	男	汉	河南镇平	处长兼机关党委书记	局内工程师
56	事务处	陈志云	男	汉	陕西咸阳	副处长	高级工程师

表 2－2

各子公司高级管理人员名表

顺号	单位	姓名	性别	民族	籍贯	职务	技术职称
1	股份有限公司	谢建蒲	男	汉	河北唐山	党委书记	政工师
2	股份有限公司	唐　忠	男	汉	湖南衡南	总经理	高级工程师
3	股份有限公司	陈　健	男	汉	湖南洞口	副总经理	高级工程师
4	股份有限公司	孙　谋	男	汉	甘肃正宁	副总经理	工程师
5	股份有限公司	尤显明	男	汉	河南辉县	副总经理	高级工程师
6	股份有限公司	厉顺荣	男	汉	浙江宁波	副总经理	高级工程师
7	股份有限公司	张光弟	男	汉	四川江油	副总经理、董秘	工程师
8	股份有限公司	吴全中	男	汉	河南上蔡	总工程师	高级工程师
9	股份有限公司	谭炳海	男	汉	四川安岳	总会计师	高级会计师
10	股份有限公司	程忠彦	男	汉	甘肃甘谷	党委副书记、纪委书记	助理政工师
11	股份有限公司	何平阳	男	汉	湖南新化	工会主席	助理工程师
12	二处有限公司	范国文	男	汉	江西临川	董事长、总经理	正高工
13	二处有限公司	张瑞刚	男	汉	山东武城	党委书记	政工师
14	二处有限公司	李继宏	男	汉	河北怀安	副总经理	高级工程师
15	二处有限公司	李永凯	男	汉	四川安岳	副总经理	助理工程师
16	二处有限公司	何　峰	男	汉	浙江诸暨	副总经理	高级工程师
17	二处有限公司	张昌伟	男	汉	江苏丰县	副总经理	高级工程师
18	二处有限公司	王明阳	男	汉	河南息县	副总经理	工程师
19	二处有限公司	郝光华	男	汉	山东益都	副总经理	局内经济师
20	二处有限公司	王新朝	男	汉	河南偃师	副总经理兼总工	高级工程师
21	二处有限公司	张学军	男	汉	河南安阳	副总经理	助理工程师
22	二处有限公司	徐元明	男	汉	四川富顺	总会计师	高级会计师
23	二处有限公司	茅立威	男	汉	上海崇明	总经济师	助理经济师
24	二处有限公司	刘东彪	男	汉	河南焦作	党委副书记纪委书记	助理政工师
25	二处有限公司	张　嘉	男	汉	河北乐亭	工会主席	高级政工师
26	三处有限公司	蒋　肃	男	汉	四川资中	董事长	高级工程师
27	三处有限公司	丁荣富	男	汉	河南固始	党委书记	高级政工师
28	三处有限公司	高海宏	男	汉	河南孟县	总经理	工程师
29	三处有限公司	杨昭远	男	汉	江西广丰	副总经理	高级工程师

续表 2－2

顺号	单位	姓名	性别	民族	籍贯	职务	技术职称
30	三处有限公司	沈卫平	男	汉	湖北天门	副总经理	高级工程师
31	三处有限公司	郭小华	男	汉	四川万县	副总经理	工程师
32	三处有限公司	汪成兴	男	汉	四川三台	副总经理	工程师
33	三处有限公司	赵春华	男	汉	云南弥勒	副总经理	高级工程师
34	三处有限公司	刘建国	男	汉	福建永泰	总工程师	高级工程师
35	三处有限公司	冯国良	男	汉	浙江绍兴	总经济师	局内经济师
36	三处有限公司	刘　洪	男	汉	四川金堂	总会计师	会计师
37	三处有限公司	贺道华	男	汉	湖北隋州	党委副书记兼纪委书记	政工师
38	三处有限公司	王明华	男	汉	四川蓬溪	工会主席	政工师
39	四处有限公司	华　波	男	汉	江西临川	董事长、党委副书记	高级工程师
40	四处有限公司	杨跃俊	男	汉	四川合川	党委书记	中教一级
41	四处有限公司	王小平	男	汉	广西浦北	总经理	高级工程师
42	四处有限公司	张万俊	男	汉	河南新安	副总经理	助理工程师
43	四处有限公司	赵喜斌	男	汉	河南嵩县	副总经理	高级工程师
44	四处有限公司	刘洪伟	男	汉	河南唐河	总工程师	高级工程师
45	四处有限公司	黄凌格兰	女	汉	广东花县	总会计师	高级审计师
46	四处有限公司	唐建伦	男	汉	湖南衡阳	纪委书记	高级工程师
47	四处有限公司	罗亨华	男	汉	四川西充	工会主席	工程师
48	设计院	张先锋	男	汉	安徽宿县	院长	高级工程师
49	设计院	王社成	男	汉	陕西凤翔	党委书记兼纪委书记	高级工程师
50	设计院	谭天鲲	男	汉	海南三亚	副院长	高级工程师
51	设计院	杜道龙	男	汉	河南邓县	副院长	高级工程师
52	设计院	肖广智	男	汉	山东郓城	副院长兼总工程师	正高工
53	设计院	赵晋友	男	汉	河北滦南	总经济师	工程师
54	设计院	王洪勇	男	汉	河南杞县	工会负责人、副院长	高级工程师
55	强力公司	杨廷利	男	汉	天津武清	党委书记	高级政工师
56	强力公司	李建农	男	汉	湖南沅江	总经理	高级工程师
57	强力公司	韩永锦	男	汉	江苏丹徒	副总经理	工程师
58	强力公司	王生训	男	汉	山西垣曲	副总经理	工程师
59	强力公司	李保华	男	汉	江苏南京	工会主席	助理政工师
60	汤姆洛克公司	张继昌	男	汉	河南社旗	总经理	高级工程师
61	汤姆洛克公司	方新强	男	汉	浙江德清	副总经理	工程师

表 2－3

分公司及分立单位领导成员名表

顺号	单位	姓名	性别	民族	籍贯	职务	技术职称
1	科研所	刘招伟	男	汉	江西吉安	所长兼党委书记	正高工
2	科研所	卓 越	男	汉	安徽灵壁	副所长	高级工程师
3	科研所	高 军	男	汉	河南沈丘	副所长	高级工程师
4	科研所	杨会军	男	汉	甘肃天水	副所长	工程师
5	科研所	李治国	男	汉	河南安阳	总工程师	高级工程师
6	科研所	姚木三	男	汉	河南伊川	党委副书记	政工师
7	第一工程处	张修本	男	汉	河南临汝	党委书记	政工师
8	第一工程处	刘少巍	男	汉	河南林县	处长	工程师
9	第一工程处	王华平	男	汉	四川苍溪	副处长	工程师
10	第一工程处	孙 航	男	汉	河南泌阳	副处长、总工	高级工程师
11	第一工程处	步三广	男	汉	河南焦作	副处长	高级工程师
12	第一工程处	曹红彬	男	汉	河南漯河	副处长	高级工程师
13	第一工程处	李德巧	男	汉	河北丰润	副处长	工程师
14	第一工程处	南晓宇	男	汉	河南南阳	副处长	工程师
15	第一工程处	谈清正	男	汉	四川威远	总会计师	会计师
16	第一工程处	姚贵祥	男	汉	河北石家庄	党委副书记、纪委书记	政工师
17	第一工程处	刘昌彬	男	汉	四川铜梁	工会主席	政工师
18	北京分公司	罗金甫	男	汉	湖南邵阳	党委书记、纪委书记	局内经济师
19	北京分公司	张国亮	男	汉	河南开封	总经理、党委副书记	高级工程师
20	北京分公司	雷崇红	男	汉	湖北崇阳	副总经理	高级工程师
21	北京分公司	张万照	男	汉	河南洛阳	副总经理	工程师
22	北京分公司	王立川	男	汉	河南孟县	总工程师	高级工程师
23	北京分公司	王树明	男	汉	河北丰润	总会计师	会计师
24	北京分公司	吴兴立	男	汉	河南偃师	工会主席	政工师
25	杭州分公司	陆林强	男	汉	上海普陀	经理	高级工程师
26	杭州分公司	王 勇	男	汉	四川西充	党支部书记	助理政工师
27	杭州分公司	黄新社	男	汉	河南兰考	副经理兼总工	高级工程师
28	杭州分公司	赵守民	男	汉	山东昌乐	副经理	高级工程师
29	专用设备中心	康宝生	男	汉	陕西洋县	经理兼党支部书记	高级工程师
30	专用设备中心	黄永康	男	汉	浙江绍兴	副经理	高级工程师
31	专用设备中心	何其平	男	汉	浙江义乌	副经理	高级工程师
32	专用设备中心	赵 华	男	汉	河南南阳	总工程师	高级工程师
33	物资供应中心	张建和	男	汉	湖南湘乡	副总经理(主持工作)	助理工程师
34	物资供应中心	杨素玉	女	汉	广东广州	党委副书记、纪委书记	局内经济师
35	物资供应中心	韩德峰	男	汉	河南漯河	副总经理	助理工程师
36	物资供应中心	张黎明	男	汉	河南偃师	副总经理	助理经济师
37	物业管理中心	谢新禄	男	汉	黑龙江讷河	主任兼党支部书记	
38	物业管理中心	鄂天麟	男	汉	北京市	党支部副书记兼副主任	政工师
39	生活服务中心	程振绥	男	汉	江苏南通	主任	局内经济师

续表 2－3

顺号	单位	姓名	性别	民族	籍贯	职务	技术职称
40	生活服务中心	李 莉	女	汉	四川成都	党支部书记兼副主任	政工师
41	中心医院	李长林	男	汉	四川内江	院长兼党支部书记	主治医师
42	中心医院	李遂信	男	汉	河南巩县	副院长兼工地院长	主治医师
43	职工大学	郑蓉蓉	女	汉	广东中山	校长兼党委书记	中教高级
44	职工大学	李树良	男	汉	吉林延吉	党委副书记兼副校长	高级政工师
45	职工大学	张景顺	男	汉	河北盐山	副校长	工程师
46	洛阳中小学	杜运安	男	汉	河南兰考	校长兼支部书记	中教高级
47	洛阳中小学	李 继	男	汉	河南开封	副校长	中教高级

表 2－4

派出机构领导成员名表

顺号	单位	姓名	性别	民族	籍贯	职务	技术职称
1	北京指挥部	刘元重	男	汉	河南许昌	常务副指挥长	高级工程师
2	北京指挥部	马锁柱	男	汉	河南偃师	副指挥长兼总工	高级工程师
3	北京指挥部	蔡东程	男	汉	天津蓟县	副书记	政工师
4	北京指挥部	楼天祥	男	汉	浙江诸暨	副指挥长	高级工程师
5	南京指挥部	周建仁	男	汉	浙江江山	常务副指挥长	高级工程师
6	南京指挥部	柏德文	男	汉	陕西南郑	副书记	
7	广州指挥部	洪开荣	男	汉	湖南攸县	常务副指挥长	高级工程师
8	广州指挥部	吴鸿军	男	汉	湖北广济	总工程师	高级工程师
9	广州指挥部	陈小洁	男	汉	河南开封	副书记	高级政工师
10	成都指挥部	吴宗学	男	汉	四川南江	常务副指挥长	高级工程师
11	成都指挥部	张俊峰	男	汉	河南孟津	副指挥长	正高工
12	成都指挥部	石新栋	男	汉	河南西平	副指挥长兼总工	正高工
13	成都指挥部	王建平	男	汉	湖南湘潭	副指挥长兼副书记	高级政工师
14	西安指挥部	刘青峰	男	汉	河南郑州	常务副指挥长	高级工程师
15	西安指挥部	李怀用	男	汉	河南林县	副指挥长	工程师
16	西安指挥部	杨延平	男	汉	黑龙江望奎	副书记	政工师
17	中原指挥部	周廷忠	男	汉	四川壁山	常务副指挥长	助理经济师
18	中原指挥部	梅继安	男	汉	山东兖州	副指挥长	高级工程师
19	天津工程指挥部	张伟平	男	汉	河南陕县	常务副指挥长	高级工程师
20	天津工程指挥部	劳 劲	男	汉	广东广州	副指挥长兼副书记	工程师
21	深圳地铁指挥部	焦增现	男	汉	河南襄城	常务副指挥长	高级工程师
22	上海工程指挥部	荆凯旋	男	汉	黑龙江伊春	常务副指挥长	工程师
23	上海工程指挥部	付国治	男	汉	四川成都	副书记	政工师
24	上海工程指挥部	于明华	男	汉	四川仪陇	总工程师	高级工程师
25	渝怀铁路指挥部	罗 琼	男	汉	湖南隆回	常务副指挥长	正高工
26	渝怀铁路指挥部	陆少伟	男	汉	河南宜阳	总工程师	高级工程师
27	西安南京线指挥部(W8)	罗金甫	男	汉	湖南邵阳	常务副指挥长	局内经济师

续表 2－4

顺号	单位	姓名	性别	民族	籍贯	职务	技术职称
28	赣龙铁路指挥部	郑玉欣	男	汉	河南新安	常务副指挥长	高级工程师
29	青藏铁路指挥部	吴宗学	男	汉	四川南江	常务副指挥长兼总工	高级工程师
30	青藏铁路指挥部	张玉杰	男	汉	河北廊坊	副指挥长	助理工程师
31	青藏铁路指挥部	李志强	男	汉	河北景县	副指挥长	高级工程师
32	杭州解放路项目部	朱亮来	男	汉	江西波阳	经理	高级工程师
33	户洋公路项目部	蔡振宇	男	汉	湖北阳新	经理兼西安指总工	高级工程师
34	户洋公路项目部	安忠义	男	汉	河南扶沟	副经理	工程师
35	北京地铁五号线05标项目部	张　云	男	汉	江西于都	经理	工程师
36	北京地铁五号线05标项目部	刘　晖	男	汉	贵州镇宁	总工程师	工程师
37	北京地铁五号线05标项目部	熊江陵	男	汉	湖南辰溪	副经理	局内工程师
38	北京地铁五号线06标项目部	赵玉良	男	汉	天津武清	经理	高级工程师
39	北京地铁五号线06标项目部	王　灿	男	汉	四川西昌	副经理	助理工程师
40	北京地铁五号线06标项目部	胡曦波	男	汉	湖南汉寿	总工程师	高级工程师
41	天津地铁一号线22标项目部	丁锐	男	汉	安徽怀宁	总工程师	高级工程师
42	天津地铁一号线22标项目部	李国拯	男	汉	安徽固镇	副经理	工程师
43	上海轨道交通1B标项目部	荆凯旋	男	汉	黑龙江	经理	工程师
44	上海轨道交通1B标项目部	刘坤鹏	男	汉	山东宁津	总工程师	高级工程师
45	常张高速公路20标项目部	汪纲领	男	汉	河南杞县	经理	高级工程师
46	常张高速公路20标项目部	蒲川北	男	汉	四川西充	副经理	工程师
47	南友高速公路12标、13标项目部	刘景远	男	汉	湖南东安	经理	高级工程师
48	南友高速公路12标、13标项目部	范冀蜀	男	汉	河北清河	书记兼广指副指挥长	政工师
49	南友高速公路12标、13标项目部	杨延伟	男	汉	河南孟津	总工程师	高级工程师
50	乌鞘岭隧道指挥部	周乾刚	男	汉	四川成都	指挥长兼书记	局内工程师
51	乌鞘岭隧道指挥部	杨秀全	男	汉	河南南阳	副指挥长	正高工
52	乌鞘岭隧道指挥部	夏安琳	男	汉	河南商城	总工程师	高级工程师
53	广州地铁厦大区间项目部	王安龙	男	水	贵州丹寨	经理	高级经济师
54	广州地铁厦大区间项目部	郭卫社	男	汉	陕西乾县	总工程师	高级工程师
55	321国道工程指挥部	孟宪增	男	汉	河南灵宝	指挥长兼书记	高级工程师
56	321国道工程指挥部	石　龙	男	汉	四川高县	副书记兼副指挥长	助理政工师
57	321国道工程指挥部	欧　杰	男	汉	四川成都	副指挥长兼总经	局内经济师
58	321国道工程指挥部	杨盛双	男	汉	四川南部	副指挥长兼总工	高级工程师
59	321国道工程指挥部	梁昌勋	男	汉	陕西宝鸡	副指挥长	工程师

续表 2-4

顺号	单位	姓名	性别	民族	籍贯	职务	技术职称
60	上海轨道交通 9 号线 R404 项目部	张新洲	男	汉	河南偃师	经理	高级工程师
61	上海轨道交通 9 号线 R404 项目部	付国治	男	汉	四川成都	副书记	政工师
62	上海轨道交通 9 号线 R404 项目部	耿　伟	男	汉	河南夏邑	总工程师	高级工程师
63	常张高速公路 10B 标项目部	邵俊涛	男	汉	河南杞县	经理	高级工程师
64	上海轨道交通 6 号线 15A 标项目部	于明华	男	汉	四川仪陇	经理	高级工程师
65	上海轨道交通 6 号线 15A 标项目部	胡诗跃	男	汉	四川内江	副经理	助理工程师
66	上海轨道交通 6 号线 15A 标项目部	邓建林	男	汉	四川大邑	副经理兼总工	工程师
67	南京地铁 D2－TA01 标项目部	郑大榕	男	汉	广东汕头	经理兼书记	正高工
68	南京地铁 D2－TA01 标项目部	张　辉	男	汉	四川内江	副经理兼总工	工程师
69	南京地铁 D2－TA01 标项目部	刚成华	男	汉	四川成都	副经理	
70	北京地铁四号线 7 标项目部	刁天祥	男	汉	河南南召	经理	高级工程师
71	北京地铁四号线 7 标项目部	王志刚	男	汉	山西太原	总工程师	工程师
72	宜万铁路指挥部	郑玉欣	男	汉	河南新安	指挥长	高级工程师
73	宜万铁路指挥部	许为农	男	汉	福建闽清	副指挥长兼总工	高级工程师
74	宜万铁路指挥部	张福清	男	汉	吉林永吉	副指挥长	高级工程师
75	宜万铁路指挥部	包秀峰	男	汉	山东费县	副书记	高级政工师
76	宜万铁路指挥部	谢成涛	男	汉	贵州遵义	副总工程师	工程师
77	大丽铁路项目经理部	张俊峰	男	汉	河南孟津	经理、书记	正高工
78	大丽铁路项目经理部	石新栋	男	汉	河南西平	总工程师	正高工
79	大丽铁路项目经理部	陈文义	男	汉	四川安岳	副经理兼副总工	工程师
80	大丽铁路项目经理部	宁建东	男	汉	河北卢龙	副书记	政工师
81	武汉长江隧道指挥部	肖龙鸽	男	汉	河南宁陵	指挥长	正高工
82	武汉长江隧道指挥部	卢智强	男	汉	河南新郑	副指挥长兼总工	高级工程师
83	武汉长江隧道指挥部	杨　楠	男	汉	浙江镇海	副书记	主任记者
84	武汉长江隧道指挥部	孙兆远	男	汉	河南南阳	副总工程师	高级工程师
85	北京地铁十号线 20 标项目部	石家志	男	汉	河南罗山	经理	工程师
86	北京地铁十号线 20 标项目部	蔡东程	男	汉	天津蓟县	书记	政工师
87	北京地铁十号线 20 标项目部	祝明洪	男	汉	浙江衢州	总工程师	高级工程师
88	洛湛铁路 YQ2 标段工程指挥部	万姜林	男	汉	广东五华	指挥长	正高工

续表 2－4

顺号	单位	姓名	性别	民族	籍贯	职务	技术职称
89	洛湛铁路 YQ2 标段工程指挥部	范冀蜀	男	汉	河北清河	书记兼副指挥长	政工师
90	洛湛铁路 YQ2 标段工程指挥部	赵阶勇	男	汉	江苏徐州	副指挥长兼总工	高级工程师
91	广州办事处	江国良	男	汉	四川资中	主任	助理经济师
92	郑州办事处	方明坤	男	汉	辽宁凤城	主任	
93	成都办事处	王汉泉	男	汉	四川南充	主任	
94	成都办事处	张玉莲	女	汉	山东沂南	党总支副书记	会计师
95	上海联络处	周立学	男	汉	浙江宁波	负责人	
96	重庆联络处	张俊峰	男	汉	河南孟津	主任	正高工

表 2－5

2004 年晋升高级职称人员名表

顺号	单位	姓名	性别	民族	技术职称
1	集团公司	张继奎	男	汉族	教授级高工
2	集团公司	肖龙鸽	男	汉族	教授级高工
3	集团公司	周校光	男	汉族	教授级高工
4	集团公司	张俊峰	男	汉族	教授级高工
5	集团公司	杨秀全	男	汉族	教授级高工
6	集团公司	林万里	男	汉族	高级经济师
7	集团公司	符世祥	男	汉族	高级经济师
8	集团公司	何富海	男	汉族	高级会计师
9	集团公司	周晓红	女	汉族	高级会计师
10	中隧股份公司	吕建乐	男	汉族	教授级高工
11	中隧股份公司	侯希宝	男	汉族	高级工程师
12	中隧股份公司	张红耀	男	汉族	高级工程师
13	二处有限公司	陈庆怀	男	汉族	高级工程师
14	二处有限公司	齐爱民	男	汉族	高级会计师
15	二处有限公司	易晓燕	女	汉族	高级经济师
16	二处有限公司	张 嘉	男	汉族	高级政工师
17	三处有限公司	赵春华	男	汉族	高级工程师
18	四处有限公司	阮清林	男	汉族	高级工程师
19	四处有限公司	常战广	男	汉族	高级工程师
20	四处有限公司	赵庚亮	男	汉族	高级工程师
21	四处有限公司	刘 伟	男	汉族	高级工程师
22	第一工程处	刘学勤	男	汉族	高级工程师
23	北京分公司	雷崇红	男	汉族	高级工程师
24	专用设备中心	康宝生	男	汉族	高级工程师
25	专用设备中心	赵 华	男	汉族	高级工程师
26	强力机械公司	韩银红	女	汉族	高级工程师
27	强力机械公司	宋志奎	男	汉族	高级工程师
28	厦大项目部	郭卫社	男	汉族	高级工程师
29	上海 R404 标项目部	耿 伟	男	汉族	高级工程师
30	科研所	李建华	男	汉族	高级工程师

续表 2-5

顺号	单位	姓名	性别	民族	技术职称
31	科研所	曹桢楹	男	汉族	高级工程师
32	科研所	郭志武	男	汉族	高级工程师
33	科研所	陈　智	男	汉族	高级工程师
34	科研所	翟进营	男	汉族	副译审
35	设计院	吕剑英	男	汉族	高级工程师
36	设计院	谢　明	男	汉族	高级工程师
37	设计院	李源潮	男	汉族	高级工程师
38	设计院	齐　琳	男	汉族	高级工程师
39	设计院	蔡干序	男	汉族	高级工程师
40	设计院	刘卫国	男	汉族	高级工程师
41	设计院	刘　艺	女	汉族	高级工程师
42	设计院	苏　洁	女	汉族	高级工程师
43	宜万铁路指挥部	张明皓	男	汉族	高级会计师
44	北京地铁四号线 7 标项目部	田春梅	女	汉族	高级会计师
45	职工大学	李文波	男	汉族	高级讲师
46	中隧洛阳中学	高红霞	女	汉族	中学高级教师
47	中隧洛阳中学	李　玲	女	汉族	中学高级教师
48	中心医院	李　祥	男	汉族	副主任医师

表 2-6　2004 年在职高级政工师名表

顺号	单位	姓名	性别	民族
1	集团公司	刘子万	男	汉族
2	集团公司	初继旺	男	汉族
3	集团公司	梁绍勋	男	汉族
4	集团公司	曹武现	男	汉族
5	集团公司	方　梅	女	汉族
6	集团公司	索宏雷	男	汉族
7	集团公司	吉建科	男	汉族
8	集团公司	董俊保	男	汉族
9	集团公司	王学武	男	汉族
10	二处有限公司	曾宝成	男	汉族
11	二处有限公司	张　嘉	男	汉族
12	三处有限公司	丁荣富	男	汉族
13	强力机械公司	杨廷利	男	汉族
14	北京分公司	邢锁茂	男	汉族
15	设计院	闫冬梅	女	汉族
16	职工大学	李树良	男	汉族
17	职工大学	陈苏惠	男	汉族
18	成都指挥部	王建平	男	汉族
19	广州指挥部	陈小洁	男	汉族
20	宜万指挥部	包秀峰	男	汉族

中铁隧道集团
CHINA RAILWAY TUNNEL GROUP

大事记

编辑:董俊保

大事记

一月

7日　集团公司工会下发《中铁隧道集团有限公司片区指挥部工会固定资产管理办法(试行)》。

9日　铁道部副部长陆东福、铁道部建设司副司长张梅在集团公司总经理郭大焕、党委副书记崔原的陪同下，视察乌鞘岭隧道9号斜井工地。

14日　集团公司党委制订下发《中铁隧道集团新闻宣传工作管理办法》。要求建立新闻发言人制度，严肃对外新闻宣传纪律，规范对外新闻宣传程序，促进对外新闻宣传工作的制度化、规范化。

16日　股份公司承建的江西赣定高速公路赣州至龙南段举行通车典礼，江西省省委书记孟建柱、省长黄智权出席通车典礼。

中国建筑业协会以建协〔2004〕2号，公布中铁隧道集团承建的晋焦高速公路牛郎河隧道获中国建筑工程鲁班奖。

21日　集团公司工会女职工委员会获河南省“女职工工作先进集体”称号。

22日　集团公司董事长郭陕云、总经理郭大焕、工会主席初继旺、总会计师席树旗、副总经理魏都及集团公司党政工有关部门负责人，慰问集团公司洛阳地区各单位春节坚守岗位的值班人员。

30日　集团公司党委制订下发《党委(工委)书记季度报告工作制度》。要求所属党组织书记于每季度第一个月的5日前，将上一季度本单位主要经营生产情况、党建思想政治工作情况以及党组织书记本人工作情况报集团公司党委。

二月

15日　集团公司工会召开首届四次全委(扩大)会议。会议听取讨论集团公司党委书记林万里的讲话，听取审议集团公司工会主席初继旺作的《践行“三个代表”，履行维护职能，为加快企业建设与发展努力创新工会工作》的工作报告，通报了2003年工会工作责任状履行情况并兑现奖励，报告了工会财务工作情况，替补选举了集团公司工会委员、常委、副主席和经费审查委员会委员、主任。集团公司工会主席初继旺与8个子、分公司的工会主席签订2004年工会工作责任状，工会5名常委述职。会上还表彰二处有限公司、股份有限公司、第一工程处工会为2003年度工会好班子，表彰全集团工会模范职工之家(先进工会组织)10个、模范职工小家(先进工会小组)30个、优秀工会工作者26名、优秀工会积极分子58名、优秀职工之友13名。

20日　国家科学技术奖励大会在北京召开，中铁隧道集团参建的西康铁路秦岭特长隧道修建技术荣获国家科技进步一等奖。

20日~3月15日　集团公司团委举办共青团网页制作大赛。

23日　集团公司总经理郭大焕主持召开年度第一次总经理办公会暨党政工联席会议。会议研究的主要议题有：2003年度集团公司财务状况报告；2004年集团公司财务预算；已完工A类项目奖励事宜；2004年集团新签合同额和营业额计划调整方案；集团公司2004年投资计划；分公司工程项目管理事宜；集团各单位2004年经济责任制考核方案；公安系统精简人员事宜；股份公司业务规范影响及对策等。

24日 渝怀铁路圆梁山隧道2号溶洞段在DK354+486处上部开挖顺利贯通，至此，全隧正洞胜利贯通，标志着圆梁山隧道深埋充填溶洞这一国内外罕见的施工技术难题已基本突破。

25日 集团公司党委一届三次全委扩大会议召开。会议听取了党委常委会工作报告，讨论了行政工作报告、董事长讲话，审议了纪委、工会、团委工作报告。

26日～28日 中铁隧道集团首届三次职工代表大会、2004年度工作会议暨首届四次员工持股会代表会议在洛阳召开，全集团各单位的“两会”代表、特邀代表及出席工作会议人员共221人参加大会。大会听取审议总经理郭大焕所作的《创新运作增活力，严抓落实提效益，为全面实现2004年各项目标而努力奋斗》的行政工作报告，听取讨论董事长郭陕云作的《全面提升企业能力，重在增进效益水平》和党委书记林万里作的《求真务实，改革创新，为企业持续健康发展提供政治保证》的讲话，听取审议工会主席初继旺作的《关于集体合同履行兑现情况及员工持股会工作情况的报告》、工会副主席、提案工作委员会副主任刘建媛作的《关于职代会提案征集审理落实情况的报告》和总会计师席树旗作的《关于中铁隧道集团2003年度财务状况的报告》及《关于业务招待费使用情况的报告》。会上代表们还认真审议了2003年度企业社会保险基金缴纳、管理、使用情况报告，评议测评了12名集团公司领导和5名职工（员工股）董事、监事；与会的职工代表和持股会代表分别通过无记名投票方式，替补选举刘建媛为集团公司监事会职工监事及员工持股会理事会理事，替补选举张修本为员工持股会监事组监事；大会还表彰2003年度先进集体12个、先进班组22个、先进生产（工作）者100名、标兵10名，治安综合治理先进单位4个、先进工程现场11个、先进个人34名，签订了2004年集体合同。

26日 姚兰获中铁工程总公司女职工标兵称号，张晋梅、吕承爱分别获得中铁工程总公司先进女职工和先进女职工工作者称号。

27日 集团公司员工持股会理事会在洛阳召开第四次全体会议，无记名投票选举产生了由初继旺、刘建媛、蔡里昂、苏华、杨延平、皇甫贵诚、罗昭伦、宁建东、段玉琼9名理事组成员工持股会常务理事会。替补选举刘建媛为员工持股会理事会副理事长兼秘书长。会议还听取审议了无锡培训中心关于2003年基建工程进展、投资使用情况和发展前景的报告，并决定追加一期基建工程投资。

三月

1日 中国铁道建设协会以建协〔2004〕6号，公布中铁隧道集团承建的广州地铁二号线越秀公园站－三元里（不含）、西安绕城高速公路（南段）浐河特大桥、川藏公路二郎山隧道获火车头优质工程一等奖；渝合高速公路北碚隧道、甬台温高速公路雁荡南隧道、广州地铁二号线公园前站南段获火车头优质工程二等奖。

共青团中铁隧道集团有限公司八届五次全委（扩大）会议在洛阳召开。会议总结了2003年工作，讨论确定了2004年团的工作任务；通报了团费收缴、团内信息和青工安全包保工作考核情况并兑现了奖励；签订了《2003年度青工安全生产包保责任书》。工程总公司团委书记李晓声、集团公司领导林万里、初继旺等出席会议并讲话。

3日 共青团中央委员、中铁工程总公司团委书记李晓声在集团公司副总工程师宋建平、团委书记李站国的陪同下，到乌鞘岭隧道工地慰问,为9号斜井青年突击队授旗。

8日 女职工谢宗毅获河南省先进女职工称号,刘建媛获河南省文明家庭称号。

17日 集团公司团委对2003年度先进集体和先进个人进行了表彰,有2个团委、29个团总支(支部)、38名团干部、69名共青团员受到表彰。

18日 集团公司党委下发《关于开展<中国共产党党内监督条例(试行)>和<中国共产党纪律处分条例>主题教育活动的通知》。就深入学习贯彻中央两个《条例》进行安排部署,整个活动分为学习动员、对照检查和总结评比三个阶段进行。

20日 铁道部副部长陆东福在集团公司总经理郭大焕、副总经理张继奎的陪同下,到渝怀线圆梁山隧道检查指导工作。

22日 中国施工企业管理协会以"中施企协字[2004]2号"文件公布了中铁隧道集团有限公司等62家企业获得"2003年度全国用户满意施工企业"称号。

湖南省副省长徐宪华到中铁隧道集团公司承建的常张高速公路20标工地视察。

23日 中国勘察设计协会公布,《广州地铁二号线越三区间盾构设计》获建设部优秀工程设计三等奖。

集团公司党委下发《关于建立干部考学制度的通知》。建立干部定期考试制度,每年三季度在全体干部中组织一次党和国家基本政策法规、企业经营管理知识和企业重要管理文件的问卷考试,成绩记入个人档案,作为对干部考核的一项重要内容。2004年有4479人参加考试,占应考人数的93%,平均成绩95分。

24日 集团公司总经理郭大焕主持召开年度第二次总经理办公会暨党政工联席会议。会议研究的主要议题有:2003年度各子(分)公司集体合同考核奖励兑现;机关中层及以下员工2003年度考核奖励及特殊经营奖;2003年度机关员工民主考核测评和岗位测评;百万庄房产委托四处经营管理;2003年子、分公司资产经营责任考核;各片区指挥部2003年经费结余奖罚兑现。

香港地铁有限公司董事长柏立恒到中铁隧道集团公司承建的上海轨道交通9号线一期R404标工地检查指导。

25日 以中铁隧道集团有限公司为主办单位,由铁道第四勘察设计院、武汉市政建设集团有限公司、武汉城市规划设计院、奥地利D2咨询有限公司为成员单位的武汉长江隧道工程总承包中铁隧道集团联合体在武汉成立。

28日~4月2日 中铁工程总公司体协在集团公司无锡培训中心召开体育工作会议并举办"普通人群体育锻炼标准"培训班,共46人参加会议和培训。

29日~31日 共青团中隧集团有限公司第一次代表大会在洛阳召开,105名代表出席了大会。共青团中央委员、中铁工程总公司团委书记李晓声、共青团河南省委组织部王鑫到会指导。集团公司党委书记林万里、总经理郭大焕、党委副书记刘子万、工会主席初继旺、总会计师席树旗、副总经理魏都、副总经理张继奎、工会副主席刘建媛、集团公司关心下一代工作委员会副主任窦燕出席大会。大会回顾了过去3年的工作,分析了面临的新形势,规划部署了今后3年团的工作,选举产生了共青团中铁隧道集团有限公司第一届委员会,李站国、王国卿、吴立鹏、陈雅萍、杨文博当选为第一届委员会常务委员会委员,李站国当选为集团公司团委书记、王国卿当选为副书记。

31日 河南省总工会、河南省安全生产监督管理局表彰中铁隧道集团有限公司为2003年河南省"安康杯"竞赛优胜企业称号。这是集团公司连续第3年获此荣誉。

四 月

8日 集团公司员工持股会在无锡分别与第一工程处和欣业达监理公司签订无锡培训中心连接桥工程建设合同和监理合同。

20日 铁道部副部长陆东福在集团公司总经理郭大焕的陪同下,视察兰武复线乌鞘岭隧道9号斜井和大台竖井。

21日 三处有限公司李友坤获河南省劳动模范称号。

23日 北京市政协副主席王长连等在集团公司副总经理王福柱陪同下视察北京地铁五号线05标。

24日 集团公司工会、体协举办洛阳地区“普通人群体育锻炼标准”测试运动会。

26日 乌鞘岭隧道9号斜井比铁道部工程管理中心要求工期提前4天完成井底与正洞的交叉口段施工任务,开始进入正洞施工。

集团公司荆凯旋、一处史秋功获铁道部“火车头”奖章。集团公司物资供应中心获洛阳市“五一”劳动奖状;陆林强、熊弟尧获洛阳市“五一”劳动奖章。

27日 集团公司顺利通过中国新时代认证中心对质量管理体系的监督审核和环境管理体系、职业健康安全管理体系的现场审核。

28日 杭州解放路延伸工程建成通车仪式在新城隧道进口隆重举行。浙江省委常委、杭州市委书记、市人大常委会主任王国平,中铁隧道集团有限公司党委书记林万里等出席通车典礼。

29日 集团公司党政工联文下发《中铁隧道集团有限公司工程项目部厂务公开工作实施细则(试行)》,要求把工程项目部作为厂务公开工作的重点,督促项目部建立健全厂务公开档案,推动厂务公开向基层生产经营管理领域延伸。

4月 集团公司团委组织集团首届“十大杰出青年”评选。朱世友、郑大榕、荆凯旋、洪开荣、潘明亮、黄志杰、翟学东、崔根群、张学军、金强国10名青年当选。

五 月

9日 集团公司党委下发《关于做好保持共产党员先进性教育活动准备工作的通知》。成立领导小组,制定工作计划,开展党组织建设和党员队伍教育管理状况调查,有针对性地开展后进党支部整顿和下岗、待岗、内退等流动分散党员的清理工作,同时开展“保持共产党员先进性教育活动”舆论宣传。

13日 中共中央候补委员、中国铁路工程总公司党委书记石大华视察新乡盾构研发基地,勉励中铁隧道股份公司努力把盾构修造这一产业做强做大,形成拥有自主知识产权的核心技术。

14日 青藏铁路建设领导小组副组长、铁道部副部长孙永福在青藏铁路公司总经理、青藏铁路建设总指挥部指挥长卢春房的陪同下,视察青藏铁路23标工地。

17日 国际地铁联合会组织的国际参观团一行16人到中铁隧道集团承建的上海轨道交通9号线一期R404标工地参观。

18日 中铁隧道勘测设计院有限公司成立大会在洛阳召开。

19日 集团公司获得中国新时代认证中心颁发的“环境管理体系认证证书”和“职业健康安全管理体系认证证书”。同日取得质量管理体系、环境管理体系、职业健康安全管理体系“三标”认证证书。

26日 集团公司团委决定,授予苏付瑞“见义勇为优秀团干部”荣誉称号,授予徐喜春、刘高峰、李凯、张宜飞、阎中琴、王文娟“见义勇为优秀共青团员”荣誉称号,号召广大团员青年学习他们见义勇为,敢于同坏人坏事做斗争的高尚品德和精神。

26日～28日 集团公司党委在陕西省延安市召开集团项目党建思想政治工作现场会议。会议交流2001年改制以来项目党建思想政治工作的经验做法，讨论通过了《关于加强现场宣传思想工作的指导意见》，同时召开2004年政研会年会，并对“项目党建示范党支部”、“企业文化建设先进单位”、“‘三工’建设示范单位”、“集团首届‘十大杰出青年’”等先进集体和先进个人进行表彰。

27日 中铁隧道股份有限公司和日本小松制作所合作制造的广州地铁小新区间盾构机在新乡组装调试成功。

5月 西气东输城陵矶穿越长江隧道盾构工程实现月掘进369米，其中5月22日实现日掘进22米，均创国内泥水盾构施工新纪录。

六　月

1日 国资委监事会第55办事处一行6人在主席孙广运的率领下到中铁隧道集团检查指导工作。

4日～7日 集团公司党委在无锡培训中心举办党委组织工作业务培训班，培训专兼职组织工作人员26人。

4日～9日 集团公司团委联合人事部在洛阳举行了中铁工程总公司职工技能大赛中隧集团选拔赛，50余名选手参加了工具钳工、车工、CAD绘图3个工种的比赛。

6日～8日 中铁隧道集团完成的“软硬不均地层及复杂环境隧道复合盾构的研究与掘进技术”科技成果在广州通过省级鉴定。专家组认为该项目达到了国际先进水平。

8日 集团公司总经理郭大焕在湖北省巴东县野三关镇主持召开宜万铁路15标现场办公会。会议就项目前期策划和快速进场等事宜进行了部署，对提高认识、优化项目组织、发挥设计施工优势等提出了要求。

11日 中铁隧道集团参建的西康铁路秦岭隧道荣获国家首届十大建设科技成就奖。

14日～28日 中铁隧道集团9名选手参加中铁工程总公司举行的青年技能比赛，取得个人第六、九名和团体第四名。

15日～23日 集团公司工会在无锡培训中心举办2004年工会干部培训班、劳动法律监督员和劳动争议调解员培训班。

七　月

1日 重庆市建委以“渝建发〔2004〕146号”公布，中铁隧道集团承建的渝合高速公路北碚隧道获重庆市巴渝杯优质工程奖。

中国铁路工程总公司党委副书记张俊斌宣布中国铁路工程总公司党委关于中铁隧道集团公司领导班子调整的决定：郭陕云任调研员；周世祥为董事长人选，任党委副书记；郭大焕为副董事长人选，仍任总经理；王福柱仍任副总经理，不再任总工程师；周振国为总工程师人选；宋建平为副总经理、总经济师人选。

9日 集团公司党委制订下发《关于党代会闭会期间充分发挥党代表作用的实施意见（试行）》。对“建立六种制度，落实六项权利”，构建党代会闭会期间发挥党代表作用的运行机制，规范党组织参与企业重大问题决策的方法和程序做出规划安排。成立领导小组，以第一工程处为试点单位，指导第一工程处于10月16日至17日成功召开第一次党代会，制定并通过《党代会闭会期间发挥党代表作用的暂行办法》，迈出了逐步推行党代表常任制的第一步。

10日 中铁工程总公司党委副书记张俊斌在集团公司洛阳地区中级以上管理人员会议上宣布：郭陕云不再担任集团公司董事长职务，任集团公司调研员，免去党委常委、副书记职务；周世祥任集团公司董事长、党委副书记，不再任副总经理职务；宋建平任集团公司副总经理、总经济师；周振国任集团公司总工程师。

14日 总经理郭大焕在洛阳主持召开2004年第三次总经理办公会暨党政工联席会。会议研究的主要议题有：主辅分离实施方案；集团绩效考核办法；股份公司业务规范；宁波分公司整体搬迁杭州；参与南京过江隧道投标；员工出售出租房改房的规定等。

15日 集团公司工会财务在中铁工程总公司工会财务竞赛评比中被评为特等奖。

15日～16日 集团2004年计划管理会议在洛阳召开。总经理郭大焕在会上作《找准问题抓落实、促进履约增效益，确保2004年各项计划目标实现》的报告。会议对上半年的经营、生产、财务工作进行了总结，分析了存在的问题，对下步工作提出了针对性的措施。

18日 城陵矶长江穿越隧道盾构掘进完成。

19日 中国铁道建设协会以“铁建设函〔2004〕381号”公布，中铁隧道集团参建的宝兰二线新曲儿岔隧道、承建的内昆铁路金竹林隧道分别获铁道部优质工程一、二等奖。

20日 中铁隧道集团第三期团干部培训班在职工大学举行，来自基层各单位24名团干部参加了培训。

22日 河南省总工会党组成员、经费审查委员会主任王永领到集团公司工会检查指导工作。

24日 辽宁省常务副省长徐卫国视察大伙房水库输水工程TBM2标工地。

26日 四川省省长张中伟、重庆市副市长周幕冰视察中铁隧道集团有限公司第一工程处承建的万(州)开(县)高速公路铁峰山1号隧道(全长4634米)，并祝贺工程比计划提前5个月开挖至合同里程。

27日 集团公司党委制订下发《中铁隧道集团领导人员管理办法》。对母、子(分)公司领导班子及集团公司中级以上管理人员选拔任用(聘用)的条件与程序，后备人员的考察与培养，领导人员的交流、辞职、免职、退休，领导人员使用的监督等进行全面规范，要求做到用制度管人，按程序办事。

29日 渝怀铁路圆梁山隧道衬砌全部完成。

集团公司工会下发《关于加强职工互助合作保险工作管理的通知》。

八 月

1日 长江三峡工程配套项目——重庆主城排水控制工程过江隧道贯通，标志着中铁隧道集团采用大断面泥水盾构机首次穿越长江成功。重庆市副市长赵公卿以及设计、监理等单位的领导出席贯通仪式。

3日 长江三峡总公司副总经理郭涛一行20余人到中铁隧道集团溪洛渡项目部视察工作。

4日 铁道部副部长陆东福在集团公司总经理郭大焕、总工程师周振国等陪同下，到宜万铁路15标段检查指导工作。

中国铁道建设协会以“建协〔2004〕16号”文公布，中铁隧道集团有限公司开发的“导洞施工防护隔离桩墙施工工法”、“1800T大轴力桩基托换施工工法”、“城市浅埋硬岩特大断面隧道施工工法”、“软流塑地层浅埋暗挖隧道施工工法”、“复合盾构施工系列工法”、“地下裸岩水封式储气库修建工法”、“软弱围岩深大竖井机械化快速施工工法”、“富水砂质粉土层超浅埋小净距市政隧道修建工法”、“高压富水深埋充填型岩溶隧道施工工法”9项工法被审定为铁道工程建设工法。

9日 广州地铁三号线大石南－汉溪南

盾构区间右线隧道比计划提前两个月贯通。9日上午，在盾构井吊出工地举行了隆重的贯通庆典仪式。出席仪式的有广州地铁总公司总经理卢光霖、党委书记吴慕佳，集团公司党委书记林万里、总经理郭大焕、副总经理李建斌以及设计、监理单位领导，广州市各大媒体对贯通仪式进行了现场报道。

16日 “中铁隧道集团有限公司宁波分公司”更名为“中铁隧道集团有限公司杭州分公司”，10月18日搬迁至杭州。

17日 广州科学城永和隧道贯通。

22日 总经理郭大焕在圆梁山隧道主持召开现场办公会议。会议针对如何统筹组织好2号、3号溶洞治水、整体道床施工、长轨铺设等工作进行了安排部署。

28日 云南省副省长李新华到第一工程处施工的云南安楚高速公路大红田隧道视察。

30日 集团公司工会财务科被中华全国铁路总工会表彰为2003年度财务工作先进单位。

九 月

2日 辽宁大伙房输水工程TBM组装调试成功，集团公司在新乡举行剪彩仪式，新乡市副市长杨书廷、集团公司党委书记林万里、副总经理李建斌及德国Wirth公司驻地代表出席了仪式。

集团公司党委书记林万里、二处有限公司黄升龙、三处有限公司姚荣旦、广州指挥部洪开荣、南京指挥部郑大榕分别获中铁工程总公司劳动模范称号；二处有限公司范国文、科研所李治国获中铁工程总公司有“突出贡献中青年专家”荣誉称号。

8日 铁道部副部长陆东福在集团公司总经理郭大焕、副总经理张继奎的陪同下，视察乌鞘岭隧道9号斜井工地。

10日 强力公司刘坤昊获全路“职工技术创新能手”称号。

13日～22日 集团公司党委举办党支部书记理论培训班，培训专兼职党支部书记26人。

14日 由中铁隧道股份公司承担施工的广州轨道交通三号线大石南－汉光盾构区间左线贯通。

17日 集团公司总经理郭大焕在宜万铁路野三关隧道进口主持召开了宜万铁路15标、W8标现场办公会议。

19日～20日 集团安全质量工作现场会在上海召开，总经理郭大焕、党委书记林万里、总工程师周振国出席会议并作了专题报告。会议要求加强“安全质量标准工地建设”活动，推行《建筑工程施工安全检查标准》，促进施工现场规范化、标准化。

20日～26日 集团公司工会、体协在洛阳举行集团首届员工篮球赛。10个单位的代表队参加了比赛。比赛历时7天，二处有限公司代表队获得第一名。

22日 中国铁路工程总公司党委以中铁程党任免[2004]83号文件，任命魏都、张继奎为中铁隧道集团公司党委常委。

28日 第一工程处员工史秋功获中央企业“劳动模范”称号。

十 月

2日 二处有限公司承建的城陵矶长江穿越隧道贯通。

8日 中国土木工程学会以《关于颁发第四届詹天佑土木工程大奖的决定》，公布中铁隧道集团承建的广州地铁二号线越秀公园站—三元里工程荣获中国土木工程詹天佑大奖。“大型地下水封式液化石油气储藏洞库修建技术”被河南省人民政府评定为河南省科学技术进步二等奖。

总经理郭大焕在洛阳主持召开2004年第四次总经理办公会暨党政工联席会。会议研究的主要议题有:主辅分离总体实施方案;百万庄房产出售价格调整;C类项目管理策划方案;321国道内江段改建工程总指挥部管理办法;无锡培训中心投资规划;小型基建项目投资计划追加等。

乌鞘岭隧道9号斜井和大台竖井贯通。

9日 青藏铁路铺轨进入中铁隧道集团施工管段,10月29日顺利铺出管段,历时20天。

11日 根据中铁工程总公司和集团公司的有关文件精神,制定下发了《关于规范中隧集团各类项目部团组织设立及有关事宜的通知》,对项目部团组织的设立、调整、隶属关系等问题作出了明确的规定。

17日 中铁工程总公司总经理秦家铭、副总经理李长进到中隧集团四处有限公司施工的广西岑(溪)梧(州)高速公路牛岭界隧道工地检查指导工作。

18日 由中隧集团二处有限公司承担施工的城陵矶长江穿越隧道工程贯通仪式举行。湖南省政府副秘书长刘明欣、中石油管道公司副总经理董盛厚、德国海瑞克公司亚洲区经理吉姆等参加。

20日~11月1日 中铁工程总公司副总经理兼总经济师白中仁、科技部部长陈唯一、财务部副部长王宏利、工程部副部长何荣康一行到中隧集团二处、三处、四处有限公司、北京分公司以及北京、广州片区工地、乌鞘岭、内江321国道等项目进行调研。

20日 集团公司工会召开职代会团(组)长联席会议,审议并原则通过《中铁隧道集团主辅分离辅业改制分流总体方案》。

21日 集团公司工会召开职工互助合作保险工作会议。工会主席初继旺作了题为《深化互助合作保险,强化抵御风险防线》的讲话,回顾总结了2002年6月全集团职工互助合作保障工作会议以来互助合作保险工作取得的成绩,指出了存在的问题,提出了今明两年全集团职工互助合作保险工作目标。会上表彰了4个职工互助合作保险工作先进单位。

27日~28日 中铁隧道集团第二届科技大会在洛阳召开。总工程师周振国作了题为《贯彻可持续发展观,深入推进科技进步,为加快实现中铁隧道集团发展目标而努力奋斗》的主题报告。大会讨论、制定了《中铁隧道集团2005~2009年科技发展规划》。董事长周世祥、总经理郭大焕分别作了重要讲话。中铁工程总公司总工程师刘辉、河南省科技厅副厅长祝蕴智、洛阳市委副书记朱广平、副市长杨萍、铁道部科技司钱征宇处长、中国科学院院士孙均、中国工程院院士卢耀如、周丰峻、王梦恕,中国土木工程学会隧道和地下工程分会理事长郭陕云等领导和专家参加了会议。

29日 集团公司团委派员参加"中铁工程总公司青年创新创效成果推介会暨中央企业青年创新创效现场观摩会"。《中铁隧道集团青年青年创新创效成果(摘编)》在大会上进行了宣传。设计院周书明的《软流塑地层浅埋暗挖隧道施工工法》作为总公司10个优秀论坛成果之一在大会上进行了发布交流。集团公司团委获"青年创新创效组织奖",周书明、杨世武、黄昌建获"青年创新创效奖"。

31日 中铁隧道集团承建的乌鞘岭隧道大台竖井武威方向平导与五局施工管段接通。至此,由乌鞘岭隧道大台竖井承担的左线1395.2米平导开挖任务顺利完成。

十一月

2日 由中铁隧道集团、铁道第四勘察设计院、武汉市政建设集团组成的中铁隧道集团联合体中标武汉长江隧道工程,合同价款99777万元,工期1357天。11月8日,成立"中铁隧道集团有限公司长江隧道工程指挥部”,联合体领导小组在武汉杨园举行第一次扩大会议。

28日 武汉长江隧道工程在武汉举行开工典礼。12月12日,集团公司武汉长江隧道工程召开总经理现场办公会议。

3日~6日 中铁工程总公司作为受邀请单位参加在南宁召开的中国—东盟博览会,并指定中铁隧道集团四处有限公司承担中铁工程总公司在南宁参加博览会期间的服务工作。会议期间,中铁工程总公司总经理秦家铭、副总经理白中仁及机关有关部门负责人到四处有限公司检查指导工作;秦家铭在四处有限公司机关管理人员大会上做了重要讲话。

5日 建设部华夏建设科学技术奖励委员会以〔2004〕华夏奖字第010号文,评审中铁隧道集团公司开发的“大型地下水封式液化石油气储藏洞库修建技术”为2004年“中联重科杯”华夏建设科学技术一等奖。

9日 中铁隧道集团BI手册发布仪式在洛阳举行。至此,中铁隧道集团实现了中铁工程总公司提出的“完成企业文化建设基础性工作,形成规范的文化建设体系,构建(理念、视觉、行为)三大识别系统”的企业文化建设第一步目标。

18日 中国铁道学会以学秘〔2004〕22号文公布,中铁隧道集团公司完成的“轨行式门架式液压凿岩台车”、“TBM穿越软弱围岩施工技术研究”,集团公司科研所的“隧道位移非接触量测及分析系统”获2004年度中国铁道学会科学技术二等奖,勘测设计院有限公司的“铁路隧道穿越高速公路浅埋暗挖法施工工艺”获三等奖。

23日 集团公司党委印发《集团公司党委工作网站管理办法(试行)》。集团公司党委积极适应互联网时代要求,把发展网络政工作为改进和加强党建思想政治工作的一项重要任务,在2003年党群各部门工作的基础上,建立了统一的集团公司党建思想政治工作网站,在集团公司与各子、分公司之间初步实现通过网络进行信息交流和文件传递。

26日 集团公司工会分别召开员工持股会理事会第五次全体会议和职代会团(组)长联席会议,选举初继旺、崔原、裴广进3人为进入集团公司第二届董事会的员工股董事人选、石祖贵为员工股监事人选;选举王梦恕为职工董事人选、刘建媛为职工监事人选。

十二月

7日 为进一步推进“每月一本书”活动的深入开展,集团公司团委在洛阳举办了“中隧集团青年读书演讲比赛”,20余名选手参赛,机关的黄莎、张玉涛和第一工程处的张玲获得前三名。

9日 集团公司团委联合企划部、人事部和机关党委在洛阳召开“中隧集团青年工作专题座谈会”。

19日 由集团公司主持完成的《高压富水岩溶深埋特长隧道修建技术》、《高原高寒软弱地质深竖井快速施工技术》2项科研成果通过河南省科技厅组织的专家鉴定。专家评定,这两项成果分别达到国际先进水平、国内领先水平。

28日 由集团公司主持完成的《富水砂质粉土地层超浅埋小间距大跨城市隧道修建技术》科研成果通过河南省科技厅组织的专家鉴定。专家评定,该成果达到国际领先水平。

2004年 中铁隧道集团2004年经营承揽任务和企业营业额均跨上新台阶。新签合同额87.8亿元,首次突破80亿元,完成年度计划的129.1%,其中工程项目中标92项,中标价款79.1亿元。企业总营业额60.2亿元,首次突破60亿元,为年计划的

112.5%，其中施工营业额49.5亿元。完成隧道隧洞59698成洞成巷米，桥梁13252成桥米，土石方1170万立方米。

（公司办　党委办　纪委　工会　团委）

中铁隧道集团
CHINA RAILWAY TUNNEL GROUP

企业管理

编辑：吕惠聪

发展规划管理

【概况】 2004年,中铁隧道集团有限公司企业发展规划部(以下简称“企划部”)紧密围绕企业发展,不断完善内部体制和机制建设开展工作。完成了集团公司职业健康安全、环境体系的两阶段认证现场审核,并获得中国新时代质量体系认证中心颁发的三个体系认证证书;完成了设计院改制挂牌和杭州分公司的规范建制。

年末,企划部设制度科、规划科、投资科、计划统计科、综合科,总定员17人,现员12人。

【设计院进行公司制改造】 在集团公司领导的努力和设计院的配合下,总公司决定将设计院的全部资产划转到集团公司。2004年,按照集团公司领导的指示,企划部启动设计院改制工作。在完成资产评估、选择出资人、制定公司章程、名称核准、审计验资、召开第一次股东会议等必须的法定步骤后,设计院于2004年4月16日完成工商注册,正式改制为多元股权结构的“中铁隧道勘测设计院有限公司”。5月18日,中铁隧道勘测设计院有限公司成立大会在洛阳召开。

新的设计院有限公司注册资本为2381万元,其中:集团公司以原设计院存量净资产出资2201万元,占总股本的92.44%;二处有限公司现金出资100万元,占总股本的4.20%;三处有限公司现金出资60万元,占总股本的2.52%;四处有限公司现金出资20万元,占总股本的0.84%。

(张劲枫)

【上市思路调整】 在2003年5月至2004年5月一年的辅导期内,中铁隧道股份有限公司(简称“股份公司”)在券商等中介机构的辅导帮助下,进行了法人治理结构、公司决策和同业竞争、关联交易等方面的规范运作,公司管理水平得到了较大的提高。期间进行过合同主体变更的努力,但由于施工行业的特点和部分业务上市的局限性,股份公司同业竞争问题一直找不到有效的解决措施,辅导期结束后达不到报发审材料的条件,不得不申请延长了辅导期。通过充分讨论和研究后决定放弃原来集团部分业务上市的方案,转而进行集团主营业务整体上市的思路的研究。

(张劲枫)

【“一体化”体系建设】 集团公司“一体化”体系自建立以后,2004年重点进行了体系的完善和改进工作,分别在年初和年底进行了两次内审工作,及时按要求完成了集团公司年度管理评审策划及评审组织工作,推动了体系的整体持续改进。经集团公司全体员工两年的努力,继2003年取得质量体系(GB/T19001－2000)认证后,于2004年5月19日又取得了环境和职业健康安全管理两个体系的认证证书,标志着集团公司已建立了符合国际要求的质量、环境和职业健康安全管理体系,为集团公司实施走出去战略奠定了基础。

(雷萍华)

【计划工作】 2004年是实施集团公司新的计划工作管理规定的第二年,按照计划管理办法的工作思路和管理要求,全面实行计划工作的归口管理,完善了新体制下计划工作。

生产计划的分析、安排是集团公司计划管理工作的核心内容。在企划部和工程部的共同努力和各子、分公司、项目部、指挥部的积极配合下,全面完成了各项生产计划的审核与下达工作。审核并下达了集团、集团公司年度、一至四季度施工营业额计划，并向中铁工程总公司报告。根据集团在建工程情况，整理了在建工程3年(2004－2006)滚动计划，并上报中铁工程总公司。

6月份，企划部组织计划统计工作检查组，对华东片区的分公司机关及指挥部、项目部进行了计划执行(开展)情况检查。检查内容包括：计划工作开展情况、劳动工资计划执行及统计情况。检查结果以集团计划统计协会"隧计统协[2004]5号"文通报。

7月份，根据年内生产计划完成情况和在建工程履约现状，组织召开了2004年计划管理工作会议，会议就计划管理工作进行了交流与研讨。

审核并下达了集团、集团公司年度多经计划、年度新签合同额计划、年度财务计划、集团公司年度科技创新计划、集团主要机械设备大修计划、集团机械制造计划。

2004年集团生产、经营、多经计划完成情况再创历史最好水平。全集团共完成新签合同总额87.8亿元，为年度计划68亿元的129.1%。其中，施工新签合同额79.1亿元(工程中标92项69.7亿元，在建工程增加9.4亿元)，完成年度计划55亿元的143.7%；多经新签合同额14.2亿元(压缩多经新签合同额5.5亿元，实际上报8.7亿元)，完成年度计划13亿元的109.3%。全集团完成总营业额60.2亿元，为年计划53.5亿元的112.5%。其中，施工营业额全集团完成49.51亿元，为年度计划41.5亿元的119.3%；多经营业额全集团完成13.6959亿元(压缩多经营业额3.0亿元，实际上报10.6959亿元)，为年计划12亿元的114.1%。各项投资计划按要求均按照董事会审定的控制数进行计划管理。

【统计工作】 2004年，集团公司重新调整了统计指标体系。为适应新的统计指标体系，企划部结合集团统计工作实际，将中铁工程总公司统计指标体系进行分解，形成了集团统计指标体系。按照新的指标体系要求拟文(隧企划函[2004]256号)公布与布置集团统计报表工作，并以网络形式公布统计体系标准，进行网络培训。

按要求完成了中铁工程总公司和洛阳市2003年度统计年报及2004年各类定期统计报表的收集、整理、分析与报送工作。完成了集团建筑业统计报表。每月按时收集、整理集团140多个工点的完成情况。完成了年、季度的综合统计资料，固定资产统计等。根据有关数据进行了分析，为集团、集团公司生产、经营提供决策依据。向各有关单位和部门提供了多种所需的统计资料与统计数据。在中铁工程总公司统计工作评比中，集团公司获得综合统计评比优秀单位一等奖、建筑业统计评比优秀单位一等奖、劳动统计评比优秀单位一等奖、固定资产统计评比优秀单位一等奖、统计论文及分析评比优秀组织单位奖，5篇统计论文及分析获奖；在洛阳市统计工作评比中，集团公司获得综合评比先进单位、固定资产统计先进集体奖、劳动统计先进单位奖、科技统计先进单位奖和先进个人奖。

6月份，集团统计工作管理部门组织对华东片区进行了统计工作执法检查。检查发现，集团各单位存在着对统计工作不够重视，基础管理工作薄弱，人员变动频繁，主动性不够等问题。针对检查中发现的问题，已在全集团进行通报，要求尽快规范与改正。

重新恢复并进行了集团统计评比工作。11个单位荣获综合统计评比优秀单位称号，分别是：二处有限公司获特等奖；三处有限公司、集团公司经营部、设物部、多经部获一等奖；集团公司人事部、企划部获二等奖；股份公司、四处有限公司、第一工程处、集团公司事务处获三等奖。同时开展了专业统计评比,11个单位获得建筑业统计评比优秀单位;6个单位获得多经统计评比优秀单位;13个单位获得劳动统计评比优秀单位;6个单位获得固定资产统计评比优秀单位。

【网络工作】 按照职责划分,集团公司外部网站建设、计算机网络建设规划及应用系统开发工作由计划统计科负责。年内具体完成了如下工作:

重新调整了中铁隧道集团公司信息化领导小组成员,进一步明确了集团公司信息化建设与发展的方向。

对集团公司网络办公系统开发工作进行验收,并于2004年7月1日正式使用网络办公系统(文档系统、即时通讯系统)。

为集团公司外部网站申请中文域名,以“中铁隧道”、“隧道集团”、“TUNNEL”3个专业名词申请成功。并对“外部网站”网页进行多次修改,及时充实网站内容。

10月19日,企划部组织召开了集团公司信息化领导小组2004年第一次工作会议,对集团公司信息化系统开发工作进行了总结和系统安排。

按照总公司要求,结合集团公司信息化建设总体规划,组织建设了中铁隧道集团公司网络视频会议室。

(董杰)

【资质管理】 本年度资质管理工作取得三大成绩:一是4月份集团公司申报房屋建筑工程施工总承包一级资质、桥梁专业承包一级资质、爆破与拆除工程专业承包一级资质获得成功;二是11月份股份公司申报市政公用工程施工总承包一级资质顺利通过;三是集团公司及其子公司顺利通过资质证书年检。

由于二处有限公司2003年10月8日在北京地铁的事故,使集团公司和二处有限公司在2004年的资质年检工作中遇到困难,但经过努力集团公司、股份公司、三处有限公司和四处有限公司的资质顺利通过年检,二处有限公司也取得了较为理想的年检结论——仍为合格,对经营工作的影响降至最低。

【证照管理】 营业执照、外经资格许可证、企业技术代码证、外地施工备案登记证顺利通过年检,及时变更了经营范围,并于8月初将营业执照原法定代表人郭陕云变更为周世祥。

【行业协会管理】 协会作为企业与政府联系的一种纽带,承担着原政府部门的部分工作,颁发的各种奖项对证明企业的实力提供了有效的证据,再加上诸如中国建筑业协会承担了资质申报以及建造师的培训、审批等工作,所以协会管理工作也相当重要。为此,企划部同中国施工企业管理协会、中国建筑业协会、中国铁道工程建设协会、中国公路行业协会、中国企业联合会、河南省工程管理协会和洛阳市企业联合会等7个行业协会一直保持着融洽地日常工作联系。经过本年度对协会工作的管理,有针对性地对部分协会进行了沟通、联络,申报各行业协会奖项(优秀企业、优秀企业家、优秀项目经理、优质工程)的工作取得了可喜的成绩。集团公司获得“全国用户满意施工企业”称号,这是企业有史以来首次获得此项荣誉。郑玉欣获得“全国建筑业企业优秀项目经理”称号(获得此殊荣的全国共263人,其中总公司系统共6人)。周世祥、罗金甫、郑玉欣、李永凯、刘元重分别获得“铁路施工企业优秀项目经理”称号。股份公司施工的晋焦高速公路牛郎河隧道获得由中国建筑业协会颁发的“中国建筑工程鲁班奖”。西安绕城高速公路(南段)浐河特大桥、川藏公路二郎山隧道、广州地铁二号线越秀公园站～三元里获得中国铁道工程建设协会火车头优质工程奖一等奖。渝合高速公路北碚隧道、甬台温高速公路雁荡南隧道、广州地铁二号线公园前站南段获得中国铁道建设协会火车头优质工程二等奖。集团公司的汪纲领,股份公司的张福宏、职常应,三处有限公司的沈卫平、郭小华,四处有限公司的华波,第一工程处的徐贵平分别获得由中国公路行业协会颁发的"公路工程优秀项目经理"称号。三处有限公司赵春华、汪成兴、刘剑文,第一工程处的吴显金,股份公司的巴云涛、谭顺辉、翟学东、简云龙,四处有限公司的郑之凯分别获得总公司优秀项目经理称号。

(张文彬)

经营合同管理

【概况】 中铁隧道集团有限公司经营合同部(以下简称"经合部")是集团公司经营合同管理的职能部门,下设信息科、经营科、合同管理科,定员 25 人。2004 年末,现员 14 人,其中部长 1 人;副部长 3 人,信息科 1 人;经营科 5 人;合同管理科 4 人。

2004 年,全集团国内施工项目中标 92 项,新签施工合同额 790964 万元(含在建工程合同外增加),再创企业历史新高。

(焦莉丽)

【经营投标】 经合部先后参加了新建铁路、复线扩能改造工程共 12 条线 38 个标段的投标工作,即宜万铁路一、二期工程内资、外资共 16 个标段、精伊霍铁路(乌鲁木齐局管段)2 个标段、朔黄至天津地方铁路 3 个标段、大理至丽江铁路 3 个标段、洛湛铁路永岑段(柳州局管段)3 个标段、上海浦东铁路 2 个标段、合宁试验段(上海局管段)1 个标段、黔桂铁路扩能改造工程(柳州局、成都局管段)4 个标段、广深四线铁路工程 2 个标段等,包括工程项目信息追踪、资格预审或资格后审、施工现场调查、投标书编制、递交、投标结果追踪等各项工作。同时参与了重庆莱园坝 BT 项目和武汉长江过江隧道工程的资格预审及投标书的编制工作。

2004 年,全集团国内施工项目共投标 383 项,中标项数 92 项,中标率 24.02%。新签施工合同额 790964 万元(含在建工程合同外增加),占全年新签施工合同额计划 55 亿元的 143.81%,其中:铁路 7 项,价款 133749 万元,占 16.91%;公路 26 项,价款 307071 万元,占 38.82%;市政 34 项,价款 155147 万元,占 19.61%;地铁 10 项,价款 79070 万元,占 10.0%;水电 4 项,价款 11532 万元,占 1.46%;房建 7 项,价款 5613 万元,占 0.71%;其他工程 4 项,价款 4782 万元,占 0.61%;在建工程合同外增加 94000 万元,占 11.88%。

(翟少梅　焦莉丽)

【合同管理及概预算】

对外合同管理 2004 年,集团公司签订了武汉过江隧道、宜万铁路 15 标、上海、北京地铁等 50 多个新中标项目合同,新签工程合同额达 43.45 亿元;办理了北京地铁等 30 多项补充合同(协议),补充合同金额有 4.2 亿多元。

加强合同管理过程控制力度,完善合同履行动态管理,从合同签订、合同履行、合同变更、到合同竣工结算全过程的动态管理;建立了合同履约动态情况台账,合同履约率达 100%;完善了合同风险预警机制,加强了重点项目、风险较大项目的合同管理工作,尤其是对有资金担保项目、有投资项目的监控力度。及时申报"守合同、重信用"资料,集团公司获得了河南省2003年度"守合同，重信用"企业称号。

起草并发布了《中铁集团公司关于投标中介管理的规定》(隧经合[2004]14号文)，以利于集团公司合法利用中介机构进行投标经营活动和规避中介风险。

按照《中铁隧道集团公司C类管理办法》起草了《中铁隧道集团公司C类项目合同管理办法》。

对内合同管理 测算并及时公布以集团公司资质中标的各个工程项目的收费标准，及时与项目部签订《经济承包责任书》，与施工单位签订《工程承包合同》。

规范在建项目经营成果增加费管理。发布了隧经合[2004]102号文，《关于片区指挥部收取在建项目经营成果增加费有关事宜的通知》。

参加了集团公司对2004年上半年亏损较大项目的执法效益检查，对项目的合同管理、验工计价、合同分包、二次经营工作给予了检查、指导和帮助。

主持了乌鞘岭隧道、圆梁山隧道等项目内部合同分劈工作。

验工计价和二次经营管理 及时收集汇总了集团公司A、B类工程项目验工计价资料，不断完善统计台账，每季度更新验工计价台账。加强对在建项目验工计价和二次经营的系统管理，发布了《关于做好2004年验工计价和合同清算工作的通知》(隧经合函[2004]235号)；主持、参与了圆梁山隧道、杭州解放路工程、株六铁路复线等30个项目的合同清算、投资捡算工作。

全年合同外增加费用93621多万元；其中补充协议(合同)增加的项目42469万元，直接在合同外验工计价的51152万元。同比2003年增加122.9%。起草了《在建项目商务策划作业指导书》，对项目投标交底，项目策划，过程控制，到竣工结算进行全过程的指导。

完成了中原物流中心项目的清算工作。

概、预算及定额工作 贯彻执行国家各行业概(预)算方面的政策、法规及标准，分析研究各地、各行业的概预算编制办法、定额及材料价格市场的变化情况，为工程投标，工程竣工决算提供政策依据和技术支持。转发了《关于建设项目工程费用组成的通知》(建设部建标[2003]206号文)等文件。全年共审核小型项目及大修项目预决算20项，金额653万元，核减金额121万元。参与24项小型及大修项目竣工验收工作。

(汤宪高)

科研设计管理

【概况】 中铁隧道集团有限公司总工程师办公室(以下简称"总工办")是集团公司科研设计管理职能部门；并负责中国土木工程学会隧道及地下工程分会日常工作；负责集团技术专家委员会、集团科学技术发展委员会和各个相关学会的日常管理工作。2004年末，总工办定员5人，现员5人。

【科研管理】 2004年，公布了《中铁隧道集团2005～2010年科技发展规划》(隧总[2004]93号)，有3项科研课题被列为中国铁路工程总公司重点科研项目计划。全年新签科研合同18项，签订补充合同1项，安排科研经费2130.2万元。通过各级鉴评的科研成果26项，其中通过省部级鉴定5项；通过集团公司鉴定5项，评审9项，验收6项。

2004年，科研成果荣获各级奖励19项次，其中获建设部"中联重科杯"华夏科技进步一等奖1项；铁道科学技术(部级)进步奖2项，均为二等奖；获河南省科技进步二等奖

1项；获中国铁路工程总公司科学技术进步奖3项，其中特等奖1项，二等奖1项，三等奖1项；获洛阳市科技进步奖2项，其中一等奖1项、二等奖1项；评审奖励集团科技进步奖10项，奖励金额20.8万元。

【工法开发】 2004年，新立工法开发项目15项，签订合同15项，合同经费15.5万元。完成企业级工法10项，获铁道部部级工法9项。全年，集团公司拨付工法开发合同经费28.32万元，奖励各级工法26项，奖励金额9.6万元。

【设计程序控制】 2004年，按设计控制文件要求，认真履行设计施工一体化的设计控制职责。

3月，完成了伊朗德黑兰至查路斯高速公路一期工程的设计任务书下达和资料汇总建档，完成了广州市轨道交通四号线大学城专线小谷围—新造站区间盾构隧道工程和南京地铁二期工程D2-TA1标(向兴路站)2个设计控制新项目的资料汇总建档。

4月，对广州市轨道交通四号线大学城专线小谷围—新造站区间盾构隧道工程和南京地铁二期工程D2-TA1标(向兴路站)进行了设计质量意见调查。

5月，对新线铁路宜昌至万州线15标段野山关隧道下达了设计任务书。随后进行了设计监控，对逐次上报的资料进行了汇总整理，年底形成了较系统的档案。

【学会管理】 组团17人参加国际隧协在新加坡吉隆坡举办的2004年世界隧道大会暨国际隧协第30届年会，中国国内参会人数为58人，为历届出席会议人数之最，受到国际隧协的高度重视和欢迎。向中国土木工程学会推荐分会常务理事刘维宁教授为国际隧协执行委员人选。

隧道及地下工程分会第13届年会与中国土木工程学会第11届年会联办，2004年11月在北京举行，400多人参加会议，会议有9个专家主题报告，论文集收入150余篇论文，组织参观考察了正在建设中的北京地铁工程。

组织完成第四届詹天佑土木工程大奖的推选和初评工作。推荐广州地铁二号线越秀公园至三元里段工程和内昆铁路曾家坪1号隧道工程2个工程项目，广州地铁二号线越秀公园至三元里段工程获詹天佑土木工程大奖。

组织完成《学科发展蓝皮书—2004卷》隧道及地下工程的成果篇、纪要篇的编写，递交中国土木工程学会。

8月20日～22日在山东济南与中国岩石力学与工程学会地下空间分会联办第4届海峡两岸交流会。

6月，与厦门市路桥建设投资总公司合作，举办了厦门东通道海底隧道钻爆法修建技术高级专家研讨会；与上海国际展览中心合作，举办了上海国际隧道及地下空间展以及主题为“中国隧道及地下空间发展”的技术研讨会。

组织人员参加中国土木工程学会、中国岩石力学与工程学会、中国爆破工程学会、中国岩土锚固工程协会、中国铁道学会等10余个一、二级学会或专业委员会的理事会议或工作会议，参加了有关学会主办的相关的全国性学术会议。共有上百人次参加，有30多篇技术论文获各级学术会议或学会的优秀论文奖。

【第二届科技大会】 中铁隧道集团第二届科技大会10月27日～28日在洛阳召开，集团各单位100余人参加了大会。会议总结了集团5年来的科技工作，提出了今后5年的科技发展规划，表彰奖励了中铁隧道集团先进科技工作者、先进科技管理工作者和先进科技工作单位，表彰奖励了优秀科技论文，宣布了中铁隧道集团拔尖人才名单。会议邀请了河南省科技厅领导、铁道部及总公司领导和洛阳市领导参加，同时还邀请了孙钧、卢耀如、周丰峻等6位院士专家参会和讲演。会议交流典型工程科管材料5篇，交流个人典型材料3篇，发放典型工程科管交流材料12篇。编辑印发"中铁隧道集团科技创新大会论文集"1000册，收集论文105篇，计约118.6万字。组织完成集团优秀论文评审和奖励，评出优秀论文19篇，其中有一等奖5篇，二等奖14篇。

【技术专家委员会】 2004年，充分发挥技术专家的作用，先后多次组织集团内专家约100多人次对30余个重、难、新工程项目进行现场技术咨询、指导或施组审查，较好地解决了工程技术难题，主要包括：乌鞘岭隧道竖井爆破开挖、不良地质安全快速施工技术、9号长斜井快速施工；圆梁山隧道高压富水充填性岩溶施工；杭州解放路下挖段的降水、开挖、控制沉降、地表建筑动态纠偏；城陵矶过江隧道盾构施工及竖井施工；北京地铁五号线05、06标施工；重庆主城排污过江隧道施工；广州地铁3号线大汉盾构区间、辽宁大伙房水库输水TBM2标；陕西西汉高速公路户勉段C标段、浙江舟山沈应线公路隧道工程、浙江金丽温工程、安徽铜黄高速公路工程等施工技术难题，为工程的技术难题突破并安全顺利进展起到了重大作用。组织集团内专家200多人次，对50多个投标项目进行技术咨询和标书评审。组织集团内专家20多人次参加了政府或业主组织的重大工程项目或重、难点工程的技术咨询活动或技术方案论证、评审活动，为进一步提升集团的社会影响力起到了促进作用。

（蔡涛）

施工技术管理

【概况】 中铁隧道集团有限公司工程管理部(以下简称"工程部")下设施工管理科、技术管理科、调度科3个科和附属单位测量总队。2004年，工程部定员26人，现员17人。

【技术服务】 为加强对全集团施工生产的指导，编写了《中铁隧道集团2004年在建工程概况》。全年审核批复上海地铁9号线R404标、青藏铁路23标2004年剩余工程施工组织安排，兰武复线乌鞘岭隧道调整施工组织设计，广州永和隧道、北京地铁四号线07标、北京地铁四号线19标、沪蓉西高速公路28标等项目实施性施工组织设计。完成了成都天府下穿隧道的实施性施工组织设计的现场指导及技术服务、朔黄铁路水泉湾隧道的病害调查，对重庆主城排水过江隧道工程工期进行了评估，参加了集团公司涉外部组织的迪拜轻轨项目编标，组织专家并参与审核了上海轨道交通6号线15A标阶段施工方案、协助人事部完成建造师考核认定等工作。

【技术管理】 修改了一体化管理体系程序文件"环境因素识别与评价程序"，编写了作业文件"环境因素管理方案"。对集团A类项目工程的技术总结工作进行监督管理，督促各A类项目编制监视和测量计划，并及时审批。先后审批了常张高速公路10B标、20标、广州地铁三号线厦大明挖区间土建工程、上海轨道交通6号线15A标、上海轨道交通9号线一期R404标、南京地铁D2-TA01标、北京地铁四号线07标、宜万铁路15标、W8标等监视和测量计划。

督导A类工程项目进行环境因素的识

别和管理,建立健全了相关的规章制度和管理文件。

6月和12月,分别对工程试验中心和测量总队设备的使用和管理进行了检查。成立了宜万铁路项目、云南大理－丽江试验分部。

加强标准规范的管理工作,及时更新标准和规范,为集团公司的施工生产、投标经营提供服务。

在汛期和冬季来临前及时向指挥部或项目部下发防洪和防寒文件,布置防洪和防寒工作,明确防洪和防寒的重点,并督促落实。汛期工程部安排人员值班,并及时向上一级部门上报集团公司防洪工作的安排。

【精密控制测量】 先后完成了赣龙铁路全线贯通竣工复测;北京地铁四号线、五号线测量共4次;兰武铁路复线乌鞘岭隧道斜、竖井测量7次;广州地铁大汉区间、厦大区间2次;渝怀铁路圆梁山隧道测量2次、竣工后完成并提交圆梁山隧道施工测量技术总结报告一册;浙江宁波工地、杭州解放路工地2次;陕西西汉高速公路秦岭一号隧道施工复测3次;广西南友、湖南常张公路接桩复测2次;云南水电站工程的开工控制复测2次;沈阳大伙房引水隧道、重庆过江隧道、岳阳城陵矶过江隧道控测共3次;新建铁路宜万线15标(12公里)、14标(5公里)控测3次;新建铁路大丽线7标(11公里)接桩控测1次。完成了新建铁路洛湛线2标(51公里)接桩和复测的外业工作。

【调度工作】 全年共接收、处理各类报告、情况汇报180多份,子、分公司,指挥部、项目部月报、周报2100多份,电传各类通知25份,完成调度月报12期,给上级和相关业务部门提供会议材料或有关统计分析资料15份,每周写出一周工程情况在交班会上汇报。完成集团公司1～12月份施工生产情况通报。

【战备工作】 继续推动交通战备工作正规化建设,完善各项工作和管理制度。4月份承办了中铁工程总公司系统年度战备工作会议。9月份参加了济南军区在河南信阳组织的第4期交通战备干部培训。组织人员对铁路隧道抢修(技术)规程进行研究。顺利完成了战备车辆更换新式军用牌照、驾驶员审验工作。根据国家交通战备办公室《关于进行铁路重点专业保障队伍实力统计的通知》要求,及时准确地对中隧集团人力及物力资源进行了统计上报。

(于翠荔)

涉外工作

【概况】 2004年,中铁隧道集团有限公司涉外工程部(以下简称"涉外部")年末现员7人,其中部长1人,副部长1人,经营科3人,工程管理科2人。

2004年,集团公司外经工作以"借船出海"和"强强联合"为策略,本着求真务实的原则,把稳步、健康地开拓外经市场作为涉外工作的方针,以发挥"四位一体"的集团优势、突出集团的专业特长为切入点、努力拓展海外市场。

【境外工程信息追踪】 2004年,共组织境外工程信息追踪16项,地域主要集中在中东地区和东南亚地区。对所追踪的工程信息,按照工程项目的特点、工程规模、工程所在国的环境、操作方式、可操作性以及项目的风险,进行认真的分析和研究,依据集团公司外经工作的发展方向和要求,结合集团公司的技术能力技术特点确定重点信息,对重点信息加大追踪力度，进一步进行评估，确定可操作项目，并依据项目的特点，做好投(议)标的准备工作。

【境外工程投(议)标】

资格预审 2004年，共参加资格预审两项：一是迪拜轻轨项目(由中信公司牵头联合集团公司等国内多家公司组成联营体)。集团公司作为联营体成员，于2004年6月递交资审文件(资审未获得通过)。二是爱尔兰M50公路工程(由上海外经、中隧集团公司和中隧设计院公司组成联营体)。于2004年6月递交资审文件(资审结果尚未公布)。

境外工程投(议)标 2004年，参加了境外工程迪拜轻轨项目的投(议)标工作。集团公司于9月底派2名高级技术人员赴项目现场进行考察，协助中信国华公司进行技术谈判和交流，使国华公司取得了的预期成果(与SBG和西门子组成联营体、获得了投标资格)。10月中旬至年底，中信国华公司邀请集团公司作为分包商进行区间TBM隧道和地下车站技术建议书编制、和报价工作(该项工作目前仍在进行中)。

根据集团公司的安排，积极参与协调伊朗德黑兰北部高速公路的内部分包议标及协调工作，认真测算项目的成本，为公司领导决策和项目内部分包议标工作的开展提供技术支持。另外，按照联营体工作计划，主动督促设计院进行该项目的初步设计和优化设计工作，督促和指导设计院开展Taloon隧道设计变更工作，为今后项目的实施扫清障碍。递交兴趣函1项：印度PANJAL铁路隧道(CREC总包、我们分包)，目前也在等待业主发布资格预审公告。

工程分包 中国北方国际合作股份有限公司2003年中标伊朗德黑兰地铁4号线后，发出了土建部分分包议标的邀请，集团公司应邀参加了议标。2004年1月，集团公司递交了初步的分包报价，由于各应标单位的报价与北方认可的价格水平相差太大，第一轮议标工作无果而终，之后集团公司一直在配合北方公司和设计单位进行缩小价格差距的技术交流和优化工作。10月，根据优化后的设计图纸，集团公司再次向总包商递交了土建部分的分包报价，该项目仍处在价格商议中。

尝试作联营体主办单位进行巴基斯坦项目 从2003年初至2004年8月，集团公司一直尝试作联营体的主办单位进行巴基斯坦LOWARI铁路隧道项目投标的工作。先后进行了联合编制资审，在国内到对外承包商会的项目注册和协会协调，在巴国项目注册，起草标前联合协议及代理协议，与各方进行反复协商，准备组织编投标等，进行了大量项目操作方面的尝试和实作操练，基本上了解了作为联营体主体单位进行项目操作的程序和要点。虽然由于业主在招标前提出了要求承包商融资的附加条件，加之当时巴基斯坦出现了针对中国的恐怖暴力事件，为慎重起见，迫使我们最终放弃了该项目的投标。

【境内外资项目经营】 2004年，涉外部积极配合集团公司参加境内外资工程的经营工作，参加了宜万铁路外资标投标文件翻译工作，为内经工作的全面完成做出了一定的努力。

【外事管理】 全年办理8批共26人次的出国手续，为对外经营工作的开展和盾构和TBM的采购、监造、培训以及国际技术交流提供了保证。加大了外事教育和外事管理的力度，全年没有发生一起违反外事纪律的事件。每批出国人员都能按组团文件批准的路线和时间进行访问、按时回国，圆满完成出国任务。针对境外发生的针对中国公民的恐怖事件，按照国家有关部委和总公司的要求，建立了集团公司境外突发事件应急机制，并向集团各有关单位下发了《外派经贸人员对外安全工作须知》手册。

【翻译工作】 2004年，涉外部承担了集团公司涉外活动的各种英语翻译工作。为配合集团的经营、生产和宣传工作，先后参加了辽宁大伙房TBM和广州小新盾构组装的现场翻译工作，完成了武汉过江隧道盾构机采购招标文件的翻译、完成了盾构、TBM专题宣传画册的翻译等工作，配合设计院、完成了伊朗高速公路项目初步设计文件的翻译。

【业务建设】 为适应工作的需要，涉外部积极开展业务建设。年内涉外部有2人参加了集团公司安排的注册建造师教育和培训活动，1人通过了注册造价师考试、1名非英语专业的技术人员通过了英语C级翻译水平考试、2名翻译参加了B级翻译水平考试。另外，部门内部还开展了形式多样的国际工程相关知识的学习和交流。

（涉外部）

【伊朗项目部】 2004年，伊朗项目部完成了与业主代表签订了地质钻探合作协议，完成了Taloun隧道原图纸设计的工程量复核及设计变更工作，配合有关方面进一步推动了融资工作。

（熊明）

劳动人事管理

【概况】 2004年，中铁隧道集团有限公司人事部(以下简称“人事部”)围绕企业中心工作，按照人力资源发展规划，狠抓科技专家、青年拔尖人才和专业技术人才队伍建设，完善人才成长机制，作好以能力和业绩为导向的人才引进、培养、使用和稳定工作，不断推进以岗位等级工资制为主、多种分配方式并存的基本工资制度改革，较好地完成了全年的各项工作。

至年末，人事部定员19人，现员17人，其中部长1人，副部长2人。下设一科、二科、三科、培训科、工资科。

【员工队伍状况】 2004年末，中铁隧道集团员工总数为14541人，其中管理人员及专业技术人员6096人，约占员工总数的41.92%。按学历层次分，本科及以上学历1723人，约占员工总数的11.83%；大专学历1823人，约占员工总数的12.52%；中专学历2289人，约占员工总数的15.72%；高中及以下学历8729人，约占员工总数的59.94%。按职称结构划分，高级职称372人，中级职称1280人，初级职称3695人。

【领导班子建设】 2004年，集团公司党委加大对各级领导班子的考核调整，班子的组织建设得到加强。一是通过谈话、测评，结合民主生活会和职代会述职等形式，对股份公司等单位的67名班子成员进行了考核，并对8个班子及32名班子成员进行了调整，其中提职8人，改职21人，降职1人，免职1人，内退1人；二是配合中铁工程总公司对集团公司领导班子、班子成员以及后备干部进行了考察，调整5人，其中提职3人，改职1人，兼职1人。全年共调整69人(含集团公司高管人员5人)，其中提职22人，改职43人，内退2人，降职1人，免职1人。试用期转正10人。

组织了2004年“五好班子”评选活动，14个单位中有6个被评为集团公司2004年度“五好班子”。同时，认真研究集团公司及各子公司第二届法人治理结构人选组成方案，配齐、配强各级董事、监事及经理层人选，为法人治理结构的协调运转提供了组织保证。

在项目部班子的管理上，出台了《中隧集团有限公司项目部领导人员管理办法》和《关于做好项目后备管理人员工作的通知》，对项目班子成员的来源、聘任程序、职责、培训和考核等作了认真规定，建立了项目后备管理人员队伍。组织了集团公司首届优秀项目经理评选工作，通过层层选拔，认真评选，全集团共评出优秀项目经理12人，有1人获国际杰出项目经理称号。

认真做好过渡时期的一级建造师考核认定工作，努力改善项目经理资质证书少的现状。通过认真组织和积极申报，圆满完成建造师的考核认定，通过率达96.7%，在中国铁路工程总公司系统中名列前茅。

（李振明）

【专业技术职务评聘、推荐】 结合专业技术人员队伍现状、评委意见及中国铁路工程总公司职改政策精神，制订了《中铁隧道集团专业技术职务任职资格评审实施办法》、《中铁隧道集团政工专业职务任职资格评审实施办法》、《关于2004年专业技术职务任职资格评审工作有关问题的补充通知》、《中铁隧道集团破格评审中级专业技术职务暂行办法》、《关于对大中专学历人员评定专业技术(技能)职务有关规定的通知》等系列文件，职称评审工作得到进一步规范和加强。2004年，先后开展了工程、经济、财会、政工等8个系列的职评会议，各系列共有301人(工程系列参评198人)参评，158人取得中级任职资格，其中工程中级136人。向中国铁路工程总公司推荐63人参加高级职称评审，6人取得教授级高级工程师资格，28人取得高级工程师资格，5人取得高级会计师资格，3人取得高级经济师资格，2人取得中学高级教师资格，1人取得副译审资格，1人取得副主任医师资格，1人取得高级讲师资格，1人取得高级政工师资格。（罗健　刘学飞）

【大中专毕业生引进及见习管理】 为进一步加强毕业生的引进管理工作，制订出台了《中铁隧道集团引进(招聘)人才暂行规定》，就加强大中专毕业生的接收、分配及见习期间的管理以及人才引进的工作程序等做了进一步明确规范和限定。2004年，共引进大中专毕业生615人。其中土木专业454人，机械专业52人，财会专业45人，其它专业63人。首次从兰州大学引进博士生1人。

【科技专家推荐、选拔】 为稳步推进人力资源结构的战略性调整，促使集团由劳务密集型向管理、技术密集型转变，提升企业核心竞争力，制订了《中铁隧道集团人力资源发展规划》、《中铁隧道集团稳定和吸引人才暂行办法》、《中铁隧道集团引进人才管理办法》等系列重要文件，为今后一段时期的人力资源建设制定了明确的发展目标和科学规划。并积极开展人才工作调研活动，就人才流失状况进行了深入的分析和调查，制订应对措施，为企业发展留住人才，用好人才。

积极举荐优秀人才，努力做好优秀专家的推荐选拔工作。周振国被评为享受国家政府特殊津贴工程技术专家，李治国、范国文被评为中铁工程总公司有突出贡献中青年专家。在2004年度詹天佑铁道科学技术奖评选活动中，肖广智获得詹天佑人才奖、李治国获得詹天佑青年奖。在2004年茅以升铁道工程师奖评选中，马锁柱获茅以升工程师奖。（罗健　刘学飞）

【作业人员管理】 2004年末，中铁隧道集团作业人员总数为8632人，其中：固定期限劳动合同3839人，无固定期限劳动合同4793人。非在岗2359人，终止、解除劳动合同20

人，接收退伍军人13人，接收大中专毕业生153人，办理内退300人，办理退休81人，调出12人，外出劳务5人，辞职4人，处分8人，除名28人，调入3人。

为依法保护企业合法权益，促进企业健康发展，根据《劳动法》等有关法律、法规，结合集团公司实际，就违约员工应当承担的赔偿责任，制定了《关于明确违约员工赔偿责任的通知》（隧人[2004]40号）；为提高企业和员工对商业秘密和知识产权的保护意识，加强和完善管理制度，落实管理责任，切实保护好企业商业秘密，制定了《中铁隧道集团关于加强员工管理切实保护企业商业秘密的若干规定》（隧人[2004]44号）；为了确保在建工程的安全、质量、工期和效益，预防劳务纠纷，针对当前集团在外部劳务队伍管理、使用方面存在的问题，制定了《关于进一步加强外部劳务用工管理的通知》（隧人[2004]69号）。

（巨世华）

【员工培训】 2004年，员工培训工作紧紧围绕强化管理，提高效益，首先通过举办建造师考前培训、项目管理重点岗位培训以及高技能人才培训等有针对性地提高了员工"能""位"匹配程度，还建立了远程网络教育平台，发挥网络优势开展培训；其次按照一体化管理体系持续改进的要求，不断适应新形势、解决新问题，强化培训管理基础建设，促进工作的创新、突破；第三，积极推行干部考学制度、开展"全员素质工程"教育活动，以推动学习型企业的创建。全年共完成员工培训15833人次。其中管理人员、专业技术人员培训6097人次，作业人员培训9736人次；脱产培训4125人次，业余培训11708人次；集团公司举办各类培训班29期，培训员工1171人次；各子公司、分公司举办培训班387期，培训员工13513人次；委外培训1149人次；继续教育2577人次。（方梅）

【工资管理】

分配制度改革 贯彻按劳分配、效率优先、兼顾公平的原则，积极稳妥推进职工收入分配制度改革。制定《中铁隧道集团有限公司机关浮动岗位等级工资制办法》（隧人[2004]21号），实施"一档基准，三档测评，五档浮动，一年一评定，连降降职"的浮动岗位等级工资制，自2004年4月1日起执行；开展岗位民主测评，依据测评结果，对集团公司机关及二级机构员工浮动岗位工资进行了定档工作，达到预期效果。

2004年1月1日起，集团公司负责人实施年薪制。贯彻落实《中国铁路工程总公司企业负责人薪酬管理暂行办法》（中铁程劳[2004]335号），及时向中国铁路工程总公司报送《关于中铁隧道集团有限公司负责人2004年度基本薪金的报告》（隧人[2004]65号）、《关于中铁隧道集团有限公司其他负责人薪酬方案的报告》（隧人[2004]83号），加强和规范了企业负责人薪酬管理。

工资计划 中国铁路工程总公司根据国有资产监督管理委员会编报工资总额计划的工作要求，自2004年开始，对实行工效挂钩的企业实行工资总额计划备案制，改变过去的工效挂钩和工资计划"双控"的管理模式，不再对工效挂钩企业的下达工资总额使用计划。

2004年度，中国铁路工程总公司下达给集团工资总额计划为33943万元，实际完成33114万元，完成年计划的97.6%，同比增长7.1%。

年末员工人数14541人，其中在岗职工10868人，非在岗职工3673人。2004年员工平均14331人，平均工资22067元，同比增长2.3%。其中在岗职工平均工资27094元，同比增长6.2%。

集团公司对工资总额计划调控和管理的具体措施：一是加强企业内部工资计划监控。根据上级对工资总额增长宏观控制的总体要求，认真审定下达了各子、分公司2004年度工资总额计划{《关于下达生产单位2004度劳动工资总额计划的通知》(隧人函[2004]101号)}，对实行工效挂钩的子、分公司，按照工效挂钩计提办法确定工资总额；对不具备实行工效挂钩条件的单位，实行工资总额计划管理，根据经济效益预计增长情况及人工成本承受能力及"两低于"原则(即：工资总额增长低于经济效益增长、实际平均工资增长低于劳动生产率增长的原则)核定下达工资总额计划，总体增长水平控制在5%左右；对经费及分立单位，按上年在岗员工的平均工资水平、行业特点及适度增长的原则下达工资总额计划。二是针对上半年工资总额支出过快的情况，集团公司在8月26日以《关于进一步加强工资总额管理的通知》(隧人函[2004]184号)行文，要求各成员单位贯彻落实，使工资性支出迅速得到有效控制。三是按中国铁路工程总公司计划减员口径，计划已完成，主要是内退及多经减员。2004年继续贯彻落实集团"十五"减员计划，严格控制非技术人员的调入；依法做好劳动合同的签订、变更、解除和终止工作，把劳动合同管理工作纳入法制化、规范化轨道。

项目工资控制、规范　深入贯彻落实《中铁隧道集团有限公司工程项目管理考核办法》(隧人[2002]97号)精神，加强A类项目部考核、工资、奖金管理的过程监控；为加强项目人员管理，制定了《中铁隧道集团有限公司A类项目人员管理补充规定》(隧人[2004]5号)；为规范项目部兼职人员工资支付行为，印发了《关于指挥部(项目部)兼职人员工资关系处理办法的通知》(隧人函[2004]208号)。

工效挂钩　完成2002年度工效挂钩工资结算。中国铁路工程总公司于2003年底对集团2002年工效挂钩工资进行了批复，"工效挂钩结算"按财务实提数清算，较按挂钩办法计提上报的43984万元，减少11785万元；集团公司及时对各挂钩单位的工资总额按实发数结算下达(隧人[2004]18号)。

完成2003年度工效挂钩工资结算。根据《关于下达2003年度工效挂钩基数的通知》(中铁程劳[2004]174号)下达的工资总额基数、利润总额基数、百含系数，及时向中国铁路工程总公司上报了2003年集团工效挂钩结算表。设计院2003年7月1日起划归集团公司管理，2003年的工效挂钩工资由集团公司对中国铁路工程总公司结算。

发布新的工效挂钩办法。根据劳动部、财政部、国资委对工效挂钩工作的有关要求，重新制定公布了《中铁隧道集团工资总额与经济效益挂钩试行办法》。工资总额与企业营业额、实现利润复合指标权重的核定，由原挂钩产值60%，利润总额挂钩40%，现为产值、利润各挂50%。

挂钩指标的确定原则。工资总额、利润总额基数原则上以上年实际结算数作为下年基数，百含系数根据中国铁路工程总公司批准的年度工效挂钩方案核定下达。要求计提工效挂钩工资的企业营业额、百含系数、利润基数与挂钩工资支出的人员范围必须一致。

工效挂钩工资总额的结算办法

(一)与实现利润指标挂钩应提新增效益工资

$=$ 工资总额基数 $\times M\% \times$ [(实现利润 $-$ 利润基数)/(利润基数 $+$ 工资总额基数 $\times M\% \times 0.75$)] $\times 0.75$

(二)与计提含量营业额指标挂钩应提新增效益工资

$=$(报告期企业营业额 $-$ 营业税 $-$ 城建

税－教育费附加)×百含系数－工资总额基数×N%

报告期提取的新增效益工资应分档计提,其中:

相当于工资总额基数10%(含10%)以内部分按100%提取;

相当于工资总额基数10%～25%(含25%)部分按50%提取;

相当于工资总额基数25%～40%(含40%)部分按30%提取;

相当于工资总额基数40%以上部分按10%提取。

未实现国有资产保值的,不得提取新增效益工资。

【贯彻《劳动法》,维护员工和企业利益】 深入贯彻落实《劳动法》,执行工时制度、各种假期及待遇、各种津补贴管理等方面符合国家规定;在劳动报酬上,贯彻落实劳动和社会保障部《最低工资的规定》(部令第21号)(隧人函[2004]116号转发),支付给在岗员工的工资均没有低于当地政府公布的最低工资;对企业非在岗员工,结合实际,建立健全管理制度,对其生活费保障符合国家规定,维护了员工的利益。

【清理拖欠职工工资】 贯彻落实中国铁路工程总公司《关于切实做好清理拖欠职工工资工作的通知》(中铁程劳[2004]271号)精神,成立了集团公司总经理为组长的清理拖欠职工工资工作领导小组。集团上下清理拖欠职工工资工作认识到位,各级领导和责任部门高度重视。总体看,大部分单位严格执行工资支付规定,没有拖欠职工(包括民工)工资。只有个别单位、工点由于业主拖欠工程款、验工计价滞后、或亏损,不同程度存在拖欠职工工资现象,对存在拖欠工资的单位,集团公司督促其积极想办法,采取有效措施,多渠道筹措资金,兑现拖欠职工工资,清理拖欠职工工资工作进展顺利,收到明显实效。

【统计工作】 贯彻中国铁路工程总公司郑州统计工作会议精神。与企划部共同召开布置2004年年报和2005年定期统计报表工作会议。集团公司劳动工资统计在中国铁路工程总公司统计年报评比中再获专业组第一名。并获得洛阳市劳动和社会保障局、统计局的表彰。

为贯彻《统计法》及《统计法实施细则》,与企划部一起对江浙地区进行了统计执法检查并通报。

(马极洲　白淑坤)

【职业技能鉴定】 职业技能鉴定考核站根据中铁程劳[2004]27号文下达的鉴定计划,全年对28个工种1992人进行了职业技能鉴定,1242人取得职业资格证书,合格率64.3%。高级技师28人参加总公司评审,28人合格;技师119人参加集团公司评审,108人取得技师任职资格。2004年集团公司职业技能考核站完成总公司下达鉴定计划的119%(计划1670人)。总公司对集团公司职业技能考核站本年度给予免检资格。

(乔刚)

财务会计管理

【概况】 中铁隧道集团有限公司财务部(以下简称"财务部")定员20人,现员20人,设部长1人、副部长2人,下设财务科、会计科、成本监察科、资本监管科和机关财务科。

【财务情况】 2004年集团纳入年度会计决算报表合并(汇总)单户77个,其中:经营性单位60个、非经营性单位17个。全集团实现利润6465.40万元，缴纳企业所得税1768.72万元，税后净利润4104.46万元，提取盈余公积410.34万元，公益金410.34万元。分配国有股1253.56万元，集体股396.95万元，未分配利润5661.68万元。

2004年，全集团资产总额51.08亿元，其中流动资产38.94亿元，固定资产净值9.13亿元，负债总额42.21亿元，其中流动负债37.87亿元，所有者权益7.94亿元，少数股东权益9292.78万元。全集团资产负债率82.63%，流动比率1.03，速动比率0.81，净资产收益率5.23%，国有资本保值增值率105.42%。

【清产核资】 根据国资委、中铁工程总公司的要求，以2003年12月31日为基准日，组织集团开展清产核资工作。根据《中铁隧道集团清产核资工作方案》的要求，制定了集团清产核资和资产评估方案，并进行了认真的清查。清产核资结果为：资产净损失5925万元。其中：资产实际净损失2397万元，预计损失3528万元，已上报中国铁路工程总公司。

【财会管理】 从制度上健全和完善资金的上缴和调控办法，制定了《加强资金管理的补充通知》、《关于预收工程款管理有关事项的通知》和《关于报送资金周报的通知》。强化了现款的催缴工作，严格执行现金上缴纪律和指挥部资金代扣代缴职能。全年组织各项收入22140万元，安排现金支出21805万元。

按照工程项目财务管理办法，严格规范项目的财务管理和会计核算，制定集团公司B类工程财务管理会计核算办法，根据集团公司《关于执行(建造合同准则)有关问题的通知》隧财函[2004]204号文件精神，制定了集团公司A、B类项目部上缴工程费用的会计核算办法，进一步规范、明确B类工程会计核算工作及会计报表的编报。理顺集团公司与项目部以及项目部与分包单位(劳务队)的关系。

组织实施了新的企业会计制度。对全体财务人员进行新会计制度的培训，组织了理论探讨，制定了集团关于新旧会计制度转换、执行建造合同准则的财务管理会计核算办法，确保了新制度的转换于四季度实现平稳过渡。

完成2004年度各家银行对集团公司的授信工作，其中：建行综合授信10.6亿元，中行综合授信13.3亿元，交行综合授信10亿元，工行综合授信7.3亿元，商行综合授信5.5亿元，光大综合授信2亿元，合计48.7亿元。至年底，已经办理保函190笔9.13亿元，信贷证明134笔19.1亿元，资金证明150余份，银行查询书200余份，筹资缴纳工程中标保证金42969万元。与中铁十五局互保5亿元、与五局互保4亿元、与七局互保2亿元用于银行保函反担保。2004年累计对子公司提供担保15.64亿元，其中保函担保11.66亿元，借款担保3.98亿元。

【机关财务管理】 严格执行公司下达的经费计划，将经费计划分解到各个部门。报销过程中严格按计划控制支出，按月、季考核各部门经费执行情况，及时反馈给各部门及主管领导。2004年，下达固定资产购置计划为104.9万元，实际完成95.9万元。对购置的资产进行编号、造册、使机关资产做到了账、卡、物相符。及时清理备用金借支，严格按照前账不清后账不借的原则，将备用金降到最低限额。

【会计监督】 组织对华南、华北、西南、西北片区10个单位的日常财务监察及洛阳地区

31个单位的货币资金专项检查,对检查中发现的问题发出检查通报1份,监察整改通知书16份。通过检查,及时发现和纠正下属单位存在的问题和不足,规范了会计基础工作、加强了企业财务管理。

【成本管理】 严格执行"工程项目亏损预警反映管理办法"。3月份,启动责任成本亏损预警机制,赴四处有限公司调查黄延项目的亏损情况,并撰写调查报告及相关批复;3至4月份,赴三处有限公司核实其2003年度盈亏情况,并撰写调查报告及相关批复;5月份参与集团公司联合调查组,赴四处有限公司黄延工地再次调查项目亏损情况,撰写、提交调查报告。

为贯彻集团公司董事会、监事会有关决定,集团公司成立执法效益检查组,财务部牵头于9月11日至11月2日对集团的4个子公司、2个分公司,以及截至2004年上半年亏损金额较大的9个项目、15个工区进行了检查,检查内容主要包括:核实项目盈亏金额,检查责任成本开展状况,调查设备物资管理现状,检查合同签订及执行情况,检查财经纪律、规章制度执行情况等,希望通过系统的检查和调研,对集团目前项目管理,特别是项目成本管理的现状能有一个比较清楚的认识。

【财会队伍建设】 加强财会人员的继续教育和知识更新培训,鼓励广大财务人员学专业知识、上技术等级、考资格证书、达一专多能。配合洛阳市财政局换发洛阳地区及各项目部、指挥部财务人员的从业资格证书,共换发145人;组织集团财务人员参加了中铁工程总公司举办的新制度培训班共15期,培训人员达400多人次,组织6名高级会计人员参加河南省财政厅分别在厦门和郑州举办的高级会计人员继续教育培训班;组织全国会计资格考试报名和办证工作。2004年,全集团通过高级职称评审5人、中级资格考试27人,通过初级资格考试21人。组织人员参加了洛阳市财政局、洛阳市财会学会《企业会计制度》知识竞赛,荣获团体优秀奖和优秀组织奖,个人特等奖1名,个人一等奖1名,个人优秀奖1名。

向总公司财会学会呈报了科研课题《施工企业在利用外国政府贷款采购大型进口设备过程中若干问题的探讨》,组织专人进行了研究和探讨,该科研成果已上报总公司财会学会;鼓励广大财务人员撰写论文,全年收到论文8篇,经初审向总公司推荐4篇,发表3篇。

【资金调度中心】 集团公司机关附属单位资金中心定员4人,现员4人。2004年,资金中心收入资金96125万元,支付资金95435万元,为集团内部23个单位办理贷款业务47笔,贷款金额31396万元;为9个单位办理续贷业务17笔,续贷金额8164万元。全年共收回贷款16797万元,收回贷款利息774万元。贷款余额由年初的18604万元,增加到年末的37203万元。全年为53个单位管理住房公积金,收入530万元,职工购房支出267万元,住房公积金余额已达2100万元。2004年,资金中心在履行好资金调度职能的同时,实现利润509万元。

(张东)

设备物资管理

【概况】 中铁隧道集团有限公司设备物资部(以下简称"设物部")主要负责中铁隧集团机械设备的招标采购、使用、保养、大修、更新改造与报废、物资的采购、供应等综合管理工作,同时负责集团公司设备物资两大系统的现场管理工作。

2004年,设物部定员12人,年末现员8人,下设机械管理科、技术科、物资管理科,每科定员3人。至年末机械管理科缺1人、技术科缺1人。

(韩亚丽)

【基础管理工作】 颁布了《机械设备管理规则》和《物资管理规则》,修改了《物资供应办法》,策划建立了设备和物资管理检查标准;坚持对重、难点和TBM、盾构施工工程的设备运行情况周报、主要施工设备配置表和物资供应、消耗、节超及监督检查季报的收集、统计和分析。加大对TBM、盾构现场管理的力度,协助完成辽宁大伙房工程TBM和广州地铁小新项目小松盾构的制造和组装;组织了武汉长江隧道工程的盾构招标采购工作;对7个盾构、TBM工程提供技术支持和管理服务,对部分重大项目的物资招标采购工作进行了监督。通过调研、收集相关资料,积极探索降低项目材料成本的途径;对90%以上A类项目的设备和物资的质量、环境和职业健康安全情况进行了检查,使工地设备和物资管理工作持续规范和有序。

(张晓力)

【设备组资】 2004年,中隧集团完成新购设备组资395台,原值23550.23万元,总功率32965.2千瓦。其中股份有限公司96台,原值6318.59万元,总功率9872.1千瓦;二处有限公司90台,原值1039.02万元,总功率6293.4千瓦;三处有限公司82台,原值1275.11万元,总功率6081.7千瓦;四处有限公司14台,原值157.81万元,总功率383千瓦;第一工程处72台,原值1660.60万元,总功率4761.5千瓦;北京分公司9台,原值132.94万元,总功率709.5千瓦;杭州分公司11台,原值248.3万元,总功率1023千瓦;专用设备中心5台,原值12170.34万元,总功率2097千瓦;其它16台,价值547.52万元,总功率1744千瓦。

(秦玉萍)

【设备报废】 2004年,中隧集团报废机械设备229台,价值3144.00万元,与上年相比所占资产比重4.08%。其中股份有限公司29台,价值381.52万元,占资产比重1.87%;二处有限公司45台,价值242.63万元,占资产比重1.99%;三处有限公司81台,价值1188.06万元,占资产比重12.98%;四处有限公司18台,价值238.94万元,占资产比重4.82%;第一工程处29台,价值624.20万元,占资产比重12.91%;北京分公司14台,价值148.89万元,占资产比重4.54%;专用设备中心5台,价值104.86万元,占资产比重0.56%;集团其它各单位8台,价值214.56万元。

(秦玉萍)

【设备修造】 2004年,中隧集团设备大修理计划下达合计142自然台,折合277.2标准台,计划费用约1696.6万元。全年共完成主要设备大修124自然台,完成计划的87.32%,折合243.8标准台,完成计划的88%,实际完成费用1241.9万元,占计划的73.2%。

全年机械设备制造计划产值9545万元,完成产值11993万元,占计划的125.65%。

(刘东亮)

【物资供应】 年完成供应钢材180683吨,其中:物资供应中心供应58862吨(含甲供),占总供应量的32.5%;各子、分公司物资部门供应121821吨(含甲供),占67.5%。供应水泥950176吨,其中:物资供应中心供应202346吨(含甲供),占总供应量的21.3%;

各子、分公司物资部门供应747830吨(含甲供),占78.7%。全年物资供应总金额为184755万元,其中:物资供应中心供应总金额42329万元(含甲供),占供应总金额的22.9%;各子、分公司物资部门供应总金额142426万元(含甲供),占77.1%。全年物资消耗总额为164972万元,占施工营业额的33.3%。

(乔兰芬)

【清仓降储】 2004年底,全集团物资库存21823项、总金额6520.6万元,比上年同期增加1608.88万元。其中:金属材料3209.7万元(数量7279.7吨)、非金属材料1698.5万元、机电产品516.4万元、其它材料1095.97万元。多余积压物资338.04万元,比上年同期增加50.89万元;盈亏9.37万元;损、贬、锈、废53.67万元。

全集团物资库存6520.6万元,占全年施工营业额的1.32%。股份公司库存639.67万元%;二处有限公司库存2262.9万元;三处有限公司库存1681.9万元;四处有限公司库存373.78万元;北京分公司库存458.06万元;物资供应中心库存42.9万元。

(胡长河)

【能源消耗】 年能源消耗约88340.71吨标准煤。其中生产能源消耗是61954.7吨标煤,占总消耗的70.1%;生活能源消耗为26386吨标准煤,占总消耗的29.9%;单位能耗0.18吨标准煤/万元,比去年上升了0.01吨标煤/万元。

(张晓力)

【技术业务培训】 举办了两期设备、物资管理培训班,培训91人;为北京地铁05、06、07标、常张10标项目部进行现场物资管理培训47人;担任支部书记和团干部培训班的设备物资管理内容的授课任务;组织邀请了中联重科、三一重工集团相关专家22人,进行高速公路路基及路面施工技术及设备配套技术讲座和技术交流。组织部内员工培训6次。

(张晓力)

安全质量管理

【概况】 中铁隧道集团有限公司安全质量管理处(以下简称“安质处”)是集团公司安全质量管理的职能部门。2004年,集团公司严格执行国家安全生产有关法律、法规的规定,以“完善培训教育,强化系统管理,细化落实责任,控制重点难点,追究管理责任,规范作业标准”为管理思路,严格监督检查,狠抓施工过程控制,强化和落实系统管理,不断完善规章制度和作业标准,实现了集团生产安全和工程质量年度管理目标。

安质处下设安管科和质管科。至年末,现员6人。

【安全质量指标完成情况】

安全生产指标 集团全年无员工责任死亡事故发生;重伤事故2起,重伤2人,重伤率0.14‰,低于中铁工程总公司规定的0.5‰控制指标;轻伤事故4起,轻伤4人,负伤率0.43‰,低于总公司规定的10‰控制指标。杜绝重特大、多人伤亡事故,交通特大事故,重大火灾、锅炉压力容器爆炸。

工程质量指标 竣工交验单位工程188件,一次验收合格率100%,优良率98.9%。竣工交验房建工程8件,共102678.23平方米,验收合格率100%(按照新“验标”规定房建工程今后已不评“优良等级”)。杜绝了重大质量事故。

【安全质量监督检查】 2004年，集团公司组织了两次安全质量大检查，上半年检查在建工程项目53个，下半年检查在建工程项目34个工程项目。主要针对安全质量过程控制和技术管理进行了强化落实工作，对隐患整改情况认真进行了跟踪检查和验证。通过检查，及时发现了现场存在的安全质量问题及隐患，并初步掌握了施工项目在安质基础管理、事故预防等方面管理现状，对检查发现的问题实行定人、定措施、定时间进行整改，并进行了检查通报。

按照集团公司统一安排，安质处先后派员到圆梁山、溪洛渡、宜万铁路、上海地铁、北京地铁、常张、黄延、户洋、乌鞘岭、徽杭10个施工现场及重点项目，对项目的安全质量工作进行了现场指导、检查、服务，适时解决现场存在的安全质量问题。

铁路工程质量专项检查 为认真汲取兄弟单位工程质量事故教训，对集团范围内的在建铁路工程认真组织开展了质量“彻查彻改”工作。在宜万、圆梁山、乌鞘岭、青藏等铁路工程中，严格认真地开展了工程质量“彻查彻改”，对发现问题、通病都提出明确要求，要求认真全面整改。同时，与经营合同部合作，对由集团公司已交验的株六、内昆、神延、西康等铁路工程进行质量回访，对回访中了解到的情况及时做认真处理。并认真贯彻铁道部建设工程质量工作会议精神，下发了《关于进一步加强铁路工程施工质量的通知》，对铁路工程的施工质量作了一些硬性规定，提出了可行的强制措施。

【工程质量创优】 组织召开了集团优质工程评审会，评选出16项集团优质工程。拟制、下发了集团创优规划，规划在建工程项目创国优21项，创省部优60项，创总公司优79项，创集团优99项。收集、整理和上报铁道部(火车头)优质工程申报资料7项，配合铁道部建协，对3项工程进行了火车头优质工程现场复查。同时，上报总公司优质工程8项，现场复查4项。申报国优1项、第四届詹天佑土木工程大奖2项，广州地铁二号线越秀公园站—三元里工程获第四届詹天佑土木工程大奖。

渝黔高速公路雷崇段项目的“降低喷砼的回弹率”QC小组获全国工程建设优秀质量管理小组。获铁道部优秀QC成果10项。

【安全质量活动及业务培训】

开展安全质量达标活动 安质处以开展“安全生产月”“质量月”“安全质量标准工地”等活动为载体，通过多种方式宣传安全质量法律法规，同时要求员工树立“关爱生命”“工程质量零缺陷”等安全与质量观。在活动中，认真组织学习和宣传《安全生产法》、《产品质量法》、《建设工程质量管理条例》及施工规范等相关法律法规、规范标准。同时要求各单位广泛开展以“制止违规操作、减少质量通病”为主要内容的自查自纠活动，落实安全质量职责，提高工程质量。

加大安全培训教育工作力度 安质处组织举办了1期“专职安全员培训班”，聘请外地高校和本市专家授课，受培64人。组织了集团公司三类人员(主要领导、项目负责人、专职安全管理人员)54人，参加了政府建设主管单位安全培训，并全部考核、考试合格。同时，组织人员编写了《项目经理安全管理常识》《项目安全员管理常识》对项目经理、项目总工和现场的安全质量管理人员进行了安全质量管理常识的培训。据统计，2004年全集团通过联合办班、委外培训、以会代训、知识座谈等形式，以安全审核员、安全基础知识、专业技能知识、岗前培训、法律法规、特种作业、既有铁路施工、地铁施工、应急抢险等为主要内容的各类安全生产培训，共计4683人次。

【安全质量技术管理及专项整治】 集团公司针对在建工程施工安全特点，开展了安全技术、安全标准化管理工作，先后公布实施了《建筑施工安全检查标准》、《安全技术操作规程》和《安全生产投入管理办法》等，并逐步加紧指导和督促现场落实。

突出抓好安全质量专项整治工作。集团公司先后公布实施了集团《安全管理责任追究制度》、《生产安全事故责任追究办法》、《安全管理机构和人员设置规定》、《安全生产管理办法》(修订稿)等一系列专项安全管理规定，集团公司各系统责任部门还对这些工作的落实情况及时进行跟踪了解，并在安全质量检查中进行检查和指导。在安全生产事件应急处理工作方面，制定了《突发性事件应急处理工作制度》和《安全质量事故责任追究制度》，明确了生产安全事故处理的工作时间、等级、类别、责任等内容，并严格实施。

【安全生产获奖项目】

1.2004 年 12 月，集团公司广西平乐至钟山高速公路第 10 合同段、兰武铁路复线乌鞘岭隧道、南京地铁二号线向兴路站、渝怀铁路 23 标圆梁山隧道、上海轨道交通 6 号线 15A 标 5 个项目，被评为“2004 年度中国铁路工程总公司安全标准工地”。

2.2004 年 12 月，集团公司南京地铁二号线向兴路站，被江苏省建设厅、江苏省建筑工程管理局、江苏省建设工会工作委员会授予“2004 年度江苏省建筑施工文明工地”。

3.2004 年 11 月，集团公司上海轨道交通 6 号线 15A 标，获得上海市安监站颁发的“安全标准化工地”奖牌；11 月 30 日，该项目被上海市重大工程办公室、市政工程安监站、市政工程质检站评为“上海市文明工地”及“重大工程文明工地”称号。

4.2004 年 12 月，股份公司上海轨道交通二号线西延伸二标获得上海市政工程安监站、公路工程安监站颁发的“安全标准化管理达标工地”奖牌；被上海市建设和管理委员会评为“2004 年度上海市文明工地”。

5.集团公司承建的广州地铁三号线大—汉区间盾构工程，获得广州市建设管理委员会授予的“2004 年度广州市安全文明施工样板工地”称号。

其他

集团公司于 2004 年 5 月取得了国际认可的职业健康安全管理体系 GB/T28001－2001 认可证书。

（雷宏亮　邢志伟）

多种经营管理

【概况】 2004 年，中铁隧道集团有限公司多经开发部(以下简称“多经部”)坚持“依托主业、滚动发展、规范操作、规避风险”的指导方针，利用集团“四位一体”的优势，坚持走依托主业发展多经的路子，多经各项指标均创历史新高。全年完成营业额、新签合同额双双突破 13 亿元，实现利润 336.1 万元。至年底，全集团有多经网点 66 个，涉及物资、工业、商业、服务等多种行业，从业人员 2889 人。

至年末，多经部定员 4 人，现员 2 人。

【网点分布情况】 物资供应网点 18 个，员工 622 人，完成营业额 10.0209 亿元，主要企业有：集团公司物质供应中心及各子公司物供中心。工业类网点 16 个，员工 786 人，完成营业额 1.3737 亿元，主要企业有：强力机械有限公司、汤姆洛克洛阳机械有限公司、洛阳建材有限公司、上海混凝土有限公司、深圳鹏捷利集装箱储运有限公司等。后勤服务业网点 11 个，员工 360 人，完成营业额

1825万元，主要服务点有：洛阳综合服务楼、各物业公司、各子公司生活服务公司等。文教卫生类网点7个，员工358人，完成营业额1798万元，主要单位有：职工大学、各中小学校、各医院。其它网点14个（指科技服务咨询、设计、机械设备租赁、交通运输等），员工763人，完成营业额1.5325亿元。

【多经项目开发】

1. 帮助引导上海中隧集团物业管理有限公司逐步走入市场。上海中隧集团物业管理有限公司成立于2002年8月。为发挥小区房屋的地理优势，集团公司先后注入资金对住宅楼屋面渗漏进行了维修和临街房改造装修。2004年，该公司门面房及两层办公楼已全部出租，年创收50余万元。

2. 解决了“百万庄”房产的历史遗留问题。南宁“百万庄”房产，是集团公司汕头问题处理后，又一重大历史遗留问题。2004年，多经部按要求完成了百万庄房产的产权界定和接收工作，对百万庄的物业管理、房屋出售市场进行了调研。集团公司已委托四处有限公司负责房屋的出售工作。

【多经管理】 2004年，为加强多经基础性工作建设，多经部进一步规范多经统计业务，建立多经项目季度经营情况分析制度。制度要求多经项目要从季度报表着手，对生产经营及效益情况进行分析，并与基层单位研讨在工作中出现的问题。该制度的建立，使多经部对集团多经工作心中有数，实现了对多经项目的动态管理。

2004年，为使广大员工了解多种经营情况以及多经单位间的相互交流，多经部编发了集团《多经简报》。该简报每季度一期，主要反映集团多种经营企业生产经营情况，刊登本单位多经管理开发的先进经验及多经系统的有关信息。简报的刊发，改变了基层单位封闭管理的模式，成为基层单位交流沟通的桥梁。

【主辅分离工作】 为贯彻落实国家有关主辅分离精神，推进集团主辅分离辅业改制分流安置富余人员工作的开展，集团公司于2004年2月成立主辅分离项目部，主辅分离工作正式启动。

项目部结合集团公司的实际情况，主要抓了以下工作：一是加强宣传，提高认识。项目部编制了主辅分离政策宣传问答，通过《隧道工人》报在全集团进行宣传，并通过局域网在集团内发布。为加大宣传力度，编写了“主辅分离相关政策与实践操作”的宣讲提纲，由集团公司主管领导带队到所属单位进行宣讲。二是制定洛阳地区分离单位的改制分离方案。项目部通过走访、召开座谈会等形式，了解各分离单位对主辅分离辅业改制工作的意见和建议，并结合集团公司的实际，编写了洛阳地区分离单位的改制方案。征求机关有关部门意见后报领导小组。三是根据各子公司上报的方案，结合集团的实际，编制了《中铁隧道集团主辅分离辅业改制分流总体方案》上报总公司。

（谢新宝）

行政综合管理

【概况】 2004年，中铁隧道集团有限公司办公室（以下简称“公司办”）工作紧紧围绕企业生产经营中心，发挥参谋、协调、服务和管理作用，并主动适应新形势，狠抓网络化办公，推动集团信息化建设。公司办下设秘书一科、二科、三科，档案科，以及信息中心、汽车所两个附属单位。定员41人，现员38人，其中主任、副主任各1人，秘书一科2人、二

科5人、三科6人，档案科3人，信息中心10人，汽车所10人。（杜潮继）

【秘书工作】 全年共审核公文535份，起草、整理领导讲话15份，编发《会议纪要》28个、《信息反映》69期、《工作动态》4期、《季度政务工作安排和总结》4期、贺电18份。均做到认真推敲、严格把关，保证了行文质量和效果。牵头完成了《2003年度企业基础材料》填报工作，确保了填报标准和质量。全年召开工作会议、经营例会、计划会议、集团理事会议、安全质量会议、科技大会、财务会议等大型会议9个，召开总经理办公会4次、专题会12次、政务会11次、经营生产交班会31次，公司办均按照要求认真完成了各项会务工作。按照公司办督查催办工作制度要求，全年共完成督查催办工作356项，确保了重要工作的执行效率和落实质量。

【文书工作】 全年共发文件443个（其中集团公司文件105个，函文279个，办公室文件59个），接收来文、来电2429份。油印、装订文件资料224479份，收发传真5355份，复印107284份，刻制发放A、B类项目经理部印章103枚，均未出现差错。积极配合经营投标和合同签订，全年共出差65次为有关单位和项目提供印章服务，保证了工作需要。

【网络化办公】 为确保在集团内全面推行网络化办公总体目标的实现，公司办在充分调研和深入研究的基础上，先后下发了《关于开通集团公司网络办公系统有关事项的通知》、《关于确保7月1日实现无纸化办公有关事宜的通知》，确定了一系列阶段性目标，并对实现每一阶段目标的相关工作进行了缜密筹划。为使机关人员能够尽快适应网络化办公，经认真组织筹备，密切结合实际举办了由机关各部门网管员和文书参加的网络化办公培训班。在此基础上，通过召开由各部门骨干参加的网络化办公座谈会及专题讲座向机关全体人员讲解网络化办公的基本要点，并编写操作说明书广泛散发。将集团公司管理文件汇编电子文档与网络化办公查阅系统捆绑，做到了新旧文件查询的无缝对接。先后实现了集团公司平台与工程总公司平台、一处平台、三处平台的互信互通和对内部各专业网站的集成，推动了全集团网络化办公总体水平的提高。同时对网络化办公平台及时进行适用维护，对机关各部门纳入网络化办公的170多台电脑，逐一进行硬件排查、维护和防病毒检查，确保了网络化办公工作的顺利展开。

（杜潮继）

【接待和服务工作】 全年共接待来宾217批905人次，参与大型会议接待10批900余人次，接待来机关办事人员6872人次，均做到了热情、周到、有礼、文明，发挥了窗口作用。共接送公司领导325次，为公司领导日常报销266次，为公司领导、来宾、部门及各类会议代订火车（飞机）票621张，代办边防证12张、进京证8张。参与各类会务性服务81次。

【信访工作】 全年共受理群众来信44封，受理来访46人次，其中集体来访7起53人次，了结率95%，未发生因矛盾激化而到上级部门及地方政府上访事件。特别是对中原物流中心项目四处包工队集体上访、对二处内昆、株六线包工队工程款拖欠问题以及对卢国建遗留案件的处理中，公司办以稳定大局为重，密切关注动态，加强信息沟通，积极努力协调，较好地促进了问题的妥善解决。

（董宽民）

【收发工作】 全年共分发报刊、杂志309765

份，分发信件和转发文件、资料 46650 件，邮寄信件、车递、特快专递 26840 件，托运物品 140 件，为洛阳地区各单位及个人订阅报刊杂志 593 种 1189 份，均做到了准确及时，无差错。 （陈万金）

【贯标工作】 认真按照文件控制、记录控制、信息交流等程序文件要求，做好一体化管理体系运行各项工作。对新成立的 A 类项目部及时发放管理体系手册及文件 14 套，并提出学习落实的相关要求。履行管理职责，监督、检查机关有关部门对公司办主管的程序文件的执行情况。认真评审文件的有效性，及时发放有效文件清单。通过努力，顺利通过了内部审核，环境、安全体系认证审核及质量体系 2000 版监督审核。

（符世祥）

【档案工作】 为加强对各单位档案工作的指导帮助，提高其管理水平，印发《中铁隧道集团归档文件整理规则》，组织洛阳地区各单位、部门的文档管理人员参加了归档文件整理规则的学习。全年完成洛阳基地科培大楼、宝兰二线、内昆线、南京玄武湖隧道主体 SI 标等工程项目竣工文件归档 414 卷、南宁办事处（南昆指挥部撤消）会计档案 1662 卷（册）。接收整理 2003 年度文书档案 125 卷 2510 份，2002 年度会计档案 602 卷。接收“牛郎河隧道”等实物档案 20 件。为集团经营投标、开发利用提供实物档案（获奖证书）101 件/1335 人次，科技档案 533 卷/387 人次，文书档案 145 卷/279 人次，会计档案 185 卷/60 人次。为集团建造师申报工作提供各类相关文件及证书 78 卷。

（杨胜兰）

【通信工作】 共处理室内外各类故障 605 台次，完成装拆移电话 355 台次。根据电话用户变动情况及时调整用户数据，共调整用户 470 个，代收现金用户电话费 93359.11 元。做好电话、电报服务和 112 故障受理登记工作，共为用户查询电话号码 56872 个，受理故障 603 个，收投电报 264 封。

（李晋红）

【信息化建设】 加强局域网设备的日常管理和维护，对主交换机版本进行了升级，及时处理局域网软硬件故障（含家属区）及更换端口、系统配置 921 次，对 42 户新增用户进行了设备安装。按照总公司要求完成了视频会议、互连互通、建立 VPN 通道等 3 项工作的技术说明及实施计划，协助完成了视频会议系统的方案设计及施工配合工作。完成了《企业参考》等电子杂志的制作，完成挂接 245 期、专题 12 期。及时对大屏幕播出内容进行制作和播放，全年累计播出 407 小时。

（杜潮继）

【车辆管理】 根据车辆状况及施工现场需要，全年新购置指挥车辆 5 台，为施工现场调配车辆 11 台，保养车辆 70 多台次，做到了及时、保质，未出现任何质量问题。全年短途出车 3500 多车次，长途出车 1600 多车次，夜间出车 1200 多车次，累计行车 50 多万公里，做到了行车安全、正点，未发生任何交通事故。根据实际情况及存在问题，对通勤用车、租用社会车辆及机关车辆用油等制定了办法，进一步加强了车辆管理。

（董宽民）

企业事务管理

【概况】 2004 年，中铁隧道集团有限公司企业事务管理处（以下简称“事务处”）紧紧围绕企业生产经营,加强管理,完善制度,做好服务工作,保证生产经营需要。

至年末,定员12人,现员7人。因工作需要有2人助勤。

【房地产管理】 为加强住宅小区的管理,先后制定出台了《中铁隧道集团有限公司员工住房管理办法》和《中铁隧道集团有限公司房改房出售出租暂行规定》。完成房地产产权的转让、出租、抵押及有关产权资料管理等有关管理工作,对所属单位在房地产管理业务方面给予指导。完成洛阳地区职工住房产权证、土地使用证、产权界定卡发放工作。提出北京甜水园、无锡住宅出售意见。完成了基地30号住宅楼分配、出售及房款收缴工作。完成洛阳地区采暖价格调整审定工作。签订物业管理委托协议,明确双方权利和义务,组织有关部门对物业管理服务进行6次检查、服务等级评定。制定物业服务等级评定标准、物业管理业绩考核标准,对物业服务质量监督检查。完成对物业公司对办公大楼及委托合同管理评定工作。严格按照集团公司与物业公司签订的合同规定,组织有关部门于每季度对物业公司所承诺的各项服务进行评比打分,促进物业服务质量的提高。

【基建管理】 完成东干道改造工作,决算工程价款3.1363万元。比投资控制5万元节约投资1.86万元。完成子弟学校大门建设工作,决算工程价款25.24万元。比预算26.05万元节约投资0.81万元。完成30号住宅楼建设工作,并通过市质量检查部门验收,决算工程价款292.9943万元,比投资控制310万元节约投资17.0057万元。编制2004年小型基建项目招标文件,组织招标、议标工作。对无锡培训中心连接桥了解,进行系统管理使该工程年底顺利完工。完成2004年在建项目从投资、质量、安全、工期实施全过程监管。完成2004年洛阳基地小型项目验工计价工作和集团公司统计工作。完成集团公司2004年度大修项目24项,总价125.925万元。审定大修项目方案29项。审核大修项目预算、决算工程量25项。签订大修合同24项。根据市环保要求,投入24.9万元对锅炉脱硫设备进行了改造。完成2004年洛阳地区大修项目施工质量监督、组织工程竣工验收。

【事务管理】 随着集团公司正式进入网络化无纸办公,机关的办公设备也相应加强。根据企划部下达的办公设备购置计划,严格按照采购程序,为机关配置计算机36台,其中笔记本电脑9台,打印机13台,复印机1台,传真机3台,液晶显示器15台,计划投资40.523万元,实际完成39.516万元。结合撤点的一些指挥部办公设备情况,本着“先报废、后更新”、“先调剂,后购置”的原则和有关配置标准,对新成立的指挥部、项目部的办公设备进行了调剂和调拨,集团公司的在用资产得到了充分利用。

审定了北京指挥部、北京地铁四号线第7标段项目部、宜万项目部、广州指挥部、西安指挥部、南京地铁D2－TA01、上海物业公司、武广客运专线标前工作组、公司洛阳地区相关单位办公设备配备、购置意见。完成汇总了2004年集团公司办公设备购置建议计划及2004年办公设备完成情况季报、年报报表工作。

接洽协调了与地方政府有关的社会公益性事务工作。在洛阳市西工区防汛工作中因成绩突出,被评为先进单位。完成了对洛阳市征缴排污费的分摊工作。

做好机关大楼的固定资产、低值易耗品台账管理工作。对各部门调配、报废后的物品及时清理台账,做好动态管理工作。与机关财务配合对各部门在用、新增的物品每季度进行清查，防止集团公司的资产流失。2004年，由事务处事务科经手办理的集团公司机关低值易耗品、印刷品、清洁卫生用品等总计用款12.6660万元，固资修理费2.812万元。（曹杰）

审计工作

【概况】 中铁隧道集团有限公司审计处（以下简称"审计处"）定员6人，年末现员5人，其中，处长1人，科员4人。审计人员中，中级职称4人。

2004年，审计处依照《审计署关于内部审计工作规定》和中国内部审计协会《内部审计基本准则》、《内部审计人员职业道德规范》及10个具体准则，以及中铁工程总公司制定的《审计工作规范》，结合中隧集团的实际，起草了《中铁隧道集团内部审计工作规定》及《中铁隧道集团工程项目审计办法》等9个实施办法。并于2004年5月举办审计业务培训班，组织各下属审计机构人员专门进行研讨，征求修改意见，报集团公司领导审定后于2004年9月8日正式下发执行。这是中隧集团审计系统有史以来最全面系统的一次整章建制工作，完善了对集团内部审计系统的管理，使集团审计工作得到了全面的规范和提升。

全年完成审计项目16项，为年计划的178%，其中财务收支审计6项、经济责任审计4项、工程项目审计2项、小型基建项目审计4项。查处违纪违规金额5118.85万元，其中：虚列收入323.70万元，漏计收入2738.45万元，挤（虚）列成本285.25万元，少列成本588.32万元，无计划购置2.95万元，核减基建投资0.25万元，账外资产6.71万元，不良资产703.69万元，其他469.53万元。全年共查出违纪违规及管理问题54个，下达审计决定49条，提出审计建议13条。

【财务收支审计】 2004年，审计处重点对A类项目部实施了财务收支审计，先后审计了北京地铁五号线05标项目部、北京地铁五号线06标项目部、杭州解放路延伸工程项目部、上海IB标项目部、广州地铁三号线厦大区间项目部、户洋项目部6个单位。查处违纪违规金额1412.05万元，提出审计意见13条，下达审计决定13条。审计发现，提前将未支出的费用列入成本；对应验给施工单位的验工计价不及时，挂列项目部，造成全集团收入不实。审计处在审计决定中都提出了具体的执行办法，并要求限期整改。

【领导干部任期经济责任审计】 2004年，审计处受集团公司人事部委托，先后对4位领导干部实施了经济责任审计，出具审计意见书4份，下达审计决定4份，出具审计评议书4份，查出违纪违规金额1618.62万元，共提出审计意见21条，其中审计决定18条，审计建议6条。重点对领导干部任期内的收入、成本进行了认真的核实，发现有的单位应收账款、备用金过大，存在坏账风险高；有的单位长期投资效益低下，无投资收益。因此审计处对各位领导任期内的不良资产、潜亏等情况给予了认真核实并给予充分披露；还将持续经营中潜在的风险因素进行了披露，对企业领导人任期内的经济责任情况给予了全面、客观、公正的评价。

【工程项目审计】 2004年，审计处对集团公司南友12标、13标工程项目和常张20标工程项目进行了工程项目审计。重点从项目的工期、工程质量安全、工程效益、工程管理4方面进行审计，另外对项目的合同分包管理、物资材料管理进行了审查。审计发现，南友项目部未将三处、四处有限公司项目部的收入 1994.05 万元及时给予分验，挂列在“其他往来”科目中，造成各公司项目部不能真实地反映本单位的财务结果；项目存在分包无合同或合同签订严重滞后；结算过于简单，无工程数量计价清单；对劳务分包和班组劳务承包的材料消耗无限额领用制度等。审计根据规定对违规问题下达了审计决定，并就规范分包和材料管理有针对性地提出了改进建议。

【小型基建项目审计】 按照国家审计署驻郑州特派员办事处的要求，审计处对集团公司洛阳地区小型基建工程进行竣工决算审计。出具了审计意见书，并下达了审计决定书，同时核减投资 0.25 万元。对基建工程实施的竣工决算审计既核定了工程的投资成本，又降低了工程造价。（沈菊花）

公安工作

【概况】 铁路工程公安局第七公安处（以下简称“公安处”）业务上受铁路工程公安局、河南省公安厅双重领导。2004 年，公安处有公安民警 114 人，其中三级警监 1 人、一级警督 7 人、二级警督 6 人、三级警督 11 人、一级警司 21 人、二级警司 30 人、三级警司 23 人、一级警员 7 人、二级警员 8 人。公安处机关定员 15 人，现员 15 人，设办公室（政办合署办公）、综合科（国内安全保卫、法制、计算机信息安全监察）、刑事警察支队（经济犯罪侦查支队合署办公）、治安科（治安管理、消防、工程保卫、警卫）、警务督察队、集团治安综合治理办公室。下辖第一、二、三、四、渝怀铁路公安分处、青藏铁路公安分处、洛湛公安分处 7 个分处和一个直属派出所。

2004 年，公安处以铁路工程公安改进管理体制和全警“大练兵”活动为契机，强化队伍管理，推进正规化建设；进一步夯实基础工作，提高“打、防、控”综合能力；继续开展与“法轮功”邪教组织的斗争，全力维护国家安全；大力加强施工现场治安管理，开展了“整治工地治安，开展破案战役”等一系列卓有成效的专项行动，严厉打击盗窃铁路施工器材等刑事犯罪活动，确保了重点工程建设项目的顺利进行；积极开展“不安定因素”的收集调查，努力做好企业内部稳定工作；加强民用爆炸物品安全管理和消防监督检查；为企业的改革与发展提供了良好的治安环境。

【立破案情况】 全年共受理报警案件 1434 起。其中立刑事案件 121 起，破案 48 起，抓获犯罪嫌疑人 54 名，缴获赃款赃物折合人民币 74.101 万元。共受理各类治安案件 137 起，查处 111 起，处理各类违法人员 208 名。配合企业处理各类经济纠纷 9 起，涉及金额近 1000 余万元。配合企业处理劳务纠纷 21 件，涉及人员 2100 多人次，为企业避免直接经济损失近 250 余万元。

【国内安全保卫】 2004 年国内安全保卫工作坚持以维护政治稳定为中心、以防破坏、防渗透、防恐怖为重点，以保证企业改革、经营生产安全为目标，管内未发生危害国家安全的案件和影响企业内部稳定的重大事件。

确保中央“两会”安全 为贯彻落实铁道部公安局“2·17”全路公安机关开展安全大检查和做好“两会”安全保卫工作紧急电视电话会议精神，根据工程公安局的统一部署，公安处自 2 月 20 日起在全集团部署开展了以“防火、防爆、防治安灾害事故”为重点的安全大检查。第二公安分处针对管内有驻京工程的实际情况，专门拟定了以北京地铁五号线“05、06 标”高西店驻地为工作重点的“两会”安全保卫方案，确保了“两会”期间管内治安平稳、政治稳定。

敏感时期安全保卫 2004 年 3 月 20 日是陈水扁等人阴谋进行台独和分裂国家统一的公投日。为保证“3·20”敏感期管内的政治稳定，根据工程公安局 3 月 19 日《关于维护当前社会政治稳定的紧急通知》的要求，公安处部署统一行动：一是做好“三外”人员的调查和登记。以台胞亲属为重点，特别对回乡探亲访友及来集团公司的台湾同胞和境外来客了进行登记，防止敌特分子借探亲为名实施破坏活动。二是了解员工对台湾“3·20”公投的反响，掌握其思想状况，防止敌对分子借机进行煽动和闹事。三是全警动员，进入临战状态，取消一切休假，实行全员备勤。四是公安处机关成立了由 9 名干警组成的两个处置“3·20”突发事件应急小组，做好处置突发事件的准备。五是加强对“法轮功”人员的控制，进行动态管理，对重点人员实行一对一的防控，落实责任包保制。六是加强宣传教育和安全防范工作。各级公安机关结合管内实际均确定了各自的工作重点。第一公安分处以新乡国家“863”计划中隧集团盾构机科研基地为重点，派出警力加强安全保卫工作；第二公安分处对工程中的重点部位、要害处所采取了严密的防范措施，杜绝破坏案件的发生；第三公安分处针对管内的台胞亲属进行了家访，既对他们表示了关心又了解了他们的思想反映。工作中，全体参战民警严守纪律、听从指挥、高度警惕、坚守岗位，圆满完成任务。

不安定因素调查排处 随着企业改革和主辅分离工作的深入，涉及个人利益而引发的矛盾纠纷日益增多。为保证企业改革的顺利进行和管内的政治稳定，公安处加强了有关信息的收集，做好调查分析，并积极配合党政部门及信访部门及时化解矛盾，全力做好内部稳定工作。

全年共收集情报信息 31 条（其中政情 1 条、社情 28 条，法轮功信息 2 条）；集团公司接待上访 63 起，187 人（其中集体上访 6 起，122 人；个人来访 57 起，65 人）。对获取的信息，在做好防范控制的同时，及时向有关部门进行通报，并积极配合有关部门进行教育疏导工作。

打击“法轮功”顽固分子 2004 年 4 月 30 日，设计院家属区发现“法轮功”传单。接报后，公安处连夜组织召开会议，研究案情，制定工作方针，安排布控措施，参战民警奋战 7 昼夜，5 月 8 日抓获犯罪嫌疑人。

【重点工程保卫】 8 月份，党和国家领导人先后对青藏铁路的安全做出了重要批示，要求确保青藏铁路建设期间的安全。为此，公安处一是调整警力，选拔得力民警到青藏铁路公安分处工作。二是建立统一指挥、统一行动的领导组织。公安处成立了以主要领导和业务部门负责人为成员的青藏铁路建设 23 标段安全保卫领导小组；制定了以防破坏和恐怖袭击为主的工作预案。三是建立了专线通话制度。公安处每周五与青藏铁路公安分处电话联系。四是强化路内联防和路地联防机制。五是将劳务工纳入动态管理机制之中，随时掌握其增减情况和思想动态。六是及时预防和调处包工队内部发生的欠民工费用的劳务纠纷。先后清退回族民工 300 余人，清退四川、甘肃、青海等地民工 900 余人，未发生任何问题。解决包工头欠发民工费用劳务纠纷 3 起，涉及金额达 300 余万元。青藏公安分处两次受到铁道部青藏铁路总指挥部通报表扬。

加强对城陵矶、乌鞘岭、北京地铁、大伙房、重庆过江隧道等重点工程的施工治安环境调查，建立要害保卫档案，健全和落实各项安全保卫制度，采取有力措施做好“防破坏、防治安灾害事故”工作，确保工程建设期间的绝对安全。4月份,公安处派专人到股份公司制造公司对TBM和盾构机的组装进行调研,针对企业的商业机密制定了该公司的保卫方案,重点对公司的保密措施进行了修订,保证了TBM、盾构机组装、调试工作的安全顺利进行。

【刑事侦查】 贯彻落实铁路工程公安局《关于部署“整治工地治安,开展破案战役”专项行动的通知》(铁程公通[2004]59号),公安处成立领导小组,深入一线,开展了以整治渝怀线、青藏线、宜万线、乌鞘岭等重点工程施工现场秩序为重点的“整治工地治安,开展破案战役”专项行动。行动中,大力整顿爆炸物品管理秩序,严格民工队伍管理,取缔非法收购施工器材网点,侦破了一批大要案,打掉了一批犯罪团伙,使公安处辖区工地治安秩序明显好转。

2004年5月27日凌晨3时许,青藏铁路23标段三工区路基工程工地发生一起特大盗窃案,价值2万余元的施工物资被盗。青藏公安分处接到报案后,迅速组织警力开展侦查,奋战10小时将涉案的4名犯罪嫌疑人全部抓获,并缴获全部被盗物品。除此之外,公安处办理经济案件2起,追回赃款60余万元。

【爆炸物品安全管理】 2004年,公安处下发了《关于进一步加强民用爆炸物品安全管理的通知》,要求做好民用爆炸物品的购买、运输、储存、领发、使用、清退等各环节的工作,督促新上工点涉爆单位建立、健全各项安全防范措施和管理制度,监督收尾工程严格按照规定清退剩余的火工品。一线民警要严格按照公安部和国防科工委关于对雷管施行编码打号管理的规定,督促各涉爆单位建立、健全编码管理制度和措施。对检查中凡发现无编号雷管的必须依法给予严厉处罚。全年开展爆炸物品安全检查57次,查出各类安全隐患129处,整改132处,查处涉爆案件1起,处理违法人员1人,没收导爆管500米。

【处置和预防群体性治安事件】 全年管内共发生各类“企地纠纷”73起,出动民警164人次。其中引发为群体性治安事件的7起,参与人数达1147人,42人受轻伤,直接经济损失185.8万元。事件处置过程中,广大民警顾全大局,依靠当地政府,积极稳妥地进行调查处理,防止了事态的扩大化。另外,还协助基层工地处置包工头欠民工工资事件70余件。

【消防监督】 各级公安机关认真履行消防监督职能,依照“消防法”的规定,积极主动地配合企业狠抓防火工作。一是重新调整企业防火委员会;二是把企业安全防火责任制纳入治安综合治理和企业项目管理规定程序;三是把防火重点放在施工现场;四是加强义务消防队等群众性消防组织建设,认真做好群众性防火宣传和检查;五是严格落实各项制度和措施,对查出的隐患坚决督促整改;六是企业所属各单位普遍制定了火灾事故扑救紧急预案,并组织演练,公安处参加了集团公司《火灾事故扑救紧急预案编制作业指导书》的撰写。2004年,全处各级公安机关共进行防火检查52次,查出各类火险恶隐患87处,整改83处,有效地防止了各类火灾事故的发生。

【警务督察】 认真开展警车管理使用专项整顿。根据铁路工程公安局“5·17”成都会议精神,5月21日,集团公司成立了以集团公司总经理为组长,公安处处长、政委及集团公司有关部门组成“警车管理使用整顿”领导小组。对全集团警车管理使用整顿工作进行了全面部署。规定各单位要严格落实警车由民警驾驶的规定,否则警车一律停用。警车驾驶员要严格执行《中华人民共和国道路交通管理条例》和公安部《警车管理规定》。

继续抓好公安部“五条禁令”和工程公安局“十四条禁规”的贯彻落实,公安处督察部门定期或不定期的对各单位“五条禁令”和“十四条禁规”的执行情况实施督察,做到“有报必查,查清必办,办必从严”,有效避免了民警涉及“枪、酒、车、赌”等问题的发生。全年共涉及督察事件5起,对本单位有关责任人进行了调查处理,对非本单位的单位和个人提出了督察建议。

【“大练兵”活动】 在接到铁道公安局、铁路工程公安局“大练兵”实施方案后,公安处迅速拟定了“第七公安处大练兵实施方案”下发各公安分处。按照“干什么、练什么,缺什么、补什么”的原则,制定了“第七公安处大练兵实施方案”和年度将全员“培训计划”,集团公司投入5.5万余元用于购置训练设施和学习资料。年内共举办民警大练兵训练班4期,并全部通过了公安部计算机网上考试。11月,公安处又开展了全处刑警“大练兵”活动。主要内容包括:抓捕战术、警务实战、体能训练、执法基础知识、勘查现场等。参加练兵的刑警队员通过近1个月的学习训练活动,在执法能力和查缉战术方面都得到了一次有效的锤炼,综合素质普遍得到提升。

【公安队伍建设】 铁路工程公安系统改进管理办法工作正式运作后,公安处根据工程总公司和铁路工程公安局的有关文件精神,坚持政治建警、科技强警,教育民警打牢“立警为公、执法为民”的思想意识,认真开展了各项改进工作。

党组织设置 根据铁路工程总公司党委、总公司《转发公安部第十局关于改进铁路工程、铁道建筑公安机关管理办法的通知》(中铁程党办〔2003〕37号)和工程公安局党组《关于进一步完善铁路工程公安机关领导干部管理体制及有关问题的通知》(铁程公党〔2003〕106号)要求,2004年3月5日,中铁隧道集团公司党委下发了《关于对集团公安系统党组织设置的意见》(隧党组〔2004〕20号)文件,明确规定公安处设党委,公安分处设党组,刑警支队、有条件的派出所设党支部。2004年4月7日,公安处党委根据《隧党组(2004)20号》文件,下发了《关于公安分处党组设置的通知》(公党发〔2004〕3号),并刻制了各公安分处党组的印章。

2004年5月11日,中铁隧道集团公司党委下发了《关于任命第七公安处党委委员纪委委员的通知》(隧党组〔2004〕37号)。公安处党委成员5人,处长任书记,政委任副书记。各公安分处党组也相继成立。

公安处政治处依照隧党干〔2004〕45号文件的原则,制定了《第七公安处公安干部管理实施办法》和《第七公安处民警考核办法》,《第七公安处民警奖励实施办法》,《第七公安处警衔管理实施办法》,细化了具体要求和规定了操作程序,保证了管理工作的科学有序。

“立功创优”活动 以公安部评选“全国十大人民满意警察”活动为契机,公安处广泛、深入地开展了向任长霞、易长庚等先进人物学习的活动,掀起了“立功创优”的新高潮。2004年,全处有2名民警荣立铁路工程公安局三等功、6名民警荣获“大练兵”标兵、3名民警分别被集团公司和公安处评为先进工作者。 (白洪波)

【治安综合治理】 2004年,集团领导与所属单位党政领导签订治安综合治理目标管理责任书12份。全集团母子公司两级有综治委员会8个，成员104人；基层领导小组165个，成员970人；治保会151个、调解组138个、帮教小组143个、义务消防队169个、治安联防组织87个等群众组织，治安综合治理纳入党委一体化建设之中。年内综治工作取得显著成效，职工犯罪率和职工违法率均低于0.6‰和2‰的综治责任目标要求，杜绝了重大及以上各类事件、事故，杜绝了严重暴力和恶性案件。

全年表彰综治先进单位4个、先进工程现场11个、先进个人41名。

2004年，集团各级党组织旗帜鲜明地同党中央保持一致，坚持开展同“法轮功”邪教分子的斗争。全年公安机关共收缴法轮功宣传品202件，其中光盘45张、磁带14盒、法轮功书籍14本、法轮功传单75张、法轮功宣传小册子44份。集团管内未发生“法轮功”人员进京上访、聚集闹事等非法活动。

2004年5月22日晚9时左右，集团公司文化宫门口发生一起拦路抢劫案件，集团职工大学苏付瑞等同学挺身而出，与持刀歹徒搏斗，搏斗中歹徒向苏付瑞连刺3刀，苏付瑞不顾个人安危，终将歹徒制服。事件发生后，《洛阳日报》等媒体作了宣传报道。市委市政府和集团公司领导专门到医院进行了慰问。集团公司党政工团6月初联合做出决定，授予苏付瑞同学“见义勇为好青年”荣誉称号，还颁发了见义勇为荣誉证书和奖金。同时号召集团各单位要抓住这一典型，广泛宣传，发动广大员工自觉维护治安、弘扬社会正气。

（董玉柱）

法律事务工作

【概况】 2003年，中铁隧道集团有限公司开始试行企业总法律顾问制度，集团公司总会计师席树旗兼任总法律顾问。2004年1月1日成立中铁隧道集团有限公司法律事务部（以下简称“法律部”），定员4人，年末3人。撤销原公司办公室法律事务室。

【案件代理】 2004年，代理诉讼、仲裁案件50起（结案24起），标的额共计7846.63万元，挽回或避免经济损失共计5588.94万元。

【合同管理】 全年共参与谈判、起草及审核合同30份，重点参与武汉过江隧道询标会，起草宁波分公司购买房产合同，审核集团公司与大桥局投资意向书、乌鞘岭中隧集团与中铁五局兰新线兰武段施工分包合同协议条款、集团公司与北京住总集团有限公司之间技术合作合同等。

【法律服务】 共起草、审核企业重要规章制度10份，确保企业规章制度的合法性、合规性。

法律部除利用报纸、网站宣传法律法规外，更多的是与其他部门联合对员工进行面对面的法律知识培训。2004年，先后参与了对集团公司后备团干部基础法律法规培训、设备物资系统人员合同法培训、科管人员知识产权方面的法律法规培训及机关员工法律法规考题讲解。在维护法律、法规与其他要求获取与识别管理程序运转方面，法律部在集团公司内部网站建立了较为全面法律法规数据库。共收集并公布法律法规和其他要求280件。

（法律事务部）

企业文化建设

【概况】 中铁隧道集团有限公司企业文化部（以下简称“文化部”）与集团公司党委宣

传部合署办公，定员 18 人，现员 16 人。

2004 年，集团企业文化工作按照中铁工程总公司的统一部署和安排，按照“三步走”要求，认真编写企业行为识别(BI)手册，大力开展企业理念识别系统(MI)手册的宣传，按照改版后的视觉识别系统(VI)手册全面规范企业形象，抓好 MI、BI、VI 三个环节，构建起集团企业文化基本框架。

【发布集团 MI 手册和新版 VI 手册】 在广泛征集意见的基础上，集团公司文化部对企业理念识别系统(MI)手册进行了系统整理，并对集团视觉识别系统(VI)手册进行改版，并于 2 月 28 日举行了发布仪式。

【发布集团公司 BI 手册】 2004 年，集团公司和各子公司重点进行了行为识别系统(BI)手册的编写。企业文化部在年初就设计出了包括制度规范、职责规范和礼仪规范在内的手册写作大纲，并进行积极的部门协调和编写工作，并于 7 月中旬完成了初稿写作 . 经过 5 次大的修改后，送集团公司领导审定，交付印刷，并进行发布。除集团公司外，股份、二处、三处和四处有限公司也都对本单位的行为识别系统进行了整合，年底前基本完成了各子公司 BI 手册的编写工作。

【项目企业文化建设】 5 月，集团公司党委在黄延项目部召开现场宣传思想工作现场会。会议要求集团各施工单位以项目部驻地和施工现场为重点，严格按照视觉识别系统手册规范，因地制宜设立宣传站和各种彩门、栏、牌宣传设施。会后，各项目立即动手，及时进行制作，有力地传播了企业的良好形象。在突出集团形象宣传的同时，集团公司及时转发中国铁路工程总公司《关于做好统一企业标识工作的通知》和《关于进一步做好施工现场总公司企业标识宣传工作的通知》，按工程总公司要求认真做好“勇于跨越，追求卓越”企业精神的宣传和“中铁工程”标识、旗帜的悬挂，并及时制作 1000 多面工程总公司旗帜发到各单位，初步宣传了“中铁工程”形象和品牌。

(邱建伟)

【影视工作】 2004 年，集团影视工作在重点工程施工影视、图片资料收集、党建网络建设、大型展览展板、企业宣传画册的制作方面取得长足进步。一是制作越—三区间、曾家坪 1 号隧道、城陵矶盾构施工、重庆过江隧道、武汉工程投标和集团“863”计划研发 6 部专题片。二是参加《人民铁道》报社组织的青藏铁路摄影作品展拍摄活动，共拍摄 100 余幅作品装帧后送展。三是派人去青藏铁路、圆梁山、乌鞘岭、大伙房、重庆、杭州、上海、成都、北京等重点工程现场收集影像资料，并积极参加了沈阳地铁技术展览会和上海轨道交通展览会展览。四是印制了集团铁路隧道与桥梁工程、公路隧道与桥梁工程、精良的设备、城市轨道交通和水利电力市政房建工程 5 种宣传折页，并编辑集团公司宣传画册，编辑印制圆梁山工程画册，国家“863”计划盾构研制宣传画册等，为集团党建思想政治工作现场会、第二届科技大会、首届职工篮球赛等活动提供了影像服务和宣传。五是进行 2005 年“三会”4 个影像经验材料的收集、编辑工作。

(谭志松)

【史志工作】 2004 年，史志办立足于记载企业业绩、传播企业信息、服务企业发展，认真履行职责，较好地完成了年鉴编纂、向上级和地方提供有关资料和基层单位志书编修指导工作，被评为中铁工程总公司史志工作先进单位和优秀年鉴。

年鉴首次取得全国统一书号 年鉴编

纂在人员减少的情况下，继续坚持提高编印质量、确保出版时间的工作目标。2003年末就制定了2004版年鉴编纂基本框架和进度安排，并对栏目做出分工，落实责任。6月底，基本完成文字资料的收集和编辑任务，7月底完成了图片资料的收集和编排任务，8、9两个月突击排版校对，10月中旬交付印刷，11月上旬在企业文化年会上发行。

2004版年鉴在编排上主要有两个方面的改进：一是栏目设置体现公司制改造后企业新的结构形式，进一步明确了派出机构、分公司和子公司的划分，以及新组建子公司，并根据改革趋势精简栏目设置，将“党的工作”和“群众团体”两个栏目合并为“党群工作”栏目；二是在强化服务观念，突出生产经营中心的同时，为避免重复，“综述”栏目中“施工生产与主要工程”分目只记述集团公司直管和托管项目，即A类项目和B类项目，子公司管理项目，即Z类项目在“子公司”栏目中记述。经过努力，《中铁隧道集团年鉴》2004版综合质量又上新台阶，取得了中国铁道出版社的正规出版物书号。

做好向上级和地方提供资料工作 主要完成了以下两项任务：一是及时向洛阳年鉴提供集团公司2003年综合资料，并根据领导要求，在洛阳年鉴2004版认刊和提供彩页广告资料；二是按照工程总公司年鉴的大纲要求，提供集团公司2003年有关资料，并在工程总公司首部年鉴出版后，对其记载中铁隧道集团的有关篇章中的重大差错及时提出，引起工程总公司史志办重视，立即采取了补救措施。

指导子、分公司史志工作 子、分公司资料在集团年鉴中占相当大比重，牵涉面广，撰写量大且时间要求紧，但由于机构精简，基层人手少，水平参差不齐，资料收集存在许多困难。为确保年鉴质量和落实编纂出版计划，史志办工作人员立足服务、加强指导，坚持在各子、分公司“三会”之后集中近1个月时间，深入主要施工生产单位，收集资料，现场改稿，既为基层解决了急难，使年鉴资料按时成稿，也面对面地传授了志鉴业务知识。根据工程总公司关于加快处志编修进度的要求，史志办对股份和二、三处有限公司的志书编修加强指导。7月26日至30日，将3个单位的有关人员召集到洛阳，召开处志审稿会。共审阅3个单位的处志稿件130多万字，其中二、三处有限公司志书稿基本通过，股份公司志书稿因整体框架不合理没有通过。至2004年末，勘测设计院有限公司、科研所、二处有限公司、三处有限公司志书已出版。

（董俊保）

社会事业管理

编辑：吕惠聪

社会保险

【养老保险管理】 2004年,全集团员工个人缴纳养老保险费的比例为职工个人上年度工资工资总额的8%;企业缴纳的养老保险比例河南省、北京市为上年职工工资总额的20%,广东省为上年职工工资总额的18%。全年全集团参保人数为15668人,上缴养老保险费8446.31万元。其中企业缴纳6128.67万元,个人缴纳2317.64万元。全集团离退休人员10122人,其中离休人员85人。全年支付养老金10238.36万元,其中支付离休人员养老金173.99万元。

养老金调整 全集团不含企业负担部分离休人员月均养老金为1696元,退休人员月均养老金为835元。2004年养老金的调整情况如下:

河南省离休人员最高调整255元,最低调整87.43元,人均调整145元;退休人员最高调整60元,最低调整40元,人均调整47.63元。广东省离休人员最高调整165.8元,最低调整119.4元,人均调整140.8元;退休人员最高调整107元,最低调整50.58元,人均调整78.2元。北京市离休人员最高调整300元,最低调整220元,人均调整265元;退休人员最高调整102元,最低调整30元,人均调整75元。

【其它保险管理】 2004年,集团各单位对社会保障工作的认识越来越科学,积极参加社会保险统筹,保证、维护了企业利益和员工权益。至年底,全集团有5617人参加当地失业保险统筹,企业缴纳失业保险费117.17万元,个人缴纳失业保险费24.76万元;8759人参加当地工伤保险统筹,企业缴纳工伤保险费136.3万元;4556人参加当地女工生育保险统筹,缴纳女工生育保险费33.62万元,享受生育保险待遇43人;17847人(含退休人员)参加了当地的基本医疗保险统筹及大病救助保险,缴纳基本医疗保险费1952.56万元。

下岗再就业工作 做好企业下岗人员管理及生活费的申报工作,全年申请到中央财政补助590万元,并按要求规范资金的使用,保证财政补助资金的安全运行及下岗人员的基本生活。2004年,集团公司获河南省劳动和社会保障厅养老保险先进单位和河南省残疾人工作的先进单位。

(刘汉伟)

普教与卫生

【概况】 集团公司社会事业管理中心对全集团的4所医院、2所学校实行职能管理,宏观指导。2004年,医院、学校改革不断深化、在困难中谋发展。至年末,4所医院有员工217名,其中管理人员26名,卫生技术人员181名,工勤人员10名。三处有限公司工地小学已撤销。洛阳中小学有教职员工52名,学生698名;学生中有中学生184名,小学生514名。

【医疗指标完成情况】 2004年,4所医院设有病床215张,门诊就医62269人次,其中员工32013人次,地方30256人次。全面健康检查4911人次,单项健康检查166人次。住院1545人次,其中员工742人次,地方803人次;出院1488人次,其中治愈1160人次,好转266人次,死亡24人。

【普教工作】 2004年对学校工作的指导思想是:抓管理、促效益、保安全、谋发展,使学校平稳过渡,积极与地方政府的沟通,做好移交前的准备工作。通过“自主经营、自负盈亏、独立核算”的政策，把谋求发展，打好基础作为工作的重点，搞好教学，不断提高教学质量。通过成功开办特色教育，“福尼斯”英语教学，突出小班教育等工作，取得了良好的社会和经济效益。

【计划生育】 全集团的计划生育工作实行属地化管理，并实行层层签订目标责任书的办法，做到了措施到位，责任到人，确保计划生育各项工作得到落实。全年为集团员工办理生育指标 158 人，出具各种计生证明 364 人次，为 49 岁以下已婚育龄妇女提供两次生殖保健检查，参检人数 1580 人次。全年计划生育率达 100%，晚育率达 100%，独生子女领证率达 96%。集团公司、二处有限公司计划生育工作分别被评为地方政府先进单位。

（赵子敏）

离退休人员管理

【概况】 2004 年末，全集团共有离休干部 85 人，其中抗日战争时期参加革命工作的 15 人，解放战争时期参加革命工作的 70 人，局级和享受局级待遇的 25 人。退休人员 10122 人。

【推进社会化管理】 按照中央《关于积极推进企业退休人员社会化管理服务工作的意见》的通知精神，做好相关工作。一是加强与地方政府有关部门沟通；二是协助他们做一些退休人员社会化管理方面的工作；三是收集退休人员相关的基础资料；四是支持和鼓励退休人员开展自我管理、自我服务活动。全集团各单位相应建立了退休人员基础资料信息库，并进行了一次全面的调查登记，及时掌握离退休人员基本情况，达到了对离退休人员的动态管理。

【落实政治待遇】 协助离退休党支部坚持每月一次的学习制度，组织老同志学习时事政治，传达省市和集团公司有关重要文件；推选离退休老同志代表参加集团公司“两会”会议；9 月份在成都召开了老战士协会五届七次理事会；与有关部门一道做离退休荣转军人的思想政治工作，检查落实有关政策。

【落实生活待遇】 确保人员“两费”的落实，没有拖欠。“双节”前分别在洛阳、成都两个离退休人员较集中的地区组织召开了有集团公司主要领导参加的老干部座谈会；给离休老同志购买大米、食油等生活物品送到他们的家中；对有困难的部分老同志进行了困难补助和走访慰问。平时对身体不好、生活上有困难的离退休老同志定期看望，帮助他们解决实际困难。

【文体活动】 组织离退休人员坚持开展有益于健康的文体活动，做到每天有活动，季度有比赛。“老年节”组织离退休人员参观了洛阳美术馆，洛龙新区建设；组织书画协会积极开展活动，5 月份参加了中南片老年书画展览，其中有 3 幅作品获优秀奖；花卉协会 10 月初开展花卉展评，有 6 人获得了优秀奖，10 人获得了鼓励奖；钓鱼协会积极开展野外垂钓活动，组织了 2 次钓鱼比赛。

（苏英杰）

职工大学

【概况】 中铁隧道集团职工大学（中隧集团党校、职工培训中心、中隧集团中等专业学校、洛阳铁路隧道技工学校)机构设置为:办公室、党委办公室、党校教研室、教务科、学生科、实习工厂。2004年末,职工大学有教职员工48人,其中专兼职教师32人,教辅人员3人,管理人员13人。高级讲师14人,讲师15人,助理讲师3人,高级技师1人,技师3人。全年开办员工培训17个班,培训890人;中专5个班,308人;技工学校9个班,598人;其他10个班,376人。

2004年,中铁隧道集团职工大学(以下简称"职工大学")紧紧围绕"立足企业,面向社会,主动适应,主动服务"的办学方针,以人为本,务实创新,圆满完成集团公司下达的员工岗位培训任务,职工函授学历教育、全日制学历教育和职业技术教育均创历史新高。2004年职工大学(技工学校)被评为总公司职业技术教育先进单位;职工大学领导班子获集团公司"五好班子"荣誉称号;职工大学被评为集团公司综合治理先进单位;被评为洛阳市职业道德建设先进单位;技工学校被河南省劳动厅批准为省(部)级重点技工学校。

【员工岗位培训】 2004年,职工大学承租原建筑处办公大楼,投资38万元配备了7个教室的教学设备(空调、全新课桌椅、灯光等)和多媒体教室;对学员宿舍也进行了改造,安装了空调、闭路电视等配套设施,购建了乒乓球台和阅览室。

为满足集团施工生产对技术培训的需要,组织相关教师到股份公司TBM制造公司参观学习TBM掘进机和盾构技术;委派相关教师到集团公司科研所、设计院、总工办等单位和部门学习施工新技术;邀请中国工程院院士王梦恕到技师班授课。另外,还采用多媒体、实习实作等教学手段,提高培训质量。全年共举办各类员工岗位培训班21期,培训1006人次,其中技师鉴定116人,高级技师鉴定28人。

【成人中专】 中隧集团成人中等专业学校自2002年批准招生以来呈良好发展态势,为保证生源质量,对学员进行了入学考试,年内招收了《土木工程》、《机电工程》两个专业。在洛阳市教委组织的2次统考中,平均成绩均在82分以上。

【技工教育】 为"做大"技工教育,职工大学(技工学校)对集团各子、分公司和社会市场在技术工人的需求方面进行了调查了解,及时调整专业结构与课程设置,2004年开设钳焊工、机电维修工、电子电器3个专业。

加大现场实习力度,缩小教学与实践的差距。年内组织学生到强力公司、专用设备中心进行生产实习,聘请一线具有丰富实践经验的专业技术人员授课,增加学生的感性认识。

【联合办学】 2002年与西南交通大学联合开办的全日制2002级《铁道工程》大专班30名学员(在职员工24人),在完成两年教学任务后,按照联合办学协议,顺利完成该班与西南交大的交接工作,第三学年的教学移至西南交大本部(成都)进行。

2004年10月,职工大学组织参加成招考试,录取2005级《道路与桥梁》函授大专班学员51名。2004年3月,天津物资管理干部学院在职工大学设立教学点,招收2005级《管理工程》大专班,职工大学组织成招考试考前辅导和河南省成招考试,录取正式学员66名。

2002年9月,华东交通大学在职工大学设立教学点,2002级本科班35名学员年内进行了2次面授考试。

【教学管理】 2004年,职工大学采取教师进修、送培、组织教师到施工现场参观学习、论文交流、引进教师等形式，不断提高教师教学水平。职工大学逐步形成了以本科以上学历为主体的专业教师队伍结构。有丰富实作经验的教学辅助人员也被充实到实习教学一线，教师队伍更趋向正规化、合理化。“双师”队伍建设已初见成效，年内有 1 名教师取得了高级技师证书，有 3 名教师通过了技师考试。

教学内容上紧贴施工现场的需求，注重新技术、新工艺、新工法的教学渗透，避免理论与实际脱离。组织有关教师编写了《德育与就业》和《隧道》新教材。

抓住随堂听课、集中检查教案、集中检查作业批改、学生听课情况调查和学生成绩汇总五大环节，加大教学质量检查考核力度。通过考核，多数教师考核分在 90 分以上，有 10 名教师被评为优质课教师，并在教师中组织开展了教学、教案和作业批改等观摩活动。

为不断规范教学考核，年内组织进行了题库建设。题库建设中力求做到与教材改革内容同步，注重能力培养，突出技术教育特点。题库建设使教学规范化、科学化管理迈上一个新台阶。

【学生(学员)管理】 2004 年，职工大学从素质教育入手，对学生进行爱国主义、集体主义、社会主义、社会公德、遵纪守法、“四自”教育、青春期卫生教育等；广泛开展文明宿舍、文明班级评比活动；在学生中开办了文艺、体育等第二课堂活动小组，成立了合唱团、舞蹈队、诗歌朗诵队、篮球队、乒乓球队等。2004 年“申重”评估举办的以“明天更美好”主题文艺晚会博得了省、市专家组及集团公司领导一致好评。

学生管理坚持严管厚爱，制度约束的原则，印制了《学生手册》，并做到人手一册。从培养学生自我教育和自我管理入手，五四青年节举行 18 岁成人宣誓仪式；学年初成立青年文明岗、夜间巡查小组等，增强学生自律意识，培养自我管理能力。节假日和工作之余，领导和教师深入学生中，与之交流谈心，解决实际问题。

【毕业生安置】 职工大学坚持以安置促招生的工作思路，了解集团公司，各子公司、分公司施工单位用人需求，做好中专、技校毕业生的推荐安置工作。年内符合安置条件的技校毕业生有 238 人，除集团外安置 50 人，集团内部共安置 188 人，主要分布在股份有限公司、二处有限公司、三处有限公司，第一工程处和强力公司。成人中专首届 2002 级 106 名毕业生年内已全部安置。

【基础设施建设】 为达到重点技工学校的硬件要求，创办符合集团公司培训要求的一流学校，职工大学年内自筹资金 60 万元(含岗培楼 38 万元)，租用原局综合楼作为女生宿舍楼，建起了机械基础专课教室，扩大汽修车间，新修整了 12 个教室，添置了课桌椅。继续加大校园规划力度，改造了下水管道，硬化了部分路面，更换了篮球架等。集团公司投入 6 万余元，对教学楼、办公楼进行电路改造。

【教学理论及思想政治工作研究】 2004 年，职工大学成立了教育教学思想政治研究会。研究会参照总公司论题，结合学校实际，拟定论题下发，鼓励教师撰写论文。在 8 月 25 日召开的一年一度论文发布会上，有 19 篇论文参加了交流(含思想政治工作论文 6 篇)，8 篇获优秀论文奖。在 2004 年总公司教育理论研讨会上，获一等奖论文 2 篇，三等奖 1 篇。

【党群工作】 坚持中心组学习制度。全年先后组织学习了党的十六届三中全会精神、《政府工作报告》、《职业教育法》、《公民道德建设纲要》、《中共中央国务院关于加强未成年人思想道德建设的意见》、十六届四中全会精神和牛玉儒同志先进事迹等。中心组成员积极撰写理论文章,并进行学习交流。有2篇文章获国家级大奖。

鉴于多层次办学,学生申请入党人数较多的实际,职工大学党委全年举办党的基本知识培训班两期,培训入党申请人和学生骨干100多人次。

关心下一代工作委员会在坚持每周三的"关爱之声"广播的同时,根据学生青春期特点创办了"心语课堂",制订了"安全督导"制,开展了"情感交流日"活动。通过与学生的对话和交流,促进了学生的身心健康和校园内的安定工作。

工会坚持"教育、维权"和"双向维护"的工作方针,围绕"四全"工程,发动师生为学校的生存发展献计献策。组织教职工参加集团公司体协开展的各种体育比赛,并在教职工中组织开展钓鱼比赛、棋牌活动等。

共青团组织在团员青年中开展了创建青年文明岗活动,校园内做文明学生、争做文明班级活动蔚然成风;还在师生中组织开展了《我们是中隧人》、《伟大的国家伟大的党》演唱活动和普通话大赛等。

【英雄群体】 2004年5月22日晚,03级中专班苏付瑞等7名同学送到学校巡视的班主任老师回家。途经集团公司文化宫附近时,班主任老师遭遇抢劫。走在班主任老师前面的苏付瑞、徐喜春、刘高峰、李凯、张宜飞、阎中琴、王文娟立即侧回身,一边高喊"抓贼",一边分两路对劫贼实施包抄。当苏付瑞、徐喜春等同学追到烈士陵园围墙和文化宫之间坡路把劫贼按倒在地的时候,劫贼穷凶极恶地拔出匕首向苏付瑞刺来。在搏斗中,苏付瑞同学胸部和手臂两处受伤。在同学们的协助下,劫贼终于被制服并交给了公安机关。苏付瑞同学被送进中隧集团中心医院抢救,因流血较多,曾一度昏迷。

苏付瑞等同学见义勇为的事迹在集团公司和洛阳市广为传颂,受到了社会各界广泛关注。洛阳市领导、集团公司领导多次到医院亲切慰问苏付瑞同学。共青团洛阳市委授予苏付瑞"优秀共青团员"光荣称号。集团公司、职工大学给予苏付瑞英雄群体大力表彰。

【建立职业技能考核站】 按照中铁程劳[2004]127号文件的精神,职工大学于4月成立了职业技能考核站。全年共鉴定402人,其中中专工程测量中级工108人次,试验员中级工108人次;技工中级钳工158人次,初级焊工28人次。此外与洛阳市劳动局共同鉴定583人次。

【申报省(部)级重点技工学校】 为申报省(部)级重点技工学校,职工大学成立由校长、副校长任正副组长,以科室负责人为成员的"申重"工作领导小组和评估资料筹备组。大家齐心协力,认真对照省(部)级重点技工学校标准查遗补缺,逐项落实指标。在通过洛阳市初评的基础上,12月9日省"申重"评估组对技工学校进行复评,经报批,省劳动厅正式批准洛阳铁路隧道技工学校为省(部)级重点技工学校。

(职工大学办公室)

洛阳中小学校

【概况】 2004年,中铁隧道集团有限公司洛阳中学、洛阳小学(合称"洛阳中小学")紧紧围绕学校总体发展目标，以特色为重点，以教研为龙头，全面实施“强师兴校，特色名校”的发展战略，教育教学各项工作再创佳绩。

至年末，学校共有教师41人(不含短期合同工)，其中高级教师14人，中级教师12人。共有学生698人，其中中学184人，小学514人。

全年收入193.97万元，其中学校自创80万元，占总收入41.2%，比上年多创收22万元，盈利3万元。

2004年，洛阳中小学被集团公司评为先进集体、先进女职工集体，被集团公司推荐为河南省女职工十佳示范岗，福尼斯英语中心教研组被集团公司评为巾帼文明示范岗。获洛阳市西工区小学生体质健康检查先进单位和施行学校体育卫生《两个条例》先进单位。

【教学管理】 洛阳中小学成立“教学检查督导工作领导小组”，对教师教学工作每月进行一次抽查评比，每学期两次教案、教学过程大检查。同时，还相继修订了《“备、讲、批、复、考”五大环节基本要求》和《教师教学过程考核方案》，使学校教学管理制度既符合现代教育教学的要求，又具有合理性和可操作性。

11月，各教研组开展了“新课标的教育思想和观念变革”的大讨论活动，进一步对新课标中的教育理念、教师主导地位和学生主体地位及教学内容、教学方法的改革进行深入的探讨。之后，各教研组成员都进行了教学反思，按照新课标的要求对教学五大环节作了评价与分析，并针对存在的问题与不足，提出了改进措施。

【教研教改】 为不断深化教育改革，洛阳中小学一方面规范各教研组的教研活动，通过教研活动来督促教师学习教研理论知识，转变教育观念，增强创新意识；另一方面通过对新课标、新课改的研讨及公开课、示范课的观摩来进行课堂教学改革与创新教学实验研究。2004年，教研活动主要具有以下几个方面特点：一是专题性强。如小学语文组以“提高口语交际能力”为主线，研究作文教学的改革；数学组以“提高学生动手操作能力”为主线，研究几何图形在生活中的应用；英语组以“提高学生的阅读能力”为主线，研究统编教材渗透福尼斯英语教学法；综合组以“提高学生的鉴赏能力”为主线，研究创新教学在各学科的实现。这种围绕重难点课题去研究的过程便于教师把握教材，梳理教材。二是采取集体备课，做到“三个重视”，即重视教科书的整体规划思路、重视教学难点突破过程、重视课堂教学资料的收集。三是教师教学课件制作有创新、有特色，教学效果较好。

全年，洛阳中小学有2位老师的优质课获市级奖、4位老师的优质课获区级奖；3位老师的论文获省级奖，4位老师的论文获总公司奖，6位老师的论文获市、区级奖，5位老师获省、市、区优秀辅导奖。20名学生获省、市、区各类奖。

【拓展英语教学特色】 在福尼斯英语特色方面，学校实施“人无我有，人有我优”的发展策略，力求在原有基础上进行拓展、改进。一是成立福尼斯英语中心教研组，积极开展福尼斯英语教学改革和教学研究交流活动，负责福尼斯英语和统编英语课程的研究工作。二是定期派教师到北京总部参加培训。三是积极开展福尼斯的校本教材建设，扩大学生英语阅读量。四是重视福尼斯英语课程和统编英语课程的交替安排，将福尼斯英语教学法融进统编教材的教学中，形成教学一体化。4月，学校已顺利通过了福尼斯英语总部的整体评估验收。

【教师培训】 为加强教师培养，提高教师业务能力，学校一方面采取统一收看课程改革录像，开展校内、组内公开课及创新课评选活动。另一方面根据各学科发展的需要，为教师创造外出学习的机会。先后组织数学教师到孟津观摩“全国新理念教学”课堂教学；组织语文教师在洛阳市观摩“牡丹花会省级优质课”，参加全国小学 S 版的语文教材研讨会；组织英语教师到北京福尼斯英语总部参加培训，到郑州参加“省级英语课改”培训；组织小学低年级和初中一二年级教师参加洛阳市新课程标准培训。暑假期间，中小学全体教师已经完成了第二轮继续教育培训学习，取得培训合格证。

【师风师德建设】 2004 年下半年，由洛阳中小学党支部牵头，组织开展了为期 3 个月的“以人为本、敬业爱生”的师德师风教育活动。一是邀请全国“教育系统先进个人”、“五一劳动奖章”获得者、特级教师呼秀珍到校作《加强师德修养，做人民满意的教师》专题报告；二是组织教师《奉献铸师魂》的演讲大赛；三是举行《加强未成年人思想道德建设》专题知识竞赛；四是设立教师师德展台，每周及时报道教职工的先进事迹。11 月，陈彦、张亚康 2 名老师参加“洛阳市中小学教师师风师德演讲比赛”，分别获得一、二等奖，并被洛阳市推荐为河南省师德标兵。

【德育教育】 坚持以活动为载体，先后开展“《祖国更美好》读书征文和演讲比赛”、“我是小主人，我得负责任”、“做诚实守信的中小学生”、“学守则学规范见行动”、“法制宣传教育月”等系列教育活动，加强学生思想行为规范的教育。

【安全管理】 学校成立了安全工作领导小组，确定各楼层安全工作责任承包人，并签订安全工作承包责任书，校长与各楼层负责人签订责任书，各楼层负责人与各层教师签订责任书，实行层层负责管理，将安全责任落实到位。安全领导小组和后勤部门每月坚持对校内不安全因素进行排查，重点对学校供电、防火、防盗设施及教室、实验室等人员集中场所不安全因素进行排查，及时消除隐患，确保万无一失。坚持学生集体外出活动审批制度，各班组织学生外出活动时，班主任须向政教处提出书面申请，制定安全保护措施，并对学生实行安全教育后，方可带学生外出活动，确保师生人身安全。

【分配制度改革】 2004 年初，洛阳中小学再一次对分配制度进行了改革。一是工资分配向教学骨干和班主任教师倾斜，提高了教师课时工资和班主任津贴；二是拉大了统考科目与非统考科目教师工资距离；三是制定了《技术职务岗位考核标准》，详细列出了高、中、初级教师技术岗位要求，具备各技术职务任职资格的教师经考核达到该技术岗位要求的，才能拿到本岗位工资，否则工资将下滑一个档次。

【投资建设】 2004 年 9 月，集团公司投资 26 万元重新修建学校大门，11 月 2 日建成并投入使用。11 月，学校投资 4.5 万元建立了多媒体电教室，为学校实施现代化教学和下一步发展打下了基础。

（杨朝会）

中心医院

【概况】 中铁隧道集团中心医院是一所医疗、预防、保健和康复为一体的综合性二级医院和爱婴医院，是洛阳市医疗保险定点医院。全院在岗员工42人，其中副主任医师5人、主治医师20人、护士15人、药剂师3人、后勤人员2人。医院设行政后勤、住院部、门诊部3个部门。有固定资产560万元，设备80多台(套)，开设床位100张。2004年，中心医院营业总收人369.3万元。

【医疗指标完成情况】 在确保集团公司员工、家属及参保人员的医疗工作及卫生保健和防病工作的同时，今年仍派专业医护人员3人赴青藏铁路工地医院，为高原施工人员提供医疗卫生服务。

2004年，完成门诊总诊次21360人次，健康体检1000人次，妇女病普查416人次，非病人(正常分娩与监护)109人次，抢救危重病人35人次，手术58人次。治愈好转率92.2%，抢救危重病人成功率88.3%，门诊与出院诊断符合率100%，手术前后符合率100%，无菌手术甲级符合率100%，出院者平均住院天数11天，新生儿成活率100%。

前列腺专科开始正式运作，特聘请中医研究院广安门医院专家来院坐诊、咨询。全年收治门诊病人236人次，住院病人51人次，总创收23.6万元。

【争创廉医、诚信、为民医院】 贯彻中纪委三次会议精神，按照洛阳市卫生局关于《开展争创廉医、诚信、为民医院》的通知要求，中心医院制定了廉洁自律、医德医风，严禁“红包”、“回扣”、“开单提成”，药品、大型器械、试剂、耗材购置等有关规定，公开服务承诺内容、公示医疗服务收费项目标准和药品价格，实行住院患者一日清单。把医疗质量放在第一位，坚持门诊首诊负责制、导诊、分诊服务，为老、弱、残等行动不便病人提供全程服务。根据医疗业务的发展需要，采取多种方式对医护人员进行各类专业培训30人次，短期培训26人次，外出学习8人次，院内专题讲座8次。

（中心医院）

卫生防疫总站

【概况】 2004年，中铁隧道集团有限公司卫生防疫总站(以下简称“防疫站”)以服务集团公司生产经营为宗旨，深入施工现场开展监督监测、疾病预防、健康教育工作，取得良好的成效。

至年末，在职员工4人，其中副主任医师1人，医师2人，检验师1人。

【职业、环境卫生监测】 2004年，防疫站按时将环境、职业危害因素监测设备送到中国计量科学研究院和国家标准物质研究中心检定、校正，保证了监测数据的科学、准确。

2月，防疫站接到秦岭1号公路隧道爆破后岩石着火报告后，立即与铁道部劳卫所，集团公司科研所、设计院，西安地质开发勘察院，中铁一、三局防疫站取得联系，请教专家，分析着火原因，商讨对策，提出了相应的解决措施，有效地将灾难消灭于萌芽状态。

3月、4月、11月，先后到北京地铁五号线05标、06标，上海轨道交通六号线15A标、九号线R404标，乌鞘岭大台竖井、九号斜井，北京地铁四号线07标计7个工地11个工区26个工作面进行环境、职业危害因素监测，其中环境因素指标11个，职业危害因素指标16个，共监测数据633个，合格率82.7%，出据监测报告55份。

4月，参加集团公司质量、环境、职业健康安全“一体化管理”认证外审专家对“职业健康安全”内容的审核，回答了专家提出的有关职业卫生方面的问题。

8月至11月，配合集团公司申领《安全生产许可证》，收集与其相关的资料8份，起草《职业危害防护办法》文件1份。

11月，配合集团公司网络化办公系统平台的建立，草拟了《环境保护、职业卫生管理工作程序》。

全年员工体检2747人，诊断一期尘肺3例，一期晋为二期1例，均为退休职工，尘肺检出率4.83‰。无职业中毒现象。

2004年，洛阳市政府加大了对环境污染的治理力度，集团公司采暖锅炉被列入首批治理对象。配合物业中心对锅炉循环水除氧器效果进行了3次检测评价，出据报告2份；配制锅炉循环水检测试剂10种5200毫升。洛阳基地生活污水、中心医院污水每季检测1次，合格率78.2%，出据报告4份。

【计划免疫和传染病防治】 2004年，防疫站密切关注非典、流感、禽流感、流脑疫情变化趋势，积极做好应对准备，督促职大、中小学、幼儿园配备了专职或兼职保健医师。全年发生水痘1例，流腮1例，均进行了流行病学调查和隔离、消毒、随访处理。计划免疫接种疫苗5种共1931人次；接种甲肝、乙脑、流脑、流感疫苗1029人次；中小学生、幼儿普种、复种麻疹、风疹、乙肝疫苗704人次；脊髓灰质炎疫苗强化免疫110人次。

【食品卫生】 2004年，防疫站自行制备无离子水700公斤，配置检验试剂21种；炊管、托幼、制水、服务人员健康体检102人，体检率100%，合格率99%；办理卫生许可证10份，审发健康证101本。不定期检查职大、中小学、幼儿园、机关食堂、30号楼建筑工地食堂卫生19次，餐、茶、炊具采样检测120个，合格率89.6%，出据报告6份，对细菌污染率较高，消毒不彻底的提出了改进意见；抽查员工消费合作社、个体食品店（摊）卫生16次，检查包装食品1560件，合格率95.6%；集团公司“三会”、两期建造师培训期间，派人到机关食堂跟班监督食品加工、烹调过程。

【饮水、环境卫生】 2004年，洛阳地区生活饮用水水质（含集团公司办公楼二次供水）检测11次，水样15份，检测理化、细菌学指标共20项，取得数据298个，出据报告12份，合格率100%；水中余氯随时抽检计21次。配合物业中心清洗、消毒水池、水塔1次。

对招待所、文化宫、单身宿舍、职大、中小学、幼儿园、机关大院进行卫生检查20次。

【学校、幼儿卫生】 为幼儿园配置紫外线消毒灯5盏。幼儿用玩具、餐具、茶具、桌子、床、凳子检样60个，合格率92%；指导、协助学校、幼儿园保健医师做好少年儿童的疾病预防保健工作，儿童传染病发病率降到1.6‰；幼儿生长发育指标检查92人；新入托儿童体检、查验免疫接种证45人，均合格。

【“消、杀、灭”工作】 全年购买消、杀、灭药品180公斤，自检修喷雾器6个；集团公司“三会”期间，办公楼、文化宫、招待所、机关食堂全面消毒1次，面积3000平方米；中小学、幼儿园消毒5次，面积4300平方米；为职大、单身宿舍、幼儿园、机关食堂、科研所、设计院等单位发放消毒药品60公斤，一次性防护手套、帽子、口罩各110个；夏秋季对32幢家属楼，99个门洞，43个垃圾箱，1个旱厕所以及集团公司办公楼灭蚊、蝇、蟑12次，投放毒饵308盒，药物喷洒面积17150平方米；冬季灭鼠1次，采购分发鼠药180公斤，投放鼠药15公斤。

【健康教育】 深入7个项目部宣传《职业病防治法》、《传染病防治法》、《食品卫生法》、

《环境保护法》等法律知识；起草转发了《职业危害防护办法》、《关于预防禽流感等疾病的紧急通知》、《关于预防控制血吸虫病的通知》、《关于开展除四害专项治理活动的通知》、《青藏铁路建设期间防治高原病管理办法》5个文件，并下发有关单位。

（贺清华　南益民）

无锡培训中心

【概况】 2004年，中铁隧道集团有限公司无锡培训中心（简称“中心”）一手抓基础设施建设，一手抓经营开发，圆满完成年度各项工作任务。连接桥建设项目完工，建筑面积2065平方米；办公楼装修7月中旬竣工，施工面积425平方米；人工湖修建进一步完善。全年接待培训班（会议）4期138人次，客房出租255间天；接待旅游团队49批1398人次、散客176人次，客房出租1336间天；车辆外租营运里程2.5万公里。全年经营收入29.5万元，为年度计划的241.7%。

至年末，中心在册4人。

（陈士兴）

派出机构

编辑：吕惠聪

北京指挥部

【概况】 中铁隧道集团有限公司北京指挥部(以下简称“指挥部”),负责北京片区(北京、天津、华北、东北有关工程)经营与施工的协调与监管职能,以及集团公司对上层的一些联络工作。指挥部设指挥长、党工委书记、常务副指挥长、总工及党工委、办公室、专家顾问室、经营计划财务部、工程部。年末,在职员工13人。

【经营开发】 全年收集筛选后信息70条,决策45项。递交资格预审文件26份,通过15份,资审通过率58%,递交投标文件15份,中标4项,中标率27%。

全年完成经营产值62838万元,其中北京地铁四号线19标合同段33567万元,沈阳文安路地下过街通道345万元,北京地铁十号线11标段7952.94万元,北京地铁十号线20标15261.43万元,市政工程3865.80万元。

【施工生产】 完成总产值62838万元,占年度计划的62.84%。由指挥部直接操作的经营产值57126万元,为年度计划的103.9%。A类项目完成施工产值28798.64万元,其中北京地铁五号线05标9182.1万元,五号线06标7748万元,四号线07标3704.54万元;天津地铁8标5164万元,22标3000万元。

北京地铁五号线05标段的崇文门站为双柱三跨岛式两端双层中间一层的暗挖工程,从地下穿过正常运营的地铁既有线环线。为保证既有线行车安全和市政工程地下管线的安全,经专家论证采取了稳妥施工方案,并用远程监控系统对既有线地铁结构及轨道变形进行不间断监测,保证了沉降与变形值不超限。2004年10月10北京日报以《五号线崇文门站下穿地铁环线、施工点距正常运营的地铁环线最小间距仅1.98米,创全国地铁建设先例》为标题,表彰了中铁隧道集团。

【安全质量】 北京快速轨道交通工程14标于2004年3月获总公司“火车头优质工程”一等奖。

应邀参加北京市建委主持的《北京市市政基础设施工程暗挖施工安全技术规程》和北京市交委主持的《北京市轨道交通工程质量验收标准》的编审工作,派出技术人员参加北京市建委组织的“北京地铁新线工程施工技术暨安全管理培训班”的教材编制与授课工作。

【片区管理】 北京片区涵盖地域较广,且北京市的所有地铁线路均有集团项目部,并都安置在最困难的施工地段。指挥部以“首都意识”和“新北京新奥运”的精神来面对片区管理和处理协调大量工作。指挥部于年初下发京指[2004]03号《关于贯彻北京市建设安全工作会议精神等要求的通知》和其他管理工作文件;年内针对施工难点,协助项目部制订施工方案,促进施工生产与管理。在北京市建委对外地进京企业的综合考评中,铁字头在京施工参评大小企业有20家,被考评一次达标合格的仅两家,中铁隧道集团是第一家。

【党工委工作】 2004年12月28日,北京市委组织部建筑工地党建工作调研组在集团公司北京地铁五号线05标项目经理部召开党建工作经验交流座谈会,对05标项目部的党建工作给予高度评价,尤其对党建管理工作的创新尝试和民工维权工作的开展以及工地现场管理给予高度赞扬,将此经验在北京市其他区、县推广。

（鲍福安）

成都指挥部

【概况】 2004年，中铁隧道集团有限公司成都指挥部（以下简称“指挥部”）在岗人员9人（含返聘1人），下设工程部和办公室。指挥部主要负责宝成铁路复线四标段的全面收尾工作和集团公司西南片区（四川、重庆、云南、贵州、西藏）的经营生产指挥工作。

【施工生产】 2004年，集团公司在西南片区在建项目有25个其中四川6个、重庆12个、云南6个，贵州1个，其安全、质量和进度均处于可控状态，普遍受到业主和当地政府部门好评。

【经营开发】 2004年，西南片区参与投标项目37个，中标18个，中标率49.95%；新签施工合同总额159883万元，为年度经营计划11亿元的145.34%。尤其是云南大理至丽江铁路7标段的中标（中标价款24878万元），使指挥部实现了A类项目零的突破。

（指挥部）

广州指挥部

【概况】 2004年，中铁隧道集团有限公司广州指挥部（以下简称“指挥部”）片区经营生产取得新突破，区域经营优势进一步巩固和扩大，以广州地铁三号线为代表的一批名优工程的建成，进一步树立了集团公司在华南地区的信誉。片区指挥部的经营、协调、监管职能得到了有效发挥，各项工作均取得突出成绩。

【经营开发】 全年华南片区共组织编投标42项，中标25项，中标额108532万元。其中以集团公司名义中标8项，合同额77659万元，以子公司名义中标17项，合同额30873万元。超额完成了集团公司下达的年度计划。洛湛线项目的中标，实现了在铁路大会战中首战告捷；广州地铁、湖南广西公路市场进一步扩展；南宁、深圳、东莞等城市市政领域也有所突破。

【施工生产】 广州片区全年完成施工产值44247万元。圆满完成广州地铁三号线大汉、厦大、华岗区间施工任务；工期紧迫、政治影响大的广州开发区永和隧道及连接线工程和大学城过江能源隧道如期建成；广州地铁四号线小新盾构区间右线实现了安全稳妥地穿越珠江，加上援助兄弟单位的盾构过珠江，一年内完成三次过珠江。

【科技开发】 克服了硬岩掘进、盾构机拼装管片过暗挖段、带压进仓检修盾构刀盘等技术难关；特别是暗挖矿山法和盾构法施工相结合、盾构机拼装管片过暗挖段，通过组织技术攻关，取得了成功，不但丰富了集团公司的技术储备，也为今后类似的施工开辟了道路。

由河南省科技厅主持，中铁隧道集团完成的《软硬不均地层及复杂环境隧道复合的研究与掘进技术》科技成果鉴定会，于2004年6月6日～8日在广州市南国奥园会议中心召开。通过评审、考察，一致同意该项目成果通过省级鉴定。认为：项目组研究提出的复合式盾构机设计思想具有原创性；其掘进技术拓宽了盾构法的适用地质范围，大大提高了我国盾构法施工技术水平；1.5米宽管片的设计与应用，新型泡沫剂研制及渣土改良技术、运输设备的研制并应用对提高盾构施工速度，降低工程成本意义重大；盾构姿态、线形控制、管片防裂损、非惰性浆液及其同步注浆技术对提高我国盾构隧道质量，具有巨大的推广应用价值，该项目的科技成果达到了国际先进水平。该项目成果获中国铁路工程总公司科学技术特等奖，与此同时形成的复合盾构施工系列工法获部级工法。

【安全质量】 片区各项目继续坚持高起点、高标准、严要求，实现了无重伤以上责任事故、无重大和大的质量事故，已完工程验收合格率100%，优良率100%。组织了越三区间詹天佑大奖的评奖申报并取得成功。

【重要事件】

1.2月28日，广州地铁总公司建设事业总部召开"广州轨道交通三号线工作总结及生产动员大会"。会上，集团公司大汉、厦大项目部获优秀施工单位称号，王安龙获优秀项目经理称号。

2.10月27日~29日，中铁工程总公司副总经理白中仁一行4人，以中隧集团董事、监事身份，对中隧集团华南片区进行了为期3天的考察和调研。

3.11月14日12时58分，广州轨道交通四号线小~新盾构区间右线海瑞克盾构机成功穿越珠江，成为地铁四号线穿越珠江第一"龙"！这标志着小新盾构工程施工重难点的突破和过江技术水平日臻完善。

（成昆）

南京指挥部

【概况】 中铁隧道集团有限公司南京指挥部(以下简称"指挥部")主要负责华东片区"六省一市"的市场经营开发，施工生产和内外关系协调，是集团公司在华东片区的窗口和指挥中心。

指挥部下设经财部、工程部和办公室。至年末，现员10人。

【经营开发】 2004年，华东片区新签、续签合同额96217.2740万元，为集团公司下达的11亿元片区经营计划的87.47%。其中中标工程合同额75761.0万元；在建工程续签合同额20456.27万元。片区共投标50项，中标10项，单标价款7576.1万元。利用集团公司资质新签、续签合同额为80826.6972万元，为集团公司下达计划的134.71%。

【施工生产】 片区全年完成施工产值93503万元，其中A类项目完成32280万元，B类项目完成38051万元，Z类项目完成23173万元。

上海交通9号线R404标累计完成计量产值9628.8342万元，为合同总额的90%。

上海地铁6号线15A标完成施工产值8118.5万元，为集团公司年度计划的107%。合同变更金额约1400万元。

南京地铁二号线向兴路站2003年11月1日开工，于2004年7月24日车站主体结构封顶，地下商场10月18日完成封顶，11月5日按期移交铺路施工单位。至年末，工程开累完成产值约7490万元，二次经营额1200万元。

杭州解放路工程进入工程收尾阶段，2004年计划完成120万元，实际完成870万元。完成验工计价4648.73万元。

【片区管理】 2004年，指挥部采取一系列措施进一步规范华东片区经营投标活动。一是明确经营分工。对指挥部领导的主要经营范围和份额作出了详细分工和明确规定。二是规范经营投标。制定《中隧集团华东片区经营投标管理实施办法》，对片区经营从信息收集、分捡、追踪、确认、编投标、奖惩及各方协调等作出详细规定,使华东片区编投标程序更加清楚,责任更加明确,经营更加规范。三是完善经营网络。建立完善了华东片区经营工作网站、网点和网络的“三网”建设。在上海成立了工程指挥部并设立了福州分公司;指挥部在南昌设立了办事处,派专人重点负责南昌地区信息追踪和经营工作;股份公司在南京、杭州、福州建立了指挥部和办事处;三处在上海设立了指挥部;北京分公司顺利进入杭州市场;杭州分公司在站稳浙江市场基础上也在安徽、江西布点开拓等,为片区经营在大范围、多领域、全面拓展市场奠定了坚实的基础。

【党工委工作】 组织全体党员进行了“两个条例”知识答题竞赛。按照集团公司党委干部考学制度要求,根据学习篇目组织全员进行学习,并开展了干部考试活动。各项目部党工委还组织学习了2004年集团公司党委工作要点、安全文明施工竞赛活动以及建设工程质量管理条例,深入开展党内“创岗建区”活动。党工委坚持企业理念与精神文明创建相结合,立功竞赛与文明工地建设相结合,城市施工实际与员工素质教育相结合,深入开展文明工地创建活动、安全月活动以及道德法制教育活动等。指挥部及所属各项目部严格执行集团公司企业文化建设的要求,加强以突出企业形象为重点的工地宣传,树立起中铁隧道集团现代企业的良好形象。

片区各项目指挥部根据各自实际,广泛开展劳动竞赛。上海轨道交通9号线15A标和2号线R404标,紧紧围绕“建设一流工程,让上海人民放心”的竞赛总目标,开展立功竞赛活动,15A标在申通集团举行的三季度文明施工大检查中名列前6名,获上海市安全保证体系认证、上海市“安全标准化工地”、“中铁工程总公司安全质量样板工地”、“上海市市级文明工地”称号,项目经理于明华获上海市重大工程立功竞赛先进个人。R404标第一季度获上海轨道交通九号线“安全精品奖”,第二季度获“文明施工奖”、上海市“安全标准化管理达标工地”称号、中铁工程总公司“创优达标优秀工地”,总工程师耿伟获2004年度上海市“立功竞赛”轨道赛区先进个人。南京地铁向兴路项目部经理被评为2004年度南京市沿江开发十大功臣“五一”金奖,项目部被授予市级“文明工地”、集团公司安全质量“样板工地”称号。

玄武湖隧道工程荣获2004年“南京市市政金杯示范工程”。

(王钢生)

西安指挥部

【概况】 中铁隧道集团有限公司西安指挥部(以下简称“指挥部”)主要负责陕西、甘肃、青海、新疆和宁夏五省区的经营开发和项目的监管、协调工作。2004年,指挥部针对西北地域辽阔,相对贫困,基础设施投资规模小(除陕西省外),市场容量有限,可运作项目少的特点,采取一系列措施,加大经营力度,加强对各项目的管理,经营生产均取得良好成绩。

至年末,指挥部现员8人。

【经营工作】 为搞好西北片区的经营开发工作,指挥部修订完善了《中铁隧道集团西北片区经营投标管理办法》,从组织机构、工程信息、资审和投标文件的编制、经营费用、经营投标资料的收集等方面对经营工作进行了规范。在年初召开的西北片区经营工作会议上,在全面分析西北片区经营形势的基础上对经营工作做了总体安排,对追踪的主要项目进行了初步分工。具体为:大项目由指挥部牵头,子、分公司配合;中小项目由子、分公司积极出击,指挥部做好协助,从而改变了过去各子、分公司不同程度存在的各自为战,不利于资源与社会关系共享,浪费人力、物力的情况。2004年,在各子、分公司的大力配合下,指挥部巩固了已进入的公路、铁路、市政领域,进入了新疆建筑市场,正着力进军青海、宁夏建筑市场,全面完成了集团公司下达的经营任务。

2004年集团公司在西北片区组织参与投标34项,中标9项,分别是:陕西靖边到安塞高速公路(陕北榆林段)L-11合同段(中标价10583万元)、陕北子洲到靖边高速公路N2标段(中标价10874万元)、陕北子洲到靖边高速公路N11标段(中标价12899万元)、西安市雁塔北广场人行地道工程(中标价1410万元)、西安市南二环桃园路立交工程(中标价3918万元)、西安市南二环桃园路立交工程补充合同(价款4153万元)、陕西省洋县至勉县公路房建工程5标段(中标价283万元)、新疆精伊霍铁路项目(中标价6000万元)和宝鸡冯家山水处理厂二期工程(中标价834万元),合计中标价款50954万元,加上经过片区指挥部重视和努力取得的二次经营增加项目6752.5万元/5项,总计完成57706.5万元,完成集团公司下达片区任务5亿元的115.4%。其中,以集团公司名义中标29984万元/6项,加上以集团公司名义由西安指挥部组织的合同外增加4280万元,总计完成34264万元,片区经营任务和以集团公司名义中标任务均超额完成。

【片区生产】 片区所辖在建项目14个,投资规模16.59亿元,其中A类项目3个(投资6.36亿元),Z类项目11个(投资10.23亿元)。

户洋高速公路项目全年完成施工产值8726万元,为计划的109%。上行线隧道于2004年9月提前8个月打到分界点,下行线于2004年12月提前6个月完成全部开挖任务。由于在建工程干得出色,业主又将一个304米的斜井和274米平洞以议标方式交由集团公司施工,计新增合同额2500万元左右。在搞好在建工程的同时,积极开展二次经营工作。全年完成新增合同额756万元,索赔225万元,变更设计1093万元。

青藏铁路23标完成施工产值12746万元,为计划的155.4%。经铺轨前第三方质量检测评估,集团公司施工管段被认定为已评估过单位中质量最好的管段。

乌鞘岭隧道大台竖井完成平导开挖支护1395.2米,比施组计划多完成30米,并于11月7日顺利移交中铁五局集团公司。9号斜井完成正洞开挖802.0米,衬砌602.0米,合计750.0成洞米,提前9天完成2004年施工计划。全年实际完成成洞750.0米,主要实物量综合指标完成总指挥部计划的106%。施工产值:斜井工区5550.0万元,竖井工区4650.0万元,合计10200.0万元,完成集团公司下达计划的101%。

组织西安南京线质量彻查整改,达到了各方满意。西安南京铁路于2003年12月通过铁道部初验,需要一年试运营。但由于2004年10月5日十六局施工的K237挡墙发生坍塌,导致25107次货运列车脱轨,构成行车重大事故,为此全线动员进行质量彻查彻改,除了把质量通病上升到质量问题进行大规模的破检整修外,设计又提高标准增加了防抛网、防撞墙、限高架等工程,由于工程早已完工,人员早已调离,协调组织工作难度很大,指挥部认真对待,克服困难,及时按总指要求组织人员到位并开展工作,最终达到令总指、设计院、各铁路分局、监理满意的效果,维护了企业的良好声誉。

至年末,西北片区安全生产实现全年无

责任死亡事故，安全形势稳定。

（杨昌教）

中原指挥部

【概况】 2004年，中铁隧道集团有限公司中原指挥部（以下简称“指挥部”）主要负责湖北、河南、山西3省的市场经营开发工作，与中原物流中心项目部合署办公。集团公司明确的中原指挥部人员只有指挥长、常务副指挥长和党工委书记3人，中原物流中心项目部含项目经理（常务副指挥长兼）共5人。指挥部既承担项目部的收尾工作，又兼顾指挥部的经营工作。

【经营开发】 2004年，中原片区中标项目为9项，价款总额为18.5536亿元，为集团公司下达计划的927%。其中以集团公司资质中标项目5个，价款为13.9018亿元，占承揽任务的74.9%；以子公司资质中标项目4个，价款为4.6518亿元，占承揽任务的25.1%，均为二处有限公司利用其资质承揽。其中：武汉长江隧道工程99777万元，湖北沪蓉西高速公路土建工程28标18217万元，阿荣旗至深圳国家重点公路平舆至正阳高速公路土建工程6合同段10045万元，上海至武威国家重点公路内乡至豫陕界7标9500万元，S323八官线洛宁长水至洛（阳）三（门峡）交界段改建工程CL－03标1479万元，湖北省十堰至漫川关高速公路6标39793万元，其它市政工程6725万元。

在中原片区的3个省份中，湖北经营开发势头较强，年内共中标6个，价款为16.4512亿元，占完成任务的88.67%；河南次之，中标3个，价款为2.1024亿元，占完成任务的11.33%；山西为空白。按工程类别来分，其中公路项目中标5项，总价款为7.9034亿元，所占比例为42.6%；市政项目中标4项，总价款为10.6502亿元，所占比例为57.4%。

【片区管理】 2004年，指挥部进一步强化经营管理，不断提高经营工作水平和成效，加大组织协调力度。对本片区的重点追踪项目，加大集团公司和子公司资质和报价的协调，采取统分结合的原则，扩展各种信息渠道，确保中标。坚持做好片区各种信息库的建立和完善工作，不仅是工程信息，还包括各地区投标报价、经营成本、企业业绩、人员、设备等资料的收集、整理和完善，以便能更好地服务于投标工作。同时及时分析项目失标原因，制定相应的改进措施。2004年6月，指挥部在洛阳召开中原片区第一次经营工作例会，总结指挥部自2003年10月成立以来的经营工作情况，分析和探讨中原片区建筑市场情况，并对下半年的重点经营项目作了安排。指挥部根据本片区的特点和其他指挥部的管理经验，拟定了《中原片区经营投标管理实施办法》。

年内中原片区经营管理工作还存在不足之处，经营网点建设和经营信息管理工作有待加强和完善。对于指挥部本身来讲，存在的主要问题是经营资源投入不足，人员配置不齐，本身还不具备编投标能力，只能以牵头单位形式出现。

【党工委工作】 2004年，指挥部党工委发挥政治核心作用，把党建思想政治工作与日常经营工作结合起来。根据集团公司党委关于建立干部考学制度的安排部署，积极组织考试。坚持开展党风建设和反腐倡廉工作，对照为民、务实、清廉的要求，加强指挥部党员、干部执行廉洁自律规定的督促检查，防范不廉洁行为。同时严格控制经费开支，保持艰苦奋斗的优良作风。党工委还把开展党员“创岗建区”等活动作为发挥作用的有效途径，同时抓好指挥部所属的入党积极分子培养和新党员发展工作。

（武建广）

赣龙铁路工程指挥部

【概况】 2004年，中铁隧道集团有限公司赣龙铁路工程指挥部（以下简称“指挥部”）承担的赣龙铁路W9标、17标工程已分别于7月31日和12月20日全部竣工，W9标比合同工期提前6个月。W9标于12月30日铺架完毕、17标7月8日铺架完毕，两标段在年内完成了初验工作，得到接收单位、业主、设计、监理单位的高度评价。

2004年末，指挥部剩余4人从事收尾工作。

【施工生产】 W9标段完成路基土石方1.57万立方米，累计完成93.36万立方米，为设计总量的100%；隧道完成110成洞米，累计完成4755成洞米，为设计总量的100%，完成铺道碴2.5万立方米，为设计总量的100%，完成站后房屋385.75平方米，为设计总量的100%，完成了赣龙线竣工文件的编制。完成设计外的工程量：猫头岭隧道出口排水洞。全年完成施工产值506万元。

17标2004年累计完成隧道7000成洞米，为设计总量的100.4%，完成铺道碴2.358万立方米，为设计总量的103%，完成站后房屋1311平方米，为设计总量的100%。完成施工产值650.96万元。

【安全质量】 完成了竣工资料的编写工作。W9标段分项质量评定1341项，合格率100%，优良率95.48%。17标段分项质量评定3068项，合格率100%，优良率96.09%。两个标段均实现了安全生产，无安全事故。

【二次经营】 指挥部根据国际标和内资标各自的特点，有针对性地完善各项变更，索赔预案，研究二次经营方案，使二次经营工作呈良好态势，W9标段已计二、三类变更总价1300万元，一类变更300万元。17标段已计变更总价750万元，完成合同调整1300万元。

（牟军）

青藏铁路工程指挥部

【概况】 2004年，中铁隧道集团有限公司青藏铁路工程指挥部（以下简称“指挥部”）按照2003年的编制和部门设置进行运作，全年较好地发挥了指挥、组织、协调、督促、服务等各项职能，施工生产进度，质量、环保、安全，医疗卫生，党工委等工作连创佳绩。

2004年9月，青藏指挥部被河南省总工会授予“五一劳动奖状”，张保良、王华庆、郑清君被授予河南省“五一劳动奖章”荣誉称号；二工区邱钦文被西藏自治区授予“劳动模范”荣誉称号。10月，西藏卫生厅、西藏爱国卫生运动委员会授予指挥部“爱国卫生先进单位”荣誉称号。

至年末，指挥部在岗人员13人。

【施工生产】 2004年，指挥部完成施工总额1.9亿元，完成实物工作量为：路基土石方29万立方米，占设计总量的11%；桥梁工程696延长米，占设计总量的67%；涵洞工程494横延米，占设计总量的44%；加筋土挡土墙600米，占设计总量的100%。至年末，23标段主体工程全部完工，路基附属工程已经完成85%左右（部分工程变更未定）。

【质量·环保·安全】 2004年，指挥部严格按照《青藏铁路23标质量管理办法》，启动质量管理预警系统，并陆续组织召开了“路基施工技术研讨会”、“耐久性混凝土施工技术研讨会”、“加筋土挡土墙施工技术研讨会”和“竣工资料编制研讨会”，制订和下发了相关的作业指导书，使本标段的桥涵结构物和路基工程在质量上得到有效控制，有数十座桥涵工程和几处护面墙以及多段路基工程都已具备申报样板工程的条件。

为加强23标段施工过程中的环境保护，制定了《青藏铁路23标段环境保护实施细则》，对施工便道，砂石料厂，取、弃土场，生活营地，混凝土拌和站及预制厂，路基、桥梁、涵洞施工等环保要求进行了明确的规定，并建立了奖惩制度，有效确保了全年未发生任何环保破坏事件和行为。

指挥部大力营造“关注安全、关爱生命”、“青藏线上不丢一兵一卒”的良好氛围，加大安全宣传教育力度，提高全体员工的安全素质，夯实现场安全基础，建立安全生产长效机制，保证了本标段在安全管理方面未出现人身伤亡及机械损毁事故，通讯光缆、输油管道损坏事故，行车安全事故。

【医疗保障】 贯彻落实《青藏铁路卫生保障措施》、《青藏铁路卫生保障若干规定》等指导性文件，按照“预防为主、覆盖全员、细化责任、卡死过程”为核心的医疗卫生保障原则，加大医疗卫生的投入，加强医疗救护的监管，三级医疗体系逐级嵌套，层层服务，紧贴现场，追踪观察，资源共享，形成一个密切的预防、治疗网络体系，并积极的总结经验，以高原病预防为先导，医疗救护为根本，已阶段性地实现了医疗卫生保健工作，完成了“高原病零死亡、鼠疫零发作、食物中毒零发生”的“三零”目标。全年共治疗急性高原反应64例、亚急性高原病7例、高原肺水肿14例、脑水肿3例，体检职、民工3445人次，治疗高原病、其他疾病患者807人，收治住院病人625人。在此基础上，还加大了对地方各单位的医疗援助，无偿抢救危重高原肺水肿8例、脑水肿6例，得到地方各级单位的一致好评。

【党工委工作】 指挥部共有党员51名，党工委下设一、二、三工区党支部、材料厂党支部、工地医院党支部和指挥部机关党支部。2004年，党工委在集团公司党委和西安指党工委领导下，面对海拔高、任务重、自然条件恶劣的实际情况，紧密围绕施工生产和各项中心工作，践行“三个代表”重要思想，体现“以人为本”，通过扎实开展理论学习，组织教育活动，加强支部建设，深入开展“藏北高原党旗红”，精心策划劳动竞赛和“三工”建设等各项活动，发挥党工委的政治核心作用和思想政治工作的保障激励作用，发挥党支部的战斗堡垒作用，努力为指挥部各项建设提供强大的组织保证、精神动力和智力支持，使党的建设得到进一步加强。

【重要事件】

9月12日，铁道部副部长孙永福以及中华全国铁路总工会副主席吴建忠等领导，到青藏铁路23标段建设工地慰问。

10月，青藏铁路铺轨仪式在23标段一工区举行。

（青藏指）

乌鞘岭隧道工程指挥部

【概况】 2004年，中铁隧道集团有限公司乌鞘岭隧道工程指挥部(以下简称“指挥部”)，认真履行项目部主体责任，结合实际加强现场管理，以科技为先导，积极开展科研攻关，摸索出软弱围岩变形特点，掌握了软弱围岩快速施工经验，提前完成2004年施工计划。9号斜井于2004年4月9日提前施组36天到达井底，在全隧岭脊地段率先进入正洞施工。大台竖井平导兰州方向2004年10月8日与9号斜井正洞29号横通道实现贯通，武威方向于10月19日顺利到达施组里程，又完成了建设指挥部要求向武威方向多掘进30米的施工任务。

至年末，指挥部定员18人，现员17人。

【施工生产】 2004年，指挥部圆满完成乌鞘岭隧道大台竖井516.18米及其井下平导开挖支护1395.2米，比施组计划多完成30米，并于11月7日顺利移交中铁五局集团公司。9号斜井完成正洞开挖802.0米，衬砌602.0米，合计750.0成洞米。提前9天全面完成2004年施工计划。

全年实际完成成洞750.0米，主要实物量综合指标完成总指挥部计划的106%。

施工产值：9号斜井工区5550.0万元，大台竖井工区4650.0万元，合计10200.0万元，完成集团公司下达计划的101%。

【安全质量】 确定了斜、竖井9个安全防范重点，组织学习《施工安全质量措施》，签订了《项目经理安全生产管理目标责任书》。针对大台竖井使用机械较多，指挥部反复强调"竖井安全无小事"，坚持按照程序操作，提升机械强制检修，设备拆装、撤场期间，设专人检查安全，顺利地完成了设备的拆卸、吊装、运输工作。9号斜井加强量测工作，在洞内增设防溜车洞室、紧急躲避洞，安装了安全警示、提醒灯箱，作业面全部采用安全电压，各种电气设备全部安装了漏电保护器和接地装置。同时，加强爆破物品的管理，经地方公安机关和集团公司多次抽查，均达标准。乌鞘岭隧道工程全年未发生伤亡事故。重伤率、负伤率均为零。

工程质量方面，指挥部从工作机制和管理办法着手，建立质量管理的长效机制。积极开展安全质量自查自纠活动，在工区自查自纠的基础上，每月组织全面安全质量检查，不定期检查随时进行，及时通报，专人负责，限期整改。针对宁西线出现的工程质量事故，组织召开专题会议，深入传达有关会议精神，并开展为期一个月的质量彻查整改活动，用铁心肠、铁手腕、铁纪律抓质量整改与管理，强化为运营服务和质量零缺陷的观念，严格按照设计规范施工，坚持技术人员施工现场监督旁站制和技术工作指导制，并实行"三检"制度，即班组自检、质检工程师复检、监理工程师终检。严把材料进场关，坚持无出厂合格证及性能指标的材料严禁入场，试验人员对每批进场的材料按检验频次和试验要求进行抽样检查，所用砂、石均做碱集料反应实验，现场施工，质量通病、不规范的施工行为得到了有效的遏制。

【科技攻关】 指挥部针对9号斜井进入正洞施工后地质情况出现由原设计的Ⅱ、Ⅲ级为主的闪长岩变为Ⅴ级千枚岩，变形较大，导致初期支护破坏等问题，积极开展科技攻关，会同集团有关部门及专家组、工区、科研所对千枚岩地层施工进行试验，历时近4个月，进行了多达4种规格型钢、16种支护方法、20多种辅助措施的施工试验，于8月底成功取得了较为合理、经济的支护模式，同时积极运作，争取到了较好的施工单价。9月份在Ⅴ级围岩千枚岩地段施工中实现开挖过百米、成洞80米，正洞当月全面完成乌鞘岭总指挥部计划指标。结合乌鞘岭软弱围岩快速施工的特点，与集团公司签订科研项目1项，合同经费总额20万元，该项目已通过河南省鉴定。

【党工团工作】 指挥部加强现场思想政治工作，及时指导党建和思想政治工作，创建党支部建设示范点，工会开展劳动竞赛和“三工”建设、“一法三卡”活动，共青团开展“双争”、“双创”和“安全监督岗”活动。通过班子民主生活会、月度、季度员工动员大会，做好鼓动、宣传，激发了参战员工的工作积极性。

指挥部按照集团公司 VI、MI、BI 手册的要求，整修工地现场彩门、标语，外树形像，内鼓士气。同时，加强信息报道，及时向集团公司、业主上报有关管理、施工信息。

【重要事件】

4 月 20 日，铁道部副部长陆东福、建设司副司长张梅检查乌鞘岭斜、竖井，并召开“乌鞘岭越岭地段攻关座谈会”。

4 月 29 日，中铁工程总公司副总经理、总工程师刘辉、科技部部长陈唯一检查乌鞘岭斜、竖井，并召开现场办公会。

6 月 12 日，铁道部副部长陆东福、建设司司长杨建兴、副司长张梅、工管中心主任施得良检查乌鞘岭 9 号斜井。

10 月 29 日，建设司副司长严健、工管中心主任施得良检查乌鞘岭 9 号斜井。

（石少军　高存成　赵东波）

渝怀铁路工程指挥部

【概况】 2004 年，中铁隧道集团有限公司渝怀铁路工程指挥部（以下简称“指挥部”）发挥隧道施工的专业优势，加强工程管理，狠抓安全质量，开展技术创新，出色地完成了全年施工生产任务，为确保圆梁山隧道建设工期、争创国优工程迈出了关键一步。

2004 年末，指挥部现员 10 人。

【施工生产】 全年完成产值 8756 万元，为年计划的 121%。完成实物工作量为：圆梁山隧道正洞年累完成 856.22 成洞米，为集团公司年度计划的 98.3%。其中股份公司项目部完成 443.04 成洞米，二处项目部完成 413.18 成洞米（完成计划任务）。全标段完成整体道床 11811 延长米，无缝线路钢轨焊接 8720 延长米，铺道碴 2517 立方米。剩余实物工作量：圆梁山隧道正洞剩余 15.1 成洞米；平导及横通道拱墙衬砌 859 米，仰拱铺底 1264 米。

【安全质量】 指挥部坚持每周一的安全生产学习、每季度二次安全生产大检查；进、出口项目部坚持每月一次安全生产检查；公司实行每周一次安全生产检查制度。本年度共查处安全隐患 22 件，有效地杜绝了违章作业和违章指挥现象。

施工中，要求特种作业人员必须持证上岗，严格执行操作规程，执行工作前检查，工作中注意观察、工作后检查保养的制度。机械不带病运转、不超负荷运转。针对圆梁山隧道岩溶突水突泥的隐蔽性、突发性、不确定性和难以预测性的特点，始终坚持先方案后施作的工作程序，采用红外线及超前地质钻进行探水，并严格控制注浆工艺，认真进行注浆效果评定，确保了富水区施工不突水、不涌水。施工现场严格按照防火、防爆、防洪、防雷电等安全规定及文明施工的要求布置。全年未发生安全责任事故。

按照“主体工程质量零缺陷、对工程质量寿命期负责和确保运输安全”的要求，查制度、抓落实，查隐患、堵漏洞。单项工程一次验收合格率 100%，优良率 95.0%。圆梁山隧道正申报渝怀铁路优质样板工程复评，23 标段正申报渝怀铁路综合优质工程。

【科技创新】 针对关键工序和工程技术难

点，指挥部组织技术人员开展科技攻关，成立全面质量管理小组(QC 小组)6 个，开展活动 21 次，解决了溶洞段开挖、高抗水压衬砌渗漏水治理等 8 个施工工艺难题。

按照集团公司下达的科研计划及科研合同要求，组织召开科研工作会，检查各科研课题的研究进展情况，组织科研单位及时对科研工作进行总结，对圆梁山隧道"岩溶、高水压、瓦斯地区修建特长隧道快速施工及机械设备配套技术研究"、"圆梁山隧道长枕埋入式无碴轨道结构施工技术研究"两个主课题进行了研究总结，并将科研成果已及时应用于圆梁山隧道工程施工中。

【重要事件】

2 月 24 日，圆梁山隧道胜利贯通。

3 月 20 日，铁道部副部长陆东福一行到圆梁山隧道进口工区检查工作。

4 月 12 日，完成圆梁山全隧开挖任务。

7 月 29 日，圆梁山隧道拱墙衬砌全部完成。

11 月 6 日，圆梁山隧道整体道床施作完毕，全长 11811 延长米。

12 月 15 日，圆梁山隧道进口工区 2 号、3 号溶洞段第一阶段渗漏水治理工作基本完毕。

(指挥部)

宜万铁路工程指挥部

【概况】 2004 年 8 月 26 日，根据隧编[2004]40 号文，成立"中铁隧道集团有限公司宜万铁路工程指挥部"(以下简称"指挥部")，统一管理宜万铁路 15 标、W8 标施工生产和内外协调工作。

指挥部设三部一室：工程部、设计部、经财部和办公室。至年末，定员 17 人，现员 17 人。下辖 15 标工程作业公司、W8 标一工区、W8 标二工区 3 个作业公司(工区)和集团物资中心宜万材料厂、设计院地质队和科研所通风组 3 个专项协作单位。

宜万铁路位于渝东、鄂西地区，西起达万铁路的万州站，东至鸦宜铁路的花艳站，全长 386 公里。集团承建的 15 标、W8 标段(14 标段)位于湖北省恩施土家族苗族自治州巴东县野三关镇。

15 标段总长为 7065.5 米，起讫里程为 DK116 + 060 ~ DK123 + 125.5，主要包括野三关隧道进口(正洞 6920.5 米，平导 6901.5 米)、路基(145 米)。本标段合同价款 25581 万元，合同工期 2004 年 6 月 1 日至 2008 年 9 月 22 日。

W8 标段总长 6800 米，起讫里程为 DK109 + 262 ~ 116 + 060，标段宜昌端与 13 标相接，万州端与 15 标野三关隧道进口段相接，主要工程项目包括高阳寨隧道 4733 米，碗口河大桥(正线)414.40 米，碗口河大桥(牵出线)375.42 米，野三关大桥 311.65 米，野三关中桥 102.69 米，野三关中桥 100.12 米，野三关特大桥 528.88 米，张岩中桥 98.56 米及巴东车站一座。本标段合同价款 23332.0796 万元。合同工期 2004 年 8 月 1 日至 2008 年 9 月 17 日。

集团公司宜万铁路 15 标段由集团股份公司二公司的整建制队伍成立的工程作业公司承担。W8 标段共分二个工区，任务划分如下：一工区，由集团二处七公司承担高阳寨隧道进口施工；二工区，由集团三处隧道一公司承担高阳寨出口及本标段内的所有桥梁、路基、车站土石方、站场房及相应设施等的施工。设计院负责 15 标、W8 标的超前地质预报和 W8 标的长管棚、预应力锚索的施工；科研所负责隧道施工通风技术服务和高阳寨出口双线及燕尾段的监测工作；物资中心宜万材料厂负责 15 标、W8 标的材料供应;由集团公司委托原15标试验室成立中心试验室,配足相关实验仪器和有资质的试验员,实现两个标段试验资源的共享。

【施工生产】 2004年,15标野三关进口平导完成1700延长米,正洞完成843.8延长米,导流洞完成198.7米,路基土石方28928立方米,路基桩板挡土墙完成1220圬工立方米,施工便道完成8公里,供水干管路完成1.2公里,完成年度产值4065万元。

W8标高阳寨隧道正洞完成206延长米,进口横洞完成451.565延长米,出口抗滑桩完成1000圬工立方米,涵洞完成70横延米,野三关特大桥完成21延长米,野三关大桥完成6延长米,碗口河大桥正线完成7.3延长米,碗口河大桥牵出线完成3.7延长米,施工便道完成17.5公里,供水干管路完成3.4公里,完成年度产值951万元。

【安全质量和水环保】 指挥部制定了安全质量管理办法,分别成立了安全、质量管理领导小组,建立了安全质量管理体系,加强现场技术管理和质量过程控制。认真落实"工艺标准示范工程"工作,严格按验收标准组织施工,通过"工艺标准示范工程"来规范操作,检验施工工艺的可行性、设备配置的合理性,为后续大面积施工提供各种参数、数据,实现开工必优,一次成优。

按照总指的要求,结合15标、W8标工程高风险的特点,建立了防范和化解高风险的8项预案,开展防突泥涌水等突发性事件的演练工作。在施工过程中,积极贯彻地质超前预报先行指导施工的原则,认真完成平导及正洞的地质素描、红外探水、TSP203地质雷达、超前水平钻孔等地质超前预测预报工作,克服了溶洞、断层、岩堆体及软弱围岩等隧道地质风险,确保了施工安全。全年实现无重大安全事故。

为加强施工过程的安全质量控制,指挥部制定了工地巡检制度、施工生产十天计划收方制度和月末安全质量大检查制度,内容包括进度、安全、质量、内业管理、水环保等。同时,指挥部还制定了目标奖考核制度,将工地巡检和奖罚制度挂钩,建立起涵盖工期、安全、质量、成本、水环保和文明施工等项目管理六大控制目标在内的施工生产目标奖综合考核体系。

在环水保工作上,指挥部成立了以指挥长为组长的水环保领导小组,制定了水环保管理办法和奖罚措施,各施工作业工区分别明确了分管领导和联络人。加强对所属作业工区进行巡查,做好施工区域内天然林的保护、弃碴场的挡护及生产生活区的绿化工作。

【党工委工作】 指挥部党工委下辖15标工程作业公司、W8标一工区、W8标二工区、材料厂及指挥部机关5个党总支(支部)。2004年,指挥部党工委结合施工生产实际,重点在加强班子建设、组织建设、队伍建设和企业文化建设上下功夫,做文章。以发挥党组织的政治核心和战斗堡垒作用以及党员先进模范作用为重点,健全了党群工作组织和机构,制定完善了工作制度,确保组织健全,制度有效,管理有序,政令畅通。以提高班子的凝聚力和战斗力为目标,加强班子建设,召开了党员领导干部民主生活会,促进了班子的团结、和谐。以创建"党支部建设示范点"为载体和目标,因地制宜地开展了党员先锋工程、工会安全哨兵、共青团安全监督岗等活动,促进了党群工作与施工生产的相通、相融。以提高员工队伍素质为目标,开展了全员素质工程教育活动,有目标,有规划,有制度,有措施,有活动,有效果。以创树中隧集团在宜万铁路上的良好形象为目标,大力开展了企业文化塑造活动,编制了《宜万铁路项目团队手册》,提升了工程建设的品位和员工队伍的精神风貌。

【重要事件】

7月9日,铁道部建设司副司长张梅、部工程管理中心宜万铁路建设总指挥部指挥长朱鹏飞一行到宜万铁路15标段检查指导工作。

8月4日,铁道部副部长陆东福一行视察了宜万铁路15标野三关隧道进口工程。

8月17日,铁道部工程管理中心安全质量检查组到宜万铁路15标检查安全质量工作。

11月24日,15标举行了防突泥涌水应急预案现场演练。

(办公室)

大丽铁路项目经理部

【概况】 2004年11月23日,根据隧编[2004]46号文,成立"中铁隧道集团有限公司大丽铁路项目经理部"(以下简称"项目部"),机构设置为:工程部、计财部、办公室。定员14人,现员11人。

该工程为新建铁路大理—丽江线工程第7标段,位于云南省大理自治州洱源县江尾镇和鹤庆县西邑镇,起讫里程为DK69+500~DK80+500。标段全长10.932千米(包括短链长度62米),共有两座隧道(其中笔架山2号隧道长2183米,北衙隧道长8436米)、1座双线拱桥、1座中桥、1座跨线公路桥及路基附属工程。合同工期2004年11月26日至2007年3月25日,合同价款24878万元。由四处有限公司和第一工程处担负施工。

【施工生产】 集团公司11月23日下达进场命令后,各施工单位人员、设备、材料迅速到位。12月20日正式开工,至月底"三通一平"全部完成,共修筑施工便道18.2公里,临时房屋10700平方米。北衙1号横洞开挖13米,北衙2号横洞开挖15米。

(项目部)

武汉长江隧道工程指挥部

【概况】 2004年11月8日,根据隧编[2004]42号文,成立"中铁隧道集团有限公司武汉长江隧道工程指挥部"(以下简称"指挥部")。机构设置为:工程部、经财部、办公室。定员13人,现员12人。

武汉长江隧道项目是武汉市重点工程和重要的过江通道,堪称"万里长江第一隧"。隧道位于武汉长江一桥、二桥之间,江北起点为汉口大智路与铭新街的交叉口,江南终点为武昌友谊大道南侧规划中的沙湖路。设计为左右两条隧道,为单向两车道。本工程子项目多,包括长江两岸明挖、暗挖隧道,江中盾构隧道、匝道、引道以及设备采购和安装等项目。

武汉长江隧道工程由中铁隧道集团有限公司、铁道第四勘察设计院、武汉市市政建设集团有限公司、武汉市城市规划设计研究院、奥地利D2咨询有限公司组成的"武汉长江隧道工程设计采购施工总承包中隧集团联合体"负责施工,中铁隧道集团有限公司作为主办人,负责组织与业主的合同谈判及签署,负责盾构机的选型采购、盾构隧道工程(左线2550米、右线2499米)、两座盾构工作井工程、北岸暗挖隧道工程段(主线40米、匝道35米)的所有土建施工以及设备安装工程,合计价款66438万元;铁道第四勘察设计院作为设计总体单位,负责工程设计,设计费用包干3000万元;武汉市市政建设集团有限公司作为施工单位之一，配合主办人参与项目运作，负责管理用房、主线明挖隧道(北岸 436 米、南岸 228 米)、主线敞开段(北岸 145 米、南岸 160 米)、匝道工程段(不含暗挖隧道)的所有土建施工以及设备安装工程，合计价款 22959 万元；武汉市城市规划设计研究院作为辅助设计单位，主要负责两岸交通疏解方案及与本项目相关的规划、拆迁配合工作。设计费用包干 200 万元。

该工程合同工期 2004 年 11 月 26 日至 2008 年 8 月 26 日，合同价款 99777 万元。

【施工生产】 至年末，完成大小临建及场地平整、硬化 1270 平方米，导墙基础开挖 36 米，完成场地施工围挡等，累计完成产值 43 万元。

【重要事件】 3 月 25 日中铁隧道集团有限公司、铁道第四勘察设计院、武汉市市政建设集团有限公司、武汉市城市规划设计研究院、奥地利 D2 咨询有限公司在武汉正式签订《武汉长江隧道工程设计采购施工总承包中隧集团联合体联合意向书》，本着“平等自愿、优势互补”的原则组成联合体，共同参与武汉长江隧道工程设计采购施工总承包项目投标。《联合意向书》确定了联合体工作组织机构，划分了联合体成员职责分工，明确中铁隧道集团有限公司为联合体主办人。

4 月 6 日，“武汉过江隧道标前工作组”成立，具体负责策划、组织并实施项目投标工作。

11 月 2 日，联合体接到由业主颁发的中标通知书。

11 月 4 日，“武汉长江隧道工程中铁隧道集团联合体指挥部”正式成立。

11 月 8 日，“中铁隧道集团有限公司武汉长江隧道工程指挥部”成立。

11 月 26 日，联合体在武汉市城市建设投资开发集团有限公司与业主正式签订总承包合同。

11 月 28 日，在江南工区现场举行了盛大的开工典礼。

（指挥部）

北京地铁五号线 05 标项目经理部

【概况】 中铁隧道集团有限公司北京地铁五号线 05 标项目经理部(以下简称“项目部”)负责施工的北京地铁五号线 05 标段土建工程施工。

至年末，项目部在岗人员 16 人。

【施工生产】 本标段由于前期拆迁、管线改移等因素的影响，区间于 2003 年 4 月 1 日开工，车站于 2003 年 5 月 15 日开工。2004 年，项目部共完成施工产值 9182.1 万元，其中合同内完成 7766.8 万元，合同外完成 1415.3 万元。累计完成施工产值 13400.1 万元，其中完成合同内产值 11984.8 万元。

2004 年，其形象进度为：车站北段中洞地梁、钢管柱、天梁已经施工完成，中洞衬砌已经基本形成封闭体系。侧洞开挖已折合完成 30.8 米。车站南段中洞开挖、中洞衬砌、侧洞开挖均已完成。车站附属结构北换乘通道开挖 122 米，南换乘通道开挖 95.3 米；西南出入口开挖完成，东南出入口开挖 35 米。其它两个出入口由于管线改移，尚未施工。磁—崇区间左右线开挖都已完成，右线衬砌完成 500 米，左线完成 421 米。

【二次经营】 共提出 81 项变更设计，合同外累计上报 2087.0 万元，其中业主已批复变更 38 项，批复价款 1050.4 万元；正在办理待批复变更 43 项，待批复价款 1036.6 万元。

【安全质量】 工程自开工以来,项目部注重安全质量管理工作,一是完善安全质量管理体系,加大安全质量管理力度。二是制定安全质量管理措施,落实现场管理工作。三是结合管理创优活动,认真落实评比考核工作。四是加强安全质量培训教育制度。在2004年9月份业主组织的“北京地铁五号线百日劳动竞赛”及安全质量管理第一次综合评比活动中,项目部获得第二名;在10月份第二次评比中获得第一名;在12月份第三次劳动评比中获得第一名。

【重要事件】

1.2月3日,国家安全局有关领导由中国铁路工程总公司领导陪同到北京地铁五号线05标进行施工安全调研。

2.3月29日,北京市副市长刘敬民视察北京地铁五号线05标段崇文门站既有线施工情况。

3.4月17日,北京市市长王岐山视察北京地铁五号线05标段崇文门站既有线施工情况。

(李树斌)

北京地铁五号线06标项目经理部

【概况】 中铁隧道集团有限公司北京地铁五号线06标项目经理部(以下简称“项目部”)主要负责东单站和崇文门—东单区间土建工程施工。

至年末,现员15人。

【施工生产】 2004年完成施工产值7202万元,开工累计完成施工产值9571万元。

区间工程:左线初支223米,开累621米;左线二衬施工475米,开累511米。右线初支384米,开累534米;右线二衬施工306米,开累306米。联络线初支243米,二衬施工120米。两个迂回风道(各24.2米)初支二衬施工完毕。

车站及附属工程:明挖基坑主体施作完毕。东北风道主体结构完成;东北出入口主体结构完成;东北换乘通道初支完成45米,完成率25%;西南出入口完成暗挖主体结构55米,明挖主体结构25米,完成率70%;东南风道完成69米双层结构,完成率70%;东南出入口底板结构全部完成,完成率40%;东南换乘通道完成初支50米,完成率35%。

【安全质量】 全年无安全事故。分项工程优良率均在92%以上。在业主质量大检查中,获得2004年五号线上半年防水工程第一名,被授予北京地铁五号线防水工程优胜单位。

【二次经营】 2004年,完成验工计价7742.2万元,其中合同内7294.3万元,合同外变更立项1153.6万元,已验工计价447.9万元。

(办公室)

北京地铁四号线07标项目经理部

【概况】 中铁隧道集团有限公司北京地铁四号线07标(宣武门车站)项目经理部(以下简称“项目部”)成立于2003年12月20日。项目部设四部一室,即工程部、安质部、设物部、计财部和办公室。至年末,现员6人。

宣武门站是北京地铁四号线全线7个甲级车站之一;车站位于宣武门内、外大街与宣武门东、西大街交叉路口下,与既有环线宣武门站成“十”字交叉;环线在上,四号线在下,两条线采用站厅—站台“十”字换乘方式。车站为两端双层中间单层14米宽岛式站台暗挖站。有效站台中心里程为K7+

842.35，车站总长度197.3米，总宽度24.4米，站台宽度14米。车站附属结构包括四条出入口、4条换乘通道、两座风道、一座残疾人通道。该工程合同工期为2003年12月27日至2006年5月30日，合同价款13849万元。

【施工生产】 2004年完成产值5043.4万元。完成的实物工作量为：西南风井25.183米、风道65米、临时施工通道28.8米、东南紧急出入口竖井24.62米、通道34.7米、临时施工通道28.8米、西北风井25.091米、风道52.05米、临时施工通道28.8米、主体小导洞开挖1040米、横导洞90.3米、风道大管棚4020米、车站主体大管棚7290米、车站主体边桩141根、边桩下基础梁、底纵梁309.7米。

【二次经营】 2004年，宣武门站1号、2号、3号风道初支变更18项，产值约300万元。

（王志刚）

广州地铁三号线厦大区间项目经理部

【概况】 2004年，中铁隧道集团有限公司广州地铁三号线厦大区间项目经理部（以下简称"项目部"）在施工过程中与业主、设计、监理密切配合，克服工程占地面积大、施工协调接口多、资金紧张等诸多困难，全面完成集团公司下达的年度各项经济技术指标。

【施生工产】 2004年，项目部完成施工产值6064万元，为集团公司调整计划的103.3%；其中合同内完成4474万元，合同外完成218万元（变更设计验工计价54万元，前期费变更164万元），材料调差1372万元。

【二次经营】 广州地铁三号线厦大区间项目前期费增加312.9万元（已拨付172.0万元，其中2003年拨付8万元，2004年拨付164万元）。具体为：大激涌改沟施工130.5万元，改沟租地费23.6万元，管线悬吊保护45万元，钢便桥、钢板桩98.3万元，村民耕作便道15.5万元。合同外变更5项计216万元（已验工计价54万元）。具体为：正线沿江路增加挡墙7万元，入段线调坡增加47万元，入段线增设轨排基地74万元，施工缝钢板止水带由250毫米变为300毫米，增加28万元，过街通道及出入口增加60万元。

前期费及合同外变更两项共增加工程价款528.9万元。

【安全质量】 2004年，项目部无安全、质量、机械及交通事故。工程合格率100%。分部验收的围护桩、基坑基底工程被评为优良工程。

（项目部）

南京地铁D2－TA1标项目经理部

【概况】 2004年，中铁隧道集团有限公司南京地铁D2—TA1标（向兴路站）项目经理部（以下简称"项目部"）制定保安全、保质量、保工期措施，积极开展多种形式的劳动竞赛活动，主体结构工程全部完工。安全与文明施工取得佳绩：荣获南京地铁优胜杯劳动竞赛（第三阶段）一等奖、南京市"2004年度市级文明工地"、"江苏省建筑施工文明工地"及中国铁路工程总公司"安全标准工地"等称号。

【施工生产】 2004年，向兴路站经历了从基坑围护结构施工到土方开挖及支撑、主体结构施工及土方回填等全部施工内容，合同内工程实物量基本结束。完成产值7601.5万元,为集团公司计划的112%。

【二次经营】 由于该工程围护结构为设计施工总价承包,变更余地较小。开工伊始,项目部就致力于项目的二次经营工作,从学习合同文本开始,对施工所遇到的不在合同范围内的工程项目找现场监理、业主确认,上报变更立项。至年底,累计变更金额912万元。

(项目部)

上海轨道交通9号线R404标项目经理部

【概况】 中铁隧道集团有限公司上海轨道交通9号线R404标项目经理部(以下简称"项目部")承建上海轨道交通9号线R404标—九亭站、地下线及敞开段工程。

2004年末,项目部在岗员工9人。

【施工生产】 该工程2003年10月30日正式开工,2004年5月31日完成九亭站端头井施工并移交盾构施工。至2004年末,车站工区完成九亭站车站主体结构施工以及沪松公路第一阶段的道路翻交和2号出入口(北段)围护桩施工;区间工区完成整个地下线及敞开段的围护和内部结构施工以及蒲汇塘改河挡墙的部分施工任务。全年完成施工合同产值约9982万元。

【安全质量】 全年未发生安全质量事故。在上海轨道交通9号线一、二季度立功竞赛活动中分获"安全精品奖"、"文明施工奖"。5月12日通过上海市安保体系外审。上半年在上海市安全标化工地创建活动中获得"达标工地称号",并获中国铁路工程总公司"创优达标优秀工地奖"。 (黄丛刚)

上海轨道交通6号线15A标项目经理部

【概况】 中铁隧道集团有限公司上海轨道交通6号线15A标项目经理部(以下简称"项目部")成立于2003年10月31日。2004年末,项目部现员4人。

上海轨道交通6号线又称L4线,全长33.52公里,共28个车站。15A标包括龙阳路站和浦三路站两个地下车站,位于上海浦东新区东方路与龙阳路和浦三路交叉口附近。合同价款9967万元,其中龙阳路站6208万元,浦三路站3758万元。合同工期暂定为2004年1月5日至2005年6月30日。

龙阳路站起讫里程SK20+588.877~SK20+930.177,全长341.3米。车站为地下二层岛式站台车站,车站主体分为南、北端头井、标准和存车线四部分,附属工程共4个出入口。

浦三路车站为地下两层岛式站台车站,起讫里程SK21+873.046~SK22+048.484,全长172.3米,站台为弧形站台。车站设有2个出入口。

【施工生产】 2004年,15A标完成产值8118.5万元,完成年度生产计划的107%。具体完成情况为:龙阳路站围护结构地下连续墙从1月5日开始施工,8月28日全部完成,累计完成141幅;基坑开挖从7月5日开始施工,至12月20日全部完成,累计完成78500立方米;主体结构从8月5日开始施工,Ⅰ、Ⅱ、Ⅸ、Ⅹ、Ⅺ、Ⅻ段主体结构已封顶,存车线顶板已覆土回填。浦三路站围护结构地下连续墙从3月24日开始施工,7月31日全部结束,累计完成81幅;基坑开挖从8月18日开始施工,11月16日土方全部结束,累计完成48886立方米;主体结构共8个结构段,从8月19日开始施工,至年底车站主体结构全部完成。

【安全质量】 2004年,项目部杜绝了一般安全事故的发生,有效控制了事故隐患。全年共经历了6次由上海市市政质检站组织的中间过程质量验收,均一次性通过。9月份,在申通集团举行的三季度文明施工和“五比”活动大检查中,项目部在30个工地评比中名列前6名,是中铁工程总公司系统惟一入选的铁路施工企业;10月份通过上海市安全保证体系第二认证审核中心外审,获得安全保证体系认证。在中国铁路工程总公司组织的“总公司安全质量样板工地”评比中,荣获“中铁工程总公司安全质量样板工地”荣誉称号。11月荣获“上海市市级文明工地”称号;项目经理于明华荣获上海市重大工程立功竞赛先进个人。

【二次经营】 15A标合同是闭口合同,但项目部从工程前期停工索赔、保工期新增措施、φ1200管线保护、材料价差等方面入手,努力寻找合同突破口。至年末,上报投资监理审核的合同变更金额约为1400万元(不包括2个出入口),其中,龙阳路站4号出入口由原来的明挖法变更为顶管法施工,浦三路站1号出入口由原来的明挖法变更为浅埋暗挖法施工,这两项变更不仅能给项目带来良好的经济效益,其社会效益更为深远。

(项目部)

天津地铁一号线第8合同项目经理部

【概况】 中铁隧道集团有限公司天津地铁一号线工程第8合同项目经理部(以下简称“项目部”)承建天津地铁既有线改建工程营口道站车站工程,以及新增营口道站2号开发地工程。项目部设工程部、经营财务部、办公室。年末现员6人。

【施工生产】 营口道站车站工程2004年计划完成4502万元,实际完成5164万元。至年末,累计完成产值8158万元,累计验工8064万元。

该工程2002年5月开始进场,2003年3月12日正式开工。由于拆迁,业主协调困难等原因的影响,再加上资源配置不到位,工期曾一度滞后。自2003年底开始,项目部加强生产指挥,以节点工期为目标,组织阶段性生产高潮,扭转被动局面。2004年3月15日,完成3号线A3、A4段主体施工,保证了二期导行顺利实施;7月5日完成全部主体结构施工;9月15日完成基坑回填、路面恢复,保证了三期导行。至年末,车站主体结构全部完成。之后,业主又将营口道车站2号开发地块的施工任务交给项目部施工,增加了集团公司在天津的市场份额。2号开发地块设计要做较大调整,所以末开工。

【安全质量】 2004年,项目部对照集团贯标体系认证工作的制度要求和各项目安全管理法律法规,重点在安全教育培训、过程控制环节上严格进行安全生产控制和管理,特别是砼的生产和施工。在过程控制中,加强现场管理力度,对现场出现的各种安全隐患和事故苗头,及时采取处理措施。

【二次经营】 8标段工程合同中标价为8090万元,在正式施工后,3号线预留车站缩短了8米左右,并取消了4号出入口、变电所、集散厅等附属结构,按中标设计图的工作内容,工程造价缩减为5300万元。对此,项目部一是针对业主调整平面布置,有意识引导业主调整施工方案,1号风道由明挖改暗挖,增加工程量2000余万元;二是从施工安全和单价上提出变更,原围护结构止水帷幕设计由水泥搅拌桩变更为旋喷桩(投标单价较高),差价为544万元;三是该工程采用实际完成量与工程量清单价验工计价,在验工上实现了对项目部有利的计算。对施工过程合同外和业主额外增加的零星工程,也及时取证和签字。对施工中发生的保险赔偿,项目部均由专人负责,无遗留问题。

(办公室)

天津地铁一号线第22合同项目经理部

【概况】 中铁隧道集团承建的天津地铁一号线工程第22合同项目经理部(以下简称"项目部")承担的22合同段工程为天津一号线既有线及区间风道改建工程,合同工期为2003年2月至2004年1月,合同价款4045万元。但由于客观原因,8个相对独立的工点中有4个工点未按时开工,工期有所滞后。

至年末,项目部在岗人员5人。

【施工生产与安全质量】 2004年,22标完成施工产值3022万元,累计完成3652万元。南运河区间风道、西门区间风道、区间隧道、血研所区间风道、四马路区间风道和长春道区间风道已经完成,剩余新华路风道隧道开挖完成,正进行二衬施工,已完成设计数量的81%。

工程自开工以来,未发生一起意外事故,工程质量多次得到业主好评。

8月12日晚,四马路风道2部掌子面突然发生涌水涌泥,掌子面局部发生滑坍。项目部立即采取网喷砼封闭掌子面停止掘进,同时对地表进行回填注浆处理,滑坍基本停止。13日上午,2部掌子面再次出现涌水涌泥,并伴随大面积的滑坍,滑坍长约8米,使得1部仰拱悬空。项目部又立即组织人员进行抢险。在险情得到控制后,项目部做出补救措施:回填注浆,填充由于原来出现涌水而出现的空洞;将1部仰拱悬空部位进行加固封闭成环;加强监测频率,随时对周边的环境(路面、围墙)进行观察,确保施工及环境的安全。在项目部的共同努力下,9月份风道开挖完成。

【二次经营】 22标工程2003年2月开工以来,项目部把工程设计变更和工程量清单外项目作为二次经营工作的重点,对项目的施工方案可行性、单价和工程数进行认真的分析和研究,并按照工作程序所涉及到的各个部门和单位进行多次的反映和沟通,得到有关单位的认可和支持。经过努力,二次经营工作的目标得到落实,工程款已经拨付到位。2004年完成工程计价总额3851.0982万元,其中工程变更及清单外项目完成1637.0505万元。其它变更项目的利润率均达到该计价总额的50~60%。已完成主要的变更及清单外项目共1376.5399万元。对于其他的变更及清单项目,项目部已组织经营和技术人员,完成了各种工程技术资料的收集整理和工程调概、索赔、结算工作,内容包括合同清单内项目、清单外项目、变更项目和洽商及现场签证项目,申请调概总金额为4309.2952万元,超过已计价金额约537.2万元。

(项目部)

常张高速公路10B标项目经理部

【概况】 中铁隧道集团有限公司常张高速公路10B标项目经理部(以下简称"项目部")主要负责起讫里程为ZK74+620(YK74+635)~K77+800,全长3.18公里路段的施工任务。该工程合同工期为2003年11月至2005年8月。

2004年,项目部施工进展顺利。在常张高速公路业主组织的优秀施工单位评选中,项目部被授予“优秀项目经理部”称号,在年度目标考核评比中,项目部又被业主评为“A”级施工单位。

至年末,项目部现员10人。

【施工生产】 该标段开工日期滞后近10个月。至年末,项目部年累完成产值3019万元,为计划产值的117.9%。完成的实物工作量为:路基土石方工程基本完工,开累完成土石方200万立方米;桥梁完成523成桥米;排水及通涵工程中通道开累成涵234.08延米,涵洞开累成涵406.79延米;其它排水工程开累完成5500米;防护工程开累完成圬工1.2万立方米。

【安全质量】 项目部与工区签订了安全生产目标责任状,并成立了以书记为组长,安监室主任、各工区主任、专业工程师为成员的安全管理领导小组,专设了安全监察室,推行全天安全巡查与安全一票否决制和各作业工序的安全技术交底制。施工中严格按照设计及规范要求,对工程质量进行全过程的控制,实行每道工序的检查制度,做到三查:施工队质检员自查、项目部质检工程师检查、监理工程师检查。

工程自开工以来,未发生任何安全事故。被集团公司评为2004年度“安全标准工地”。

【二次经营】 2004年,项目部经业主批复变更设计累计达484万元,已计量变更金额为452万元。累计完成验工计价4497万元。

(项目部)

常张高速公路20标项目经理部

【概况】 2004年,中铁隧道集团有限公司常张高速公路20标项目经理部(以下简称“项目部”)克服了场地狭窄、原材料大幅涨价、资金紧张、工期压力大等困难,取得了右线贯通、产值超亿元的好成绩。

至年未,经理部共有员工16人。

【施工生产】 2004年实现产值10300万元,完成计划的103%。具体形象指标为:土石方开挖69万立方米;20米空心板梁预制453片、架设301片;30米T梁预制380片、架设246片;桩基开挖2620米;成桩3656米;独柱墩施工2200米;双柱墩施工660米;独柱墩盖梁96个;双柱墩盖梁54个;通道和涵洞全部完成;狗子滩隧道3月18日贯通,7月31日完成二次衬砌。9月～12月,连续4个月月产值超千万元。

【安全质量】 经理部根据构造物集中,条块分割繁杂,桥、涵、路基多层次交叉作业,相互干扰大,因而危险源多的特点,制定了《常张高速公路20标项目部安全管理手册》、《常张高速公路20标项目部质量管理制度》等规章制度,建立了自防、互防和联防安全机制,坚持“周一安全日”活动,实行班自检、交接班互检、工区每半月检查一次、项目部每月检查一次的安全检查制度,重点抓了土石方爆破、桩基开挖、墩柱和架梁等安全检查制度。2004年度分部、分项及隐蔽工程经常张高速公路第七监理处监理工程师验收合格率100%,优良率95%。自开工以来,未发生重大人身伤亡事故。

【党务工作】 为加强党风廉政建设,实现

“干一项工程,树一座丰碑,占领一方市场,培养一批人才,带出一支队伍”的目标,项目部全年共组织了12次由工区主要领导参加的党风廉政学习,做到学习内容丰富,记录完善,学者受益。建立了通讯报道小组,共在《隧道工人》、《常张高速》和地方媒体发稿25篇。

【重要事件】

1月20日,常张高速公路20标最大施工难点——共计14根、直径2.8、全长297米水中桩完成桩基开挖。

3月18日,湖南省高速公路第一座隧道——全长259米狗子滩隧道贯通。

3月22日,湖南省副省长徐宪平一行,视察常张高速公路20标。

7月1日,湖南省省长周伯华一行视察建设中的常张高速公路20标。 (办公室)

西汉高速公路户洋项目经理部

【概况】 2004年,中铁隧道集团有限公司户洋公路项目经理部(以下简称“项目部”)下设两部一室(工程部、计财部、办公室)。至年末,现员7人。

【施工生产】 全年完成产值8756万元,为集团公司年度计划的109%。隧道开挖3000米(上行线1400米,下行线1600米)衬砌3087米(上行线1679米,下行线1408米);桥梁完成上行线0号台、1号墩、2号墩、3号墩、4号墩、5号台基础及下部工程;完成下行线1号墩、2号墩、3号墩、4号墩、5号墩、6号台基础及下部工程;完成梁板预制96片;各单位工程均超额完成年度计划。

隧道上行线于2004年9月份提前施组8个月完成开挖任务;隧道下行线于2004年12月份提前施组6个月完成开挖任务;在西汉线最先开始应急停车带大断面衬砌施工。

【二次经营】 2004年,变更30项,其中隧道工程21项,桥梁工程9项。变更增加59万元。

【安全质量】 全年无安全、质量责任事故。综合业绩在业主和监理历次联检中3次获评第一;工程质量历经各级业主、监理36次实体检测,每次均达优良,获2004年度西汉高速公路56家施工单位综合业绩评比“第一名”,项目经理蔡振宇获西汉公司“优秀项目经理”称号,并荣获集团公司“安全质量标准工地”、“安全质量样板工地”称号。

(办公室)

南友高速公路12、13标项目经理部

【概况】 2004年,中铁隧道集团有限公司南友公路12、13标项目经理部(以下简称“项目部”)在业主提前工期的情况下,克服各种困难,较好地完成了年度施工任务。12标获得业主2004年度安全生产先进单位和优秀施工二等奖。

至年末,项目部在岗人员8人。

【施工生产】 2004年,项目部完成施工产值5100.69万元,为集团公司年度计划的100.4%。其中12标管段完成3421万元,13标管段完成1679万元。完成主要实物工作量:路基土石方145.47万立方米;通道553.1米;涵管771.5米;桥122成桥米;防护、排水圬工3.51万立方米;路面底基层110平方千米;路面下基层92平方千米;隧道200成洞米。

【经营开发】 项目部全年完成验工计价4559.5万元，为产值5100万元的89.4%；二次经营年内共变更工程量1025万元；管段合同外增加凭祥联线施工任务1.658千米。联线主要工程量：路基土石方21.5万立方米，沥青混凝土路面22.1平方千米，水泥混凝土路面26.89平方千米，中桥44.08米/1座，涵管166米/4道，通道114.58米/3道，隧道528米（单洞）/1座，平交4处。

（项目部）

321国道内江段改建工程施工管理总指挥部

【概况】 2004年，中铁隧道集团有限公司321国道内江段改建工程施工管理总指挥部（以下简称“指挥部”）机构设置为二部一室，即工程部、财务部、办公室。至年末，现员18人。

【施工生产】 由于国家地土资源政策的调整，工程建设用地的法定手续迟迟没有批下来，致使正式施工延滞。2004年，指挥部认真做好开工前的各项基础工作，并协助内江新鸿路业有限公司做了相关工作。

（汤晋平）

成都办事处

【概况】 2004年，中铁隧道集团有限公司成都办事处按照集团公司的要求，加强内部管理，做好本职工作，热忱接待好集团公司来往人员，做好成都地区离退休人员的管理工作，管理好住宅大院的物管、绿化、维修，较好地完成了各项工作。

至年末，办事处在岗人员4人。

【主要工作】 2004年，办事处积极与成都市政府及有关部门协调，拆除了围堵办事处多年的大墙，从而使办事处在零投入的前提下，创收30多万元，为集团公司减轻了经费负担。

办事处关心离退休人员，不但对家属院的环境进行整治、绿化，还多次组织他们到郊外风景区游玩，帮助他们解决实际困难，真正使老同志老有所享，老有所乐。

（办事处）

广州办事处

【概况】 2004年，中铁隧道集团有限公司驻广州办事处（以下简称“办事处”）积极做好广州片区的联络服务、信息收集和房产管理工作；配合集团广东片区施工单位搞好生产经营和宣传工作；在广州市协作办的帮助下，搞好与地方政府的关系，利用全国各地驻穗机构，广交朋友，多渠道、全方位追踪和收集工程信息，为集团公司经营决策提供参考，取得较好的经济和社会效益。办事处被评选为2004年“广州市全国各地驻穗机构先进单位”和广州市东山区农林地区先进集体。

至年末，办事在职员工5人。

【效益情况】 2004年，办事处创收157.6万元，上缴集团公司管理费59.8万元，超缴15.8万元，上缴房屋折旧费9.37万元，上缴广州市税款23.6万元，实现利润7万元，资产保值增值率达3.58%。

【房产管理】 农林下路新裕大厦和东山锦轩等高级写字楼的建成使用给办事处大厦的经营造成较大的压力。面对现实，办事处从加强大厦软硬件两方面的工作入手，积极参与市场竞争。一是从各种媒介上及时了解掌握广州的租赁价格,合理定位自身价格;二是采取应对措施,以价格和服务取胜;三是加强大厦的保洁工作,对大厦的渗水部位进行补漏和对空调排水管的维护,及时更新垃圾桶,给客户创造一个舒适的环境;四是加强治安防范,调整保安人员,健全岗位值班责任制,确保大厦有一个良好的治安秩序。由于措施得当,既留住了老客户,又迎来了新客户。

【内部管理】 为提高工作效率,规范管理,办事处根据机关员工岗位考核办法,修订、完善了非生产低值易耗品管理办法、水电管理办法、内部招待所管理办法、电话费管理办法,并重新明确了办事处人员的岗位职责。一是对固定资产和低值易耗品进行清点,确保帐卡物三相符;二是加强会计基础工作,做好增收节支;三是坚持对变压器维修保养,每月对电梯检修两次,每季清洗水池,每天对大楼保洁;四是狠抓消防安全,每月对消防设施进行检查,及时补充消防器材,确保安全;五是加强对招待所的管理,坚持被褥、床单一人一换,早餐多样化,室内干净整洁,热水开水随时供应;配齐洗漱用品。由于制度健全,管理规范,受到客户和住户的好评。

【票务工作】 办事处对票务工作十分重视,同广州火车站票务中心建立了良好关系,能想方设法及时办理好出差职工所需的各个方向,各种席别的卧铺。节假日和特殊情况需要车票时,也能及时办理,努力做到尽善尽美。

【社会公益活动】 办事处特别注重同广州市协作办、军区话剧团、街道办和社区居委会的关系,经常同他们联系,并获得他们的支持和帮助。2004 年积极参加了广州市协作系统组织的多项培训和考察活动,参与了地方政府开展的扶贫和抗灾捐款活动,配合地方政府搞好计划生育及社会治安工作。使地方政府和企业了解中铁隧道集团,提高企业知名度,增加合作伙伴,开拓更广阔的市场。

(江国良　黎铭芳)

上海联络处

【概况】 2004 年,中铁隧道集团有限公司上海联络处(以下简称“上海联络处”)在保证集团公司在沪资产的完整性的同时,积极对现有资产进行优良化改进,从而有效提高了现有资产的盈利能力。

至年末,上海联络处在册员工 2 人,主要职能是对中隧集团公司在沪房产进行管理,并对集团内外人员提供票务、住宿等接待服务。

【经营情况】 2004 年,上海联络处对集团内外提供票务服务 658 张次,招待所累计住宿 900 多人次,较好地完成了所担负的接待任务。

年初,对集团公司在沪部分房产进行了改良,由集团公司出资完成了上海真南路 209 弄街面商场的改造,并取得了良好的收益。年末,在取得集团公司主管领导的批准后,经与地方部门协调后对办公楼围墙进行了破墙工程,成功的将 209 弄 19 – 20 号办公楼改成了街面办公房,改良后的该办公楼市场前景看好。

上海联络处全年创收实现收入 148 万元,上缴集团公司管理费 79 万元,缴纳税金 9 万元,年度净利润 6 万元。

【社会活动】 密切配合上海中隧物业管理公司开展各项物业管理活动;与警署、房地办、外劳力管理办、劳动局进行密切合作,就房产管理与各部门协手联动;配合街道、居委会搞好流动人员管理、计划生育、社会治安管理等,创建了良好的社会环境。

(张金泉)

郑州办事处

【概况】 中铁隧道集团有限公司郑州办事处(以下简称"办事处")由集团公司办公室统一(归口)管理。2004年末,在岗人员2人。

【主要工作】 根据集团公司对办事处的定位,办事处主要负责对郑州基地的房屋管理和日常维修及代收水电费工作,同时还负责集团公司员工出差的中转、接待服务工作。按照搞好基地及中转接待的指导思想,2004年,办事处共接待中转及集团公司来郑办事人员100余人次,代收水电费共计2万余元,无偿帮助老弱住户维修水电等设备10余次。2号楼房屋出租收入13220元,上缴地方利税3000余元。

(办事处)

中铁隧道集团
CHINA RAILWAY TUNNEL GROUP

党群工作

编辑：董俊保

党委组织工作

【概况】 2004年,中铁隧道集团有限公司党委组织工作坚持以“三个代表”重要思想和党的十六届三中、四中全会精神为指导,按照集团公司党委统一部署,紧紧围绕经营生产中心,以“学、创、带”为主题,深化党员“创岗建区”活动;以建立长效机制为目标,深化工程项目党建工作;以开展“保持共产党员先进性教育”准备活动为契机,建设过硬党员队伍;以制度创新为保证,发挥党委政治核心作用。全面增强党组织的创造力、凝聚力和战斗力,为促进集团年度各项目标的实现提供了坚强的组织保证。

至年末,组织部现员4人。

(熊孝平)

【基层组织建设】 2004年,集团公司党委下设基层党委14个,党组1个,各类指挥部(项目部)党工委78个(含集团公司成立的6个片区党工委,8个直属党工委,17个A类指挥部、项目部党工委,14个B类项目部党工委),党总支47个,党支部349个(含集团公司成立的2个B类项目部党支部)。其中年内新成立的A类项目部党工委7个、B类项目部党工委9个,片区党工委1个,单位党工委1个,B类项目部党支部2个。

督促和指导第一工程处及人员有较大变动的单位顺利进行换届或增补委员的选举工作 参加并指导第一工程处召开第一次党代会和指导8个单位进行党委、工委委员、纪委委员的调整或增补选举工作。以党内选举工作为契机,在领导班子及全体党员中开展了一次党的纲领、路线、宗旨教育、党的组织制度、民主集中制和纪律作风教育,党员权利与义务和党风廉政建设教育。通过换届选举和增选委员工作,基层领导班子结构得到调整,整体功能作用得到进一步发挥。

推进党代会闭会期间发挥党代表作用的试点工作 制定了《关于党代会闭会期间充分发挥党代表作用的实施意见(试行)》,对“建立六种制度,落实六项权利”,构建党代会闭会期间发挥党代表作用的运行机制做出规划安排。成立了党代会闭会期间发挥党代表作用工作领导小组,指导第一工程处党委制定了《党代会闭会期间发挥党代表作用的暂行办法》,并以第一工程处为试点单位,在全集团推行“实施意见”。

深化工程项目党组织建设 继续抓好集团公司党委两个“实施细则”的贯彻落实,不断理顺和规范集团公司、片区指挥部与项目经理部党组织关系,做到了党政机构统一设置,施工生产与党组织工作同步规划、同步部署、同步检查、同步考核,使工程项目部构建起统一规范的党政工作有机整体。

在规范A类项目党组织管理的基础上,进一步明确了B类项目党组织的设置原则及指导和管理。起草下发了《关于规范集团公司B类项目部党组织设立及有关事宜的通知》。各子公司党委也都认真抓好Z类项目党组织的建设,使全集团党组织覆盖率达到100%,基本达到在工程项目上健全党的组织、健全党的生活、健全基础台账、健全工作制度的目标,做到了哪里有工程项目,哪里就有党的组织,哪里就有党的活动。

坚持“达标升级”,促进基层党支部建设 进一步加强对基层党支部的考核力度,以“支部班子坚强,党员队伍过硬,保证作用突出,思想工作有力,基础工作扎实”为目标,严格按照《中铁隧道集团基层党支部考核办法》,对党支部的基础工作、“三会一课”制度、开展特色活动等各项工作进行认真考核。经考评全集团“达标准”党支部达30%。

表彰"示范党支部" 年初，组织部下发《建立项目党支部联系点制度的通知》和《关于深入开展创建"党支部建设示范点"活动的实施意见》，并从集团各类项目中选择10个党支部作为党委常委和党委部门的联系点，明确双方的责任，按照支部建设标准进行重点帮促和培育。年底经考核，决定授予股份公司TBM一公司党总支、股份公司重庆过江隧道项目部党工委、二处有限公司乌鞘岭隧道斜井工区党支部、二处有限公司联合掘进机工程公司党支部、三处有限公司市政三公司党总支、南友项目部四处有限公司工区党支部、第一工程处华福项目部党工委、北京地铁05标项目部北京分公司工区党支部8个单位为2004年度"示范党支部"称号。

搞好党支部书记业务培训 9月份，在集团公司党校举办1期党支部书记理论培训班。本着针对基层工作实际、培养综合型党支部书记的原则，除安排讲授项目党建、党支部工作、党员发展、党员管理、党费收缴和组织关系管理等党的基本业务知识外，还增加了企业文化建设、工地宣传、公文写作知识、现代企业管理知识、项目成本、设备物资、安全质量、项目法管理以及计算机操作等基础知识和党的十六届四中全会精神的学习讨论。本期共培训专(兼)职党支部书记26名。

(熊孝平)

【民主生活会】 年底，根据总公司党委的统一部署，集团公司党委和各单位党组织召开了以"紧密结合单位、班子和个人实际，全面领会贯彻十六届四中全会精神，大力加强企业领导班子能力建设"为主题的民主生活会。组织部制定了民主生活会的推进计划，并下发了《关于召开2004年集团公司和集团各单位党员领导干部民主生活会的通知》，起草了集团公司领导班子2003年生活会整改措施落实情况的汇报；督促班子成员按照要求做好准备工作；收集班子成员个人的发言提纲等。生活会前，各单位都集中重点学习了中共中央总书记胡锦涛在十六届四中全会上的重要讲话；《中共中央关于加强党的执政能力建设的决定》；《中国共产党党内监督条例(试行)》、《中国共产党纪律处分条例》和《中国共产党党员权利保障条例》；《中央组织部、国务院国资委党委关于加强和改进中央企业党建工作的意见》；中共中央组织部长贺国强在全国国有企业领导班子思想政治建设座谈会上的讲话；总公司党委《关于转发中共中央纪律检查委员会、中共中央组织部〈关于严肃查处党员和干部参与赌博的通知〉的通知》等重要文件和领导讲话。通过学习研讨，班子成员统一了认识，为开好民主生活会奠定了思想基础。集团公司党委通过召开座谈会、向各子、分公司和所属各单位发放征求意见表、个别征求、电话征求等形式，广泛征求了广大员工对领导班子及成员的意见和建议，通过梳理汇总，归纳意见和建议70条。集团公司党委将意见和建议原汁原味地反馈给班子成员，班子成员认真对照检查，拟写了发言提纲。党委书记林万里对班子成员的书面发言材料进行了审阅。民主生活会制定了"深入学习贯彻落实党的十六届四中全会精神，努力加强领导班子的思想政治建设"等5项整改措施。全集团应召开2004年度党员领导干部民主生活会的36个单位均已先后召开，召开率为100%，出席率91%。为提高民主生活会质量，集团公司党委主要领导林万里、周世祥、刘子万、崔原、初继旺、张继奎、李建斌等都在繁忙的工作中专门抽出时间分别参加了各主要生产单位和片区的民主生活会。组织、干部、纪委专门抽调人员分别参加各单位民主生活会。并将生活会情况在全集团作了通报。

(王晓寒)

【项目党建思想政治工作现场会】 在组织部的参与筹备下，集团公司项目党建思想政治工作现场会于5月下旬在陕西延安召开。会议以总公司宣传思想工作会议和组织干部工作会议精神为指导，交流了集团改制以来项目党建思想政治工作的经验，组织了现场观摩学习，查找了项目党建思想政治工作中存在的不足，分析加强项目党建思想政治工作的意义和面临的形势，围绕进一步改进和加强项目党建思想政治工作开展研讨，明确提出当前和今后一个时期项目党建思想政治工作的总体要求、奋斗目标和主要任务，并对"项目党建示范党支部"等党、工、团组织的先进集体和个人进行了表彰。

（王晓寒）

【建立党建制度长效机制】 根据党章及有关规定，组织部起草下发《党委（工委）书记报告工作制度的通知》。全年，各党委、工委书记报告工作率达95%。大部分报告中能实事求是地反映本单位党建思想政治任务的落实和完成情况，反映施工生产动态情况。有的还分析了存在的问题，查找了原因，并提出改进措施。有的还把工作中的好做法以及对上级部门的意见建议反映上来。实行书记报告工作制度起到了沟通情况、交流经验、加强监督、推动工作的作用。

认真贯彻落实总公司组干会议精神，结合实际起草下发中铁隧道集团《关于党代会闭会期间充分发挥党代表作用的实施意见》、《关于加强工程项目部党组织选举工作的指导意见》、《关于加强外协队伍党组织建设的指导意见》、《关于深入开展创建"党支部建设示范点"活动的实施意见》、《关于做好新时期发展党员工作的实施意见》和《中铁隧道集团党费收缴、管理和使用办法》等6个全面指导基层党组织建设的文件。

（熊孝平）

【拓宽党建工作领域】 按照不断丰富党建工作内涵，拓宽党建工作领域，形成大党建工作格局的要求，组织部积极参与党员领导干部选配考察、子、分公司领导班子考核等工作，切实履行工程项目党工委书记和委员的选配工作，主动参与现代企业制度下党群机构编制方案的调研和制订，起草了《中隧集团公司党委关于加强和改进企业政治工作的决定》征求意见稿。

【部门自身建设】 针对组织工作中出现的新情况和新问题，6月份，组织部在集团公司无锡培训中心举办了1期组织工作业务培训班，培训专兼职组工人员26名。上半年集团有2名组工干部荣获工程总公司优秀组织工作者称号，有8名组工干部获集团公司党委"优秀组织工作者"称号。"七一"前夕有2个基层党组织获总公司先进基层党组织荣誉称号；4名人荣获总公司优秀党务工作者和优秀共产党员称号。全年，各单位先后上报党建调研论文100篇，组织部从这些文章中精选了43篇汇编成《党建思想政治工作实践与探索》论文集，并表彰优秀论文19篇。上报总公司并获得优秀调研论文奖4篇。

为了加强和规范党费的收缴、使用和管理工作，年内对全集团党费管理工作进行了检查和通报。出台了《中铁隧道集团党费收缴、管理和使用办法》。

（王晓寒）

【党员发展】 认真贯彻落实全国发展党员工作会议精神和上级关于发展党员工作的指导意见，在"坚持标准，保证质量，改善结构，慎重发展"方针的基础上，突出抓了在生产一线骨干和专业技术人员中的党员发展的工作，着重在改善党员队伍结构、提高发展质量和扩大入党积极分子队伍上下了功夫。先后制定下发了《2004年发展党员工作指导意见》和《关于做好新时期发展党员工作的实施意见》，做到重点督促和分类指导相结合。年内全集团共发展新党员224名，为计划的106.7%。其中发展生产一线党员183人，占发展总数的81.7%；发展作业人员党员48人，占21%；发展35岁以下青年党员197人，占88%；发展大专以上文化程度党员126人，占56%；发展专业技术党员164人，占73%。

（王晓寒）

【先进性教育活动准备工作】 根据上级党委的总体要求和集团公司党委的安排部署，及时起草了《关于做好保持共产党员先进性教育活动的通知》，制定了工作推进计划，下发了调查问卷，指导各子、分公司党委按计划、有步骤地做好先进性教育的准备工作。在摸清底数的基础上，认真分析目前集团基层党组织建设状况和党员队伍以及党员教育管理工作中存在的突出问题，形成了《中铁隧道集团公司党委关于做好保持共产党员先进性教育活动准备工作的调研报告》和《中铁隧道集团有限公司党委开展保持共产党员先进性教育活动准备工作的情况总结》。为配合先进性教育准备工作的开展，从7月份起用3个月时间在《隧道工人》报上开辟“保持共产党员先进性教育活动专栏”，连续刊登保持共产党员先进性教育活动基本知识12期；同时与宣传部联合举办“党员先进性教育征文活动”，收到论文13篇。

（熊孝平）

【集团网络党建工作】 为适应互联网时代党建和思想政治工作的要求，把发展网络党建作为改进和加强党建工作的一项重要任务，认真总结推广试点单位三处有限公司党委开展网络党建的工作经验，结合集团实际制定下发《关于推进网络党建工作的指导意见》，加强对主要生产单位利用网络开展党建工作的指导，力争用3年左右时间建成覆盖全集团各基层党支部的党建思想政治工作网络，促进党建思想政治工作内容、机制、形式、方法、手段的全面创新。目前集团公司党委工作网站和各子、分公司党委工作网页已初步建立，有的已逐步实现与基层互联，有的正在对党建网络功能做进一步的探索与开发。组织部起草上报的《利用网络技术优势，促进党建工作创新》的经验材料在总公司组干工作会上进行了交流。

（王晓寒　熊孝平）

表7-1

2004年中铁隧道集团党员基本状况表

项目	党员（名）	项目		党员（名）
总数	5038	年龄	35岁以下	2178
在岗	3877		36岁至45岁	1371
预备党员	329		46岁至54岁	457
女党员	636		55岁至59岁	359
少数民族	40		60岁以上	673
离退休（退职）	1106	在岗员工	作业人员	1169
调入	80		管理及技术人员	2708
军队转来	6		生产一线党员	3173
调出	95		研究生	29
出党	5		大学本科	788
死亡	13		大学专科	865

表7-2

2004年中铁隧道集团党组织状况表

党委（个）	指挥部、项目部党工委（个）	党总支（个）	党支部（个）	工程项目党支部（个）	生产一线党支部（个）	离退休党支部（个）	局级示范党支部（个）	先进党支部（个）	评党员先锋岗（个）	评红旗责任区（个）	专职党群干部（人）	专职党支部书记（人）	工程项目专职党支部书记（人）
15	62	47	349	171	275	23	8	48	962	255	260	109	58

表 7－3

2004 年中铁隧道集团发展党员情况表

项 目		发展人数	项 目		发展人数
总数		224	年龄	25 岁以下	31
在岗		224		26 岁至 35 岁	166
女党员		37		36 岁至 59 岁	27
少数民族		8	学历	大学本科	58
作业人员		48		大学专科	68
管理人员		103		中专	51
专业技术人员		73		高中及以下	47
其中	高级职务	3	共青团员入党		85
	中级职务	34	经过推优		83
	初级职务	117	先进模范人物		2

（锁石平）

党委宣传工作

【概况】 中铁隧道集团有限公司党委宣传部(以下简称“宣传部”)下设宣传一科、宣传二科、宣传三科、史志办。定员 18 人，现员 16 人。

2004 年，集团宣传工作以“三个代表”重要思想和十六届三中、四中全会精神为指导，围绕集团公司党委中心工作和企业经营生产中心，认真开展理论学习、形势教育、工地宣传和思想政治工作，为服务企业改革发展稳定大局发挥了积极作用，被洛阳市表彰为 2004 年度全市宣传思想工作先进单位。

【党建思想政治工作现场会】 集团公司党委于 5 月 26 日至 28 日在延安召开项目党建思想政治工作现场会。党委书记林万里、总经理郭大焕在会上作重要讲话，讨论并原则通过了《关于加强现场宣传思想工作的指导意见》，进行了经验交流、论文发布、现场观摩和先进表彰，确立了在“三个代表”重要思想和党的十六大、十六届三中全会精神指导下，以中国铁路工程总公司“三大目标”、“两大转变”为中心任务，以提高项目管理水平、促进施工生产发展为目的，在今后 3 年建立起党建思想政治工作规范完整体系、形成科学有效决策执行与监督机制、具有中铁隧道集团特色的党建思想政治工作新路子的奋斗目标。

【中心组学习】 集团各级党委宣传部门按照中铁工程总公司党委《关于建立党委中心组理论学习考核制度的意见》要求，强化领导干部理论学习考核制度，坚持统一安排与自选内容、分散自学与集中研讨、班子学习与民主生活会相结合，坚持每季度至少集中一次、一次一个专题，坚持理论联系实际，学以致用，紧密围绕企业改革发展的战略性问题进行深入研讨。2004 年集团公司各级党委中心组主要学习了胡锦涛总书记在中纪委三次全会上的讲话、科学发展观重要论述、加强宏观调控内容、十六届四中全会精神等。集团公司党委中心组共组织学习 5 次 13.5 天，参学率 100%，记笔记率 100%，参加研讨率 94.8%。集团公司党委中心组做到了全年的学习贯穿深刻理解科学发展观这一重点，每次学习都确定研讨主题，结合集团的实际，加深了领导班子成员对科学发展观思想的理解，统一了思想，增进了交流，理清了思路，为企业发展奠定良好的思想基础。各子公司和集团各单位党委中心组平均组织学习 4 次 12 天，平均集中研讨 3 次，参学率 94%，记笔记率 96%，参加研讨率 86.6%。

【员工理论教育】 年初，宣传部组织广大员工学习全国十届人大、政协会议精神，学习总公司工作会议精神和集团“三会”精神。2004 年的员工学习以建立学习型组织为目标，结合企业文化建设、经营生产管理实际，采取集中学习、收看电视、专家讲课、播放录像、座谈讨论、发书自学等多种形式，开展员工学习活动。集团公司党委在洛阳、新乡、乐昌等地进行党内监督条例和纪律处分条例讲座。人事部和有关部门配合在全集团开展干部考学，举办专题辅导讲座，组织学习法律法规和企业制度，并进行统一考试。集团公司机关党委在组织政治理论学习的同时，开展学习商务礼仪讲座活动，安排收看《现代企业员工职业化训练整体解决方案》，并开展以“创建学习型组织，争做知识型员工”为内容的“创争杯”竞赛，在机关开展“人人读一本书”活动，购买《执行力》、《细节决定成败》、《如何创建学习型组织》、《第五项修炼》、《把信送给加西亚》等书籍，发放给部门和员工，对员工进行企业文化管理的培训，促进了管理水平的提高。

【形势教育】 全年的形势教育工作主要抓了4方面的工作。一是开展了总公司奋斗目标教育：组织学习总公司《市场与改革系列教育读本》，宣传总公司“勇于跨越、追求卓越”企业精神，以7月初集团计划会议召开为契机，把集团公司经营生产情况在总公司的排名对员工进行交底，促进总公司“三大目标”、“两大转变”战略目标的实现。二是开展了企业主辅分离教育：宣传总公司主辅分离辅业改制工作会议精神和《关于主辅分离辅业改制分流工作若干问题的指导意见》，并在《隧道工人》刊登《主辅分离有关政策问答》、《主辅分离有关政策文件要点》和集团公司主辅分离座谈会消息，帮助员工了解主辅分离政策，促进了企业主辅分离工作的顺利推进。三是开展了集团科技创新教育：2004年集团召开第二届科技大会，集团各级宣传文化部门积极组织撰写《科技创新攻克世界隧道难题》、《中隧集团：站在盾构施工领域的前沿》等文章在中央和省部级报刊刊登，宣传了五年来企业的科技成就，弘扬了知识崇高、人才宝贵、劳动伟大、创造光荣精神。四是开展了重点工程建设教育：围绕渝怀铁路圆梁山隧道、兰武二线乌鞘岭隧道等集团一大批重点工程开展形势教育；撰写宜万铁路建设宣传提纲，要求高起点、高标准、高质量建好宜万铁路15标和W8标；组织撰写铁路建设工程质量宣传提纲，为提高集团工程质量管理作了舆论宣传。

【现场宣传】 下发了《关于加强现场宣传思想工作的指导意见》，对加强现场宣传进行统一和规范，强调现场宣传思想工作总的指导思想是以“三个代表”重要思想为指导，以企业经营发展和项目施工生产为中心，以强化项目管理、增强盈利能力、提高队伍素质、提升企业形象、促进改革发展为目标，在加强领导、强化硬件、丰富内容、发挥作用上下功夫，全面加强集团现场宣传思想工作。对项目现场宣传内容进行统一规定，包括设施建设、思想教育、宣传发动、企业文化、综合治理、新闻报道、文体活动、分包队伍等8个方面，并对现场宣传思想工作的组织领导做了明确具体的规定。各项目现场按照《关于进一步做好施工现场总公司企业标识宣传工作的通知》，认真做好“勇于跨越，追求卓越”企业精神的宣传和“中铁工程”标识、旗帜的悬挂，受到了总公司领导的称赞和表扬，收到了较好的效果。 （邱建伟）

【统战工作】 认真落实洛阳市政协和西工区政协会议、全市统战工作会议精神，落实统战工作的各项政策，维护统战对象的各项权益。按照上级党委和洛阳市委统战部的要求，把做好统战工作融入学习贯彻十六大和十六届三中、四中全会精神和加强企业经营、生产、改革、管理各项工作中，使统战工作在企业发挥更好的作用。 （孙兰英）

【对外新闻报道】 2004年，对外新闻报道紧紧围绕集团的改革发展和经营生产展开，加大了在《科技日报》、《中国交通报》、《中国建设报》、《人民铁道》报、《中国铁路工程》报等新闻媒体以及新华网、中国产业经济网、河南报业网等网络媒体的宣传力度。一是重点工程进行重点报道。抓住圆梁山隧道贯通、秦岭隧道获奖、青藏铁路铺轨到我集团管段等重大事件，在中央电视台新闻联播、《光明日报》、《科技日报》、《人民铁道》报、《西藏日报》等中央和地方媒体开展重点报道活动。二是紧盯代表性工程进行连续报道。利用重庆过江隧道施工、城陵矶穿越长江隧道贯通、杭州解放路延伸段建成、武汉长江隧道开工修建等契机，在《人民日报》、《科技日报》、《中国交通报》、《中国建设报》、《重庆日报》、《长江日报》、《华西都市报》等新闻媒体刊发新闻报道70多篇。三是利用集团第二届科技大会召开之机，在《科技日报》刊发整版长篇通讯《打造我国隧道施工著名品牌:中铁隧道集团五年来大力开展科技创新纪实》，有力地宣传了集团的科技发展成果。四是利用网络媒体进行报道。消息《创造国内地下铁道施工先例，北京地铁5号线下穿2号线》被新华网、新浪网、搜狐网、中国广播网、中国产业经济网等网站刊载；消息《中铁隧道集团联合体中标“万里长江第一隧”》、《武汉动工修建“万里长江第一隧”》被新华网、大洋网、网易、商都信息网等网站刊载；《中铁隧道集团打破“禁区”，成功破解世界难题》、《中铁隧道集团863计划盾构项目工业试验成功》在河南报业网刊登。五是抓好对外新闻报道的成果展示。结集出版了对外新闻报道集《穿越时空隧道》，收录改制3年来的重要对外新闻报道116篇，近30万字，全方位宣传了改制以来集团的良好形象。全年共在中央级新闻媒体发稿292篇，在省部级新闻媒体发稿367篇。

（王学武）

【《隧道工人》报工作】 2004年《隧道工人》报编辑部紧紧围绕集团的中心工作进行宣传报道，坚持正确的舆论导向和办报方针，坚持唱响主旋律、打好主动仗原则不动摇，进一步在增强导向意识、服务意识和大局意识上下功夫，使《隧道工人》报的影响力和知名度得到进一步提高。全年出报50期，随正刊扩版集团“三会”、第二届科技大会报道2期。在工作重点上围绕集团“三会”、第二届科技大会开展报道，刊发长篇编辑部评论文章7篇，刊发报道、编发经验材料26篇。在施工生产上围绕重点工程开展报道。对圆梁山隧道、乌鞘岭隧道、野三关隧道、青藏铁路23标段以及重庆主城排污过江隧道、城陵矶穿越长江隧道、辽宁大伙房输水工程、常张高速公路20标、北京地铁、广州地铁等进行了集中连续报道，累计发稿126篇。在栏目上坚持办出特色。全年开辟了法律事务、合同管理宣传栏目，《管理天地》、解读《劳动法》、《中隧集团理念识别系统(MI)宣贯》、《人力资源管理平台》等栏目。这些栏目内容丰富，政策性强，持续时间长，对员工起到了鼓舞人心、解疑释惑的作用。在队伍建设上，大力加强通联工作，主动加强和集团各单位的联系，每季度公布各单位的来稿情况和采用情况。建立了通讯员网络，拓宽了来稿渠道。并自我加压，缩短出报时间，每星期五准时向各单位寄出报纸。根据集团新上项目多、工期短、消号快的实际，及时根据信息反馈，调整发行地点和寄出数量，使《隧道工人》报能较快地发送到基层员工手中。

2004年5月，《隧道工人》报在洛阳市43家连续性报纸、刊物出版质量评比被评为优秀出版物。2004年11月，在河南省企业报第十二次年会上，《隧道工人》报荣获最佳报纸称号。《隧道工人》4件作品获2004年河南省企业报好新闻奖，其中通讯《地铁隧道通到南京站》获好新闻一等奖。（王学武）

党委办公室工作

【概况】 中共中铁隧道集团有限集团公司委员会办公室(简称"党办")与集团公司董事会秘书处合署办公,下设秘书一科、秘书二科(含保密办)。2004年,党办坚持以"三个代表"重要思想、党的十六大和十六届三中、四中全会精神为指导,以"积极主动、认真负责、团结协作、优质高效"为工作方针,以服务中心、服务领导、服务基层为宗旨,发挥参谋、协调作用,办文、办会、办事质量和效率进一步提高。

2004年末,党办定员7人,现员7人。

【秘书工作】 党办人员积极适应企业深化改革、加强党建思想政治工作新形势、新任务的要求,加强学习,拓展视野,工作质量和业务水平有了新提高。全年共起草工作报告、工作安排、工作总结、领导讲话稿20余份,起草党委、董事会、保密委员会和党办、秘书处文件39份,完成文字工作量60余万字。审核各类文件142份。主办领导班子会议3次、党委常委(扩大)会议4次、党委办公会议11次,认真做好议题收集、会议通知以及会议纪要整理等会务工作。牵头组织或参与集团公司"三会"、项目党建思想政治工作现场会、第二届科技大会等大型会议的筹备和服务工作。接待来人来访100余人次。

【信息调研工作】 建立了专人负责、全员参与的信息工作制度。以"加强沟通交流,服务改革发展"为宗旨,强化对基层单位信息工作的督促指导。坚持每半年下发信息要点,每季度通报各单位信息报送采用情况。全年共收集信息570条,采用信息132条;编发《政工信息》108期;上报总公司信息39条,《工总信息》采用13条。参加集团公司党委综合工作调研,参与撰写专题调研报告1份,修改经验材料10份,为党委总结、安排工作提供依据,为各单位学习交流经营、生产、管理、改革经验提供参考。

【机要文书工作】 全年共处理各类文件1897份,分发文件7891件,打印文稿580件,复印文件资料469件,接发传真1510件。完成各类文件的整理、归档、上缴、销毁工作。处理群众来信89件。刻制下发新成立基层党组织印章11枚。

(杨文博　赵建华)

纪检监察工作

【概况】 2004年,中铁隧道集团有限公司纪律检查委员会(以下简称"集团公司纪委")紧紧围绕企业改革发展稳定和生产经营中心,认真贯彻党的十六届四中全会和中纪委四次全会精神,全面落实中纪委、国资委和总公司纪委党风廉政建设和反腐倡廉工作部署,严格履行"教育、监督、惩处、保护"四项职能,把纪检监察工作与企业管理有机结合,有力的促进了企业生产经营的健康发展。通过抓案件查处,为企业直接挽回经济损失122万元;通过抓"双清"效能监察,为企业收回各类外欠款4.3亿元;通过开展自立项目执法监察,纠正违规违纪,为企业挽回经济损失274万元。2004年,集团公司被中铁工程总公司评为"双清"工作先进单位,集团公司纪委被中铁工程总公司纪委评为先进纪检监察组织。

【党风廉政宣传教育】 集团公司各级纪检监察组织采取召开办公会、座谈会等多种形式认真学习贯彻十六届四中全会、中纪委四次全会精神和总公司工作会议精神，共组织学习座谈20次，参加90余人次。

3月份，根据总公司党委、纪委的要求，开展了《中国共产党党内监督条例》和《中国共产党纪律处分条例》主题教育活动。集团公司成立了以党委书记林万里为组长，党委副书记、纪委书记刘子万、党委副书记崔原为副组长的教育领导小组。主题教育活动期间，全集团共组织广播96次，出板报、宣传栏18期；利用《隧道工人》报、《政工信息》、《纪检信息》、《开路先锋》等内部刊物宣传26次；购买主题教育书籍300余册，VCD光盘17张，组织巡回播放165场次。集团公司及各子公司党委、纪委组织领导班子成员在学习两个“条例”中主动查找党内监督的薄弱环节，对照两个“条例”开展批评与自我批评，自觉接受群众监督。为了扩大教育面，集团公司及各子公司纪委分别在洛阳、燕郊、乐昌、新乡等地区举办了35期两个“条例”培训班和辅导讲座，培训1075人次。6月份，集团公司纪委组织开展了两个“条例”学习知识竞赛，共收到竞赛答卷2221份，各级领导人员参赛达90%。为配合两个“条例”主题教育活动，集团公司和各子公司纪委还购买了《王怀忠的两面人生》、《蜕变警示录》、《立党为公、执政为民》党纪教育片12部，在全集团巡回播放。

【深化党风廉政建设责任制】 4月份，在进一步完善党风廉政建设责任制配套制度的基础上，重点抓了集团公司、子公司两级机关的党风廉政建设责任制的考核。采取问卷形式将党风廉政建设责任制的工作制度、实施措施、具体要求下发，广泛征求意见和建议，共向18个单位发出问卷调查表1175份，问卷调查回收937份。对集团公司所属5个单位党风廉政建设责任制落实情况进行了检查。

集团公司及各子公司对2004年反腐倡廉主要工作任务进行了重新分工，落实到部门，明确各级领导班子和领导干部的责任。签订党风廉政建设责任书118份，聘请党风廉政建设监督员462名，建立监督小组119个，并指导党风廉政建设监督员在工程分包、合同管理、设备物资管理、拨付工程款等方面实施监督。高级管理人员在工作会、职代会上述职述廉，填写《领导人员党风廉政建设责任报告》，在各级领导班子中开展了“一述一评一考”，即个人述廉，群众评廉，组织考廉，把组织考核、组织评定与群众认同相结合，把考核结果与干部选拔任用、评先表彰相结合，保证考核结果的真实性、客观性、有效性。全年各级管理人员述职述廉和自查246人，评议243名，对新提职的中层以上管理人员146人进行了廉政谈话，诫勉谈话57人次，收到《党风廉政建设责任报告》185份，集团公司11名高级管理人员都按时填写了《党风廉政建设责任报告》，并在职代会上进行了述职述廉。围绕责任主体，推行责任追究制，全年对1个单位，9名科职人员进行了责任追究。

【领导干部廉洁自律】 以贯彻《廉政准则》和中纪委关于国有企业领导干部廉洁自律“四大纪律”、“八项要求”和“三个不得”为重点，在各级管理人员中开展了廉洁自律、强化监督、正确运用权力、严肃执行纪律的教育。修订完善廉洁从业规章制度88项，组织廉洁从业法规及党内法规知识测试和竞赛32场次。采取抓教育，提高领导干部的廉洁意识；抓权利正确运用，规范领导干部职务行为；抓专题民主生活会，促进领导干部自查自纠；抓监督检查，促进倾向性问题的及时解决。全集团各级管理人员拒礼拒贿3人，金额13万元。

进一步落实厂务公开制度，在各基层单

位长年聘请兼职厂务公开监督员356名，调整充实监督小组96个。以职代会、党政联席会、职工大会、局域网、厂务公开栏等形式，对企业改制、生产经营、干部任免、资本运作、住房分配等职工关心的热点问题进行公开，建立公开栏109个，张贴公开内容513期。

【查办违纪违法案件】 全集团共受理各类举报63件，摸排线索11件，初查核实线索11件，了结10件，核实了结率90%。立案4件，结案7件(其中遗留案件3件)；受党纪、政纪处分9人，其中受党纪处分5人(警告3人，严重警告1人，开除1人)；受政纪处分6人(警告2人，记过1人，撤职1人，留察1人，开除1人)；受党政纪双重处分2人。

办案坚持以事实为依据，以党的方针政策、法律法规和党纪政纪条规为准绳，对办理的所有案件进行认真审核，慎重处理，确保每一起案件经得起历史的检验。5月份，集团公司纪委用一个月的时间对2003年审结的案件进行了质量检查，评出优秀案卷2个，合格案卷3个，无不合格案卷。在中铁工程总公司纪委抽查中，被评为优质案卷5个，合格案卷1个，案件质量合格率达100%。

【执法监察】 集团公司和子公司纪委按照中铁工程总公司纪委的统一部署，重点抓了清理清收外欠工程款效能监察和“清产核资”效能监察。在清理清收外欠工程款效能监察中，建立单位领导主抓、纪检监察协调、财务主办、有关部门密切配合，依靠广大员工积极参与的工作机制，并通过签订清欠责任书、委托书、下发催收通知书、制定考核奖惩办法等形式，明确债权责任，把清欠任务落实到人头，加快了解情况清欠催收的进度。全年共收回一年内外欠工程款3.5亿元，清欠回收率86%；收回二年以上外欠工程款0.8亿元，清欠回收率43%。在“清产核资”效能监察中，全集团共成立了17个领导小组，抽调专兼职人员45人，各级纪检监察组织实施全过程监督，主动与财务等部门取得联系，密切配合，认真查处违反规定、失职渎职造成国有资产流失等问题，已查出全集团资产损失6651万元，负债盘盈1116万元，实际净损失5535万元，损益资产严格遵守损益认定的原则、标准和程序，没有违反国家法律法规和各项规章制度的行为，在规定的时间内完成了总公司确定的阶段性工作任务。

集团公司和子公司纪委依据《中国共产党纪律处分条例》、《企业职工奖惩条例》，结合建筑市场和集团实际，制定了《中铁隧道集团有限公司关于超付工程款的处罚规定》、《物资采购廉政责任书、承诺书》、《工程项目管理中部分违规违纪行为责任追究暂行办法》、《规范工程项目经济管理行为暂行规定》等相关制度，紧紧抓住工程分包、物资采购、劳务队伍使用、资金管理等“热点”问题选题立项，开展执法监察。各子(分)公司纪委会同财务、审计、工程、合同、人事等部门对所属工程项目部进行了执法监察，对发现的工程分包、物资管理不规范、费用长期挂账、挤列成本、超标准执行工资等问题，当面向项目部负责人指出并提出整改要求。集团公司和各子公司发挥监察审计的组织优势，自立项目18项，检查出违规违纪和管理问题18个，纠正违规违纪问题18个，提出合理化建议75条。

【监事会办公室工作】 2月份，监事会办公室制定工作计划，确定了五项重点工作。3月份，召开监事会会议，对集团公司和子公司2003年财务决算报告、利润分配方案以及2004年全集团生产、经营、财务运行状况进行了认真审议。8月份，针对母子公司亏损项目增多等工程管理问题向董事会提交4点建议，并派员参加了由集团公司组织的项目成本效益检查，抽查4个子（分）公司9个项目15个工区的成本节超情况，促进了项目管理的加强。下派监事按照《中铁隧道集团有限公司监事会工作条例》，认真履行工作职责和职权，按时参加集团公司和各子公司召开的董事、监事会议，共提出建议60余条，被采纳35条。

【纪检监察队伍建设】 按照“政治坚强、公正清廉、纪律严明、业务精通、作风优良”和“为民、务实、清廉”的要求，认真学习政治理论和基础业务，切实加强思想作风建设，努力提高整体素质。4月份，集团公司纪委通过举办培训班、以会代训等形式加强业务培训，先后举办纪检监察专兼职人员培训班3期，培训人员43人，集团公司和各子公司专兼职纪检监察人员全部参加了培训，并选派4人参加了总公司纪委举办的纪检监察人员培训班。为适应企业改革发展的需要，进行了定员定编和岗位职责的调整，并制定了《中铁隧道集团有限公司查办案件工作实施办法》等9项工作制度。集团公司纪委加强了调研和信息反馈工作，调研课题15个，撰写调研文章13篇，上报总公司纪委3篇，其中有一篇经验材料被国资委纪委采用。每季度通报一次信息反馈情况，编写上报纪检监察、效能监察信息26期。

（夏国衡）

直属机关党委

【概况】 2004年，中铁隧道集团有限公司直属机关党委坚持以邓小平理论和“三个代表”重要思想为指导，深入学习贯彻党的十六大和十六届三中、四中全会精神，按照集团公司党委的总体部署和要求，围绕中心，服务大局，结合实际，推进机关党的思想、组织、作风和制度建设，为集团公司各项任务的顺利完成发挥了应有的作用。

全年共发展新党员16名，转正12名，并对10个支部进行了调整和补充。至2004年末，机关党委下设2个总支，35个支部，有党员598人，其中在职党员267人。

【政治理论学习】 重点组织广大党员和各级管理人员学习《“三个代表”重要思想学习纲要》、学习十六届三中全会《关于完善社会主义市场经济体制若干问题的决定》，学习《中共中央关于加强党的执政能力建设的决定》，通过讲座、专题讨论、知识测验等形式，不断把学习引向深入。全年共举办报告会4场，知识竞赛2次。

【全员素质工程】 根据集团公司党委总体安排，机关党委组织开展以提高管理人员队伍素质和创新能力为目的的考学活动。建立领导小组，确定学习内容，并于9月7日组织了集中考试，各级管理人员194人参加考试，平均考试成绩98分。10月进行了第二次考试。

为全面提高机关员工的综合素质，机关党委还邀请全国人大、政协委员、工程院院士王梦恕传达全国“两会”精神、播放系列录像片《现代企业员工职业化训练整体解决方案》、《商务礼仪》，从思想上灌输职业化理念，引导企业员工形成良好的职业心态。

【“创岗建区”活动】 以“爱岗、敬业、创新”为主题，要求每个党员充分发挥先锋岗的先锋作用，既要自己工作冲在前，还要通过自身模范带头作用带动周围群众。全年涌现出优秀共产党员54名，优秀党务工作者12

名,先进党支部6个。7月1日,为表彰先进,机关党委召开"庆祝建党83周年表彰大会暨新党员入党宣誓仪式"。

【党员教育和管理】 为增强教育的吸引力和感染力,4月份机关党委利用双休日组织机关党员、积极分子100余人参观红旗渠,进行艰苦奋斗教育。在"两个条例"下发后,请集团公司党委副书记、纪委书记刘子万为机关党员和积极分子上党课,讲解"两个条例"颁布实施的意义、重点内容及框架特点。建立健全各类基础台账,做好党员信息库的日常维护工作。全年接转党员组织关系56人次,办理发展对象外调和政审材料回函49份。

【先进性教育活动准备工作】 按照集团公司党委的统一部署,机关党委从四季度开始部署先进性教育准备工作。成立领导小组,下发文件对准备工作进行部署,集中一个月时间,通过调查问卷、走访基层支部等方式,重点摸清党员队伍中存在的突出问题,摸清党员教育管理工作和基层党组织建设状况,摸清流动党员的底数,为下一步先进性教育活动的开展奠定基础。

【党风廉政建设】 认真贯彻中纪委第三次全会和国务院廉政工作会议的部署,坚持标本兼治,综合治理的方针,开展《中国共产党党内监督条例(试行)》和《中国共产党纪律处分条例》主题教育活动,通过安排政治学习,组织知识竞赛,不断把活动引向深入。落实党风廉政建设责任制,加强对党员领导干部的管理和监督,44名中级以上管理人员都按要求填写了党风廉政建设责任报告表。

【扶贫捐助】 继续做好与洛阳市、西工区、道北办事处的接洽工作,落实洛阳市包村扶贫工作会议精神,专门走访对口帮带村汝阳县三屯乡玉马村。协调各方关系为街道办事处顺利开展工作提供支持。按照洛阳市的有关要求组织洛阳地区员工绿化捐款35960元。

(庞敏枝)

党　校

【概况】 2004年,中国共产党中铁隧道集团有限公司党校(以下简称"党校")以邓小平理论和"三个代表"重要思想为指导,认真贯彻十六大和十六届四中全会精神,从党校的实际出发,坚持按党校教育规律和特点办事,加强对函授大专函授和本科班的教学管理,完成了上级有关部门下达的岗位培训任务。

【业务培训】

团干部培训班 7月19日~7月29日,举行了有25人参加的团干部培训班。培训内容有团务工作、企业党建基础、企业文化建设、文书及写作、安全质量管理等有关知识。

党支部书记培训班 9月12日~9月22日,26名来自一处、二处、三处、四处、股份公司、北京分公司、设计院、物资中心、西安指挥部的党支部书记参加了本次培训班。讲授的内容有:党建、企业文化建设、现代企业管理知识、党风廉政建设、项目成本管理、安全质量管理、公文写作等知识。

【函授教务管理】 1月2日~1月5日,7月3日~7月11日,中央党校函授学院2002级经济管理专业大专、本科班52名学员进行了两次面授辅导及考试。11月4日~11月7日,19名本科班学员进行了毕业考试和毕业论文答辩，全都顺利通过。

（崔光雯）

工会工作

【概况】 中国铁路工会中铁隧道集团有限公司委员会（以下简称“集团公司工会”）有下属子公司、分公司、直属单位工会16个，指挥部、项目部（含B类项目部）工会工委28个，基层工会组织154个，其中25人以下基层工会组织48个，工会会员14730人（含一年以上临时工会员），专职工会干部61人。

2004年，集团公司工会系统累计有14个单位注册办理了工会法人资格证书。集团公司连续3年获得河南省安康杯竞赛“优胜企业”称号；集团公司工会获得河南省首届职工技术运动会产业工会优秀组织奖；集团公司工会女职工委员会获得河南省“女职工工作先进单位”称号；集团公司工会财务工作再次被中华全国铁路总工会评为财务工作先进单位，并再次获得中铁工程总公司工会财务竞赛评比“特等奖”，有8项工作受到上级表彰。

（程延林）

【2004年“三会”】 2月26日至28日，中铁隧道集团首届三次职工代表大会、2004年度工作会议暨集团公司首届四次员工持股会代表会议在洛阳召开，来自全集团各单位的“两会”代表、特邀代表和出席工作会人员共计221人参加了大会。大会听取审议了集团公司总经理郭大焕所作的《创新运作增活力，严抓落实提效益，为全面实现2004年各项目标而努力奋斗》的行政工作报告，听取并审议了工会主席初继旺所作的《关于集体合同履行兑现情况及员工持股会工作情况的报告》，听取并审议了集团公司工会副主席、提案工作委员会副主任刘建媛所作的《关于职代会提案征集审理落实情况的报告》和总会计师席树旗所作的《关于中铁隧道集团2003年度财务状况的报告》、《关于业务招待费使用情况的报告》，大会审议并签订了《中铁隧道集团公司2004年集体合同》。评议了12名集团公司领导和4名职工（员工股）董事、监事，替补选举刘建媛为集团公司员工持股会理事会理事，张修本为监事组监事。交流了经验，表彰了先进。

【首届四次全委（扩大）会议】 2月15日，集团公司工会首届四次全委（扩大）会议在洛阳召开，集团公司工会委员、经审会委员、集团公司直属各单位工会主席等共30人参加了会议。集团公司党委书记林万里出席会议并讲话，工会主席初继旺作了《践行“三个代表”，履行维护职能，为加快企业建设与发展努力创新工会工作》的工作报告。会上通报了2003年工会工作责任状履行情况，并兑现了奖励，表彰二处有限公司、股份有限公司、第一工程处工会为2003年度工会好班子，初继旺与各子、分公司等8个单位的工会主席签订了2004年工会工作责任状。集团公司工会5名常委述职，委员们对常委和集团公司工会工作进行了评议。会议替补选举刘建媛为集团公司第一届工会委员会委员、常委、副主席；替补选举刘建媛、吴代兴为工会经费审查委员会委员，刘建媛为主任。

（蔡雪梅）

【工会信息】 进一步加大工会工作调研和宣传报道工作力度，专（兼）职工会干部共撰写理论文章和调研报告26篇，其中有6篇论文被《河南工运研究》等刊物登载。集团公司工会全年编发《工会信息》71期，向上级投稿40余篇，《河南工人日报》、《河南工运》、

《中国铁路工程》报等刊发集团公司工会稿件28篇,《隧道工人》报刊发50余篇。

(程延林)

【组织建设】 集团公司工会下发了《关于加强工会组织建设的意见》,督促指导三处有限公司、设计院有限公司、科研所等单位工会如期召开工代会并换届选举。先后组建了宁波分公司工会(现更名为杭州分公司工会)和上海轨道交通9号线一期R404项目经理部、321国道内江段改建工程施工管理总指挥部、213国道改造工程(沐新)项目经理部、郎川路B合同段项目经理部、沿江高速公路YJ1-6标项目经理部、宜万铁路15标项目经理部、云万高速公路U合同段项目经理部7个新建指挥部、项目部工会工委,撤销了宜万铁路15标项目经理部工会工委同时成立了宜万铁路工程指挥部工会工委。全年新发展会员700余人,开展了劳务工加入工会组织问题专项调研,统一换发了新《会员证》,进一步明确工资制度改革后收缴工会会费标准。6月14日至20日,举办了2004年工会干部培训班,培训专(兼)职工会干部32名。选送2名新任基层工会主席参加了河南省总工会举办的工会主席上岗资格培训。建立了工会主席季度报告工作制度,修订了工会工作质量和工作效率的提高。

【民主管理】 集团公司"三会"后,各单位抓紧筹备召开本单位的"三会",上半年,全集团三级职代会(职工民主管理大会)召开率100%。共民主评议测评集团公司高级管理人员12人,子(分)公司高级管理人员93人、科职管理人员346人,评议、测评率100%,征集处理提案1111条。职代会闭会期间,全集团共召开团(组)长联席会议188次,其中集团公司工会主持召开了3次职代会团(组)长联席会议,分别审议了主辅分离方案、职工分调房方案,选举产生了进入集团公司董事会的职工董事、监事等。

【厂务公开】 调整了集团公司厂务公开领导小组成员,完善了厂务公开的领导和组织机构,集团公司党政工联合印发了《中铁隧道集团有限公司工程项目部厂务公开工作实施细则(试行)》。集团公司党委对厂务公开工作的定期检查与指导,并把厂务公开工作与管理人员考核、奖惩、评先等工作挂钩。集团公司工会与各子公司、分公司工会签订的工作责任状,也把厂务公开工作开展情况作为一项重要考核指标。年内,集团公司机关共出公开栏6期,分别对职代会立案提案处理情况、高、中级管理人员任职前公示、教育经费使用支出情况、物资供应价格、困难补助费提取使用情况、主辅分离辅业改制情况等内容进行了公开,还利用各种会议(生产经营交班会、联席会等)和各种媒体分层次、多途径公开企业生产经营、安全质量情况及其他重大问题。

(蔡雪梅)

【财务工作】 中铁隧道集团公司工会财务科定员2人,现员2人,设科长1人,会计1人。主要职责管理集团公司工会本级经费,指导全集团工会会计核算、工会资产管理,财务管理、电算化核算程序维护,工会财务监察。代管集团公司员工持股会财务、职工互助保险基金会财务和体协经费的管理、职工科技服务中心财务。

财务状况 2004年,全集团工会经费收入741.12万元,完成预算105%。其中会费收入35.6万元,完成预算119%;行政拨交经费收入669.52万元,完成预算101.2%,货币资金兑现率101.2%;行政补助经费8.9万元。其它收入27.1万元,完成预算150%。

集团工会经费支出542.9万元,完成预算92.3%。其中会员活动费35.6万元,完成预算119%;职工活动费268.1万元,完成预算96.8%;工会业务费100.4万元,完成预算74.9%;工会行政费53.1万元;完成预算79.2%,与上年同期相比下降28706.83元,下降率为5.4%;其它支出32.14万元,完成预算110%;上解经费支出53.56万元,完成预算116%。

全集团工会福利金收入225.36万元,完成预算122.5%。其中行政拨交186.97万元,完成预算116.8%;行政补助38.36万元,完成预算637%。

全集团工会福利金支出120.52万元,完成预算77.3%。其中困难补助16.37万元,"送温暖"活动38.69万元,提取互助补充保险金59.86万元,提取"送温暖"工程基金0.7万元,其它支出4.9万元。

2004年,集团公司工会纳入年度会计决算报表合并(汇总)单位50个。全集团工会资产总额4115.96万元,流动资产3426.49万元,固定资产689.47万元。负债总额1656.54万元,负债率为40.25%。净资产总额2459.42万元,占总资产的59.75%。

财务管理 进一步完善各项财务规章制度、内控制度,规范集团公司工会财务会计行为,重新修订下发了《中铁隧道集团公司工会财务工作竞赛评比办法》,以竞赛促工会财务管理,促经费的收缴。2004年,基层工会上解集团公司工会经费上解率和货币资金兑现率均为100%。全集团工会会员14840人,人均23.99元/年。

2004年8月22日,集团公司工会对基层工会2003年度工会经费收、管、用及预算编制和执行情况、经费决算报表的编制等方面进行了综合评比,评出表彰了基层工会财务竞赛一等奖16个,二等奖3个,三等奖10个。

2004年7月12日至15日,在中铁工程总公司工会召开的工会财务工作会议上,集团公司工会财务科再次被评为特等奖,受到中华全国铁路总工会的表彰,集团公司财务科被授予"先进单位"称号。

资产清查 建立工会固定资产管理制度,防止工会资产的流失。以隧工发[2004]30号文件《关于开展工会资产清查、产权登记年检工作的通知》,2004年7月,对在河南省总工会取得社团法人资格证书的13个子、分公司工会的资产进行了年检,并审核了各单位工会资产产权登记证。

(段玉琼)

【宣教工作】 党政工团联文下发了《关于深化全员素质工程,开展"创建学习型组织,争做知识型员工"活动的通知》,全集团广泛开展"以学专业知识、上技术等级、考注册证书、达一专多能"为主题的"创建学习型组织,争做知识型员工"的活动。各单位相继成立"创争"活动组织,制定学习规划,初步形成了"党委加强领导、行政规划协调、工会全力推进、团委积极配合"的格局。各单位注重发挥业校和各种培训资源的作用,年内全集团共举办各类培训班397期,培训员工11825人次。集团公司工会组织全集团员工参加全国总工会、国资委、工人日报社举办的"创建学习型组织,争做知识型职工"百题知识竞赛,共有2908名员工参加竞赛。年内集团公司工会表彰先进职工业校5所,优秀教师18名,优秀学员48名。

为宣传项目管理知识,推进项目管理法施工管理文件的贯彻落实,集团公司工会、人事部、宣传部承办了集团公司员工《项目管理知识竞赛》,各单位共选送优秀试卷361份,抽出一等奖3名,二等奖10名,三等奖50名。

【劳动竞赛】 面对市场经济激烈竞争的环境,集团公司工会将开展劳动竞赛作为企业外树形象,内促管理的推进器,坚持以劳动竞赛促进度、促质量、促安全、促效益、促管理水平提升。各级工会组织,瞄准各施工阶段目标,精心组织和策划安全生产型、质量效益型、保证工期型等劳动竞赛,不断掀起施工生产高潮,推动了企业经营生产的健康发展。同时,加大科技创新竞赛和技术竞赛力度,提高劳动竞赛中的科技与智力含量,全集团职工群众性技术创新、职工岗位苦练技术蔚然成风,集团公司工会表彰奖励近两年群众性技术创新优秀成果18项,组织员工参加了河南省首届职工技术运动会钳工、电焊工、天车工、汽车修理工、计算机操作五大通用工种的比赛,展示了企业形象,锻炼了技工队伍,集团公司工会荣获本次技术运动会优秀组织奖。

【劳动保护】 集团公司工会继续坚持"安全第一,预防为主,群防群治"的安全工作方针,积极参加全国和河南省"安康杯"竞赛,进一步宣传隧道行业特点及安全管理经验,2004年,集团公司连续第3次获得河南省安康杯竞赛"优胜企业"奖牌。各单位工会推行"一法三卡"工作方法,将"施工现场重点部位安全检查提示卡、危险源点警示卡、有毒有害化学物质信息卡"运用到现场,并与日常安全管理溶为一体,有效地促进了企业的安全生产。年内集团公司工会表彰基层优秀安全监督检查员48名。

(敬青年)

【"送温暖"工程】 集团公司党政工联合下发了《关于开展2004年元旦、春节"送温暖"活动的通知》。各单位加强组织领导,共筹集"送温暖"资金91.5万元,入户走访慰问困难职工1161名(户),为98名女职工送去困难补助和慰问金29400元。坚持开展"冬送温暖,夏送清凉,一年四季送关怀"活动,集团公司工会先后代表集团公司党政工团慰问了奋战在乌鞘岭隧道、圆梁山隧道、杭州解放路、青藏线工地等施工一线员工。各单位还采取召开座谈会、给离退休人员发送慰问信、寄慰问金等形式开展慰问活动。

【职工互助合作保险】 2004年10月,集团公司工会在洛阳召开了职工互助合作保险工作会议,总结全集团两年来互助合作保险工作的情况,交流经验,研讨互助合作保险工作中出现的问题,确定全集团互助合作保险工作的目标,表彰职工互助合作保险工作先进单位。年内全集团职工互助合作保险基金数额达到1896.44万元,参保员工14190人。全年共办理补偿36例,补偿金额28.14万元。集团公司直属职工互助保险基金会制定了《关于计算互助合作保险基金个人本金利息的规定》,进一步规范退保程序。下发了《关于加强职工互助合作保险工作管理的通知》,逐步规范了全集团互助保险工作。

2004年,集团公司直属互助合作保险基金会及时为5名职工办理了大病、死亡补偿,补偿金额80900元。

【维权工作】 年初,集团公司和各子、分公司及集团公司有关单位经过认真协商,在职代会上签订了2004年集体合同,并报上级和地方主管部门审核备案。年中和年底集团公司及各单位分别对集体合同履约情况进行了检查,促进了集体合同的履约兑现。通过平等协商签订集体合同明确了企业与员工的权利和义务,有效地稳定了劳动关系。为进一步加强基层工会干部对贯彻、执行劳动法律的监督,有效协调企业内部的劳动关系打下了良好的基础,集团公司工会举办了2004年劳动法律监督、劳动争议调解培训班,27名基层工会干部参加了培训学习。年内,还选送2名工会干部参加河南省举办的劳动保障法律监督员培训班,选送3名工会干部参加中铁工程总公司举办的劳动法律监督、劳动争议调解培训班。5人分别取得了河南省劳动厅和全国总工会颁发的培训合格证书。组织开展了《在企业分配制度改革中,维护职工的收入分配权利,建立保障职工参与分配权利的有效机制》的专项调研。各级工会热情接待职工来信来访,认真调查、了解职工反映的问题,及时沟通,协调解决有关争议,维护企业的稳定。年内集团公司工会共接待职工来信来访15人次,涉及工作问题的12人次,涉及工资问题的3人次。通过做思想工作和与有关单位联系,化解了矛盾,解决了职工的具体问题。

(何毅华)

【女工工作】 “三八”节期间,各单位女职工委员会组织了形式多样的庆祝活动。8月份,集团公司工会召开女工工作会议,部署全集团女工工作,会后下发了《中铁隧道集团女职工素质工程实施意见》,组织开展向先进女职工标兵姚兰等先进女职工学习“巾帼创新业立功竞赛”、“女职工素质提升工程”等的活动,建立了单亲困难女职工档案和帮扶规划,组织了女职工合法权益落实情况调查,举办了“妇女健康知识”讲座,进一步维护了女职工的合法权益和特殊利益。2004年,全集团有2名女职工获得河南省先进女职工和文明家庭称号,有1个女职工委员会获得中铁工程总公司“先进女职工集体”称号,有3名女职工分别获得中铁工程总公司“女职工标兵、先进女职工工作者、先进女职工”称号。集团公司工会女职工委员会获得河南省“维护女职工合法权益行动”先进单位称号。

(段玉琼)

【直属机关工会】 中铁隧道集团有限公司直属机关工会有基层工会28个,会员451人。2004年,直属机关工会认真履行工会四项基本职能,紧密围绕企业生产经营中心,结合机关重点工作,以“创争”活动为主线,努力提高机关员工整体素质,积极开展丰富多彩的文体活动,热心为职工办实事、办好事,带领机关员工为企业的发展进步做出了积极贡献。

民主管理 替补选举了集团首届三次职代会和首届四次员工持股会代表会议代表,组织征集集团职代会提案15件,获得集团首届三次职代会提案征集工作最佳组织单位。认真组织学习贯彻集团“三会”精神,指导中心医院、子弟学校、生活服务中心、物业管理中心等单位上半年内全部召开了职工民主管理大会。

“送温暖”活动 积极筹集送温暖基金,成立送温暖领导小组,走访慰问困难及伤、病员工43人,发放慰问金、困难补助金共40200元。开展夏送清凉活动,为300多名职工发放消暑饮料等。在双节、“十一”期间为员工发放节日慰问品。

文体活动 利用节假日开展形式多样的文化活动,丰富职工文化生活。“三八”节期间,组织机关女职工旅游健身活动,有70余人参加。6月份,举办女职工形体训练健身活动;7月份为机关员工办理了暑期游泳票。组队参加了集团公司工会、体协举办的全集团篮球赛、洛阳地区职工测试运动会和迎国庆扑克牌比赛等职工体育活动。10月份,组织机关女职工80余人参加了集团公司工会女职工委员会举办的“女性健康知识”讲座,年内对机关女职工进行了妇科体检。组织了1次机关员工赴栾川旅游活动,两次保龄球活动,累计200余名职工参加。

(蔡雪梅)

共青团工作

【概况】 中铁隧道集团有限公司共有35岁以下青工9430人，其中团员2676人。共青团中铁隧道集团有限公司委员会（简称“集团公司团委”）有21名委员，设常委会，常务委员5名。下属团委10个，团工委16个，团总支47个，团支部130个。专职团干部13人。

2004年，在集团公司党委和上级团委的领导下，各级团组织坚持以“三个代表”重要思想和党的十六大、十六届三中全会和团的十五大精神为指导，紧紧围绕党政工作中心和企业经营生产重点，以提高青年整体素质、服务企业改革发展为目标，继续坚持“求真、求实、求新、求效”的工作方针，进一步解放思想，加强调查研究，夯实组织基础，深化主题活动，团结带领广大团员青年为全面实现集团公司第一次团代会提出的奋斗目标和企业改革发展做贡献。

【集团公司第一次团代会】 2004年3月29日至31日，共青团中隧集团有限公司第一次代表大会在洛阳召开，共有105名代表出席了大会。团中央委员、中铁工程总公司团委书记李晓声和团河南省委组织部王鑫亲临大会并讲话。集团公司党委书记林万里、总经理郭大焕、党委副书记刘子万、工会主席初继旺、总会计师席树旗、副总经理魏都、副总经理张继奎、工会副主席刘建媛、集团公司关心下一代工作委员会副主任窦燕出席了大会。大会回顾了过去3年的工作，分析了面临的新形势，规划部署了今后3年团的工作，选举产生了共青团中铁隧道集团有限公司第一届委员会。在3月31日召开的一届一次全委会上，李站国、王国卿、吴立鹏、陈雅萍、杨文博当选为第一届委员会常务委员会委员，李站国当选为集团公司团委书记、王国卿当选为副书记。

【八届五次全委（扩大）会议】 3月1日，共青团中铁隧道集团有限公司八届五次全委（扩大）会议在洛阳召开。会议总结了2003年工作，讨论确定了2004年团的工作任务；通报了团费收缴、团内信息和青工安全包保工作考核情况并兑现了奖励；签订了《2003年度青工安全生产包保责任书》。中铁工程总公司团委书记李晓声、集团公司领导林万里、初继旺等出席会议。

【宣传思想工作】 加快共青团网页的制作，并挂靠集团公司党委工作网，开辟“青年先锋”专栏，及时传达集团公司和上级团组织的指示精神，宣传各单位的活动信息，加强网上交流和宣传教育。向中铁工程总公司《中铁青年》报送各类信息稿件50余篇，其中19篇工作论文、散文、诗歌等被刊登。

3月17日，对在2003年度表现优秀的二处、三处有限公司团委及29个团总支（支部）、38名团干、69名团员进行了表彰奖励。5月26日，集团公司团委常委会议决定授予集团公司技工学校学生苏付瑞“见义勇为优秀团干部”荣誉称号，授予徐喜春、刘高峰、李凯、张宜飞、阎中琴、王文娟6同学“见义勇为优秀共青团员”荣誉称号。认真配合做好推优工作，全年共有85名团员经团组织推优入党。

12月9日，集团公司团委联合企划部、人事部和机关党委召开青年工作专题座谈会，就如何更好地开发青年人力资源、进一步推进青年工作等课题进行了深入讨论。

【读书教育活动】 组织开展“每月一本书”读书活动，向青年推荐了《致加西亚的信》、

《高效能人士的七个习惯》、《谁动了我的奶酪》等16本励志书籍，并采取写心得体会、座谈、讨论、演讲等灵活多样的形式进行学习交流。结合向集团公司团代会献礼开展征文活动，收集各类文章200余篇，优选42篇汇编成《青春随笔》。12月7日，集团公司团委在洛阳举办了“中隧集团青年读书演讲比赛”。全年有12人被集团公司关工委、党委宣传部、集团公司团委联合表彰为“中华魂读书活动优秀读者”。

【青年素质工程教育】 通过业务培训、技能竞赛、导师带徒等形式，深入开展青年素质工程教育活动。集团公司团委联合人事部在洛阳举行了中铁工程总公司职工技能大赛中隧集团选拔赛，50余名选手参加了工具钳工、车工、CAD绘图3个工种的比赛。6月14日～28日，9名选手参加了中铁工程总公司举行的青年技能比赛，取得了个人第六、九名和团体第四名的好成绩。2月20日～3月15日，集团公司团委举办了“中隧集团共青团网页制作大赛”。4月，集团公司团委组织了集团首届“十大杰出青年”评选活动，朱世友、郑大榕、荆凯旋、洪开荣、潘明亮、黄志杰、翟学东、崔根群、张学军、金强国10名青年当选。2004年，集团公司共表彰青年岗位能手、标兵56名；荆凯旋被命名为“河南省新长征突击手”；孙谋被评为中铁工程总公司“青年岗位能手标兵”；5人获河南省或中铁工程总公司“青年岗位能手”称号。

【青年文明号创建活动】 各级团组织坚持以青年突击队为主要创建形式，求规范，求深化，求创新，求实效。3月3日，团中央委员、中铁工程总公司团委书记李晓声为乌鞘岭隧道9号斜井青年突击队授旗。4月15日，由南京团市委主办的“南京市青年文明号会战‘十运’重点工程誓师大会”在集团公司南京地铁D2—TA1标向兴路站工地举行，集团公司副总经理魏都、团委书记李站国参加誓师大会并代表参建单位发言。2004年，集团公司团委命名表彰青年文明号22项，二处有限公司第九工程公司黄延项目部被评为河南省“青年文明号”，南京地铁TA1标项目部、城陵矶长江穿越隧道青年突击队等4个创建集体被评为中铁工程总公司“青年文明号”，集团公司团委荣获“十年河南省青年文明号活动优秀组织奖”。

【“创新创效”活动】 3月11日，对征集优选出的50多项青年第七届创新创效暨“五小”成果进行了表彰奖励。10月29日，中铁工程总公司青年创新创效成果推介会暨中央企业青年创新创效现场观摩会在北京召开，集团公司团委荣获“青年创新创效组织奖”，周书明、杨世武、黄昌建荣获“青年创新创效奖”，设计院周书明的《软流塑地层浅埋暗挖隧道施工工法》作为优秀论坛成果之一在大会上发布交流。

【青工安全生产】 印制1000多个共青团安全监督岗胸牌，统一发放给各工点。加强《青工安全生产包保责任书》的考核落实，签订责任书的包保单位按月、季、年定期上报安全生产情况，对存在的问题进行分析并提出合理建议。全年，集团公司团委共表彰青工安全生产先进个人1名，优秀共青团安全监督岗岗员26名，青年安全生产示范岗14个。3个优秀共青团安全监督岗岗员、青年安全生产示范岗受到中铁工程工程总公司表彰。

【基层团组织建设】 10月11日，根据中铁工程总公司和集团公司的有关文件精神，制定下发了《关于规范中隧集团各类项目部团组织设立及有关事宜的通知》，对项目部团组织的设立、调整、隶属关系等作了明确规定。根据机构变动和工作需要，适时成立了乌鞘岭隧道工程指挥部团工委、南京地铁D2－TA1标向兴路站项目经理部团工委、郎川路B合同段项目经理部团工委、平钟公路项目经理部团工委、宜万铁路工程指挥部团工委、北京地铁四号线07标项目部团工委、北京地铁五号线05标项目经理部团工委、北京地铁五号线06标项目经理部团工委和杭州分公司团委。

7月20日～7月30日，集团公司第三期团干部培训班在职工大学举办，来自基层各单位24名团干部参加了培训。

【文体活动】 3月31日，举办了“青春飞扬”大型文艺晚会，祝贺集团公司第一次团代会胜利召开。并且还组织了三人篮球赛、扑克牌比赛、乒乓球比赛、中秋赏月晚会等活动。8月8日，股份公司团委组织120名团员青年到青岛港参观学习许振超先进事迹；6月26日～27日，股份公司团委组织新乡地区团员青年90余人参观学习共产主义社区南街村。5月4日，二处有限公司团委组织团员到《中国军事博物馆》参观了瑞金革命旧址群、延安精神展。5月4日，三处有限公司团委组织乐昌片区团员青年开展了“继承革命传统，重温瑶山精神”教育活动。

（陈雅萍）

思想政治工作研究会

【概况】 2004年，中铁隧道集团有限公司思想政治工作研究会（简称“政研会”）会长、副会长、常务理事、理事、秘书长按岗位担任，保持了政研机构的稳定和活动的正常开展。政研会会长：林万里，副会长：周世祥、郭大焕、刘子万、崔原、初继旺，秘书长：刘忻，政研会秘书处设在集团公司党委宣传部。

【主要活动】 根据企业发展需要，政研会发布研究课题，确定撰稿单位、撰稿人、撰写时间，各单位党委领导对企业党建思想政治工作新情况、新问题、新任务深入调研，形成了有针对性、有思想、有见解、有深度的研究论文。5月份，集团公司党委在延安召开党建思想政治工作现场会的同时召开集团职工思想政治工作研究会年会，集团公司党委副书记刘子万作了《强化政研工作，突出导向功能，开创集团思想政治工作研究新局面》重要讲话，对集团政研工作做出安排部署，对8篇优秀论文进行表彰。

6月份，在总公司企业文化建设工作会议上，集团公司在会上宣读《导入形象识别系统，培育优秀企业文化》论文，介绍集团企业文化建设的经验，提升了集团企业文化建设的知名度。

年底组织撰写企业文化、党建网络、全员素质工程、厂务公开4篇经验材料报总公司。全年集团各级政研会积极组织向外发表和推荐参评论文55篇，在《求实与创新》等刊物发表23篇。集团公司政研会被洛阳市职工政研会表彰为2002～2004年度“优秀职工政研会”。

（邱建伟）

老战士协会

【概况】 2004年，中国铁路老战士协会中铁隧道集团有限公司分会（简称“老协分会”）贯彻中国铁路老战士协会四届三次理事会会议精神，在组织会员学习开展各项活动、关心下一代工作等方面做了一些工作，为老同志安度晚年，为社会稳定和企业发展发挥了积极的作用。截至2004年年底，老协分会有会员85人,其中老战士15人,扩大会员70人。

【主要活动】 老协分会坚持学习制度,配合党支部做好新形势下的思想政治工作。全年集中学习9次,参加204人次。学习内容主要是"三个代表"重要思想、十六届四中全会精神、胡锦涛"七一"讲话和《中共中央、国务院关于加强和改进未成年人思想道德建设若干意见》等。

9月中旬,在成都召开了老协分会五届七次理事会议,出席会议的理事有:刘若光、崔福泰、窦燕、张毅、谢占魁、张频、邹德普、周进福、戎聚良、张双英。社管中心主任苏华、副主任薛荣昌列席了会议,集团公司董事长周世祥、党委书记林万里到会并讲话。会议的主要议题是:总结老协2003年的工作;学习党的十六届四中全会文件和胡锦涛"七一"讲话;制定2005年的工作安排。会上,进一步明确了老协在今后的主要任务:一是加强学习,不断提高思想认识,跟上时代的步伐;二是强身健体,健康长寿;三是发挥政治优势,在力所能及的情况下做好稳定工作和关心下一代工作。

发挥老协各组织的作用,长年坚持开展各项有益于老同志身心健康的活动。钓鱼协会坚持每周一次外出垂钓,"五一"、"十一"分别组织了钓鱼比赛;书画协会坚持每星期三下午集体活动制度,观看书法讲座,交流学习经验,每当市内有书画展出,都组织大家前去参观学习,本年度中南片区书画联谊会中,参展的10幅作品中有4幅获得了优秀奖;花协采取以家庭自养为主,每年检查评比一次,对坚持较好的人员给予奖励;体协组织的扑克、象棋、麻将、台球等天天活动不断,每季度和重大节日进行比赛。

老协分会积极参与关心下一代工作,指导青少年开展祖国明天更美好和祖国颂读书活动,组织青少年听取法制报告会,协助中小学建立"德育教育委员会",并有多人在其中担任顾问。

(苏英杰)

关心下一代工作委员会

【概况】 2004年,中铁隧道集团有限公司关心下一代工作委员会(简称"关工委")加强和改进未成年人思想道德教育。关工委副主任、秘书长窦燕再次被铁道部评为关心下一代先进工作者。

【开展未成年人思想道德教育】 以技校为重点,采取开办"心语课堂"和"关爱之声"广播,建立"情感交流日",开展"读一本书唱一首歌"活动和"安全督导周活动等形式,对在校生进行思想道德教育。离退休老同志利用课余时间,向学生作了《做一个思想道德高尚的人》和《自觉规范自己的思想道德行为》辅导报告,组织与学生进行交流对话11次,通过广播向学生宣传有关法制和思想道德方面的材料13次,每月最后一周以防火、防盗、防食物中毒为重点进行安全检查督导,发现问题及时向校领导反映并协助整改。

【开展"中华魂"读书活动】 2003年四季度到2004年上半年,关工委在青少年中组织开展了"中华魂"读书活动。活动中购书300册,有518名中小学生、380名技校生和868名青工参加,受到了一次爱国主义、集体主义和社会主义思想教育。为开启幼儿智慧和丰富中小学生读书活动,关工委还用各单位资助款购书300册,分赠给托儿所和中小学校。

(王家有)

火车头体育协会

【概况】 2004年,中国火车头体育协会中铁隧道集团有限公司理事会(简称“体协”)立足大众化,面向基层,努力探索具有为本企业服务的特色体育服务体系,群众性体育活动蓬勃开展。

【培训交流】 2月底,受中铁工程总公司派遣,集团公司体协秘书长参加中国火车头体育协会在南宁举办的《普通人群体育锻炼标准》培训班。3月28日至4月2日,承办了中铁工程总公司在无锡太湖园召开的体育工作会议和《普通人群体育锻炼标准》培训班,学习班结合工程单位的特点,推广适用便捷的测试操作方法。6月份,集团公司体协到各子公司基地,巡回举办《普通人群体育锻炼标准》培训班,参加培训的有62人。11月24日,集团公司体协秘书参加了中国火车头体育协会组织的研讨会,介绍了工程单位开展活动的特色。

【集团首届员工篮球赛】 9月中下旬,体协在洛阳举办中铁隧道集团首届员工篮球赛,10支代表队100多人参赛。获得前5名代表队依次为:二处有限公司、北京分公司、集团公司机关、第一工程处、股份有限公司。强力机械有限公司获体育道德风尚奖。

【洛阳地区赛事活动】 4月24日,举办洛阳地区“庆五一”《普通人群体育锻炼标准》测试运动会,240多人参加了5类9个项目的测试,同时还进行了城市高尔夫球赛,150人参加。7月,开展地区夏季游泳活动,发放游泳卡100张。9月27日和29日,举办洛阳地区迎“国庆”扑克牌大赛,96对选手参赛。11月13日,举办洛阳地区垂钓比赛,40多名爱好者参加。12月30日,举办洛阳地区拔河赛,7个单位120多人参赛。

【基层体育活动】 集团各地区、基地都配备了室外健身器材,有的还配置了室内多功能健身器材,能够适合大众化的需要。各基层体协注意发挥单项协会、体育骨干、体育积极分子的作用,开展形式多样的比赛,用健康的体育娱乐活动占领业余文化阵地。各子公司篮协、篮球俱乐部等参加属地组织的比赛,展示中隧集团的精神风貌和运动水平。许多项目部组建了乒乓球、足球及其它活动组,经常和周边单位搞联谊活动,在活动中宣传企业,增进友谊,促进施工环境的改善。

(王世璋)

中铁隧道集团
CHINA RAILWAY TUNNEL GROUP

分公司

编辑：吕惠聪

已建成的国道317线鹧鸪山隧道。

施工中的陕西子靖高速公路大桥。

施工中的广西百罗高速公路桥梁工程。

本页图片由第一工程处提供

2004年7月20日，云南安楚高速公路大红田隧道贯通。
张永超　摄

陕西靖安高速公路马路山隧道贯通。　一处供稿

施工中的靖安高速公路桥梁工程。　一处供稿

2004年8月23日，万开高速公路铁峰山一号隧道提前220天贯通。
一处供稿

施工中的云南大丽铁路北衙隧道。

贵州三凯高速公路桥隧相连的6合同段。

施工中的贵州三凯高速公路。

施工中的重庆华福公路C3合同段隧道洞景。

本页图片由第一工程处提供

2004年3月15日，第一工程处首届二次职工代表大会暨2004年工作会议在新乡召开。

2004年10月16日，中国共产党中铁隧道集团有限公司第一工程处第一次代表大会在新乡召开。

本页图片由第一工程处提供

2004年10月17日，第一工程处召开人力资源管理大会。

2004年4月，一处举办社会人才招聘会。

第一工程处

【概况】 中铁隧道集团有限公司第一工程处(以下简称“一处”)主要从事土建领域的隧道、桥梁、路基及路面摊铺、矿山井巷、填海建港、大型土石方爆破、工业与民用建筑等工程施工,兼营港口仓储业贸易。2004年末,一处下设6个专业工程公司、1个设物公司、1个劳务公司,9个机关部室;员工1601人,其中在岗1480人,非在岗121人,各类专业技术人员和专业管理人员644人;资产总额6.76亿元;机械设备281台(套)。

经营开发 2004年,一处按照“长效机制,长期培育”、“有所为,有所不为”的经营方针开拓市场,实现由机会经营向战略经营的转变,经营计划全面完成。全年参加投标37项,中标13项;新签施工合同额106867万元,为集团公司下达计划的178.2%,处自定计划的152.7%。

企业营业额 2004年,一处在建工程项目32个,完成施工营业额8.0006亿元,为集团公司下达年度计划的186%;辅业营业额完成14418万元,为集团公司下达年度计划的115.3%。

资产结构 2004年末,一处资产总额6.76亿元,较年初增长64.9%:其中经营性资产总额较年初增长72.1%,非经营性资产较年初减少19.8%。企业所有者权益0.61亿元,较2003年末增长48.23%;净资产收益率9.49%,完成集团公司下达计划的284%;成本降低率较年初增长43%;资产保值增值率为148%;全年实现利润总额682万元,利润增长率为65%。固定资产投资超过2800万元,其中机械设备2464万元。全员劳动生产率55万元/人。

科技创新 全年完成自立科研项目1项,通过集团公司评审科研项目1项,工法2项;向集团公司第二届科技大会提交论文15篇,6篇被收入论文集,1篇获奖;1人被集团公司评为先进科技工作者,1人被集团公司评为先进科技管理工作者。

安全质量 竣工交验工程一次验收合格率100%,优良率95%。3个QC小组分获一项一等奖和两项二等奖,其中降低喷砼回弹率QC小组被评为“全国工程建设优秀质量管理小组”。获得各级优质工程命名的有6项,其中晋焦高速公路牛郎河隧道获得中国建筑工程鲁班奖。

(佘红斌)

【施工生产及在建工程】 2004年,一处共有工程项目28个,其中新中标项目9个,在建项目11个,完工项目8个。按集团公司管理类别分:A类项目3个,B类项目25个。按工程类别分:铁路项目3个,公路项目20个,水电项目1个,房建项目3个,其它项目1个。

实物指标完成分别为:隧道隧洞13327成洞米,为处调整后年度计划的95%;桥梁5067成桥米,为处调整后年度计划的77%;土石方444万方,为处调整后年度计划的86%;涵洞1370横延米,为处调整后年度计划的64%。

施工生产特点 一.公路项目占主导:公路工程营业额占总营业额86%,铁路、房建、水利、市政累计占14%。二.重点、难点工程较多:黄延、子靖、靖安、郎川高速公路地处严寒地区,外围环境差,有效作业时间短,资源组织、成本控制、合同履约难度大;杭州湾、宛坪高速公路因业主征地拆迁问题迟迟不能形成全面施工生产能力;洛湛铁路因设计图纸问题迟迟不能开工。

施工生产举措 加大对各工程项目施工生产的全过程控制以保证施工生产的顺

利进行。一是新上项目的前期策划，施工进场前进行项目策划，对施工组织设计总方案、资源配置方案、商务策划方案源头把关；二是在建工程的过程控制，处成立的过程成本调查小组、过程审计小组、生产过程控制小组、设备物资采供与管理过程控制小组，在项目实施规划指导下，对项目施工实施有效的过程全方位全过程控制，三是对收尾工程制定阶段性的量化指标，真正体现量化管理收尾。

新上工程

1.靖安高速公路路基工程L－11标 位于陕西省靖边县境内。线路长2.21公里，主要结构物为：马路山隧道1145米（上行572米、下行573米），桥梁共计983米，涵洞共计43米，路基土石方63万立方米。合同工期2004年3月1日至2005年5月15日。合同价款10583万元。2月20日正式进场，至年末，完成隧道1145成洞米，桥梁983成桥米，涵洞43横延米，土石方62万立方米。五公司工区施工。B类工程。

2.安徽沿江高速公路6标段 位于安徽省繁昌县孙村镇，全长4.4065公里。主要结构物为：梅冲1号双联拱隧道362米，梅冲2号双联拱隧道299米，大尖山双联拱隧道310米，3座小桥共计93米，涵洞、通道工程共计630米、路基工程73万立方米以及防护与排水工程等。合同工期2004年5月1日至2005年9月30日。合同价款9173万元。4月25日正式进场，至年末，完成隧道123成洞米，桥梁20成桥米，涵洞267横延米，土石方28万立方米。由五公司沿江工区施工。B类工程。

3.子靖高速公路N－2合同段 位于陕北黄土高原，毛乌素沙漠南缘，全长9.5公里。主要结构物为：大桥（单幅）9座，共计1894米；中桥3座，共计182米；小桥1座，16米；通道及涵洞21座，共计658米；路基挖土石方105立方米。合同工期2004年6月1日至2005年9月1日。合同价款10874万元。6月1日进场，至年末，完成桥梁845成桥米，涵洞600横延米，土石方46万立方米。一公司施工。B类工程。

4.杭州湾跨海大桥南岸接线工程第8合同段 位于浙江省宁波地区，线路全长2.922公里。主要结构物为：隧道1座，左右线共计1540米；分离式大桥4座，共计1160米；分离式中桥2座，共计92.7米；分离式小桥1座5米；涵洞工程3座，共计116.2米；路基土石方165.46立方米。合同工期2004年7月1日至2006年3月1日。合同价款14000万元。7月1日进场，至年末，完成隧道116成洞米，桥梁34成桥米，土石方28万立方米。二公司施工。B类工程。

5.重庆云阳至万州高速公路U合同段 位于万州境内，线路全长4.09公里。主要结构物为：单洞双线隧道左线长2438米，右线长2406米；上湾左右线大桥（左线长328米，右线长331米）、老屋院子大桥109米、轿行左右幅大桥（左幅长213米，右幅长183米）、何家湾大桥长496米；路基挖土石方15万立方米。合同工期2004年10月1日到2007年4月1日。合同价款20864万元。10月1日进场，至年末，完成隧道86成洞米。三公司云万工区施工。B类工程。

6.内乡至豫陕界高速公路B7合同段 位于南阳境内，线路全长3.1公里。主要结构物为：樊营双联拱隧道105米、新沟双联拱隧道135米、吴家庄双联拱隧道340米；桥梁2座84米；涵洞57米；路基土石方23万立方米。合同工期2004年12月1日至2006年8月1日。合同价款9500万元。11月25日进场，因业主原因征地拆迁未能得到解决，尚未开工。五公司施工。B类工程。

7.大理至丽江铁路土建工程项目7标 位于云南省大理自治州鹤庆县西邑镇，线路全长为6.0公里。主要结构物为:北衙隧道2号横洞695.79米(原设计)、正洞5885米;芹河1号中桥43.7延米;芹河跨线公路桥59.96延米;部分路基土石方及路基加固和防护工程。合同工期2004年11月26日至2007年2月25日。承建工程合同价款13000万元。11月10日进场,至年末,完成临时工程及挖土方1.5万立方米。三公司施工。A类工程。

8. 国道213线郎川公路改建项目B合同段 位于四川省若尔盖县西北部,线路长9.608公里。合同工期2004年4月1日至2005年12月31日。合同价款8987万元。3月20日正式进场,至年末,完成隧道252成洞米,涵洞132横延米,土石方39万立方米。郎川项目经理部施工。B类工程。

9. 陕西省洋县至勉县XHF-05合同段 位于陕西省洋县,为房建工程。合同工期2004年10月1日至2005年元月30日。合同价款282万元。10月1日进场,至年末完成房屋建筑3000平方米。建筑公司施工。B类工程。

续建工程

1. 重庆万开高速公路E2合同段 位于重庆市万州、云阳、开县三区境内,线路全长1.355公里。合同工期2003年12月至2005年9月,合同价款7113万元。2004年完成隧道2171成洞米,桥梁成桥米,涵洞11横延米,土石方10万立方米。一公司万开工区施工。B类工程。

2. 重庆华福公路C3合同段 位于重庆市九龙坡区和大渡口两区境内,全长2.19公里。合同工期2003年10月至2005年4月。合同价款5900万元。2004年完成隧道1564成洞米,土石方6万立方米。三公司华福工区施工。B类工程。

3. 广西平钟高速公路10合同段 该标段起点接平乐至钟山公路主线同古互通式立交,终点为贺州市道石圩佛子脚村,全长3.504公里。合同工期2003年11月至2006年3月。合同价款13100万元。2004年完成隧道3020成洞米。平钟项目经理部施工。B类工程。

4. 广西洞巴水电站导流隧洞工程 位于广西田林县那比乡境内的西洋江上。合同工期2003年10月至2004年8月。合同价款约5621万元。2004年完成导流洞563成洞米,土石方8万立方米。洞巴项目经理部施工。B类工程。

5. 云南思小高速公路6-2合同段 位于云南省西双版纳州景洪市普文镇,全长2.923公里。合同工期2003年6月至2005年6月。合同价款12434万元。2004年完成隧道1173成洞米,桥梁1202成桥米,涵洞24横延米,土石方17万立方米。三公司思小工区施工。B类工程。

6. 武九铁路武昌至九江段扩能提速工程Ⅱ标 位于湖北省鄂州市石山镇,路线全长1公里。合同工期2003年9月30日至2005年2月20日。2004年完成隧道305成洞米,涵洞14横延米,土石方11万立方米。建筑公司施工。B类工程。

7. 贵州三穗至凯里公路第6合同段 位于贵州省凯里市剑河与台江境,全长4.875公里。合同工期2003年6月12日至2005年9月12日。合同价款1.33亿元。2004年完成隧道909成洞米,桥梁1500成桥米,涵洞101横延米,土石方33万立方米。四公司施工。B类工程。

8. 陕西黄陵至延安段高速公路16标 位于陕西省甘泉县境内,全长3160米。合同工期2003年3月至2005年5月。合同价款13482万元。2004年完成隧道860成洞米,涵洞155横延米,土石方45万立方米。五公司施工。B类工程。

9. 云南安楚公路5-2b合同段 位于云

南省禄丰县境内，全长1.896公里。合同工期2003年1月至2005年5月。合同价款9844万元。2004年完成隧道820成洞米，土石方6万立方米。三公司施工。B类工程。

10. 广西百罗高速公路6标段 位于广西壮族自治区百色市境内，线路总长6.08公里。合同工期2002年12月至2004年8月。合同价款14297万元。2004年完成隧道153成洞米，桥梁393成桥米，涵洞23横延米，土石方28万立方米。二公司施工。B类工程。

11. 深圳盐田港保税区三期工程 位于盐田港保税区北片区，工程主要为港区供料工程，根据填区需求确定开挖料源和开挖量，即以填定挖。工程量76万立方米。合同工期2004年9月至2004年12月。合同价款2030万元。2004年完成土石方76万立方米，工程基本完工。深圳项目经理部施工。B类工程。

(竣)完工工程

1. 安徽马芜高速公路Ⅱ合同段 位于安徽省当涂县银塘镇境内，全长3.72公里。合同工期2002年3月至2004年3月。合同价款9398.8万元。2004年6月30日完工。五公司马芜工区施工。B类工程。

2. 渝黔高速公路雷崇段C8合同段 位于重庆綦江县，全长5.163公里。合同工期2002年4月29日至2005年4月29日。合同价款1.85亿元。2004年3月10日完工。雷崇项目经理部施工。B类工程。

3. 四川317线鹧鸪山隧道及接线工程A合同段 位于四川省阿坝藏族羌族自治州理县境内，全长2340米。合同工期2000年12月至2004年3月。合同价款13393万元。2004年3月20日完工。一公司施工。B类工程。

4. 云南元磨高速公路11标段 位于云南墨江忠爱桥乡境内，全长9.326公里。合同工期2000年4月至2003年12月。合同价款40258万元。2004年完成工程施工产值110万元。2003年10月完工。三公司施工。B类工程。

5. 西安南京铁路W8标段 位于安徽省六安市境内。合同工期2001年4月至2002年10月。合同价款4800万元。2003年12月30日完工。2004年施工产值69万元。二公司与建筑公司共同施工。A类工程。

6. 杭金衢高速公路4标 位于浙江省诸暨市境内，全长17.012公里。合同工期1999年9月至2002年11月。合同价款24988万元。2004年完成施工产值153万元。五公司施工。B类工程。

7. 洛阳中原物流中心 位于洛阳西出口，合同工期2002年2月至2003年12月。2004年完成产值201万元。2004年元月完工。建筑公司施工。A类工程。

8. 集团公司30号楼 合同工期2003年6月1日至2004年5月1日。合同价款227.1万元。2004年末完成产值116万元。建筑公司施工。B类工程。

(童文甫)

【经营开发】 全年参加投标资格预审41项75个合同段，通过46个。其中市政工程4个，房建工程2个铁路工程1个，公路工程68个。共参加工程投标36项48个合同段，其中铁路5项，市政工程4项，房建工程1项，水电工程1项，公路工程25项。中标10项，中标率29.4%。新签合同额10.69亿元，为集团公司计划的178.2%，处自订计划的152.7%。

(部利军)

【合同管理】

内部经营承包管理 全年下达内部经营承包任务书15项，其中工程项目内部经营承包任务书10项，辅助生产单位内部经营承包任务书3项,设物公司内部承包任务书1项,鹏捷利公司经营承包任务书1项,合同总额59157万元。考核兑现5项,辅助生产单位内部经营承包任务书3项,设物公司内部承包任务书1项,鹏捷利公司经营承包任务书1项。通过实行风险抵押金制和绩效考核制,促进了经营承包目标的实现。

工程分包和合同管理 全年审核分包合同118项,进行新上项目的项目策划和工程分包12项。通过过程成本调查和执法大检查对8个项目进行了检查摸底,制定下发《关于进一步规范工程分包现场管理的通知》。全年签订分包合同220项,分包合同总价款31715万元,委外验工计价23050万元。

验工计价和二次经营 紧抓项目商务策划,对新上项目从前期项目策划入手,学习熟悉合同条款,找出商务要点,明确阶段工作重心,指导督促项目编制商务策划书,制定二次经营具体实施方案,过程督导项目严格实施策划书内容,最大化获取经济效益。全年审核新上项目商务策划书8份,增加合同外费用19199万元。年终对格二次经营结果考核,兑现奖金20.3万元。

系统建设 继续对合同管理和验工计价人员实行专业化管理和企业委派制,全处下令并在岗的合同管理和验工计价人员26人,负责全处32个工程项目(含收尾项目)的合同管理和验工计价工作。由于验工计价和合同管理人员相对稳定,季度培训有保证,平时业务沟通渠道畅通、整体素质明显提高,验工计价和合同管理真正实现了规范、有序、可控。

辅业经营 2004年,一处辅业单位有医院、物业管理中心、设物中心、生活服务中心以及鹏捷利公司。全年完成辅业营业额17159万元,为集团公司下达计划的127%,处计划的122%,利润指标也超额完成年度计划目标,无亏损单位。 (余清华)

【施工技术管理】

技术管理 全年先后审核了郎川、靖安、子靖、杭州湾、沿江、云万等项目的实施性施工组组织设计,审批了郎川、子靖、沿江、杭州湾、平钟等项目的产品监视和测量计划。2004年共参加了靖安、郎川、子靖、杭州湾、云万、宛坪、洛湛、大丽、沿江、武九的前期项目策划。

编标工作 参与了36个工程项目48个合同段的投标施组编制工作,其中有7个标段中标,分别为:安徽沿江高速公路张韩至朱村段第YJ1-6标段、青岛至银川国道主干线(GZ35)子洲至靖边高速公路N-2合同段、浙江杭州湾跨海大桥南岸接线工程第8合同段、陕西省洋县至勉县XHF-05合同段、重庆万州至云阳高速公路U合同段、河南南阳内乡至豫陕界段高速公路7合同段、大理至丽江铁路土建工程项目7标。

测量及监测工作 精测队全年共进行工地测量作业29次,完成了9个新上项目的精密控制测量工作,测量成果满足和达到了业主、监理及规范的要求和精度;根据施工需要,先后对安楚高速公路大红田隧道、平钟高速公路木冲隧道、华福一级公路中梁山隧道、重庆万开高速公路铁锋山Ⅰ号隧道进行洞内控制和贯通测量工作;对百罗、安楚、三凯、子靖、靖安、思小工地进行了全线复测,保证了工程项目结构物位置的准确性及隧道的精确贯通。

进行测量的同时,分别对工地测量组、试验室监测装置的使用和管理进行了监督检查,及时就现场工程测量、试验方面的问题进行了协商和妥善解决;根据集团公司批复的购置计划,完成监测装置购置123台套,投资156.361万元;通过协调完成监测装置的合理调拨44台套;通过检定完成监测装置正常报废17台套。

调度工作 2004年,通过日常工作交流指导、下发学习资料和到现场进行业务指导等方式加强了对施工一线调度员的培训工作。编写了《调度月报》12期，及时通报全处的施工生产形势，明确工作重点，加强对各项目的工作指导。根据各项目的量化指标和计划目标，做到了过程跟踪、超前分析，及时督促。全年下发各类书面调度通知9次，及时果断地处理问题。强调调度工作的严肃性，加强调度工作人员的纪律教育，有效的杜绝了瞒报、虚报和泄漏企业机密事件的发生。

（柏灵敏　牛春霞　孙联伟）

【科技创新】　一处工程管理部（以下简称"工程部"）是科技创新管理职能部门，负责科学技术委员会的日常管理工作。

2004年，进行科研项目6项，其中完成自立科研项目1项，通过集团公司评审科研项目1项。完成并通过集团公司验收（评审/鉴定）工法2项，分别为大跨度黄土隧道施工工法、高原严寒地区隧道砼施工工法。针对现场桥梁施工技术普遍薄弱的现象，编制了桥梁施工手册和桥梁施工教育片，印发各单位进行推广应用。向集团公司第二届科技大会提交论文15篇，6篇录入论文集，其中《浅谈寺则河隧道辅助坑道方案优化对确保施工单位全面履约所起的重要作用》获得二等奖。编制了《科技工作管理办法》、《优秀论文评选及奖励办法》。

（李建军）

【计划统计】　一处计划统计管理由工程部负责。

计划工作　坚持计划编制的超前性、科学性，完成了年度、季度、月份施工生产计划的上报下达；完成了集团公司计划管理会议所需资料；完成处3年流动计划的编制上报工作。计划执行中严格过程控制，通过日常的统计分析查找制约施工生产的关键工序、关键因素；计划期结束后实施考核，维护计划的严肃性。

统计工作　以"全面统计、深入分析"为指导思想，完成了集团公司布置的2003年统计年报及2004年定期报表的上报工作，完成了一处生产、经营需要的各项统计任务和统计分析工作，完成了季度及年度施工生产简报。

3月18日制定下发了一处计划统计工作实施细则。该细则把全处的计划统计工作串联在一起，重点是施工生产的计划和统计，明确了计划期的界定，规定了施工生产建议计划的上报时间、格式、内容要求及单位负责人签字制度，对统计数据的及时性、准确性、全面性制定了具体的奖罚制度。针对各单位调度室快报产值和验工产值始终存在着较大差异的问题，规定各单位调度快报产值必须经统计人员核对后上报，统计人员在上报月施工产值中若出现与调度快报数据严重不符的，将追查责任并按"瞒报"统计资料处罚。

（童文甫）

【安全质量】　2004年，全处发生事故10起，轻伤4人，重伤2人。竣工交验工程一次验收合格率100%、优良率95%，杜绝了重大工程质量事故。

工程创优　2004年，一处共获得各级优质工程命名5项。晋焦高速公路牛郎河隧道获得中国建筑工程鲁班奖，渝合高速公路北碚隧道先后获得总公司优质工程、重庆市"巴渝杯"优质工程奖。杭州至衢州高速公路土建4合同段获得集团公司优质工程奖，火车头优质工程二等奖。

标准化工地建设　平钟高速公路10合同段工地、安楚高速公路5-2b标段工地、华福高速公路C3合同段工地、万开高速公路E

-2合同段工地和洞巴水电站工地均被集团公司授予“安全质量样板工地”称号，其中平钟高速公路10合同段工地被中铁工程总公司授予“安全标准工地”称号。

QC小组活动 雷崇项目经理部的降低喷砼回弹率QC成果、笔架山隧道二次衬砌防水QC成果及二公司露天爆破石料粒径控制QC成果分别获得集团公司2003年度优秀QC小组一等奖、二等奖、三等奖。6月，雷崇项目经理部的降低喷砼回弹率QC成果获得“全国工程建设优秀质量管理小组”称号。

（张万营）

【人力资源管理】 一处人力资源部现员9人，主要负责员工的引进、培养、考核、奖惩、调配、技术职称评定、职业技能鉴定以及工资管理、老干部管理等工作，下设工资室、员工管理室、培训中心。

2004年，一处人力资源管理坚持人力资源化、市场化的管理方向，推进队伍专业化建设，深化三项制度改革，促进了人力资源素质的不断提升。

成立处劳务公司，实行人力资源的两头“优化”，促进公司专业化建设进程。打破身份界限，经过各单位严格考核，由企业培养长达十余年的272名优秀协议工转聘为合同制员工，缓解了全处技能型人才不足的矛盾，稳定和充实了管理层、操作层队伍。出台和明确了技校生管理办法，为技能人才后备队伍建设奠定基础。修订大中专毕业生管理办法，建立人才流失责任追究制度。验工计价、合同、物资管理人员实行派驻制，规范管理秩序，提高管理效率。修订非在岗员工管理办法，确保员工利益在企业发展过程中得到有力保障。建立干部考学制度，促进各级管理者素质提高。

机构设置 撤销经合部，成立经营开发部、合同管理部。至年末，机关构成八部一室，分别为工程管理部、经营开发部、合同管理部、设备物资部、财务会计部、人力资源部、监察审计部、党群工作部和处办室。

项目经理部24个，代表一处对现有的24个工程项目进行现场管理。

撤销原设备物资采购供应中心，成立设备物资供应公司；成立劳务公司，常设专业化公司8个，工区10个，其经营生产和资源保障、队伍建设分别由项目经理部和原公司共同负责。

员工基本情况 2004年来，一处有员工1707人。其中管理人员和专业技术人员730人，生产作业人员977人；长期在岗员工1495人，非在岗212人。具有技术职称的专业技术人员484人，其中高级职称8人，中级职称93人，初级383人。具有职业技能等级的生产作业人员671人，其中高级技师8人，技师36人、高级工398人、中级工214人、初级工15人。

大中专毕业生引进 2004年，一处引进大中专毕业生166人。按学历分：本科86人，大专29人，中专51人；按专业分：土木专业111人，机电29人，财会10人，经济、中文等其他专业16人。

高中级管理人员管理 提拔任用中级管理人员45人，占一处中级管理人员的36.1%，其中处副总工程师1人，经理6人，书记3人，部长1人，副部长2人，副经理14人，总工18人。为培养复合型人才，5名中级管理者在行政和政工口之间进行了交流。根据中高级管理人员的考核办法，中级管理人员免职4人。

对优秀项目管理人才进行了重奖。奖励优秀项目经理各3万元；奖励优秀工区主任2万元。

深圳填海项目经理部经理吴显金荣获总公司级优秀项目经理称号。

技术人员培养 引进54名高职、中专学生到一处进行毕业前的实习，提前熟悉岗位和工作环境。

年内评聘技术职务146人。按等级分：高级1人，中级25人，初级120人；按系列分：工程101人，财会10人，经济18人，政工13人，卫生4人。

对优秀技术工作者进行重奖，奖励工程部副部长崔根群、一公司总工程师鲁军良、三公司机电总工程师李卫斌、四公司机电总工程师李振群各2万元。

职业技能鉴定 年内协助集团公司鉴定站对一处西北、西南2个片区3个单位196人进行了职业技能鉴定，其中获得高级工职业技能资格的138人，中级工13人，初级工1人。

教育培训 年内，一处员工参加培训889人次，其中管理和专业技术人员464人次，生产作业人员425人次。

44名专业技术人员参加继续学历教育；16人参加了成人高考，其中大专14人，专升本2人，涉及土木工程、道路与桥梁、人力资源等5个专业。

工资管理 坚持“效率优先、兼顾公平”的原则，坚持工资计划一月一审批，一季一比较、半年一调整。出台《规范委外工程分包劳务工工资管理办法》、《关于规范专业分包和劳务分包队伍工资管理指导意见书》和《混岗作业劳务人员工资管理暂行规定》。

年内在岗位员工人均工资2446元/月。全员劳动生产率55万元/人年。

（胡清友　文辉）

【财务会计管理】 一处财务会计部下设机关财务室、财务核算室和财务管理室，配备财务人员6名。

2004年，一处有决算单位37个，其中经营性单位33个，非经营性单位4个。全处资产总额6.76亿元，其中流动资产5.72亿元，固定资产原值0.95亿元，无形资产0.3亿元。净资产收益率9.49%，成本降低率5.4%，资产保值增值率148%，利润增长率65%。

财务管理 财务部以资金管理为中心，坚持资金“集中管理、统一调配、按时上缴、有偿使用”和“建立资金大循环，避免小循环，杜绝体外循环”使用原则。印发了《关于工程项目上缴费用管理办法的补充通知》，规定项目上缴款不须项目经理审批，收到业主工程款时，由财务主管按应缴处的款项的一定比例，直接上缴处财务部。出台了《关于重申工程项目费用上缴纪律的通知》（隧一处[2004]106号），为增强处财务部的系统管理和对资金的调控能力，实现年度各项财务预算提供了制度保障。

制定《银行保函、资信证明管理办法》，规范了银行保函、资信证明的办理程序和清收责任，将保函、资信证明的清收和责任人员所缴纳的风险抵押金相挂钩，解决了长期以来保函只办不清，只领不退的无序局面。2004年，共办理各类银行保函及各类担保共100840万元。其中银行信贷8亿元、投标保函1635万元、履约保函6615万元、开工预付款8135万元、现金担保4455万元；2004年共退各类保函48297万元，其中银行信贷退回42700万元，投标保函840万元，预付款保函3927万元，现金担保830万元。

成本管理 制定了《工程项目亏损预警反应管理办法》（隧一处[2004]78号），成立处项目亏损预警反应领导小组，根据项目管理模式的不同界定亏损额的认定原则，按照项目合同额的大小分别划定进入预警线的条件，建立了具有可操作性的反应机制以及运行监控和评价制度。

成本调查 加强对在建和新上工程的过程成本调查，解决项目在责任成本执行中存在的问题，先后对纳入预警机制的马芜、思小、三凯、黄延等工点进行了成本调查，分析亏损原因，提出整改要求。制定《项目责任成本分析作业指导书》(隧一处[2004]135号)，提高财务人员超前化解危机的能力和财经专业管理水平，推进项目责任成本管理工作深入开展。

财务监察 按照集团公司《关于开展货币资金安全专项检查的通知》文件精神，处财务部于2004年11月先后对新乡地区各单位，西北片区黄延、靖安、子靖项目，中南片区深圳填海、平钟、洞巴、马芜、沿江、杭州湾等项目以及鹏捷利公司进行了货币资金安全大检查。同时处财务部对四公司、五公司、靖安公路、深圳填海等项目分别进行了日常财务监察，下发《财务监察情况通报》并要求各单位按规定时间进行整改，使各项经济活动更加规范化，促进项目经济良性运行。

清产核资 根据总公司及集团公司清产核资工作安排，在此次清产核资中，一处报损总额为1611万元，其中经营性资产632万元，非经营资产979万元。经营性资产报损的项目主要有固定资产215.17万元，应收账款52.37万元，其他应收款5.29万元，预付账款359.33万元；非经营性资产报损的项目主要有固定资产477万元，土地501万元，存货1.15万元。

财会队伍建设 一处共有财务人员57人，其中会计师7人，助理会计师32名。大专以上学历37名，占总人数的65%。2004年财会学会第一分会组织会计人员参加全国会计专业技术资格考试，共有14人参加考试，其中通过初级技术资格考试的有3人，通过中级技术资格考试的有3人。第一分会以实施集中培训为主，其他方式为辅的思路，继续抓好财务人员继续教育工作。培训内容为企业会计准则，包括现金流量表、债务重组、投资，以及会计职业道德和内部会计控制规范。48人参加培训，全部合格。

(黄大林)

【设备物资管理】 2004年，一处设备物资部(简称"设物部")逐步完善了《基础设施管理程序》、《物资管理程序》2个程序文件，修订了《设备管理实施办法》、《物资管理实施办法》、《设备招标采购管理实施办法》、《大型特种设备管理实施办法》等管理作业文件，使之更适应施工现场需要。加大了特种设备的管理和设备物资集中供应管理力度，并成立了设备物资采供与管理过程控制小组，加强过程控制管理，使全处设备物资供应管理工作基本处于可控状态。

设备管理 年末，一处机械设备保有量281台，原值5856.05万元，净值3215.66万元，装备能力20832.50千瓦，设备新度系数54.91%，全员技术装备率2.25万元/人，全员动力装备率14.55千瓦/人，设备台日利用率98%，设备平均完好率95%。

全年新购设备72台，原值1660.6万元，总功率4761.5千瓦。

设备大修计划30自然台，折合59.8标准台，计划大修费用314.6万元。实际完成大修30自然台，费用270万元。

(廖方旭)

物资供应 全年物资收入37979.32万元，物资消耗37617.8万元。年初库存762.92万元，年末库存1040.98万元。甲方(业主)供应材料8445.61万元，占供料总额的22%；处设备物资供应公司供应材料14000万元(包括设备物资供应公司供应的甲供料)，占供料总额的37%；设备物资供应公司委托项目/公司自购15533.71万元，占供料总额的41%。

物资管理改革 确立了推进物资管理市场化进程，努力实现物资采购与项目材料责任成本盈亏相挂钩，实现"专业采供、专业管理,严格职责、采管分离,多方约束、机制建立”的物资供应原则。8月10日成立了设备物资供应公司,并出台了《物资供应管理实施办法》、《委托采购管理实施办法》和《物资招标采购管理实施办法》等,使全处物资管理有章可循。

周转性材料管理 新购入周转性材料733.062吨,计287.4万元。报废8.5吨,改型使用35.69吨。全处在用周转性材料1244.2吨,收取使用费70.32万元。

业务培训 2004年8月17日至20日举办第三期物资管理培训班,25人参加培训,主要以采供站长、材料主任和新分配的大中专毕业生为培训对象,重点讲解了物资改革的内容及与之相配套的文件,并对物资核算、管理技能、统计报表等内容进行了综合培训。

(李占宽)

【行政综合管理】 一处办公室由秘书室、综合室以及小车班、法律事务室、信访办、档案室等组成,定员6人(不含小车班),现员9人(含小车班3人)。

信息化建设 2004年6月,一处成立信息化建设领导小组,专人负责实施,明确了开展信息化建设的指导思想和长远期目标。7月,完成单独布线、单独建网,实现局域网内的互通互联;组建了信息中心机房,购置了服务器、交换机、UPS、路由器、防火墙、杀毒软件等软硬件设施。9月,开始试用梦龙软件,并于12月正式启用梦龙协同工作平台,与集团公司和三处有限公司分别建立了“互信协议”,实现了相互之间的信息交流;同时重点进行了即时通讯、工作管理以及信息发布模块的推广。

文秘工作 完成处大型会议筹备工作15次,整理处领导大型会议上录音讲话9篇,编发处行政文件275份,会议纪要28个,上报信息48条,拟发贺信贺电14个。对行文质量和程序严格把关,控制发文范围和数量,保证了公文的质量和权威性。公文传递均按程序办理,机关实现无纸化办公,做到准确无误。催查督办工作,事事有结果,件件有落实。

办公用品/设备管理 实行招标采购并对采购价格及数量定期公示,全年共公示12次;对2000元以上办公、生活用品/设备实行统一管理编号,做到账、卡、物相符,使全处办公用品/设备处于可控状态。

通信工作 严格费用管理,超罚节奖,实行每月通报部门(个人)话费使用情况,控制了支出,降低了办公成本。

档案管理 认真做好工程竣工文件的归档;做好档案接收、整理、销毁、借阅及报表等常规工作。

法律事务工作 努力抓好诉讼工作,积极搜集准备相关基础资料,最大限度地减少企业损失;认真做好法律咨询和审查工作,为规范处内部经济行为和避免今后出现经济纠纷提供了可靠的法律保障。

信访工作 2004年共收到信访资料3件,高度重视,认真督办,合理解决,为全处改革发展和生产经营创造了稳定的内外部工作环境。

车辆管理 2004年全处有各种车辆56辆,累计行车15万公里,未发生大的交通事故。

(佘红斌)

【社会事业管理】

养老保险 2004年,养老保险基金的缴纳比例,按统筹关系所在地政府的规定缴纳。河南省内企业缴纳部分按上年度工资总额的20%缴纳,个人缴纳部分按上年度工资收入的8%缴纳。一处参加社会养老统筹保险人员为1677人,股份有限公司参加社会养老统筹保险人员为3064人。全年缴纳养老保险金2608.10万元，其中一处单位缴纳624.59万元，个人缴纳249.29万元；股份有限公司单位缴纳1239.51万元，个人缴纳494.71万元。

一处离退休(职)人员1176人，其中离休人员4人，退休人员1172人；股份有限公司离退休(职)人员2301人，其中离休人员7人，退休人员2294人。享受抚恤金、生活费的遗属505户，其中一处221户，股份有限公司284户。2004年纳入河南省统筹范围的退休人员统筹养老金支出2902万元。河南省社保中心弥补一处和股份有限公司退休人员养老统筹基金293.90万元。

养老统筹项目以外的养老保险费用由企业负担。2004年企业负担的离退休费用支出373.46万元，其中一处127.32万元，股份有限公司246.14万元。年内养老金无拖欠。

医疗保险 一处和股份有限公司员工的医疗保险由新乡市医保中心委托管理。2004年，一处参保人员2876人，股份有限公司参保人员5315人。年内一处医疗保险费上缴总额112.07万元(含退休职工77.07元)，股份有限公司医疗保险费上缴总额261.90万元(含退休职工151.90元)。年内参保人员的医药费按规定全部报销。

退休人员管理 全年共办理在职员工退休8人；发放一处和股份公司参保员工的个人养老保险金账户单；接待离退休人员来信、来电、来访约5500人次，办理变更退休安置地约800人次。

计划生育 年内计划生育工作的各项指标均已完成，晚婚晚育率100%，计划生育率100%，综合节育率93%，年内没有违反计划生育的现象出现。

卫生防疫 2004年，防疫工作坚持以“预防为主”方针，传染病发病率明显下降。年内对所属单位22个水源点进行了监督和监测。体检炊管人员159人，体检率95%；健康证发放159个，卫生许可证审发单位22个，审发率100%。

非经营性资产的管理 2004年，一处非经营性资产总额2688万元，其中社会事业管理中心1258万元，生活服务中心483万元，物业管理中心51万元，医院594万元，公共设施302万元。非经营性资产单位累计完成产值314.23万元，其中生活服务中心142.72万元，物业管理中心171.51万元。医院医疗收入413.94万元，比上年增加113.82万元，医疗经费节余7.5万元。

(暴志强)

【审计工作】 2004年，一处审计工作以工程项目审计和财务收支审计为重点，加大了在建工程项目的过程审计力度。全年共完成审计项目10项，其中工程项目审计7项，财务收支审计1项，经济责任审计2项。另外还参与处过程成本调查2项、参与处执法监察工作2项。全年共查出各单位违规违纪问题和管理问题46项，涉及金额1759.3万元。全年下达审计意见8份，为人事部门提供经济责任审计评议2份，提出改进管理建议6项，为处挽回直接经济损失35万元。

对在审计中发现的具有普遍性的问题，全处进行通报；对违规违纪的责任人进行了相应的行政及经济处罚。

(席炜)

【公安保卫】 2004年，铁路第七公安处第一公安分处围绕企业经营生产工作重心，加强施工现场治安管理力度，严厉打击危害企业利益的各种违法犯罪活动，努力做好企业内部稳定工作，保障了企业改革、发展和稳定。

立破案情况 全年共接、处警659起。立刑事案件43起，破21起；抓获犯罪嫌疑人

18名,为企业挽回直接经济损失51.074万元。受理各类治安案件43起,查处35起,处理各类违法人员66人。协调处理各类纠纷及阻工事件108起;妥善处置群体性治安事件8起。在处理纠纷和治安事件中为企业节约和减少经济损失65.27万元。

安全保卫工作 以反破坏、反渗透、反窃密、反恐怖为重点,积极开展隐蔽战线的斗争,加强工程要害保卫工作,确保了青藏铁路、股份公司"863"计划、辽宁大伙房TBM等工程要害安全。

深入开展同"法轮功"等邪教组织的斗争。按照"深挖打击、教育转化、宣传揭批、涉外斗争"的方略贯彻落实南京会议精神,先后开展"3·20"、"4·25"、国庆节等重大敏感时期的专项清查行动4次,摸排人员6530余人。对仍在习练的2名人员实行重点监控和帮教工作。

严打整治斗争 先后开展了"反盗窃"、"打盗治乱"、打击"经济领域犯罪"和"整治工地治安,开展破案战役"等专项行动。在"整治工地治安,开展破案战役"专项行动中,先后破获股份公司圆梁山工点盗窃案件7起,抓获犯罪嫌疑人9人,打掉收购铁路施工器材窝点1个。破获三凯工点盗窃案件11起,打掉盗窃团伙2个,抓获犯罪嫌疑人6人。在"开展破案战役"行动中,共为企业追回直接经济损失10.502万元。在打击"经济领域犯罪"行动中,分别查破"6·7"诈骗案件一起,挽回经济损失16.14万元;查破私刻公章案件1起,挽回经济损失60800元;查破利用职务之便的经济犯罪一起,挽回经济损失14320.2元。

爆炸物品和消防工作的监督管理 全年开展爆炸物品专项大检查2次,定期、不定期检查460余次,整改隐患60余处,杜绝了涉爆案件、事件的发生。消防工作以林区和城市防火为重点,全年共开展消防安全教育25次,进行消防检查510余次,下发隐患整改通知书100余份,整改火灾隐患200余处,减少了火灾事故的发生。

治安综合治理 继续大力推进"治安综合治理标准工程现场"和"安全文明小区"创建活动,全年员工违法率和犯罪率低于责任控制目标,被集团公司评为"治安综合治理先进单位"。洞巴项目经理部、平钟项目经理部被集团公司评为"治安综合治理先进工程现场";5人获得集团公司"治安综合治理先进个人"称号。

(夏强)

【企业文化建设】

形象建设 认真贯彻落实集团形象识别系统(VI手册),制订下发了《第一工程处工程现场企业形象建设作业指导书》,规范了工程现场对外宣传手册,建立了新上项目现场形象建设策划制度,对沿江、子靖、杭州湾、思小、靖安等8个工程项目进行了形象策划。

理念宣贯 下发了关于深入宣传和贯彻《中铁隧道集团理念识别系统(MI)手册》的通知,结合一处的特色文化,编印中铁隧道集团理念识别系统(MI手册)缩印本1800册,做到人手一册。在工程现场选择恰当的位置用广告牌、看板、展板等形式加强了宣传,并利用员工大会、板报、报纸、会议等方式,使每名员工对企业精神、企业理念、企业使命、企业宗旨等都能做到耳熟能详、脱口而出。同时在认真贯彻落实集团理念系统的基础上,对原一处的优良传统和优秀文化进行进一步整合,努力培育一处的特色文化。

行为整合 坚持以人为本,坚持把硬性的制度与人性化的管理相结合,充分发扬政治工作的优势,注重激发团队的整体创造力,使团体的绩效和品格不断提升。坚持

"企业利益无限大,职工利益无小事"的利益观,深入开展"创建学习型组织,争做知识型员工"活动,努力促进学习型团队的建设。树立"培训是对员工最大的福利"的观念,规划和设计了一套与一处实际情况和发展战略相适应的培训体系,加大了对员工培训力度,全面提升了员工队伍的整体素质。

(孔德勋)

【党组织建设】 2004年,一处党委成立了郎川项目经理部、沿江项目经理部、杭州湾项目经理部、靖安项目经理部、云万项目经理部5个党工委和西北指挥部、设物公司2个直属党支部;撤消了武九党工委、设备物资供应中心党支部。至年底,一处党委下设党工委10个,党总支7个,党支部38个(其中直属党支部6个)。全处有党员652人,其中在职424人,离退休226人。新发展党员22名。为31名预备党员办理了转正手续。

以"学一流技术,创一流业绩,带一流班组"为主题,开展"一名党员一面旗"活动。按照集团公司党委要求,开展了保持共产党员先进性教育活动的准备工作。举办了1期基层党总支(支部)书记培训班,培训基层党总支(支部)书记15名,并选送1名基层党组织书记参加了集团公司党支部书记培训班。全年召开党委(扩大)会议8次,召开党政工联席会议9次。10个单位按照要求召开了民主生活会。

处第一次党员代表大会 2004年10月16日,处第一次党员代表大会在新乡召开,78名党代表参加了会议。会议选举产生了新一届党的委员会和纪律检查委员会;确立了"四年三步走"战略目标,明确了今后4年党建思想政治工作的思路和重点任务;讨论通过了《关于党代会闭会期间充分发挥党代表作用的暂行办法》。

(陈明亮)

【领导班子建设】 强化"五好"班子创建活动,成立创建领导小组,下发《关于创建"五好"班子活动的通知》,制定创建目标和措施。处领导班子被集团公司党委评为2004年度"五好班子"。处党委对部分单位的班子成员进行了调整,中级管理人员岗位交流5名、选拔任45名。

(孔德勋)

【宣传思想工作】 2004年,一处紧密围绕经营生产中心,坚持以思想教育为先导,以班子建设、队伍建设、党的建设和企业文化建设为重点,不断改进和创新思想政治工作,为企业发展提供强有力的思想保证和舆论支持。

中心组学习 2004年,一处党委下发《关于改进和加强处党委和基层党组织中心组学习的通知》,强调两级领导班子中心组学习,要坚持分散自学和集中研讨相结合,以集中学习研讨为主(每季度至少1次),结合单位实际确定学习研讨课题。全年共组织学习4次。

宣传报道工作 下发了《关于进一步加强和规范新闻宣传工作的通知》,建立新闻发言人制度,并确定18位新闻发言人,规范宣传报道工作,严肃新闻宣传纪律。全年在地市级以上媒体发稿12篇,在《中国铁路工程》和《隧道工人》发稿110篇。组织上报各类信息53篇,其中被中铁工程总公司《中铁工总信息》采用3篇,集团公司《政工信息》采用20篇。

(孔德勋)

【纪检监察工作】 2004年,一处纪检监察工作以学习贯彻党的十六届三中、四中全会精神和"三个代表"重要思想为主线,以落实党风廉政建设责任制,强化领导人员廉洁自律工作为重点,坚持从严治党与从严治企相结合的方针，进一步加强对党员、管理人员的廉政教育，深入开展了两个“条例”主题教育活动，加强检查监督，加大效能执法监察力度，较好地履行了纪检监察工作职能。

两个“条例”主题教育 2004年，一处纪委在党员中组织开展了《中国共产党纪律处分条例》、《中国共产党党内监督条例（试行）》主题教育活动。新乡地区各单位党员、干部听取了集团公司党委副书记、纪委书记刘子万的两个《条例》专题辅导。对基层党总支（支部）书记进行了专题培训，并组织全处党员管理人员参加了以“企业领导人员依法经营，廉洁从业”知识测试和两个“条例”知识竞赛活动。组织党员观看了《梦断庄园》、《蜕变警示录》、《王怀忠的两面人生》、《立党为公、执政为民》等电教片，购买下发录像光盘60盘，两个“条例”单行本和有关学习资料80余本。

落实党风廉政建设责任制 17个二级单位（部门）建立和修订了党风廉政建设责任制，责任制覆盖面达100%；11名处职领导和57名中层领导填写了《领导人员党风廉政建设责任报告》，对118名中级管理人员廉政档案在内容上进行了补充和完善。

效能执法监察 3月和6月先后两次对黄延、靖安、华福、万开、平钟5个项目开展了以工程分包合同管理、设备物资管理、办公设备管理和内部管理制度为主要内容的执法监察。共检查各类合同74个，提出整改意见和措施75条，对13名主要管理人员和相关责任人给予通报批评和经济处罚。

加强“双清”效能监察，全年收回31笔外欠款，总计4045万元，超额完成“双清”任务，被中铁工程总公司授予2004年度“双清”效能监察先进单位称号。

信访举报调查核实 全处共受理群众来信来访4件次，核实了结4件次。

（杨隆文）

【工会工作】 2004年，一处工会共有会员1480人。处工会下设基层单位工会12个，工委7个，支会26个，工会小组76个，专兼职工会干部22名。其中劳务公司工会、设备物资公司工会、云万项目工会工委、沿江项目工会工委为2004年新组建，工会组织组建率100%。2004年，一处工会荣获集团公司“工会好班子”称号；工会责任状考核结果评为优秀。二公司工班长史秋功荣获铁道部火车头奖章和中央企业劳动模范称号。

首届二次全委（扩大）会 2004年3月14日，一处工会召开首届二次工会全委（扩大）会。会议以无记名投票方式替补选举产生了新的工会委员和常委，杨小明、伍丽蓉、彭代强、马中伟当选为工会委员，吴国强当选工会常委。

民主管理 2004年3月15至17日，一处首届二次职工代表大会在新乡召开，64名代表参加了会议。处长刘少魏在会上作了题为《管理效益上台阶，持续发展上规模，为全面打造“诚信一处、智慧一处、文化一处”而努力奋斗》的工作报告。党委书记张瑞刚作了题为《突出重点，求实创新，为企业管理上台阶、发展上规模提供强劲动力》的讲话。工会主席刘昌彬在会上作了2003年集体合同履行兑现情况报告和提案征集处理报告。处工会代表职工与行政签订了2004年集体合同。会议依据职代会的有关规定对9名处级管理人员进行了评议。上半年，处属单位职代会召开率100%，评议科职管理人员40名，评议率100%。收到处级提案42条，基层提案168条，立案、处理及落实率均为100%。

2004年7月22日，处工会在新乡组织召开了职代会团组长联席会，深入讨论了《非在岗人员管理暂行办法》和关于组建劳务公司的相关事宜，就关系职工切实利益的有关问题进行了认真研讨并提出意见和建议。

各级工会按照有关文件精神和要求，认真承担和履行"厂务公开第一实施人"的职责。全处设立了33个厂务公开栏，将企业生产经营中的大事和职工群众关注的问题，分层次分时段公开，确保了职工的知情权、参与权、监督权。

财务工作 严格执行《铁路工会财务制度》，认真落实集团公司财务工作会议精神，加大工会经费收缴力度，把工会经费的及时、足额拨缴作为一项重要内容写进集体合同，工会经费拨缴兑现率100%，上解率100%，会费收缴率100%。工会经费使用坚持工会主席"一支笔"审批制度，处工会财务在集团公司工会财务竞赛评比中名列第一。

"三工"建设 全年"三工"建设投入资金28.58万元，新增设备51台/套。全处各单位共举办文体娱乐活动40多场次。处工会组织职工参加集团公司篮球比赛并获得第四名。在中华全国总工会举办的第三届火车头文艺群星奖大赛中，张永超的摄影作品《会师》入选并获得第三名。全处"职工之家"合格率100%，先进职工之家5个。

互助合作保险和"送温暖"工程 2004年，全处互助合作保险基金达135万元，入会人数达1228人，并对1名符合规定者补助6577元。"双节"期间共筹集资金35000元，慰问在职职工106名、退休职工21名和职工遗属6名。处工会还对受洪灾较重的一公司、四公司和高原施工的郎川项目3个单位分别送去慰问金5000元。

女工工作 落实集团公司女工工作会议精神，建立女职工困难档案，制定帮扶计划。"六一"期间慰问特困女职工，发放慰问金900元。

（王凯）

【共青团工作】 2004年末，一处团委下属基层单位团总支6个，直属团支部3个，团工委2个，二级团支部21个。全处兼职团干部8人，共有团员352名，35岁以下的青年1014名，团员青年占员工总数的68.1%。

处首届团代会 一处首届团代会于2004年3月18日在新乡召开。会议选举了处第一届团委委员和出席集团公司首届团代会的代表。第一届委员会由7人组成，分别为吴国强、陈明亮、王家彬、祖亮、佘红斌、王慧、李育强。吴国强任团委书记。

组织建设 新成立了洞巴团支部、平钟团工委和郎川团工委3个基层团组织。下发了《关于进一步加强团的基础工作的通知》，并把集团公司编印的《团支部书记工作手册》（修订）全部发放到各基层团组织，为基层团干部更好地开展工作提供服务。全年共向党组织推荐了7名优秀团员入党，为20名团员办理了退团手续。每月的5日定为处团委与基层团组织的联络日，要求每个基层团组织都在联络日通过电话或电子邮件的方式与处团委进行在线沟通，汇报工作开展情况，使处团委及时掌握基层团组织工作，了解团员思想状态。努力发现优秀人才，积极表彰优秀人才，搞好"五四"评先工作。3个基层团组织被集团公司评为先进集体，10人分别被集团公司评为优秀团干部、优秀团员。

读书教育活动 按照集团公司"每月读一本书"的要求，一处团委下发通知，要求基层团组织努力创造"在工作中学习、在学习中工作"的良好环境。12月7日，在集团公司团委举办的"每月读一本书"演讲比赛中，选派2名选手参赛，一名获二等奖，一名获优秀奖。

"双争""双创"活动 以集团公司重点、难点工程为重点，继续开展青年文明号创建和"双争双创"活动。28个项目中，除收尾项目和新上项目外，其余的在建项目基本上都成立有青年突击队。一公司隧道开挖班被中铁工程总公司评为“青年文明号”；有6人分别被评为集团公司安全监督岗岗员和青年岗位能手。

选送4名选手到集团公司参加总公司技能大赛的选拔赛，1名选手获钳工组第四名，1名获第五名。做好青年创新创效暨第八届“五小”成果的收集、申报工作及第七届“五小”获奖成果的宣传推广，引导青工立足岗位，学专业知识，上技术等级，早日成长成才。

青工安全生产 和集团公司团委、处行政分别签订了《青工安全生产包保责任书》。督促贯彻落实集团公司青工安全生产奖励办法和青工安全生产工作条例，配合集团公司安全大检查进行自查自省，配合安质部门搞好“安全生产月”活动，加强安全监督岗和青工安全生产示范岗建设，探索新的用工形式下开展青工安全生产工作的方式方法。工点共青团安全监督岗建岗率100%，共青团安全监督岗挂牌（安全警示牌）率98%以上，全年没有发生青工责任死亡事故和特大交通事故，无青工受重伤，青工负伤率2‰。

（白志刚）

【鹏捷利公司】 中铁隧道集团深圳市鹏捷利集装箱有限公司（简称“鹏捷利公司”）位于深圳市盐田港深盐大道北侧，是中铁隧道集团有限公司的控股子公司，由第一工程代行出资人权力。鹏捷利公司占地面积23280平方米，场地使用期为50年，设计容量4500只标准箱，辅有停车场、洗车场、修箱场，全部实行计算机网络管理，资产693万元，员工26人。2004年，鹏捷利公司立足于盐田港集装箱中转运输、散杂件货物运输以及超大、超重件货物运输，提供代理报关、船务和仓储等一条龙服务，完成营业额609万元，实现利润84.6万元。

（孔德勋）

北京分公司

【概况】 中铁隧道集团有限公司北京分公司（以下简称“北京分公司”或“分公司”）是于2002年1月30日从原中铁隧道集团北京五处有限公司变更而来，是在京注册的非法人企业，经营范围包括在中铁隧道集团有限公司经营范围内施工总承包、专业承包；地质灾害防治工程施工；自有房屋租赁。2004年在册员工730人，可利用资源638人，其中专业技术人员298人，占可利用资源的46.7%。保有机械设备131台，原值3295.45万元，净值1423.56万元，设备总功率8215.8千瓦，技术装备率1.94万元/人，动力装备率11.2千瓦/人。

2004年，北京分公司以“三个代表”重要思想和党的十六大精神为指导，以既有片区为主线，以地铁、市政为基础，深入开发公路、铁路、水电、市政领域建筑市场，加强经营系统管理，理顺项目管理秩序，严格控制项目成本，改革整合企业资源，有效地提高了企业的综合管理水平。

经营生产稳步进展 全年新签合同额4.6012亿元，完成年度计划的102.25%，同比增长69.25%。施工营业额25587.6万元，完成集团公司下达年度计划的94.8%，同比增长47.24%。

重点工程进展顺利 北京地铁五号线06标项目通过加强二次经营，扩充了利润增长点；北京地铁四号线07标项目克服了前期业主拆迁滞后困难，施工质量、安全工作多次受到北京市建委、业主、监理的好评。呼集高速公路9标项目工期、质量、文明施工均在全线名列前茅，10月10日全部一次顺利交付，赢得了业主的好评。溪洛渡水电站对外交通专用公路F标大路梁子隧道3月

26日涌水事件的及时正确处理，得到业主、监理和设计单位的认可，显示了中隧集团在山岭隧道方面的施工实力。向家坝水电站太平料场输送线I标项目于7月16日开始踏勘现场，8月2日正式进场施工，基本实现了快速进场、快速施工的阶段性目标。杭州武林广场地下过街道西通道1部的顺利贯通，标志着浅埋暗挖法在淤泥质特殊地质条件下的运用获得成功。深圳竹子林地下通道项目11月30日完成主体工程开挖，在全线9个过街通道工程中开工最晚，贯通最早，历次业主安全质量大检查均名列前茅。

安全质量保持稳定 2004年，北京分公司无重伤责任事故和因工责任死亡事故，工程质量一次验收合格率100%，优良率90%以上。北京地铁八通01标工程获2004年北京市长城杯奖；QC成果获集团公司二等奖2项，三等奖2项。

（吴亨国）

【施工生产及在建工程】 2004年，分公司在建工程16项（不包括非开挖事业部承担工程），其中完工6项，续建4项，新上6项。

续建工程

1.北京地铁五号线05标　2003年3月28日开工。2004年区间隧道开挖初支、暗挖车站中洞开挖初支和附属结构初支全部完成，折合成洞1022米，开累1363米，形象进度在全线处于领先地位。完成投资6060.1万元，开累6600万元。A类工程。

2.北京地铁五号线06标段　2003年5月12日正式开工。2004年，明挖车站主体结构全部完成，暗挖车站隧道中导洞完成43米，暗挖区间开挖160米，开累成洞125米；完成投资2703.8万元，开累2975万元。A类工程。

3.哈磴高速公路09标段　位于内蒙古自治区巴彦淖尔盟乌拉特前旗，合同工期2003年8月至2005年8月。2003年8月2日开工，2004年7月底，路基土石方及桥涵主体完成并交验。全年完成路基土石方23.4万立方米，开累73.3万立方米；桥梁成桥149.1米，开累203米；涵洞成涵87米，开累236米。整个线路成型，进入收尾阶段。年度完成投资2134.3万元，开累3367万元。B类工程。

4.金沙江溪洛渡水电站对外交通专用公路F标　位于云南省永善县及盐津县。2003年11月20日开工。2004年，完成隧道开挖1946米，开累1946米；衬砌641米，开累641米；成桥192米，开累192米；土石方29.7万立方米，开累29.7万立方米。完成投资7042.3万元，开累7367万元。B类工程。

新上工程

1.北京地铁四号线07标段　工程位于北京市宣武门大街，合同工期2003年12月20日至2006年5月30日，工程范围是北京地铁四号线宣武门地铁站中心线以南的半座车站（长105米）和一座风道，一座换乘通道，两座出入口。2004年4月开工。公司承担本标段宣武门站南段。2004年完成全部导洞工程，开挖666.4米，完成投资3703.8万元。A类工程。

2.西安雁塔广场地下过街道　工程位于西安市雁塔北广场，工程包括3条过街道和6座出入口。合同工期2004年11月1日至2005年4月30日，中标价格1400万元。2004年11月中旬开工，至年末完成通道北侧通道开挖45米，完成投资655.5万元。B类工程。

3.深圳市竹子林地下过街道工程　工程位于深圳市竹子林地铁站北侧，主要工程为102米的地下过街道和一座出入口。合同工期2003年12月1日至2004年8月31日，中标价格831万元。但实际开工时间为2004年8月。2004年主要完成人行隧道开挖102米,完成投资600万元。B类工程。

4.杭州市武林广场地下过街道工程 工程位于浙江省杭州市武林广场南侧,东西各设为一条暗挖过街通道,总长174米,由于该地下过街道地质条件十分恶劣。合同工期2004年2月至2004年10月。2004年4月开工。至年底完成隧道开挖135米。完成投资1854万元。B类工程。

5.深圳市湖贝路地下过街道工程 工程位于深圳市湖贝路,合同工期2003年12月1日至2004年7月31日,中标价格700万元。2004年主要完成车行和人行隧道开挖共60米。完成投资600万元。B类工程。

6.向家坝水电站太平料场输送线1标段 位于云南省绥江县。合同工期2004年8月至2005年12月,中标价款8308万元。主要工程量为4座皮带廊道,总长17929米,其中两座超过6000米。2004年8月开工。至2004年底完成隧道开挖752米,完成投资1650万元。B类工程。

竣(完)工工程

1.呼集高速公路TJ009合同段 位于内蒙古自治区卓资县。合同工期2002年5月至2004年10月10日。2002年7月25日正式开工,2004年度完成隧道洞门及洞内设备管线安装、隧道装饰、防护与排水;完成投资2126.7万元,开累13102.4万元。2004年10月10日完工。B类工程。

2.雍和宫电力隧道工程 工程位于北京市朝阳区,2004年2月开工,6月底全面完成整个隧道开挖衬砌施工,完成投资450万元。B类工程。

3.沈阳文安路地下过街道 工程位于沈阳市文安路,过街隧道长50.5米,外加两出入口。工程于2004年3月开工,于5月25日完成开挖。8月底交付方使用。全年完成投资394.9万元。B类工程。

4.深圳福华路地下商业街截桩工程 2003年11月开工,合同价款300万元。2004年完成截桩480根,产值300万元。2004年2月完工。B类工程。

5.宝鸡人防二期工程 2003年6月开工,2004年4月完工,合同价款740万元。B类工程。

6.宝鸡城市供水应急工程 2002年11月开工,2004年6月全线完工。开累完成1205万元。B类工程。

非开挖事业部 非开挖事业部全年承揽37项工程,大多数为市政管线、热力、人防等工程,主要有:古城－八角顶管工程、杭州和西安夯管工程等。工程涉及范围广泛,但是规模较小,工期较短。全年完成施工产值1490.22万元。

(何枝柳)

【经营合同管理】

经营投标 2004年,北京分公司全年组织编制资审31个,通过24个。其中配合集团公司及各指挥部编制资审6个,通过6个;分公司独立组织编制资审25个,通过18个。全年共计编制投标文件23项(40个标段),中标8项。完成经营任务4.6亿元,为集团公司下达任务的102.25%,其中自揽部分占74.50%。

与2003年相比,年度经营计划增加28.57%,新签施工合同额增长69.25%,投标总数增长43.75%,中标项目增长33.3%,中标率下降2.72%,单标平均价款增加786万元。

合同管理与验工计价 合同管理设专人负责,建立合格分包方动态管理制度,严格执行合同会审制度,减少分公司在合同签订中存在的风险。完善验工计价及经营管理办法,对新上项目的合同管理和验工计价人员进行合同交底和相关法律法规知识培训。在分公司责任成本领导小组的指导下,以北京地铁五号线6标为核算对象编制了月责任成本示范性核算分析，指导各项目部相关人员编制月责任成本分析，使项目部责任成本控制步入良性循环。另外，各单位的合同收入、合同成本确认和计量工作也更加规范。（秦立荣）

【施工技术管理】 分公司工程管理部以重点、难点和技术含量高的工程为重心，加强施工技术管理，加强施工过程控制，认真抓好在建工程项目的技术管理和新上工程项目的技术服务工作，为分公司生产任务的完成提供技术保证。

施工组织设计编制 抓好新上工程实施性施组的编制审核，做好重点、难点工程施工方案的编制审查，编制了向家坝水电站太平料场输送线Ⅰ标、西安雁塔北广场地下过街道、北京地铁四号线07标段、杭州市武林广场地下过街道工程等工程的施工组织设计。

竣工文件编制 对已竣工验收的工程项目，按档案管理与业主要求，先后编制归档了呼集高速公路TJ009合同段工程、北京地铁八通线01标工程、西安南京铁路A土-13标段工程和沈阳文安路工程等工程的竣工资料。

技术总结汇总 对已竣工工程项目，进行技术总结汇总工作，先后汇总了深圳地铁12标工程、沈阳文安路过街道工程、西安南京铁路A土-13标段工程和呼集高速公路TJ009合同段工程的技术总结。

测量试验 全年工程测量项目10项：北京地铁五号线05标、北京地铁五号线06标、金沙江溪洛渡水电站对外交通专用公路F标、哈磴高速公路09标段精密测量，呼集高速公路、宝鸡城市供水应急工程04标段复核测量，北京地铁八通线01标工程、深圳地铁10标工程、深圳水库污水截排工程、深圳地铁2B标工程竣工测量。对分公司测量试验设备建立动态台账，及时进行校检，确保试验设备处于有效状态。及时补充测量试验系统文件，不定期抽查日常测量试验工作。

调度工作 以调节生产、控制施工环节、把握计划为基点，对在建工程实施动态控制，对重点项目实施连续控制，全面收集现场施工动态，为决策和管理提供依据。对工程进展缓慢，计划完成不良的项目发出预警信号，使各管理部门进行系统控制。全年收集调度报表上千份，及时做好周、月、季、年生产总结，并按集团公司要求上报生产信息。

环保工作 根据《建设项目环境保护管理办法》，结合施工生产实际，把治理隧道和路基弃碴、隧道施工废气废水作为环保水保重点，在审核质量计划和施工组织设计，进行工程安全质量大检查和竣工验收的同时，也把环保作为重要内容进行检查验收，并自觉接受当地执法部门的监督。

技术攻关 对溪洛渡水电站对外交通专用公路F标大路梁子隧道瓦斯地层及软弱地层开展科技攻关，确保安全掘进；对北京地铁五号线05标的中洞开挖变形控制进行专题研究，采用提前施作大管棚帷幕，完善暗挖车站施工工艺；对杭州市武林广场过街道穿越淤泥地层开展科技攻关，拓宽了浅埋暗挖法应用领域。

科研成果 组织编写了二重管钻机注浆地表建筑物纠偏注浆工法、水平定向钻+夯管锤施工大管棚工法和地下工程膨润土防水卷材施工工法。（何枝柳）

【安全质量管理】 2004年，北京分公司无死亡及责任事故，未发生交通事故。工程质量合格率100%，优良率90%以上。

健全安全管理体系 建立了以分公司经理为第一负责人，安质部人员和项目专职安质人员为主线的安全质量管理网络，制定了分公司的安全质量管理制度，整编了较全面的安全质量、卫生健康、职业病防治、环境保护等方面的法律、法规以及安全质量管理系统的要求和工作程序等内容，并制作成光盘发放到各项目部，使项目安全质量管理人员有了更为实用的工作规范。

安全质量检查教育 根据国务院、中国铁路工程总公司和集团公司有关文件精神，每季按时组织安全质量大检查，通过大检查，对项目的文明施工、基础资料、技术资料、竣工资料进行整理规范，并按集团管理文件和集团质量体系文件进行规范、检查、验收。针对全国特、重大安全事故不断发生形势，安质部人员深入北京地铁05标、06标、07标等工地，组织人员对工地的安全隐患进行现场检查，并监督整改、验收。

11月，安质部与党工部联合举办了由北京片区的安全专职人员、兼职人员、安全岗员、工会主席参加的安全员暨“一法三卡”培训班，培训33人。并组织开展了安全知识竞赛活动，参赛人数320人。

QC成果和创优工作 在集团公司2004年3月组织召开的QC成果发布会上，北京分公司共有5篇QC科技成果发表，其中1篇由集团公司推荐到铁道部发表。有2篇获集团公司二等奖，2篇获集团公司三等奖。

北京地铁八通线01标工程获2004年北京市长城杯奖。完成呼集高速公路9标和深圳12标集团公司优质工程的申报工作。

（何彦东）

【劳动人事管理】

员工状况 2004年末，北京分公司在册员工730人，其中管理人员349人。全部员工中可利用资源638人，不可利用资源92人。

在可利用资源中，专业技术人员职称结构为：专业技术人员298人，其中高级7人，中级37人，初级203人，见习生18人。学历结构为：研究生1人，本科85人，专科91人，中专90人，高中及以下371人。年龄结构为：35岁以下439人，36～45岁176人，46岁以上23人。2004年接收大中专毕业生18人。按专业分：土木类10人、财经类6人，其他2人。按学历分：本科15人，专科1人，中专2人。

专业技术职务评聘和职业技能鉴定 2004年，评审通过初级职称20人，中级6人，高级1人。见习生转正定职19人。

全年推荐上报各类技师7人，评审通过高级技师资格1人，技师资格6人。

员工培训 组织开办各类培训班53个，包括业务培训、专业技术人员继续教育培训、技术工种职业技能鉴定培训和新员工岗前培训等，参加2956人次；组织各类委外培训55人，学历教育培训9人。

工资管理 2004年，集团公司下达北京分公司员工工资总额计划1700万元，实际完成工资总额1684万元。员工年平均工资22976元/人年，较上年同期人均增加855元，增长3.9%。

（刘建萍　周梅　韩刚强）

【财务会计管理】 2004年，北京分公司财务决算单位25个，其中资源管理单位3个、工程项目经理部19个、非开挖事业部、事务管理中心和机关。全年完成企业营业额29886.6万元，其中施工营业额25587.6万元，实现利润212.89万元，上缴企业所得税163.99万元，净利润48.9万元。资产总额21588.23万元，其中流动资产16318.2万元，固定资产净值3277.72万元。负债总额17946.88万元，其中流动负债17946.88万元，所有者权益3611.35万元。资产负债率83%，流动比率91%，速动比率55%，净资产收益率1.45%,产值利润率0.65%,资产保值增值率1.56%。

资金管理 进一步规范资金现款上缴行为,坚决执行《北京分公司资金统筹管理办法》(隧财[2002]53号),实行现金收支两条线,根据分公司下达的项目责任成本上缴比例和各单位与公司财务的资金往来情况,及时核定各单位(项目部)现款上缴比例。2004年,分公司共收到基层单位直接上缴现金2111万元,现款上缴率达到90%。为公司新购机械设备等固定资产筹措资金340.25万元;为经营工作办理投标保函、信贷证明、履约、预付款保函共9项,担保金额1650万元;为分公司各单位筹措生产资金983万元。

成本管理 根据集团公司和分公司有关成本管理方面的相关文件,2004年3月,分公司制定发布了《北京分公司项目部(单位)月责任成本核算分析实施办法》,要求各单位重视成本费用管理工作,严格控制成本费用的开支范围和标准,按办法规定时间进行月成本核算分析和上报月成本核算分析报表。通过贯彻执行本办法,提高了全体员工,特别是分公司管理人员的成本管理意识。财务部对上报的月责任成本核算资料,设专人收集、整理。及时对各工程的月责任成本资料进行核实、分析、汇总,对未及时上报和月报存在问题的单位和个人进行通报和处罚,对重点项目的月成本特别关注,及时为领导决策提供成本信息。

财务管理 2004年,为进一步规范和加强北京分公司财务会计行为,理顺财务关系,制定了以下财务会计管理制度:

1、关于印发《北京分公司亏损预警反应管理办法》的通知;

2、关于加强业务招待费支出管理的通知;

3、关于规范机管站会计核算有关事项的通知;

4、关于明确北京分公司工资计算核算有关问题的通知;

5、关于编报执行《建造合同准则》有关资料的通知;

6、关于“工程施工”科目追溯调整有关问题的通知;

7、关于转发北京市地方税务局关于规范普通发票开具问题的通知。

会计监督 全年对所属单位进行了2次较全面的检查。年初财务综合检查的主要内容是:资金收支及上缴情况、会计基础工作情况、执行各项规章制度情况和各单位盈亏情况。下半年以货币资金安全专项检查为重点的财务监察共检查单位20个次,检查面达100%,发出财务监察通知书8份。检查发现普遍存在的问题主要有:1、外来发票内容、日期、付款单位填写不齐全;2、个别单位支付分包工程款无收款单位发票。通过财务检查,对所属各单位、项目部的盈亏情况、债权债务有了进一步的了解,促使各单位财会人员重视会计基础工作,养成及时清理债权债务的工作习惯,促进财务工作的有序开展。

财会学会及财会队伍建设 在集团公司财务部及财会学会的指导下,重视会计人员学习,加强财务人员继续教育。2004年,分公司会计中级职称考试通过2名,初级通过2名。财务部组织分公司所有财务人员,按工作地点分片区学习《会计法》、《企业会计制度》和《会计基础工作规范》,并组织会计人员参加继续教育培训。

(陈中联)

【设备物资管理】

设备管理 2004年末,北京分公司保有设备131台,原值3295.45万元,净值1423.56万元,设备总功率8215.8千瓦,技术装备率1.94万元/人，动力装备率11.2千瓦/人，设备新度系数0.43，完好率87.2%，利用率50.5%。全年新增设备9台，原值132.94万元。全年主要施工设备大修计划3自然台，折合5.3标准台，计划大修费用42万元，实际完成大修3台，使用大修费用35.77万元。

根据集团公司《机械设备管理规则》，制定了分公司各项目和机械设备管理单位机械设备统计报表及分析工作制度，规范了相关统计报表的填报格式。修订了《北京分公司机械设备管理办法》，同时对小型设备进行统一编号管理，完善小型设备台账。

物资管理 全年物资供应总额13477.9万元。其中集团公司物资中心供应4569.586万元，占供应总额33.9%；分公司采供站供应7910.01万元，占供应总额58.69%；甲方供应990.206万元，占供应总额7.35%。全年供应主要材料为：钢材14262吨，木材1004立方米，水泥41248吨，商品砼26726立方米，油料902吨。全年物资消耗13419万元，年底库存金额471.01万元，占全年施工产值的1.4%。全年能源消耗折合5645.07吨标准煤，计1183.26万元。

（王红征　谢庆华）

【社会保险管理】

养老保险 2004年末，北京分公司有在职员工及离退休人员1043人(其中离退休人员338人)，代集团公司管理社保关系在京人员44人，退休员工1人。全年上缴北京市养老保险基金490.6万元，支出基本养老金415.33万元，其中发放退休金357.69万元，离休金2.42万元。

医疗保险 2004年，北京分公司医疗保险暂未执行北京市医保政策，仍执行内部医疗管理暂行办法。全年发放医疗费用80.19万元。

工伤、失业保险 北京分公司参加北京市工伤保险、失业人数750人，全年上缴失业保险基金34.14万元、工伤保险基金25.38万元。

（韩刚强）

【行政综合管理】 北京分公司行政综合管理工作由办公室负责。2004年末，办公室定员4人。

秘书工作 审核分公司编号发文发函131份，起草年度工作总结1份、工作报告1份，会议记要41份、编发上报信息39件，完成催办督办事项42件。同时，完成了6次总经理办公会议、党政联席会议、48次生产交办会议、18次专题会议及其它会议的记录工作和会务、督办等工作。

文书工作 全年共接受处理上级来文325份、指挥部来文26份、司属各单位来文52份；发文131件。严格按规定管理使用印章、介绍信、出差证。

档案工作 全年接收整理归档文件653卷，其中文书档案38卷、会计档案180卷、科技档案32卷，声像档案8卷，档案调卷查阅利用61次。按时完成档案了年度统计报表工作。

车辆管理 共有大小指挥车辆16辆，做好日常管理和派车工作，为公司领导、各部门和施工现场服务。按分公司车辆管理文件规定，为项目部调剂车辆18台次，全年行车无事故，被评为北京市交通安全先进单位。

法律工作 严格按照集团公司法律工作统一部署，用好外聘法律顾问。全年办理法律事务22件，其中协助诉讼3起6次。

（吴亨国）

【企业文化建设】 加大贯彻实施集团公司VI、MI和BI手册的落实力度，对新上项目的施工区、生活区、办公区，积极推行标准，重点项目还按要求悬挂总公司的旗帜，提前布置策划项目数达100%，实现了施工现场的标识统一化、规范化。9月份，以宣传总公司"勇于跨越，追求卓越"精神为主题，以弘扬大战二季度中涌现的先进事迹为内容举办了自编自演的文艺汇演。

（佟明）

【党的组织建设】 2004年，北京分公司有党员214名，分公司党委下设党总支1个，直属党支部13个，专职党务工作人员13人。

基层组织和党员队伍建设 分公司党委认真贯彻十六届四中全会《关于加强党的执政能力建设的决定》和集团公司《项目部党建工作实施细则》，结合公司实际，紧紧围绕生产经营中心，坚持以人为本，加大党建和思想政治工作力度。制定了基层党组织设置专职党务工作者基本条件，同时明确了工程造价5000万元以上和具备有经营扩展任务的项目必须设置专职书记（副书记）。全年设置成立项目党支部（总支）13个，配置专职书记（副书记）9名，制订了党建基础工作规范要求和党建台账规范要求。选送3名专职党支部书记参加集团公司举办的支部书记培训班。建党83周年之际，2个基层党组织，18名优秀共产党员、2名优秀党务工作者受到表彰。

党员发展 继续坚持发展党员公示制和投票表决制，全年发展党员10名，新增要求入党积极分子66名。

（佟明）

【宣传思想工作】 以确保完成全年生产经营指标，推动管理上台阶为目标，开展市场经济教育活动和"爱岗敬业促发展"主题教育活动，下半年组织了"决战四季度，实现全年目标"的竞赛活动。围绕安全生产，开展党员身边无事故活动和安全（质量）标准工地建设活动。在整章建制、完善政治工作体系基础上，建立了《党建信息上报及宣传报道专项工作制度》，实行了党建宣传工作细致化、量性化、指标化。各单位在施工现场、员工驻地也以展板、宣传横幅、专题会议、印制宣传材料等各种形式扩大宣传范围，提高宣传效果。

（佟明）

【领导班子和管理队伍建设】 以创建"五好班子"工作为载体，按照"三项标准"加强领导班子和管理队伍建设。各级领导班子认真贯彻执行民主集中制和"三重一大"制度，民主生活会召开率100%。领导班子全年集中学习4次，主要内容是十六届四中全会《关于加强党的执政能力建设的决定》以及国资委《关于加强和改进中央企业党建工作的意见》和《中国共产党党内监督条例》等，还购买了《国有企业党的组织建设》、《党支部手册》等书籍，供各级党组织学习。

加强对管理人员的考核力度，调整并充实后备管理人员队伍，加大对各单位、项目部班子成员和机关管理人员的考核力度。依据考核结果，对2名机关部门负责人调整了岗位。

（佟明）

【纪检监察工作】 2004年，北京分公司纪委、监察处以党的十六大和中纪委四次全会精神作指导，按照党中央确定的党风廉政建设和反腐败斗争的领导体制和工作机制，深入开展"坚持和发扬党的艰苦奋斗优良作风"的主题的教育活动，建立完善各种规章制度和预防措施，把纪检监察与审计工作相结合，加大日常执法监察的力度，认真推进"双清"工作。

加大执法监察力度 分公司针对管理工作中的薄弱环节，切实加大了执法监察力度，成立了由领导带队的检查小组，先后对7

个项目进行了执法大检查,对检查出的问题要求项目部限期整改。

积极开展"双清"工作 2004年收回各类应收账款1175万元,占各类应收账款总额70%。分公司被总公司授予2004年度"双清"效能监察先进集体称号,张学忠被总公司表彰为先进个人。

(吴福庆)

【工会工作及民主管理】 2004年末,分公司有工会会员690人(不含当年新进的大中专毕业生),17个工会委员会和经费审查委员会,专职工会干部3人,兼职工会干部20人。

首届二次职工代表大会 2004年3月9日至10日,分公司首届二次职工代表大会召开。大会审议通过了《提案征集分类情况报告》、《业务招待费使用情况报告》、《行政工作报告》等,签订了2004年集体合同,公布了2003年度的集体合同执行情况。民主评议测评领导干部35人,其中分公司领导6人,项目部领导29人。共征集提案66件,其中项目部49件,分公司17件,提案落实率达到100%。各项目部于4月23日前全部按照要求召开了职工民主管理大会。

厂务公开 认真贯彻《厂务公开管理办法》,在分公司内形成了党委统一领导,行政为发布主体,工会组织实施并与纪委监督检查,职工全员参与的厂务公开格局。2004年共建厂务公开栏17个,公开195期,内容320余条。

劳动竞赛 实现竞赛活动多样化。根据企业发展和实际情况的转变,把竞赛向多功能、全方位的方向发展,由生产竞赛向经营型发展。从实际出发,主要抓了"三个结合"、"三个为主":一是在竞赛规模上,大小结合、以小为主,既体现队伍特点,又从不同工程、不同工种、不同系统的特点出发,开展小型的专业性强的对口竞赛,形成了大赛促小赛、小赛保大赛的格局;二是在竞赛周期上长短结合,以短为主,既体现出长远发展规划,又反映短期生产目标,把竞赛的内容层层分解,分段实施;三是在竞赛层次上,上下结合、以下为主,竞赛主要突出"活"、"快"二字,"活"就是竞赛方式、竞赛手段灵活多样,因地、因时、因事制宜,"快"就是部署快、实施快、见效快。在2004年大战二季度中,分公司的产值就上了亿元。

"三工"建设 以"七五二一"(七:七个节日;五:五个百分之百;二:冬"送温暖",夏"送清凉";一、以企业生产经营为中心)为工作主线,在分公司各单位组织开展有益于身心健康、喜闻乐见的活动。并在分公司范围内大张旗鼓地宣传劳模先进人物的典型事迹,开展慰问劳动模范、先进标兵活动,形成人人学先进、比贡献、争创一流的新风尚。年内为新上工点配备彩电5台,音响、家庭影院2套。8月27日,在驻地高西店举办了两年一次"消夏晚会",分公司所属各单位均有节目参加演出。配合基层搭建彩门3座,宣传橱窗12个,固定标语340幅。分公司工会为工程造价在5000万以上的项目专兼职工会主席配备工作电脑,购置了两台专门用于经营投标的笔记本电脑。

"送温暖"活动和互助补充保险 "双节"期间探望离退休老干部、节日值班职工和公伤、生病住院员工计52人,发放慰问金14930元。全年补助困难员工51人,累计发放困难补助金21900元。分公司职工互助合作保险参保人数为560人,基金总额达90多万元。年内按章程补助员工3人,补偿金额为8356元。

(周俊)

【共青团工作】 分公司团委设1个团总支,14个直属团支部,有团员220人,其中保留团籍的党员42人。

"五四"期间,1个团支部、2名团干、4名团员、1支青年突击队、2名青年岗位能手、1支青年安全监督岗、2名岗员获集团公司团委表彰;全年各级团组织共向党组织推荐建党积极分子26人,有8名团员加入党组织。

青年思想政治工作 部分单位党组织继续坚持将团组织负责人参加领导班子政治学习,通过参加政治学习,团干部的思想理论素质得到了提高。全年4次组织北京片区的团干部召开座谈会,探讨如何适应新形势的要求做好项目团组织的工作。在集团公司团委组织开展的"每月一本书"活动中,各单位团支部结合实际情况开展活动,《中铁隧道集团BI手册》、《经理人》、《永恒的彩霞》、《许振超的境界》等书籍或记实文章在团员青年中广泛传阅。年内,选送3名基层团干部参加集团公司团干部培训班,从而使重要项目的团支部书记已经基本上得到了系统培训,促进了团的工作开展。

青年素质工程教育活动 继续开展"做学习型团员,创学习型团支部"活动,通过VCD、网络、知识竞赛等形式引导团员青年钻研专业知识,培养学习爱好,争考各类专业证书。随着新上项目的增加,一批表现突出的年轻技术人员得到了提拔和重用。在2004年新发展的10名党员中,8名为28岁以下的优秀团员。在年末进行的青年岗位能手推选活动中,15名35岁以下的团员青年得到了各单位党政领导的推荐,经综合评定,1名有特殊贡献的高级工被推荐为总公司青年岗位能手,2名工人技师,2名技术干部被推荐为集团公司青年岗位能手。

青年文明号创建活动 针对工程建设中存在的工期短、技术要求高的特点,各单位团组织以争创青年文明号为目标,成立青年突击队,主动组织义务劳动,发动团员青年攻坚克险、保工期、保质量。1支青年突击队被集团命名为青年文明号。

青年创新创效活动 以非开挖事业部团员青年对TT350夯管锤压力支撑环及弧形组合环进行国产化技术改造,使该部件由易损件转化为耐用件,夯管锤运行平稳,而费用仅为原进口件的五分之一;将报废的钻机改造修复后用于北京地铁五号线05标崇文门车站管棚施工,节约资金达15万多元。

(闫玉环)

科学技术研究所

【概况】 中铁隧道集团有限公司洛阳科学技术研究所(以下简称"科研所"),主要从事隧道和地下工程施工领域的新技术、新工艺、新设备、新材料的研究开发,为集团各单位提供科研技术服务,承担工程项目及单项工程技术承包。2004年,科研所新签科研与技术服务、小型工程承包等合同项目46项,合同总额2057.7万元。其中科研项目16项,占全年新签合同总额的16%,技术服务项目28项,占全年新签合同总额的68.3%,小型施工工程项目2项,占全年新签合同总额的15.7%。全年承揽经营任务4000万元,为集团下达指标的200%,为所定指标的160%。

开展各类科研生产项目105项,其中科研及工法项目46项(完成科研项目12项、工法项目4项),技术服务项目50项,工程施工项目7项,其他管理项目2项。全年完成产值2200万元,为集团下达年度计划的110%。上缴集团公司管理费80万元,实现利润60.9万元。

在完成的12项科研项目中,通过省部级鉴定3项,通过集团公司评审验收9项。其中获省部级科技进步一等、二等奖各1项,获中铁工程总公司科技进步特等奖1项、二等奖1项,获洛阳市科技进步一等奖1项。在完成的工法项目中有2项被评为部级工法。

2004年,科研所获集团公司先进集体称号,科研所领导班子获集团公司"五好班子"称号。员工中1人被中铁工程总公司评为青年专家,1人被评为中铁工程总公司青年岗位能手,2人被授予中铁工程总公司青年创新创效奖,2人被集团公司评为先进工作者,2人被集团公司评为科技管理先进个人,1人获集团公司青年岗位能手称号。

2004年,科研所有11篇学术论文参加中国土木工程学会十一届年会论文征集,其中9篇入选大会论文集;有4篇论文参加河南省铁道学会论文评选,1篇获该学会优秀科技论文一等奖;有6篇论文参加集团公司第二届科技大会论文征集,并入选大会论文集。

(姚木三)

【科研开发项目】 2004年,科研所承担科研开发项目36项。其中集团公司当年下达科研项目11项,往年下达项目17项,自揽项目8项。

渝怀线圆梁山隧道科研项目

1. 岩溶、高水压区段平导快速施工技术与机械设备配套研究 跨年度延续项目。完成于2004年12月,项目负责人:方俊波。

2. 高压、突水岩溶区段隧道施工对环境影响的预测、监控防治 跨年度延续项目。完成于2004年12月,项目负责人:方俊波。

3. 高压水岩溶特长隧道注浆堵水研究 跨年度延续项目。完成于2004年12月,项目负责人:张民庆。

4. 高压水岩溶特长隧道结构防排水研究 跨年度延续项目。完成于2004年12月,项目负责人:朱长春。

5. 特长瓦斯隧道独头掘进与多作业面条件下通风技术研究与应用 跨年度延续项目。完成于2004年12月,项目负责人:杨立新。

6. 混凝土外观质量提高与修整研究 跨年度延续项目。完成于2004年12月,项目负责人:冯健。

7. 隧道衬砌混凝土耐久性研究 跨年度延续项目。完成于2004年12月,项目负责人:冯健。

集团公司下达的科技开发项目

8. 地下工程中围护结构施工技术汇编 定于2005年4月完成。项目负责人:王莉莉。

9. 新型注浆材料性能综合分析及在隧道施工中的应用技术研究 定于2005年6月完成。项目负责人:曹桢楹。

10. 优质砼各种添加剂的性能分析及应用工艺研究 定于2005年6月完成。项目负责人:杨卓。

11. 隧道和地下工程注浆方式、机具配套及注浆工艺应用技术研究 定于2005年6月完成。项目负责人:杨世武。

12. 岩溶隧道超前地质预报测量溶洞仪器引进、改进及配套设备的研制 定于2004年12月完成。项目负责人:李建华。

13. 超前地质预报技术资料汇编 定于2004年12月完成。项目负责人:干昆蓉。

14. 地下工程降水施工技术资料汇编 定于2005年4月完成。项目负责人:赵霈泽。

15. 集团公司网络信息研究与建设第二期 定于2005年6月完成。项目负责人:干昆蓉。

16. 乌鞘岭隧道岭脊地段复杂应力条件下施工综合技术研究 定于2005年6月完成。项目负责人:方俊波。

17. 利用施工、管理、技术、经营全面信息研究,实现优质高效、低耗增赢 定于2005年6月完成。项目负责人:杨会军。

18. 盾构施工规范编写 定于2005年6

月完成。项目负责人:赵运臣。

集团公司往年下达的科研开发项目

19. 光纤监测技术在地下工程中的应用　定于2005年5月完成。项目负责人:崔天麟。

20. 城市地下工程施工引起的地表沉降规律研究及反馈系统开发　定于2004年6月完成。项目负责人:赵运臣。

21. 卵砾石层盾构施工技术资料调研　定于2004年6月完成,项目负责人:赵霈泽。

22. 土压平衡盾构用盾尾密封油脂的研制与工艺研究　完成于2004年10月,项目负责人:陈洪光。

23. 中铁隧道集团网络信息平台研发(一期)　合同完成于2004年10月,项目负责人:干昆蓉。

24. 集团工程技术信息及成果管理系统的研究与应用(续研)　完成于2004年10月。项目负责人:赵霈泽。

25. 国外隧道设计、施工规范译编　完成于2004年12月。项目负责人:翟进营。

26. 盾构隧道压缩混凝土衬砌技术试验研究　完成于2004年12月。项目负责人:杨卓。

自揽科研项目

27. 厦门东通道暗挖隧道施工掘进技术及突水预防　跨年度延续项目。完成于2004年5月。项目负责人:杨世武、干昆蓉。

28. 饱和水砂质粉土地层超浅埋近距离大跨双洞城市道路修建综合技术研究　跨年度延续项目。完成于2004年10月。项目负责人:杨世武。

29. 北京地铁五号线崇文门暗挖车站过既有线远程自动化检测科研项目　跨年度延续项目。项目负责人:王刚。

30. 城陵矶长江穿越隧道科研项目　跨年度延续项目。项目负责人:付仲润。

31. 北京地铁五号线崇文门站科研项目　跨年度延续项目。项目负责人:肖红渠。

32. 乌鞘岭隧道志留系碎裂板岩夹千枚岩复杂应力变形控制技术研究　跨年度延续项目。项目负责人:方俊波。

33. 乌鞘岭隧道岭脊地段复杂应力条件下变形控制技术研究　跨年度延续项目。项目负责人:方俊波。

34. 双连拱隧道结构防排水及渗漏水治理技术研究　跨年度延续项目。项目负责人:周东勇。

35. 浙江舟山沈应线隧道科研　跨年度延续项目。项目负责人:朱长春。

36. 天津地铁深基坑车站施工与安全监测技术研究　跨年度延续项目。项目负责人:范鹏。

【主要技术服务项目】

1. 深圳富华路地下商业街截桩工程施工监测　新上项目,完成于2004年3月,项目负责人:刘明新。

2. 南京地铁一号线盾构区间TA15标监测　完成于2004年4月,项目负责人:李建华。

3. 广州地铁三号线(大—汉区间)盾构工程施工监测　新上项目,完成于2004年10月,项目负责人:刘洪震。

4. 广州地铁三号线华岗区间施工监测　完成于2004年11月,项目负责人:张帅军。

5. 广州地铁厦大区间施工监测　完成于2004年12月,项目负责人:刘洪震。

6. 广州永和隧道施工监测　完成于2004年10月,项目负责人:张帅军。

7. 圆梁山隧道治理渗漏水技术服务　完成于2004年11月,项目负责人:邹翀。

8. 郑州桩基施工　新上项目,完成于2004年8月,项目负责人:张文强。

9. 杭州体育场路武林广场东西通道过

街道监测　新上项目，完成于2004年9月，项目负责人：曹正喜。

10. 辽宁大伙房输水工程TBM2标施工支洞注浆技术服务　新上项目，完成于2004年9月，项目负责人：曹桢楹。

11. 杭州解放路延伸项目监测　完成于2004年8月，项目负责人：张文强。

12. 杭州解放路延伸项目注浆技术服务　新上项目，完成于2004年8月，项目负责人：张文强。

13. 杭州湖滨路隧道工程监测　完成于2004年8月，项目负责人：张文强。

14. 黄延高速公路工程U标试验技术服务　完成于2004年12月，项目负责人：冯健。

15. 杭州解放路延伸工程试验技术服务　完成于2004年12月，项目负责人：陈洪光。

16. 赣龙铁路第九合同段工程材料试验项目　完成于2004年7月，项目负责人：冯健。

17. 青藏线施工监理　新上项目，完成于2004年7月，项目负责人：周东勇。

18. 徽杭高速公路第十六合同段路基固结注浆技术服务　新上项目，完成于2004年5月，项目负责人：张文强。

19. 深圳地铁一期工程土建施工第三方监测(含补充)　项目负责人：刘明新。

20. 北京地铁五号线06标施工监测　项目负责人：肖红渠。

21. 北京地铁五号线05标施工监测　项目负责人：王刚。

22. 广州地铁交通四号线小—新盾构区间监测　项目负责人：王连池。

23. 北京地铁五号线05标、06标注浆技术服务　项目负责人：曹桢楹。

24. 常张高速公路10B标工程试验及施工测量　项目负责人：陈洪光。

25. 北京四号线19标监测　新上项目，项目负责人：汪玉华。

26. 北京四号线07标监测　新上项目，项目负责人：于少辉。

27. 天津地铁营口道站施工监测　项目负责人：范鹏。

28. 渝怀圆梁山隧道长期监测项目　新上项目，项目负责人：方俊波。

29. 浙江舟山沈应线隧道施工监测　新上项目，项目负责人：朱长春。

30. 集团人事部网络平台培训　新上项目，项目负责人：白文亮。

31. 南京宁淮高速老山隧道施工监测　新上项目，项目负责人：李建华。

【小型工程项目及单项工程技术承包】

1. 圆梁山隧道进口工区通风工程施工　延续项目，完成于2004年11月，负责人：罗占夫。

2. 圆梁山隧道出口工区通风工程施工　延续项目，完成于2004年11月，负责人：赵军喜。

3. 圆梁山隧道进口工区注浆技术承包　延续项目，完成于2004年11月，负责人：张民庆。

4. 圆梁山隧道出口工区注浆技术承包　延续项目，完成于2004年11月，负责人：朱长春。

5. 赣龙铁路第九合同段猫头岭隧道通风工程承包　延续项目，完成于2004年7月，负责人：杨立新。

6. 赣龙铁路第九合同段工程材料试验项目　延续项目，完成于2004年7月，负责人：冯健。

7. 秦岭1号隧道施工通风承包　延续项目，完成于2003年4月，负责人：李永生。

8. 乌鞘岭施工通风承包　延续项目，负责人：罗占夫、吴圣贤。

9. 野三关隧道通风　新上项目，负责

人:赵军喜。

【科技成果鉴定、评审、验收】 2004年,科研所通过各级鉴定、评审或验收的科研项目共11项:

1. 岩溶、高水压区段平导快速施工技术与机械设备配套研究 圆梁山科研子项目,2004年12月通过河南省鉴定。项目负责人:方俊拨。

2. 高压、突水岩溶区段隧道施工对环境影响的预测、监控防治 圆梁山科研子项目,2004年12月通过河南省鉴定。项目负责人:方俊波。

3. 高压水岩溶特长隧道注浆堵水研究 圆梁山科研子项目,2004年12月通过河南省鉴定。项目负责人:邹翀。

4. 高压水岩溶特长隧道结构防排水研究 圆梁山科研子项目,2004年12月通过河南省鉴定。项目负责人:邹翀。

5. 特长瓦斯隧道独头掘进与多作业面条件下通风技术研究与应用 圆梁山科研子项目,2004年12月通过河南省鉴定。项目负责人:杨立新。

6. 混凝土外观质量提高与修整研究 圆梁山科研子项目,2004年12月通过河南省鉴定。项目负责人:冯健。

7. 中铁隧道集团网络信息平台研发(一期) 2004年10月通过集团公司验收。项目负责人:干昆蓉。

8. 盾尾密封油脂的研制与工艺研究 2004年10月通过集团公司验收。项目负责人:陈洪光。

9. 集团工程技术信息及成果管理系统的研究与应用(续研) 2004年10月通过集团公司验收。项目负责人:赵霈泽。

10. 国外隧道设计、施工规范译编 2004年12月通过集团公司验收。项目负责人:翟进营。

11. 混凝土外观质量提高与修整研究 2004年12月通过集团公司评审。项目负责人:冯健。

【获奖科技成果、工法编写】

大型地下水封式液化石油气储藏洞库修建技术 获2004年度建设部华夏科技进步一等奖。

高压富水岩溶深埋特长隧道修建技术 获2004年度集团公司科技进步特等奖。

地下裸岩水封式储气库修建工法 2004年定为部级工法,项目负责人:杨世武。

富水砂质粉土层超浅埋小净距市政隧道修建工法 2004年定为部级工法,项目负责人:吴全立。

富水砂质粉土层明挖双联拱市政隧道修筑工法 2004年定为企业级工法,项目负责人:杨世武。

高压富水深埋充填型溶洞注浆施工工法 2004年定为企业级工法,项目负责人:邹翀。

使用外加剂混凝土防止碱骨料反应施工工法 项目负责人:冯健。

(王菀)

【劳动人事管理】 至2004年末,科研所在岗员工102人,返聘5人,年平均在岗员工100人;在岗员工中,有各类专业技术职称人员91人,其中教授级高级工程师1人,高级工程师18人,副译审1人,工程师17人,助理工程师34人,外语翻译2人,政工师1人,政工员1人,助理会计师2人,会计员1人,见习生17人。

全年办理行政任免和技术人员聘任80人次,办理职工调入、调出、除名等工作手续15人次,接收大学本科毕业生18人,博士生1人。按照集团公司有关文件规定,向集团公司推荐高级工程师4人,副译审1人,中级专业技术职务 3 人。以上人员均通过上级评委会评审并聘任为相应技术职务。经考核有 11 名大学本科毕业生被聘为助理工程师。

2004 年,科研所根据集团公司员工培训计划要求,结合科研所实际情况,举办了两期新进大学毕业生岗前培训。参加各类短期培训学习 12 人,其中有 9 人取得上岗证和资格证;参加建造师培训学习班两期 25 人次;参加学历教育培训 8 人,其中 1 人为在读博士生,6 人为在读硕士生,1 人为本科生。

2004 年,科研所缴纳基本养老金 78.05 万元,个人缴纳 20.57 万元,两项合计 98.62 万元;缴纳医疗保险 38.1 万元。向洛阳市缴纳失业保险基金 2.63 万元,缴纳工伤保险基金 0.46 万元,缴纳女工生育保险基金 0.7 万元。

至年底,科研所退休人员 36 人,内部退养 8 人。本年度增加退休人员 1 人。

(任彦芳)

【财务会计管理】 2004 年,科研所财务从办公室分离出来,成立财务科,设财务科长 1 名、会计师 1 名、助理会计师 1 名、会计员 1 名。

2004 年,为适应科研所生产经营任务不断增长的发展形势,除继续健全会计基础工作外,重点强化了工程项目、科研、技术服务项目、承包项目的单独核算,全年共核算 50 个科研及技术服务项目。完成了电子税款申报工作,办理了计税、税务登记证的变更事宜。及时清理员工个人欠款,积极催收合同价款,清理外埠存款和债权债务。全年完成产值 2200 万元,现款上缴集团管理费 80 万元,上缴企业所得税 21.06 万元,实现利税总额 139.41 万元。国有资产增值保值率 108.52%,净资产收益率 7.93%。全年管理费支出 467.84 万元,其中 20 万元为集团公司拨经费补贴,主要用于科技图书订购和《隧道建设》、《综合情报资料》的编辑出版发行及试验中心资质维护等服务全集团公司性的工作支出。

(刘天生)

【文印和档案管理工作】 全年编发《所务会议纪要》7 期、《情况简报》9 期、上报《信息反映》3 期;共收集团公司文件资料 355 份,并即时传阅;上报、下发文件及资料 225 份,收发传真 1163 张;文件整理装订成册 12 本;办理会议和节日等各类板报 8 期。筹备服务所"三会",办理资料的打印、印刷、分装等工作;为便于工作联系,收集汇总了全所电子邮箱地址,更新员工通讯录分送各领导和部门;点收和发放全所劳保用品,配合行政管理工作及所经营投标工作,联系印刷装订等工作。

(翟芬)

【后勤事务管理】 完成了日常固资组资及低值易耗品的点收、建账建卡和个人劳保建卡,劳保办公用品采购发放。统计上报设备购置计划及完成情况、上报全所机械状况表、办公设备台账表;上报全所设备情况报表和库存材料报表;上报办公楼一楼及地下室装修改造计划,组织全所照明灯具更换及验收,新改建办公室空调安装,所拔尖人才笔记本电脑配备,并联系日常维修;所局域网络改造、验收及日常维护;负责做好新分配学生的住宿安排、办公用品调配。

起草签订了物业供暖、办公楼灯具更换、网络改造、试验中心环境改造,办公家具设备购买,办公文印设备日常维修及保养,所志印刷、门卫劳保用工等若干工作合同和协议。

全所拥有生产办公汽车 5 辆,分别在渝怀、深圳、赣龙和乌鞘岭工地和洛阳使用,车辆保险、养路费的购置、车辆年审、执照年审等工作由办公室协助用车部门办理。

全年筹备服务了渝怀、乌鞘岭科研项目省级鉴定、集团科研成果评审、计量认证国家复查评审等会议;协助组织科技论文征集和合同管理、生产完成及进展情况统计管理等工作。

(郭志武)

【设备管理】 2004年按照上报要求,起草上报科研所上半年及下半年设备购置计划,每季填报科研所固资购置完成情况统计报表及材料库存统计表及2005年上半年设备购置计划。

2004年全年共组资固资67台件,点收(200元以上)低值易耗品154台(件),个人劳保49人次,并建立总账、分账及个人保管卡片,并落实保管责任到人,对不能继续使用的固定资产,申请报废,集团公司批准报废27台(件)。

为新分大学生配备办公设施,改造办公用网线,并对消防器材进行检查及更换。

(陈丹红)

【经营开发】 2004年,科研所继续坚持以科研为主,技术服务、专项工程承包、小型施工项目全面发展的原则,在确保集团内任务完成的同时,努力开拓集团外市场。实现全年新签合同累计价款2057.7万元,其中集团外价款达355万元。

(王菀)

【科技信息管理】 信息室自9月16日起分为两部分:一部分仍为信息室,定员6人;另一部分为《隧道建设》编辑部,定员4人(含返聘2人)。

2004年,信息室获得集团公司批准科研项目2项,分别为《地下工程降水施工技术资料汇编》(10万元)和《地下工程围护结构施工技术资料汇编》(10万元)。完成科研项目2项,分别为《集团工程技术信息成果管理系统的研究与应用》(2004年10月通过验收)和《国外部分土木工程设计、施工规范(译编)》(2004年12月通过验收)。与集团公司人事部签订远程教育技术服务1项,服务期限5年(2004年1月1日至2008年12月31日),服务费用45万元。根据合同要求,年底已建立起远程教育平台,并录制了8个课件。

信息室继续承担原信息室的所有信息服务项目,共为11个兄弟单位提供服务,年合同服务费用17万元。全年共为服务单位提供技术服务十几项(资料近千页),寄送技术资料40余套。全年收回技术服务费用11.75万元。

为了搞好技术服务,信息室对“科技信息网站”改版升级,使其功能更完善,资源更实用、更丰富,以提高信息服务水平。全年共收录相关期刊论文16000条,工法100条,标准规范300条。

信息室还为股份公司小松盾构的工厂组装和现场组装以及宜万铁路外资标的标书翻译等任务提供翻译服务,并且承担科研所的网络管理工作。

(陈智)

【工程试验】

科研项目进展情况

1、《混凝土自流免振技术研究》课题已通过验收;

2、《土压平衡盾构用盾尾密封油脂的研制与工艺研究》已通过验收;

3、《隧道衬砌混凝土耐久性研究》课题已完成,待鉴定;

4、《混凝土外观质量提高与修整研究》课题已完成,待鉴定;

5、《盾构隧道压缩混凝土衬砌技术试验研究》课题已完成,待鉴定;

6、《优质砼各种外加剂的性能分析及应用工艺研究》课题正常进展;

7、《新型化学浆液的配比性能研究及室内试验》课题正常进展;

8、《混凝土防止碱骨料反应施工工法》正常进展;

试验资质管理 通过了2004年计量认证复审;严格规范了试验检验章、CMA章、监测章的管理;根据集团、科研所及集团其它单位的需要提供资质服务19次。

试验室管理 加强试验室内部管理,完善电话管理、考勤管理、资料管理、设备管理制度,认真落实,内部挖潜,强化成本控制。对全部仪器设备进行了擦拭、上油、通电等保养维修工作,并制定了运转记录,按月汇总登入履历表。向洛阳市计量测试所申报送检了约40件仪器设备,取得了仪器设备的计量测试合格证。全年接受集团贯标办内审3次,并落实了部分整改工作。

(陈洪光)

【安全质量管理】 2004年科研所紧密结合实际组织开展"安全月活动",通过会议、文件、传真、邮件等形式向所有在建工点和项目进行部署,做好安全教育和检查督促。对新分配大中专毕业生和劳务用工开展岗前专题安全生产教育培训,确保安全规章制度的落实。全年无人员伤亡,仪器设备无人为损坏。

重视对科研成果质量和技术服务质量的检查指导工作,使当年结束的科研项目都能按合同要求通过鉴定评审、验收。承担的郑州环城公路桩基础开挖工程和万开高速公路铁峰山2号隧道病害整治项目工程满足了甲方要求的工期,工程质量一次验收通过。

(高军)

【党务工作】 科研所党委下设的党支部6个,年末在册党员71人,其中在岗党员55人,正式退休党员12人,内退党员4人,在岗党员中大专以上学历48人,具有各类职称的在岗党员42人。

2004年,科研所党委中心组集中进行政治理论学习5次,召开民主生活会1次。组织党员进行两个条例主题教育4场次,组织时事政策教育6次,组织干部学习企业管理规章制度及法规理论学习7场次。

全年新发展党员4人,预备党员转正4人。

(姚木三)

【工会工作及民主管理】 2004年末,科研所工会有会员113人,其中在岗102人。全所共有6个工会小组,工会设5名委员,工会主席1人,均为兼职。

2004年3月5日~6日召开了科研所首届三次职代会和2004年度工作会议。会议审议通过了科研所行政工作报告、招待费使用情况报告、2003年度职代会提案处理情况和2004年职代会提案征集情况报告;对所高级管理人员的职述作了评议测评;签订了2004年度集体合同,表彰了先进。所工会配合行政,开展厂务公开工作,全年公布厂务公开栏8期。所工会积极开展"送温暖"活动,2004年双节期间共筹集送温暖基金6460元,为4户困难职工和35名退休职工发送了慰问金。全年慰问因病住院员工9人次,帮助1名退休因病去逝的老职工处理了丧事,为在岗员工发放防暑保健品,并发放劳保用品。组织了绿化洛阳募捐活动和支援东南亚海啸地震灾区募捐活动。

全年,在劳动竞赛中,有11人被评为所先进工作者,有3人被评为所有突出贡献科技人员,2个科室被评为所先进集体。

(高军)

【共青团工作】 2004年末，科研所团支部有团员19人，35岁以下青年71人。团支部紧密围绕科研生产中心，以提高团员青年整体素质，服务企业改革发展为目标，开展了读书自学活动、青工比武竞赛、安全知识竞赛和青年文明号创建活动，1名青年被评为集团青年岗位能手。（姚木三）

杭州分公司

【概况】 2004年10月15日，根据隧编[2004]41号文，中铁隧道集团有限公司宁波分公司名称变更为中铁隧道集团有限公司杭州分公司（以下简称"杭州分公司"），主要从事市政、公路及水工工程的施工。

杭州分公司下设两部、一室，成立了设备物资管理中心、工程管理中心以及4个承包中心。至年末，定员60人，现员45人。

2004年，杭州分公司加大经营工作力度，建立了四个经营片区，立足浙江，逐渐向其它省市延伸。全年完成营业额7291.3万元，为年度计划的145.8%。

【施工生产与在建工程】 2004年，杭州分公司在建工程7个，其中新上1项。续建3项，完工2项，由于业主原因停工1项，均为B类项目。年施工产值7291.3万元。

新上工程

舟山沈应线隧道工程　工程位于浙江舟山市普陀区，为二级公路标准设计。本合同工程全长1.42千米，其中隧道长度为1170米×2座。南北两口接线道路长分别为150米和100米。主要工程包括隧道土建施工、南北口路基、路面施工和部分运营设施的安装等。合同工期2004年7月至2005年12月，合同价款8900万元。2004年5月26日开工。至年底，南口隧道左线完成开挖及初期支护200米，仰拱填充30米，右线完成开挖及初期支护130米，累计完成169.2成洞米。完成产值1036.4万元。北口工区已进场进行施工前期准备。B类工程。

续建工程

1.杭州502人防工程　该工程于2002年底中标，2003年2月24日正式开工，原合同价款980万元，工程为548天，业主对施工材料不能及时定下，从而使得施工工期延至2004年12月30日。后变更合同价为2150万元，工程延至2005年3月完工。坑道部分的开挖已于2004年6月全部结束，衬砌工作已基本结束，正抓紧作战指挥区、底板以及1～3线水沟、电缆沟的施工。竖井开挖已于2004年12月18日结束，衬砌已进行了8米，剩余60米计划于2005年2月25结束。房建土建部分因业主原因未开工。B类工程。

2.宁波人防809一期工程　该工程合同工期为2003年8月30日至2005年6月16日。至2004年底，毛洞开挖与初期支护（包括6口竖井）全部完工，指挥大厅、通信区以及二号口排水管的铺设也完成，累计完成合同内产值1149万元，占合同总投资的40.6%。B类工程。

3.建德203人防工程　该工程合同工期2003年9月至2005年3月。2003年10月20日正式开工，隧道开挖2004年4月20日完成，砼衬砌7月12日完成，9月6日通过结构验收；12月1日结束了隧道机电安装和路面施工，洞口管理房完成三层的框架梁柱及楼板现浇砼。至年底，累计完成合同内工程3008万元，完成产值约3600万元。B类工程。

竣（完）工工程

1.浙江省嵊泗黄龙公路隧道工程　该工程合同工期2003年5月至2004年6月份，按期完工。当年完成产值251万元，累计完成728.8万元。B类工程。

2.浙江省桐庐县雪水岭柴雅线隧道工程　该工程合同工期2003年4月至2004年10月。隧道于2004年1月8日贯通，二次衬砌于7月15日结束，隧道砼路面浇注于11月20结束，洞外沥青砼路面于12月14日结束，工程于2004年12月15竣工。B类工程。

【人力资源状况】　2004年末，杭州分公司在册员工45人，其中接收大中专毕业生16人，由集团公司其他单位调入经营、生产技术人员10余人。按职称结构分，高级工程师3人，工程师及助理工程师25人。按学历分，硕士生1人，本科学历32人，大专学历5人，中专学历6人。

【党群工作】　2004年，杭州分公司成立党工委，成立了宁波809项目部、舟山沈应线隧道项目部党支部。民工、临时工党员纳入党组织统一管理。

至年末，杭州分公司有党员13人，预备党员4人。

杭州分公司工会在2004年进行了重新选举，产生了新一届工会领导班子成员。设工会主席1人，工会委员5人。

2004年底，杭州分公司团委产生了新一届团委领导班子。团委书记1人，团委委员5人。

（分公司办公室）

专用设备中心

【概况】　2004年，中铁隧道集团有限公司专用设备中心（简称“设备中心”）有员工13人，其中临时工2人；有各类专业技术职称的10人，其中高级工程师6人，政工师1人，助理工程师2人，助理会计师1人；作业人员3人。

年末，设备中心固定资产总额为31208万元，其中：土地56万元，房屋建筑276万元；保有施工机械35台（含待报废梭矿9台、试验设备2台），价值30867万元，其中可出租设备24台。内租设备分布在集团公司乌鞘岭、上海、广州、重庆4个工地，共15台套，价值2亿多元。

全年新签合同额467万元，完成计划的155.7%；营业额467万元，完成计划的155.7%；利润－263万元，减亏137万元；工资性支出占收入比重13.4%；主要施工设备完好率97%；收回集团公司盾构投资2290万元。

【设备管理】　全年进行了3次安全检查，查出了机保库及现场在设备管理、保养方面存在的问题10余条，下达了书面整改通知书，并进行了跟踪检查，确保机械设备和人身安全。

为了进一步规范现场管理，设备中心以专设发（2004）5号下发了《现场设备管理办法》，明确现场人员职责，规范了现场基础资料、配件管理、报表资料、检查评比及奖罚等一系列管理措施，使出租设备完好率达到97%、利用率达到90%以上。要求工程完成设备退租后，现场管理人员两个月以内向中心提交完整的设备施工技术总结，积累大型设备使用管理的经验。已完成了《南京盾构法施工技术总结》，并出资近1万元印刷成册，分送集团公司相关技术部门及有关单位，供技术人员学习参考。通过参与管理泥水盾构，起草了《泥水盾构安全操作规程》和《泥水盾构维修保养规程》，确保了重庆过江隧道和上海、广州地铁盾构的正常施工。对盾构的管理，除坚持过去行之有效的过程管理、状态评估外，还加强了拆机、维修保养和存放的监控。

【科技开发】 设备中心全年完成集团公司科技创新项目两项：一是编写《先进机械施工新技术及案例》，已通过集团公司评审；二是编写国家863项目《盾构施工技术规程（设备篇）》，已通过了两改两审。正在进行的有3项：一是日本KL-20ES挖装机改造；二是编写集团公司《盾构法施工设备管理规程》，已完成第二稿；三是编写《国内外盾构施工实例》。设备中心员工全年在省部级以上刊物和集团第二届科技大会论文集发表论文23篇（含合著），1人获集团公司优秀科技工作者称号。

【财务管理】 至2004年底，设备中心保有固定资产3.15亿元。2004年度财务工作的重点是对德国政府贷款购置的盾构进行组资及租赁费的收取和及时上缴集团公司。4台盾构价值2.5亿元，已累计收回投资0.66亿元。

【找准位置、服务大局】 尽力协助工地解决困难，全力以赴服务于集团的整体利益。年初，股份公司进行小松盾构和大伙房TBM制造、装配、调试急需机械人员，公司抽调中心总工到股份公司工作5个月，却未向股份公司收取费用。3月，应集团公司技工学校邀请，中心抽调3名技术管理人员为学生授课半个月，使3个班140余名学生完成了毕业前实习。6月和10月，乌鞘岭斜井工区两次出现挖装设备不足的情况，设备中心在短时间内帮助其租赁2台312挖装机，并调剂紧缺配件，满足了施工需要。

【党群工作】 设备中心党支部中心组全年组织政治学习7次，召开集中研究中心发展的重大事宜的班子成员会议3次，召开党员领导干部民主生活会1次。

党支部加强队伍建设，深化全员素质工程，有计划地安排了各类专业知识培训。全年有28人次参加了培训学习，其中参加集团公司培训5次，到修理厂、施工现场进行培训学习3人。通过培训学习，提高了员工技术业务素质，使大多数员工能在工作紧张，人手短缺的情况下一身兼数职，缓解了中心技术人员不足所带来的巨大压力。全年有2人参加并通过了高级技术职称任职资格评审。

（专用设备中心办公室）

物资供应中心

【概况】 2004年，中铁隧道集团有限公司物资供应中心（以下简称“物资中心”）以“确保内部供应，提供优质服务，积极接轨市场，千方百计拓展外部市场”为工作重心，面对能源、原材料、建材全面紧缺、价格继续攀升等一系列困难和不利因素，采取强有力的应对措施，调动各方面的积极因素，在物资供应、多经生产、企业改革、市场开拓等多个领域取得了良好业绩和突破，圆满完成年度各项工作任务和经济指标。

全年完成经营生产总值31461万元，为年计划的116.5%；上缴集团公司管理费188万元，完成计划100%；实现利润46.9万元，比上年增长28%。

完成实物供应量为：钢材58861吨，水泥202346吨，商品砼123869立方米，木材1888立方米，油料6064吨，炸药1093.31吨，雷管81.02万发，砂石料61971立方米，其它材料5969万元。

【施工物资供应】 2004年，物资中心的供应任务主要分布在渝怀、乌鞘岭、青藏、宜万等铁路工程以及北京、常张、天津、户洋、杭州、广州、上海、南京、南友等路外工程上，均为集团公司在建工程。

铁路工程 2004年是渝怀铁路23标主体工程施工关键的一年。渝怀材料厂面对供应任务增大、建材市场价格持续上扬、资金压力大、运输紧张等不利因素,通过各种手段,控制成本支出,有效降低了料差亏损,并与铁四局签订了渝怀铁路临运线路运输合同,节约运费116万元。

乌鞘岭材料厂在确保供应的前提下加强成本管理,特别对于自购料,坚持货比三家,同时严格控制招待费、电话费、差旅费以及车辆出行的支出。在满足集团公司施工所需的同时,材料厂扩展自己的业务范围,继续承揽了工区砂石料和二三项料的供应任务。全年完成供应5143万元。

青藏铁路材料厂有针对性地采取措施,在保证物资供应的同时把侧重点放在了对以往遗留问题的清理及对采石场的管理上,使遗留问题逐个解决,采石场的管理保持了石料的正常生产,还供应铁十三局、铁二十一局道砟近6万立方米。材料厂按照中心要求由专人负责采石场建场以来的管理资料汇编及总结工作,为今后竣工清算提供了参考依据。

宜万铁路材料厂2004年6月份建厂。至年底完成产值870万元。按28号文包价供应,所供主材大都亏损,至年底,累计亏损120万元。在亏损的情况下,材料厂仍想方设法保证供应,维护集团整体利益。起初,工区临建用的是“秭归牌”水泥,价格较高。材料厂通过调查了解,将具有质价比优势的“水布垭”水泥推荐施工单位给他们,不但为施工单位节省了成本,还减少了自身亏损。材料厂还联络在恩施州境内施工有16家参建单位联合写出书面报告向铁道部工管中心及物资总公司反映火工品供应问题,经过努力,实现了火工品直供,为施工生产降低了成本。

公路、市政工程 2004年,上海采供站担负着杭州解放路工程的收尾及上海地铁3个标段的物资供应任务。由于供应模式所限,任务量和效益极不理想,加上点多分散、资金紧张,给采供站的工作提出了更高的要求。在杭州工程的收尾工作中,采供站在施工单位全面撤点的情况下,为各方着想,顾全大局,成了项目部、各工区、供应商家及银行结算等多个部门的惟一联络角色。采供站的员工始终如一地坚守岗位,在与供应商的诉讼官司中,最大限度的维护了集团公司整体利益。在上海几个地铁标段的供应中,采供站合理利用政策,极力消除各方误会及矛盾,以上海大市场为支点,带动杭州、南京整个华东地区的供应工作,超额完成中心下达的效益指标。

北京采购站2004年完成产值8000多万元,工作的亮点就是争取到了钢管柱加工和焊条、砂石料的供应等额外任务。由于资金紧张,2004年最高欠款额达3100万元。由于前期钢材供应商对采供站缺乏了解和信任,在签订供应合同中提出4~5%的违约金要求。采供站为确保供应,委曲求全,在经过长期磨合后,筛选了一些有实力、重信誉的供应商,并重新签订供应合同,将违约金下调至1.2%,降低了资金压力,合同已由相关部门评审。

天津采供站的主要任务是天津地铁一号线8标和22标的供应。2004年完成供应产值2814.76万元。全年累计拨款2530.5万元,回款率为89.9%。

集团公司常张高速公路项目由于比其他单位工程晚开工将近半年,工期压力非常大,物资供应也相对紧张,特别是10B标,供应直接对口施工现场,用料单位多,所供材料量小类杂,高峰期每月供应材料1100余万元。在做好主材供应的基础上,采供站为扩大供应,与项目部和工区沟通后,争取到了黄砂、锚具、支座、钢绞线的供应，增加供应任务900余万元。

户洋、广州、南京、南友等市政、公路工程，受供应模式及工程自身的施工进度、资金情况的影响，在争取供应范围、开展多经方面都出现了一些困难，但各采供站在确保供应前提下，发挥自身优势，力所能及地开展经营工作。特别是成都采供站利用地域优势，积极为渝怀、乌鞘岭、大丽等厂站排忧解难，也取得一定收益。

在依托集团公司优势保持供应，立足生存的同时，物资中心一直鼓励各个厂站走出去，向外部市场要效益。各厂站在确保各个工程项目正常供应的同时，也积极开展了多经。乌鞘岭、渝怀、宜万、北京、常张、上海、户洋等厂站都数量不等的争取到了沙石料、二三项材料和工区前期临建用料的供应，既扩大了供应任务，又取得了一定的收益。2004年，物资中心多经产值5190万元，占全年总产值的13%。

洛阳材料基地油库拆掉之后，经营工作受到了很大的影响，为在夹缝中谋取生存之路，材料基地将邙山的闲置库房对外出租，利用专用线承揽装卸任务，减少了中心补贴，取得了一定收益。

【建材公司】 中铁隧道洛阳建材有限公司(以下简称“建材公司”)受集团公司委托，由物资中心代管。2004年末，建材公司总资产780万元，其中固定资产277万元。至年末，各类管理人员21人。

2004年，建材公司完成营业额864万元，实现利润总额2.6万元。

2004年4月，建材公司按照股东会议的要求对内部管理进行了改进。公司首先对生产部和销售部实行承包制，同时成立由公司经理、书记、承包责任人、公司财务主管组成的核算与考核小组，每月对生产、销售情况进行考核，员工的积极性得到了极大提高，成本也受到了有效的控制。由于条件所限，公司技术检测设备落后，极大地制约了产品竞争力的提升，为此，建材公司与集团公司科研所达成了混凝土实验合作意向，与洛阳大学签订了化学分析合同，不但解决了公司多年来的技术检测难题，通过合作，还提高了技术人员的理论水平和实践能力。2004年9月，公司技术部门对锚固剂进行了升级换代，解决了该产品的使用与检测不同步的状况，销售量随之大幅度提高。

【建立健全各项制度】 为确保供应，降低成本，物资中心采取机关各部门互动会商的方式，针对各厂站及日常管理制度中急需完善的环节进行了大幅度的改进。在对各厂站的管理中，对成功的经验加以推广，需要改进之处与集团公司管理部门、项目部、各工区沟通联系，对供应办法、供应合同等既定制度中不能适应市场变化和施工需求的内容加以修订和完善。

在合同管理方面，物资中心设置了专职管理部门及人员，要求各厂站在签订合同之前，文本先报中心审定，做到内容合法、责权利清晰，签订后报中心备查。全年各厂站无合同纠纷，集团公司内审、外审全部达标。

对于日常报表的统计上报工作，物资中心召开专题会议，对各厂站、各科室报表收集统计的归口、责任进行细化分工，把报表的时效性、准确性列入年度考核。在年底召开的集团公司统计年会上，物资中心统计工作获评比二等奖。

【财务会计】 2004年一季度，根据集团公司清产核资办的部署，物资中心财务按时完成了清产核资工作，列出了需要集团公司解决的问题，提出了合理的意见、建议以及解决方案。

在日常管理中,物资中心财务做好管理费的收缴和业务费用的控制。季度末完成对各单位的管理费收缴,同时上缴集团公司。按照年初的财务预算,根据各单位的费用实际使用情况进行业务费用考核,做好控制,努力降低费用,争取更大的效益。

【清欠工作】 2004年,物资中心清欠任务为181万元,实际收回74万元。11月份专门召开了清欠工作会议,对洛阳地区3个单位的清欠工作提出了明确的要求,科贸部的遗留问题也得到妥善处理。

【劳动人事管理】 至2004年末,物资中心有员工166人,在岗112人。本科学历15人,大专学历36人,有技术职称56人。

为优化队伍结构,物资中心对业务能力强,成绩显著的骨干进行了重点考核与提拔;对长期违反劳动纪律的4名员工,按照法定程序,解除劳动关系。

2004年,物资中心引进高校毕业生5人,并注重对其锻炼、培养和跟踪考核,为中心的发展壮大储备高素质人才。同时还通过举办和送训等形式提高队伍整体素质,全年有15次人参加各种培训。

【党群工作】

党委工作 2004年,物资中心有党员74名。全年新成立党支部3个,撤消2个,合并1个,18个厂站共设有9个党支部。中心发展新党员1名,办理预备党员转正2名,确定培养对象2名,有10人向党组织递交了入党申请书。

2004年,集团公司对物资中心党委班子成员进行了调整,新一届班子成员紧密围绕物资中心实际,制定学习计划。全年共集中学习6次,研讨2次,参学率100%,记笔记率100%。重点学习了《中国共产党党内监督条例》、《中国共产党纪律处分条例》、十届人大《政府工作报告》、十六届四中全会胡锦涛同志的重要讲话及集团公司领导在各类大型会议上的讲话。同时,党委还适时对员工进行了党的十六大,十六届三中、四中全会精神学习宣传,引导员工正确认识形势,增强责任感和紧迫感。

中心党委全年共召开党委会9次,对党风廉政建设、发展党员、厂站领导班子调整、新上工点班子人员配备、干部任免、奖金发放、主辅分离、大额资金使用等工作进行了专题讨论,充分发扬民主,做到集体决策。

按照“党要管党,从严治党”的方针,在新上工点的人员选配上,坚持一个单位哪怕只有二三个人,一定要有党员。对人数较多的厂都配备专职支部书记,人员较少的单位只要够3人的都成立了支部并配有兼职支部书记。为加强党风廉政建设责任制的落实,物资中心党委召开专题会议进行分工并划片区管理,并以物党(2004)9号文件下发到中心属18个厂站。全年对北京、天津、321厂等单位进行了专项检查,检查中未发现有违法违纪现象。

年初,物资中心对物资工作执法检查进行了立项。对赣龙、北京、天津等厂站进行执法检查,检查的内容为党风廉政建设责任制、合同、资金、财务、采购等。对检查中发现的部分违规行为,要求其整改。

工会工作 2004年,物资中心工会有会员166人,其中在岗112人;有工会小组13个。

物资中心工会根据所属基层单位临时机构多,时间短,根据快等特点,采取大的厂站以及设立1年以上厂站配备兼职工会干部,员工少、时间短的厂站配备工会小组长,由中心机关工会直管。

2004年初,物资中心按照集团公司工会工作要求,筹备召开了2004年职代会、工作会。渝怀、青藏、乌鞘岭、建材公司、洛阳材料基地等单位在中心“二会”前都召开了职工民主管理大会,对厂、站、公司经理等领导进行了民主评议。

为使员工更好地参政议政,物资中心开展了提合理化建议活动,征集合理化建议8条,落实8条。

2004年,员工参保达159人,金额22.5万元。新分配大中专毕业生全部投保。

共青团工作 物资中心有28岁以下青年26人,其中党员7人,团员14人。由于工作变动,进行了团总支书记的改选。2004年,团总支组织团员青年参加集团公司组织的体能测试、棋牌、乒乓球比赛等活动。同时开展读书活动,有1人被评为集团公司读书活动先进个人。

(陈晓梅)

物业管理中心

【概况】 中铁隧道集团有限公司物业管理中心(简称“物业中心”)受集团公司委托负责集团公司本部在洛阳市西工区陵园东路3号院内所有办公和住宅的物业管理工作,总面积9.889万平方米,并兼管3号院、设计院、中心医院,职工大学等单位的水、电、暖供应,是集团公司下属的分公司。2004年末,在岗员工41人,其中管理人员16人,作业人员25人。固定资产1089.6万元,其中机械设备价值1085万元。

2004年,营业收入429.5万元,为计划的143.2%,比上年多完成69.56万元,增长率19%;业务支出323万元,往年累计亏损59万元,2004年扭亏14万元,扭亏率在24%。

【科培楼管理】 物业中心大厦管理所按照制定的各项服务程序,严格落实,坚持每天检查制度,定期进行客户调查,征求客户意见,规范服务行为。为服务好集团公司的各种大型会议,管理所合理调配劳力,加大保洁力度,并派人现场值班。全年共接待较大型会议20余次,人员4700余人次,在集团公司物管评定中多次受到表彰。在做好保洁、保安和领导人员服务工作的同时,抓好大厦的消防设施,水电设施,特别是中央空调和电梯的检查、保养和管理,消除不安全隐患。2004年,电梯年审复检一次合格,运转率100%,其它设备完好率达到99.2%。管理所保洁班被集团公司工会授予“巾帼示范岗”称号,1名员工荣获集团公司2004年度先进工作(生产)者称号。

【水电管理】 水电管理所确立“以客户满意”为管理目标,加大物业管理宣传力度,在公示栏中对收费价格进行公布,主动与业主建立良好关系,征询、听取业主的意见与建议,并积极落实整改。要求员工“份内的事主动办,份外的事帮助办”,消除了部分业主对物业管理的一些误解,使水、电、暖回收率达98%。全年安全供水329404立方米,安全供电3466350千瓦时,实现了大幅度减亏,基本达到水电费成本收支平衡。

【大修改造】 在对2003年大修改造项目实行模拟市场运作管理的基础上,积极探索创新管理,逐步引进竞争机制,实行目标、质量、责任和督察管理制度,严格控制成本,促进队伍专业化管理,建立健全劳务分包管理体系,杜绝以包代管,管理失控现象。先后完成职工大学的屋面改造工程、大院部分路面大修工程、中心医院屋面大修工程和职工大学、集团公司通信楼电线路改造、黎隧电缆改线和抢修等20多项工程,完成施工产值109.5万元,比去年提高67%。

在完成集团公司大修改造计划的同时,

主动寻找市场，扩大创收，承揽了设计院多项维修任务。

【成本管理】 物业中心内部实行预算控制成本，将各部门的年完成收入指标、支出总指标及各分项指标等都要在目标责任书中确定下来，并与目标责任人直接挂钩，在经营效果上与收入直接挂钩，使经营压力和成本管理的压力下传给班、组和每个员工，改变了成本管理压力只是中心领导的压力。中心严格审批制度，做到资金统一管理，确保每一分钱支出都要物有所值。为降低冬季供暖成本，在冬季供暖煤炭采购上，一是严把采购关，在煤炭采购上实行公开招标，综合比较筛选，从而保证了煤炭的合理价位。二是把好煤炭验收质量关，坚持煤炭验收必须是白天，避免供煤商利用夜间看不清楚煤炭质量而蒙混过关。另外还采取抽样、量方、送检等办法检测煤炭质量，发现问题立即停止供煤商供煤，从而达到了从源头上降低成本的目的。多种经营是物业管理弥补经费不足的主要来源，为规范房屋出租管理，物业中心对《出租房屋合同》进行了修改、规范，提高空房的出租率，充分利用出租业务增加收入，全年出租房屋40余间，房屋出租收入2.3万元。

【综治与环保】 2004年，保安部增加保安力量，重点对务工人员、装修人员、车辆进出大院加强管理，对重点区域，重点部位加强巡视，增加巡逻次数，必要时派精干人员蹲点守候。保安人员全年拾到未上锁自行车6辆，发现盗窃案件1起，截获赃物三轮车1辆，钢模板6块。小区的发案率比去年明显减少。

环卫绿化所对管理区域的绿化进行了修剪，及时清除杂草，对办公大厦的花木定期更换，并安排专人负责养护，对小区日常保洁和垃圾清运实行卫生责任制度，全年新增绿化面积1621.4平方米，节日摆放盆花10000余盆，新增草皮2375平方米，喷农药500公斤。2004年，物业中心被河南省评为“省级卫生先进单位”称号。

【党群工作】 物业中心设党支部，隶属集团公司直属机关党委。有正式党员10人，预备党员2名。

2004年，党支部开展了“主辅分离”辅业改制的教育学习活动，组织学习国资委、总公司、集团公司下发的有关文件，举办企业改制讲座，引导员工转变观念，增强改革意识和承受能力。按照上级党委的部署，两次召开支委民主生活会，总结半年和全年工作，分析形势，沟通思想，查找不足，研究物业中心今后的发展思路，使党支部成员在企业大的决策上做到了团结统一。并安排进行员工岗位委外培训，培训管理人员5人次，培训技术员工，获得特种岗位证书14人次，获得职业资格证书21人次。

年内党支部培养预备党员转正1名，新发展预备党员2名，确定为2005年发展计划2名。全年获得集团公司表彰优秀党员1名，物业中心表彰优秀党员2名。

（谢庆滨）

生活服务中心

【概况】 2004年，中铁隧道集团有限公司生活服务中心（以下简称“生活中心”）立足市场，强化管理，提高服务质量。全年费用支出689.65万元，收入690.58万元（其中产值565.58万元，同比增长20%，集团公司补贴125万元），各项费用控制在集团公司下达的计划之内。

生活中心设办公室和财务室，下属7个

服务经营实体,即采购供应站、印刷厂、幼儿园、职工食堂、招待所、文化宫和服务站。至年底,有员工 67 人。

【服务经营成果】

采购供应站 设站长 1 人,员工 4 人,经营综合门市部和干洗店。实行自主经营、自负盈亏。2004 年实现销售额 206 万元,同比增长 24%。

印刷厂 设厂长 1 人,员工 11 人。2004 年,在印刷市场激烈竞争的情况下,积极加强信息追踪,进行经营攻关,对员工进行技能培训,增加彩色、精装等印刷,增强了竞争力。全年完成产值 68 万元,上缴管理费 2 万元。固定资产 25 万元。

幼儿园 设园长 1 人,员工 6 人,其中高级幼教 3 人,二级幼教 1 人,管理员、保育员各 1 人。分托班、小班、中班、大班和幼儿食堂,入园儿童保持在 100 人左右。2004 年,在幼儿园经费十分困难的情况下,争取福利费,美化园内环境,添置了桌椅,不断完善办园条件,保证了入托儿童的健康和安全。全年创收托费 15 万元。

职工食堂 设主任 1 人,员工 11 人,其中国家级特一、二级厨师 2 人。分一楼员工大众餐厅、二楼、三楼接待厅(雅间 12 个)和管理室。职工食堂由于受地理位置的影响,营业额历年不高,为扭转被动局面,食堂细化经营指标,派员走出去参观学习,并聘请 1 名厨师,提高和改善了饭菜质量。全年营业额 150 万元,较上年增长 30%。

招待所 设所长 1 人,员工 6 人。现有套间房 2 间、单人客房 15 间、标准房 44 间、普通间 6 间,小型会议室 3 个,总床位 124 个。由于集团公司精简会议,内部住宿人员大量减少,为争取客源,招待所主动出击,对内争取承办大型学习班,尝试联合经营的新路子;对外积极与各大旅游公司联系,争取"五一"、"十一"长假和花会游客入住,仅花会期间收入达 12 万元。全年共接待 3500 余人次,创收 70 余万元。

文化宫 设主任 1 人,员工 6 人。主要设备原值 40 余万元,为集团行政和工会共同投入。全年保证了电视信号转播畅通,并及时维修电视信号故障。全年放映国内外新片大片 10 余场,成功举办了集团建造师学习班,同时还举办音乐、美术、舞蹈等学习班,全年创收 10 万余元。

服务站 员工 8 人,下设单身宿舍管理室、液化气站和理发室。单身宿舍负责集团公司本部所有单身职工住宿及服务。为使单身职工满意,经常性地征求意见,开展为单身职工过生日活动,同时为单身职工售餐票打折,体现了对单身职工的关怀。液化气站在保证集团公司洛阳地区的正常供应前提下,加大了对原液化气用户集资款的追缴力度,经多方努力,将多年遗留下的集资款 4 万元全部追回。

【党群工作】 生活中心党支部有党员 15 人,下设 3 个党小组。全年召开支委会 6 次,党员大会 1 次,党员集中学习、上党课 3 次。

2004 年,生活中心党支部工作扎实有效,一是党员在各自的工作岗位上发挥先锋模范作用,成为中心的骨干力量。有 1 人被授予集团公司先进生产(工作)者称号、2 人被授予直属机关党委"优秀党员"称号,1 人被授予集团公司"先进女职工"称号、文化宫被授予集团公司"巾帼文明示范岗"。二是坚持党课教育,引导员工积极靠近组织,开展党课 3 次,有 7 名员工申请入党,2 人被列为积极分子培养,发展预备党员 1 名。三是坚持民主评议领导干部,年度考核管理人员,使中心管理人员工作能力得到了提高。

生活中心工会关心员工,坚持元旦、春

节送温暖活动，慰问困难户 12 户，对住院员工及时探望，帮助困难员工。组织生活中心先进生产(工作)者外出考查观光学习，开展各项文娱体育活动。2004 年，生活中心工会被集团公司授予“模范职工之家”称号。

(付松岭)

中铁隧道集团
CHINA RAILWAY TUNNEL GROUP

子公司

编辑：董俊保

2004年5月27日，由中铁隧道股份有限公司与日本小松制作所合作制造的广州地铁四号线小新区间盾构机在河南新乡组装调试成功，标志着中隧集团承担的国家“863”计划——盾构国产化研制开发迈出了关键一步。

2004年8月1日，重庆主城排水过江隧道贯通。　　秦明　摄

2004年8月9日，广州地铁三号线大汉区间右线提前两个月贯通。 成昆 摄

2004年12月4日，广州地铁四号线小新区间右线盾构与中间风井贯通。 股份公司供稿

2004年10月19日，辽宁大伙房输水工程TBM主机组装完成并开始步进。 股份公司供稿

已建成的天津轻轨工程。 股份公司供稿

施工中的宜万铁路野三关隧道平导进口。

已完工的福建泉州大坪山隧道机电安装工程。

施工中的户洋高速公路秦岭Ⅰ号隧道。

施工中的沪蓉西高速公路大水井隧道。

本页图片由股份公司提供

2004年3月3日至4日，股份公司首届二次职代会暨2004年工作会在新乡召开。

2004年9月，股份有限公司举行干部考学考试。

2004年9月，股份有限公司代表中铁隧道集团参加河南省青工技术比武运动会。

2004年5月12日，股份公司在新乡召开中国人民解放军182师544团原首长和原铁道部隧道局一处历任领导座谈会。

本页图片由股份公司提供

中铁隧道股份有限公司

【概况】 中铁隧道股份有限公司(以下简称"股份公司"或"公司")是具有轨道交通工程、隧道工程、机电安装工程等专业一级资质和市政公用工程施工总承包一级资质的国有大型施工企业。2004年,股份公司以全面突破重难点工程和提高效益水平为重点,以深化改革和加快发展为导向,以实现经营生产上台阶为中心,同心勇为、扎实苦干,全面完成生产经营目标,继续保持健康快速发展态势,荣获河南省建筑业50强之一。

经营投标 2004年,公司盯住长线、规模大和有一定专业优势的项目,认真落实经营投标责任制,强化公关,把点、线、面有机结合在一起,经营工作实现新突破。全年完成经营任务213969万元,首次突破200000万元,完成新签多经合同额33000万元。

施工生产 全年完成总营业额149839.8万元,其中施工营业额126826.8万元,为年度计划的105.7%;完成多经营业额23013万元,为年度计划的121.1%;制造产值5640.15万元。全年完成隧道成洞19846.54延米,桥梁548.94延米,路基土石方80.63万立方米,平导、横洞4769.7延米,隧道电力安装59929延米。

安全质量 杜绝了重大火灾、爆炸及交通事故,年度负伤率1.03‰,伤亡事故发生频率较去年有所下降。竣工交验单位工程合格率100%,优良率97.5%。广州地铁二号线越三区间隧道工程获詹天佑土木工程大奖,南京玄武湖隧道被中国市政工程协会授予"市政金杯示范工程"称号,福宁高速公路吉坑隧道被评为铁道部和总公司优质工程。

科技研发 签订科研项目合同7项,合同经费533万元。获得部级工法1项、企业级工法2项。获公司科技创新奖8项,集团公司科技进步奖1项,河南省科学技术进步奖1项。全年组织参加学术交流或研讨会31人次,整理发表学术论文51篇。盾构机研发取得了阶段性成果,5月27日和9月2日,广州小新盾构机和辽宁大伙房TBM分别组装、调试成功。

改革工作 以董事办、财务、投资等部门为主,联合组建了专门的上市工作机构。企业运作基本实现"三分开,两独立"(即资产、人员、财务三分开,机构、业务两独立),人事、用工和工资制度改革不断深化,主辅分离工作按照集团公司部署逐步展开。

企业管理 加强对项目实施过程的监督和指导,建立责任成本预警机制,进一步明确项目内部各方责任。公司职能部门强化责任意识、服务意识,人、财、物、机、技术、信息等系统管理得到加强。9月1日起公司实行网络化办公,提高了办公效率,降低了成本。《工程信息查询系统》开发工作稳步推进。 (陈广江)

【施工生产及在建工程】 2004年共承建工程29项,其中新上工程10项(铁路工程2项,公路工程2项,市政工程3项,城市轨道交通工程3项,),续建工程6项,(铁路工程1项,公路工程1项,市政工程1项,城市轨道交通工程2项,水利工程1项),竣(完)工工程13项。

新上工程

1.宜万铁路15标野三关工区 位于湖北省恩施州巴东县野三关镇,合同工期2004年4月1日~2008年8月22日。合同价款27013.8万元。工程包括野三关隧道进口正洞6920.5米,平导6901.5米;路基145米(含洞口过渡段);1~3米箱涵1座129.7横延米。2004年4月1日开工,当年完成2742.44

万元。隧道二公司施工。A类工程。

2.洛湛铁路YQ2标四工区　位于广西贺州市境内贺街镇南岭山,合同工期2004年12月28日~2006年12月28日。合同价款8293万元,2004年12月1日开工。本合同段全长6813米,其中南山隧道出口段3019米,木坪隧道416米,南木河中桥40.51米,双底中桥62.91米,大磅三线大桥(3×217.83)米,岭头田三线中桥(3×44.33)米。隧道三公司施工。A类工程。

3.沪蓉西高速公路28标　位于湖北省恩施州,合同工期2004年5月1日~2006年9月30日。合同价款18700万元。包括大水井特长隧道1座(左线长3400米,右线长3450米);分离式路基左线长392米,右线长369.2米;矩形板涵3座;汽车通道桥2座;路基沿线的防护及排水工程等。2004年5月1日开,当年完成4919.52万元。隧道四公司施工。Z类工程。

4.北京地铁四号线19标　位于北京市海淀区,合同工期2004年6月1日~2006年5月10日。合同价款33567万元。工程包括颐和园站1座,圆明园站1座,颐圆区间左右线各1516米,圆成区间右线1043.935米,左线996.516米;出入口通道7个,联络通道5个,风道5个,泵站2个,洞门8个。2004年10月1日开工,当年完成1239.35万元。北京地铁四号线19标项目经理部施工。B类工程。

5.上海地铁二号线西延伸工程　位于上海市长宁区,合同工期2004年4月16日~2005年6月16日。合同价款8077万元。本标段工程主要由一组双线单圆盾构区间隧道组成,区间隧道长度1354米,其中上行线1353.9米,下行线1296.75米,盾构掘进合计2650.65单线延米。本标段主要附属工程有旁通道(联络通道)与泵房1座。2004年4月16日开工,当年完成4900万元。上海地铁2号线西延伸工程Ⅱ标项目经理部施工。B类工程。

6.上海轨道交通6号线18标　位于上海市浦东新区,合同工期2004年10月15日~2005年12月2日。合同价款9813.2万元。本标段工程主要由一组双线单圆盾构区间隧道组成,区间隧道长度4126.791米,其中上行线2036.551米,下行线2090.24米,盾构掘进合计8253.582单线延米,本标段主要附属工程有联络通道与泵房2座。2004年10月15日开工,当年完成1072.69万元。TBM三公司施工。A类工程。

7.广州大学城供热管线　位于广州大学城,合同工期2004年4月25日~2004年11月25日。主要工程包括地下隧道529米,南岸竖井25.5米,北岸竖井30.9米。合同价款4297.9万元。2004年5月29日开工,当年完成4096.02万元。广州大学城项目经理部施工。Z类工程。

8.武汉长江隧道　位于湖北省武汉市,合同工期2004年9月1日~2008年5月31日。合同价款99777万元。主要工程包括:左线隧道建筑长度3600米,右线隧道建筑长度3608.53米,A、B、C、D、E、F匝道总长1863.493米。2004年末开工。中隧股份武汉过江隧道项目经理部施工。A类工程。

9.广州永和隧道　位于广州科学城罗岗,合同工期2004年2月~2004年10月。合同价款11897.8万元。主要工程量有:路基土石方23万立方米,喷粉桩125247立方米,土工格栅21958平方米,隧道1072米。2004年3月8日开工,当年完成12882.9万元。隧道五公司施工。B类工程。

10.成都天府广场项目　位于成都市天府广场,合同工期2004年3月7日~2004年11月20日。工程项目包括下穿隧道框架结构、敞开段U型槽、重力式挡墙、路面工程、人行通道框架、人防工程改造、管线新建、管线改造等项目，施工线路长约872.42米。合同价款2906.2万元。2004年3月15日。2004年完成2745万元，开累2745万元。天府广场项目经理部施工。B类工程。

续建工程

1.渝怀线23标圆梁山隧道　计划2005年4月30日竣工。2001年1月1日开工。2004年完成4285.25万元，开累28664.85万元。由隧道九公司施工，A类工程。

2.西汉高速公路户勉段C标段　位于陕西省宁陕县江口镇境内，合同工期2002年9月10日～2006年3月9日。2002年9月10日开工。2004年完成8351.36万元，开累15573.45万元。隧道三公司施工。A类工程。

3.广州市轨道交通四号线小－新盾构区间　位于广州市番禺区新造镇，合同工期2003年8月1日～2005年4月30日。2003年8月23日开工。2004年完成7318.59万元，开累8687.8万元。TBM四公司、市政二公司施工。B类工程。

4.上海轨道交通9号线R404标一工区　位于上海市，合同工期2003年10月31日～2005年7月31日。2003年10月30日开工。2004年完成3727万元，开累4477万元。上海轨道交通R404标一工区施工。A类工程。

5.杭州市解放路延伸工程Ⅰ标段　位于杭州市建国路至新安江路。合同工期2002年8月30日～2004年1月30日。合同价款14556万元。2002年9月15日开工。2004年完成574万元，开累15715.2万元。市政一公司施工。A类工程。

6.辽宁大伙房输水工程　位于辽宁本溪市新宾县，合同工期2003年6月1日～2008年12月10日。2003年6月15日开工。2004年完成3052.91万元，开累4702.1万元。TBM一公司、隧道四公司施工。B类工程。

竣(完)工工程

1.乌鞘岭隧道大台竖井　位于甘肃天祝县大台村，合同工期2003年2月～2005年5月，2004年10月完工。隧道三公司施工。A类工程。

2.青藏铁路23标一工区　位于西藏那曲县，合同工期2003年4月1日～2004年9月25日，2004年10月完工。青藏项目部施工。A类工程。

3.宜长公路C3标　位于湖北宜都市，合同工期2003年3月～2005年3月。2004年5月完工。宜长项目部施工。B类工程。

4.平阿公路青沙山隧道　位于青海省平安县，合同工期2002年6月～2004年6月。2004年9月完工。隧道一公司施工。Z类工程。

5.天津地铁一号线改建工程8标段　合同工期2002年5月20日～2004年12月31日。2004年12月完工。天津地铁一号线工程第八合同项目部施工。A类工程。

6.天津地铁一号线22标　位于天津市，合同工期2003年2月10日～2004年1月31日。2004年1月完工。天津地铁一号线工程第22合同项目部施工。A类工程。

7.广州地铁三号线大汉区间　位于广州番禺，合同工期2002年9月～2004年8月。2004年10月完工。TBM二公司、市政二公司施工。B类工程。

8.南京市政滨江大道　位于南京市河西，合同工期2003年11月～2004年8月。南京滨江大道项目部施工。Z类工程。

9.广州永和隧道　位于广州科学城罗岗，合同工期2004年2月～2004年10月，2004年12月完工。隧道五公司施工。B类工程。

10.重庆过江隧道　位于重庆市，合同工期2003年7月15日2004年10月31日，

2004年12月完工。重庆排水过江隧道工程项目经理部施工。B类工程。

11.成都天府广场项目　合同工期2004年3月7日～2004年11月20日,2004年12月完工。天府广场项目经理部施工。B类工程。

12.广州大学城供热管线　合同工期2004年4月25日～2004年11月25日,2004年12月完工。广州大学城项目经理部。Z类工程。

13.杭州市解放路延伸工程I标段　位于杭州市建国路至新安江路,合同工期2002年8月30日～2004年1月30日。2004年1月完工。市政一公司施工。A类工程。

(杨书江　周嵩　李佩霞)

【投资发展管理】

规范管理体系　2004年4月18日,公司B版职业健康安全质量环境管理体系文件生效。文件对职业健康安全质量环境方针和目标进行了修订,补充了"程序文件目录"、"作业文件目录"、"工程施工相关过程流程图"和"管理体系相应章条间的对应关系表"。

2004年4月～5月,公司审核组分别对所属各工点、机关领导层和各责任部室进行例行审核。公司第13次内审共开列不符合项报告36个,并将所有的不符合项报告关闭。从审核结果来看,质量管理体系运行效果较好,职业健康安全环境管理体系运行效果一般。

6月20日～25日,中国新时代质量体系认证中心对公司进行第一次职业健康安全质量环境管理体系外部监督审核。

项目法管理施工配套文件出台　为了进一步规范公司项目管理工作,策划并编制了《工程项目管理办法》等相关配套文件,对项目管理的规划、安全、质量、进度、成本、效益、职责与定员进行了细化。全部文件于6月30日生效。项目法施工配套文件共编写了21个文件。研究出台了《工程项目成本亏损预警反映办法》和《工程项目绩效考核管理办法》。

8月底至9月份,根据年度工作计划安排及《项目法施工管理试点工作安排》要求,对上海9号线R404标车站工区、大伙房输水工程项目部、万开II期项目部,项目法施工管理文件的执行情况进行了检查,要求各项目部对存在问题整改。

机构设置　公司本部组织机构进行了适当调整。将安质室从工管中心独立出来,成立安质部;撤消科技部,将其职能并入工管中心,改名为工程部;撤消经合部,成立经营部和合同部。

全年共成立项目经理部(工区)10个,其中A类2个,B类6个,Z类2个。成立专业公司2个,即TBM四公司和综合施工公司,还成立了TBM、盾构机组装调试队。

计划统计　年初,编制了《中铁隧道股份有限公司计划统计管理办法》,第一次以书面形式规范了股份公司的计统工作。11月份,根据该办法的执行情况和工作反馈,又将管理办法分为《计划管理办法》和《统计管理办法》,简化了工作流程和部分专业术语,使管理办法更易于广泛阅读和执行。

根据董事会、股东大会的决议,制定并下发了公司《2004年度内部投资计划》。2004年度公司内部投资总额为21640万元,包括设备购置计划、设备大修计划、科技创新经费计划、办公固资购置计划、测量、试验仪器购置计划、郑州高新区购地计划、小型基建投资计划和投资上海盾构设计试验研究中心的议案。

下半年,根据实际情况,对设备大修计划进行了两项调整,增加费用124.6万元。对小型基建项目投资计划进行了调整,共增加小型基建投资 68.3995 万元，调整后的年度小型基建投资计划为 295.3995 万元。

生产计划方面，根据董事会、股东大会的决议，制定并下发了公司《2004 年度生产计划》，其中建筑业营业额目标为 12 亿元，多经营业额目标为 1.9 亿元。年底，多经营业额目标调整为 2.1 亿元。

10 月，根据集团公司指示，重新统一了建筑业、多经产业的统计口径，明确了统计范围和方法。

企业规划 9 月上旬，下发了《关于做好公司 3～5 年规划编制工作的通知》，启动了公司成立后的第一次战略规划工作。

对综合施工公司在股份公司中的定位、主要职能和具体工作提出了设想，并为综合施工公司尽快形成工作能力提出了建议。

资质管理 配合经营工作需要，分别赴天津、上海办理了施工注册许可证。对营业执照、组织机构代码证进行了年检。公司法人代表证年限到期，4 月份重新办理了新证。5 月份对资质证书进行了年检。

因企业经营的需要，主持申报市政公用工程总承包一级增项资质，年底领到证书。

9 月份，公司股东会、董事会的召开，法定代表人由林万里变为崔原，公司的营业执照和法人代表证随之变更。

信息化建设 2 月和 4 月，两次对公司华南片区各项目进行了信息管理工作调研，提出了在公司华南片区设置 1 名“片区信息管理员”的建议，并在调研过程中为永和项目部设立了内部信息网络。

5 月份，对大伙房项目进行了信息管理工作调研，提出了该工程项目的互联网接入方式的改造问题，10 月份完成。

年内还完成了制造公司(二期)、运输公司、物设中心、综合公司的网络建设。

明确外网网站中新闻发布的审核工作的责任方。独立开发了公司的内网网站——“中隧先锋”网站，内网网站中包含公司公文发布系统，提高了公司公文的发放效率和准确性。

6 月份，进行了 BQQ(企业即时通讯系统)的试运行工作，年末全公司已经有 70%的单位申请了 BQQ 账号。

(刘洛汉　王宏伟)

【科技开发】 签订了 3 项集团公司科研项目合同，分别为《大直径敞开式 TBM 长距离掘进综合施工技术研究与应用》、《水下隧道土压平衡盾构施工关键技术研究与应用》、《重庆主城越江排水隧道泥水盾构施工综合研究与应用》，合同经费 260 万元。各研究项目按照合同要求紧张有序地进行。签订了 4 项公司科研项目合同，分别为《带式输送机斜井洞口出料分流系统研制》、《长大隧道混凝土远距离运输设备研制》、《CO1000 摇管机的研制》、《SJB－2 搅拌桩机的研制》，合同经费 273 万元。

公司承担的科研项目《盾构施工组织信息化管理及设备管、用、养、修的技术研究》获集团公司科技进步奖二等奖；参与研究的《大型地下水封式液化石油气储藏洞库修建技术》获河南省科学技术进步二等奖，《软硬不均地层及复杂环境隧道复合盾构的研究与掘进技术》、《软弱围岩深大竖井机械化快速施工技术》通过河南省科学技术委员会成果鉴定。

工法开发 向集团公司申报工法立项 5 项，其中签订工法合同 4 项，分别为《海底浅覆隧道土压平衡盾构施工工法》、《盾构施工进、出洞端头加固工法》、《高精度预应力钢筒混凝土管洞内安装工法》和《软弱围岩深大竖井机械化快速施工工法》，合同经费共计 5.5 万元。完成了《硬岩地铁隧道钻爆法开挖盾构法衬砌施工工法》、《软弱围岩深大竖井机械化快速施工工法》，并获集团公司级工法，其中《软弱围岩深大竖井机械化快速施工工法》已获铁道建设工程工法，目前正在申报国家级工法。《弹性整体道床施工工法》、《敞开式硬岩掘进机在软弱围岩铁路隧道施工工法》两项工法获国家级工法。

技术交流及推广 紧密围绕经营、生产、管理中的重点、难点、热点问题，邀请集团公司及股份公司专家在施工现场进行专题研讨，对重庆过江隧道工程、大学城供热工程、大伙房输水工程等项目的技术难题和施工方案进行论证。为加强技术交流与合作，组织技术人员、优秀技术骨干参加国内各项相关专业的学术交流或研讨会共31人次，征集学术论文70篇，整理发表51篇。其中向集团公司科技大会报送论文36篇，被录用21篇，向中国土木工程学会隧道及地下工程分会第十三届年会报送论文20篇，被录用16篇。向各单位技术人员发送"工法汇编"、"技术规范"、"隧道建设"、"论文集"等技术参考书籍200余册(套)，并根据施工现场及编标的需求向有关人员提供施工技术参考资料查询或借阅，使先进的施工技术得到了推广和应用。 (周红芳　狄晓红)

【施工技术管理】

现场服务 根据专业及工程分布情况，将所承担工程划分为铁路、公路、盾构和TBM项目、市政等4大部分，指定专职人员负责与施工现场的联系。针对技术重点、难点工程，多次派人深入施工现场，与现场施工技术人员讨论研究施工方案，确保工程的顺利进行。

按照整合型管理体系文件的要求，认真审批各工程项目的《实施性施工组织设计》、《产品监视和测量计划》、《环境监视和测量计划》、《重要环境因素台帐》、《重要环境因素管理方案》、《特殊过程作业指导书》及项目重大技术方案等，保证在建工程项目施工组织管理有章可依。

技术管理 全年共出台技术管理文件39份，重新制定下发了《施工技术管理办法》、《工程试验管理办法》及《技术资料管理办法》，从施工技术、试验、技术人员培养、竣工验收、现场技术管理、处罚措施等多方面对全公司的技术工作加以规范和指导。

为保证整合型管理体系和有关技术管理文件在全公司的有效运行，对全公司工点进行了执行效果的抽查和检查，检查工点覆盖率超过80%。

竣工资料的收集、整理与归档 对所有在建项目及收尾项目进行了竣工文件编制的指导，按照业主竣工文件编制的要求及科技档案管理规则与相关行业标准进行编制审查。收集、整理和归档了株六复线(大六段)、韩家山隧道、唐家风台隧道、宝兰二线四方头隧道、杭州湖滨隧道、盐坝溪涌隧道6个工程项目的竣工文件，保证工程技术文件完整性，增加公司的技术积累。

参与投标、编标 组织、参与了公司所有投标施组的编制，共编制技术标51个，其中有10个工程中标。

试验工作 新版CMA计量认证体系文件3月上旬通过审核，3月20日发行，使试验工作管理方面的文件更具有可操作性。进一步优化全公司试验检测装置配置，全年调拨仪器24台，新购置仪器22台，总价值237700元。3月，试验中心组织5位长期从事试验工作的人员去广州参加了试验内审员上岗培训；11月，组织20名试验员参加重庆交通学院举办的公路工程试验工程师、试验员培训，提高了公司试验队伍的业务水平，满足持证上岗的需要。

测量工作 完成了北京地铁、上海地铁、天津地铁营口道开发地、沪蓉西高速公路等新工地的控制测量工作；进行了大伙房输水隧洞工程、乌鞘岭隧道大台竖井、青沙山隧道、万开一期、万开二期、重庆过江隧道、广州大学城过江隧道、广州地铁三号线大汉区间、广州地铁四号线小新区间、广州永和隧道、南京站前广场及滨江大道暗挖隧道等工地控制测量复测及部分隧道的贯通测量工作,质量合格率达100%。

购置了南方平差易软件,并升级了清华三维测量平差软件,用严密平差代替了简易平差,提高了测量成果的精度和顾客对成果的认可度,也使内业处理的效率有了实质上的进步,加快了计算速度。

调度工作 全年编制调度月报12份、调度年报1份、产值月报12份、产值季报4份、产值年报1份、进度日报365份、建立健全各类台账,接收调度报告及下发调度通知,汇总各工点情况汇报。及时准确的沟通各类施工生产信息,确保了工程的顺利进行。

通讯工作 基地通信方面,全年新装电话38部,迁移电话63部,维修电话线路328台次,维修有线电视线路176户次,保证公司机关和基地职工家属的通信需求和有线电视的正常收看。工地通信方面,主动、灵活地和各通信运营公司洽谈、沟通,形成通信公司与单位双赢的良好合作模式。通过万开二期工地、圆梁山工区、沪蓉西高速公路工地、野三关隧道工地、T4公司、华南指挥部、隧道三公司等各工点的通讯管理工作,节省了很大的通信费用。 (杨书江 周嵩)

【经营投标管理】 2004年,新签合同额22.23亿元,为计划的158.8%,较2003年增加9.75亿元。全年实际中标价款总额31.50亿元,为计划的246.4%。

全年共参与土建项目投、议标53项,中标16项,中标率30.2%。其中参与铁路项目投标6项,中标3项,中标率50%,占经营总额的11.6%;参与公路项目投标25项,中标6项,中标率24.0%,占经营总额的40.9%;参与地铁、盾构项目投标8项,中标4项,中标率50%,占经营总额的13.8%;参与市政项目投标10项,中标4项,中标率40%,占经营总额的33.7%;参与水电项目投标4项,未中标。

2004年共编制资格预审文件59项,通过51项,资审通过率86.4%。

(娄掌印 陈安)

【经济合同管理】

内部承包管理 2004年下达辅助生产单位内部承包任务书3份,工程项目内部承包任务书19份。根据施工生产实际,调整项目内部承包任务书2份。考核辅助生产单位2个,工程项目考核兑现1个,并完成了48个工程项目考核兑现资料的整理工作。

分包合同管理 制定下发了《工程分包管理办法》、《合同管理办法》、《分包合同管理若干规定》、《加强分包合同管理的通知》、《商务分包管理办法》、《诚信合同(示范文本)》、《劳务分包合同(范本)》和《材料包干使用合同(范本)》等文件。共对10家劳务队伍的资质进行了审查并给予注册登记,为基层单位办理引荐单4份。共审查合同33份,下达书面整改通知7份,办理法人代表授权委托书39份。对广州、上海、成都、湖北、重庆等12个工点的合同/验工计价进行了专项检查。协助指导户洋、沪蓉西、成都、上海、广州等基层单位签订劳务合同。

验工计价管理 制定了《中铁隧道股份有限公司验工计价管理办法》和《中铁隧道股份有限公司验工计价管理办法解释之一》,针对验工计价工作中存在的问题,6月在新乡召开了合同暨验工计价工作会,就股份公司在合同/验工计价工作中存在的问题进行了分析,并提出了要求。同时举办了验工/合同人员培训班。协助完成了大伙房、广州大学城、上海R404标、广州地铁三号线、北京地铁19标项目的分劈。针对汽车运输公司验工的特殊性，专门制定下发了《汽车运输公司盾构、TBM运输项目验工计价处理办法》。

小型基建管理 全年共审核预算6项，结算2项，并参与了招标项目的评标等工作，制定下发了《基建项目预结算审批有关事宜》。 （石立新 周光华）

【人力资源管理】

员工队伍状况 2004年末，股份公司合同制员工2482人、协议工603人，共计3085人。其中管理人员276人、专业技术人员663人、作业人员2146人；在职员工2851人，退养员工230人，息工4人。

员工平均年龄31.5岁，其中35岁以下的2170人，占总数的70.34%，大专以上文化的514人，占员工总数的17.38%，员工中有高级职称33人、中级职称139人、初级职称517人、高级技师9人、技师88人、高级工735人、中级工499人、初级工13人。

领导班子建设 加强领导班子思想作风建设，加大考核、监督力度，坚持高、中级管理人员任前公示制度，在工作中锻炼、培养优秀人才，淘汰不称职的管理人员，年内新聘任中级以上管理人员50人，免职4人。

员工管理 修订了中铁隧道股份有限公司员工调配管理办法，按轻重缓急有计划的配置、调剂人力资源，确保各项目、单位的基本需求，重点关注新上工程、重点工程的特殊需求。年内调配957人，其中助勤244人次，调动713人次，借调9人次。出台了员工奖惩试行办法，规范了奖惩事宜的办理程序、标准，年内对违反规章制度、造成不良后果的员工，记过5人、记大过7人。加强劳动合同管理，印制了新版劳动合同书，对合同主体、合同期限、违约处理、商业秘密等内容作了较大调整，已换签新版合同2555人。年内对长期不在岗人员进行了详细摸查，并按程序对72人解除了劳动合同。

人才招聘引进 全年引进大中专毕业生133人，其中大学本科100人、大专19人、中专14人；土木专业83人、机械专业19人、其他专业31人。重新修订了见习生管理办法，一是新增加了见习负责人制度，由所在单位经理、书记任负责人，直接过问见习生的工作、生活。二是提高见习生的工资待遇，在原包干工资的基础上，提高了加班待遇，见习生平均增资200余元。

出台了《人才流动管理暂行办法》，对社会人才的引进程序、考核过程、待遇标准、合同签订、过程考核进行了规范，拓宽了人才引进渠道，加强了对社会人才的实际能力考核。已引进社会人才25人。

专业技术职务评聘 向集团公司推荐教授级高级专业技术职务任职资格评审1人，推荐副高级专业技术职务任职资格评审2人，推荐中级工程系列评审31人，推荐中级政工系列评审3人；各系列共有3人取得高级任职资格，有33人取得中级任职资格，其中工程中级27人，政工中级3人，财经中级3人；初级职称共参评77人，其中取得工程、财经、卫生初级资格70人，政工初级资格7人。

职业技能鉴定 配合集团公司职业技能鉴定站先后对15个专业公司和项目经理部隧道工、钢筋工、工程测量工、机修钳工、电焊工、维修电工、汽车修理工、通信工等操作人员进行了职业技能鉴定。共鉴定通过各类技术工人590人，合格率达90%，其中高级技师9人，技师32人，高级工492人，中级工57人。

劳动工资管理 在集团公司工效挂钩宏观调控下，坚持推行项目责任成本考核制度，严格按照责任成本核发超产奖金，制定出符合公司实情的工费发放标准。全年发放全部员工工资总额51016749元,平均工资20679元/人年;劳动生产率536003元/人年,较2003年相比增加14.09%。通过抽查工资单、现场检查、信访调查等渠道,查处工资违规事项4起,对责任人做了纠正标准、经济处罚、批评教育、免职等处理。下发了工资兑现监督管理办法,成立工作小组落实工资兑现问题,以工资统计月报的形式,建立起季度上报制度和零报告制度,全年除去工程款不到位原因外,未发生拖欠工资现象。

员工培训 加大作业人员的送培力度,首次实现了股份公司在高级技师领域零的突破。往山海关技校、集团职工大学送培工人58人,其中技师送培31人,高级技师送培11人,9人获得高级技师资格,为解决"带压进仓"这一技术难题,与广州救捞局联系,在施工现场举办两期"带压进仓培训班",共培训27人,有17人拿到了带压进仓操作证。公司自办管理培训班5期,分别对项目经理、调度员、验工计价人员、人事管理员、财会人员进行了系统管理知识培训。为了配合国家建造师必须持证上岗通知要求,选送了85人参加集团公司举办的建造师考前培训,为项目经理持证上岗提供了强有力的支持。

全年举办各类培训83期,自培员工2984人;委外送培255人。对15个专业公司和项目部员工进行了职业技能鉴定,共鉴定各类技术工人535人。组织高级工以上技术工人委外培训64人次。(齐贵仲　张慧兰)

【财务会计管理】 2004年,股份公司纳入财务决算的单位共46个,其中专业生产公司11个,辅助生产单位5个,经费型办事处6个,生产施工类项目经理部、工区23个及机关本部。全年实现主营业务收入12.86亿元,利润总额1520万元,资本保值增值率为125.6%,净资产收益率为5.58%,成本降低率为5.62%。年末资产总额95765万元,负债总额69957万元,权益总额25808万元,资产负债率为73.05%,流动比率为1.03。

资金管理 2004年,公司面临较大的资金压力,年度固定资产投资高达1.8亿元。一些重难点工程,如渝怀线、杭州解放路延伸工程、兰武复线等项目存在较大亏损,需垫付大量资金完成其剩余工程量。同时,部分项目在投标时需交纳大额履约保证金。面对严峻的资金形势,财务部加大资金收缴力度,严格按资金集中统筹管理办法落实奖惩制度,密切与金融机构合作,多方筹措资金,基本保证了各方面的资金需求。全年共计安排资金支出4.3亿元,其中垫付履约保证金1.71亿元,支付TBM、盾构采购款1.23亿元,为在建工程垫付资金3508万元,购置与加工常规设备支付3464万元,支付其他费用6600万元。

成本管理 加强成本事前控制,努力做好成本预测资料的编制工作。组织在建项目严格按规定做好成本、收入的预测工作,依据工程概预算及相关定额认真编制预计总成本资料。拟发《成本管理专项治理的紧急通知》,督促项目定期召开成本分析会,分析成本节超原因,按月形成责任成本分析报告并上报股份公司。

针对项目验工计价滞后、项目责任成本亏损面积大的情况,6月份公司组织召开验工及合同管理工作会,下半年开展了成本管理专项治理活动,12月份责成项目成本亏损较大的5个单位的主要管理人员来新乡参加成本管理交班会,分析成本节超的原因,进行整改,对项目的成本控制起到了一定的作用。

制度建设 2004年,公司先后制定出台了《片区指挥部(办事处)经费管理办法》、《股份公司项目管理会计核算办法》、《综合施工公司财务管理办法》等财务管理文件。

在这些文件中,明确了指挥部经费的来源渠道与开支范围,界定了项目部、工区之间的财务关系,规范综合公司的财务管理。

会计监督 2月、4月、7月,财务部先后对西南片区、华南片区、西北片区进行了财务检查,对基层单位的会计基础工作、会计核算、财务管理进行了抽查,并重点对项目的合同管理及对外结算纪律进行了检查。11月,财务部分两组分别对新乡、华东及西南片区进行了货币资金专项检查,重点检查了与货币资金相关的日记账、明细账、会计凭证,及银行对账单等原始凭证。针对检查中发现的问题,财务部及时下发整改通知书并督促各单位进行了整改。

财会队伍建设 鼓励财会人员参加职称考试。全年财会人员通过全国会计资格考试的有12人,其中中级7人,初级5人。编辑出版第四期《财会通讯》,组织财务人员学习了《企业会计准则》,引导财会人员树立正确的世界观、人生观和价值观。

(张贵昌　张宴平)

【设备物资管理】 2004年,股份公司不断完善设备物资管理体系,加大设备物资管理力度,设备物资管理工作逐步走向程序化、标准化、系统化和规范化。同时还成立大型设备运行监测中心,开展对大型设备检(监)测工作。

设备管理 年末,公司共保有通用机械设备583台,设备原值约1.2535亿元,固资净值约0.5271亿元,新度系数0.42。保有大型专用设备8台(套),其中凿岩台车4台、盾构机3台和TBM1台,固资原值约2.6568亿元,净值约1.9139亿元。设备总功率约7.65万千瓦,全员动力装备率约24.8千瓦/人,全员技术装备率约12.9万元/人。全年新购常规固资设备约105台,价值约1756.4786万元;小松盾构机采购已完成投资2770万元,大伙房TBM采购已完成投资10590万元,完成设备内部调拨101台次。

大型设备运行监测中心自2004年8月成立以来,进行油品化验200多次,设备运行状态监测300多台次,多次诊断出设备使用中存在的问题,指导现场给予及时的改进,保障了设备的正常运转。

机械设备制造和研发,完成了国家863计划的盾构机刀盘制造和液压系统改造任务,并在上海地铁2号线成功完成工业试验。完成小松盾构厂内组装调试和后配套的制作,已在广州地铁4号线开始使用。完成了TBM后配套制作和整机工厂组装和调试的任务。完成了小新项目和中铁十四局盾构机的工地组装。开发和制造各类配套机械设备75台套。全年共完成制造改造、组装调试产值约4020万元,其中小松盾构机拖车制造和组装调试产值250万元,大伙房TBM后配套制造和组装调试产值1285万元。

物资管理 制订了《物资管理实施细则》、《周转性材料管理办法》等管理制度,推动物资管理系统化管理,完善物资管理体系。

全年完成物资供应4.58亿元,其中钢材3.254万吨,水泥15.462万吨,木材0.32万立方米,油料0.347万吨,碎石19.64万立方米,砂20.46万立方米,商品砼98632立方米。全年消耗物资4.62亿元,占建安产值的36.54%。全年主要材料节约734.46万元,节约率为4.18%,修旧利废282.153万元。年末物资库存总额734.46万元,较年初降低109.58万元。全年购置周转性材料985.836万元,内部调剂656.942万元。

(吕建乐　苏东)

【安全质量管理】 2004年,股份公司完成单位工程40件,单位工程一次验收合格率100%,优良率97.5%,无重大及以上质量事故，杜绝了多人、重伤及以上事故。

按照年初制定的工作计划和承建项目特点，公司以片区为单位，组织职业健康安全质量大检查两次，分别对西北、西南、华南片区的工点进行定期检查，对大伙房、上海二号线延伸工程等工点进行抽查。针对乌鞘岭竖井工程难度大、工期紧、施工条件差等特点，在竖井换装、竖井施工设备下井和撤出及井架拆除时，安排人员到工点进行安全监督检查，做到预控在前，实现了安全生产。

继续开展创建“安全质量标准工地”活动。由隧道一公司施工的青沙山隧道工地和广州地铁三号线项目部施工的大汉盾构区间被评为“集团公司安全质量样板工地”，隧道三公司施工的户洋高速公路秦岭Ⅰ号隧道工地被评为“集团公司安全质量标准工地”。南京滨江大道、重庆过江隧道、上海地铁二号线西延伸工程二标等5个工地分别被工程属地建委安监站授予“安全文明工地”。

严格按照创优规划，认真落实和开展工程创优工作。全年申报优质工程9项，其中广州地铁二号线越三区间获中国土木工程詹天佑大奖；南京玄武湖隧道被评为中国市政工程协会和江苏省“市政金杯示范工程”、南京市优质工程；福宁高速公路吉坑隧道被评为铁道部和总公司优质工程；西安南京线磨沟岭隧道和黄沙岭隧道、京珠高速公路洋碰隧道、陇海铁路宝兰二线四方头隧道、罗长高速公路A7－2标综合工程被评为集团公司优质工程。

在2004年集团QC成果评审会上，股份公司有6项成果参评并获奖，其中TBM二公司“盾构通过暗挖隧道施工技术攻关QC活动小组”获铁道部优秀质量管理小组称号。

（孙建海　张超军）

【行政综合管理】

文秘工作　2004年，完成了各类大型会议领导工作报告和讲话的起草工作；会前准备和会后纪要整理、编发及催办落实工作。共处理来文434份，归档434份。行政发文368份，编发会议纪要32份，上报并被采用信息31份，拟发贺电13份。

印章管理　2004年，公司刻制印章47枚，收回作废印章10枚，共使用公司印章672次。为规范公司用章，公司发布了《关于印章管理的规定》（隧股办[2003]182号），对财务部、经营部等涉及财经业务的部门严格按照印章管理规定。

法律事务　法律事务室积极参与公司涉诉案件的处理，全年共参与诉讼6起，商事仲裁1起，结案2起，在审2起；共出具法律意见书9次，审查重大合同4份，同时协助组织专项法律培训。

档案管理　收集整理入库档案共计1639盒，其中文书档案59盒（1670份），科技档案竣工验收项目6个，计98盒，会计档案2544册，声像档案58件。档案查阅、使用147人次，其中用于经营投标17人次，编标参考15人次，工程价款索赔4人次，财务审计8人次，查证核实账目69人次，查阅文书档案11人次，其它23人次。

信访工作　维护企业和员工的合法利益为出发点和落脚点，依照国家有关法规和企业相关制度开展信访工作。对于来访人员热情接待、详细了解、及时反映，确保来信来访办理迅速、落实到位。全年共收到上访来信3件，接待上访人员5人次，成功处理上访积案1起。　（宁苏　王军　蒋元清）

【审计工作】　2004年，股份公司内部审计工作以服务公司生产管理、提升公司的经济效益为目的，加强了对在建工程项目的过程审计。全年实施项目审计17项，其中在建工程项目事中审计8项,工程项目审计6项,财务收支审计3项。审计中查找出被审单位违规违纪及管理方面存在的问题共6项60余条,提出改进意见和建议60余条,下达处理决定50余份,为公司挽回经济损失351万元。对违反制度的行为,按相关规定对责任人进行了相应的处理和经济处罚。

(刘岩)

【企业文化建设】 2004年是股份公司企业文化年。公司以严格执行视觉识别系统(VI)、加快设计整合行为识别系统(BI)、大力宣贯理念识别系统(MI)为工作主线,以提高员工文化素质、提升企业文明水平、增强企业综合竞争力为核心,促进企业文化落地生根。加大了VI手册的执行检查力度,窗口项目要求企业文化部策划实施,工地形象宣传逐步规范。

企业文化年活动 出台了《中铁隧道股份有限公司2004年企业文化年活动规划》,围绕办好"十件实事",营造良好的精神文化氛围。举办了中国人民解放军原182师544团首长和隧道局一处历任领导座谈会、"我身边的优秀共产党"演讲赛、迎"双节"歌咏比赛。开办了"加强沟通、增进协作"部长系列讲座。完成《中隧股份宣传标语集锦》的收集整理工作,设计完成了2005版公司形象宣传画册与幻灯片。

工地宣传 以打造中隧股份品牌为主题,精心策划了广州地铁四号线小新区间盾构首发仪式、广州地铁三号线大汉区间贯通典礼、湖北沪蓉西高速公路全线开工典礼、广州大学城综合管线隧道贯通典礼、武汉长江隧道开工仪式、辽宁大伙房输水工程TBM组装调试成功典礼等多场具有较大影响力的大型庆典。参与了大伙房输水工程、北京地铁、天津地铁、上海地铁、广州地铁、沪洋项目、野三关隧道工程、永和项目、武汉长江隧道工程等多个项目的现场形象策划与实施。

影视工作 开展了党员电教片、企业文化专题片录制工作。2004年共编辑完成了公司"两会"、老干部座谈会、湖北沪蓉西高速公路建设、科研制造、杭州西湖报优资料专题片5部,协助集团公司完成了中隧股份的盾构研发、华蓥山隧道工艺展示等影视资料。

(焦卫华　李华坤)

【党的组织建设】 2004年,股份公司党委下属片区党工委6个、基层党工委11个、党总支9个,直属党支部17个,非直属党支部23个;党员710人,其中预备党员49人。年中组建党工委3个,党总支(支部)8个,撤销党支部1个。对任届期满的10个党总支(支部)进行了改选。增补党委委员1名,党总支(支部)委员13名。

党员发展 全年发展党员35名,其中生产一线32名,占发展数的91.4%;35岁以下的29名,占发展数的82.8%;大专以上的19名,占发展数的54.2%。办理预备党员转正41名,取消预备党员资格1名。累计申请入党人数234名,列为入党积极分子的146名。

制度建设 建立了《党工委、总支、支部书记报告工作制度》、《党支部工作联系点制度》,制定了《中铁隧道股份企业文化年活动规划》和《深入开展创建"党支部建设示范点"活动的实施意见》,转发了总公司、集团公司党委《关于加强外协队伍党组织建设的指导意见》、《加强工程项目部党组织选举工作的指导意见》、《认真做好新形势下党员发展工作的指导意见》,并结合公司实际提出具体实施意见和要求。

保持共产党员先进性教育活动准备工作 利用广播、板报、网络等载体开展保持共产党员先进性教育活动的宣传工作,并进行问卷调查,收回党员调查问卷321份,非党员调查问卷 617 份,通过查找调查问卷中反映出来的问题,认真分析研究,为开展先进性教育打下了基础。组织参加集团公司党委保持共产党员先进性教育征文活动,《浅谈保持共产党员先进性的三个要素》等 6 篇论文获优秀论文奖,党群部获优秀组织奖。

党员教育管理 建立了党建网页,修订了党员数据库,为基层党支部书记、工会主席配备了电脑。基层各单位利用电子邮件、腾讯 BQQ、网易 POPO 等形式和公司本部联系,使月汇报、工作计划、党员台账、组织关系转接更规范、快捷。市政一公司、市政二公司、TBM 二公司、TBM 四公司、南京市政项目经理部、机关等单位认真学习了任长霞、许振超先进事迹,参观了共产主义小社区南街村、延安精神永放光芒图片展以及爱国主义教育基地虎门炮台、雨花台等。开展了“我身边的优秀共产党”演讲赛、上技术党课和部长讲座。 (刘琴)

【宣传思想工作】 2004 年,股份公司继续开展了“精心打造中隧股份品牌”宣传教育活动和“爱岗敬业促发展”主题教育活动,加强网络思想政治工作,积极开展市场形势教育和企业改制、主辅分离政策宣传工作。

政治理论学习 公司党委严格中心组学习制度,建立学习日制度。两级中心组以分散自学、集中研讨等形式坚持理论学习不松懈,学习内容以“三个代表”重要思想、十六届三中、四中全会精神、两个《条例》、资本运营、企业战略管理、企业文化等为重点。公司党委共集中学习 4 次,参学率达 95%以上;基层单位结合施工生产实际,适时组织中心组学习。基层各党组织按照党委每季度学习安排,利用支部大会、支委会、小组会等时机学习,学习内容涉及时事政治、会议精神、文件精神、先进事迹等,技术党课包含了施工技术、企业管理、礼仪交往等。

思想政治教育 公司党委坚持以人为本,力求载体创新、内容多样、方式多变。积极应对项目大干快上的形势,开展形势任务教育,如 TBM 二公司开展的“大干 150 天,确保大汉项目全面顺利完工”活动、隧道二公司开展的“大干 100 天,誓保 6·30”动员大会、隧道五公司开展的“决战永和、捍卫品牌”誓师动员大会、重庆过江项目开展的“大战 200 天确保通水”动员大会等劳动竞赛活动。开展了大中专毕业生企业文化观、思想品格观、职业发展观、市场形势观教育,增强新员工对企业的认同感。根据圆梁山隧道后期施工压力大、员工思想不稳定的实际,公司、公司党委派驻了圆梁山工作组,督导现场管理和计划落实,同时帮助现场做好宣传发动和员工思想教育工作。

宣传报道 紧紧抓住重难点项目,以中央级媒体、主营业务相关的行业报刊、工程所在地的地方媒体等为主要阵地,适时开展对外宣传攻势,扩大中隧股份品牌形象影响力。出台了《新闻宣传工作管理办法》,规范新闻宣传工作和品牌推广活动。建立了新闻发言人制度,成立新闻发言中心负责信息的对外发布。公司在《隧道工人》和《政工信息》年终综合评比中均名列第一。全年共向《隧道工人》发稿 269 篇,向《中国铁路工程》发稿 33 篇,自办《党群信息》18 期。被《隧道工人》采用 163 篇,被《政工信息》转登 16 篇,被总公司《中铁工总信息》采用 4 篇,在《中国建设报》、《中国交通报》、《南方日报》、《重庆日报》、《湖北日报》、《南京日报》、《广州日报》等报刊发新闻稿 27 篇,在中央电视台、广州电视台、青海电视台、重庆电视台、四川电视台、湖北卫视等电视台发新闻 25 次。配合项目工地宣传,制作宣传栏 313 块,公司网站发稿 401 篇,设计完成并开通《党群天地》网站。

(李华坤)

【纪检监察工作】 2004年,股份公司纪检监察工作以学习贯彻党的十六届四中全会和中纪委四次全会精神为重点,坚持从严治党与从严治企相结合的方针,开展两个"条例"主题教育活动,落实党风廉政建设责任制,促进公司党风廉政建设和反腐败斗争健康发展。

开展主题教育 2004年,股份公司纪委以学习贯彻党的十六届四中全会和中纪委四次全会精神为主线,围绕深化党风廉政建设这个重点,在全公司组织开展了学习贯彻《中国共产党党内监督条例(试行)》、《中国共产党纪律处分条例》(以下简称"条例")的主题教育。购买两个"条例"及相关条规选编、知识问答各45册,下发到基层单位和部门。全公司90%以上担任管理职务的党员学习了两个"条例",并参加了两个"条例"知识竞赛活动。

落实党风廉政建设责任制 股份公司党委、纪委把落实党风廉政建设责任制作为深化党风廉政建设和反腐倡廉的重要工作来抓。一是进一步提高各责任人对落实党风廉政建设责任制重要性的认识,增强落实责任制的自觉性;二是延伸拓展责任范围,把管理人、财、物和工程分包的部门作为责任制落实的重点对象,下发《党风廉政建设责任制检查考核和责任究办法》、《领导班子反腐倡廉任务分工》、《领导班子廉政工作制度》等;三是健全完善中级以上管理人员党风廉政建设责任报告;四加大检查考核力度,下发党风廉政责任制落实情况问卷400份,中级管理人员民主测评表150份,对12个基层单位党风廉政建设责任制落实情况进行了调查和测评。

效能执法监察 继续开展清理清收外欠工程款效能监察,对2003年以前形成的7785.56万元应收工程款展开了清收。牛王山隧道、牛郎河隧道、百色水利枢纽、杭州绕城公路等拖欠工程款在3年以上的5个项目的欠款全额收回。全年收回23笔外欠款,总金额5194万元。加大对合同管理、工程分包、清产核资等的执法监察,对清产核资中清理范围、评估质量等关键环节,合同管理、工程分包中存在的一些项目未签合同就让分包方进场施工、签订的合同条款不严谨、对分包合同主体资格审查不严格、合同履行过程中存在随意性等问题进行了检查。

信访举报核实工作 2004年,公司纪检监察部门共受理群众来信举报7件,经初步核实,均未构成案件。 (刘跃平)

【工会工作】 2004年,股份公司有基层工会20个,工委3个,工会会员3056人,工会办公室工作归口党群工作部。2004年,股份公司工会被集团公司工会授予"工会好班子"荣誉称号。三个基层工会组织被集团公司工会授予"三工建设示范单位",24人次受到集团公司工会表彰奖励。

民主管理 2004年,股份公司18个专业公司召开了职代会,召开率100%。公司工会派出8人(次)参加了基层职代会。两级职代会均对行政工作报告、提案审查处理情况报告、集体合同履行情况报告和业务招待费使用情况报告进行了审议和票决;任职超过半年的股份公司高管人员和各专业公司管理人员向职代会进行了述职,与会代表进行了评议和测评,评议测评率100%。股份公司和专业公司对修订的内部管理办法和规章制度均提交职代会审议。同时完善了职代会各专门委员会的建设,签订了《2004年集体合同》。

"三工"建设 工会出资为32个专(兼)职党组织和工会组织配置每台价值4000元的电脑,为基层单位下拨报刊、杂志订阅款2万元。至年末,90%的施工现场实现了收看有线电视节目。节假日各单位组织职工开展文体活动、纪念活动和知识竞赛。公司工会下拨节假日专项活动经费14500元。“三工”建设共投入经费近40万元。

互助合作保险及“送温暖”活动 至2004年底,股份公司互助合作保险基金会共有会员2451人,基金总额374.6万元。实施补偿金额1.5万元。“双节”为困难职工和退休特困职工发放慰问金12.36万元,为工程项目发放慰问金5.4万元,实施困难补助257人,补助金额9.6991万元。

女工工作 “三八”节日期间,公司工会拨款8100元到基层开展女工活动。各单位召开茶话会组织女职工进行座谈,组织女职工外出旅游、观光,发放纪念品。内退、待岗、下岗女职工均能按时领取生活保障金,在岗女职工按工种、技术职称享受同等待遇,并联合公司行政发文部署全体员工身体健康检查。

推广“一法三卡” 4月,公司工会进行了“一法三卡”(即事故隐患和职业危害监控法、危险源点警示卡、有毒有害化学物质信息卡、安全检查提示卡)推广活动,公司工会发出通知要求基层单位工会成立组织,制定预案,确定危险源点,制作警示卡、提示卡,建立档案。“一法三卡”活动与日常安全管理工作结合在一起,形成了较强的安全生产体系。 (文根和)

【共青团工作】 2004年,股份公司共有35岁以下青工2200余人,其中团员297人,保留团籍的党员75人。团委下设7个基层团总支,13个直属团支部,兼职团总支、支部书记20人。

组织工作 股份公司所属隧道四公司、隧道五公司、汽车运输公司、机电设备安装公司、制造公司、机关共6个单位进行了基层团组织的换届改选。新组建团支部3个,工程完工撤消1个团支部。隧道一公司团总支获河南团省委“五好团支部”。

“双争”“双创”活动 公司各级团组织继续抓好“双争”(争创青年文明号、争当青年岗位能手)、“双创”(创新创效)主题活动。年内共组建青年突击队14个,公司团委命名表彰“青年文明号”6个,“青年岗位能手”35名。

“青年素质工程”教育活动 各级团组织以知识竞赛、专题讲座、比武观摩等各种形式,因地制宜开展了学技练功活动,在全公司形成了“学专业技术,上技术等级,考注册证书,达一专多能”的良好氛围。1人获“中隧集团共青团网页制作大赛”一等奖,2人获集团公司“十大杰出青年”荣誉称号,在集团公司技术比武中2人分获车工类第一、第三名,2人分获CAD类第二、第四名,在中铁工程总公司技术比武中1人获得第六名。

青工安全包保活动 公司团委采取安全生产宣传、签订安全包保责任书、建立安全监督岗等一系列措施,确保了公司全年无青工因工死亡事故和重大人身事故。全年共建安全监督岗52个,安全监督岗员218人,做安全警示牌227块。TBM一公司团总支被总公司授予2003年度“优秀青年安全生产示范岗”称号。

团员教育活动 “五四”前夕,公司团委联合新乡地区团支部举办了以“倡导学习,崇尚进取”为主题的“庆五四知识竞赛”,8月份,组织新乡地区30余名团员青年赴青岛港参观学习许振超先进事迹,通过系列活动的开展,增强了广大团员青年立足岗位、奉献青春的信心和决心。 (张海新)

【股东会】 2004年5月9日,公司召开2003年度股东会,对公司2003年度利润分配方案、财务决算报告,2004年度投资计划、财务预算报告以及与中铁隧道集团有限公司发生的关联交易等事项进行了审议与决策。

2004年10月22日，公司召开2004年第一次临时股东会，审议通过了林万里、周世祥、崔志宏、舒长春辞去公司董事职务的议案，审议通过了推选崔原、谢建蒲、宋建平、张光弟为公司董事的议案。（赵杨）

【董事会】 2004年3月2日，公司召开了首届董事会第五次会议，对2003年度财务决算报告、利润分配方案（未经审计），2004年度公司投资计划、经营计划、施工产值计划、财务预算以及设立厦门分公司、投资“上海盾构设计试验研究中心”、在郑州高新技术产业开发区购地、提请董事会办理信贷担保授权、公司高管人员考核与奖惩方案和与中铁隧道集团有限公司发生的关联交易等事项进行了审议和决策。

2004年4月6日，公司以通讯表决的方式召开了首届董事会第六次（临时）会议，审议通过了《2003年度财务决算报告》、《2003年度利润分配预案》（经审计）、《2004年度财务预算报告》和《关于开展2003年清产核资工作的议案》。

2004年8月29日，公司以通讯表决方式召开首届董事会第七次会议，审议通过了《2004年上半年公司财务报告》和《2004年上半年总经理工作报告》。

2004年9月15日，公司以通讯表决方式召开首届董事会第八次会议，审议通过了公司董事周世祥、林万里、崔志宏和舒长春因工作调动辞去公司董事职务，推选崔原、谢建蒲、宋建平、张光弟为公司董事的议案和继续延长公司发行上市辅导期的议案。

2004年9月22日，股份公司召开首届董事会第九次会议，审议通过了选举崔原为公司董事长、谢建蒲为公司副董事长的议案，聘任张光弟为公司副总经理、董事会秘书。

2004年12月20日，股份公司以通讯方式召开首届董事会第十次会议审议通过了继续延长公司发行上市辅导期的议案和关于投资购置武汉长江隧道工程盾构机和配套设备的议案。（赵杨）

【监事会】 2004年，股份公司监事会（以下简称“监事会”）召开会议2次，列席了历次董事会，对公司规范运作、重大投资、财务管理及会计报表、董事及高层管理人员履行职责情况以及在建工程项目管理等方面进行了审查和监督。

监事会首届五次会议3月2日召开。会议审议了公司《2003年度财务决算报告》、《2004年度财务预算报告》、《2004年度投资计划》、《高管人员考核与奖励方案》、《关于投资“上海盾构设计试验研究中心”》、《关于股份公司与中铁隧道集团有限公司关联交易的议案》。

监事会首届六次会议8月29日召开。会议审议了《2004年上半年公司财务报告》和《2004年上半年总经理工作报告》。

2004年，股份公司监事会成员会同公司内部监察审计机构对部分在建工程项目的合同管理、物资采购管理、项目成本控制、各项制度规定执行情况以及项目整体运作情况进行了检查。对检查中发现的合同管理不严格、材料核算不及时、物资采管监管机制不健全、成本控制核算不到位、内控制度在项目执行不够严格等方面的问题提出了改进意见和措施，有效促进了项目管理。

（刘跃平）

【上市辅导工作】 本年度向河南证监局递交了第四、五、六期辅导报告。经首届董事会第八次会议和第十次会议决议，经河南省证监局批准，已两次延长首次发行和上市辅导期。新的上市方案正在酝酿之中。

（赵杨）

2004年10月2日，由二处有限公司施工的西气东输忠武输气管道城陵矶长江穿越隧道贯通。18日，贯通仪式在南岸工地举行。

城陵矶长江穿越隧道贯通后，建设者们在洞内欢呼庆贺。

已建成的城陵矶长江穿越隧道洞内景观。

本页图片由二处有限公司提供

已完工的赣龙铁路猫头岭隧道。

施工中的宜万铁路W8标段高阳寨隧道。

施工中的黄延高速公路山狼岔隧道洞景。

青藏铁路二期23标段二工区桥梁铺架。

本页图片由二处有限公司提供

施工中的湖南怀新高速公路11标段分金石隧道。

施工中的十漫高速公路SME6合同段火车岭隧道。

施工中的沿海高速公路珠海段第3合同段鸡心岭隧道。

已建成的广州国道105线吕田隧道。

已建成的京福高速公路B7-2合同段熊村隧道洞景。

本页图片由二处有限公司提供

已完工的温州经济技术开发区滨海园区起步区市政工程。

施工中的北京地铁五号线05标段崇文门车站。

已建成的武汉地下过街道。

已建成的四川人民渠石垭隧洞。

施工中的吉林长珲高速公路新交洞隧道。

本页图片由二处有限公司提供

二处有限公司

【概况】 中铁隧道集团二处有限公司(以下简称“二处有限公司”或“公司”)是具有公路施工总承包一级、市政工程施工总承包二级、铁路工程施工总承包二级、房屋建筑工程施工总承包三级、隧道工程专业承包一级、水工隧洞工程专业承包一级、公路路基工程专业承包一级的大型施工企业。2004年末,公司在册员工3305人(含协议工),下属工程公司13个、专业分公司3个、辅业分立单位5个、机关部门18个,公司保有机械设备609台(套),总功率37359.6千瓦。

2004年,公司紧跟集团发展步伐,强化经营开发,力促规模效益,严抓项目管理,确保工程履约,经营生产再创历史新高,保持快速发展的良好态势。

经营开发 公司新签合同总额19.25亿元,完成年度计划的151.6%,其中施工新签合同额16.83亿元(工程中标22项14.93亿元,在建工程合同外增加1.9亿元),为年度计划的160.3%,辅业新签合同额2.42亿元。

企业营业额 完成总营业额14.35亿元,其中施工营业额11.93亿元,为年度实施计划的132.6%;辅业营业额2.42亿元,为年度计划的109.8%。完成主要实物工作量:隧道12850米,辅助坑道1430米,大中桥2743成桥米,涵洞1214横延米,路基土石方381万立方米。

资产经营 实现主营业务利润8765万元,利润总额775.8万元,为年度计划的103%;实现成本降低率7.6%,净资产收益率5.4%。全年新购设备90台,总价值1039.02万元;加工制造各种机械59台(套),产值1407万元。全员劳动生产率38.8万元/人年,同比增长24%。

员工生活 员工年人均收入25173元,同比增长11.4%,其中在岗员工平均工资28522元,同比增长14.5%,员工养老、失业、工伤保险顺利进入北京市,成功实现了“三险合一”。

(黄春晖)

【施工生产及在建工程】 2004年全公司承建项目48个,按管理类别分:A类项目12个,B类项目11个,Z类项目25个;按工程类型分:铁路项目6个,公路项目21个,市政项目17个,其它项目4个;按工程进展分:续建项目16个,新上项目20个,已完工项目12个。

续建工程

1.兰武复线乌鞘岭隧道 2003年2月28日正式开工。2004年完成斜井上挖730米,下挖736米,边拱墙1199米,铺底779米;平导300米,正洞上挖916米,下挖906米,边拱墙666米,铺底876米,折合786成洞米;产值8008万元,开累9875万元。第一工程公司施工。A类工程。

2.北京地铁5号线05标 2003年6月1日正式开工,截至2004年底完成崇文门车站附属结构,崇文门车站主体结构完成,累计完成产值4530万元。由第二工程公司施工。A类工程。

3.北京地铁5号线06标 2002年12月28日开工,2004年左线完成232成洞米,开累513成洞米;右线完成276成洞米,开累361成洞米;产值4557万元,累计8702万元。第二工程公司施工。A类工程。

4.南京地铁D2-TA1标向兴路站 2003年11月1日开工,截至2004年底向兴路站全长192.1米,总建筑面积8428.41平方米的工程全部完工。第一工程公司施工。A类工程。

5.上海地铁6号线15A标 2004年1

月20日开工,截至2004年底本工程主体完工,产值3278万元。上海项目部施工。A类工程。

6.温州经济技术开发区滨海园区起步区市政工程　2002年9月10日开工,2004年完成填筑380381立方米,土工格栅95116平方米,埋管道1650米,桥梁48成桥米。产值7839万元,开累14140万元。温州项目部施工。B类工程。

7.郑州凤凰变220kv配套线路工程　2003年4月1日开工,2004年隧道完成691.7米,产值1531万元。第十工程公司施工。B类工程。

8.常(德)张(家界)高速公路工程20标　2002年11月7日开工,2004年完成路基挖填方6.843万立方米,涵洞66横延米,桥梁1059成桥米。产值3267万元,开累4139万元。常张项目部施工。B类工程。

9.黄山(屯溪)至昱岭关(皖浙省界)高速公路(第三期)16合同段　2002年4月1日开工,2004年完成路基挖填方382632立方米,路基挡护115791立方米,涵洞389横延米,桥梁755成桥米,竹岭隧道35.8成洞米;产值6124万元,开累29140万元。第四、七、十、建筑工程公司施工。B类工程。

10.蚌(埠)明(光)高速公路3合同段　2003年2月10日开工,2004年完成路基挖填方417949立方米,涵洞361横延米,桥梁103成桥米;产值2235万元,开累3133万元。蚌明项目部施工。Z类工程。

11.重庆城(口)黔(江)一级公路工程B4合同段　2003年4月7日正式开工。2004年南山隧道完成874成洞米;产值2595万元,开累6365万元。万开项目部施工。Z类工程。

12.荆(门)宜(昌)高速公路2合同段　2003年7月10日开工。2004年完成路基挖填方871256立方米,涵洞467横延米,桥梁74成桥米,通道56米;产值2413万元,开累3360万元。荆宜项目部施工。Z类工程。

13.江(密峰)珲(春)公路工程10合同段　2003年10月5日开工,2004年新交洞隧道完成1044成洞米,开累产值4315万元。长珲项目部施工。Z类工程。

14.江珲公路工程11合同段　2003年10月5日开工。2004年,下庆沟隧道完成折合成洞503米;梅花洞隧道完成上断面开挖102米,下断面开挖55米。开累产值1834.8万元。长珲项目部施工。Z类工程。

15.九江市天花井森林公园新建道路工程　2003年10月18日开工。2004年天花井隧道完成折合成洞137米。开累产值755万元。九江项目部施工。Z类工程。

16.广州军区811工程6219－2A3合同段　2003年12月12日开工,2004年隧洞完成折合成洞343成洞米;产值1195万元,开累1230万元。广州811项目部施工。Z类工程。

新上工程

1.怀(化)新(晃)高速公路11合同段　位于芷江县土桥乡分金石,止于大洪山乡凉亭桥。合同工期2004年3月至2006年9月。合同价款15878万元。主要工程量包括路基挖填方90.9万立方米;防护排水2.1万立方米;中桥62.5米/2座(单幅);涵洞349.62米/6座;通道3座;隧道4718米,其中80米/1座(双连拱),4638米/4座(单洞);改路3段约2.8千米(四级公路),改河5处。本合同段重点工程为庙山隧道和炉坪隧道。庙山隧道左线长1645米,右线长1858米;炉坪隧道左线长582米,右线长553米。年内庙山隧道左线完成折合成洞963米,右线完成折合成洞963米;炉平隧道左线完成折合成洞121米,右线完成折合成洞21米;分金石隧道完成折合成洞72米;路基挖填方52万立方米;防护及排水圬工5439立方米;

涵洞 391 横延米;产值 7028 万元。第七、八工程公司施工。B 类工程。

2.安徽铜(陵)汤(口)高速公路 11 合同段　位于安徽黄山区,路线起讫桩号为 K152 + 500 ~ K156 + 300,全长 3.776 千米。合同工期 2004 年 6 月 28 日至 2006 年 10 月 28 日。合同价款 19297 万元。主要工程量包括路基挖填方 21.47 万立方米,涵洞 2 座,双连拱隧道 349 米/1 座,分离式隧道 2404 米/1 座;特大桥 1180.25 米/2 座,大中桥 1367.04 米/7 座。年内完成路基挖填方 15.1 万立方米;涵洞 53 横延米;汪王岭高架桥 33 成桥米;紫桐 1 号桥 13 成桥米;紫桐 2 号桥 44 成桥米;紫桐 3 号桥 70 成桥米;紫桐隧道左线完成折合 322 成洞米,右线完成折合 214 成洞米;汪王岭隧道中导坑开挖 349 米,侧导洞开挖 161 米。产值 3098 万元。第四、五、七工程公司施工。B 类工程。

3.宜万铁路 W8 标高阳寨隧道进口　位于湖北省恩施州野三关镇东北,距野三关镇 20 公里。合同工期 2004 年 10 月至 2007 年 3 月。合同价款 5627 万元。主要工程数量高阳寨隧道 2658 米。年内高阳寨隧道完成折合成洞 64 米,产值 399 万元。第七工程公司施工。A 类工程。

4.西部沿海高速公路珠海段 3 合同段　位于广东省珠海市和中山市交汇处,主要位于中山市三乡镇古鹤村内,路线里程为 K10 + 000 ~ K14 + 200,全长 4.2 千米。合同工期 2004 年 4 月 15 日至 2005 年 8 月 15 日。合同价款 3200 万元。主要工程量有:路基土石方 20.1 万立方米;鸡心岭隧道左线 479 米、右线 518 米;鹤泉山庄高架桥左线 66 米、右线 186 米。年内,鸡心岭隧道左线完成折合 361 成洞米,右线完成折合 429 成洞米;鹤泉山庄高架桥左线完成 18 成桥米,右线完成 49 成桥米;路基土石方 129600 立方米。产值 2594 万元。珠海项目部施工。Z 类工程。

5.水江至界石段高速公路第七合同段　位于重庆南川市南城区,起于南城区大湾附近,向西穿龙风山隧道至终点海棠园底附近。合同工期 2004 年 6 月至 2006 年 6 月。合同价款 8250 万元。主要工程有:龙风山隧道左洞 1480 米、右洞 1490 米。年内,龙风山隧道左洞完成折合成洞 220 米;右洞完成折合成洞 237 米。产值 2164 万元。渝沙项目部施工。Z 类工程。

6.北京地铁四号线宣武门车站　位于宣武门内、外大街与宣武门东、西大街交叉路口下,与既有环线宣武门站成“十”字交叉;环线在上,四号线在下,两条线采用站厅—站台“十”字换乘方式。合同工期 2003 年 12 月 20 日至 2006 年 5 月 9 日。合同价款 6202 万元。车站总长度 197.3 米,总宽度 24.4 米,站台宽度 14 米。2004 年 9 月 4 日开工,年内完成西北风道初期支护 52.4 米,临时通道 28.8 米。产值 666 万元。第二工程公司施工。A 类工程。

7.北京地铁十号线 20 标　位于熊猫环岛站—安定路站区间和十号线与奥运支线之间的双线联络线。合同工期 2004 年 12 月 1 日至 2006 年 7 月 31 日。合同价款 9156 万元。主要工程量:一个施工竖井、一个新增临时竖井和一段明挖段。十号线与奥运支线双线联络线起止里程为右线 K0 + 276.729 ~ K0 + 900,长 623.271 单线延米,左线 K0 + 276.729 ~ K1 + 000,长 723.271 单线延米。年内完成前期筹备工作,无施工产值。第二工程公司施工。A 类工程。

8.江西九江庐山环南山公路工程 A9 - 2 合同段　位于江西省九江县马回岭镇。合同工期 2004 年 7 月 5 日至 2006 年 1 月 5 日。合同价款 1582 万元。主要工程数量:路基土石方 173308 立方米,路基防护防护、排水圬工 6010 立方米;砼路面 42306 平方米;桥涵小桥 15.66 米/1 座,涵洞 341 米;隧道桃花源隧道左线234米，右线240米。年内桃花源隧道左线完成折合21成洞米，左线完成折合12成洞米；环南山小桥6成桥米；涵洞214横延米；路基挖填方90700立方米。产值312万元。环南山项目部施工。Z类工程。

9.*广州地铁三号线市－番区间中间风井及矿山法隧道土建工程* 位于广州市番禺区市桥镇工业路东侧。合同工期2004年10月1日至2005年5月15日。合同价款675万元。2004年11月1日开工，年内完成竖井14米，产值215万元。风井项目部施工。Z类工程。

10.*武汉剧院地下人行通道* 下穿解放大道，连接武汉剧院和武汉市青少年宫。平面布局呈Z字形，设东北、西南两个出入口。主通道长63.4米(含三岔口、水泵房)，两个梯道长分别为28.15米(武汉剧院侧)和42.01米(青少年宫侧)。合同工期2004年10月1日至2005年7月17日。合同价款1228万元。年内，主通道及梯道上挖完成，产值462万元。第十工程公司施工。Z类工程。

11.*武昌徐东平价地下人行通道工程* 下穿徐东路，联系徐东平价广场和销品茂。平面布局呈T字形，设3个出入口。通道总长138.59米。其中主通道长64.59米，梯道明挖段长16.05米，暗挖段长7.2米，坡道明挖段长36.25米，暗挖段长11.25米，泵房长3.25米。合同工期2004年11月1日至2005年8月31日。合同价款1689万元。年内完成5折合米，产值157万元。第十工程公司施工。Z类工程。

12.*武昌中北路水果湖地下人行通道工程* 位于中北路水果湖路交叉口北侧，穿越中北路联系中北路侧人行横道和水果湖路北侧人行横道。结构主体由主通道暗挖段与明挖段，梯道、坡道暗挖段与明挖段，泵房等组成。主通道总长为134.1米，地下通道净宽4米，净空3米，主通道长57.7米，西侧坡道长42米，东侧坡道长34.4米，坡度均为14。合同工期290天。合同价款652万元。年内完成前期准备工作，无施工产值。由第十工程公司施工。Z类工程。

13.*渝遂高速公路工程E2合同段* 位于重庆市沙坪坝区青木关镇。合同工期2004年11月21日至2006年11月20日。合同价款11883万元。主要工程数量：路基挖填方1078367立方米；钢筋砼盖板涵8座，总长455.86米；钢筋砼圆管涵2座，总长81.5米；桥梁9座918米；青木关隧道左线长772米，右线长752米。年内完成前期工作，无施工产值，由渝遂项目部施工。Z类工程。

14.*瑞安市安阳新城路一期工程* 即104国道至温瑞塘河1号桥段，长1200米，宽42米。主要程量：1号桥长1200米，路基挖填方49469立方米，2号桥20米，排水管道砼管道3689米，给水球墨铸铁管1699米，合同工期2004年12月31日至2005年10月31日。合同价款1180万元。年内完成前期工程，产值20万元。瑞安项目部施工。Z类工程。

15.*朔黄铁路线下综合工程A－2标* 位于河北省黄骅市黄骅镇，标段起讫里程为DK7+600～DK11+166，全长3566米，其中站场1座(中间站黄骅东站)，起讫里程为DK8+300～DK9+800(站场与线路土方设计分界里程)，站场长1500米。工程范围包括路基及其附属、站场(土方、站场设备及站区房建)、桥涵、上碴整道、沉落整修等。合同工期2004年10月15日至2006年10月15日。合同价款3667万元。年内完成临建工程，产值33万元。由朔黄项目部施工。B类工程。

16.*十(堰)漫(川关)高速公路SME6合同段* 起于湖北十堰市郧西河夹镇扬家湾村，止于郧西县城关镇的红岩子。合同工期

2004年10月至2007年4日。合同价款22183万元。主要工程量:路基土石方98.5万立方米,防护工程43471立方米,排水工程2196立方米,涵洞6座共计239横延米;桥梁6座计单幅3212.74米;火车岭隧道左幅长1425米,右幅长1331米。年内完成前期筹备工作,无施工产值。十漫项目部施工。Z类工程。

17.洛湛铁路YQ2标段站前线下工程 位于广西贺州市黄田镇。合同工期2004年12月28日至2006年6月10日。合同价款8200万元。主要工程量:路基挖填方200万立方米,涵洞23座851米,黄田特大桥530.08米,白门楼立交中桥48米,莲塘隧道383米。年内完成前期筹备工作,无施工产值。由洛湛项目部施工。A类工程。

18.深圳前湾过海管廊工程 位于珠江口伶仃洋海域,两岸陆域相距约1.3千米。始发井位于陆域码头一侧,接收井位于大铲岛上。合同工期2004年9月15日至2005年10月15日。合同价款4110万元。主要工程数量:始发井结构采用矩形沉井深度37.913米,接收井深度29.597米,管廊隧道总长度1229.538米。年内完成始发井竖井22.5米,产值461万元。深圳项目部施工。B类工程。

19.广州北部地区(新国际机场)高速公路北延线北段ND10标 位于广州市花都区,本标段K31+000~K32+080.5,路线全长1080.5米。合同工期205天。合同价款5398万元。主要工程量:填方79003立方米,浆砌片石1834.4立方米。土工布1268.7平方米,土工格栅13936平方米,高架桥长127米,涵洞19.7横延米。年内完成前期筹备工作,无施工产值。广州北延线北段ND10标项目部施工。Z类工程。

20.南京地铁D1-TA30标箱涵工程 位于南京地铁小行车辆基地,主要工程数量新建箱涵工程1孔,轴向长度94.0米。合同工期2004年12月27日至2005年4月30日。合同价款286万元。年内完成前期筹备工作,无施工产值。南京项目部施工。Z类工程。

竣工工程

1.渝怀铁路23标 2001年3月1日正式开工。2004年完成圆梁山隧道拱墙衬砌614米,铺底296米,沟槽7466米;平导衬砌2742米,铺底6854米,沟槽7651米。至2004年末,正洞、平导、泄水洞全部完工,累计完成产值29354万元。第七工程公司施工。A类工程。

2.青藏铁路23标 2003年4月1日正式开工。2004年完成桥梁成桥435米,涵洞221米,路基挖填方109592立方米,管段内主体工程全部完工,产值4487万元。中铁隧道集团二工区施工。A类工程。

3.西气东输忠县至武汉段输气管道城陵矶穿越长江隧道工程(盾构法施工段) 2002年12月13日开工。2004年10月18日全部完工。2004年产值4881万元。联合掘进工程公司施工。B类工程。

4.西气东输忠县至武汉段输气管道城陵矶穿越长江隧道工程(钻爆法施工段) 2002年12月13日开工。2004年12月30日完工。2004年产值728万元。第十工程公司施工。B类工程。

5.京福国道主干线江西境内南段温家圳至沙隘塘段B7合同段 2002年8月18日开工,2004年1月30日全部完工,2004年产值310万元。京福项目部施工。B类工程。

6.国道G105线新丰县交界至从化温泉段改建工程D1标 2002年1月15日开工,2004年1月30日全部完工。2004年产值191万元。国道G105项目部施工。Z类工程。

7.渝黔高速公路雷崇段C7合同段 2002年4月29日开工,2004年4月14日完工。由雷崇项目部施工。Z类工程。

8.马芜高速公路黄梅山隧道 2002年3月2日开工,2004年1月30日完工。由马芜项目部施工。Z类工程。

9.黄延高速公路第HY-22标段 2002年12月开工,2004年11月完工。黄延项目部施工。Z类工程。

10.人民渠七期石垭隧洞工程CⅡ标 2002年3月16日开工,2004年6月28日完工。由石垭项目部施工。Z类工程。

11.烟台海港路地下过街通道工程 合同工期2004年4月20日至2004年10月30日。通道全长213.495米。合同价款1459万元。2004年4月28日开工,年内通道全部完成。完成施工产值1908万元。烟台项目部施工。Z类工程。

12.武汉广场地下通道工程 2003年11月16日开工,截至2004年底工程主体完工,产值1456万元。第十工程公司施工。Z类工程。

13.广州地铁三号线厦大区间明挖隧道(含出入段线) 2003年1月30日开工,2004年完成钻孔桩386根,搅拌桩5318米,冠梁441米,完成施工产值2340万元。至2004年末,累计完成施工产值4218万元。广州三公司施工。A类工程

(龙春燕)

【发展规划管理】

分包工程管理 贯彻、执行中铁隧道集团A、B类工程管理模式,发布隧二企管[2004]56号文《关于公布〈中铁隧道集团二处有限公司工程分包管理实施细则〉的通知》。根据GB/T19000-2000标准、GB/T24001-1996标准、GB/T28001-2001标准和公司质量环境职业健康安全管理体系运行的要求,对《工程分包方管理程序》进行了修改。

为进一步加强合同、计价监督管理,6月1日发布了《中铁隧道集团二处有限公司合同计价人员委派制(试行)办法》(隧二企管[2004]67号),特设专岗即委派合约主管到各项目完成验工计价、合同管理、责任成本核算等工作。

建立A类、B类、Z类项目管理台账。截至年底,在建A类工程12项,B类工程8项,Z类工程21项。与集团公司签订工程承包合同20份。本年度共办理50万以上分包合同审批、授权委托手续24次计37个分包合同。

责任成本管理 5月,公布《中铁隧道集团二处有限公司工程项目管理实施办法》(隧二企管[2004]55号),同时出台设备物资、财务管理、验工计价等相关配套管理办法。结合集团公司A、B类工程项目费用收取标准,分别对7个A类项目、5个B类项目和8个Z类项目编制并下达了责任成本承包书。年内对各项目责任成本执行情况进行了抽查和通报。

统计管理 制定了《中铁隧道集团二处有限公司统计工作考核评比办法》(隧二企管[2004]49号)。按照“专业实施,归口管理”的统计工作模式,各专业统计责任部门按要求及时准确向集团公司上报了2003年统计年报及2004年定期统计报表,并对季度、年度统计资料进行分析。统计归口管理部门加强对公司统计工作的组织和管理,并对主要统计数据建立综合统计台账。在集团2003~2004年度统计工作评比中,获得综合统计评比特等奖,劳资统计评比特等奖,建筑业统计评比一等奖,多经统计评比一等奖,固定资产统计评比二等奖。

多经管理 2004年,公司共有5个多经网点,平均从业人员439人,其中正式员工

282人。全年完成多经营业额24152.5万元，为年度计划的109.8%。其中工业产品销售1299.8万元，商业产品销售26.1万元，物资供应20523.9万元，机械加工制造1826.8万元，文教卫生150万元，物业管理282.7万元，旅馆餐饮服务43.3万元。完成新签合同额24152.5万元，为年度计划的100.6%。

资质管理 5月，经建设部评审，公司资质年检结论为合格。公司现有资质经营范围为：公路工程施工总承包壹级、市政公用工程施工总承包贰级、房屋建筑工程施工总承包叁级、铁路工程施工总承包叁级、隧道工程专业承包壹级、水工隧洞工程专业承包壹级、公路路基工程专业承包壹级。9月，资质证书技术负责人由杨秀权变更为王新朝。

营业执照管理 相继完成了营业执照的变更及年检、法人证书年检、组织机构代码证书年检等工作，配合经营投标办理外省市施工的《外出施工许可证》。公司获河北省工商行政管理局"重合同、守信用"先进单位称号。

协会工作 2004年，公司加入河北省建筑业协会，并完成了中国施工企业协会、中国公路建设行业协会、中国企业家联合会、河北省建筑业协会等相关日常工作。成功申报王建功为全国优秀项目经理，李永凯为铁道部优秀项目经理，张昌伟为中国铁路工程总公司优秀项目经理。

完成公司项目经理证书年检工作，并于2004年4月将项目经理日常管理工作及证书顺利移交人事部管理。

（刘湘苹　王海琴　杨晓莲）

【经营开发管理】 2004年，公司共计完成新签合同额16.83亿元，其中工程中标14.93亿元，在建合同外增加1.9亿元，为公司年度经营计划的160.3%，单标平均价款7110万元。全年参加资格预审95项，通过73项；参加投标80项，中标21项。全年因工程投标办理保函、信贷加权平均循环额度7.1亿元，现金担保5300万元。

经营系统管理 一是加强计划控制，推行费用成本管理，按季度下达经营投标项目和费用考核指标；二是加强标书控制质量管理，做到标书编制过程的三级复核制；三是加强转口资料管理，为中标项目管理策划，明确了边界条件；四是坚持投标操作运行方案领导小组审议评估制，做到认清市场，有效控制风险；五是推行了风险抵押绩效考核制度，对中标奖及时分配。

经营特点 一是公路市场上收获较大；二是公司盾构工程的再次中标，使公司的固定资产利用率得到了提高；三是被中铁工程总公司确认为合格供方，获得了更多的市场竞争机会；四是经营手段及合作方式有了突破，主要体现在竞争主体之间的互相协作与联合；五是以"总经济师负责，各片区协调配合，经营部实施并统一管理"的经营系统管理模式运行良好；六是对于资金风险较大及履约风险较大的项目予以放弃，中标项目质量高，减少了企业的风险。

（王溪胜）

【施工技术管理】 为加强对项目的宏观管理，加强公司内部信息沟通，工程部编制了《2004年度在建重点及新上项目工程简介暨年度施组》。建立了施组审核台账，组织设物部、安质部等相关部门对新上重点项目实施性施组进行认真审核，参加新上项目现场实地调查，对各项目提出技术管理目标，提供现场技术服务。加强对收尾项目的管理，定期了解工程进度、竣工资料编制、竣工验收等情况。根据进度对重难点项目及时提出需注意的问题。在配合安质部进行安全质量大检查的同时，对各项目技术管理进行了检查。为使技术管理不断适合项目管理的要求，重新修订了《施工组织设计管理办法》、《施工进度计划管理办法》、《测量仪器管理办法》，补充下发了《技术交底管理办法》、《项目策划书编制办法》、《关于明确项目总工职责和实行技术责任追究制的通知》等管理文件。修改了质量、环境和职业健康安全体系文件中本部门负责编写的文件，根据体系文件要求准备资料，顺利通过了质量环境职业健康安全体系的年度审核。

科研工作　2004年，承担两项集团公司级科技创新项目：《盾构法和矿山法修建城陵矶穿越长江隧道综合施工技术研究》由二处有限公司负责部分科研总结报告已基本完成；《徽杭高速公路岭脚特大桥悬臂浇筑法施工技术研究》科研项目进入后期资料整理阶段。3项自立科技创新项目中，除《市政工程软土地基处理及排水管道施工技术研究》正在资料分析、编写研究报告阶段外，《利用斜井进行小断面引水隧洞快速施工技术研究》和《不良地质双联拱隧道施工技术研究》科研总结报告已完成。工法方面，《高水压小断面水下隧道泥水加压平衡盾构施工工法》已组织编写。编辑出版了《2002～2004年度工程技术总结暨论文集》，收录了14篇技术总结和35篇论文，评选出4篇优秀技术总结及3篇优秀论文。组织和推荐23篇技术论文入选2004年中隧集团第二届科技大会论文集。

（林琳）

【劳动工资管理】　2004年末，二处有限公司共有员工3305人，其中管理人员1319人，作业人员1986人。在管理人员中，有专业技术职称的1144人（含见习生141名，政工专业技术职务60人），其中高级职称28人，中级职称190人，初级职称785人。在作业人员中，合同制的1452人，协议工534人；在岗1580人、非在岗406人（含内退人员）。

机构设置　为进一步理顺公司的管理关系，2月18日将物业管理中心和服装厂合并到生活服务中心；2月1日起对机关部分行政部门进行了调整；将合同成本管理部和企业发展规划部合并，设立企业管理部，负责公司成本管理和企业发展规划工作，并且将工程部的验工计价职能和定员划入；将审计监察部中审计职能和监察职能分开，分别设立审计部和监察部，监察部与纪委合署；撤销郑州工程公司，划归第十工程公司管理；撤销党委办公室、组织部、宣传部，成立党委工作部（与企业文化部合署）；成立法律事务室，隶属公司办公室。经过部门调整，扣除兼设、合署办公等因素，公司机关较去年同期减少2个部门（原部门20个，现部门18个）。

员工教育　以"全员素质教育工程活动"和"建立干部考学制度"为重点，全年共培训员工4928人次，其中管理人员培训2186人次、作业人员培训2742人次。管理人员培训主要是技术人员的业务培训和继续教育、领导岗位人员的政治理论学习、一级建造师考前培训等，以委外送培、脱产学习为主；作业人员培训主要以特种作业人员安全技能培训和职业技能鉴定以及作业人员的安全法制教育为主，以自办培训班、业余学习、师带徒等多种方式进行。

为满足企业资质升级和投标工作的需要，2004年办理各种岗位证（操作证）126本，其中管理人员岗位证书105本、特种作业人员操作证21本份。

全年投入教育经费34.9万元，其中7.6万元用于安全教育培训。

人才引进　接收大中专毕业生126名，其中本科生83名，大专生27名，中专生16名；土木专业106人，其它专业20人。

职称评聘　向集团公司推荐评审专业技术职称人员47名，其中工程正高级1名、工程副高级3名、财会副高级1名、经济副高级1名、政工高级1名、工程中级38名、政工中级2名。公司聘任初级专业技术人员170名,工程中级专业技术人员22名,财、经、统专业技术人员18名。

职业技能鉴定 全年共鉴定363人,通过246人,通过率68%。其中中级63人,高级162人;技师18人,高级技师3人。

工资管理 下发《关于进一步加强工资管理的通知》,严格控制工资总额,加强对加班工资、生产奖金等浮动工资的管理。规定各单位在责任成本盈余的前提下可以申报奖金,奖金实行公司审批制度,未完成生产计划或亏损项目不得发放奖金。各类一次性奖励按隧二人[2002]458号文件规定执行。对其他特殊奖励的发放,规定按程序办理,并下发《关于规范业主拨付奖励有关分配问题的通知》。全年无扩大发放范围和突破标准行为。

(王桂华　樊玲惠　王拥军)

【领导班子建设】 全年共调整、选拔了17人充实到基层领导班子,免职8人,降职5人。公司级班子民主生活会定期召开率100%,成员到会率100%。工程公司级民主生活会定期召开率91%,成员到会率(或以书面形式)90%以上。

公司党委选拔确定公司级后备管理人员16名,基层上报及调整的工程公司级后备管理人员110名,使各级班子向年轻化、专业化、知识化方向迈进。

(王拥军)

【财务会计管理】 2004年末,公司共有经营性单位61个,非经营性单位3个,决算单位64个。公司资产总额8.49亿元,负责率86.61%;所有者权益8963.77万元。净资产收益率5.04%,产值利润率1.05%,利润总额775.79万元,资产保值增值率1.08%,全员劳动生产率361065万元/人年,施工人员劳动生产率600867万元/人年。

资金管理 2004年,公司产值、经营额均突破10亿元,创公司历史新高。随着生产规模的扩大,资源配置、新上工点垫资、投标保证金及履约保证金不断增加,而收尾工点的尾工款不能按时结算回笼,加上支付盾构机款、偿还收尾工点外债等,资金压力越来越大。为确保经营生产需要,公司财务部一是及时与各工程公司、工程项目部进行资金信息沟通,加强资金统筹,全年共集中资金10283万元;二是加紧催收、清退已到期的各类保证金,全年共收回投标保证金、履约保证金等8799万元;三是加大“双清”力度,全年共收回各类账款57笔,共计5658万元,回收率达86.6%;四是发挥公司资金中心的调控作用,全年共吸收铺底资金772.8万元,向公司及下属单位贷款4600万元。五是拓宽融资渠道,建立与银行的友好合作关系,利用信贷额度先后在建行和交行贷款2500万元和2000万元,在集团公司资金中心贷款4500万元,在各类投标保函、信贷等额度已超过了银行授信额度94%的情况下,继续加强与银行的沟通,密切银企合作,全年共办理信贷证明173200万元,各类保函29347.38万元,资信证明22500万元,投标保证金5698万元,履约保证金12436.49万元,银行查询82份。

为了更广泛筹资,经过调查,财务部还向公司董事会提交了关于委托银行向公司员工贷款的报告。

项目责任成本管理 要求各项目按月上报,避免责任成本上报工作出现走过场,其中亏损在50万元以上的项目,必须写出亏损原因和扭亏措施。

针对项目超付分包工程款现象,要求各项目按时上报分包结算情况,规定无合同、无结算不付款，也不得垫资购置设备料具。

年内，财务部派员对乌鞘岭、黄延、雷崇、张常、城陵矶等项目进行了责任成本检查。

清产核资 认真贯彻执行国资委等有关清产核资文件精神，开展清产核资工作。在资产清查中把实物盘点同核实账务相结合，把清产核资同核查负债和所有者权益结合起来，重点做好各类应收账款、预付账款、固定资产、各项对外投资等资产的清理。对清查出来的各种资产损失按照清产核资要求进行分类排队，提出相关处理意见。

财务检查 全年对11个单位进行了财务检查，提出整改意见52条，发出整改通知书6份，为企业挽回直接经济损失45万元，避免损失216万余元。

会计学会 2004年末在岗财务人员116人。其中高级会计师2人、会计师4人(不含已经通过全国统一考试的16人)、助理会计师51人、会计员43人、见习生16人。

会计学会完成了对在岗财务人员2004年继续在教育培训任务，其中1人参加了国家会计学院举行的高级会计师继续教育研讨班。分两批对财务人员进行了《企业会计制度》、《会计监督与成本控制》的业务培训，对财务主管人员进行了《会计职业道德》培训。组织9人次参加专升本学习、4人次参加了专科学习。组织财会人员参加会计职称考试，3人次通过了全国会计技术职称中级考试，3人次通过了全国会计技术职称初级考试。

会计学会对4人次撰写论文进行了奖励；对5人次通过全国会计技术职称中级考试进行了奖励；向公司推荐了9名优秀财务主管并得到了奖励；评选了报表先进单位和优秀会计工作单位；处罚了一批不按时上报快报和月成本核算的会计单位。

学会完成了换届选举工作，选举了学会理事长和学会理事。

（钱杜金）

【设备物资管理】 2004年，公司保有设备609台，原值12979.97万元，净值4816.73万元，总功率37359.6千瓦，主要施工设备完好率86.90%，利用率98.81%。

全年物资供应总额44505.38万元，其中集团公司供17814.79万元，占40.02%；公司物资供应站供19810.76万元，占44.51%；各分公司自购4621.44万元，占7.36%；甲方供2258.39万元，占5.08%。年底库存金额2300.66万元。

设备购置与报废 全年完成设备购置组资90台，原值1039.02万元，总功率6293.4千瓦。报废设备45台，固资原值242.63万元。

设备大修与制造 全年共计安排设备大修89台(套)，计划费用580万元。实际完成83台(套)，实际使用修理费506万元。

公司修造厂全年完成加工制造产值1407.2万元，其中加工模板台车33台，产值1148万元；砼输送车2台，产值26万元；其他产值259.2万元。

物资招标采购 坚决贯彻执行“法人采购、公开招标”的采购原则，有效杜绝采购环节的管理漏洞，降低了公司整体的价格水平。招标采购分业主主办的材料招标和公司主办的材料招标两部分。全年招标金额17037万元，其中业主招标14841万元，公司招标2196万元。设物部及时将物资价格信息公布于网上，有效指导其他工点的物资采购价格。

重新制定《周转性材料管理办法》(隧二设物[2004]63号)，把周转料的管理分为公司统一管理的周转料和工程公司管理的周转料两类，严格规范周转料的计划、采购、调拨、使用、封存、退库和报废的管理程序，杜绝了不经计划和审批各项目间随意调拨的现象。全年公司摊销周转材料248万元，新购周转材料162万元。

物资管理制度化 制定适合项目管理要求的《物资管理办法》(隧二设物[2004]62号)、《周转性材料管理办法》(隧二设物[2004]63号)、《关于实行物资单据统一标准的通知》(设物发[2004]03号)、《关于规范物资统计报表的通知》(设物发〔2004〕04号)等文件，强化了制度管理。根据集团公司和贯标工作的要求，分别于3月、9月下发两次《合格供方名录》，增加了低压电器和劳保用品的调查评价，满足了安全管理和贯标工作的要求。物资计划、招标采购、仓库管理、统计报表、成本核算、工地物资管理严格按制度管理。下发《关于上报竣工工程材料消耗、库存情况的通知》和《关于上报物资消耗情况的通知》，狠抓物资基础管理工作，加大物资在使用过程的管理力度，强化物资成本管理。下发《关于进一步完善爆炸物品发料手续、实现产品可追溯性的紧急通知》，完善IS09000标准的要求，保证了贯标工作的顺利进行。

设物部对各项目共进行了7次物资监督检查，其中随安全大检查4次，随纪委检查2次，专业检查1次。

(杨俊平　李玉军　管保根　季妮　苗鑫)

【安全质量管理】 全年未发生职工因工死亡事故，发生重伤事故1起，重伤率控制在0.4‰以下；发生轻伤事故5起，轻伤率控制在10‰以下。全公司竣工交验单位工程合格率100%，优良率100%；分部工程合格率100%，优良率95.7%。

安全质量标准工地建设 公司施工的上海轨道交通6号线15A标、渝怀线圆梁山隧道、兰武复线乌鞘岭隧道获中铁工程总公司“安全标准工地”称号，城陵矶长江穿越隧道工程、上海轨道交通6号线15A标、南京地铁D2-TA1标向兴路站获集团公司“安全质量样板工地”称号，2个工地获“集团公司标准工地”称号。

工程质量创优 公司施工的广州地铁越秀公园站获2004年度詹天佑大奖，北京城铁14标东直门站获铁道部“火车头优质工程奖”，渝合北碚隧道获重庆市“巴渝杯”优质工程奖，京珠高速公路林场双口河大桥获工程总公司优质工程奖，有7项工程获得集团公司优质工程。

QC小组活动 发表QC成果9篇。北碚隧道QC小组的两个成果获重庆市优秀成果奖。黄延项目部的黄土隧道大管棚施工技术获得部优秀成果奖。城陵矶项目部的预制盾构混凝土管片质量控制获得总公司优秀成果奖。有5项成果获集团公司优秀成果奖。

贯标工作 公司组织对管理体系文件进行了换版，使其与公司管理实际结合，同时组织编制了《项目贯标指导书》，促进了公司贯标工作的开展。于8月份顺利通过了质量环境职业健康安全管理体系第一次年度监督审核。

职业健康与环保监测 组织对公司部分工点275名职工进行了体检，同时进行粉尘监测、环保指标监测。对现存矽肺普查档案中的14名矽肺患者和246名矽肺0+人员安排进行了复查。

(任伟杰)

【行政综合管理】 2004年，顺利完成了年度“三会”、管理工作会、各类专题会议等大型会议上的领导工作报告、讲话等起草工作。稳步推进办公自动化，对加大硬件投入与更新改造，网络管理日趋成熟，办公设备及低值易耗品管理更加规范。

公文管理 坚持公司发文与各部门发

分开，公司发文统一由办公室予以严格校核后，再呈交相关领导会签、签发，及时上网发布。对上级来文和外来文件，依据其级别和内容及时呈递相关领导批阅，并根据领导批示及时送交部室传阅，对重要文件和传达重要精神的文件予以及时整理转发并上网公布。按照贯标要求，加强公文管理的过程控制，公司办公室涉及贯标要素全部合格，顺利通过贯标内审和外审。全年收到各类文件282份，发文316份，各类请示、报告341份，其中编发生产经营交班会议、专题会议纪要38份，总经理办公会议纪要4份，发各类文件141份、函112份，本部门发文21份。

文书工作 坚持做到对上级来文和外部来文分门别类进行书面登记，根据来文性质和有关领导的批示及时进行传阅，并督促其尽快落实。同时，加强文件处理的过程控制，有效掌握文件流程，加快文件传阅效率，保证了重要、紧急文件的及时处理。

印章管理 严格做到对外用印须经公司主要领导批示，对外合同、协议用印要在公司法定代表人或其授权的代理人同意或者签字后方可盖章；所有对外用印都须书面登记，并经具体承办人签认，以便今后核对。严格执行公司空白章和空白介绍信使用办法，经部门提出申请，根据公司相关领导签字同意后，按照批示的份数及使用人严格进行控制，并监督其使用过程，对剩余空白介绍信、空白章及时上回公司或在有关人员的监督下就地销毁。

信访工作 2004年，共有4人来信，3人上访。对来信反映出的员工工资、医疗补助等问题，按照法律、法规及国家有关政策，督促相关部门给予耐心答复；对特别困难人员，在政策许可范围内予以适当的照顾。本着实事求是和客观、公正的原则，重点解决一批历史积累案件和上访老户的问题，避免了越级上访、集体上访、进京上访事件的发生，维护了企业稳定。

档案管理 按照国家二级标准档案目标管理要求，加大硬件投入，对档案库房硬件设施和库存环境进行改善；加强对上级来文、外部来文和公司发文进行整理归档，共收集整理入库档案508卷，其中财务卷402卷（永久6卷，25年的28卷，15年的368卷），文书卷60卷（永久17卷，长期22卷，短期21卷），科技卷46卷。

法律事务 9月16日，成立法律事务室。全年办理结案的诉讼案件计21起，涉及案件总标的额达4458.6万元，避免、挽回经济损失2318万元，追回工程欠款130万元；正在办理之中尚未结案的诉讼案件有9起，涉及标的额1603.8万元万元；参与处理集团公司内部调解案件2起，涉及标的额90万元；未直接参与、指导各项目部、工程公司处理的诉讼案件有10起，涉及标的额145万元。参与修订《工程专业分包合同》、《工程劳务分包合同》（范本），审查合同及其他文书28份。

网络办公 重新设计政治工作网站，组建了基层网络党建网站。严格执行网络管理暂行办法，及时更新公司内部主页编制，发布上级来文，处发文件，会议纪要、情况简报、施工进展情况及各项通知，督促各系统、各部室及时或定期更新网页内容。加强电子邮件管理工作，根据机构设备及人员调整情况，及时调整或设置电子信箱，并保证邮件服务器畅通。加强网络安全工作，及时升级网络版杀毒软件，定时对局域网每台机子查杀病毒，维护网络服务器及网络设备的正常运行。加强电子文档入库管理，及时备份和维护已录入TRS资料库中的4500多条记录并可供网上查阅，并将2004年度永久、长期、短期文件1000多份文件陆续入库，为办公自动化奠定基础。

（黄春晖）

【社会事业管理】

养老保险 2004年，二处有限公司参保员工3182人，离退休(职)员工1817人，其中离休3人，退休1807人，退职7人。公司养老保险企业缴费比例为20%，个人缴费比例为8%。全年向北京市社会保险事业管理中心缴纳养老保险费1676万元。北京市社会保险事业管理中心共支付公司统筹项目内离退休人员工资等1855万元，统筹项目外55万元仍由企业负担。离退休人员各项费用均按时支付。

离退休(职)人员养老金自7月1日进行了调整，其中离休人员人均调增290元/月，退休(职)人员人均调增75元/月。

工伤保险 自7月1日参加北京市工伤保险，参保人数为3182人，企业缴费比例为1.5%，员工个人不缴费。全年缴纳工伤保险费48万元，认定比照工伤死亡1人，申请待遇11万元。

失业保险 自7月1日参加北京市失业保险，参保人数为3182人，企业缴费比例为1.5%，员工个人缴费比例0.5%。全年缴纳失业保险费63万元。

内部退养 2004年末，公司有内退员工242人，平均年龄50.3岁。其中男134人，平均年龄为55岁；女108人，平均年龄为43.8岁。全年支付内退员工工资207.8万元、缴纳社会保险费35.1万元、缴纳工会经费5.9万元、住房公积金补贴13.7万元、医药费支出10.6万元。

计划生育 办理出生登记卡34个，晚婚率97%，晚育率100%，计划生育率100%。全年没有出现早婚、早育及计划外生育现象，节育率100%。

基地建设 完成硬化、绿化、亮化、管线改造等18项小型基建项目，投资74万元。

(谷绍刚)

【审计工作】 结合公司“项目管理年”活动，审计工作向生产经营活动中所关心的重点、难点问题转变，工作方式向“管理型”模式转变。年初制订的《审计工作计划》共11项，实际完成13项，另外根据领导临时安排完成4项审计调查。先后完成3项工程项目审计、1个合并清算审计、3项任期经济责任审计、2项收支审计、2项项目经济效益审计；牵头对上海搅拌站、二公司、郑州公司进行调查；协助完成了6个项目的责任成本检查工作。

(张培东)

【公安工作】 2004年，铁路工程公安局第七公安处第二公安分处(简称“分处”)有民警26人，下设5个派出所。

治安概况 全年接、处警352起。立刑事案件19起，破4起，其中立重大案件4起，破1起。查获犯罪嫌疑人7人，挽回经济损失56960元。接处警数较去年同期下降9%，刑事案件立案数和破案数均与去年同期持平。

受理各类治安案件57起，查处49起。处理各类违法人员98人，其中治安拘留15人，罚款38人，警告11人，其他处理34人。治安案件与去年同期相比上升了14%。

“两会”期间的安全保卫工作 根据公安处统一部署，2月20日，分处召开专门会议研究部署安全大检查工作，成立安全大检查领导小组，分处领导分片包单位、包线、包点，以北京地铁五号线05、06标和高西店驻地为“两会”安全保卫重点。“两会”前，分处对二公司各项目工地、驻地的职工、民工进行了安全和形势教育，同时开展了以防火、防盗、防爆、防安全事故为主要内容的安全检查。对公司的老上访人员、精神病患者、原“法轮功”练习者等重点人员进行了监控。“两会”期间，分处民警和驻二公司民警坚守岗位，确保管内治安平稳、政治稳定。

开展管内不稳定因素专项调查 2004年,公司"三项制度"改革和主辅分离工作进一步深入,基层劳务工资纠纷不断,涉及个人利益而引发的矛盾纠纷日益增多,成为内部的不安定因素。为保证企业改革的顺利进行和管内的政治稳定,分处及时开展了管内不稳定因素专项调查。通过深入细致的摸底调查,共获得涉及下岗、待岗、子女就业、福利待遇、工资问题等各类不安定因素信息16条,分处及时将这些情况反馈给公司领导和有关部门,协助党政部门对员工的宣传教育,及时做好矛盾的疏导和化解,认真落实防范措施,确保了企业内部稳定。

严厉打击"法轮功"邪教活动 共出动警力22人次,清查内部招待所1个、出租房屋35套、重点场所6处,共清查和收缴光盘25张、书籍6本。对管内的1名"法轮功"习练者加强了帮教。在"春节"、"7·20"敏感日和"国庆"期间,组织了不同形式的清查堵截行动。

国内安全保卫和要害保卫工作 针对工程新上、在建、收尾的不同时期,及时调整警力部署,加强重点工程安全保卫工作。年内,对城陵矶、乌鞘岭、北京地铁05、06标等重点工程,开展以防破坏、防治安灾害事故为重点的安全教育活动,严格监督施工单位落实各项安全保卫措施,确保管内各重点工程施工现场治安稳定。在各个敏感期内,加强了管内重点工程、长大桥隧、要害设备、要害环节、要害部位的巡视和守卫工作。

"整治工地治安,开展破案战役"专项行动 7月中旬至10月底,上级公安机关部署"整治工地治安,开展破案战役"专项行动。成立了领导小组和小分队,在犯罪活动较为突出的施工现场,运用堵、控、巡、查、挖等多种手段开展破案战役。专项行动中,共破案2起,抓获犯罪嫌疑人4名;查处治安案件16起,处罚违法人员30人。

消防监督检查 以山林和工地工棚防火为重点,推行消防目标管理。根据施工进程和环境变化,及时调整重点消防部位,抓好对重点部位消防器材的配备,定期对消防器材进行检查、维护,确保设施完好。公司全年无火灾事故。

群体性案(事)件预防 公司全年发生治安纠纷35起,调解处理35起。发生的2起群体性治安事件,因处置得当,也未造成重大影响。分处各派出所、警务区民警平时注意观察收集容易引发路地纠纷的情况信息,主动向公司领导汇报,积极预防,及时化解,将矛盾纠纷控制在萌芽状态。发生纠纷后,民警都能在第一时间赶到事发现场,积极疏导,耐心细致的做好劝解工作。警务区民警经常深入村民当中开展宣传教育,同时给民工队上法制课,教育他们遵守法纪,尊重民风民俗,不与当地百姓发生纠纷。

户籍管理 年内,共办理迁入户口198人(其中2004年度大中专生120人),迁出户口41人,死亡注销19人,新生儿落户35人,办理居民身份证729个(其中快证284个)。在户口管理过程中,为服务基层单位职工群众,主动为他们办理邮寄身份证和户口达49次。针对2003年户口核对时出现的差错,为确保第二代居民身份证的准确发放,对存在差错的个人信息356处予以了更改。

公安队伍建设 分处以所、队为重点,按照《公安机关人民警察内务条令》、《公安机关派出所等级评定办法》、《公安派出所执法执勤工作规范》和《公安派出所装备配备标准》的规定,结合实际,落实加强所、队建设,规范内部管理和民警的执法行为。

根据《第七公安处大练兵活动具体实施方案》,分处坚持"全警参与、重在基层、立足岗位、注重实效"的原则,本着"干啥练啥,缺啥补啥"的精神,开展"大练兵"活动。有2人参加了中铁工程公安局在南昌举办的科职干部培训,24 人分 4 批参加了公安处在洛阳举办的轮训。

开展了公安统计执法自检自查,从检查的情况看,各派出所、警务区均能严格执行国家《统计法》和公安部《公安统计规则》的规定,未发生虚报、瞒报、伪造、篡改、拒报统计资料的问题。

按照《铁路公安派出所等级评定实施办法》,认真填报《公安派出所等级评定审批表》和申报材料,分处 5 个派出所均被评为 4 级。

按照《铁路工程公安局第七公安处执法质量考核评议实施办法》,对 2003 年 8 月至 2004 年 10 月的 78 起行政案件和 26 起刑事案件执法全过程进行了清理和整理。

(曾黔)

【企业文化建设】

落实 VI 手册 认真贯彻《关于加强现场宣传思想工作的指导意见》,严格执行新版 VI 手册,出台了《公司工程现场企业形象建设作业指导书》,以办公区、作业区、生产区的形象宣传为重点,对怀新、铜汤、长珲、深圳、宜万、十漫、黄万等新上项目工程现场企业形象建设进行了策划,并派专人对乌鞘岭、城陵矶、黄延、渝沙等工点进行现场指导,规范了工地宣传。

宣贯 MI 手册 一季度,以召开公司“三会”为契机,把集团 MI 手册的核心理念和部分单项理念制作成展板,供与会代表和机关员工学习;二季度,举办了图文并茂的 MI 手册专项宣传展,对 MI 手册进行全面宣贯;三季度,举办新员工企业文化专题讲座,把 MI 手册各项理念灌输到新员工中去;四季度,制作下发了 M1 小册子,便于员工携带和学习。

启动编撰公司 BI 手册 贯彻集团企业文化年会精神,下发了《关于编撰公司行为识别系统(BI 手册)的通知》,成立了领导组和编撰组,确定了总体框架和编撰条目。

(杨彬)

【医疗卫生】 二处有限公司北方医院有员工 54 人,其中医技人员 46 人,具有中级职称的 18 人,初级职称的 28 人。医院设行政管理组、门诊部、医生组、护理部、药剂科 5 个部门。

2004 年,医院坚持“面向现场,面向基层,面向社会”,认真搞好医疗服务工作。全年完成门诊 12856 人次,公司汽车司机年度体检 94 人次。住院部年出院 44 人次,门诊与出院诊断符合率 98%,出院病人治愈率 95.5%;病死 2 例(均为痛肿病人),病死率 4.5%。床位总数 30 张,实际占用床位日数 2029 天,出院病人占用床位数 1329 天。平均病床周转率 1.47 次,平均病床工作日 67 天,平均病床使用率 18.52%。人(药)流 5 人次,上环 4 人次,取环 8 人次。新生体检 183 人次(含北京分公司)。外科手术 28 人次。上青藏线工作及员工特种行业体检 62 人次。全年医疗收入约 100 万元。

预防保健工作 0~7 岁儿童健康保健卡建卡率百分之百。口服脊髓灰质炎糖丸 150 人次。注射百白破疫苗 28 人次、乙肝疫苗 183 人份、甲肝疫苗 98 人次、型脑炎疫苗 67 人次。麻风腮三联疫苗 5 人次、流感疫苗 191 人次、麻疹疫苗 20 人次、腮腺炎疫苗 4 人次、其他疫苗(水痘、肺炎、轮状病毒)31 人次。

继续教育 继续开展“全员素质工程”教育,组织参加执业医师、执业助理医师、执业护士的全国统考和注册。经考试考核,2 名助理级医务人员晋升为中级(一名主治医师、一名主治中医师)。年末,全院有中级职称 18 人,初级职称 28 人,执业注册医(药、护士)师 33 人,药剂和检验医技人员也按有关规定达标上岗。12月,在廊坊市卫生局组织的卫技人员水平考试中,医院31人参加并全部通过。

(杨铁强)

【党委系统管理】 2004年9月,经公司党委第19次扩大会议研究决定:撤销党委办公室、组织部、宣传部,成立党委工作部,定员6人。

党群工作一体化 一是坚持工作研究部署一体化:始终坚持党委办公会例会制度,全年召开党委办公会议11次,针对贯彻落实十六届四中全会、集团公司项目党建思想政治工作会、集团公司和公司"三会"精神、组织开展好"项目管理年"活动、主辅分离辅业改制工作、党务信息管理、工程现场企业形象建设、规范基层党组织建设等重点工作,落实责任部门,提出具体要求。二是坚持信息发布一体化:将党群各系统、各部门网站融合起来,设计制作公司政治工作网站,在保持各自特色内容的基础上,规范网页设计,增设"党务工作信息统计表"等6个栏目,于11月正式挂网运行。三是坚持检查考核一体化:以工程项目为单位,在各单位(项目)自检自查的基础上,由党群各系统、各部门组织3个检查组分片分项目对16单位政治工作进行检查考核。

党务信息工作 贯彻落实集团公司党委《党委、工委书记季度报告工作制度》,制定并严格执行党务工作信息管理办法,实行专人收集传阅,定期总结通报。各单位党工委、总支、支部通过政治工作网站,及时下载或上报各类党务信息,信息上报数量和质量明显提高,全年共编发《政工简报》64期,集团公司党委采用17期。

(杨彬)

【党的组织建设】 出台了《关于加强工程项目党组织建设的指导意见》,根据工程项目实际,及时成立、调整、变更、撤销基层党组织,全年共增设基层党组织5个、调整3个、变更1个、撤销6个。至年末,公司有党员908名;公司党委下设支部(总支)30个、工委10个。

党内特色活动 深入开展"学、创、带"、"项目党支部联系点"、"党支部建设示范点"等党内主题活动,共设置党员责任岗706个、红旗责任区207个。乌鞘岭党支部开展的"创建党支部建设示范点"活动、联合掘进机工程公司党支部开展的"长江岸边党旗红、为企发展做先锋"活动,分别被集团公司党委命名为示范党支部;黄延项目部党支部开展"黄延线上立新功"活动,在集团项目党建思想政治工作会上作了经验介绍。

党员教育和发展 根据集团公司党委的安排部署,开展了"保持共产党员先进性教育活动"准备工作,对基层党组织、党员队伍状况进行了摸底调查,撰写了准备工作调研报告。通过片区培训、流动党校、自办党建班等形式,共举办各类培训班6期,培训积极分子78名。坚持发展党员公示制,全年发展党员52名,全公司党员人数占员工总数的26.5%。为14个基层党组织配置了计算机等网络设备,设计制作了党建网页并于11月挂网试行,选择5家单位就党员管理发展内容进行了上网试点。

(杨彬)

【宣传思想工作】

中心组学习 公司党委出台《关于进一步规范两级中心组学习的通知》,坚持每季度初下发中心组学习安排,规定学习内容、列出研讨题目,提出学习要求,并将学习安排及相关资料在政治工作网上发布。两级中心组坚持分散自学与集中研讨相结合,每季度集中研讨一次,一次一个专题。公司党委中心组共集中学习4次，重点学习了《中共中央关于加强党的执政能力建设的决定》、《中国共产党党内监督条例(试行)》、《中国共产党纪律处分条例》、主辅分离辅业改制相关政策及文件、集团公司领导在集团项目党建思想政治工作会等各类会议的讲话以及集团公司、公司项目管理办法系列文件。各单位中心组平均组织学习10次以上，围绕项目管理、内部承包、安全质量、成本效益等实际问题进行研讨，推动了企业各项工作的落实。

“项目管理年”活动宣传思想工作 4月初，公司党委组织编发了《加强工程项目管理，全面实现年度目标，为推进公司持续稳定发展而努力奋斗》(宣传提纲)，正式启动了“项目管理年”活动。各级党组织以中心组学习、专题讲话、各类会议、干部考学等形式，认真学习了宣传提纲、3个有关项目管理办法和与之相配套的17个管理办法，并建立健全相关制度，强化系统管理，严格过程控制，促进了项目管理水平的提高。

工程现场宣传思想工作 针对重难点工程多、情况复杂的实际，广泛开展了形势任务教育、安全质量意识教育和劳动竞赛宣传发动。乌鞘岭项目党组织利用各种会议向员工讲明形势、讲足困难、讲透措施，使广大员工正确认识当前形势与任务，激发了生产热情，在Ⅴ级千枚岩等复杂地质条件下创造了连续3个正洞百米成洞的好成绩。根据年初目标和各阶段的施工任务，利用各种载体，宣传劳动竞赛中的典型事迹和经验，参与策划大干活动，使宣传思想工作有效的服务施工生产。

主辅分离和辅业改制宣传思想工作 编发了《统一思想，坚定信心，积极稳妥地做好主辅分离辅业改制工作》宣传提纲，在生活服务中心、机械修造厂、北方医院等辅业分离单位分别组织召开了座谈会。各分离单位加强有关政策的学习宣传，使员工能正确理解、支持并参与到改革中来。

对外宣传报道工作 转发了《中铁隧道集团新闻宣传工作管理办法》，建立了新闻发言人队伍。重新调整并充实了各单位宣传报道小组和通讯员队伍，建立宣传报道小组30个，通讯队伍达到85人。对外宣传报道以施工进度快、系统管理顺、劳动竞赛作用明显、主题活动特色突出以及生产取得突破、工程建成交验、阶段性目标实现、隧道贯通等为切入点，采写了大量的稿件。全年共在中央级、省部级媒体发稿38篇，地市级媒体发稿7篇，在《隧道工人》报发稿206篇。

(杨彬)

【纪检监察工作】 经董事会研究决定，2004年2月1日，公司将审计监察部审计职能和监察职能分开，分别设立审计部和监察部，监察部与公司纪委合署办公，更名为“纪委(监察部)”。设纪委书记1人，纪委副书记兼监察部部长1人，办公室主任1人，部员2人。

党风廉政建设 开展“两个条例”主题教育活动，反腐倡廉21项具体工作落实到了相关部门。建立中级以上管理人员廉政档案204份。公司13名党政领导填写、上报了《领导人员党风廉政建设责任报告》。选聘党风廉政监督员77名并明确了党风廉政监督员的职责、权利和义务，制定了工作制度和管理制度。制定了《项目管理中部分违规违纪行为责任追究<暂行>办法》。全年收到上缴的“好处费”、“辛苦费”13万元，全部转交公司财务。

全年收到群众来信来访举报3件3人(其中重复举报1件)，初核了结3人。部门转办案件1件，已进行初核。有3人受到了党纪、政纪处分。办案共收缴违纪资金7万余元。

效能监察 加强了过程监督与监控。与相关部门配合参与废旧物资处理，采取让购买商家竞争出价手段，增加了透明度，避免了暗箱操作行为。加强了对工程项目的执法监察，重点是对工程分包执法监察，提出了监察建议，并对违规违纪行为进行了处罚。由纪委牵头组织的执法监察为企业挽回直接经济损失8万多元。

至2004年末，公司已清收回应收账款11项5658万元，为全年应收账款的86%。其中2002年末以前的应收账款回收率59%，2003年形成的应收账款回收率88%。500万元以上的重点项目，年初建档4项，年末收回3项。

（陈东）

【工会工作与民主管理】 2004年末，二处有限公司工会共有会员3120人，设有基层工会21个，工会工委4个，现有专兼职工作人员27个，专职工作人员21个，兼职工作人员6个，女职工工会16个。工会各项工作中取得较好成绩，名列总公司互助补充保险5强，获得集团公司工会好班子、模范职工之家等荣誉称号。

民主管理 公司首届三次职代会暨员工持股会首届四次代表会议于3月9日至11日在燕郊召开。会议审议了行政工作报告等5个报告，通过了有关决议，签订了集体合同，评议了12位公司高级管理人员，3名职工董事、监事。会议征集提案57条，立案处理35条。19个基层单位召开了职代会(职工民主管理大会)已连续6年实现了召开率达100%。

调整了公司厂务公开领导小组成员，贯彻落实《中铁隧道集团有限公司工程项目部厂务公开工作实施细则(试行)》。27个公司及项目部全年办厂务公开栏108期，公开重大问题311项。

安全生产 “一法三卡”广泛推广，编辑整理了25项施工现场重点部位为内容的安全检查提示卡、12种有毒有害化学物质信息卡、10类危险源点警示卡、16种各种伤害情况应急处理方法，有工会劳动保护监督检查小组45个，监督检查员117人。全年两级工会参加安全生产、劳动保护重点检查139次。

“三工”建设 转发了《中铁隧道集团工程项目“三工”建设标准》，为铜汤、怀新、长珲、宜万等工点新增卫星地面站6个，接收节目38套，新购电视机18台、DVD机6台，全年共为基层购买各类文化设施设备投入12万元。组织各种游园晚会、棋牌、球类等特色活动169场次，参加员工4270人次。公司工会举办了首届员工群星摄影大奖赛，12幅作品获得了奖励。第一工程公司、路桥、修造厂、联合掘进机等4个单位被评为示范单位，在黄延党建现场会上受到集团公司表彰。811、珠海、宜万、黄延、武汉、怀新、长珲7个项目部获得公司“三工”建设先进单位。

“四全”工程 全年实现群众性技术创新成果46项(件)，有7项获集团创新成果奖，获得集团奖励6400元。有2个先进单位、4个先进班组、18名个人受到了集团公司表彰。吕传田、成绍路荣获集团先进标兵称号。范国文、黄升龙获得中铁工程总公司有突出贡献知识分子和劳模表彰奖励。

“送温暖”活动 公司工会坚持做好“冬送温暖、夏送清爽”活动，全年为乌鞘岭等16个工点支出慰问款共计83000元，公司两级工会慰问节日值班职工2800人，送节日慰问品113000元。为42名特困职工发放困难补助16300元。走访慰问特困职工10人，送慰问金4400元。各基层共计慰问特困职工298人，慰问金达56944元。

职工互助保险 到2004年底，公司互助合作保险参加会员3097人，基金会现金已达481.9万元，当年发生险例9起，给予130571

元的补偿。公司获得集团公司互助保险先进单位称号。工会组织建设新上工程铜汤、怀新、珠海等4个项目都相继成立了工会委员会,全公司工会组织健全。实行月汇报工作制度,有17个基层单位的工会主席和负责人与公司工会主席签订了《2004年工会工作责任状》,考核结果优秀5个,优良8个,合格2个。

工会财务 2004年度,二处有限公司工会经费总收入1486853元,总支出955447元,当年结余531406元。行政实际提工会经费1372456元,会费收入37634元,其他收入76762元。上解集团公司工会411737元,上解率100%。用于职工活动314578元,业务费支出165114元,行政费支出64018。困难补助款收入597332元,下拨基层91110元,提取送温暖基金45552元,注入互助补充保险基金227760元。

(朱敏)

【共青团工作】 2004年,二处有限公司有35岁以下青工2375人,其中团员672人,保留团籍的党员149人。公司团委下设团的工作委员会2个,团总支12个,直属团支部15个;有兼职团总支、支部和工委书记29人。全年涌现出中铁工程总公司优秀团员1人;集团公司先进团支部7个,优秀团干部7人,优秀团员16人。

组织建设 召开了"共青团中铁隧道集团二处有限公司第一次代表大会",选举产生了公司第一届团委组成人员。第四工程公司团总支,乌鞘岭、常张项目团支部等单位进行了换届改选。全年调整选举新团干32人。

青工安全生产 公司各级团组织层层签订了青工安全包保责任书,消灭了建岗空白点,共建共青团安全监督岗36个,有监督岗员218人,提安全建议200余条。有800多人参加了《全国企业青年安全生产知识竞赛》活动。

重点活动 围绕经营生产,组织团员青年继续深入开展争创青年文明号,争当青年岗位能手活动,有6支青年突击队被集团公司命名为优秀青年突击队,一个项目青年突击队被中铁工程总公司命名为优秀青年突击队,一个项目青年突击队被河南省团委命名为"河南省优秀青年突击队"。

(尚军)

【股东会】 全年召开股东会1次,临时股东会2次,审议通过各种议案、方案共9项,发各类文件、函5个。根据法人股股东中铁隧道集团有限公司的建议及人事变动,一致表决通过免去王邦至法人股代表监事,增补张修本为法人股代表监事。会议审议批准了公司清产核资方案和公司2003年利润分配方案。

(李永海)

【董事会】 全年召开董事会3次,审议通过各种议案、方案共34项,发各类文件、函19个,全年办理法人授权共856项。2004年9月,选举产生了第二届公司董事会。

2004年1月11日,公司董事会首届九次会议在燕郊召开,会议审议通过了2003年度行政工作、财务预算执行情况和财务决算议案、固资投资追加计划及机械设备等投资和设备大修计划、2004年度施工产值计划和多经产值计划、《经营投标风险抵押管理办法》、《深化劳动人事制度改革的若干规定》、机关机构调整方案、掘进公司盾构机摊销方案和公司清产核资方案,参股中铁隧道勘测设计院有限公司方案;聘任王新朝为公司副总经理、李耀勇为公司董事会秘书。

2004年3月7日,公司董事会首届十次会议在燕郊召开,会议审议通过了公司2003

年度财务预算执行情况、决算议案、利润分配方案及2004年度预算方案，2003年度高管人员的奖励建议方案，公司应收账款、其他应收款计提减值准备方案；免去唐中民公司副总经理职务。

2004年9月14日至15日，董事会二届一次暨2004年年中会议在燕郊召开，会议选举范国文为公司第二届董事会董事长，张继奎、张瑞刚为副董事长；经董事长范国文提名、董事会表决通过，聘任范国文为公司总经理；经总经理范国文提名、董事会表决通过，聘任张昌伟、何峰、李永凯、王明阳、郝光华、王新朝、张学军为公司副总经理，王新朝为总工程师(兼)，徐元明为总会计师，茅立威为总经济师，委任李耀勇为公司董事会秘书。并审议通过了外派参股、控股公司推荐人选、公司机构设置调整及公司《章程》修正案、2004年上半年经营生产计划执行情况及下半年经营生产计划安排、财务预算执行情况及财务会计决算报告和各亏损项目的情况报告、中燕小区地产开发方案、公司主辅分离工作思路及基本方案等议案。

(李永海)

【监事会】 2004年，二处有限公司监事会召开监事会议3次，并通过参与董事会、总经理办公会，生产交班会以及各种专题会等形式监督公司重大生产经营决策的制订；通过内部审计和监察部门监督公司制度的执行情况以及生产经营情况；通过参与公司重大合同的谈判过程监督合同的制订和执行情况。先后对多个工程项目以及盾构设备的采购等重大经营活动进行了监督检查；对公司财务预决算、财务报告等进行了审核。先后列席董事会3次，参与生产经营决策5次。监事会认为，公司提交董事会、股东会的会计报告和利润分配方案真实、完整、合法；所有董事会决议均符合公司的利益和发展要求；公司行政管理方面取得了较大的成绩，各项实物指标均达到和超过了年初制订的计划；公司董事、总经理、副总经理及其他高级管理人员没有违规违纪和违反公司章程的行为；公司所有重大生产经营活动均符合公司章程的要求；所有公司内部审计意见客观公正。

监事会成员变更 9月14日至15日，进行换届暨二届一次监事会议，组成二届一次监事会。监事成员由4人增至5人。主席:刘东彪；监事:吴代兴、张鸣、张培东、陈东。

(张培东)

【员工持股会】 二处有限公司员工持股会股本金3035万元，占公司总股本的49.75%。企业改制3年来，公司员工持股会共获投资收益累计138.56万元。2004年3月8日至10日，召开了员工持股会首届三次代表会议，听取了持股会工作报告，民主评议了4名职工(员工股)董事、监事。9月13至14日，员工持股会理事会表决选举张嘉、王明阳、齐爱民为员工持股会代表，王永林为职工代表进入公司第二届董事会；选举张培东为员工持股会代表，陈东为职工代表进入公司第二届监事会。

(朱敏)

位于深圳市南山区的中铁隧道集团三处有限公司新址。

已建成的深圳地铁车公庙车站。

已建成的万梁高速公路马王槽隧道。

本页图片由三处有限公司提供

已建成的渝黔高速公路雷崇段C6标段大桥。

已建成的渝黔高速公路雷崇段C6标段金竹岗隧道。

已建成的国内第一条单洞双向四车道公路隧道——杭州万松岭隧道洞景。

本页图片由三处有限公司提供

施工中的常张高速公路20标段七里潭特大桥。

施工中的西汉高速公路良心隧道。

施工中的国道213线乐山沐川至宜宾新市镇改建D标段五指山隧道。

施工中的安徽铜黄高速公路汤屯段第3标段石头岭隧道。

施工中的温州瓯海大道工程第5合同段上京隧道。

施工中的上海轨道交通9号线R404标。

本页图片由三处有限公司提供

2004年3月9日至10日，三处有限公司首届三次职工代表大会、员工持股会第二次代表大会暨2004年工作会议在广东乐昌召开。

2004年3月10日，三处有限公司工会第一次代表大会在乐昌召开。

2004年8月7日，三处有限公司年度计划管理工作会在深圳召开。

2004年9月，三处有限公司举办计算机管理员培训班。

本页图片由三处有限公司提供

三处有限公司

【概况】 中铁隧道集团三处有限公司(简称“三处有限公司”或“公司”)是国家一级资质大型施工企业。主要从事铁路、市政、公路、长大隧道、城市轨道交通、地基与基础、桥梁、水利水电、机电设备安装等工程的施工。至2004年末,公司有员工3759人,其中高级工程技术人员19人,中级工程技术人员151人,主要技术工种作业人员1593人。下设13个专业化工程公司以及机械制造、机电设备安装等分支机构。公司资产总额4.8亿元,其中生产性固定资产1.2亿元,动力设备总功率3.09万千瓦,年施工能力12亿元以上。

2004年,三处有限公司经营开发持续攀升,营业额创公司历史最好成绩,圆满实现利润目标,各项工作逐步呈现复苏和发展态势。

经营开发继续攀升 全年组织投标69项,中标17项,中标价款11.89亿元。其中以公司资质中标7.23亿元,以集团公司资质中标4.66亿元,完成年度经营计划的103.41%,比上年提高0.52亿元。

营业成果喜获丰收 全年完成营业额11.49亿元,完成集团公司下达计划的103.1%,比上年提高57.47%。其中施工营业额9.79亿元,辅业营业额1.69亿元。

综合实力有所增强 2004年,三处有限公司摘掉了多年巨额亏损的帽子,实现成本降低率8.26%,实现利润总额455.45万元。全公司保有设备570台(套),其中2004年添置机械设备82台(套)。全员生产率30.12万元/人年。

安全质量基本稳定 2004年,公司无责任死亡事故发生,完工项目一次验收合格率100%,优良率97%。川藏公路二朗山隧道获中国建筑工程鲁班奖,广州地铁二号线越三区间(含越秀公园站)获第四届中国土木工程詹天佑大奖。

企业改革稳步推进 推行以“按岗定薪,易岗易薪”为主要内容的岗位工资等级制度,完成对公司机关、成都工作组、四川办事组、电务段、工地小学等单位的人事改革和机构重组,主辅分离工作开始启动。公司总部由乐昌顺利搬迁深圳,为公司发展提供了良好外部环境。

(李强)

【施工生产及在建工程】 2004年,三处有限公司在建工程项目44个,其中新上项目18个,续建项目15个,竣工项目11个。完成施工产值97940万元,为集团公司计划的103%,较上年增长63%。

年度施工生产的特点

1.总体履约情况创企业历史最好水平。年初安排施工计划的项目38个,至年末有24个完成计划,较上年提高23.6%。其中重点工程项目9个,有5项完成年度计划。新上项目大部分能迅速形成生产能力,有效的弥补了年度计划任务缺口。全年有11个项目完工,由于严格收尾工程管理,绝大多数项目按计划完成了施工任务。

2.各类项目进展不平衡。A类项目中的大型项目计划完成较好,小项目计划完成较差,主要原因是验工不及时、资金紧张,遗留问题多,造成施工被动,影响施工产值;B类项目计划完成较差,部分项目施工管理存在严重问题,造成质量问题不断,不但影响进度,还影响效益;Z类项目80%以上的项目完成了计划,但是由于铜黄、温州瓯海大道、石万B1标3个项目计划完成严重不足,造成Z类项目仅完成产值计划的95%,不如A类项目。

施工生产举措 2004年,三处有限公司围绕重点、难点工程积极开展技术攻关,大力推先,狠抓施工技术管理。认真贯彻实施系统管理思想,完善管理制度。强调项目策划和实施性施组的超前意识,加大现场施工技术动态管理和指导力度,增强执行施工生产计划的严肃性。认真落实工程技术总结和新工艺、新工法的编写工作。

新上工程

1.宜万铁路W8标 工程位于湖北省巴东县野三关镇境内。本标段线路全长6800千米(DK090+260~DK116+060)。合同总价款23332万元,合同工期50个月。三处有限公司承担高阳寨隧道(全长4730米)出口DK111+260~DK111+990段2070米、DK113+990~DK116+060段线下工程及巴东车站站后工程。高阳寨隧道穿越岩溶和岩堆体,岩体破碎,容易变形,有突水、突泥的可能,隧底岩溶情况的勘探是本工程的重点和难点。碗口河大桥(正线)与碗口河大桥(牵出线)主桥连续梁的悬臂浇注及高墩身的施工是桥梁工程的重点,具有一定的施工难度。土石方调配量大,车站填方过大,按照设计文件土石方调配不能够满足车站填方需要。2004年10月1日开工。年内完成隧道出口地表注浆、大管棚、洞口抗滑桩120米、碗口河大桥桩基200米、3座涵洞砌筑成涵300米。完成产值700万元。隧道一公司施工。A类工程。

2.上海轨道交通6号线15A标 位于上海市浦东新区东方路与龙阳路和浦三路交叉口附近,包括龙阳路和浦三路两个车站。合同总价款9967万元,合同工期2004年1月5日至2005年6月30日。三处有限公司承担龙阳路车站施工。龙阳路车站全长341.3米,主体工程分为北端头井、南端头井、标准段和存车线,附属工程包括4个出入口。标准段宽16.8米,最宽处25.15米,标准段基坑深15.4米,端头井基坑深16.95米,有效站台长78米。2004年1月5日开工。年内完成了主体工程施工,基坑土方开挖78531立方米,结构砼12454立方米。完成产值4714万元。上海轨道交通15A标项目部施工。A类工程。

3.上海轨道交通9号线R404标 位于上海市松江区与闵行区交界和沪松公路中段附近。工程包括九亭车站、地下线及敞开段。中标价款10677万元。三处有限公司承担区间工区施工,有两段“与河为邻”,一段为DK17+993~DK18+225,属敞开段,该段有部分结构侵入蒲汇塘中,需进行188米的改河工程;另一段是DK18+605.3~DK18+619,该段从横泾河下面穿过。以上两处采用钢板桩围堰进行围护施工。敞开段、地下段全部采用明挖法施工。合同工期13个月,2003年12月20日开工。2004年完成主体工程施工,总计完成400米区间,SMW围护桩完成1458根,压密注浆地基加固14723立方米,基坑土方开挖72330立方米,敞开段坞式结构260米,地下线箱型结构344.259米。由于征地未解决,部分附属护岸挡墙工程完工。完成产值4351万元。上海轨道交通工程R404项目部施工。A类工程。

4.南京地铁二号线D2-TA01标 位于南京河西新区经四路。主要工程量有:围护结构24428立方米,围护结构插H型钢4932吨、钢支撑1413吨,土石方20.8万立方米,钢筋7529吨,混凝土3.9万立方米。中标总价款8598万元,合同工期14个月,2004年1月10日开工。本工程工期紧,结构特殊,存在交通疏导、管线迁改等问题,并与临近联强大厦同步施工,相互影响大。2004年,主体工程完工,完成基坑土方开挖97994立方米,结构砼19016立方米。完成产值3603万元。剩余堵漏及修补工作。南京地铁TA01标项目部施工。A类工程。

5.广州新光快速干道7标　位于广州市番禺区大石镇礼村。新光快速路始于海珠区新窖南路，止于番禺市新光明路，长约16.9千米，为广州市规划的一条重载南北向道路。合同价款1.2亿元，合同工期12个月，2004年，由于征地未解决，施工方案无法确定，未能进场施工。市政一公司、市政三公司共同施工。B类工程。

6.深南大道－农园路人行地道　位于深南大道农园路丁字路口。工程量：土方开挖6243立方米，喷射砼1245立方米，砼1968立方米，钢筋283吨，锚杆30吨。中标价款1046万元，合同工期4.5个月，2004年4月1日开工。由于管道拆迁影响，开工后只能进行主通道部分施工，年内完成主通道开挖33.5米，衬砌37.5米，产值642万元。市政一公司施工。B类工程。

7.深圳地铁一期31标（香蜜湖站地下通道）　位于深圳市香蜜湖。主要由暗挖主通道、3－B明挖出入口及风井组成。中标价款1046万元，合同工期12个月，2004年4月31日开工。由于场地狭小及管道拆迁影响，只能先从北面开挖后将场地移交，再从南面进行开挖，进度受到较大影响。2004年完成主通道开挖67米，衬砌34米，产值636万元。市政一公司施工。B类工程。

8.东莞市港口大道第9合同段　位于东莞市西部，全长347米。主要工程内容为：软基处理工程、道路工程、桥梁工程、雨水工程、涵洞工程和电气工程。中标价款3347万元，合同工期10个月，2004年10月5日开工。年内完成桥梁桩基1112米/107根，产值178万元。东莞港口大道工程项目部施工。B类工程。

9.重庆轻轨三号线龙头寺站及部分区间工程　位于重庆市新建江北火车客站。因车站位置占据渝怀铁路江北客红线范围98米，且有三条铁路管线横穿龙头寺站站厅层，设计方案将作重大变更，且区间隧道施工图纸不全，主要工程数量待定。中标价款1亿元，合同工期待定，2004年11月2日开工。年内，由于征地未完全解决，能施工的226米基坑已完成开挖，铺底完成110米，产值773万元。市政二公司施工。Z类工程。

10.安徽铜黄高速公路汤屯段第3标段　位于安徽省黄山市徽州区境内。工程包括：路基土石方561337立方米、路基防护及排水圬工44954.7立方米、特大桥2座、大桥11座、中桥6座、小桥2座石头岭隧道2977米（左洞1506米，右洞1471米）。合同价款2.6亿元，合同工期30个月，2004年3月16日开工。年内完成路基土石方35.9万立方米，桥梁桩基开挖5811.3米，墩身828.2米，隧道左洞开挖837米，衬砌508米，铺底700米，左洞开挖776米，衬砌503.8米，铺底700米。完成产值5951万元。隧道二公司、路桥二公司和基础公司共同施工。Z类工程。

11.国道321线内江段JB1合同段　位于四川省内江市东兴区。工程数量：路基挖填方1466204立方米，软基处理62832立方米；大中桥132.89米/1座，分离式立交桥29米/1座，圆管涵641.5米/1道，盖板涵145米/1道，石拱涵35.31米/1道，倒虹吸31米/1道，平面交叉4道。合同工期18个月。由于征地未解决，2004年未开工。国道321线内江段项目部。Z类工程。

12.国道318线海竹段BT8标　位于四川省巴塘县波戈溪乡。工程包括双线隧道1座（波戈溪隧道）2743米，双线中桥2座计170延米，钢筋砼板、盖板涵7座计60延米，路基2341米。合同价款11300万元，合同工期36个月，2004年4月27日开工。2004年完成路基挡护工程6200立方米，涵洞9.5横延米，隧道进口开挖619米，衬砌155米，铺底289米，出口开挖537米，衬砌256米，铺底203米。完成产值3025万元。市政二公司施工。Z类工程。

13.子靖高速公路N-11标　位于陕西省榆林市横山县双城乡。工程起讫里程为K143+300~K147+500,全长4.2千米。有桥梁7座,其中主线桥梁6座、匝道桥1座,单幅桥累计长度5788米;涵洞230.2延长米/9道。路基挖方1323061立方米,填方239006立方米,换填碎石20203立方米,浆砌圬工约21109立方米。合同工期15个月,2004年4月15日开工。2004年完成路基土石方49.84万立方米,桥梁桩基全部完成,梁片预制55片,折合成桥1762米。完成产值3635万元。路桥一公司施工。Z类工程。

14.西安南二环桃园路立交工程　工程全线长1053米,是集桥梁、道路、排水为一体的综合性市政工程。高架桥为双向四车道,正常段设计宽度18.5米,平行匝道交织段设计宽度34.5米,主线桥南北各侧各设8米宽A、B匝道。合同价款7529万元,合同工期8个月,2004年6月21日开工。2004年,暗涵改造桩基、承台、墩柱、盖梁、预制梁、主线桥挡墙全部完工;暗涵改造桥台完成700米,剩余192米;架梁完成275片,剩余56片;暗涵盖板完成324片,剩余148片;翼缘板完成75延米,剩余1658米。完成产值5465万元。西安南二环桃园路立交项目部施工。Z类工程。

15.广州地铁文冲站　位于广州市黄埔区文冲村。工程起讫里程为YCK31+558.685~YCK31+794.500,全长235.815米,双层三跨结构。合同价款16987万元,合同工期23.8个月。2004年12月15日开工。本工程规模较大,结构复杂,大部分围护结构地下连续入岩深度较大,站后暗挖折返线区间隧道为平行洞室群,工序转换频繁。年内因征地拆迁未解决,未开工。市政一公司、市政三公司共同施工。B类工程。

16.渝遂高速公路H4合同段　位于重庆市铜梁县境内。路线全长5.791千米。起讫桩号为K58+606~K64+397,本标段设置大桥389.5米/2座,主线上跨分离式148米/2处,通道13处,涵洞8道,人行天桥3座。合同价款5040万元,合同工期24个月。开工日期2004年12月15日。年内因征地拆迁未解决,未开工。渝遂高速公路H4合同段项目部施工。Z类工程。

17.渝遂高速公路E2合同段　位于重庆市沙坪坝青木关镇。工程数量:路基挖填方388.8万立方米、防护及排水2.5万立方米;大桥257米/1座;中桥47米/1座;小桥10米/1座;涵洞368.61米/8座;隧道工程739米/1座。隧道数次穿越煤层采空区;工程量不集中,除隧道外,桥、涵等构造物沿线路较分散;道路行车较多,材料运输及路基土石方调配运输干扰较大。合同价款11883万元,合同工期24个月。2004年12月15日开工。年内因征地拆迁未解决,未开工。隧道三公司施工。Z类工程。

18.景德镇环城公路南环段A4合同段　位于江西省景德镇市昌江区竟成镇。标段全长3.6千米,是一包含隧道、桥梁和路基的综合性工程,等级为高速公路。隧道进出口采用分离式路基,单幅宽度12.25米。合同价款10659米,合同工期20个月。2004年12月15日开工。年内因征地、图纸未到位,无进度。隧道四公司施工。Z类工程。

续建工程

1.赣龙铁路9标　位于福建省长汀县。三处有限公司承建段起讫里程为DK132+790~DK135+490,全长2700米。合同工期2002年7月1日~2004年7月31日。2002年7月1日开工。2004年完成隧道水沟电缆槽611米,排水洞514米开挖及1450米衬砌及其它洞外零星工程。产值342万元,开累4418万元。隧道二公司施工。A类工程。

2.天津地铁一号线改建8标营口道站工

程　位于天津市和平区南京路、营口道交叉口。合同工期743天，2003年3月12日开工。2004年，主体工程完工，剩余1号风机房及电电缆通道结构砼。产值2299万元，开累4665万元。基础公司施工。A类工程。

3.上海轨道交通黄兴绿地站　位于上海市杨浦区营口路。合同工期2002年7月1日～2003年6月30日。实际开工日期2002年11月4日。2004年主体工程完工，附属工程由于征地、拆迁进展慢，影响施工进度。至年末，剩余附属工程有东、西出入口和南、北风井。2004年完成产值560万元，开累2929万元。上海地铁黄兴绿地站项目部施工。A类工程。

4.广州地铁三号线厦大区间　位于广州番禺厦滘村。合同工期2003年6月～2004年8月，2003年6月1日开工。2004年，完成主体工程和出入段结构，剩余1号出入口结构、通道2块顶板。产值2535万元，开累5306万元。广州地铁厦大区间项目部施工。A类工程。

5.南宁至友谊关公路C13合同段　位于广西凭详市友谊镇。合同工期2003年4月8日～2006年4月7日，2003年5月1日开工。2004年，完成路基、涵洞、服务区合同内工程及桥梁下部工程。产值1466万元，开累1955万元。南友公路C13合同段项目部施工。A类工程。

6.常张高速公路20标　位于湖南省张家界市慈利县。合同价款21595万元，合同工期2003年10月21日～2005年12月31日，2003年11月开工。2004年完成路基土石方20.03万立方米，开累24.46万立方米；路基附属圬工8077立方米，开累11060立方米；涵洞42横延米，开累42横延米；桥梁2295成桥米，开累2384成桥米。产值5480万元，开累5648万元。常张高速公路项目部施工。A类工程。

7.广州地铁三号线华岗暗挖区间　位于广州市天河区中山大道与五山路交汇处。合同工期2002年9月15日～2004年8月30日，2002年11月22日开工。2004年完成隧道成洞639米，开累1445米；开挖284米，开累1456米；衬砌完成1395米，开累1395米。产值2077万元，开累4087万元。广州地铁华岗项目部施工。B类工程。

8.国道213线沐新段改造工程　位于四川省宜宾市太平乡龙潭村。合同工期2003年12月28日～2006年2月28日。2003年11月开工。2004年开始进入主体工程施工，年内完成路基土石方3万立方米，桥梁11成桥米，五指山隧道545成洞米。产值1491万元，开累1491万元。隧道五公司施工。B类工程。

9.四川姜射坝电站引水洞　位于四川省阿坝州汶川县威州镇。合同工期2003年1月8日～2005年6月15日。2003年1月8日开工。2004年完成引水隧洞成洞656米，开累1142米；上部开挖150米，开累1150米；下部开挖970米，开累1202米；全圆衬砌1003米，开累1120米。产值2052万元，开累2980万元。姜射坝电站项目部施工。B类工程。

10.韶关芙蓉山隧道左线　位于广东省韶关市。合同工期2002年9月1日～2003年12月31日，2002年11月10日开工。2004年主体工程全部完工，隧道成洞125米，开累610米。产值1805万元，开累6201万元。韶关芙容山项目部施工。Z类工程。

11.杭州市虎跑路复线万松岭隧道及接线工程　合同工期2003年2月15日～2003年12月15日，2003年5月26日开工。2004年，由于拆迁影响，路基基本未施工；隧道成洞619米，开累819米。成产值5181万元，开累7394万元。杭州万松岭项目部施工。Z类工程。

12.温州瓯海大道工程第5合同段　位于浙江省温州市南部梧埏镇和永中镇。合同工期763天,2003年11月28日开工。2004年,洞外工程由于征地未解决,只施工了桥梁桩基12根;隧道左线成洞373米,右线成洞442米。产值3378万元,开累3450万元。瓯海项目部施工。Z类工程。

13.石万公路万州段二级公路改建工程B1合同段　位于重庆市万州区走马镇。合同工期1年,2003年11月15日开工。2004年,完成路基土石方49570立方米,桥梁194米,隧道成洞580米。产值2275万元,开累2275万元。石万公路B1标项目部施工。Z类工程。

14.陕西户-洋-勉公路XH-45标　位于陕西省汉中市洋县桑溪镇。合同工期24个月,2003年10月25日开工。2004年主体工程开始施工,隧道左线成洞1079米,右线成洞1192米。产值6396万元,开累6454万元。西汉高速公路45标项目部施工。Z类工程。

15.哈尔滨磨盘山水库供水工程　位于黑龙江省五常市沙河子镇。合同价款2255万元,合同工期2003年3月1日~2005年10月31日,2003年5月15日开工。2004年,导流洞成洞106米,开累211米;供水洞成洞315米,开累531米。产值1600万元,开累1848万元。磨盘山水库供水工程项目部施工。Z类工程。

竣工工程

1.青藏铁路二期工程23标　位于西藏那曲地区。合同工期2003年4月1日~2005年9月10日,2003年5月12日开工,2004年10月12日完工。2004年完成产值4296万元,开累7453万元。路桥二公司施工。A类工程。

2.天津地铁1号线22标　位于天津市南京路。合同工期2003年2月~2004年1月,2003年1月15日开工,2004年9月完工。基础公司施工。A类工程。

3.广州地铁四号线小新区间土建工程　位于广州市番禺区新造镇。三处有限公司承担盾构始发井施工。合同工期2003年8月3日~2004年2月28日,2003年8月23日开工,2004年4月30日完工。市政一公司施工。B类工程。

4.广州大学城管道过江隧道　位于广州市大学城内。合同工期6个月,2004年11月20日完工。总计完成南岸始发井24.5米,盲洞22米,始发洞21.85米,北岸吊出井31.45米,正洞142.7米。市政一公司施工。B类工程。

5.兰临高速公路L6标　位于甘肃省兰州市。合同工期2001年12月1日~2004年3月20日,2001年11月9日开工,2004年12月18日完工。2004年完成隧道成洞387米,开累2729米;产值1890万元,开累16218万元。隧道一公司施工。Z类工程。

6.渝黔高速公路雷崇段C6标段　位于重庆市綦江县赶水镇。合同工期36个月,2002年4月29日开工,2004年4月30日完工。2004年完成产值2175万元,开累17602万元。雷崇项目部(隧道三公司、市政二公司、路桥一公司)施工。Z类工程。

7.重庆市202线通渝隧道B标　位于重庆开县满月乡甘泉村。建设单位:重庆兴渝公路有限责任公司。合同工期2002年5月~2004年3月,2002年4月29日开工,2004年10月31日完工。2004年完成产值1671万元,开累5705万元。通渝B标项目部施工。Z类工程。

8.广东高明市对川至迳尾段公路改建工程第3合同段　位于广东省高明市合水镇。建设单位:高明市大通公路有限公司。合同工期16.5个月,2003年1月1日开工,2004年10月1日完工。2004年完成产值

3197万元，开累4806万元。高明项目部施工。Z类工程。

9.石柱渔池至河咀段二级公路改建工程C合同段　位于重庆市石柱县临溪镇。合同工期2003年4月18日~2004年3月18日，2003年4月18日开工，2004年12月26日完工。2004年完成产值882万元，开累2063万元。石万C标项目部施工。Z类工程。

10.阳江核电站进厂道路工程A标段　位于广东省阳江市东平镇。建设单位：中国广东核电集团有限公司阳江核电有限公司。合同工期2003年8月25日~2004年3月25日，2003年9月开工，2004年10月10日完工。2004年完成产值1643万元，开累2932万元。阳江A标项目部施工。Z类工程。

11.206国道安装工程　位于广东丰顺境内。合同工期5个月，2004年3月25日完工。2003年主要安装工程已完成。2004年施工剩余合同外增加的2个高杆灯安装；完成产值8万元，开累完成221万元。机电安装公司施工。Z类工程。

（工程部）

【总部搬迁】　三处有限公司原为“铁道部第五工程局第二工程处”，自1979年4月以来，总部就设在广东省乐昌市。1980年整建制调入，更名为“铁道部隧道工程局第三工程处”，乃至改制为“中铁隧道集团三处有限公司”后，总部仍在乐昌。2003年9月25日，三处有限公司董事会首届六次会议做出决议，将公司注册地变更为广东省深圳市。

乐昌地处粤北山区，交通不便、信息闭塞、经济发展缓慢、城市知名度低，客观上制约着公司的市场拓展和长远发展。而深圳是我国改革开放的前沿阵地，具有粤港澳“大三角”的地理优势，交通便利、信息畅通、经济发达、建筑市场繁荣、管理理念先进，能够为企业的发展提供良好的外部环境。同时，三处有限公司自1985年进入深圳建筑市场以来，在深圳取得了较大影响，得到深圳市政府和深圳人民的认可，并在深圳市南山区建工村有一宗租用基地，面积7391平方米，建有两栋楼房，建筑面积7788平方米，可基本满足总部办公和生活需要。

2003年12月18日，三处有限公司向集团公司呈报《关于三处有限公司在深圳注册及总部搬迁深圳的请示》。2003年12月27日，集团公司第十次董事会研究决定，同意三处有限公司总部搬迁深圳，并要求“注册成功后才能搬迁”。2004年1月18日，三处有限公司在深圳市工商局成功注册，办公楼和宿舍楼也于6月基本装修完毕。6月21日，三处有限公司向集团公司发出《关于三处有限公司机关搬迁深圳的请示》，对机关的机构、岗位和定员进行了重新设置，制定了搬迁方案。6月24日，集团公司复函三处有限公司，要求抓住搬迁的有利时机，重新调整公司机关定员定编，本着精简高效的原则，公司机关总定员严格控制在100人以内（不含公司领导职数），部门设置原则上控制在13个以内（含公安部门），不建生活区。社会事业及辅业管理职能原则留在乐昌。乐昌可设办事处，但应严格控制其机构编制，不搞“双机关”。

7月7日，三处有限公司按照集团公司的要求和公司的搬迁方案开始搬迁工作。7月12日，搬迁完成，三处有限公司总部在深圳市南山区建工村33号正式开始办公。

（李强）

【发展规划管理】

计划工作　年初对公司全年新签合同额、营业额和投资作出目标计划并报董事会审议，根据董事会决议下达年度计划；年中收集上半年各项指标完成情况及公司经营生产发展需要制定调整计划报董事会审议，根据通过的计划下达年度调整计划。日常工作负责多经计划、投资计划的归口上报与下达。

本年下达设备购置计划431台套,计2349万元。其中生产设备196台套,计2082万元,办公生活用设备139台套,计141万元,试验测量仪器用设备78台套,计125万元;房屋构筑物维修3份,计33万元;设备大修计划1份,计327万元。

统计工作 收集各专业统计报表,及时建立统计台账,每季开展统计分析,范围涉及公司新签合同额、营业额、投资完成、多种经营完成情况,查找存在的主要问题及原因,对公司的生产经营提出建议,并在公司每季度召开的《管理评审会》上发布。

牵头组织统计人员持证上岗办证工作,新取得上岗资格证7人。

在集团公司开展的统计评比中,三处有限公司综合统计被评为优秀单位一等奖;4个专业统计中劳动统计评为一等奖,施工统计、多经统计评为二等奖,固定资产统计评为三等奖。公司人力资源部刘小平撰写的《规范工资统计基础资料,准确反映客观现状》获中铁工程总公司三等奖。

辅业经营 完成辅业营业额16946万元,为计划的103%。其中机电安装公司完成1592万元,为计划的133%;设备物资中心完成14104万元,为计划的100%;体育用品厂完成150万元,为计划的60%;生活服务公司完成598万元,为计划的168%;医院完成502万元,为计划的112%。

体育用品厂于2004年5月13日撤销。

资质管理 根据公司办公地的变更需要,完成了《企业法人营业执照》、《企业组织机构代码证》、《建筑业企业资质证书》等证书的申请迁移、变更、备案及年检工作。协助人力资源部办理一级建造师考核认证工作,申报13人,批准11人,超出了公司的预期目标。

参加由中铁工程总公司组织的施工企业项目经理资质数据库管理培训,将公司现有的36名项目经理(其中一级25人、二级11人)进入了建设部项目经理数据库。

为保证企业经营招投标工作的需要,办理了《法定代表人证明书》和有关人员项目经理资质证书的工作单位变更手续。

及时收集企业资质申报的有关阶段性资料,为公司新增资质申报做准备。

协会管理 办理了郭小华、沈卫平2人的中国公路建设行业协会颁发的“二OO三年度公路工程优秀项目经理”证书。

办理了中铁工程总公司级优秀项目经理的申报工作,汪成兴、赵春华、刘剑文3人获此荣誉。

办理了铁道部级优秀项目经理的申报工作,汪成兴、刘剑文2人获此荣誉。

(赵义)

【经营开发管理】 2004年,公司经营新签施工合同额11.8923亿元,完成公司计划的103.41%。其中自揽7.2346亿元,完成公司计划的103.35%。全年共参与了87个项目共135个标段的资格预审申请,通过资审45项,共61个标段,放弃4项,通过率65.22%。投标75项共93个标段,其中独立组织投标69项,共85个标段;配合集团公司投标6项,共8个标段。中标17项,中标率22.67%。

(李秀兰)

【合同管理】

分包合同管理 合同管理部指导各项目按工程需求引入外包队伍,严格分包方准入条件,实行公开竞标择优录取,并坚持集体研究决定。加强工程分包立项报告的审核,实行分包单价现场指导、考核、测算,将分包风险降到最低点。严格审查分包合同，做到合同内容完整、权责明确、标的清晰、手续完备，合法有效。要求各项目严格执行“先签合同后进场，不签合同不进场、资格审查严格把关，杜绝层层分包和转包现象、严禁一刀切的分包方式”的管理规定。在合同执行过程控制中，规范项目经理部（分公司）行为，健全各项业务间的制约机制，确保验工、计量规范签认。对工程使用材料按规定进行考核，特别是加强对分包方的工程材料使用情况进行定额考核，建立分包方各类台账，规范结算审查各种原始凭证，以严密的管理避免资金流失。根据工程进度对劳务方进行动态管理，对不能很好履行合同，有可能影响工期者，果断予以辞退。加大监督检查力度，对分包工程的管理，抓规范，抓程序，严格按照质量体系运行标准实施，按规定给予奖罚。

全年审批办理各项目、各单位呈报的工程分包立项报告 178 份，批准 162 份、呈报资审资料 42 份，批准 37 份，合同 108 份，批准 102 份。

建立并完善了分包方档案，各类工程台账和季度报表制度，加强了统计、综合、监督、档案的日常管理，并按集团公司要求及时、准确上报各类报表。

2004 年，在分包合同的管理上存在着一些不足之处，一是对分包方所具备施工资质、履约能力审查考察评估不够，施工中控制不力，使得分包方进场施工不能按合同进行施工履约，无法满足工程进度要求。二是项目领导对分包方管理、验工计量、工程材料考核重视不够，不能按合同条款主动进行分包管理，对分包方无任何约束力，一出现问题便束手无策。三是分包合同规定履约金缴纳制度落实不够，出现合同上有约定，实际项目上未收取，不能对分包方进行有效的制约。四是业主指定的分包队伍越来越多，分包方大都是“三无”单位，基层单位未能主动应对，致使委外分包单价偏高，合同签订不及时，扯皮现象严重。五是不能及时按合同内约定对分包方的进行验工计价工作，有施工中超付工程款、结算时少扣质保金或提前返还质保金的现象。六是肢解分包工程项目有上升趋势，价格测算随意，走到哪算到哪，没有全面意识。七是部分合同管理人员对工作程序不了解，不能严格按公司的要求执行。

内部承包责任成本管理 2004 年下达内部承包上缴比例的工程共计 24 项。其中确定上缴比例为 23 项，合计合同价款 74055.72 万元，应上缴公司金额 7240.16 万元，内部承包综合上缴比例为 9.8%；暂定上缴比例为 1 项（广州新光快速工程，暂定承包合同价款 3301 万元，按 10%收取为 330.1 万元，主要原因是预算收入未确定）；未定上缴比例工程为 3 项（广东东莞港口大道第 9 合同段、渝遂高速公路 H4 合同段，宜万铁路 W8 标，主要原因是工程刚中标，尚未进场开工）。

为作好项目期中控制，公司出台了一系列管理文件，规范业主验工报表及要求上报的台账和计算方式。四季度重点催促各项目部及时进行验工计价，确保资金的回笼运转。

为强化各项目的二次经营工作，公司出台了二次经营管理办法，合同部按季度收集各项目的二次经营报表，及时掌握各项目二次经营的进展情况和需要解决的问题，督导各项目经营合同人员按照业主需求进行分析，找准突破口，注重过程性、技巧性、时机性和符合性，力争在最短时间内得到业主签认并及时计量。

对已完工程，确定工程结算责任人，加强指导、检查和督促。2004 年完成工程结算的项目有上海临平路、广大铁路、中山博爱立交、万梁高速公路等。

（王昭）

【施工技术管理】 2004年，三处有限公司工程管理部以一切为“指导现场、服务现场”为原则开展工作。实施性施工组织设计及质量计划审核率100%，建立健全了各类技术管理台账。

科技成果项目

（1）“城市景区浅埋单洞四车道市政隧道修建技术”通过总公司鉴定，并获集团公司科技进步一等奖。

（2）“手持液压钻代替风钻的研究与推广应用”通过集团公司鉴定，并获集团公司科技进步二等奖。

（3）“变截面预应力砼异型曲线箱梁工法”通过集团公司验收。

（4）获部级工法两项：“1800T大轴力桩基托换施工工法”、“城市浅埋硬岩大断面隧道施工工法”。

（5）获洛阳市科技进步奖两项，其中“穿越高层建筑浅埋暗挖单洞双层隧道修建技术”获洛阳市科技进步一等奖、“繁华城区浅埋硬岩超大断面地下车站隧道施工技术研究”获洛阳市科技进步二等奖。

调度工作 及时上传下达各项施工生产指令、计划，做好动态管理。对施工计划表和统计、调度报表的格式、内容、上报时间进行了规范。按时参加公司交班会，汇报施工生产情况，提供数据资料。全年共接收各类报告908份（其中调度报告11份），接收集团公司调度通知1份，发出调度通知2份，发出施工生产指令10份，完成1至12月施工生产小结及全年统计、计划报表。

试验工作 试验中心根据各工点的试验计划，检查指导工地试验室所使用的标准规范，以保证工地试验室执行新标准规范。按CMA计量认证的新要求，于2004年11月完成了质量手册和程序文件的编制。健全了试验仪器各类台账。

测量工作 公司精测队全年累计精测20次，其中新上项目6个，竣工项目2个。全年精测工作任务饱满，每次精测成果100%地满足施工测量的需要。及时掌握各项目测量仪器的流动和使用情况，健全了测量仪器各类台账。

环保工作 公司《质量环境职业健康安全管理手册》于2004年12月1日生效。各工程项目部识别了本项目的环境因素、重要环境因素，编制了环境管理方案和应急预案。

计量工作 对强检试验设备及时向当地有标定资质的计量部门申请标定，对自校设备严格按自校规程进行定期自校，确保试验设备及各种计量设备处于良好的精度状态。

（工程部）

【劳动人事管理】

员工结构 2004年底，三处有限公司员工总数3759人，其中退养、长病休520人，占员工总数的13.8%。能够实际为公司服务的3238人中，大专以上文化程度的632人，占19.5%，35岁以下的2220人，占68%，各类专业技术人员907人（高级19人，中级151人，初级737人）占28%；32个主要技术工种作业人员1593人，占49.2%，其中高级技师6人，技师25人，中高级技术工人435人。

专业技术人员管理 完成对参评专业技术职务人员的摸底调查、资料收集、整理、参评资格审查、外语考试、评审组织工作。办理专业技术职务评聘112人、政工职称评聘14人工作，推荐政工高级职称1人。

全年引进大中专毕业生109人，并在乐昌集中进行一周的岗前培训。招收“五大”毕业生3人，技校毕业生19人，安置退伍军人4人。

领导班子建设 公司领导班子13人,其中大专以上文化程度12人,平均年龄40岁。建立中初级后备干部205人数据库,调整使用中级管理人员130人次,提拔任用中级管理人员56人、初级管理人员35人。对17个基层单位领导班子进行了民主测评。

工资管理 2004年4月1日起,公司实行岗位等级工资制度。主要内容:一是“以岗定薪,易岗易薪”,其特点是向重要管理岗位和技术岗位倾斜,员工工资总体有所增长;二是简化了工资单元,由过去实行技能工资制度工资十多种单元简化为4个工资单元,即:年功工资(最低工资保障线和工龄工资)、岗位工资(是根据员工所处岗位不同设置的工资,其拉开的档次较大,最高最低为6:1来操作)、特殊工资(政策规定的津补贴,主要是专业技术津贴)、效益工资(即当期生产奖金)。三是体现工资收入与效益和任务指标紧密挂钩的特点,收入随经营生产成果浮动,按生产奖金——技术津贴——岗位工资——工龄工资的顺序进行调节。

按照工资管理办法指导意见,对53个工资审批单位实行工资总量和生产奖金按月审批制度。各单位根据员工绩效考核情况在岗位等级工资制度的框架下实行再分配,后勤单位的浮动部分按季考核逐月发放。

2004年,员工月人均收入1257元,其中在岗员工月均工资1610元,非在岗员工月均生活费471元。

加大了对岗位等级工资制执行情况抽查、处罚、通报力度。全年抽查14个单位工资执行情况,对其中违规发放加班工资和奖金的单位通报批评并追回其中管理人员违规所得,并对有关责任人经济处罚。53个工资统计单位对2003年4月至2004年3月的工资快报进行一年一度的自查,对工资自查出现漏报、超报的多个单位给予通报并要求限期整改。

教育培训 委外岗位培训234人次。其中建造师考前培训44人、安全管理培训38人,培训试验工程师22人、试验员8人计30人并办理相应岗位证书,其他业务知识培训122人次。

基层业余学校办班75期,培训1335人次,新签帮学合同87份。公司机关办班8期,390人次参加学习。

学历培训毕业43人,在学61人。2004年报名考试75人。

根据国家职业标准摘要编印了工程施工常设岗位职业标准。

劳动合同管理 完成全公司16类各级管理人员的信息子集采集入库工作,完成全公司3800余人基本信息的采集入库工作。

组织除退养外的员工填写《员工履历表》,审核盖章后存入员工本人档案。

对758名合同到期人员进行考核,终止劳动合同69人。

加大对长期非在岗人员的清理力度,在事实清楚,程序合法的条件下,分期分批对离岗多年的人员91人予以除名,对确实因为年龄、工作需要等客观原因不能继续工作,本人申请退养的37人办理内部退养。

认真清理、整顿、规范各类临时性用工,加强对外部劳务队伍的清理整顿,强化审批制度。

科技人才选拔与管理 申报集团公司优秀项目经理8人,通过2人。 (刘小平)

【财务会计管理】 2004年,三处有限公司决算单位55个,其中经营性单位51个、非经营性单位4个。全公司资产总额72264万元,其中流动资产62381万元,固定资产8616万元,负债总额70196万元,所有者权益2068万元。资产负债率97.14%,流动比率0.89,速动比率0.72,净资产收益率20.65%,产值利润率0.46%,净资产保值增值率

123.03%,实现主营业务收入99265万元,非主营业务收入598万元,利润总额455万元,净利润387万元。

财务管理 2004年,公司拓宽了融资渠道,提高资信等级同时继续加强资金管理,进一步完善公司资金集中管理制度,加强现金日报制度和网络银行的使用。

借公司搬迁深圳之机,财务部积极向各商业银行宣传公司,扩大融资渠道。在继续保留公司在乐昌各银行的各项业务外,还在深圳银行发展和拓宽业务,为公司的经营工作创造了良好的发展空间。2004年公司取得了河南省资信评估公司授予的“AAA”信用等级。取得各大银行书面综合授信额度为88000万元,分别是:乐昌建行综合授信额度40000万元,乐昌工行流动资金授信额度3000万元(保函、信贷额度末公布),深圳交行学府支行综合授信额度40000万元,深圳商业银行滨河支行授信额度5000万元(信贷证明无限额)。财务部全年办理各类保函、信贷(资信)证明134笔共计137543万元,办理银行查证授权书22份、银行存款证明2份和银行资信证明2份。

会计管理 根据公司深入改革和发展的需要,不断完善和落实以《会计法》为基础的会计法规体系。财务部制定了《关于印发中铁隧道集团三处有限公司资金管理办法(试行)的通知》、《关于新旧会计制度转换有关问题的通知》、《关于执行建造合同准则有关问题的通知》等办法和通知,并转发集团公司、国资委和中铁工程总公司的相关文件、制度,使公司会计法规体系得到了日益完善。

财务部严格执行财务会计制度和规章,进一步理顺和明确财务关系,规范公司会计工作秩序和会计核算机构,被评为2004年集团财务决算优胜单位。

会计监督 重点是检查资金安全,对违反资产管理和财务审批权限的问题进行披露并要求其整改。财务部全年共检查下属单位17个(次),发出监察整改通知书13份,提出整改建议67条,向公司领导提交签报3份。

成本管理 重点落实对各单位责任成本过程的控制,先算后干在项目成本管理中成为共识,成本管理工作取得阶段性成果。2004年预算总成本为94530.11万元,实际成本为86724.86万元,成本降低率为8.26%。

严格按照集团公司关于工程项目亏损预警反应管理办法的精神,加强对公司亏损项目的预警过程管理。根据项目亏损情况,公司组织相关职能部门到现场进行诊断,分析原因并提出对策。在诊断过程中加强对项目运作、合同管理、施工组织设计、分包管理、项目成本内容等方面进行全方位的审核,检查工、料、机直接费和间接费用的支出情况,对于超支的项目及时提出处理意见并督促整改,从而达到全方位监控的目的。

国有资产管理 根据国资委、中铁工程总公司和集团公司对清产核资工作的统一部署,公司认真开展清产核资工作,对所属66户单位的各项资产进行了全面清查核实。清查出各项资产损失金额858.65万元,其中非营性资产净损失76.50万元,经营性资产净损失58.66万元,预计经营性资产损失(坏账损失)723.49万元。公司财务部根据国家国有资产和清产核资的批示,对清查出各项不良资产、潜亏挂账等损失按照规定进行集中财务处理,并建立账销案存档案。

根据公司固定资产管理办法,继续加强固定资产的核算和账务管理工作。对新增固定资产严格按照购置计划办理组资手续,对调动的固定资产及时办理转移手续,并根据公司各资产管理部门的处置意见,按照程序要求,对公司部分已到期且无使用价值的固定资产认真进行报废处理。针对资产管理中存在的问题，财务部重申了公司固定资产管理的相关规定，力争做到账实、账账、账卡相符，以提高资产使用效率，努力减少资产流失，维护企业利益。2004年，公司新增组资固定资产1622万元，其中施工生产设备1338万元，办公生活设备93万元，测量试验仪器165万元，房屋建筑物24万元。

资金管理站 公司资金管理站是财务部附属机构，定员2人，现员2人。2004年，资金管理站利用沉淀资金，按资金有偿使用原则，调节公司生产经营中出现的临时性资金余缺。到年末资金管理站货币资金流入量达34105.00万元，流出量达33817.00万元。8月18日，公司中标承建BT模式的重庆轻轨三号线龙头寺车站，通过努力，项目资金得到落实，施工生产正常。表明公司的资金运作取得初步成果，该项目的顺利实施将为公司的资本运作提供经验。

财会队伍建设 至年末，公司财务从业人员有94人，其中会计师4人，助理会计师55人，会计员18人。全年2人被评为集团公司先进会计工作者，3人被评为公司先进工作者。

全年分期分批组织公司财会人员94人参加中铁工程总公司在上海、南京、南宁、成都、重庆、乐昌、洛阳等片区的《企业会计制度》培训和学习研讨会。

（陈绍武）

【设备物资管理】

设备管理 三处有限公司设备管理分为公司、项目经理部和分公司工区3个管理层，挖掘机、起重机等主要施工设备由公司设物中心统一管理，实行内部租赁，其他设备采取配属。

至年末，公司有施工机械设备570台，原值9276.49万元，净值3484.05万元，新度系数37.56%。主要设备完好率86%，利用率82%，分别高出公司指标6个和7个百分点。全年设物中心统一租凭设备30台，租赁费用587.55万元。

全年完成设备、机具购置189台，价值1689.1万元，其中设备购置84台，1509.7万元，机具购置105台，179.41万元。与2003年比，购置设备、机具增加117台，购置金额增加434.4万元。

设备大修计划348万元，实际完成270.46万元，为计划的77.7%。

开展机械使用核算工作。公司设物部依据项目责任成本中机械费的分劈，对机械费超标的单位要求分析原因，提出改进措施，对机械费较大的项目定期沟通，指导解决存在的问题。

物资管理 依据公司现行管理，实行“分层管理、集中供应与辅助供应相结合”的物资供应管理模式，主要材料的供应由设物中心统购。设物中心成立采购站14个，分别对重点工程进行物资供应。设物中心全年共供应材料19615.46万元，其中甲供1362.49万元、集团公司供应4750.58万元、自购13502.39万元。为加强管理，公司设物部建立了主要材料采购单价台账，对各项目主要材料采购单价定期进行分析比较，对采购单价偏高的材料进行调查监督。通过招标采购及指导价的实行，全年共产生价差170.36万元。

主要周转性材料由设物中心统一进行管理。2004年，通过逐步回收及新购，设物中心共有主要周转性材料原值1117.9万元，净值316.14万元。公司设物部在年初公布了主要周转性材料的标准价，由设物中心根据所公布的标准价进行内部租赁，并加强动态调配，提高利用率。2004年，设物中心周转性材料收入共计308.28万元。

（设备物资部）

【安全质量管理】 2004年发生工伤事故3起,分别是:通渝隧道B标溶洞突涌事故死亡5人(自然灾害不列入公司年度安全指标),国道318项线交通事故死亡2人(交通事故不列入公司年度安全指标),轻伤事故1起,轻伤1人。死亡率0‰,重伤率0‰,轻伤率0.26‰。

全年完工项目5个,分别是赣龙铁路9标、渝黔高速公路雷崇段C6标段、广州地铁四号线小新盾构井、广高公路对川至迳尾段改建工程、阳江核电厂进场公路A标,未进行竣工验收。工程施工质量自检合格率100%,优良率97%。

安全质量创建 广州地铁二号线越广区间(含越秀公园站)获第四届土木工程詹天佑大奖;广州地铁二号线越广区间(含越秀公园站)、广州地铁二号线公园站前南段、西安绕城高速公路南段产河特大桥、川藏公路二郎山隧道获铁道部(火车头)优质工程;广州地铁二号线越广区间(含越秀公园站)、广州地铁二号线公园站前南段获总公司级优质工程;南京TA01标获得集团级安全质量标准工地;重庆轻轨较新线临江门车站、汕梅高速公路左线B标、温州莲花山引水隧洞工程获集团公司级优质工程;上海轨道交通8号线黄兴绿地站荣获2003年度上海市文明工地称号;上海轨道交通9号线R404标上半年的评比中获得"创优达标竞赛优秀工地奖";重庆轻轨较新线临江门车站获重庆市三峡杯优质结构工程奖。

QC小组活动 杭州万松岭隧道项目部"特大跨隧道Ⅰ、Ⅱ类围岩开挖施工技术"QC成果获集团公司QC成果一等奖、中国铁路工程总公司优秀QC成果奖;温州瓯海大道项目部超浅埋大跨隧道施工技术获集团公司QC成果二等奖。

贯标认证 3月18日至5月13日,对机关本部7个部门、10个分公司和4个指挥部进行了内部审核,产生17个不合格项和120个观察项。5月~6月,对内审产生的不合格项和观察项进行指导并督促整改。

9月5日至11日,配合北京新时代认证中心对三处有限公司进行ISO9001:2000标准的第一次监督审核,并顺利过关。

为适应新形势发展的需要,11月~12月进行了质量环境职业健康安全管理体系文件的编写和审核工作。

(安质部)

【行政综合管理】

文秘工作 完成了2004年工作会议、管理工作会议等大型会议上的领导工作报告、讲话等起草工作。认真把好文件的审核关,做好各种会议的会前准备、会议纪要、落实催办等各项工作。全年编发会议纪要62份,拟发贺电8份。收到上级及地方来文421份,电传2113份,处理上行文817份。均按程序办理,准确无误。全年发文1894份,制发印章46枚,回收作废印章13枚。

档案工作 全年共接收整理16个部门归档档案614卷,其中科技档案258卷,文书档案291卷,会计档案65卷。

信访工作 根据国家相关规定和企业规章制度,以维护企业及员工利益为出发点,做到了事事有答复,件件有落实。全年共收到上访信件123件,接待上访人员318人次。

(杨华位)

【社会事业管理】

养老保险 2004年末,公司有离退休(职)人员3243人,其中离休9人,退休3187人、退职47人。全年在职员工缴纳养老保险费企业部分缴费比例按18%,个人缴费比例按8%,公司全年应向广东省社会保险基金管理局缴纳养老保险费1485.34万元,平均每月上缴 123.78 万元。全年公司向广东省社会保险基金管理局申报退休 88 人，获准退休 62 人。办理投保 145 人，停保 175 人。办理养老金转移 18 人。根据广东省社会保险基金管理局的要求，办理了公司 3200 多名离、退休(职)人员 2004 年养老金定期调整，调整后离退休金人均增加约 78.37 元，其中离休人员养老金人均达 2128.47 元/月，退休人员养老金人均达 1047.09 元/月。年内对离退休人员进行了两次生存调查。

医疗保险 2004 年末，公司医疗保险参保 6983 人，其中在职 3755 人，退休 3288 人。韶关市社保中心核定在册员工医疗保险费缴费比例为企业 6.5%，个人 2%，全年上缴医疗保险费 719.39 万元，其中在册员工缴纳 444.86 在万元，退休(职)人员缴纳 274.53 万元。公司还参加了大额医疗保险，每人每年需向中国平安保险公司缴纳保费 60 元，在社会医疗保险统筹基金最高支付限额(韶关市 4 倍年社会平均工资)以外，每人每年还可以在平安保险公司大额互助保险内再报销最高限额 20 万元；超过 4 倍韶关市年社会平均工资以上部分住院医疗费按 95%报销，凡属于基本医疗保险报销范围内共付段个人自付部分另报销 60%。公司 2004 年缴纳大额互助医疗保险费 42.7 万元，已有 3 人符合条件享受此项待遇。全年补办《基本医疗保险手册》230 多本，办理了医疗保险投保 145 人、停保 156 人，退保 196 人。

工伤保险 2004 年工伤保险参保人数(不含退养、长病、长休人员)3260 人。全年工伤保险的缴费比例为 1%，总计上缴工伤保险费 52.91 万元，全年新办理工伤残疾退休 3 人，累计办理工伤残疾退休 13 人，并进行了 2004 年工伤残疾退休金定期调整，调整后人均残疾退休金 967.90 元，全年由韶关市社保中心承担残疾退休金 13.94 万元，同时还对公司 276 户计 296 名因工死亡供养直系亲属所享受的待遇进行了调整，全年由韶关市社保中心承担供养遗属生活补助费 129.95 万元，全年从韶关市社保中心申领到工伤保险待遇 226.76 万元。

生育保险 2004 年末，参加生育保险 3260 人。韶关市社保中心核定生育保险费单位缴费比例为 0.5%，个人不缴纳生育保险费，公司全年应上缴生育保险费 26.46 万元。韶关市社保中心拨付公司各项待遇 12.50 万元，其中产假工资 5.72 万元、生育费用 5.37 万元、男配偶看护工资 1.2 万元、流产费用 0.21 万元。

计划生育 2004 年，公司晚婚率达 89%，晚育率、节育率 100%，独生子女办证率达 97%，已婚育龄夫妇落实节育措施 35 人。全年办理生育证 36 人，独生子女优待证 34 人，计划生育服务证 80 人，流协人员生育证 12 人，建立已婚育龄妇女档案卡 662 份。全年无超生。

再就业管理 2004 年，再就业服务中心负责管理的下岗员工有 66 人，全年由公司承担生活费 50.76 万元，另有 582 名下岗员工纳入了中央财政费用承担，每季度向中央财政申请下岗员工补助资金，全年共向中央财政申请下岗员工生活补助资金 475.76 万元，公司已分别于当月过同公司自筹资金下拨各基层单位。

卫生防疫 2 月，针对全国防治“禽流感”的严峻形势，公司成立了防治“禽流感”工作领导小组。年内还向韶关市社保中心申请经费对部分矽肺病人进行了疗养。2004 年因矽肺到病死亡 3 人，至年末还有矽肺病人 70 人。

物业管理 深圳地区有临时租用地 1 宗，原面积 7391 平方米，因深圳市修建南光快速道路重用约 500 平方米，实际面积为 6891 平方米。公司机关搬迁深圳后，深圳市国土局同意与三处有限公司续租 5 年，租期至2008年12月,地租为24元/平方米．年,全部5年地租约83.89万元。2004年,共缴物业管理费2.45万元。

公司机关搬迁深圳发生费用317万元。全年小型项目计划125.61万元,实际发生63.30万元。

2004年度,公司乐昌地区一号基地继续保持韶关市文明小区称号,二号基地继续保持乐昌市安全文明小区称号。

公司机关于2004年8月建成花园式机关,并制定了新的物业管理办法,采取专业化的队伍和方式对机关物业进行规范化的管理。

（胡豪）

【审计工作】 三处有限公司审计部定员5个,2004年末在册5人。

根据公司委派及年度审计计划,2004年,公司审计部在有关部门的配合支持下、对2003年底以来新开工的5个重点项目进行前期工程项目审计。对年内完工的10重点项目进行经济效益审计。对3个辅业单位进行经济责任审计财务收支审计。审计的重点是在建工程的规范管理、成本控制,对完工项目进行业绩确认,总结评价。

2004年计划完成审计项目12项目,实际完成审计项目20项,延伸审计27个核算单位。审计金额达25.13亿元,发现问题120条,涉及金额3277.7万元,审计发现的问题及时向现场管理层提出,提出审计意见和建议96条,违规问题公司职能部门按公司项目管理办法及时进行了处理。

（审计部）

【公安工作】 2004年末,铁路工程公安局第七公安处第三公安分处(简称“公安分处”)共有公安民警27人,其中一级警督1人,二级警督2人。

立破案情况 全年共接、处警569起。其中立刑事案件40起,破12起(其中破重大案件4起),破案总价值3.548万元,抓获犯罪嫌疑人18人。受理治安案件32起,查处27起,处理违法人员45人。

国内安全保卫工作 针对公司的改革及利益格局的调整,深入各单位调查了解员工群众的思想状况,协助有关部门做好矛盾的疏导和化解工作。在政治敏感时期和重大活动期间,加强防范和值班备勤,做好应对突发事件的准备工作。加大长大桥隧、要害部位、要害设备的巡逻守护和安全防范工作力度,分处全年共出动警力156人次,未发现异常情况,未发生一起政治案件和事件。

民爆物品管理 公安分处认真贯彻国家有关爆炸物品安全管理方面的法律、法规和规章,坚持“谁主管,谁负责”的原则,对爆炸物品的储存、领取、使用、清退等环节,对公司在建工程的11座爆炸物品仓库及所有涉爆单位进行定期或不定期的检查,尤其是爆炸器材和编号雷管的使用情况,一旦发现有违规现象,及时督促单位进行整改。全年分处共对爆炸物品储存、使用检查360次,查出隐患68次,责令当场整改40次,限期整改28次。同时加强对涉爆人员的安全知识教育,禁止一切非爆破专业人员接触或从事爆破工作。

消防管理 采取办板报、张贴标语等多种形式进行宣传消防知识,提高员工自身防火意识,并加大消防监督力度,及时整改消防隐患。全年共进行消防监督检查420余次,查出火灾隐患56起,当场整改35起,限期整改20起。

（欧文丽）

【医疗卫生】 2004年末三处有限公司医院在册员工85人,其中管理人员3人,专业技术人员78人,勤杂人员4人。开放病床70

张。

全年门诊接诊 18858 人次;收治住院病人 784 人次;住院病人治愈好转率 97%;抢救危重病人 36 人次,成功率 80.5%;开展大、中手术 130 例,手术前后诊断符合率 100%;病床利用率 36.7%,平均病床工作日 134 天。全年无医疗差错和事故。

医院被列为韶关市医保、工伤定点医院,人寿保险乐昌分公司定点医院。2004 年全年医院医疗性收入 486 万元,创建院历史最好水平。

(杨书腾)

【企业文化建设】 三处有限公司企业文化建设由党工部负责。2004 年,党工部一是围绕培育企业精神,以文件、简报、《开路先锋》报等为载体,大力宣传集团 MI 手册。,使集团精神、理念、目标、宗旨在员工中深入人心。二是结合文明施工,严格执行新版 VI 手册。在"三会"期间,对各单位党组织负责人进行了培训,将总公司和集团旗帜、集团徽标、VI 识别系统光盘、手册下发到各基层单位,把新版 VI 手册的主要内容刊入企业网站,以方便基层单位查阅。明确 5000 万元以上工程,由公司党工部派专人到工地现场规划工地宣传;其余工程由基层单位规划后上报党工部审批后再实施;对原有在建工程,统一按新版 VI 手册要求更新工地形象宣传。三是结合公司具体特点,编写了 BI 手册,同时,《开路先锋》报还组织、刊载了一大批具有工地特色的通讯、报告文学、诗歌、散文、小说、摄影作品,弘扬了企业精神,激励了员工的斗志。年内有 3 个单位荣获集团公司企业文化建设先进单位,上海 R404 项目还获得了上海市文明施工奖、安全精品奖和总公司优秀工地奖。

(李瑜)

【党的组织建设】 2004 年,三处有限公司党委下设基层党工委 13 个,总支 11 个,直属党支部 16 个,非直属支部 53 个。有党员 1045 人,占员工总数的 15%,其中预备党员 53,在岗党员 755 人,占党员总数 72%;生产一线党员 576 人,占一线员工的 24%。35 岁以下的青年党员 476 人,具有高中及以上文化程度的党员 671 人。

基层党组织建设 按照哪里有项目哪里就有党组织的原则,2004 年共对 7 个基层党组织班子进行了调整充实,配齐了各级党组织的书记,组建了党工委 5 个、党支部 5 个,撤销基层党组织 5 个,进行党支部换届改选 6 个。

根据集团公司党委安排,2004 年 6 月,选派 2 人参加了集团公司党委举办的组织工作培训班;9 月,选派 4 名专职党支部书记参加了集团公司党委举办的党支部书记培训班。

党建贯标工作 公司党委坚持"用管理提升党建质量,用质量满足顾客要求,用党建质量的持续提升,满足企业不断发展的要求"这一质量方针,努力实现"有项目就有战斗堡垒作用,有生产就有政治思想保证,有队伍就有坚强班子带领,有活动就有特色工作支持,有管理就有企业文化渗透"的质量目标,通过制定硬性措施和内审,推进党建贯标工作。公司党委结合行政贯标内审,开展党建贯标第一次内审,内审覆盖所有公司党群主要领导、管理者代表、党群各部门和基层党组织,共开具观察项 186 个,开具不合格项 2 个,对观察项提出了改进意见,对不合格项要求在 20 天内改进,实现闭合。党群各部门员工全部达到了内审员的标准。各单位按《质量手册》和《程序文件》的要求,规范各项工作,做好了相应记录,党建基础工作较以往有较大提高。对党建贯标工作抓得不力的基层党组织,实行一票否决,取消

评先评优资格。

“创先争优”活动 2004年,公司各级党组织深入开展“学、创、带”活动,引导广大党员学一流技术、创一流业绩、带一流队伍。重新调整建立党员责任岗458个,党员责任区175个,考核认定党员先锋岗264个,红旗责任区82个。

先进性教育活动准备工作 贯彻隧党组[2004]35号《关于做好保持共产党员先进性教育活动准备工作的通知》精神,通过政研论文、调查摸底、座谈会、发放问卷等形式,摸清党员教育、党组织现状及党员队伍中存在的突出问题,针对存在的问题制定了相应的措施。在历时4个月的准备工作中,共收到政研论文8篇,召开党员座谈会38场次、群众座谈会28场次,发放党员问卷170份、群众问卷390份。

发展党员工作 全年发展新党员44名。其中作业人员5名,占12%;管理人员和专业技术人员39名,占88%;35岁以下青年员工41名,占93%。办理预备党员转正57人,党员空白班组率动态中控制在3%以下。至年底,累计申请入党人数400人,其中列为入党积极分子的128人。

(王剑 袁科)

【宣传思想工作】

2004年,三处有限公司党委中心组学习5次,学习重点是“三个代表”重要思想、“两个务必”、党的十六届四中全会精神、《政府工作报告》、《中共中央关于加强党的执政能力建设的决定》以及集团公司和公司重要的方针政策,采用分散和集中学习相结合的方式,围绕开展“成本管理年”活动、完善项目法施工、强化安全生产、严格分包管理、转变干部作风等组织专题学习。

全年累计在省(部)级以上报刊、电台、电视台发稿32篇;向《隧道工人》报投稿284篇,采用167篇,出版《开路先锋》报24期。总结了成本管理、科技树誉增效、项目管理、思想政治工作等6个典型材料,在集团公司和公司工作会上交流。

(李瑜)

【纪检监察工作】 2004年,公司纪检监察工作,围绕企业生产经营,狠抓效能监察,加强党风廉政建设,积极开展以“两个条例”为主题的教育活动,促进公司各项工作的健康发展。

主题教育 先后举办《党内监督条例》、《纪律处分条例》培训班2期,共有125人次参加;购买《党员领导干部廉洁从政手册》50套,发放至公司副职以上领导及各部门领导,并提出具体的学习安排;组织机关和后勤各单位员工认真观看党风廉政教育录像片;撰写《新形势下国有施工企业纪检监察工作的定位与思考》调研文章1篇;对公司机关和片区指挥部中级副职以上管理人员进行了党风廉政建设责任制落实情况的问卷调查;发放学习资料68套,组织党委中心组成员专题学习2次。公司纪委监察部根据“两个条例”的内容,编写试题,298人参加了答题活动。

责任制建设 修订完善有关廉洁从业规章制度5项;对14名公司副职人员进行了民主评议评廉;对185名中级管理人员的廉政档案进行了充实完善;建立党风廉政监督小组32个,党风廉政监督员调整至145名。

效能监察 认真做好大型设备的招标采购、废旧物资的处理、项目大额资金的支出、责任成本的控制、工程项目的分承包合同的效能监察工作,注重从源头上防范,有效堵塞漏洞。3次组织执纪执法效能监察小组,对公司的重点支柱施工项目进行了效能监察,对存在的问题及时提出整改意见,督促相关单位及时进行整改。

信访核查 全年共收到违纪线索共12件，其中自办5件，上级转办件6件，作为情况掌握的1件。反映问题不实，予以了结的4件，还有1件正在进行调查核实之中。来信内容属其它部门的工作范围的6个信件，已对信访人作出解释，并转交有关部门进行处理完结。

队伍建设 2004年，公司纪委不断调整和充实纪检监察队伍，加强自身队伍建设。公司纪委先后派出1人参加中铁工程总公司的纪检监察业务培训、4人参加了集团公司主办的纪检监察业务培训班学习。

（纪检监察部）

【"双清"工作】 2004年，收回2002年末前形成的外欠款2314万元，完成集团公司下达计划的101.7%；回收2003年末前形成的外欠款回收3862万元，完成集团公司下达计划的102.7%；2004年底外欠款控制总额为8580万元，比集团公司下达的控制额减少67万元。

（郭林）

【工会工作及民主管理】 2004年，三处有限公司有工会会员3758人，入会率达100%。设立基层工会、工会工委31个，配备有专兼职工会干部36人，其中专职工会干部20人，兼职工会干部16人。新上工点组建工会工委15个，新成立项目部配工会工委主任、组织员15人。

民主管理 公司首届三次职工代表大会于2004年3月9日至10日在广东乐昌胜利召开。征集职工提案39条，处理落实39条。各单位职代会或民主管理大会召开率100%，共评议各级管理人员79名，征集处理提案161件。

"双赛"活动 2004年开展了劳动竞赛和技能竞赛活动，并通过《工团信息》及时通报"双赛"信息。在公司2004年职代会上，表彰奖励了2003年劳动竞赛优胜单位、劳动竞赛标兵、劳动竞赛优秀组织者。全公司评选出年度先进集体4个，先进班组22个，先进生产（工作）者标兵10名，先进生产（工作）者118名；推荐报集团公司表彰的先进集体2个，班组4个，先进生产（工作）者16名，标兵、劳模2名。隧道一公司李友坤获"河南省劳动模范"、机电安装公司姚荣旦获"总公司劳动模范"称号。

宣传教育 开展"打造学习型工会组织，培养复合型工会干部"活动。为加强和规范项目管理，工会与团委联合举办了"项目管理知识擂台赛"，有8支队伍参赛。组织参加集团公司组织的项目管理知识竞赛，200多名员工踊跃答题。推广"一法三卡"，并以此为契机，加强员工安全教育，发挥群众群防群治的作用。

自身建设 为适应项目管理，实行以项目为中心的基层工会建设模式，相继出台了向党组织汇报工作制度、专职工会主席工作汇报制度、公司工会一届委员会工作和会议制度，加强公司工会与公司党组织和工会上下级间的沟通联系。公司工会与集团公司工会和各基层工会签订了2004年工会工作责任状。公司工会每月召开一次办公会，每周召开一次部门人员碰头会，对工作进行检查和分析，并调整部署新的工作任务。

财务工作 三处有限公司2004年工会经费总收入134.6万元，为预算的120.2%，同比增长28.9万元。其中会费收入6.5万元，行政拨交工会经费118.2万元，其它收入9.9万元。

工会经费总支出116.3万元，为预算的106.2%，同比增长28.4万元。其中会员活动费8.3万元，员工活动费43.8万元，工会业务费15.7万元，工会行政费13万元，上解集团公司工会经费35.5万元。

福利金收入22.8万元,同比增长11万元。

福利金支出22.8万元,同比增长9.1万元。其中困难补助5.5万元,“送温暖、送清凉”款17.3万元。

7月份,在集团公司工会财务工作会议上,三处有限公司工会财务工作荣获集团公司工会财务工作竞赛一等奖。

资产情况 至2004年底,三处有限公司工会总资产607.3万元,其中负债204.5万元(主要是代管经费和其他应付款项),净资产402.8万元,分别是固定资产157.6万元,专用基金0.6万元,经费节余244.6万元。

维权工作 三处有限公司工会与企业平等协商2004年集体合同,并报乐昌市劳动局备案。各单位工会从企业稳定大局出发,关注协议工考核问题,积极向员工进行政策讲解和宣传。掌握并督促解决拖欠员工工资问题。对全公司804名临时工(单指协议工)入会情况进行了调查研究,并撰写了调查报告上交集团公司工会。选送了6名基层专职工会负责人参加了集团公司工会举办的工会干部培训班、劳动法律监督员和劳动争议调解员培训班。认真处理员工来信来访,对所反映的问题认真的解答和调解,并及时与所在单位和机关各职能部门协商、沟通,妥善解决,化解矛盾。

女工工作 2004年,公司有女员工891人。5月,完成了对全公司女员工妇科检查工作。“三八”节期间,组织女员工参加长跑活动、女子篮球赛、旅游观光、卡拉OK歌舞晚会以及座谈会。“六一”期间对13户困难女员工进行走访慰问,并依照有关法规,帮助女员工处理家庭纠纷5起,维护了女员工的合法权益。

信息工作 印发了《关于对工会信息员实施奖励的通知》。年度共收到各类上报信息121条,编发工团信息25,刊发各类信息53条,上报集团公司工会信息53条。共收到专兼职工会干部调研论文、经验材料、理论文章15篇,报集团公司工会13篇。

(王剑)

【共青团工作】 2004年,共青团中铁隧道集团三处有限公司第一届委员会共有委员13人。团委下设24个团支部(总支),3个团工委,专职团干部1人,兼职团干部150人,团员523人,青年2402人。

组织建设 为适应以项目为中心的管理模式,公司团委根据《关于加强项目团建工作的实施意见》(隧党发[2003]78号文),印发了《三处有限公司项目团建工作实施细则》,明确了公司目前3类10型项目管理模式下,团的组织设置模式,规范了项目共青团工作制度和工作程序。全年新成立5个项目团组织,改选了2个团总支。

“双推”工作 配合公司党委开展的“识才荐良”活动,公司团委开展了“推荐优秀青年人才作为公司和分公司后备管理人才,推荐优秀共青团员作为党的发展对象”的“双推”活动。各级团组织共确立“双推”对象300余人,正式向公司团委推荐123人,其中推优80人,发展19人。

宣传教育 各级团组织利用团课、座谈会组织团员学习党的十六届四中全会、团的十五大精神和“三个代表”重要思想。公司团委开展“每月一本书”活动,采取向青年推荐书目和集中组织学习的方式,引导青年读好书,多读书。3月份,集中组织全公司团员青年学习了《致加西的信》,收到团员青年撰写的读后感觉53篇,并制成专版展出。

“五四”前,公司团委对7项青年文明号、5个青年安全示范岗、11名青年岗位能手、7名优秀共青团安全监督岗岗员、8个先进团总支(支部)、58名优秀团干和优秀团员进行了表彰奖励,发挥先进的典型作用,引导各级团组织和广大团员青年争当先进。

青年文体活动 各级团组织利用元旦、五一、国庆等节日,举办篮球赛、知识竞赛、游园等活动,增强团组织凝聚力。公司团委与工会联合开展"学习管理知识,创建学习团队"项目管理知识擂台赛和乐昌地区首届职工趣味运动会;"五四"青年节,组织乐昌各单位团员开展了"继承革命传统,重温大瑶山精神"的青年教育活动。机关团员青年成立了足球队,同深圳市其他单位进行友谊赛,增进了同地方企业的交流。

青年素质工程 各级团组织利用业余学习、自学考试、技术培训、技能比武等形式,开展了"创建学习型团支部"活动,促进了公司全员素质工程教育活动和"创建学习型组织,争做知识型员"活动的开展。公司团委组织选派了5名选手参加集团公司职业技能选拔竞赛,获工具钳工第二、第三名、车工第四名、CAD绘图第四名的较好成绩,4名选手代表集团公司参加了总公司举办的职业技能总决赛。

青年文明号创建活动 把铜黄、西汉、常张、瓯海、国道318等项目列为青年文明号重点创建单位,加强业务指导,帮助制订青年文明号创优规划和创优措施。各级团组织以青年突击队为载体,深化青年文明号创建活动。全年青年文明号立项8个,成立青年突击队9支。

青工安全生产 根据《中隧集团共青团青工安全监督岗工作条例》,以新上项目为重点,成立共青团安全监督岗,指导基层团组织结合项目实际制订规划和措施。基层团组织通过印发安全学习资料或办小班、上小课的形式,开展青年安全培训和岗上监督、岗下预防工作。全年共建立青年安全监督岗43个,岗员总数134人。

(杨乐全)

【董事会】 2004年3月8日,公司董事会召开首届七次会议,听取了董事长对公司首届董事会第六次会议执行情况的报告和总经理对2003年度生产经营工作的报告;审议了2003年公司的财务决算方案、审议了2004年度施工生产、多经产值、承揽任务计划和投资计划、审议了2004年度公司财务预算报告、公司主要经营管理人员考核方案、《清产核资的决议》,《关于参股中铁隧道勘测设计院有限公司的议案》,审议了《关于向中国建设银行乐昌支行申请借款3400万元的议案》,同意参股中铁隧道集团设计院有限公司,参股金额60万元。

3月8日,公司召开2004年第一次临时股东会会议,集团公司法人股股东代表和公司员工股股东代表参加会议。

4月28日,公司召开2004第一次书面股东会会议,公司股东重新审议并通过了2003年财务决算方案和2004年财务预算方案。

9月28日,公司召开2004年第二次股东会议,选举公司第二届董事会董事、监事,审议《关于修改〈公司章程〉的议案》。

9月28日,公司召开二届一次董事会,选举公司第二届董事会董事长和副董事长,聘任了公司总经理、公司副总经理、三总师和董事会秘书,听取了董事长对公司首届董事会的工作报告暨首届七次董事会决议执行情况的报告,听取了总经理对公司1~3季度生产经营情况汇报,听取了总会计师对公司2004年上半年财务预算执行情况的汇报,审议了《关于调整投资计划的议案》、《关于更换设计院有限公司派出监事人选的议案》,讨论了《关于修改〈公司章程〉的议案》,审议了《关于向中国工商银行乐昌支行贷款1000万元的议案》、《关于向深圳市商业银行滨河支行申请综合授信壹亿元的议案》。

(曹毅)

【监事会】 公司监事会设股权代表监事4人,员工代表监事1人,共有5人组成。其中:国有股监事2名(由集团公司派遣),员工持股会监事1名(由公司工会副主席代表),职工监事1名(由审计部部长代表),监事会主席1名(由公司纪委书记担任)。2004年监事会召开专题会议2次。

2004年3月7日,监事会召开第一次专题会议。会议听取了2003年公司员工持股会的执行报告,2003年财务决算报告和2004年财务预算方案及公司审计部对公司进行财务审计的汇报;审议通过了2004年施工生产、多经产值计划、承揽任务计划、投资计划,公司领导班子成员2003年度的考核与奖惩方案,公司机关搬迁深圳的议案,公司参股集团公司设计院的议案,2003年执纪执法抽查检查情况;讨论和确定了2004年监事会的工作重点。

2004年9月28日,监事会召开第二次专题会议。会议对公司监事会进行了换届选举,选举产生了新的监事会,原则通过了《2004年上半年财务预算执行情况报告》和《关于调整公司2004年投资计划》的议案,讨论和确定了监事会主要工作:一是认为设备大修计划调低幅度太大,与公司生产规模的发展不相适应,不能满足下年度生产的需要,应加大设备大修投入,加强设备管理。二、财务部门提供的数据资料应真实反映企业的实际情况,以利于董事会作出正确决策。三、对计划的调整应说明调整的理由。四要充分发挥董事会、董事会秘书的作用,确保重大问题决策程序合法有效。

(监事办)

【员工持股会】 2004年3月9日～10日,召开公司员工持股会第二次代表大会及员工持股会第二届理事会、监事组第一次全体会议。选举产生员工持股会第二届理事会理事、常务理事、副理事长和理事长,选举产生员工持股会第二届监事组监事和监事组组长,选举产生公司股东会员工股代表、公司第二届董事会员工股代表、公司第二届监事会员工股监事。为发挥好员工持股会进入公司董事会员工股董事、监事会员工股监事的作用,员工持股会订购教材,组织自学,做好员工股董事、监事的培训工作,提高其自身素质和参与决策的能力。员工股股东代表在参加公司董事会的有关会议,审议公司2003年财务决算方案、2004年施工生产计划和投资计划、2004年公司财务预算报告以及向银行申请借款方案等议案中,敢于发表自己的见解和意见,发挥了在法人治理结构中的作用。

(王剑)

2004年12月15日，四处有限公司代表中铁隧道集团参加在广西梧州举行的洛湛铁路开工典礼。

施工中的黄延高速公路山狼岔隧道。

施工中的南友高速公路大壮屯隧道。

本页图片由四处有限公司提供

已建成的南宁南国花园商城。

已建成的南宁南国花园康城(内景)。

已建成的南宁南国花园商城(内景)。

施工中的广西玉林欧景嘉园 。

本页图片由四处有限公司提供

设立在河南平正高速公路工地的桥梁预制厂。

施工中的常张高速公路10B标平安中桥。

施工中的常张高速公路20标狗子湾隧道。

施工中的白龙山煤矿2号副斜井。

本页图片由四处有限公司提供

2004年3月15日至16日，四处有限公司首届三次职代会、首届四次员工持股会暨2004年工作会在南宁召开。

2004年9月2日，四处有限公司召开股东、董事、监事联席会，法人治理结构换届。

2004年3月18日，共青团中铁隧道集团四处有限公司第一次代表大会在南宁召开。

本页图片由四处有限公司提供

四处有限公司

【概况】 中铁隧道集团四处有限公司(以下简称“四处有限公司”或“公司”)是具有工业与民用建筑工程施工总承包一级、隧道工程专业承包一级资质的大型施工企业。2004年末,公司有员工1446人,其中专业技术人员395人、作业人员751人;资产总额3.29亿元;机械设备223台(套);下属单位30个,机关部(科)室13个。

2004年,公司以“实施联合开发战略,加快经营上规模;推行目标系统管理,强化项目增效益”为主导思想,全年中标20项,中标价款63892.827万元,为集团公司下达任务的127.79%,实现历史性突破。在年初收尾项目多、施工任务缺口1.5亿元的情况下完成企业总营业额32875.2万元,其中施工营业额27590.2万元,辅业营业额5285万元。员工月均收入1024元。 (金志强)

【施工生产及在建工程】 2004年,四处有限公司共有在建工程29项,其中年内完工13项。按管理类别分:A类项目6项,B类项目7项,Z类项目16项。按工程类别分:铁路项目2项,公路项目10项,市政项目1项,水电项目4项,房建项目10项,其他项目2项。按工程进展分:续建工程6项,新上工程10项,完工13项。完成土石方310.745万立方米,圬工40135立方米,桥梁成桥1258米,涵管成涵1430横延米,隧道成洞5778米,房屋折合面积112584平方米。

年度施工生产特点 工程规模小,计划安排超过3000万元及以上的项目仅有3个,占在建工程项目的10%;征地及拆迁影响大,造成4个新上项目年内无法开工;处于收尾工程多,年初有8个项目处于收尾阶段,产出低。

施工生产举措 2004年,四处有限公司以成本管理为主题,狠抓过程控制,出台了《内部管理辅助台账》、《质量记录控制程序》等管理文件。组织机关各系统部门到岑梧、白龙山煤矿、平正和大丽铁路等项目现场办公,协助项目进行前期策划,对重点、难点项目制定措施和方案。

新上工程

1.*云南白龙山煤矿2号斜井* 工程位于云南省富源县境内,井筒长1597米。合同价款1341万元,合同工期2004年4月1日至2005年2月1日,2004年4月4日开工。年内完成井筒成井1363米。Z类工程。

2.*云南白龙山输煤廊道* 工程位于云南省富源县境内,廊道长1365米。合同价款798万元,合同工期2004年8月20日至2005年6月20日,2004年9月3日开工。年内成洞520米。Z类工程。

3.*广西玉舍石龙坝排沙洞* 工程位于贵州省盘水市境内,主要工程量有:排沙隧洞1015米,混凝土拆除重建483米。合同价款400万元,合同工期2004年5月15日至2004年8月31日。2004年6月6日开工,年内完成隧洞成洞1015米,混凝土拆除重建213米。Z类工程。

4.*湖南永州何家洞电站* 工程位于湖南省双牌县境内,主要工程量有:引水隧洞4758米/7座,涵渠136米。合同价款802万元,合同工期2004年9月30日至2005年10月30日,2004年10月15日开工。年内完成隧洞成洞65米。Z类工程。

5.*广西岑梧高速公路5标* 工程位于广西区梧州市境内,主要工程量有:分离式隧道1486米/1座,隧道混凝土路面25969平方米。合同价款13470万元,合同工期2004年3月14日至2006年3月14日,2004年3月5日开工。年内完成隧道成洞903米。Z类工程。

6.南宁阳光新城三组团　工程位于广西南宁市大沙田经济开发区,房屋折合建筑面积30459平方米。合同价款1905万元,合同工期2004年9月25日至2005年6月25日,2004年9月25日开工。年内完成房屋折合面积10903平方米。Z类工程。

7.河南平正高速公路6标　工程位于河南省驻马店市境内,主要工程量有:路基土石方1144742立方米,水泥搅拌桩119812立方米,各类圬工41191立方米,桥梁成桥115米/3座,天桥77米/1座,立交262米/7座。合同价款10045万元,合同工期2004年12月至2006年7月。由于业主资金不足,无法开工,年内仅完成驻地建设。B类工程。

8.云南大(理)丽(江)铁路7标　工程位于云南省大鹤庆县境内,主要工程量有:笔架山隧道2183米/1座,诸葛城双线中桥80米和北衙隧道2823米/0.5座。合同价款11000万元,合同工期2004年12月至2007年4月,2004年12月20日开工。该工程因设计图纸不到位,2004年完成一号横洞开挖10米和临时工程建设。A类工程。

9.保龙高速公路9标　工程位于云南省保山市境内,主要工程量有:土石方685547立方米,桥梁4327米,隧道1260米。合同价款19000万元,合同工期2004年11月至2006年10月。该工程受征地拆迁影响,年内仅完成驻地建设。B类工程。

10.四川资中至内江城市引水工程ZNTL1标　工程位于四川内江市境内,主要工程量有:引水隧洞498米/3座和泵站土建部分。合同价款283万元,合同工期2004年9月1日至2004年12月31日,于2004年9月25日开工。年内完成隧洞成洞400米。Z类工程。

续建工程

1.南友高速公路12标　合同工期2002年12月1日至2005年11月30日。2004年完成土石方97.78万立方米,圬工15534立方米,桥梁成桥5米,涵管成涵674横延米,隧道成洞194米。开累完成土石方240.2万立方米,圬工20022立方米,桥梁成桥7米,涵管成涵1203横延米,隧道成洞249米。A类工程。

2.常张高速公路10B标　合同工期2003年11月1日至2005年8月31日。2004年完成土石方158.36万立方米,圬工4781立方米,桥梁成桥390米,涵管成涵510横延米。开累完成土石方188.06万立方米,圬工4781立方米,桥梁成桥390米,涵管成涵533横延米。A类工程。

3.常张高速公路20标　合同工期2003年11月1日至2005年10月30日。2004年完成土石方15.40万立方米,圬工1470立方米,桥梁成桥660米,涵管成涵34横延米,隧道成洞236米。开累完成土石方26.36万立方米,圬工2280立方米,桥梁成桥707米,涵管成涵34横延米,隧道成洞253米。A类工程。

4.黄延高速公路21标　合同工期2002年12月1日至2005年4月30日。2004年完成土石方15.65万立方米,圬工12550立方米,桥梁成桥187米,涵管成涵12横延米,隧道成洞525米。开累完成土石方35.74万立方米,圬工18886立方米,桥梁成桥339米,涵管成涵101横延米,隧道成洞1913米。Z类工程。

5.玉林欧景嘉园　合同工期2003年8月5日至2005年9月5日。2004年完成房屋折合面积41470平方米,开累完成房屋折合面积47210平方米。Z类工程。

6.南国花园康城　合同工期2003年8月1日至2005年6月1日。2004年完成房屋折合面积46760平方米,开累完成房屋折合面积54644平方米。Z类工程。

竣(完)工工程

1.赣龙铁路W9标　2004年完成圬工830立方米,铺道碴10982立方米。合同工期2002年4月至2004年8月,该工程于5月中旬达到铺轨条件。A类工程。

2.贵州玉舍供水工程　2004年完成渡槽成桥13米。合同工期1999年7月24日至2001年8月1日,该工程于2004年8月10日主体完工。因业主要求,待石龙坝项目完工后同时结算。B类工程。

3.漳华二级公路4标　2004年完成圬工990立方米,隧道混凝土路面1267平方米。合同工期2002年7月23日至2004年1月23日。因设计变更影响,该工程于2004年7月底完工。B类工程。

4.洛阳铁路分局锅炉房　2004年完成房屋折合面积289平方米。合同工期2002年10月29日至2003年9月23日。该工程储煤间因变更影响,于2004年9月23日完工。Z类工程。

5.南国花园商城　2004年完成房屋折合面积89平方米。合同工期2002年11月25日至2003年7月8日。该工程于2004年1月30日竣工交验。Z类工程。

6.洛阳市中原物流中心商业园　合同工期2002年1月1日至2003年12月31日,因甲方资金影响,该项目于2004年7月20日竣工交验。A类工程。

7.临木公路十八盘隧道　合同工期2003年4月15日至2003年12月31日。2004年完成隧道成洞59米,该工程于2004年3月底完工。B类工程。

8.扶绥水电站进站隧道　合同工期2003年11月8日至2004年5月8日。2004年完成隧道成洞477米,该工程于2004年5月8日完工。Z类工程。

9.洛阳御博城　合同工期2003年2月16日至2004年1月1日。2004年完成房屋折合面积6683平方米,该工程因业主资金困难,经双方协商,项目部已于年底退场。Z类工程。

10.四处有限公司基地D幢住宅楼　工程由公司第二工程分公司施工,合同工期2003年11月1日至2004年7月31日。2004年完成房屋折合面积3536平方米,于2004年8月10日交付使用。Z类工程。

11.洛阳小浪底警官培训中心　合同工期2003年11月3日至2004年5月3日。2004年完成房屋折合面积2824平方米,该工程因业主资金困难,项目部决定退场。Z类工程。

12.八官线洛宁段改建工程3标　工程位于河南省洛宁县境内,主要工程量有:土石方231945立方米,圬工6154立方米,涵洞166横延米,沥青混凝土路面44605平方米。合同工期2004年5月1日至2005年4月30日。2004年完成225515平方米,圬工3900立方米,涵洞102横延米,该工程因业主的因素,经协商,项目部已于年底退场。B类工程。

13.中隧洛阳中小学大门改建　主要工程量有:房屋折合面积30平方米,混凝土路面600平方米。合同工期2004年10月3日至2004年12月3日。2004年完成房屋折合面积30平方米,混凝土路面600平方米,该工程于11月20日完工。Z类工程。

(肖祥福)

【经营开发管理】　2004年3月,新的领导班子就位后,确立了联合开发和片区经营的战略,同时对经营开发部人员进行了调整和充实,成立了华南、华东、西南、中原、西北五大片区,分别由一名公司领导担任片区指挥长,配备了外经人员,建立了片区经营激励机制。2004年,公司中标工程20项,中标率29.41%,中标总价款63892.827万元,为集团公司下达经营计划的106.49%,公司自订计划的127.79%,为公司组建以来最好的一年。

编、投标工作 全年参加资格预审84项,通过40项,资审通过率为52.6%。其中市政工程16项,占总资审数的19%;房建工程5项,占总资审数的5.95%;公路工程55项,占总资审数的66.3%,铁路项目2项,占总资审数的2.4%。煤矿、水电及其它3项,占总资审数的3.6%。

全年参加55个项目68个合同段的投标,其中铁路5项,占7.35%;市政工程7项,占10.3%;水电工程13项,占19.12%;公路工程26项,占38.24%,房建工程9项,占13.24%,煤矿工程8项,占11.76%。

经营信息管理 基本能按照集团公司和公司的经营投标管理办法中的规定执行,但由于片区建立时间短,人员缺乏,经营信息从收集、评审、追踪等方面还存在着一些问题,信息量少、来源单一,仍是制约经营工作的瓶颈。 （何文肇）

【计划合同管理】

2004年续建项目14个,完成建造合同收入30322万元。

按计划完成了小型基建D栋楼的建设。7月份开始向建设部上报《建筑业企业基本情况》、《建筑业企业主要指标月度快速调查表》月报表。

拟定《项目管理目标责任书》,明确公司与项目部在项目管理中的职责、奖罚办法,加强项目管理。

制定内部管理辅助台账和建造合同实施办法,加强项目管理过程控制。

成立法律事务室,负责处理公司法律事务。 （欧阳文权 李玉凤）

【施工技术管理】 对于项目实施中的复杂技术难点进行现场考察,确定基本处理实施方案。针对白龙山输煤廊道破碎带、岑梧高速公路5标隧道进口段沉降较大等制定了处置方案并取得较好实施效果。加强了对收尾工程的管理,定期了解和督促收尾工程的进度、竣工资料的编制和竣工验收情况。认真执行调度日报制度,对现场情况及时掌握,根据工程情况提出要求和解决方法。

施工组织设计 工程合同签订后,由公司主管领导组织公司各部门配合项目部进行项目策划,项目部根据策划要求编制实施性施工组织设计。公司工程部对项目部上报的实施性施工组织进行审核,经公司总工程师批准后执行。施组批准后由项目经理负责组织协调、监督实施。全年编制审核项目实施性施工组织设计6个。

竣工文件编制 加强对竣工文件催缴、审核、归档工作,制定下发了竣工文件编制管理办法,由施工技术部门负责收集整理与工程进度同阶段的基础资料,逐步绘制竣工图,编写阶段工程小结,工程竣工的同时提交竣工文件和工程总结。2004年报竣工文件的项目有广前一级公路项目、南国花园商城、集团公司科技培训中心和公司D栋住宅楼。

测量工作 完成了保龙高速公路、大丽铁路项目、白龙山输煤通道、永州输水隧洞、洛湛铁路贺州段、平正高速公路、八官线洛宁段改建工程等新上项目的复核和控制测量工作。对黄延高速公路、南友一级公路、岑梧高速公路、白龙山2号斜井等在建工程进行了定期复核工作。针对公司黄延高速公路超欠挖较严重的情况进行了测量方面的调查和原因分析,为其它工点提供借鉴。

测检计设备管理 全年新购全站仪3台,升级全站仪1台,同时搞好内部调剂,测量仪器和试验设备基本满足各项目的需要。年内对公司测量和试验设备均进行国家强制性检定,并定期进行了自检。对公司各项目的试验设备进行了清理,核实了设备台账。

调度工作　全面收集施工现场的生产动态,了解施工机械、运输车辆、大堆材料的需求使用情况和当地气象情况,绘制晴雨表、工程形象进度图。坚持编制调度日进度报表,分析存在的问题,并提出初步建议措施。及时向集团公司调度上报施工动态及施工进度,通过局域网向公司领导提供施工动态、施工难点及措施等资料。全年发布调度通知 11 份,编写施工动态 48 期,并为相关部室提供有关资料。　（肖祥福　许永发）

【劳动人事管理】

机构设置　2004 年,四处有限公司为强化项目管理,整合资源配置,实现管理层与作业层的分离,撤销了 5 个工程公司,组建了 2 个劳务公司。第一劳务公司以土建为主,组建隧道、路基为主的相关专业班组。第二劳务公司以房建为主,组建房建、桥涵为主的相关作业班组。公司按施工需要成立项目部,形成公司直管项目部的新的组织形式。劳务公司参与市场内部竞争,为项目提供劳务。

机关行政机构设人事部、财务部、设备物资部、工程管理部、经营开发部、计划合同部、企业文化部(与组织宣传科合署办公)、审计科、监察科(与纪委合署办公)、安全质量管理科、公安分处、公司办公室(与党委办公室合署办公)、社会事业管理中心;机关党群机构设纪委、工会、团委、党委办公室(与公司办公室合署办公)、党委工作部、干部部(与人事部合署办公)。

为开拓经营市场加强工程项目管理,形成片区经营生产格局,于 2004 年 2 月 9 日成立华东、华南、西北、西南、中原五大片区指挥部。片区指挥部指挥长均由公司领导兼任。

员工状况　2004 年末,四处有限公司员工总数 1446 人,其中合同制员工 1174 人,协议工 272 人。员工中的管理及技术人员 467 人,占总数的 32%。作业人员中,35 岁以下的 665 人,35 岁以上的 314 人;各类技术工种人数 751 人,占作业人员的 77%。

劳动工资　2004 年,集团公司下达四处有限公司工资计划 2000 万元,实际发放 1776.19 万元,人均月收入 1024 元。

专业技术职务评聘　2004 年,向集团公司推荐 8 人参加副高级专业技术职务任职资格评审,通过 5 人;推荐 12 人参加中级职称专业技术职务任职资格评审,有 8 人通过评审;11 人参加初级专业技术职务任职资格评审,通过 11 人;有 6 人参加政工专业任职资格评审,其中 1 人高级,5 人初级。

毕业生引进　2004 年,公司引进大中专毕业生 42 人。按专业分,土木工程专业 30 人,房建专业 8 人,物资管理专业 1 人,财务会计专业 1 人,法学专业 1 人,工程外语专业 1 人。按学历分,本科 25 人,专科 12 人,中专 5 人。公司进一步加强对大中专毕业生分配及见习管理工作,出台了相关管理办法。

教育培训　2004 年,公司采取委外培训与内部自培相结合的形式,完成员工培训 521 人次。其中内部自培 260 人次,占全年培训人数的 36%。公司选送 5 人参加广西柳州工程机械厂举办的技术培训班,4 人参加集团公司汽车修理预职技师培训,1 名人参加集团公司职工大学的汽车修理高级技师培训班,3 人参加集团公司职工大学举办的机械修理钳工培训,3 名一级项目经理参加南宁市工程项目管理知识培训班学习,2 名房建一级项目经理参加总公司在清华大学国际工程项目管理研究院举办的建造师考试考前培训班学习,1 人参加中国质量检验协会在南宁市举办的"GB/T15481－2000《检验和校准实验室能力的通用要求》及实验室内审员"培训班学习。配合集团公司开展的职业技能培训工作，对隧道工、测量工、钢筋工、机修钳工等工种进行培训。

（屈聪　熊晓敏）

【领导班子建设】 2004年，集团公司先后调整四处有限公司5名高级管理人员。公司选拔、任用中级管理人员，坚持先考察，后上会，任前公示和任职年度考核、民主测评，对不称职者通过免职或者降职调整岗位。经民主推荐、组织考核，向集团公司推荐了公司高级管理人员后备人选，为公司长远发展储备领导骨干。

2004年末，四处有限公司管理及技术人员总数467人，其中大学本科文化程度101人，占21.6%；大专文化程度141人，占30.2%；中专139人，占29.8%；高中及以下文化程度86人，占20.1%。有专业技术职称人员395人，其中高级职称12人，中级职称58人，初级职称325人；政工专业职称41人，其中中级9人，初级32人。

（屈聪　熊晓敏）

【财务会计管理】 2004年，四处有限公司财务决算单位36个(含机关)，盈利单位28个，亏损单位8个。公司营业额收入3.23亿元，主营业务税金909.33万元，实际成本支出29362.28万元，成本降低额2050.50万元，降低率6.53%。

财务管理 公司多方筹集资金，积极催收上缴款和过期保函押金。2004年贷款2541万元，还贷3500万元。要求项目在进度款到账后及时上报公司并按比例上缴管理费，同时呈报使用计划。使用计划须经财务部审核和总会计师或总经理审批后生效使用。2004年各单位上缴公司管理费现金(不含转账抵扣)2462万元，支付工程项目垫款2034万元。公司对经营投标保函押金和保证金等采取限期催收措施，向有关责任人下发书面通知书8份，全年共收22项，金额1262万元。

资金管理中心成立 为实现资金集中管理，合理调配，2004年4月，公司成立资金管理中心。至年底，已有6个单位(部门)在资金管理中心开设账户，平均余额达1000万元。资金管理中心向2个单位发放贷款300万元，并已形成了利润。

会计制度转换 为配合《企业会计制度》及《建造合同准则》的执行，公司38人次参加不同形式培训，并聘请教授对新制度进行培训辅导，成立了成本预测小组，下发了《关于新会计制度转换的有关规定》和《中隧四处执行＜建造合同准则〉暂行规定》，初步完成了新旧会计制度的转换工作。

财务监督 2004年对公司所属13个单位进行财务检查，检查17次。对检查出的问题提出整改意见，下发监察建议书，并对相关人员进行经济处罚。

成本管理 根据公司管理要求和现状，为提高公司在成本管理方面的水平，与各业务部门共同建立了内部辅助台账，要求各单位及时上报项目成本费用情况，把管理决策和成本的过程管理相结合。结合建造合同的实施，要求各单位对在建项目剩余工程进行成本预测，将成本的事前、事中控制和事后分析相结合，改变了公司先干后算、事后不管的粗放管理现状，各业务部门的日常工作紧密联系，提高了管理水平，也加强了系统建设。

国有资产管理 通过年初对公司资产进行清查盘点，清查出待报损资产424.22万元；为监控项目管理，建立了辅助台账编制核上报制度，为年底实行"建造合同准则"打下了基础。

财会电算化建设 公司财务专用计算机普及率达100%，各单位都已使用会计核算新版软件，财务系统已建立管理专用网页，大部分财务信息实现网络化管理。

清欠工作 2004年纳入清欠范围项目共55项，金额6896万元，累计收回34笔，共3234万元，占应收总额的46.89%。同2003年相比，清欠项数由74项下降为55项，应收金额由10527万元下降为6869万元，已收回金额的比例由43.7%提高到46.89%。规范了备用金借支行为，备用金余额由年初226万元下降至年底89.5万元。

建立信用网络 在集团公司财务系统帮助支持下，与财政、金融和税务等建立了良好的合作关系；集团公司不仅为公司解决了2041万元贷款，还办理了大量的保函信贷证明，南宁建行已为公司办理了7笔保函业务。全年公司财务部办理各类保函、信贷证明46笔，额度达4.78亿元。支付投标保证金20次，支付押金及投标保证金总额1657.80万元。广西财政厅解决了公司会计人员的从业注册工作，国税、地税部门帮助做了税收设计等。 （郑东）

【设备物资管理】

设备管理 2004年末，公司拥有设备223台，原值4569.19万元，净值1533.71万元，总功率15611千瓦。全年新购设备14台(套)，原值157.81万元。报废设备18台，原值238.94万元。设备完好率87%，利用率85%，全员动力装备率10.83千瓦/人，全员技术装备率1.06万元/人。

制定了《设备修理费用管理办法》。全年完成大修理45.2个标准台，投入大修理费用153.1万元，占完成全年计划的64%。

推行设备内部租赁制，实行设备经济核算，使大多数项目部关努力减少机械费成本支出，提高设备完好率、使用率。

物资管理 坚持集中采购、采管分离，加强监察，基本保证了本公司施工生产的物资需求。全年工地主要材料和一般材料的供应总额为9510.99万元。设备物资中心分别在岑梧、张家界、平正、南宁、玉林、黄延等项目设立了采供站，统一采购除甲方和集团公司供应外的工程物资。设备物资中心全年供应总量为2590.33万元，各分公司全年自购1997.71万元，分别占公司物资供应量总额的27%和21%。 （谢大文 刘红静）

【安全质量管理】 2004年，四处有限公司通过申办安全生产许可证、完善工伤调查认定程序、加强安全质量检查和教育培训、组织质量管理体系的内审和接受外审等一系列的工作，进一步完善了安全生产及质量保证体系，安全生产形势保持稳定，工程质量稳步上升。全年杜绝了死亡事故，负伤率为2.7‰；工程质量杜绝了重大、大质量事故，工程项目验收合格率100%。

安全监督检查 2004年，各项目部开展安全自检、自查活动11次，公司开展安全质量大检查2次，配合集团公司安全质量大检查2次。被检查的项目都下发了整改通知，各项目也及时落实了整改要求，并实施安全检查负责制，保证了检查和整改的效果。6月份开展了安全生产月活动，通过活动提高了各项目部的安全意识，完善了工伤认定程序，认定遗留工伤人员11人。

安全质量创建活动 公司承建的黄延高速公路在陕西省交通厅对全线工程质量检查评比中排名第一；临木公路十八盘隧道工地被评为洛阳市重点项目建设文明工地；南友高速公路C12标年度合同工程质量被南友高速公路建设办公室评为优良工程。

安全质量培训 2004年，公司组织各类安全培训4次，培训近200人次，其中包括3月份的安全监察员培训、6月份的安全法律法规知识培训、7月份的新录入大中专毕业生的三级安全教育培训以及9月份以来三类人员的考前辅导培训。南国花园康城、玉林欧景嘉园、白龙山煤矿2号副斜井、南友等项目都进行了委外安全培训,其他项目部也在开展安全月活动期间开展了自培。

QC小组活动 2004年,公司注册QC小组9个,其中取得成果的3个。黄延项目部"黄土公路隧道超欠挖控制QC小组"获集团公司2004年度优秀QC小组一等奖、铁道部和中铁工程总公司优秀质量管理小组称号;"预应力空心板梁施工技术"和"粉喷桩施工质量控制"2项成果分获集团公司2003年度优秀QC小组二、三等奖。

贯标认证 2004年4月~5月,组织并实施了公司内部质量体系审核,指导督促公司各项目工点建立健全工程质量管理的规章制度,并于12月份顺利通过了兴原认证公司的第一次监督审核。

资质证照管理 2004年,先后办理了《企业法人营业执照》、《法定代表人证书》、《企业组织机构代码证》、《建筑业企业资质证书》的变更、备案工作。配合公司人事部申报各级优秀项目经理4名。

9月到11月份,根据广西自治区建设厅的通知,组织了安全生产许可证的申报工作,经广西自治区建设厅、南宁市建委等审批,公司于年末取得安全生产许可证。

(高春迎)

【行政综合管理】

文秘工作 2004年,公司办公室围绕经营生产中心,发挥参谋助手作用,做好办文、办会、办事等具体工作。全年收到上级来文747篇,外单位来文54篇,基层请示、报告302篇,收传真1306份,发传真926份。起草了公司公交IC卡管理办法、公司话费核定办法、信息通报管理办法等6个办法规定。向集团公司起草请示11份,向外单位回复和发函24份。

组织召开总经理办公会议28次,政务会议16次,交班会45次,专题会6次。起草了公司"三会"主报告。印发交班会安排事项备忘录,并加强督促检查。

档案工作 2004年,公司档案室收到会计档案901卷,其中第五工程公司56卷,洛卢项目部45卷,物资供应中心47卷,宁西项目部92卷,六安项目部216卷,机械公司118卷,二公司349卷。科技档案252卷,其中六安项目部60卷,酉阳项目37卷,柳州项目57卷,梧州项目58卷,巫溪项目40卷;有85人次查阅,查阅147卷,复制档案资料75张次。公司办收到档案后及时进行收集整理,分门别类归档,为各部门查阅资料提供了方便。

接待工作 落实《公司接待工作管理办法》,指导各单位搞好接待工作。全年接待来宾213人次,购买卧铺票405张,飞机票63张,到车站、机场接送人员531人次。配合有关部门做好新到大中专毕业生、公司建造师考前复习班的食宿工作。

信息调研 贯彻《关于加强宣传信息报道实施办法》。全年收到信息276条,使用206条,编发《信息通报》111期,比上年多23期。

(杨茂胜　高剑峰)

【社会事业管理】

社会保险 2004年初,公司养老保险参保人数为1477人,年内增加40人,主要是新录用的大中专毕业生;年内减少75人,主要是解除劳动关系人员和调出本公司人员。年末参保人数为1442人。养老金发放主要由河南省城镇企业社会保险基金管理中心处理,公司负责收集和传递相关信息。截至2004年底,公司应缴养老保险金617.88万元,本年实际已缴费总额577.86万元,至年底尚欠缴养老保险费40.02万元。

公司于2004年12月参加了广西工伤保险。对参保以前发生的工伤职工,比照工伤保险条例有关政策标准执行;对参保以后发生的工伤,按规定程序在法定时间内报广西劳动和社会保障厅进行工伤认定和给予相应待遇。

女工生育保险和医疗保险,均未参与社会统筹,仍按照劳动保障条例和相关法律法规执行。

离退休人员管理 2004年末,公司有离退休人员290名,主要分布在四川、广东、河南省境内,少量在上海、重庆、山东等地。其管理主要是收集离退休人员及其供养直系亲属的生存、生活现状和居住地等基本信息,确认领取养老金和其他各种待遇的资格,并按规定上报上级部门和河南省城镇企业社会保险基金管理中心,按时计算发放离退休人员企业补贴的生活费等。

本年度由社会保障机构直接发放退休金共计254.35万元,死亡退休职工家属丧葬补助费和抚恤费5.16万元。河南省社保局自2004年7月起调高退休金标准,公司退休人员人均提高收入50元/月。

2004年度离退休人员的退休金和包括本人及家属的医疗包干费在内的各项企业补贴等费用都全部发放到位。公司对退休人员共发放生活补贴费22万元,医药费包干19.51万元,异地安家费1.57万元。

辅业经营 位于南宁市的四处有限公司综合楼共8层,总面积5080.05平方米,为使其资源创造效益,将其中一层对外出租,二层餐厅和五、六、七层客房对外承包,年收入为36.61万元。

位于洛阳的综合办公楼除少量房间留作办公用房外,其它房屋出租给集团公司职工大学,年收入为3.74万元。

基地修建 在南宁集资修建的D栋住宅楼总面积4910平方米,已交住户使用。

社会事业管理中心开展有偿物业管理服务,承担办公楼、生活小区内,住宅楼道的清扫,水电供给维修及小区内园林花草、公共设施等的日常维护管理。管理费为每户每月15元。已实行物业管理的住户有83户。 (郭丽 张世宽)

【卫生防疫】 四处有限公司防疫工作坚持“预防为主”的方针,主要承担全处的流行病管理、计划免疫、食品卫生、环境卫生及“三管一灭”工作,负责爱卫会工作的实施,围绕公司经营生产,以提高员工、家属、民工及附近居民防疫、医疗保健作用。全年公司没有传染病发生。3月份对全公司在岗炊管人员等体检56人次,合格率100%。检查其他职工305人次。对查出有病人员极时进行了治疗。6月份对新招收学生42人进行招工前检查,查出2人有传染性疾病,经回家治疗后从新分配上班。对新上工点水质进行监督检测,合格率为100%。春冬季灭鼠4次,5-10月喷药灭蚊、蝇、蟑螂10次。

计划生育 公司全年无超生。有生育条件1009人,应采取节育措施984人,暂无措施25人。有9个婴儿顺利出生并已办理独生子女证,晚育率100%,办理未婚证明9人。 (陈良文)

【审计工作】 2004年,四处有限公司审计科的审计重点是对本年已经完工的项目进行竣工审计。全年共完成审计项目计8项,其中竣工工程项目审计6项,事中审计2项。审计科还派员协助原一分公司就合作项目债权债务情况进行了清理,参加了公司效能监察组对常张20标项目进行的全面效能监察,协助集团公司检查组对常张10标、20标项目进行的检查。

全年审计查出违纪金额共计606.7万元,其中漏(少)提税金42.7万元,虚(多)列成本221.4万元,少列成本费用340.1万元;查出损失浪费金额73.2万元;少列收入41.7万元。

全年向被审单位提出审计建议9条,均已执行;作出审计决定65条,已执行的计35条。

从已审计的几个项目来看,公司在物资管理、分包及结算管理、成本管理及工费管理等方面还存在较多不足,内控制度亟待建立健全和严格执行。（向万林）

【公安保卫】 2004年,铁路工程公安局第七公安处第五分处(简称“公安分处”)在职公安民警3人。全年采取一系列措施加强和改善安全保卫及服务职能:一是加强对基层治安情况的摸底,对突出问题加大治理力度;二是发挥公安工作的专业优势,配合基层单位协调处理各种纠纷,做好改革中的安全稳定工作;三是配合纪检监察部门,做好单位内部违纪行为的调查取证工作;四是严格对民用爆破器材的监管力度,查处各种违章或隐患13处,保障了安全。管内整体治安形势稳定,未发生造成严重经济损失和恶性影响的暴力性案事件。

全年发生刑事案件7起,损失共计3万余元;治安案件5起,行政拘留2人(非单位员工);治安灾害事故3起;群体性治安时间2起,均得到了妥善解决。

治安综合治理 坚持认真抓好各项措施的落实,达到了发案少,秩序好、群众满意的效果。年末,有1个单位被评为集团公司综合治理先进施工现场;2名个人被评为集团公司先进个人。评出公司先进施工现场4个,先进个人16人。（尹恒）

【企业文化建设】 发放新版VI手册和MI手册23套,并登记造册,落实保管人,对旧版VI手册及时收回。要求新上项目在按照VI手册制作工地宣传设施时,要向公司党工部报告设计情况,确保VI手册在现场的正确应用。2004年初,对MI手册的宣贯以硬指标形式进行规定,年底对硬指标完成情况进行考核。南国花园项目部被集团公司表彰为“企业文化建设先进单位”。

7月份,完成四处有限公司对外宣传画册的首次设计印刷工作,第一次印刷1000册。

根据集团公司《BI手册设计大纲》要求,公司将BI手册的单项设计分解到有关部门,由企业文化部收集整理后形成初稿,年内基本定稿。（金志强）

【党的组织建设】 2004年,公司党委由5名委员组成。公司党委下设4个党总支、28个党支部;配备专职党总支、支部书记13人,兼职党支部书记23人;有党员310人。

基层党组织建设 2004年,公司各级党组织深入贯彻落实《中铁隧道集团工程项目部党支部工作实施细则》,在五公司党总支(后改为南友项目部党支部)、岑悟项目部党总支、南国花园康城项目部党支部建立联系点,重点指导督促。其中五公司党总支(南友项目部党支部)被集团公司党委组织部列为“项目党建”联系点,获集团公司2004年度“项目党建示范党支部”。

在撤销分公司、组建项目部的过程中,公司党委及时调整党组织设置,保证了各单位党务工作在机构撤并中的连续性。全年新成立党支部10个。

为加强基层党支部基础工作,公司党工部下发《基层党组织工作手册》27本、《党支部工作指导》三期共60本。9月,选派4人参加了集团公司党委举办的党支部书记培训班。

年底,公司党委按照《中铁隧道集团基层党支部考核办法》的要求,对各基层党总支、支部进行考核评分。评出7个达标准党支部,6个规范化党支部,4个未达规范党支部,1个工作薄弱党支部。

党员发展与管理 公司各级党组织继续推行“发展党员公示制度”,严把发展党员入口关。2004年,预备党员转正13名,发展新党员20人。公司有申请入党人员108人,其中2004年递交入党申请书的30人。

4月,根据集团公司党委要求,四处有限公司党委组织开展了“学一流技能,创一流效益,带一流班组”党内活动,有8个单位根据项目实际,上报了“学创带”活动方案,并嵌入督导责任人制度。

8月,出台《关于加强基层党组织建设和党员管理的指导意见》,加强项目法施工条件下的党员管理工作。

为保证党员队伍的纯洁性,公司党委对1名违纪党员给予开除党籍处理。

网络党建工作 为创新形势下的企业党建工作载体,公司党工部对党建网页随时维护更新。同时,利用局域网、内部QQ和腾讯QQ的操作平台,与基层党组织进行及时沟通交流。

党员先进性教育准备工作 根据集团公司党委隧党组[2004]35号《关于做好保持共产党员先进性教育活动准备工作的通知》要求,公司党委专门下发文件对党员先进性教育的宣传、调研和开展征文活动进行安排部署。召开党员员工座谈会15次、非党员员工座谈会12次;对党员和非党员员工以无记名形式进行抽样问卷,参加抽样问卷调查的党员80名,占公司党员总数的占27%,参加问卷调查的非党员员工83人,占公司在岗员工人数11%,按时完成了党员先进性教育的准备工作。 (金志强)

【宣传思想工作】

政治学习 2004年,公司党委中心组集中学习4次,每季度有详细的学习安排,每次集中学习有专题、有记录。

组织员工认真学习党的十六届四中全会精神、《中国共产党党内监督条例》和《中国共产党纪律处分条例》,在集团公司组织的《两个条例》知识答卷活动中,公司上报答卷189份,有4人获得奖励。

宣传报道 2004年,公司党委修订宣传信息报道实施办法,进一步规范宣传报道工作。全年,公司在《隧道工人》报和省市新闻媒体上发稿100余篇。公司1名员工被集团公司党委宣传部表彰为特别优秀通讯员,3名员工被公司党委表彰为优秀通讯员。

(金志强)

【党政办公室工作】 公司党委办公室、行政办公室、董事会秘书处合署办公,现有7人(含小车司机3人)。公司党政办负责公司协调参谋、文字材料起草、信息编发、文件管理、档案管理、信访工作和董事会日常工作等。公司党委实行了基层单位党组织书记月报制度、机关职能部门督导制度、基层单位党组织书记行政兼职制度、基层单位党组织年终述职制度。坚持每月党委办公会制度、党委(扩大)会制度和参加每周行政交班会制度。 (杨茂胜)

【纪检监察工作】 公司纪委与行政监察科合署办公。公司纪委由5人组成,设书记一名、副书记一名。2004年,重点是围绕企业改革、发展和稳定大局,服务生产经营中心,加大工程项目执法监察工作,在反腐败斗争和加强党风廉政建设等方面履行纪检监察职能。

党风廉政教育 2004年初,对公司新领导班子成员的党风廉政建设责任制分工进行了调整。为使党风廉政建设落到实处,与公司各单位签订廉政责任书14份。双节期间,公司纪委及时下发《关于严格防止 2004 年两节期间发生不廉洁行为的通知》,对双节期间的企业行为、个人行为作了约束规范。开展了《中国共产党党内监督条例(试行)》和《中国共产党纪律处罚条例》主题教育活动,并将各单位主题教育活动的开展情况,作为考评项目班子和班子成员的依据之一。同时,还就两个条例的学习内容举办两期培训班,组织知识竞赛一次活动。

查办违法违纪案件 2004 年,共查办经济案件 7 件。其中一件为贪污公款案,系财务人员职务犯罪案件,涉案金额达 462791.41 元,赃款已全部追回,案犯受到开除处分,并追加罚款及其他经济损失 46300 元。受理群众来信来访 2 起,立案 1 起。

工程项目执法监察 2004 年,公司纪委把工程项目执法监察作为项目管理过程控制的主要手段,重点是对长期亏损而又得不到有效遏制或亏损数额巨大、群众反映强烈的项目进行重点监察,以保障、维护和促进生产经营正常运行。2004 年 9 月,下发《关于对公司严重亏损项目进行执法监察和效能检查的通知》,对 4 个严重亏损项目进行检查,完成 3 个。 (唐建伦 李小云)

【工会工作及民主管理】 四处有限公司工会有会员 1372 人,占员工总数的 95%。公司工会下设 17 个基层工会组织,有专兼职工会干部 20 人,其中专职工会主席 5 人,兼职工会主席 15 人。

首届三次职工代表大会 2004 年 3 月 15 日~16 日,四处有限公司首届三次职工代表大会、首届四次员工持股会代表会暨 2004 年工作会在广西南宁召开。大会审议通过了公司行政工作报告、员工持股会工作情况及集体合同履约兑现情况报告、提案审查落实情况报告、财务工作及业务招待费使用情况报告、社保基金缴纳管理情况报告;签订了 2004 年集体合同,民主评议了 9 名公司领导和 3 名董事、监事。

民主管理 至 2004 年 6 月 25 日,四处有限公司符合召开职代会或职工民主管理大会的 10 个基层单位全部召开,召开率 100%,民主评议中级管理人员 41 人。

在职代会闭会期间,公司工会于 2004 年 8 月下旬通过法定程序民主选举了职工董事、监事,协助完成公司法人治理结构董事会、监事会的换届工作。

各级工会对企业改革、生产经营、物资采购、干部任免、职工福利等进行厂务公开,推进了基层民主政治建设。

宣教工作 全年下拨工会经费 1 万余元用于"三工"建设,下拨活动经费 7 万余元用于开展各种文体娱乐活动。在开展"全员素质工程"教育活动中,建立职工业余学校 7 所,兼职教师 51 名,办班 51 期。各基层工会主席兼任业校校长。

解困与保险工作 2004 年"双节"期间,公司"送温暖"领导小组对各基层工会上报的 152 名困难职工全部确定为"送温暖"对象,给予困难补助与慰问金总额为 3.61 万元。日常困难补助受益 9 人,补助金额 0.57 万元,其中个别给予补助达到 1000 元。

职工互助合作保险参保人数为 1009 人,累计金额 132.97 万元,人均 1318 元,累计补偿支出 2.19 万元,受益 2 人。

女工工作 2004 年双节"送温暖"活动中,有 26 名女工获得困难补助和慰问金,计 6600 元。开展了关于女职工合法权益的调查,女职工特殊利益——"四期"保护写入集体合同,定期对女职工进行妇检。

劳动竞赛 各级工会以基层单位内部班组竞赛为重点、围绕"安全、质量、工期、文明施工、成本管理",结合"一法三卡"活动,积极开展社会主义劳动竞赛。2004 年,受集团公司表彰的先进集体 1 个、先进班组 2 个、集团公司表彰劳动模范 1 人、先进生产(工作)者 4 名;受到公司表彰的先进集体 2 个、先进班组 10 个、先进生产(工作)者 35 名。

工会财务 2004 年,公司行政应拨缴工会经费 26.86 万元,实际拨缴 37.88 万元;拨交率和兑现率均达 100%,会员会费收入 4571.5 元。总支出 221949.79 元,其中上解经费 106572 元。 (吴斌)

【共青团工作】 2004 年,公司有 35 岁以下青年员工 633 人,团员 256 人。公司第一届团委由 11 名委员组成。团委下设直属团总支、支部 16 个,其中年内新建团支部 6 个,改选 3 个。有专职团干 1 名,兼职团干 63 名。

公司第一次团代会 2004 年 3 月 18 日共青团中铁隧道集团四处有限公司第一次代表大会在南宁召开,来自公司各单位的 35 名团员代表参加会议。公司党委书记、董事长和集团公司团委、南宁团市委的有关领导到会指导。经大会选举产生了第一届委员会 11 人和出席集团公司第一次团代会的代表 11 人。当天,召开一届一次全委会,选举产生了一届委员会的书记和副书记。书记:金志强;副书记:屈聪。

青工安全生产 坚持签订《青工安全生产包保责任书》制度,贯彻落实《中铁隧道集团共青团安全监督岗工作条例》和《中铁隧道集团青工安全生产奖励办法》,指导各基层团总支、支部根据工程项目实际设立共青团安全监督岗。全公司共设立共青团安全监督岗 30 个,岗员 98 名。其中 5 名岗员被集团团委授予 2004 年度"优秀共青团安全监督岗岗员",2 个监督岗被集团团委授予 2004 年度"青工安全生产示范岗"。按照《中铁隧道集团青工安全生产奖励办法》规定,公司团委向集团团委申报"青工安全生产奖励"一项(人),青年司机伏玉峰被集团团委表彰为"青年安全生产先进个人"。

2004 年,公司无青工(35 岁以下员工)责任死亡事故,青工重伤 2 人,约占青工总数的 3‰;青工负伤 4 人,约占青工总数的 6‰;青工未发生无重大、特大交通事故。

"我为公司进言献策"征文活动 5 月至 6 月,公司团委在组织开展了以"我为公司进言献策"为主题的征文活动,共收集到征文 27 篇,涉及到项目管理、项目党建、成本管理、人才管理、员工队伍建设等方面内容,为公司领导决策提供了参考。

"青年文明号"创建活动 进一步规范活动程序,使创建活动从立项、规划、实施到申报命名规范化操作,为争创更高层次的青年文明号打好基础。2004 年,主要在常张 20 标桥梁班组、南国花园、机械设备公司的专业班组、南友项目部等工点建立了青年突击队。其中南友项目部团总支向南友高速公路建设办申请了青年文明号。有 3 支青年突击队被集团公司评为青年文明号,5 位团员青年被评为青年岗位能手。

青年素质工程 协助公司人事部拟写了全员素质教育的辅导材料;组织参加集团团委组织的职工技能大赛 CAD 绘图比赛,获第 6 名;组织开展读书活动,给团员青年提供参考书目,公司 2 名团员青年被集团公司关工委评为优秀读者。

"推优"工作 2004 年,公司各级团组织分别向所在单位党组织"推优"15 名,均被党组织吸收为中共预备党员。 (金志强)

【董事会】 2004 年 1 月 2 日,四处有限公司召开一届第十二次董事会,调整公司法人治理结构成员。免去罗金甫公司董事长、总经理职务,选举华波为公司董事长,聘王小平任公司总经理。

2004 年 9 月 1 日,召开二届一次董事会,根据股东会十二次会议的选举结果,公司第二届董事会由 8 人组成:周振国、华波、王小平、杨跃俊、苏华、黄凌格兰为法人股董事,罗亨华为员工股董事。公司工会通过民主方式选举赵喜斌为职工董事。经表决通过,选举华波为公司董事长,周振国、王小平、杨跃俊为副董事长;董事会聘王小平为总经理;总经理聘赵喜斌、张万俊为副总经理,聘刘红伟为总工程师,聘黄凌格兰为总会计师;董事会聘周兴林为董事会秘书长。

董事会会议 2004年,公司召开正式董事会会议5次,以书面形式召开临时会议1次,每次都有详细的书面记录和会议纪要。董事会会议符合法定程序,各项决议能得到较好执行。 (杨茂胜)

【监事会】 公司监事会共有监事5名,其中国有股的监事3名,代表员工持股会的1名,职工监事1名。监事会办公室设在纪委,与纪委、监察科合署办公。监事会按照公司章程规定的程序和职责开展工作,主要是负责检查公司财务、监督董事会和经理层等高级管理人员执行国家法律法规和股东会的决议,监督公司主要规章制度的执行和落实。2004年日常生产经营活动中,未发现董事会和经理层违反决议、违法违纪、损害股东及公司利益的现象和行为,没有收到各位监事对公司工作的批评意见和要求董事会对某些问题进行复议的请求。

监事会会议 按照公司章程规定,全体监事先后列席了首届十二次、十三次、十六次、二届一次、二次董事会会议和一次临时会议。召开了两次全体监事会议,一次公司内部监事会议。

2004年9月1,召开二届一次监事会,选举产生了四处有限公司二届监事会成员。监事会主席:唐建伦;监事:尹书林、向万林、裴广进、黄志杰。

高级管理人员日常监督 监事会注重发挥公司纪检监察、财务审计和工会各组织的作用,用制度按程序对公司高层管理人进行日常性监督。纪委对相关人员建立了廉政档案,设立举报箱,执行个人经济收入申报制度;财务审计部门通过审核报销,检查会计账务,安排专项审计等活动实施相应的监督;工会主要是通过厂务公开,定期召开职代会,组织提案征集,民主测评和领导干部大会述职等形式来达到监督的目的。

抽查会计账务 监事会按规定组织对公司的会计账务进行了定期和不定期的检查,检查范围包括财务月报、季报、年度预决算及亏损弥补方案和公司员工收入分配、奖惩等有关资料。检查结果是:全公司固定资产实际投资总量计532.2万元,为年度投资计划的106.44%;实际大修费投资为133万元,为年度计划的55.53%;全年实现工程结算收入(财务数)3.23亿元,为公司年度计划的108%;全年实现净资产收益率0.26%,为年度计划的52%;实现国有资产增值保值率100.25%,为年度计划的99.25%。

(唐建伦　李小云)

【员工持股会】 四处有限公司员工持股会理事会成员7名,其中理事长1名、副理事长1名、理事5名,拥有会员847名。

员工持股会作为公司二元股东之一,按股权比例推选代表进入企业法人治理结构,发挥共决作用,现公司员工股有董事、监事2名,职工董事、监事2名。

员工持股会会议 2003年3月16日,首届三次员工持股会代表大会与职代会、工作会同时召开,鉴于理事长杨跃俊职务变动后不再负责员工持股会工作,按照替补原则,替补选举罗亨华任理事长。

2004年末,员工股股金2740.4万元,占公司总股本的49.8%。 (吴斌)

2004年5月18日，中铁隧道勘测设计院有限公司成立大会在洛阳举行。

为拓展市场、扩大经营，勘测设计院在广州、深圳、青岛、南京、北京等地设立了分院。图为广州分院设计办公大厅。

哈尔滨城轨一期工程三、六标段设计现场。

本页图片由勘测设计院提供

由勘测设计院设计的忠武输气管道城陵矶长江穿越隧道。

由勘测设计院设计的深圳地铁华强路站开创了在城市最每繁华地段实施盖挖顺作法的成功范例。

施工中的深圳前湾过海廊道。该工程由设计院设计。

广州进生物岛沉管隧道一期工程管段沉放设计效果图。

本页图片由勘测设计院提供

广州进生物岛沉管隧道二期工程水上钻探。

现场测量

宜万铁路W8标隧道出口段破碎地层钻孔注浆加固。

宜万铁路15标野山关隧道超前地质钻探。

本页图片由勘测设计院提供

2004年3月3日至5日，中铁隧道勘测设计院首届二次职代会暨2004年工作会在洛阳举行。

哈尔滨城轨一期工程三、六标段设计方案会审。

按照ISO9000标准的要求，勘测设计院制定了《勘测设计回访制度》，不断征求业主和施工单位的意见，促进设计水平的提高。图为设计人员在现场进 行设计回访。

2004年3月5日，勘测设计院第一次团代会在洛阳召开。

本页图片由勘测设计院提供

中铁隧道勘测设计院有限公司

【概况】 中铁隧道勘测设计院有限公司(简称“设计院”)是通过ISO9001认证,以隧道及地下工程勘测设计为主的甲级设计院,持有建设部颁发的工程勘察综合甲级、甲级工程设计、工程咨询、工程总承包及甲、乙级工程监理和乙级建筑设计证书,并具有独立法人资格的经济实体,从事铁路、公路、市政、地下工程、水利水电、建筑、岩土工程等勘察设计、咨询、监理、工程承包工作。

至2004年末,设计院国有资产5420万元,其中固定资产1815万元,流动资产3350万元,无形资产225万元。拥有国有净资产2570万元,其中由中铁隧道集团有限公司出资国有法人资本2201万元,中铁隧道集团二处有限公司出资100万元,中铁隧道集团三处有限公司出资60万元,中铁隧道集团四处有限公司出资20万元,盈余公积47万元,未分配利润142万元。

承揽任务 全年新承揽项目29个、总价款11367万元,为院年度经营目标的162.4%。其中签订合同价款7350万元,为集团公司下达年度计划的147%。新承揽项目中设计项目13个、价款8496万元;岩土工程项目7个、价款989万元;测量项目9个、价款1545万元;工程监理及其他项目价款335万元。

营业收入 全年营业收入4500万元,为集团公司下达年计划的112.5%。其中主营业务收入即设计收入和勘测收入增幅较大。全年实现利润总额207.44万元,其它经营目标也全面完成。

勘察设计质量 勘察设计质量稳定,总体保持优良。勘察设计合格率保持在100%,优良率保持在90%以上,岩土工程施工质量合格率保持100%。南京地铁1号线矿山法区间QC小组、上海M8线曲阳路站QC小组、广州地铁3号线精密导线网勘察QC小组、深圳地铁一期工程施工控制测量检测QC小组分别荣获铁道部优秀QC成果奖。

科研与新技术开发 申报集团公司科研项目2项。完成并通过集团公司专家评审科研项目2项。完成并通过省部级鉴定合作开发科研项目2项,其中《软硬不均地层及复杂环境复合盾构的研究与掘进技术》获中铁工程总公司2004年度科学技术特等奖。完成并通过集团公司专家验收的施工工法2项。开发的《软流塑地层浅埋暗挖隧道施工工法》通过铁道部部级工法认定并申报国家级工法。《广州地铁2号线越三区间盾构设计》获建设部优秀工程设计三等奖,该工程并获第四届詹天佑土木工程大奖。《内昆铁路闸上隧道设计》获总公司优秀地质勘察三等奖。技术人员撰写各类技术总结及专业论文近30篇,其中获集团公司优秀论文一等奖1篇、二等奖2篇,入选第二届世界工程师大会论文集2篇。还多次参与有关国家标准规范的编写及审查工作,受到了委托机构的肯定和赞扬。

企业改制 根据《公司法》及有关法律法规,制定了《公司章程》及有关基本制度,建立了公司股东会、董事会、监事会、院长工作机构。2004年6月16日,中铁隧道勘测设计院有限公司经洛阳市工商局注册成立。

(张项铎)

【勘测与岩土工程】 全年完成工程勘察和岩土工程施工产值1200万元,工程测量产值750万元。

测绘分院已经完成和正在承担的主要项目有:广州地铁三号线监理测量、广州地铁四号线试验段监理测量、广佛地铁监理测量、深圳地铁一期工程监理测量、南京地铁一期工程监理测量、杭州地铁一号线监理测量、广州地铁第三方监测、广州科学城永和隧道定测、南京地铁第三方保护监测、哈尔滨市轨道交通一期工程测量、广州地铁四号线C标段监理测量、广州地铁五号线B段监理测量、广州地铁三号线元岗桥第三方监测、广州地铁三号线利安花园段第三方监测、广州进生物岛沉管隧道测量、广州地铁四号线高架试验段监理测量。

工勘分院主要的经营、设计和施工的生产项目有：深圳地铁一期工程农园路过街道大管棚施工、烟台市南大街海港路地下过街通道大管棚施工、深圳市香密湖过街道大管棚施工、广州市进生物岛沉管隧道工程勘察、广州永和隧道及连接线外业勘测及配合施工、深圳地铁一期工程华润隧道大管棚施工、渝怀铁路园梁山隧道地质超前预报、洛阳市王城大道跨陇海铁路立交桥工程桩基检测、深圳市前湾电站过海廊道大铲岛工程地质勘察、深圳地铁竹子林隧道管棚施工、新建宜万铁路野三关隧道综合超前地质预报、广州市新光快速路工程地质初步勘察、渑(池)邓(县)国防公路庙子至二郎坪段老界岭隧道病害整治工程现场调查、勘察及方案设计、宜万铁路14标管棚、锚索施工、野三关隧道配合投标。

(张项铎)

【专业技术工作】

完成施工图设计9项：广州科学城永和隧道及连接工程、广州大学城管道过江隧道、深圳前湾过江管廊工程、北京地铁五号线两站两区间、上海地铁M8线曲阳路站、广州新光快速路工程、向家坝水电站骨料输送线工程、河南省高速公路信阳段四座隧道、烟台魁星楼隧道及海港过街道。

施工图审查1项：天津地铁施工图。

初步设计3项：南京地铁二号线11个盾构区间、苏州轻轨I期4个盾构区间、伊朗德黑兰北部高速公路一期工程(K0+K32)。

部分完成的项目有：广州地铁三号线(含4个车站)施工图设计、北京地铁四号线(四站四区间)初设和施工图设计、北京地铁十号线(两站两区间)初设和施工图设计、南京地铁二号线(两站两区间)初设和施工图设计、广州地铁广佛线(三站三区间)初设和施工图设计、上海地铁M7线五个盾构区间初设和施工图设计、天津地铁二号线(四站四区间)初设和施工图设计，青黄海底隧道可行性研究、广州进生物岛沉埋隧道Ⅰ、Ⅱ期工程方案、初设和施工图设计、广州新光快速路改建工程施工图设计、广州地铁五号线(二站七区间)初设和施工图设计、青岛滨海公路仰口隧道初设和施工图设计、宜万线野三关隧道施工图设计及南京九华山、玄武湖隧道施工图审查等14个项目。

(张项铎　秦恩慧)

【工程监理】　至2004年末，监理公司有员工10人，主要从事铁路、公路、市政、房建等工程监理。全年投标12项，中标8项，新签合同金额347万元，完成产值150万元。

公司多次聘请北京中建协质量体系认证中心的顾问，对公司的质量体系认证工作进行指导。认真编写了质量手册和程序文件，完成了第一次内审，并于2004年9月通过了ISO9000(2000版)质量体系认证。

业务建设　为适应国家高速铁路客运专线的发展，公司先后委派55名技术骨干参加了由铁道部组织的“高速铁路客运专线施工监理培训班”，并全部取得监理培训合格证。委派8名技术骨干参加了由铁道部组织的“铁路工程总监理工程师培训班”，其中4人取得铁道部总监理工程师资格证书。公司还组织专业技术人员参加了2004年度国家注册监理工程师考前培训及考试，有 4 人通过考试取得监理工程师资格证书。

（监理公司）

【经营计统工作】 经营开发工作由院长统领，总经济师负责及协调，各副院长分管片区的经营模式。院经营系统主要由院经营计划部、各外派分院、办事处、工程勘察分院、测绘分院共同组成。其中经营计划部为各外派分院、办事处的业务归口单位，主要追踪承揽勘测设计综合项目和设计项目。工程勘察分院、测绘分院以自主经营为主、院揽任务为辅，在其投标活动中，院主要在商务上给予支持。

2004 年末，经营计划部在岗 5 人。本年度，设计院在北京、南京、广州、深圳等地设有分院，在山东烟台设有办事处。

北京分院：负责华北、东北地区经营工作，重点是北京、天津、沈阳、哈尔滨等地城市轨道交通项目。2004 年完成经营指标 1700 万元。

南京分院：主要负责华东地区经营工作。重点是南京、上海、苏州、杭州等地城市轨道交通项目。2004 年完成经营指标 60 万元。

广州分院：主要负责广州市和周边地区经营工作，重点是广州市城市轨道交通及其它市政工程项目。2004 年完成经营指标 4026.83 万元。

深圳分院：主要负责深圳市及周边地区经营工作，重点是深圳市城市轨道交通项目。2004 年完成经营指标 1910 万元。

经营投标 全年共投标 33 个项目，中标 20 个项目。其中地铁设计投标 4 个标段，中标 3 个标段；地铁测量监理投标 7 个标段，中标 5 个标段；工程监理投标 10 个标段，中标 6 个标段；铁路、市政桥隧、公路、过江过海等其它项目投标 12 个标段，中标 6 个标段。

全年承揽项目价款约 11367 万元，经投标的 10229.4 万元，甲方和业主直接委托的约 1138 万元。完成集团公司下达计划的 227.3%，完成院经营计划的 162.4%。

新揽设计项目主要是：宜万铁路野三关隧道、广州地铁五号线、哈尔滨地铁、深圳地铁一号线续建工程、青岛滨海公路仰口隧道、周口至信阳 4 座隧道、广州进生物岛沉管隧道二期、深圳前湾燃机电厂过海管廊盾构、广州大学城过江管廊盾构、江苏泰州过江通道隧道方案咨询、马鞍山过江通道隧道、金沙江向家坝水电站骨料运输线。

测量任务全部来源于地铁监控量测、测量监理、控制测量等领域。项目有：广州地铁四号线 C 标、广州地铁五号线 B 标、深圳地铁一号线北延段、广州地铁三号线元岗桥、利安花园监测、南京地铁一号线保护性监测、哈尔滨地铁一号线既有隧道贯通性测量分析等。

岩土工程项目主要是：宜万铁路外资 15 标段管棚、锚索施工和地质服务，深圳地铁一号线续建工程勘察，深圳及烟台管棚施工。

工程监理虽然年初已拿到铁道行业甲级资质，但一直没有合适的项目操作，只能在既有经营范围内承揽任务，主要在洛阳市、三门峡、集团内的一些项目上操作。

资质扩展 继院获取了勘察（工程勘察综合类甲级）、设计（铁道行业：隧道甲级；公路行业：隧道甲级；市政公用行业：地铁轻轨、市政桥隧甲级，市政道路甲级；建筑乙级）、工程监理（铁路工程甲级，公路隧道、城市道路、房屋建筑乙级）和工程咨询（甲、乙级）资质证书之后，2004 年又获得公路行业（公路）、建筑（人防）乙级设计资质。各类资信材料顺利通过年检并随着改制更换新的单位名称。

计划统计 依照《中华人民共和国统计

法》、《中国铁路工程总公司统计工作管理办法》、《中铁隧道集团有限公司计划管理办法》等有关法律、法规、条例及文件,围绕院经营发展目标,上报、下达勘测设计各类计划和勘测设计项目任务通知书,及时准确地上报河南省、中国铁路工程总公司、洛阳市、集团公司等各级统计主管部门要求的各类报表及统计资料。

2004年统计工作获集团公司专业组多经类二等奖、固定资产类二等奖;统计年报获得河南省勘察设计行业统计工作先进单位;赵文香的两篇统计论文获中国铁路工程总公司优秀奖。

(罗小平)

【科技与质量管理】 设计院总工程办公室负责全院的技术管理、质量管理、科研管理及院技术委员会及协会管理。2004年末,总工办在职14人,其中总工程师1人、副总工程师8人、管理人员5人,另外返聘职工3人。职称的分布情况为:提高工资待遇级高级工程师2人、高级工程师13人、工程师2人。

科研成果与新技术

1.设计新技术:2004年,设计院首次涉足沉管隧道设计领域,承揽了广州生物岛沉管工程一、二期设计任务;承揽了青岛胶州湾海底隧道工程可行性研究,为进入海底隧道设计领域打下了基础。

2.科研项目管理:完成并通过集团公司评审鉴定科研成果3项:《软土地区修建地下工程的地下水压力研究》、《华东地区饱和粉土及粉细砂地层不降水条件下基坑预应力锚索施工技术研究》、《高水压、突水、岩溶预测、预报及超前探水技术研究》。获中铁工程总公司2004年科技进步特等奖1项:《软硬不均地层及复杂环境复合盾构的研究与掘进技术》。

3.施工工法的管理:《华东地区饱和粉土及粉细纱地层不降水条件下预应力锚索施工工法》和《华东地区饱和粉土及粉细纱地层不降水条件下大管棚施工工法》通过集团公司技术委员会专家验收。《软流塑地层浅埋暗挖隧道施工工法》获铁道部部级工法。

4.参与国家标准规范修编及审查工作:参与《盾构隧道施工技术规程》中"盾构隧道勘察设计"篇章的编写和《城市轨道交通工程项目建设标准》的修编工作;参加《既有铁路工程测量规范》、《铁路工程岩土分类标准》、《铁路工程地质勘查规范》、《铁路电力设计规范》的审查工作。

5.技术论文完成情况:2004年全院技术人员完成各类技术总结及专业论文近39篇,其中获集团公司优秀论文评选一等奖一篇、二等奖两篇,入选第二届世界工程师大会论文集两篇。总工办及时整理汇编2003年院论文集,收录全院技术人员撰写并发表的各类技术论文30余篇。

6.学术交流:交流采取走出去、请进来和内部交流方式,组织技术人员走出去参加专业协会(学会)组织的各类学术研讨会以及标准规范的培训学习,并邀请西南交通大学隧道专家为技术人员举办了关于海底隧道技术讲座,同时还举办内部学术交流多次,全年参加人数达70人次。组织多人次走出国门考察学习,内容涉及到地下铁道、海底隧道等。为了给广大技术人员提供一个技术交流的平台,设计院还在办公网上开设了技术论坛。

技术管理 制定《院科技进步奖励办法》、《院2004年科研及工法开发计划》、《院2004年内部学术交流计划》、《院2004年勘察设计创优计划》等管理措施。根据发展需要,增补院技术委员会成员13人。

2004年共审查项目24个,送审图册达

270册，是2003年送审图册的175%。其中地铁工程13项、铁路工程1项、公路工程3项、市政工程6项、水工工程1项。参加审图人次共172人次，是2003年的155%。涉及线路、路基、地质、桥梁、建筑、结构、空调通风、给排水与消防、供电与照明、监控等专业，工作量主要集中在建筑、结构、空调通风、给排水与消防、供电与照明5个专业，其中结构专业审图工作量最大。另外将工勘分院的勘察成果资料纳入到院技术委员会审查内容中。院勘察设计文件质量合格率达100%，优良率达90%以上。

加强科技书籍、标准规范的管理。对标准规范实施动态管理，及时公布标准规范的有效性，防止使用作废规范。2004年购入科技书籍近千册，其中包括标准规范、设计图集、定额及技术参考书。

技术档案管理与项目奖金挂钩。在项目结算时档案管理人员对项目归档资料的完整性、符合性进行检查，对不满足要求的项目，档案管理人员拒绝签字，项目部不予结算，从而督促和提高技术人员档案管理意识。2004年全院归档的蓝图150余册、蜡底图500余张、原始资料30余册、光盘4张。另外建立了设计院荣誉档案，将院历年获奖证书整理归档，以备后用。工勘、测绘两分院也逐步养成了技术资料、勘测成果归档意识。科研成果、报优资料、投标标书也能按时归档。

建立专业软件档案。对购置的专业软件进行登记、建档，落实了专业软件的保管人。密切注意软件升级信息，及时公布现行有效的专业软件清单。2004年共购置深基坑设计、桥梁设计等专业软件14套，软件购置费达23万余元。

质量管理 院各单位、各部门根据院总体质量方针与目标确定本部门的年度质量目标和实施计划，使各单位的质量目标切实可行，从而保证院质量目标的实施。

对院质量管理体系进行内部审核，并对2003年内审、管理评审、外部审核中出现的不合格项进行跟踪检查，使院的质量管理体系持续改进，顺利通过认证机构的年度监督审核。组织培训内审员，使内审员队伍扩大，素质提高。院质量体系机构进行了调整，职责重新划分，主要生产流程简化，体系文件更易理解、更便于操作。

继续抓全院职工质量意识的提高，确保质量目标的实现。2004年总工办组织多次质量管理培训学习，参加学习的人数近40人。学习的主要内容有标准条款的理解与运用，院质量体系文件等，还对新分配来的大中专毕业生进行院质量体系文件的学习和设计流程、职业道德、质量意识等方面的教育。

全面质量管理工作按计划进行。2004年组织举办的三期QC理论学习，参加人次达20余人次。重点学习“创新型QC小组活动程序”、“因果分析中末端因素的确认”等内容，并组织南京地铁一号线矿山法区间QC小组《采用暗挖法穿越软流塑地层及修建大跨度隧道群的新方法》、上海M8线曲阳路站QC小组《科学管理、攻克软土层明挖车站设计难题》、广州地铁三号线精密导线网勘察QC小组《精心勘察、确保广州地铁三号线精密导线测量质量》、深圳地铁一期工程施工控制测量检测QC小组《精益求精、确保深圳地铁一期工程顺利贯通》4项成果均获得铁道部优秀QC成果。

（张淑敏）

【行政综合管理】 设计院办公室是院行政系统的综合办事机构。

2004年，办公室全面加强办文办会及组织协调工作。起草完成了院“三会”行政工作报告和有关筹备工作；组成完成院长办公会议5次，院务会议12次，党政工联席会议6次，经营会议2次；起草各类公文39件，审核院文件90件，批转文电180件。

坚持做到对任何来文分门别类进行书面登记，并根据来文性质和有关领导的批示及时传阅，保证了重要、紧急文件的及时处理。加强了公司印章管理，外单位需要加盖院公章时，首先要有主管领导认可，由经办人签字，并登记后方可加盖公章；对公司空白章和空白介绍信加强使用过程的监督，剩余空白介绍信、空白章必须交回或在有关人员的监督下就地销毁。

全年共收到来文200件、资料125件，总公司和兄弟单位文件100多件，办理传真业务3461页。全年共发文121个。办理院内收文112份，收电报、资料56份次，发文3720份。文档处理做到了及时、准确、安全、有效。

物资管理 院物资管理由院办公室兼管。2004年，根据全院生产需求，除完成职工劳保用品、计划内办公用品及低值易耗品的购置和发放工作外，及时解决了机关和各生产单位急需的突发性物资购置工作。

（吴静芬）

【人力资源管理】 院人力资源部主要负责院人事调配、劳动工资、员工教育、各种社会保险及离退休人员管理工作。

2004年末，全院有员工406人，其中管理及专业技术人员262人，作业人员144人。各类专业技术人员231人，占员工总数的57%，其中高级职称58人，中级职称73人，初级职称100人。

根据2004年院生产经营实际，制订了《院职工培训计划》。全年通过送培和自办培训班等形式，参培人员200余人次，11人参加了学历教育。有10人通过注册咨询工程师。

2004年，集团公司下达工资总额计划1650万元，全年实际支付工资总额1649.6万元，年人均收入4.18万元。

2004年接收大学毕业生26人，(其中3人因身体原因，试用期内离开)分别分配到隧道所、道桥所、设备所、造价所和机关等单位任见习生。按照规定，19名2003年度大学本科毕业生、6名大中专技术员经考核转正定职为助理级职务。

2004年，院向集团公司和中铁工程总公司推荐高级工程师8人、中级专业技术职务9人。通过上级评委会评审，7人聘任为高级、7人聘任为中级技术职务。院评审聘任1名大专生为技术员职务。

根据院生产经营需要，2004年从本院退休人员中返聘专业技术人员11人，其中提高工资待遇高级工程师1人，设计大师1人，高级工程师9人。

离退休人员管理 2004年末，设计院有离退休人员201人，其中离休3人，退休退职198人。本年度增加7人，死亡1人。院坚持做好离退休职工节日慰问、送温暖及来信来访工作。全年发放养老金企业负担部分及慰问金18.6万元。院按照退休人员平均工资811元的8%上缴退休人员医药费，参加洛阳市医疗保险统筹。

各类社会保险管理 企业缴纳基本养老保险费比例仍为20%，7月1日起，员工个人缴纳基本养老保险费比例为8%，年度员工个人缴费上、下限为：215.04元～43.04元。2004年，企业缴纳基本养老保险费270万元，个人缴纳基本养老保险费75.6万元，合计345.6万元。年度员工个人医疗账户金额31.5万元；退休人员门诊医疗包干费用每人月金额为40.55元。2004年向洛阳市失业保险处缴纳失业保险基金10.9万元；向洛阳市工伤保险处缴纳工伤保险基金5.44万元；向洛阳市社会保险管理处缴纳女工生育保险基金3.2万元。

（阎冬梅）

【财务管理】 设计院财务部（以下简称“财务部”）定员8人，下设工勘分院、测绘分院、服务中心、洛阳安建工程设计审查咨询有限公司、洛阳欣业达工程建设有限公司财务室和机关财务室

2004年，设计院纳入年度会计决算报表合并单户6个，其中子公司2个。实现营业收入4500万元，上缴管理费120万元，实现利润207.44万元，缴纳企业所得税95.56万元，税后净利111.54万元。提取盈余公积金11.46万元，公益金11.44万元。分配国有股（上缴集团公司）20.97万元。未分配利润141.75万元。

2004年末，设计院国有资产总计5420万元，其中固定资产1815万元，流动资产3350万元，无形资产255万元。负债总额2839万元，其中流动负债2711万元，资产负债率52.39%。

财务部贯彻“财务管理以资金管理为中心”的原则，对院的资金实行集中管理，统一调配，提高了资金的使用效率。对基层单位和各工点明确了财务管理权限、资金使用范围、一支笔审批制度。积极催收合同价款，多次派专人清理外埠存款和债权债务，至年末，洛阳地区的清欠已全部完成。

全年办理投标保函35份，履约保函2份，总金额合计2119177元；清退保函17份，总金额81万元。

加强项目成本管理，对工勘分院和测绘分院实行内部独立核算，认真搜集、归类各项成本核算的基础资料，对完工项目按时编制《成本核算表》，从财务管理和核算上保证了成本核算及考核兑现工作的正常开展，使成本核算工作有条不紊的开展。

（臧亚江）

【治安管理与安全生产】 设计院公安派出所隶属铁路工程公安局第七公安处第四公安分处，2004年末有民警2名，治安队员6人，联防队员4人。

派出所实行了“警务区负责制”，将辖区分成两个片区，片警对片区的日常治安工作负责。重点刑防部位，坚持每周至少检查一次。建立以派出所为主体，联防员、看守员为依托的治安联防组织，开展夜间巡查和节假日值班检查。在办公楼、单身楼及家属楼安装无线报警设施，实现了人防、物防和技防的结合。已安装无线报警主机3个，探头39个。坚持每周召开一次所务会，通报情况。刑防部位和高档物品都与保管人签订了责任书。

安全生产 设计院安全生产监察工作由派出所兼管。针对勘测设计任务繁重，工点比较分散的实际，安全管理主要是要求但基层单位重视，现场安全员职责落实。2004年，全院无交通事故。

（杨联卫）

【企业文化建设】 严格按照《VI》手册要求和《中铁隧道集团徽标、旗帜管理使用条例》的规定，广泛宣传，不断增强全体员工的集团观念和整体意识。对外的标书、设计图纸、名片等均印有集团徽标。

院指派专人对集团《BI》手册中《设计咨询岗位职责》部分进行了认真编写，经院党委审阅和修改后，按时上报集团公司企业文化部。同时，根据集团公司要求，院《BI》手册整合工作也已展开。

（蒋敏）

【物业管理】 设计院服务公司员工21人，承担全院的物业管理和后勤服务工作。

供水供暖系统改造修复 设计院大院

供水供暖系统已运行十多年未进行过大修，结垢、生锈、渗漏现象严重，已影响到正常办公和生活。2004年，院生活服务公司配合集团公司物业管理中心对全院供水供暖系统进行改造和修复。换气站的换成器、钠离子反应器作了清垢、除锈和防腐处理，修复主管道漏水部分，更换损锈严重的阀门，供水系统公用和民用分别加装了水表，共计完成工程量10万元左右。

加工业经营 2004年由于国家政策宏观调控的影响，原材料上涨等因素，对原修配厂造成了一定的困难，但是该公司不等不靠，对外积极出击，先后和东北、淅川、成都、天水等地客户积极联系，追踪信息，扩大市场和品种。全年各项收入共计20余万元，基本上做到收支平衡，队伍稳定。

（袁晓文）

【党务工作】 至2004年末，设计院党委有党员152人，分为10个党支部。党委委员5人。

政治学习 院党委坚持用“三个代表”重要思想统领各项工作，分三个层次抓好政治学习教育工作：一是抓党委中心组的学习，坚持集中学习与业余自学相结合，专家辅导与专题研讨相结合，学习科学理论和研究现实问题相结合，中心组成员全年共撰写心得近十篇；二是以支部为单位抓党员干部学习，多次召集院属各支部书记，以会代训、座谈讨论，同时各支部以《共产党员》、《半月谈》、《求实与创新》和《支部工作手册》杂志等学习资料，认真开展学习研讨。三是抓广大职工群众的学习，通过大小会议和周五政治学习时间，组织广大职工群众学习有关政治理论和方针政策，全年共组织学习答题活动5次，达500人次。

干部考学 从4月初至9月底，院党委以中心组学习、周五政治学习、支部“三会一课”、《信息月报》等为主要形式，在全院各级领导干部中掀起了“学习科学理论，提高自身素质；学习专业知识，提高管理水平”的热潮。考试工作于9月10日至15日进行。根据院工点和人员分布情况，院党委将考试分为洛阳、北京、南京、广州和野三关5个考点进行。全院应参加考试256人，实际参加考试224人，占87.5%。“十一”过后，院党委对未参加考试的32人进行了补考。

组织建设 院党委为各支部订阅《共产党员》、《支部工作手册》杂志和其它学习资料，建立支部书记季度报告工作制度，多次组织调研组深入基层，对各基层单位领导班子建设、组织活动、党风廉政建设、民主管理、工团工作等进行考核考察和现场指导。

在高度流动分散的情况下，各党支部坚持以电话或利用网络等形式召开支委会，坚持每年一次的民主生活会，坚持按时足额收缴党费，增强党员的组织观念。党费收缴管理工作受到集团公司组织部好评。

院党委高度重视生产一线和青年知识分子的发展工作，对各支部尤其是4个设计所支部的党员发展工作加强督促和指导。针对广州片区青年技术人员党要求入党者较多且较集中的特点，派专人赴广州上党课。全年发展预备党员4名，办理预备党员转正5名。

宣传工作 以挂牌改制为契机，加强对外宣传。公司挂牌期间，院党委相继在《人民铁道报》、《中国铁路工程报》、《洛阳日报》等大型媒体上进行宣传报道，《隧道工人报》整版进行宣传报道。同时，还制作了精美的宣传画册和展版。

继续办好《信息月报》，加强对内宣传。《信息月报》在原有的9个板块（领导活动、生产情况、经营信息、企业管理、政工信息、教育培训信息、获奖信息、科研信息、职工风貌）的基础上，又增设了“学习园地”板块，刊登法律法规和企业管理制度等各方面的知识，增强了的知识性；加入了大量的图片，增强了直观性；增加了发放份数，提高了普及性；在院网上刊登，为员工提供了阅读的方便性。

（蒋敏）

【纪检监察工作】 2004年，院纪检监察部门坚持以邓小平理论和“三个代表”重要思想为指导，深入学习贯彻党的十六届四中全会和中纪委四次全会精神，紧紧围绕党政工作中心，深入开展党风廉政建设，大力宣传贯彻《党内监督条例》和《纪律处分条例》，扎实推进执法监察、“双清”等各项工作，维护企业利益，促进企业健康发展。

党风廉政建设责任制 组成由院党委书记兼纪委书记为组长，纪委、工会、团委、党工部、干部部、审计科等部门人员参加的工作组，对党风廉政建设责任制落实情况进行了全面检查。结合实际情况，先后制定、修订了《设计院党风廉政建设责任制》、《落实党风廉政建设责任制的检查考核和责任追究办法》及《设计院反腐倡廉工作责任分工》和《党风廉政建设领导小组及责任分工》等规定制度。院属各单位也都制定了相应的责任制及落实措施。院两级领导班子成员和部门负责人按照谁主管谁负责的原则，对分工管理范围内的人和事严格要求，大胆管理，抓防范、抓自律、促落实。

执法监察 结合“两个条例”的宣贯，执法监察重点加大了财务管理、合同管理、分包管理、物资采购的监察力度，有效地防止了重大违纪现象的发生，维护了企业利益，保证了国有资产安全，同时进一步增强了员工依法经营、廉洁从业的自觉性。

“双清”工作 协助有关部门建立“双清”责任制及奖惩办法，督促有关部门及责任人加大清收工作力度，保证应收尽收，及时收回，避免形成呆坏账或新的外欠。经过努力，收回外欠率大幅度提高，外欠款数额逐步减少，促进了企业财务状况的好转及经济的健康发展。

（白建川）

【工会工作】 2004年院工会有专职工会干部2人，全院有基层工会组织7个，工会小组19个，会员344人。

民主管理 院两级职代会（民主管理大会）召开率达100%。2004年3月3日至5日，院召开了首届二次职代会暨2004年工作会、第一次工代会、第一次团代会。至4月底，院所属五个基层单位也相继召开了民主管理大会。院职代会审议并通过了行政工作报告、提案审查落实情况报告、业务招待费使用情况报告和2003年集体合同兑现履行情况报告；讨论通过了院《建立现代企业制度总体实施方案》；签订了2004年集体合同。院两级职代会共评议和测评院领导7人，科职领导18人；征集提案和建议49件，合并立案24件，提案落实率达100%。院职代会民主选举产生了中铁隧道勘测设计院有限公司职工董事、职工监事；院工会人员积极参加了院股东会首次会议、董事会首届一次会议、监事会首届一次会议的筹备工作。

厂务公开工作坚持多层次、多渠道。全年，院级公开栏公布4期；下属单位公开栏公布10期，信息月报12期。4月份起，院正式启用了网上办公系统，为厂务公开又增加了一条信息通道。

互助合作保险和“送温暖”活动 一是在广泛征求意见的基础上修订了《职工互助合作保险章程》，健全了个人基金账户。在岗员工按新标准认购基金达27.6万元，院行政一次性注入10万元基金，基金总额96万元。个人基金额达到人均748元，较上年人均提高了514元,参保覆盖面100%。院获得中隧集团职工互助合作保险工作先进单位称号。二是开展扶贫帮困和"送温暖"活动。筹集"送温暖"资金9300元,为19名职工送去了关怀。全年办理困难补助9人,计7900元。年内,院党政工领导探望生病职工8人次,慰问值班人员12人次;赴广州、南京、北京、宜万等工点慰问一线职工120余人。院党政领导关心离退休人员及老专家,亲自看望了设计大师谢世华及离休人员,送去了慰问金。

"三工"建设 主要抓了八件实事的落实,即:装修办公楼,改善了办公条件;新添健身设施13件,更换了球场照明灯具;为洛阳地区员工购买了家居保险;为从事粉尘作业的员工进行了专项体检;继续组织了生产技术骨干旅游、员工节假日郊游活动;开展了员工生日活动;加大了互助合作保险基金投入;开展了"冬送温暖夏送清凉"活动。同时,投资一万余元,为项目工点新添电视机、洗衣机、乒乓球桌,篮球、足球等文体用品。

文体活动 院工会利用"五一"、"十一"等节日长假,组织职工开展多种形式的文体娱乐活动,各基层工会分别组织职工外出游览,全院推选两名生产骨干赴韩国、日本参观疗养。组队参加了集团公司标准体能测试运动会、集团公司首届员工篮球赛和洛阳地区职工扑克牌比赛。

女职工工作 院工会女职工委员会积极贯彻女职工素质提升工程指导意见,在女职工中开展了"四自"教育和向总公司女职工标兵姚兰等先进人物学习活动。落实为女职工办实事、办好事制度,组织女职工参加了集团公司工会举办的"女性健康知识"系列讲座、女职工形体训练班;配合有关部门为育龄女职工进行了专项体检,参加体检120余人次。院女职工委员会获得总公司先进女职工集体称号

组织工作 一是召开了第一次工代会:3月4日,中铁隧道勘测设计院在洛阳召开了工会第一次代表大会,大会听取并审议了院第六届工会委员会工作报告,选举产生了院工会第一届委员会和第一届经费审查委员会,表彰了工会"三争"活动先进集体和个人。二是加强了培训工作;4名工会委员分别参加了省总干校岗位培训、全省工会信息员、《河南工运》通讯员培训、集团公司举办的工会干部培训和洛阳市工会举办的工会干部培训,增强了工会干部对工会理论知识的系统性了解,提高了自身素质。三是为全体会员办理了新《会员证》,建立健全了会员档案,加强了会员的会籍管理,新进人员入会率达100%。四是加强工会调研和信息工作,落实工会主席季度报告制度。全年,上报集团公司工会信息4篇;上报调研报告3篇,经验材料3篇。五是完成了工会财务、工会报表等基础管理工作。工会财务管理再次获得集团公司工会财务评比一等奖。

【共青团工作】 设计院团委设专职团委书记1人,兼职团委副书记1人及团委委员5人。2004年有基层团支部6个,共青团员109人,35岁以下青年职工179人。

2004年,设计院各级团组织紧紧围绕党政工作中心和企业经营生产重点,以提高青年整体素质、服务企业改革发展为目标,继续坚持"求真、求实、求新、求效"的工作方针,加强调查研究,探索团建形式,夯实组织基础,深化主题活动,团结带领广大团员青年为全面实现院第一次团代会提出的奋斗目标,为企业的改革发展做出了积极贡献。

思想教育 通过办新进大中专毕业生培训班、座谈会、团代会、演讲比赛、知识竞赛等多种形式,组织团员青年学习政治理论、重要文献、政策法规等。以提高青年自身素质,服务青年学习成才为目标,开展"每

月一本书"读书活动，院团委向团员青年推荐16本励志书籍，采取写心得体会的形式进行学习讨论、交流提高。组织人员参加集团公司举办的读书演讲比赛，并取得较好成绩。

青年素质工程 通过业务培训、技能竞赛、导师带徒等形式，在团员青年中深入开展青年素质工程教育活动。6月份，参加了中铁工程总公司职工技能大赛中隧集团选拔赛中的CAD绘图比赛，有1名选手获得第三名。院副总工程师朱世友当选集团公司"十大杰出青年"之首。在"中隧集团共青团网页制作大赛"中，有1人获得第三名。依托院办公网络建立了青年技术电子论坛，通过论坛进行新技术的培训、咨询与研讨。通过办公网络进行了2003年度青年技术人员技术论文发布。2004年有1人获中铁工程总公司"青年岗位能手"称号，有7人被集团公司授予"青年岗位能手"称号。

青年文明号 坚持求规范，求深化，求创新，求实效的原则，深入开展青年文明号创建活动。广州沉管隧道工程是院首次涉足水下沉管隧道设计，具有开拓性的重要意义，同时也填补了中铁工程总公司沉管隧道设计技术的空白。为了发挥广大青年技术人员生产突击和生力军作用，院团委从项目一开始就成立了青年突击队，着手青年文明号的创建工作，取得良好效果。

"双创"活动 "双创"活动主要是围绕技术项目的研究开发，新技术、新工艺的推广应用开展。派人筹备和参加了"中铁工程总公司青年创新创效成果推介会暨中央企业青年创新创效现场观摩会"，协助总公司团委做大会展板的宣传和讲解工作。隧道所青年工程师周书明主持开发并编写的软流塑地层浅埋暗挖隧道施工工法作为10项交流成果之一，在会上进行了推广介绍，他个人也获得总公司青年创新创效奖。广大青年技术人员结合生产实际，撰写各类技术总结及专业论文近30篇，其中获集团公司优秀论文一等奖1篇、二等奖2篇，入选第二届世界工程师大会论文集2篇。4个QC小组获铁道部优秀QC成果奖。

青工安全生产 年初，院团委分别与集团公司团委和院行政及所属各团支部签订了安质包保合同，围绕包保内容和指标开展活动。一是督促指导共青团安全监督岗建设，加强对岗长和岗员的教育培训，增强他们的责任心和监督监控能力。二是配合各级党政工组织开展安全教育、安全知识培训，组织安全生产知识问答等活动，使广大团员青年的安全意识进一步加强，自我防范意识和防范能力进一步提高。全年，全院无重大、大事故，1个安全生产示范岗和1名共青团安全监督岗岗员受到集团公司表彰。

组织建设 3月5日，在顺利完成基层团支部换届选举工作的基础上，召开了院第一次团代会，选举产生了新一届团委。年内选送2名团干部参加集团公司第三届团干部培训班。全年推优5人，其中2人已经被党组织吸收。

（齐晔）

【股东会】 2004年5月16日，召开设计院首次股东会，选举产生了首届董事会、监事会组成人员，表决通过了《公司章程》和《股东会制度》。

首届董事会成员：张先锋、王福柱、王社成、张炜、肖广智、杜道龙、丁荣富。

首届监事会成员：王洪勇、吴代兴、唐健伦、裴广进、李维。

2004年10月20日，设计院股东会召开第二次会议，表决同意免去王福柱、丁荣富董事职务，免去裴广进监事职务。表决同意刘子万、茅立威为设计院董事，刘洪为设计院监事。

【董事会】 2004年5月16日，召开设计院首届董事会，选举产生了董事会董事长、副董事长。聘任了总经理〈院长〉、副总经理(副院长、含三总师)、董事会秘书。表决通过了《董事会制度》、《总经理(院长)工作制度》、《公司本部派出股东代表、董事和监事管理暂行办法》。

董事会董事长：张先锋；副董事长：王福柱、王社成。

总经理(院长)张先锋；副总经理(副院长)兼总工程师肖广智；副总经理(副院长)：杜道龙、谭天鲲；总经济师：赵晋友；董事会秘书：白建川。

2004年10月20日，设计院董事会召开第三次会议，表决同意免去王福柱副董事长职务，刘子万任副董事长。

【监事会】 2004年5月16日，召开设计院首届监事会，选举产生了监事会主席，表决通过了《监事会制度》。监事会主席：王洪勇。 (白建川)

强力机械有限公司

【概况】 中铁隧道集团强力机械有限公司(以下简称“公司”)共有职工106人，其中管理、技术人员50人，作业人员56人。公司机构设置与上年相同，外地机械厂增加1个(东北机械厂)。

2004年，公司以经营生产为中心，进一步壮大公司实力；以质量效益年活动为重点，提升经济效益；以市场为导向，扩大经营规模。企业改革不断深化，经营生产快速发展，安全质量稳步提高。

全年工业产品新签合同额6448.7万元，其中各类模板台车、台架144台(套)、罐车(包括罐车总成)10台(套)。

全年完成企业营业额4500万元，为集团公司下达目标的128.6%，比上年增长76.71%。

全年实现利税总额270多万元，超额完成年度计划。其中利润总额67.54万元，为集团公司下达目标的168.9%，公司年度计划的122.8%。全年回收货款5526万元，为计划目标的110.5%。全员劳动生产率达到53.48万元/人·年。

全年员工人均收入23077元，比上年增长2.52%。其中在岗正式员工人均收入26677元，比上年增长16.76%。

【经营管理】 公司从维护企业和员工利益出发，严把合同签订关，进一步完善《经营管理办法》、《合同管理办法》和《合同范本》等文件，对合同的签订、履行和业务员的提成等制度重新进行了调整。合同总体质量明显提高，优良率占70%以上。

根据经营生产规模进一步扩大的实际，按照基本素质好、工作热情高、遵纪守法、作风正派、吃苦耐劳的原则，招聘了4名经营人员，使经营队伍进一步壮大。公司聘请法律顾问、地方法官和经验丰富的销售员授课，对经营人员进行法律法规和营销技巧培训及思想道德教育，提高经营队伍整体素质。

货款回笼力度进一步加大。公司按照谁签单、谁负责的原则，建立货款回笼目标责任制。产品出厂前的付款达到60%以上，后期货款回收的及时率已有较大的提高。对过去的欠款，公司成立清欠工作组，领导干部分片包干，有步骤、有重点的展开清欠工作。针对少部分恶意拖欠货款的客户，公司利用法律手段进行了追讨。全年共起诉恶意拖欠客户20余家，依法追讨回货款210余万元。

【生产管理】 发挥公司指挥中心的综合协调作用,加强对人、财、物的统一管理调度,挖掘现有生产能力,减少停工、窝工现象,提高效率。

继续实行低成本扩张,迅速提升生产能力。根据公司经营生产实际和国家基建投资方向,按照贴近现场、合理布局的原则,发挥分厂就近、及时、灵活的优势,择机在宜昌和东北建立机械厂,迅速形成了生产能力。仅宜昌机械厂第四季度就完成产值263万元。

加强售后服务队伍的建设与管理,努力提高服务水平和质量。销售公司、质管部加强与客户的沟通联系,及时收集用户对产品结构、使用性能的意见以及售后服务人员的表现、能力等方面的信息。对用户的意见和要求,及时汇报并妥善处理。

柴油动力罐车、WZ/160挖装机两项新产品开发已经完成试制和改进工作,具备批量生产的能力。

【建立企业标准】 公司技术部门强化产品的标准化管理,制定产品的技术标准、用料标准,统一产品的结构模式和外观形象,进一步明确本部技术人员和各分厂总工的任务和责任。公司组织编写了衬砌台车和混凝土罐车两个企业标准,到洛阳市技术监督局备案,结束了企业主要产品无标准的历史,为进一步提高产品质量,开拓市场,促进企业健康发展奠定了基础。

【规范分支机构管理】 按照可行、有效的原则,进一步明确分支机构的任务、责任,明确了管理者的权限、义务,加大对分支机构的监督和考核力度,使分支机构奋斗有目标、管理有制度、考核有标准,进一步调动分支机构管理者及全体员工的积极性。2004年,各分支机构都超额完成了计划目标。

【"全员素质工程"活动】 公司组织开展了"全员素质工程"教育活动,确定方法步骤、建立组织机构、明确内容目标。公司挑选知识丰富、技能熟练的技术人员、管理人员作为培训教师,开办了英语、电脑、ISO9000贯标和技术技能(机加、钳工、电焊工)夜校,为职工提供学习课堂。针对新进的技校生在安全、质量和技术等方面缺乏现场知识的情况,组织人员对他们进行岗前培训。全年参加各种培训的员工263人次,课时89个。

【党委工作】 公司党委下设4个党支部,有党员46名,入党积极分子28名。党委委员和纪委委员各由5人组成。

党员教育管理 2004年,公司党委按照"创岗建区"的标准对党员责任岗、先锋岗和红旗责任区进行了调整,共建立11个党员责任区、4个党员先锋岗和3个红旗责任区。"七一"前夕,公司党委召开表彰大会,对涌现出来的9名优秀共产党员进行了表彰和奖励。全年有6名预备党员转正,有5名入党积极分子被列为发展对象。

中心组学习 公司党委以提高管理水平为目标,采取集中学习和分散学习相结合的方式,组织中心组成员学习企业管理知识、反腐倡廉有关文件、胡锦涛"七一"讲话和国家的重大方针以及上级领导的讲话精神等。全年共集中学习4次,参学率达98%。

宣传思想工作 公司党委加强对员工的政治理论学习和市场经济形势教育,组织开展了市场经济形势、爱岗敬业促发展、安全质量与企业生存等教育和讨。全年出板报18期,见报各类稿件25篇。

【纪检监察工作】 2004年,公司加强了纪委组成机构和人员建设,增设了纪委副书记。

公司纪检监察工作紧紧围绕经营生产,

加强对党员和管理人员的廉政教育，通过集中学习、观看录像和知识竞赛等形式组织党员学习《中国共产党党内监督条例》(试行)和《中国共产党纪律处分条例》。落实党风廉政建设责任制，制定了《反腐倡廉主要工作任务分工》，使反腐倡廉工作责任更加明确。

【工会工作】

民主管理　2004年3月11日至12日，公司工会二届二次职工代表大会暨2004年度工作会议召开。会议审议了2003年行政工作报告、员工持股会工作情况及集体合同履行情况报告，及时增补了员工持股会理事会理事和监事，对4名职工董事、监事进行了民主评议，对公司4名领导干部进行了民主测评。

围绕经营生产目标，“三项制度”改革，集体合同、职工收入、重大决策等职工普遍关心的焦点和热点问题，开展厂务公开。全年公开内容16期，被集团公司党委评为厂务公开先进单位。

劳动竞赛　工会结合“质量效益年”活动，制订了《关于开展社会主义劳动竞赛的实施办法》，成立了劳动竞赛考评小组，划分了劳动竞赛单位，明确劳动竞赛具体指标和内容，并在每个季度劳动竞赛结束后，及时对参赛单位进行考核评比和表彰奖励，促进了公司经营生产和增收节支等各项工作目标的全面完成。

【共青团工作】　2004年，公司共有团员46人，团委下设团支部4个。全年办理超龄离团2人；11名团员申请入党，有3名被党组织吸收为新党员。

公司团委认真抓好“全员素质工程”教育活动，围绕经营生产，深入开展争创青年岗位能手活动，有5名青年参加了集团公司举办的技能大赛，2人得奖，被集团公司团委授予“青年岗位能手”称号。

【股东会、董事会、监事会】　2004年，公司共召开股东会1次、董事会3次、监事会3次。分别就公司法人治理结构调整事宜、2003年工作情况、2003年财务预算执行情况、2003年利润分配方案、2003年财务决算执行情况、2004年财务预算方案、2004年投资方案等议案进行了审议、表决。选举李建斌为强力机械有限公司董事长；李建农、杨廷利为副董事长，贾文武为监事会主席。

(杨宏强)

汤姆洛克(洛阳)机械有限公司

【概况】　汤姆洛克(洛阳)机械有限公司(以下简称“汤姆洛克公司”或“公司”)是由中铁隧道集团有限公司与芬兰汤姆洛克公司合资在中国组建的一家专业公司，主要承担芬兰汤姆洛克公司液压凿岩设备的大修改造、技术升级和新机组装销售业务。2004年，汤姆洛克公司各种困难，实现总产值400万元，利润34万元，圆满完成董事会和集团公司下达的各项指标。

2004年末，汤姆洛克公司有员工20人，其中集团合同制员工13人，外聘人员7人。公司有专业技术职称8人，其中高级职称1人，中级职称2人，初级职称5人，各类高级工8人，中、初级工4人。

【生产经营】　2004年，汤姆洛克公司经营继续坚持以TAMROCK、ATLAS及INGERSOLL－RAND等系列凿岩设备修理和升级为主，同时进行以门架台车为主体的刚结构件研究、制作和开发。全年为水利水电第七、第四工程局、陕西省水电工程局维修、升级台车及钻机5台套,研制的轨行式门架台车已完成80%的工作量。

汤姆洛克公司积极支持集团公司重点工程的建设,优先完成集团公司重点工程乌鞘岭急需的KL－20ES隧道挖装机和ALIVA喷浆机的维修。5月至8月,根据集团公司统一安排,汤姆洛克公司派员工到股份公司助勤,支援TBM和盾构的组装生产。

【党群工作】 2004年2月,根据集团公司党委的指示,调整了汤姆洛克公司党工委的组成人员。党工委由张继昌、方新强、李晓3人组成,张继昌任书记。公司党工委从实际出发,加强党风廉正建设,先后两次开展有全体员工参加的“向党员提意见”活动;定期组织党员和积极分子政治学习,认真开好民主生活会。

2004年,汤姆洛克公司工会以“三工”建设和推行“一法三卡”为载体,积极开展各项工作。公司工会认真做好扶贫帮困送温暖工作,为一名困难职工救助金600元。为适应新时期工会工作的需要,公司工会派人参加由集团公司举办的“工会干部岗位培训班”和“劳动争议与法律监督学习班”。

【董事会工作】 2004年4月,汤姆洛克公司在洛阳召开第十二次董事会,会议听取了公司总经理所作的工作报告。中外双方董事对汤姆洛克公司下一步的发展进行了探讨。

根据集团公司法人治理结构调整后,汤姆洛克公司于2004年9月在洛阳召开第十三次董事会,聘任周世祥为汤姆洛克(洛阳)机械有限公司董事、董事长。

2004年末,公司管理层组成如下:

董事长:周世祥;副董事长:JUHA KANGAS;董事:席树旗;董事会秘书:韩亚丽。总经理:张继昌;副总经理:方新强。

(朱有伟)

上海物业公司

【概况】 2004年,上海中铁隧道集团物业管理有限公司(简称“上海物业公司”或“公司”)围绕提高经济效益,加强规范化管理、加大市场开发力度,全年房租收入150万元,其中管理费收入27万元,实现利润1000余元。

至年末,公司在册员工15名,其中上海中铁佳苑小区管理处13名。

【物业管理】 公司坚持按照《物业管理条例》对上海市真南路209弄房产进行规范化管理,主动接受上海市、区、镇三级房地产管部门的管理和监督,制定了各工种的操作规范和程序,坚持以人为本和规范服务,顺利的通过了上海市房地产主管部门组织的物业管理各项达标考核。环境整治方面,拆除了影响环境的旧车棚,对停放在辖区内的机动车、三轮车、自行车分别进行统一的管理、责任到人。维修服务方面,针对房屋质量差的现状实行24小时维修服务,做到急修半小时到场,2小时内解决,全年出勤维修人共200余次,住户满意率达95%以上。

2004年,由于房屋质量问题,公司对屋面渗漏不断地修修补补,不仅加大了管理难度,也影响了经济效益。对此,公司已专题上报集团公司,要求对部分屋面进行大修。

【市场开发】 从2004年二季度起,对租赁合同期满的租户租金上调,重新签订新的租赁合同,减少房屋的空置率,完善了房屋租赁合同,更好的保证了公司的权益。真南路219－221号街面房的出租已顺利完成。小区内长期空置的19号、20号办公楼,由于位于引桥下面,一道长长的围墙和绿化与道路隔开，使用十分不便，许多租赁者都提出必须开墙方能租赁。在集团公司主管领导和部门的支持下，经过多方工作，得到了上海市政、园林、城管、公安、环卫等主管部门的认可，2004年12月将围墙打开，为出租创造了条件。

【员工培训】 为适应物业管理专业化、规范化的要求，公司多次组织员工参加计算机、物业管理、成本管理等各类培训，参加学习培训的员工都达到了合格标准，为规范服务奠定了基础。

（上海物业公司）

中铁隧道集团
CHINA RAILWAY TUNNEL GROUP

荣誉记载

编辑：董俊保

受行业表彰的先进集体和个人

表 10－1

先进集体

单位名称	荣誉称号	受奖单位	获奖时间
中铁隧道集团有限公司	2003 年全国用户满意施工企业	中国施工企业管理协会	2004·1·4
中铁隧道集团有限公司	2004 年度河南省优秀施工企业	河南省工程建设协会	2005·3·11

表 10－2

先进个人

姓名	所在单位	职务	荣誉称号	受奖单位	获奖时间
郑玉欣	宜万铁路指挥部	指挥长	第三届国际杰出项目经理	国际工程项目管理合作联盟	2004·5·16
史秋功	第一工程处	工人	中央企业劳动模范	国务院国资委、国家人事部	2004·9
刘坤浩	强力有限公司	高级钳工	全路职工技术创新能手	铁道部	2004·9
肖广智	勘测设计院	副院长	詹天佑人才奖	中国科学技术发展基金会、詹天佑铁道科技发展基金会	2004
李治国	科研所	总工程师	詹天佑人才奖	中国科学技术发展基金会、詹天佑铁道科技发展基金会	2004
马锁柱	北京指挥部	副指挥长	茅以升工程师奖	中国科学技术发展基金会、茅以升铁道工程师奖基金会	2004
赵玉良	集团公司	项目经理	2004 年度铁路施工企业优秀项目经理	中国铁道工程建设协会	2005·1·21
步三广	第一工程处	副处长	2004 年度铁路施工企业优秀项目经理	中国铁道工程建设协会	2005·1·21
刘剑文	三处有限公司	项目经理	2004 年度铁路施工企业优秀项目经理	中国铁道工程建设协会	2005·1·21
汪成兴	三处有限公司	副总经理	2004 年度铁路施工企业优秀项目经理	中国铁道工程建设协会	2005·1·21
李　伟	股份公司	项目经理	2004 年度全国工程建设企业优秀项目经理	中国施工企业管理协会	2005·3·18

受中铁工程总公司表彰的先进个人

表 10－3

先进个人

姓　名	职　务	荣誉称号
林万里	集团公司党委书记	劳动模范
黄升龙	二处有限公司七公司开挖工区工班长	劳动模范
姚荣旦	三处有限公司机电设备安装公司机修钳工技师	劳动模范
郑大榕	南京指挥部副指挥长、总工	劳动模范
洪开荣	广州指挥部常务副指挥长兼总工	劳动模范
李治国	科研所总工程师	有突出贡献中青年专家
范国文	集团公司副总经理	有突出贡献中青年专家
赵春华	三处有限公司项目经理	2004 年度优秀项目经理
汪成兴	三处有限公司副总经理	2004 年度优秀项目经理
刘剑文	三处有限公司项目经理	2004 年度优秀项目经理
吴显金	第一工程处项目经理	2004 年度优秀项目经理
巴云涛	股份公司项目经理	2004 年度优秀项目经理
谭顺辉	股份公司项目经理	2004 年度优秀项目经理
翟学东	股份公司项目经理	2004 年度优秀项目经理
简云龙	股份公司项目经理	2004 年度优秀项目经理
郑凯之	四处有限公司项目经理	2004 年度优秀项目经理

受地方表彰的先进集体和个人

表 10－4

先进集体

单　位	荣誉称号	受奖单位	获奖时间
青藏铁路工程指挥部	五一劳动奖状	河南省	2004·9
中铁隧道集团有限公司	2003 年河南省“安康杯”竞赛优胜企业	河南省总工会 河南省安全检查生产监督管理局	2004·3

表 10－5

先进个人

姓　名	所在单位	职　务	荣誉称号	受奖单位	获奖时间
郑清君	股份有限公司	工程师	五一劳动奖章	河南省	2004·9
张保良	二处有限公司	党支部副书记	五一劳动奖章	河南省	2004·9
王庆华	三处有限公司	领工员	五一劳动奖章	河南省	2004·9
邱钦文	二处有限公司	工人	劳动模范	西藏自治区	2004·9

2004 年度“五好班子”

二处有限公司
第一工程处
中铁隧道勘测设计院有限公司
科学技术研究所
专用设备中心
职工大学

2004 年度项目党建“示范党支部”

股份公司 TBM 一公司党总支
股份公司重庆过江隧道项目部党工委
乌鞘岭隧道二处有限公司斜井工区党支部
二处有限公司联合掘进机工程公司党支部
三处有限公司市政三公司党总支
南友公路项目部四处有限公司工区党支部
第一工程处华福项目部党工委
北京地铁 05 标项目部北京分公司工区党支部

2004 年度劳动模范、“双先”

劳动模范

赵全民(股份公司)
郑清君(股份公司)
彭昌伦(二处有限公司)
谢　勇(二处有限公司)
姚荣旦(三处有限公司)
李友坤(三处有限公司)
何　程(四处有限公司)
刘继强(北京分公司)
陈志华(第一工程处)
宋　仪(勘测设计院)

先进集体

股份公司 TBM 二公司
股份公司机械制造公司
二处有限公司九公司
二处有限公司怀新项目部
三处有限公司杭州万松岭隧道项目部
三处有限公司上海轨道 R404 标工区
四处有限公司南国花园项目部
中铁隧道勘测设计有限公司隧道所
第一工程处二公司
北京分公司地铁 07 标项目作业工区
科学技术研究所
中隧洛阳中小学

先进班组

股份公司隧道二公司平导分队
股份公司重庆过江隧道项目工程部
股份公司审计监察部
二处有限公司乌鞘岭隧道开挖工区
二处圆梁山隧道整体道床工班
二处有限公司经营部
三处有限公司市政二公司国道 318 工区
三处市政四公司起吊班
三处有限公司路桥二公司青藏工区
三处有限公司机电安装公司制造车间
四处有限公司南友公路项目一工区
四处有限公司白龙山矿建项目工程部
强力机械有限公司衡阳机械厂
第一工程处经营开发部
第一工程处三公司华福工区
北京分公司非开挖事业机组部
北京分公司向家坝项目部
专用设备中心
物资供应中心青藏材料厂
集团公司渝怀铁路工程指挥部
集团公司设备物资部
集团公司财务部

先进生产(工作)者

股份公司
尤显明　卿　彬　尹书云　唐　波
徐凡献　黄文亮　梁奎生　王　坤
王国安　李勇军　王小军　李　学
郑和义　刘　岩　娄掌印

二处有限公司
茅立威　任正录　曹相林　卢文国
罗　轩　陈凤熔　冯兴龙　宫学君
李长江　钟万乾　李晓东　乔　军
丁新龙　鲁　兴　周兆勇

三处有限公司
沈卫平　曾建雄　潘明亮　张建设
赵　刚　马彦启　肖世勋　崔泽双
刘　康　高　波　姜　华　赵金红
王华庆　向志强　钟柏林

四处有限公司
常战广　李　亮　李其宇　杨　涛

强力机械有限公司　李付伟

勘测设计院　姚　兰　王昌洪

第一工程处
王华平　易国良　向　林　曾凡平
朱建伟　陈宏宇

北京分公司　赖荣洋　张伦华　曹保利

杭州分公司　张　杰

科学技术研究所　罗占夫　肖红渠

物资中心　孙水武　赵　福

直属机关(含生活服务中心、物业管理中心、中隧洛阳中小学、中心医院)

韩亚丽　翟少梅　吴巨才　贾建波

时　峥　曹　莉　蔡雪梅　杜潮继

杨尔卓　程振绥　易继梅　丁书章

职工大学　**郑蓉蓉　陈苏惠**

第七公安处　**白洪波**

北京指挥部　**李　杰**

南京指挥部　**张　辉**

广州指挥部　**梁　伟**

渝怀铁路工程指挥部　**刘志华**

宜万铁路工程指挥部　**许为农**

乌鞘岭隧道工程指挥部　**夏安琳**

青藏铁路工程指挥部　**李志强**

获奖项目

表 10－6

2004 年度获奖工程一览表

序号	工程名称	获奖等级	文号、时间	施工单位
1	广州地铁二号线越秀公园站—三元里(不含)	第四届詹天佑土木工程大奖	2004 土秘字第 27 号 2004.10.8	广指、股份、二处、三处、设计院
2	川藏公路二郎山隧道	中国建筑工程鲁班奖(国家优质工程)	建协[2005]1 号 2005.1.8	三处(参建)
3	天津至滨海快速轨道 XQd 标段线桥工程	中铁工程总公司优质工程	中铁程安[2005]29 号 2005.1.25	集团公司天津滨海项目部
4	杭州—衢州高速公路第 4 合同段	中铁工程总公司优质工程	中铁程安[2005]29 号 2005.1.25	一处
5	福宁高速公路吉坑隧道	中铁工程总公司优质工程	中铁程安[2005]29 号 2005.1.25	股份公司
6	京珠高速公路林场双口河 1 号大桥	中铁工程总公司优质工程	中铁程安[2005]29 号 2005.1.25	二处、三处
7	西安绕城高速公路(南段)浐河特大桥	中铁工程总公司优质工程	中铁程安[2005]29 号 2005.1.25	三处
8	南京市玄武湖隧道	市政金杯示范工程	中市协(2004)第 38 号 2004.12.21	股份公司
9	北京城铁光熙门站至东直门站	火车头优质工程一等奖	建协(铁)[2005]1 号 2005.1.24	北京指(二处、北京分公司)
10	福宁高速公路吉坑隧道	火车头优质工程二等奖	建协(铁)[2005]1 号 2005.1.24	股份公司
11	杭州－衢州高速公路土建 4 合同段	火车头优质工程二等奖	建协(铁)[2005]1 号 2005.1.24	一处

表 10－7

2004 年度科技进步奖获奖项目一览表

序号	项目名称	获奖等级	奖金额（万元）	成果编号	主要完成单位	主要完成人员
1	高压富水岩溶深埋特长隧道修建技术	特等	5	隧成[2004]01 号	科研所 渝怀指挥部 勘测设计院 股份有限公司 二处有限公司	张继奎 李治国 石新栋 王洪勇 罗 琼 张民庆 金强国 方俊波 杨立新 刘泽民 齐传生 陆少伟 邹 翀 冯 健 庄金波 赵阶勇 陈大军 刘胜东 李永凯 王佩钦 魏文杰 张富宏 卓 越 赵军喜 罗占夫
2	富水砂质粉土地层超浅埋小间距大跨城市隧道修建技术	特等	5	隧成[2004]02 号	杭州解放路项目部 股份有限公司 北京分公司 勘测设计院 科研所	刘坤鹏 朱亮来 郭大焕 董天乐 杨世武 李代军 耿 伟 刘继强 吴全立 邓建林 张文强 康永胜 焦 伟 朱继红 陈金友 彭振华 周顺华 周建仁 赵建新 吴昭勇
3	南京地铁软弱富水地层中 EPB 模式盾构施工综合配套技术研究	一等	2	隧成[2004]05 号	股份有限公司	孙 谋 胡新朋 李建华 陈 建 陈文化 王镇春 肖广良 赵新合 张映根 李勇军 章华东 范水源 陈 飞 吴全立 刘伯岩
4	25、45 吨交直流变频牵引机车的研制	一等	2	隧成[2004]07、08 号	股份有限公司	张宁川 任 歆 张春凌 张红星 刘殿勇 何 刚 康 帆 白桂云 唐 健 王镇春 梁奎生 张延庭 张兴旺 杜卫祥
5	城市景区浅埋单洞四车道市政隧道修建技术	一等	2	隧成[2004]10 号	三处有限公司	曾建雄 陈 宇 刘建国 罗 文 曹冠凯 高海宏 邓青平 石清虎 马 烨 张旭玲 朱贵全 赵 毅 张 琦 段 晴 徐小明 周 霄 包振义 龚晓南
6	盾构机在硬岩地层掘进技术研究及盾构空载通过矿山法隧道施工技术研究	二等	1	隧成[2004]04 号	股份有限公司	杨书江 吴全中 洪开荣 赵全民 周红芳 康 帆 蔡小超 叶康慨 李凤远 程瑞明 王国安 章龙管
7	手持液压凿岩钻机推广应用	二等	1	隧成[2004]09 号	三处有限公司 设物部	刘 鹏 韩亚丽 刘建国 刘东亮 宋 华 高海宏 黄昌建 蒋宏兴 张宝丽 马彦启 邓青平 石青虎 丁士前 陈 刚 涂方木 王琪月 贺 敏 方建华

续表 10－7

序号	项目名称	获奖等级	奖金额（万元）	成果编号	主要完成单位	主要完成人员
8	高原高寒地区特长公路隧道施工技术	二等	1	隧成[2004]11 号	第一工程处 勘测设计院	曹红彬　吴全中　王华平 王兴彬　尉旭平　陆懋成 韩敬忠　吴约均　冯冻发 罗俊荣　徐兆亮　王小青 何其平　裴志民　党红章 肖建平　何光坤　武雪都
9	饱和粉土及粉细砂地层不降水条件下预应力锚索施工技术研究	二等	1	隧成[2004]12 号	勘测设计院	康永胜　李彦军　陈　根 朱亮来　杨宏艳　黄应强 韩振武　闫文庆　李永宝 陈　吉
10	高原高寒软弱地质（大台）深竖井快速施工技术研究	三等	0.8	隧成[2004]03 号	乌鞘岭指挥部 股份有限公司	夏安琳　吴海之　崔　原 宋建平　许为农　张宁川 方俊波　吴全中　何平阳 李剑雄　康向湘　杜闯东 仝金璞　董泗龙　曹　勇 王云龙

表 10－8

2004 年获奖工程勘察设计项目一览表

序号	文件名称	提交单位	等级	评审单位
1	广州地铁二号线越三区间盾构隧道设计	设计院	建设部优秀工程设计三等奖、第四届詹天佑土木工程大奖	建设部、土木工程学会
2	内昆铁路闸上隧道设计	设计院	总公司优秀工程设计二等奖、2004 年度优质工程奖	总公司、国家工程质量管理协会
3	内昆铁路二道桥至昭通北站综合地质勘察	设计院	总公司优秀工程勘察三等奖	总公司

表 10－9

2004 年获集团公司优秀科技论文一览表

序号	论文名称	论文作者	作者单位	等级
1	圆梁山隧道 2 号溶洞注浆技术	李治国　邹翀 孙国庆	科研所	一等
2	隧道及地下工程超前地质预报技术	齐传生	设计院	一等

续表 10－9

序号	论文名称	论文作者	作者单位	等级
3	广州地铁大汉盾构工程施工关键技术	杨书江	股份公司	一等
4	大跨浅埋超近距暗挖隧道穿越自来水厂环境保护技术	刘继强	北京分公司	一等
5	施工项目管理四大控制探讨	周校光	集团公司	一等
6	寺则河隧道辅助坑道方案优化对确保施工单位全面履约所起的重要作用	崔根群	第一工程处	二等
7	软弱围岩深大竖井机械化配套及快速施工	杜闯东　吴海之	股份公司	二等
8	鹧鸪山隧道(东口)施工通风设计与实施	陆懋成　武雪都 唐上明　贾　冬	设计院	二等
9	城市景区浅埋软弱四车道公路隧道施工技术	刘建国　曾建雄	三处有限公司	二等
10	重庆主城排水过江隧道盾构法施工技术	刘东亮　陈　馈	集团公司、设备中心	二等
11	城陵矶长江穿越隧道工程盾构法施工管片制作技术	谢仁根　马小汀	二处有限公司	二等
12	城陵矶长江穿越隧道工程盾构始发施工技术	谢仁根　马小汀 戴润军	二处有限公司	二等
13	预应力锚索在饱和粉土及粉细砂地层中的应用	康永胜	设计院	二等
14	城市地铁渡线大断面下穿危楼施工技术	王先堂　蒋树谦	二处有限公司	二等
15	重庆轻轨临江门车站隧道施工技术综述	邓青平	三处有限公司	二等
16	南京地铁向兴路站围护结构设计与施工	郑大榕　张　存 张　辉	南京地铁项目部、设计院	二等
17	悬臂灌注法施工箱梁挠度变化及控制	张力辉	二处有限公司	二等
18	坐标简化及其在施工量测中的应用	许永发	四处有限公司	二等
19	一种新型轨道车辆转向架的研制	黄平华	股份公司	二等

文献辑录

中铁隧道集团
CHINA RAILWAY TUNNEL GROUP

编辑：吕惠聪

文 献 辑 录

表 11－1

行政发文摘编

日期	文号	文件标题	接收单位
1·21	隧人[2004]5号	关于印发《中铁隧道集团有限公司A类项目人员管理补充规定》的通知	各A类项目部
1·29	隧企划[2004]6号	关于印发《中铁隧道集团有限公司投资计划管理办法》的通知	集团公司各单位，各指挥部、项目部，各办事处，各子公司
2·2	隧企划[2004]7号	关于变更中铁隧道集团三处有限公司《建筑业企业资质证书》中企业详细地址及营业执照注册登记号的请示	中铁工程总公司
2·2	隧企划[2004]8号	关于变更中铁隧道集团四处有限公司资质证书中董事长、总经理、总工程师的请示	中铁工程总公司
2·3	隧安质[2004]9号	关于对"10·8"重大生产安全事故责任人处分决定的报告	北京市安全生产监督管理局
2·6	隧社管[2004]10号	关于对中铁隧道集团2003年度下岗职工基本生活保障财政补助资金进行清算的请示	中铁工程总公司
2·6	隧企划[2004]11号	关于下达2004年费用收取计划的通知	集团公司各单位，广州办事处，上海联络处，各子公司
2·6	隧企划[2004]12号	关于上报中铁隧道集团2004年新签合同额、营业额建议计划的报告	中铁工程总公司
2·20	隧经合[2004]14号	印发《中铁隧道集团有限公司关于规范工程投标中介活动的有关规定》的通知	集团公司各片区指挥部，第一工程处，北京、宁波分公司
2·25	隧人[2004]15号	关于表彰2003年度先进集体(班组)、先进生产(工作)者的决定	各子公司党、政、工、团，集团公司各单位党、政、工、团
2·26	隧财[2004]16号	关于转发国资委、财政部《企业国有产权转让管理暂行办法》的通知	各子公司
2·25	隧涉外[2004]17号	关于派郭陕云等3人赴新加坡参加世界隧道年会的请示	中铁工程总公司
2·25	隧办[2004]18号	中铁隧道集团2003年行政工作总结	集团公司各单位，各指挥部、A类项目部，各办事处，机关行政各部门，各子公司
2·25	隧办[2004]19号	中铁隧道集团2004年工作要点	集团公司各单位，各指挥部、A类项目部，各办事处，机关行政各部门，各子公司
3·1	隧事务[2004]20号	关于印发《中铁隧道集团有限公司员工住房管理办法》的通知	集团公司各单位，各指挥部，A类项目部，各办事处，机关各部门

续表 11－1

日期	文号	文件标题	接收单位
3·3	隧人[2004]21号	关于公布《中铁隧道集团有限公司机关浮动岗位等级工资制办法》的通知	集团公司机关各部门，各指挥部，各A类项目部
3·4	隧人[2004]22号	关于2004年度劳动工资计划的报告	中铁工程总公司
3·4	隧安质[2004]23号	转发《国务院关于进一步加强安全生产工作的决定》的通知	股份公司，二处、三处、四处有限公司，集团公司第一工程处，北京、宁波分公司，各A类项目部
3·15	隧安质[2004]24号	关于转发中国铁路工程总公司《职业安全健康监督管理规定》的通知	集团公司各分公司，各指挥部，各项目部，各子公司
3·29	隧财[2004]25号	转发财政部《关于改进和加强企业年度会计报表审计工作管理的若干规定》的通知	集团公司各单位，各指挥部，A类项目部，各子公司
3·30	隧人[2004]26号	关于公布集团公司机关（含二级机构）岗位工资基本档别的通知	集团公司机关各部门
3·31	隧财[2004]27号	关于印发《中铁隧道集团有限公司B类项目部财务管理及核算的补充规定》的通知	集团公司各B类项目部
3·31	隧企划[2004]28号	关于印发《分公司工程项目管理办法》的通知	第一工程处，北京、宁波分公司
4·7	隧安质[2004]29号	关于申报中国铁路工程总公司安全标准工地的请示	中铁工程总公司
4·8	隧安质[2004]30号	关于通渝隧道“2·22”溶洞突涌事故结案的请示	中铁工程总公司
4·13	隧财[2004]31号	转发国资委《企业国有资产统计报告办法》、《中央企业财务决算报告管理办法》的通知	集团公司各分公司，各子公司
4·22	隧社管[2004]32号	关于退休军转干部生活困难补助有关问题的报告	河南省劳动和社会保障厅
4·22	隧企划[2004]33号	关于明确原集团公司南宁办事处资产由四处有限公司接收的通知	四处有限公司
4·27	隧安质[2004]34号	转发铁道部关于印发《铁路营业线施工安全管理规定》的通知	集团公司各分公司，各子公司
4·29	隧安质[2004]35号	中铁隧道集团有限公司关于成都市天府隧道三标段“4·14”沟土滑坍事故调查报告的批复	股份公司
5·10	隧安质[2004]36号	关于呈报水泉湾隧道K144+130～160段病害基本情况及整治方案的报告	朔黄铁路公司
5·10	隧安质[2004]37号	转发铁道部关于印发《铁路建设工程质量安全生产监督管理办法》的通知	股份公司，二处、三处、四处有限公司，设计院，集团公司各分公司，各片区指挥部，青藏、渝怀、乌鞘岭、赣龙指挥部，武九项目部

续表 11－1

日期	文号	文件标题	接收单位
5·13	隧经合[2004]38号	关于武汉长江隧道工程项目有关情况的报告	中铁工程总公司
5·17	隧人[2004]39号	关于选拔选手参加总公司职工技能大赛的通知	各子公司，集团公司各单位党、政、工、团
5·29	隧人[2004]40号	关于明确违约员工赔偿责任的通知	各子公司，集团公司各单位，各指挥部，各办事处
6·1	隧人[2004]41号	关于对苏付瑞同学见义勇为的英雄行为进行表彰奖励的决定	集团公司各单位
6·3	隧企划[2004]42号	关于中铁隧道集团2004～2006年工程任务滚动计划的报告	中铁工程总公司
6·15	隧经合[2004]43号	转发铁道部关于发布《铁路路基隧道工程预算定额》的通知	股份公司，二处、三处、四处有限公司，设计院，集团公司各分公司，青藏、渝怀、赣龙、乌鞘岭、朔黄指挥部，武九、宜万项目部
6·18	隧人[2004]44号	关于印发《中铁隧道集团关于加强员工管理切实保护企业商业秘密的若干规定》的通知	集团公司各单位，各指挥部，A类项目部，办事处，各子公司
6·22	隧人[2004]45号	中铁隧道集团公司关于历年“百含”情况的报告	中铁工程总公司
6·29	隧人[2004]46号	关于印发《中铁隧道集团有限公司项目部领导人员管理暂行办法》的通知	集团公司各项目部
7·1	隧企划[2004]47号	中铁隧道集团2004年度统计工作检查报告	中铁工程总公司
7·2	隧办[2004]48号	关于正式施行网络化办公有关事宜的通知	集团公司各单位，各指挥部，A类项目部，各办事处，各子公司
7·2	隧办[2004]49号	转发《中国铁路工程总公司会计档案管理实施细则》的通知	集团公司各单位，各指挥部，A类项目部，各办事处，各子公司
7·7	隧办[2004]50号	关于中铁隧道集团公司领导班子成员分工的通知	集团公司各单位，各指挥部，各A类项目部，各办事处，机关行政各部门
7·7	隧办[2004]51号	关于公布集团公司行政领导顶岗顺序的通知	集团公司各单位，各指挥部，A类项目部，各办事处，各子公司
7·9	隧人[2004]52号	转发工程总公司关于贯彻《集体合同规定》的通知	集团公司各单位，各子公司
7·9	隧企划[2004]53号	关于延期执行《集团公司分公司工程项目管理办法》的通知	集团公司第一工程处，北京、宁波分公司
7·16	隧社管[2004]54号	转发河南省人民政府关于印发《河南省实施<工伤保险条例>暂行办法》的通知	强力、汤姆洛克公司，设计院，集团公司各单位，各指挥部，A类项目部，各办事处

续表 11－1

日期	文号	文件标题	接收单位
7·21	隧企划[2004]55 号	关于印发《中铁隧道集团绩效评价及绩效考核暂行办法》的通知	集团公司各单位，各子公司
7·23	隧办[2004]56 号	中铁隧道集团 2004 年上半年行政工作总结	集团公司各单位，各指挥部，A 类项目部，机关行政各部门，各子公司
7·23	隧事务[2004]57 号	关于印发《中铁隧道集团有限公司房改房出售出租规定》的通知	集团公司各单位，各指挥部，A 类项目部，机关各部门
7·26	隧涉外[2004]58 号	关于建立境外突发事件应急机制的通知	集团公司各分公司，各子公司
7·27	隧办[2004]59 号	关于调整集团公司信访领导小组成员的通知	集团公司各单位，各子公司
7·28	隧企划[2004]60 号	关于变更中铁隧道集团有限公司资质证书中法定代表人、总工程师、总经济师的请示	中铁工程总公司
8·4	隧企划[2004]61 号	关于中铁隧道股份有限公司、中铁隧道集团四处有限公司增加资质的请示	中铁工程总公司
8·6	隧办[2004]62 号	关于转发《中国铁路工程总公司文书档案管理细则》的通知	集团公司各单位，各子公司
8·8	隧安质[2004]63 号	关于转发建设部《建筑施工企业安全生产许可证管理规定》的通知	各子公司
8·25	隧企划[2004]64 号	关于请求撤回中铁隧道集团四处有限公司资质增项资料的报告	中铁工程总公司
8·25	隧人[2004]65 号	关于中铁隧道集团有限公司负责人 2004 年度基本薪金的报告	中铁工程总公司
9·3	隧财[2004]66 号	关于公布《中原铁路工程指挥部计提经营增加费收支管理办法》的通知	中原铁路工程指挥部
9·7	隧安质[2004]67 号	关于对“7·12”脚手架倒塌事故责任人的处分决定	集团公司常张高速公路 20 标项目经理部，三处有限公司
9·8	隧财[2004]68 号	关于对中铁程财[2004]339 号文件涉及问题整改情况的报告	中铁工程总公司
9·14	隧人[2004]69 号	关于进一步加强外部劳务用工管理的通知	集团公司各分公司，各指挥部、A 类项目部，各子公司
9·16	隧公安[2004]70 号	关于进一步加强青藏铁路安全防范和保卫工作的紧急通知	集团公司青藏指挥部
9·20	隧办[2004]71 号	关于同意梁绍勋同志执行劳务关系三方协调机制培训的报告	中铁工程总公司
9·27	隧工程[2004]72 号	关于对 R404 标前一阶段安全质量工作的总结报告	上海轨道交通申松发展有限公司

续表 11－1

日期	文号	文件标题	接收单位
10·11	隧企划[2004]73 号	关于公布《321 国道内江段改建工程施工管理总指挥部管理办法》的通知	321 国道内江段改建工程施工管理总指挥部
10·11	隧人[2004]74 号	关于公布《中铁隧道集团有限公司员工教育培训管理办法》的通知	集团公司各单位，各指挥部、A 类项目部
10·12	隧办[2004]75 号	关于召开中铁隧道集团第二届科技大会有关事宜的报告	中铁工程总公司
10·13	隧企划[2004]76 号	关于变更中铁隧道集团二处有限公司资质证书中技术负责人的请示	中铁工程总公司
10·13	隧人[2004]77 号	关于表彰中铁隧道集团先进科技工作者、先进科技管理工作者和科技工作先进单位的决定	各子公司，集团公司各单位并党委
10·14	隧企划[2004]78 号	关于变更中铁隧道股份有限公司资质证书中法定代表人的请示	中铁工程总公司
10·21	隧企划[2004]79 号	关于中铁隧道集团 2004 年至 2006 年工程任务滚动计划的报告	中铁工程总公司
10·21	隧企划[2004]80 号	关于呈报主辅分离辅业改制分流总体方案的请示	中铁工程总公司
11·4	隧财[2004]81 号	关于中铁隧道集团有限公司 2003 年管理费决算的报告	河南省国家税务局
11·4	隧财[2004]82 号	关于中铁隧道集团有限公司 2004 年管理费预算的报告	河南省国家税务局
11·5	隧人[2004]83 号	关于中铁隧道集团有限公司其他负责人薪酬方案的报告	中国铁路工程总公司
11·11	隧涉外[2004]84 号	关于派魏都等 2 人赴伊朗谈判的请示	中国铁路工程总公司海外部
11·16	隧企划[2004]85 号	关于公布《中铁隧道集团公安经费管理实施办法》的通知	第七公安处
11·17	隧企划[2004]86 号	关于公布《中铁隧道集团有限公司 C 类项目管理办法》的通知	集团公司机关各部门
11·19	隧财[2004]87 号	关于印发《中铁隧道集团公安经费管理实施细则》的通知	第七公安处，股份公司，二处、三处、四处有限公司，第一工程处，北京分公司，渝怀、青藏、宜万指挥部，常张 20 标项目部
11·22	隧企划[2004]88 号	关于认真做好 2004 年度绩效考核工作的通知	集团公司各单位，各指挥部、A 类项目部，各办事处，各子公司
11·23	隧安质[2004]89 号	关于申请办理“建筑施工企业安全生产许可证”的报告	河南省建设厅
11·29	隧监[2004]90 号	印发《中铁隧道集团有限公司关于超付工程款的处罚规定》的通知	集团公司各单位，各指挥部、A 类项目部

续表 11－1

日期	文号	文件标题	接收单位
12·1	隧人[2004]91 号	关于增加 2004 年度劳动工资计划的请示	中铁工程总公司
12·1	隧办[2004]92 号	关于公布《内江 321 项目施工管理专家组工作制度》的通知	321 项目施工管理专家组
12·3	隧总[2004]93 号	关于公布《中铁隧道集团 2005～2010 年科技发展规划》的通知	集团公司各单位，各指挥部、A 类项目部，各子公司
12·8	隧监[2004]94 号	转发国务院办公厅、铁道部有关进一步解决拖欠工程款和农民工工资问题的通知	股份公司，二处、三处、四处有限公司，集团公司第一工程处，北京、杭州分公司
12·8	隧办[2004]95 号	关于恳请参加铁路客运专线建设施工的报告	中铁工程总公司并党委
12·8	隧人[2004]96 号	关于印发《中铁隧道集团有限公司员工安全、环保教育培训考核制度》的通知	集团公司各单位，各指挥部、A 类项目部
12·8	隧人[2004]97 号	关于呈报 2004 年度不合格外部劳务队伍的报告	中铁工程总公司
12·11	隧企划[2004]98 号	关于推荐中铁隧道股份有限公司为“全国优秀施工企业”的请示	中铁工程总公司
12·11	隧企划[2004]99 号	转发财政部建设部关于印发《建设工程价款结算暂行办法》的通知	集团公司各分公司，各指挥部，A 类项目部，各子公司
12·13	隧企划[2004]100 号	关于请求评审中铁隧道股份有限公司为“全国优秀施工企业”的请示	中国施工企业管理协会
12·13	隧设物[2004]101 号	关于申请办理中铁隧道集团有限公司引进泥水加压平衡式盾构设备的请示	铁道部机电产品进出口办公室
12·15	隧经合[2004]102 号	关于片区指挥部收取在建项目经营成果增加费有关事宜的通知	各片区指挥部
12·16	隧财[2004]103 号	关于集团公司指挥部，项目部工程预付款有关规定的通知	集团公司各指挥部，项目部
12·27	隧财[2004]104 号	关于申请流动资金贷款的请示	中铁工程总公司
12·27	隧法律[2004]105 号	关于京九铁路土石方结算诉讼案请求法律援助的紧急报告	中铁工程总公司

表 11－2

党委发文目录

日期	隧党发	文件标题	接收单位
01·06	[2004]1 号	关于召开中铁隧道集团首届三次职工代表大会、2004 年度工作会议暨集团公司首届四次员工持股会代表会议的通知	各子公司、集团公司各单位
01·08	[2004]2 号	关于创建好班子活动的总结报告	总公司党委
01·13	[2004]3 号	关于做好 2004 年春节期间有关工作的通知	各子公司党政工、集团公司各单位党政工
01·14	[2004]4 号	关于印发《中铁隧道集团新闻宣传工作管理办法》的通知	各子公司党委、集团各单位党委、工委

续表 11－2

日期	隧党发	文 件 标 题	接收单位
01·18	[2004]5 号	关于成立 213 国道改造工程(沭新)项目经理党工委的通知	213 国道党工委
01·17	[2004]6 号	2004 年发展党员指导意见暨 2003 年发展党员工作情况通报	各子公司党委、集团各单位党委、工委
01·17	[2004]7 号	关于转发《中国共产党党内监督条例(试行)》的通知	各子公司党委、集团各单位党委、工委
01·19	[2004]8 号	中铁隧道集团公司党委 2003 年工作总结	各子公司党委、集团各单位党委、工委
01·18	[2004]9 号	关于成立 321 国道内江段改建工程施工管理总指挥部党工委的通知	321 国道总指挥部党工委
01·30	[2004]10 号	关于印发《党委(工委)书记季度报告工作制度》的通知	各子公司党委、集团各单位党委、工委
02·02	[2004]11 号	关于召开 2004 年“三会”时间的通知	各子公司、集团各单位、各部门
02·02	[2004]12 号	2003 年度集团各单位党员领导干部民主生活会情况通报	各子公司党委、集团各单位党委、工委
02·11	[2004]13 号	关于成立上海工程指挥部党工委的通知	上海指挥部党工委
02·11	[2004]14 号	关于成立郎川路 B 合同段项目经理部党工委的通知	郎川 B 合同段党工委
02·11	[2004]15 号	关于调整汤姆洛克(洛阳)机械有限公司党工委组成人员的通知	汤姆洛克党工委
02·25	[2004]16 号	中铁隧道集团党委 2004 年工作要点	各子公司党委、集团各单位党委、工委
02·27	[2004]17 号	关于印发林书记在 2004 年“三会”上的讲话的通知	各子公司党委、集团各单位党委、工委
03·01	[2004]18 号	关于成立北京地铁四号线第七标段项目部党工委的通知	北京地铁四号线第七标段党工委
03·01	[2004]19 号	关于同意三处党委增选委员的批复	三处有限公司党委
03·05	[2004]20 号	关于对集团公安系统党组织设置的意见	各子公司党委、第七公安处党委
03·18	[2004]21 号	关于开展《中国共产党纪律监督条例(试行)和《中国共产党纪律处分条例》主题教育活动的通知	各子公司党委、纪委,集团公司各单位党委(工委)、纪委。
03·20	[2004]22 号	集团公司党委二季度工作要点	各子公司党委、集团公司各单位党委、工委
03·20	[2004]23 号	关于建立项目党支部联系点制度的通知	各子公司党委、集团公司各单位党委、工委
03·20	[2004]24 号	关于同意股份公司党委增补委员的批复	股份公司党委
03·23	[2004]25 号	关于建立干部考学制度的通知	各子公司党委、集团公司各单位党委、工委
03·30	[2004]26 号	关于中铁隧道勘测设计院公司法人治理结构人员的通知	设计院并党委
04·07	[2004]27 号	关于执行党委(工委)书记季度报告工作制度情况的通报	各子公司党委、集团公司各单位党委、工委
04·07	[2004]28 号	关于共青团中铁隧道集团有限公司第一次代表大会及一届一次全会选举结果的批复	各子公司党委、集团公司各单位党委、工委

续表 11－2

日期	隧党发	文 件 标 题	接收单位
04·29	[2004]29 号	关于成立宁波分公司党工委的通知	宁波分公司党工委
04·29	[2004]30 号	关于成立安徽沿江高速公路项目经理部党工委的通知	安徽沿江高速公路项目党工委
04·29	[2004]31 号	关于同意强力机械公司党委增选纪委委员的批复	强力机械公司党委
04·29	[2004]32 号	关于印发《中铁隧道集团有限公司工程项目部厂务公开工作实施细则(试行)》的通知	各子公司党委、纪委,工会,集团公司各单位党委(工委)、纪委、工会
04·30	[2004]33 号	关于转发国资委党委《关于加强和改进国资委监管企业女职工工作的意见》的通知	各子公司党委、工会,集团公司各单位党委、工会
04·30	[2004]34 号	关于转发工程总公司党委《关于进一步加强和改进工会工作的若干意见》的通知	各子公司党委、工会,集团公司各单位党委、工会
05·09	[2004]35 号	关于做好保持共产党员先进性教育活动准备工作的通知	各子公司党委、集团公司各单位党委、工委
05·11	[2004]36 号	关于变更安徽沿江高速公路项目经理部党工委名称的通知	沿江高速公路 YJL－06 标党工委
05·11	[2004]37 号	关于任命第七公安处党委委员、纪委委员的通知	第七公安处党委
05·20	[2004]38 号	关于表彰通讯报道先进集体、特别优秀通讯员、优秀发行员的决定	各子公司党委、集团公司各单位党委、工委
05·12	[2004]39 号	关于表彰中隧集团首届“十大杰出青年”的决定	各子公司党委、集团公司各单位党委、工委
05·19	[2004]40 号	关于表彰优秀组织工作者的决定	各子公司党委、集团公司各单位党委、工委
05·18	[2004]41 号	关于同意三处党委增选纪委委员的批复	三处有限公司党委
05·20	[2004]42 号	关于印发《2004 年反腐倡廉主要工作任务分工》的通知	各子公司党委、纪委,集团公司各单位党委(工委)、纪委,集团公司机关各部门
05·28	[2004]43 号	关于成立北京地铁四号线 19 标段项目经理部党工委的通知	北京地铁四号线 19 标段项目部党工委
05·28	[2004]44 号	关于成立大伙房输水工程 TBM2 标项目经理部党工委的通知	大伙房输水工程 TBM2 标项目部党工委
05·31	[2004]45 号	关于加强和改进中铁隧道集团公安系统管理工作的通知	集团公司所属各子公司、分公司并党委
05·31	[2004]46 号	关于印发林万里书记在集团项目党建思想政治工作现场会上的讲话的通知	各子公司党委、集团公司各单位党委、工委
06·05	[2004]47 号	中铁隧道集团公司党委项目党建思想政治工作现场会议情况报告	总公司党委
06·15	[2004]48 号	集团公司党委三季度工作要点	各子公司党委、集团公司各单位党委、工委
06·22	[2004]49 号	关于开展两个《条例》知识竞赛的通知	各子公司党委、集团公司各单位党委、工委

续表 11－2

日期	隧党发	文件标题	接收单位
06·21	[2004]50 号	关于同意设计院党委更名的批复	设计院党委
06·22	[2004]51 号	关于成立宜万铁路 15 标项目经理部党工委的通知	宜万铁路 15 标项目经理部党工委
06·22	[2004]52 号	关于任命西安指挥部党工委委员的通知	西安指挥部党工委
06·23	[2004]53 号	关于转发总公司党委《关于加强工程项目部党组织选举工作指导意见》的通知	各子公司党委、集团公司各单位党委、工委
06·24	[2004]54 号	关于深入开展创建"党支部建设示范点"活动的实施意见	各子公司党委、集团公司各单位党委、工委
06·24	[2004]55 号	转发总公司党委《关于加强外协党组织建设的指导意见》的通知	各子公司党委、集团公司各单位党委、工委
06·25	[2004]56 号	关于任命乌鞘岭工程指挥部党工委委员的通知	乌鞘岭指挥部党工委
07·01	[2004]57 号	转发中国铁路工程总公司纪委、监察部关于对本部部门及直属单位党风廉政建设责任制落实情况进行检查的通知	集团公司各单位党委(工委)、纪委
07·01	[2004]58 号	印发《关于加强现场宣传思想工作的指导意见》的通知	集团公司各单位并党委(工委)
07·08	[2004]59 号	关于成立靖安高速公路(榆林段)L－11 合同段项目经理部党工委的通知	一处党委
07·09	[2004]60 号	中铁隧道集团公司党委关于做好保持共产党员先进性教育活动准备工作的调研报告	总公司党委
07·09	[2004]61 号	关于党代会闭会期间充分发挥党代表作用的实施意见(试行)	各子公司党委、集团公司各单位党委、工委
07·20	[2004]62 号	转发总公司党委《关于认真做好新形势下党员发展工作的指导意见》	各子公司党委、集团公司各单位党委、工委
07·27	[2004]63 号	二季度党委、工委书记执行报告制度情况通报	各子公司党委、集团公司各单位党委、工委
07·27	[2004]64 号	关于规范集团公司 B 类项目部党组织设立及有关事宜的通知	各子公司党委、集团公司各单位党委
07·27	[2004]65 号	关于印发《中铁隧道集团领导人员管理办法》的通知	各子公司并党委、集团公司各单位并党委
08·06	[2004]66 号	中铁隧道集团有限公司党费收缴管理和使用办法	各子公司党委、集团公司各单位党委、工委
08·06	[2004]67 号	关于同意第一工程处召开第一次党员代表大会的批复	一处党委
08·06	[2004]68 号	中铁隧道集团公司党委 2004 年上半年工作总结	各子公司党委、集团公司各单位党委、工委
08·06	[2004]69 号	关于成立中铁隧道集团有限公司杭州湾大桥南接线工程第八合同段项目经理部党工委的通知	杭州湾大桥南接线工程第八合同段项目经理部党工委
08·10	[2004]70 号	转发中纪委等五部委《关于做好 2004 年厂务公开民主管理工作的意见》和调整集团公司厂务公开领导小组成员的通知	各子公司党委、工会,集团公司各单位党委(工委)、工会,各指挥部党工委、工会工委
08·17	[2004]71 号	关于调整集团公司领导班子成员党风廉政建设责任分工的通知	各子公司党委、纪委,集团公司各单位党委、(工委)、纪委
08·17	[2004]72 号	关于调整党风廉政领导小组的通知	各子公司党委、纪委,集团公司各单位党委、(工委)、纪委

续表 11－2

日期	隧党发	文 件 标 题	接收单位
08·17	[2004]73 号	关于增补中铁隧道集团公司党委常委的请示	中共河南省委
08·17	[2004]74 号	关于增补中铁隧道集团公司党委常委的请示	总公司党委
08·21	[2004]75 号	关于中铁隧道集团二处有限公司法人治理结构人员的通知	二处有限公司党委
08·21	[2004]76 号	关于中铁隧道集团三处有限公司法人治理结构人员的通知	三处有限公司党委
08·21	[2004]77 号	关于中铁隧道集团四处有限公司法人治理结构人员的通知	四处有限公司党委
08·18	[2004]78 号	关于张新州等二位同志所犯错误致上海市松江区人民检察院的函	上海市松江区人民检察院
08·21	[2004]79 号	关于中铁隧道集团强力机械有限公司法人治理结构人员的通知	强力机械公司党委
08·21	[2004]80 号	关于中铁隧道集团有限公司法人治理结构组成人员建议人选的请示	总公司党委
08·21	[2004]81 号	关于尤显明等 14 人列为后备干部的通知	股份公司党委
08·21	[2004]82 号	关于何峰等 15 人列为后备干部的通知	二处党委
08·21	[2004]83 号	关于王洪勇等 9 人列为后备干部的通知	设计院党委
09·03	[2004]84 号	中铁隧道集团有限公司党委开展保持共产党员先进性准备工作的情况总结	总公司党委
09·03	[2004]85 号	关于调整股份公司法人治理结构有关人员的通知	股份公司党委
09·03	[2004]86 号	关于印发中铁隧道集团治安综合治理机构印章管理规定的通知	各子公司党委、集团公司各单位党委
09·13	[2004]87 号	关于成立集团公司稳定工作办公室，进一步规范值班和请示报告工作制度的通知	各子公司党委、集团公司各单位党委、工委
09·08	[2004]88 号	关于强力机械公司增选纪委委员、纪委副书记选举结果的批复	强力机械公司党委
09·08	[2004]89 号	关于成立中原指挥部党工委的通知	中原指挥部党工委
09·08	[2004]90 号	关于任命户洋公路项目部党工委书记、委员的通知	户洋公路项目部党工委
09·08	[2004]91 号	关于成立湖北沪蓉西第 28 合同段项目经理部党工委的通知	湖北沪蓉西第 28 合同段项目经理部党工委
09·08	[2004]92 号	关于成立向家坝水电站输送线工程项目部党支部的通知	向家坝水电站输送线工程项目部党支部
09·09	[2004]93 号	关于录制党员电化教育片的通知	各子公司党委、集团公司各单位党委、工委
09·09	[2004]94 号	关于推进网络党建工作的指导意见	各子公司党委、集团公司各单位党委、工委
09·15	[2004]95 号	关于积极做好预防和处理信访突出问题及群体性事件确保“国庆”期间稳定工作的通知	各子公司党委、集团公司各单位党委、工委
09·27	[2004]96 号	集团公司党委四季度工作要点	各子公司党委、集团公司各单位党委、工委
09·28	[2004]97 号	转发公安部党委《关于公安机关监督机制建设的意见》的通知	各子公司党委、集团公司各单位党委、工委

续表 11－2

日期	隧党发	文 件 标 题	接收单位
10·09	[2004]98 号	关于进一步加强中高级管理人员培训工作的通知	各子公司党委、集团公司各单位党委、工委
10·10	[2004]99 号	关于同意一处召开第一次党员代表大会和第一届党委委员纪委委员候选人的批复	一处党委
10·10	[2004]100 号	关于转发中国铁路工程总公司党委《关于认真学习贯彻党的十六届四中全会精神》的通知	各子公司党委、集团公司各单位党委、工委
10·11	[2004]101 号	关于开展党群工作检查调研的通知	各子公司党委、集团公司各单位党委、工委
10·11	[2004]102 号	关于成立新光快速路第七标项目部党工委的通知	新光快速公路第七标项目部党工委
10·11	[2004]103 号	关于成立正平高速公路 N06 合同段项目经理部党支部的通知	正平高速公路 N06 合同段项目经理部党支部
10·11	[2004]104 号	关于撤销宜万铁路 15 标项目经理部党工委和成立宜万铁路指挥部党工委的通知	宜万铁路指挥部党工委
10·11	[2004]105 号	关于推荐评选 2004 年度党支部示范点的通知	各子公司党委、集团公司各单位党委、工委
10·15	[2004]106 号	关于职常应涉嫌受贿犯罪问题致上海市松江区人民法院的函	上海市松江区人民法院
11·02	[2004]107 号	转发国资委《关于使用(中国共产党入党自愿书)(2004 年制)的通知》的通知	各子公司党委、集团公司各单位党委、工委
11·23	[2004]108 号	关于召开 2004 年集团公司和集团各单位党员领导干部民主生活会的通知	各子公司党委、集团公司各单位党委、工委
11·23	[2004]109 号	关于印发《集团公司党委工作网站管理(试行)办法》的通知	各子公司党委、集团公司各单位党委、工委
12·02	[2004]110 号	关于张国亮等 6 人列为后备干部的通知	北京分公司
12·02	[2004]111 号	关于卓越等 7 人列为后备干部的通知	科研所党委
12·02	[2004]112 号	关于李建农等 9 人列为后备干部的通知	强力机械公司党委
12·02	[2004]113 号	关于姚贵祥等 12 人列为后备干部的通知	一处党委
12·02	[2004]114 号	关于刘建国等 17 人列为后备干部的通知	三处党委
12·02	[2004]115 号	关于集团公司党委常委分工的通知	各子公司党委、集团公司各单位党委、工委
12·03	[2004]116 号	关于宁波分公司党工委更名的通知	杭州分公司党工委
12·03	[2004]117 号	关于第一工程处党代会选举结果报告的批复	一处党委
12·03	[2004]118 号	关于成立云万高速公路 U 合同段项目经理部党工委的通知	万高速公路 U 合同段项目经理部党工委

续表 11－2

日期	隧党发	文件标题	接收单位
12·06	[2004]119 号	2005 年全集团对外新闻宣传工作安排	各子、分公司党委、工会，集团公司各单位党委(工委)、各指挥部项目部 A 类项目部党工委
12·06	[2004]121 号	关于印发《2004 年干部考学活动总结》的通知	各子公司党委、集团公司各单位党委、工委
12·08	[2004]122 号	关于给张新州党内警告处分的决定	上海指挥部党工委
12·08	[2004]123 号	关于给梁玉娟开除党籍处分的决定	广州办事处党支部
12·20	[2004]124 号	关于同意职工大学党委增选委员的批复	职工大学党委
12·20	[2004]125 号	关于转发国资委党委办公室《关于严格执行国家退休制度及时办理到龄人员退休的通知》的通知	各子公司党委、集团公司各单位党委、工委
12·21	[2004]126 号	关于成立武汉长江隧道工程指挥部等三个党工委的通知	武汉长江指挥部、大丽经理部、北京地铁十号线第二十标经理部党工委
12·21	[2004]127 号	2005 年集团公司党委中心组总体安排	党委中心组成员
12·22	[2004]128 号	2005 年发展党员工作指导意见暨 2004 年发展党员工作情况通报	各子公司党委、集团公司各单位党委、工委
12·27	[2004]129 号	2005 年一季度政治工作要点	各子公司党委、集团公司各单位党委、工委
12·27	[2004]130 号	关于转发中国铁路工程总公司党委《关于开展向牛玉儒同志学习活动的通知》的通知	各子公司党委、集团公司各单位党委、工委

表 11－3

纪监发文目录

日期	隧纪发	文件标题	接收单位
01·09	[2004]1 号	中铁隧道集团有限公司 2004 年纪检监察工作要点	集团各单位纪委
03·01	[2004]2 号	关于印发《中铁隧道集团有限公司党纪案件审理程序实施办法》的通知	集团各单位纪委、监察部
03·01	[2004]3 号	关于印发《中铁隧道集团有限公司政纪案件审理程序实施办法》的通知	集团各单位纪委、监察部
03·1	[2004]4 号	关于转发《中国铁路工程总公司办理案件征求意见事项实施办法》的通知	集团各单位纪委、监察部
03·01	[2004]5 号	关于印发《中铁隧道集团有限公司党纪处分批准权限规定》的通知	集团各单位纪委、监察部
03·01	[2004]6 号	关于印发《中铁隧道集团有限公司政纪处分批准权限规定》的通知	集团各单位纪委、监察部
03·01	[2004]7 号	关于转发《中国铁路工程总公司违纪案件立卷归档工作细则》的通知	集团各单位纪委、监察部

续表 11－3

日期	隧纪发	文件标题	接收单位
03·01	[2004]8 号	关于转发《中国铁路工程总公司纪检监察案件质量检查评分标准(试行)》的通知	集团各单位纪委、监察部
03·17	[2004]9 号	关于印发《中铁隧道集团有限公司纪检监察信访举报工作实施办法》的通知	集团各单位纪委、监察部
03·17	[2004]10 号	关于印发《中铁隧道集团有限公司纪委、监察处下转群众举报要求上报结果办法》的通知	集团各单位纪委、监察部
03·17	[2004]11 号	关于印发《中铁隧道集团有限公司查办案件工作实施办法》的通知	集团各单位纪委、监察部
10·01	[2004]12 号	关于开展党风廉政建设责任制落实情况问卷调查活动的报告	集团公司党委
10·23	[2004]13 号	转发中国铁路工程总公司纪委关于认真学习贯彻党的十六届四中全会和中央纪委四次全会精神的通知	集团公司各单位纪委,各子公司纪委
11·16	[2004]14 号	转发中共中央纪律检查委员会、中共中央组织部《关于严肃查处党员和干部参与赌博的通知》的通知	集团公司各单位,各子公司纪委、组织部、人事部
12·8	[2004]15 号	关于职常应所犯错误的处理意见	股份公司党委
12·27	[2004]16 号	转发中国铁路工程总公司纪委关于严格防止 2005 年“两节”期间发生不廉洁行为的通知	集团公司各单位纪委,各子公司纪委
日期	**监发**	**文件标题**	**接收单位**
2·2	[2004]1 号	关于对 2003 年外欠工程款进行调查摸底的通知	集团所属各单位“双清”效能监察办公室
6·1	[2004]2 号	转发建设部《关于组织开展建设领域拖欠工程款情况调查制定还款计划的通知》的通知	各子公司、集团公司分公司
6·9	[2004]3 号	转发《水利部关于解决水利工程拖欠工程款问题工作方案的通知》的通知	各子公司、集团公司分公司

表 11－4

工会发文目录

日期	隧工发	文 件 标 题	收 文 单 位
01·06	[2004]1 号	中铁隧道集团公司工会 2004 年工作要点	各子公司工会,集团公司各单位工会、各指挥部工会工委
01·07	[2004]2 号	关于印发《中铁隧道集团有限公司片区指挥部工会固定资产管理(试行)办法》的通知	集团公司各片区指挥部、A 类项目部(指挥部)工会工委
01·20	[2004]3 号	关于表彰 2003 年度优秀工会信息单位和优秀信息员的决定	各子公司工会、集团公司各单位工会
01·30	[2004]4 号	关于对三处有限公司第一届工会委员会和经费审查委员会预备人选的批复	三处有限公司工会
02·06	[2004]5 号	关于对勘测设计院工会召开第七次代表大会的批复	勘测设计院工会
02·09	[2004]6 号	关于组织好开展庆祝“三八”妇女节活动的通知	各子公司工会、集团公司各单位工会并女职工委员会

续表 11－4

日期	隧工发	文 件 标 题	收 文 单 位
02·10	[2004]7号	关于表彰2003年度工会好班子的决定	各子公司工会、集团公司各单位工会
02·10	[2004]8号	关于表彰先进工会组织、优秀工会工作者、优秀工会积极分子和优秀职工之友的决定	各子公司工会、集团公司各单位工会、各指挥部工会工委
02·14	[2004]9号	关于2003年工会工作责任状履行情况的通报	各子公司工会，集团公司各单位工会
02·19	[2004]10号	关于替补选举刘建媛同志为中隧集团公司工会第一届委员会委员常委、副主席和经审会委员、主任的报告	中国铁路工程总公司工会
03·20	[2004]11号	关于2003年度经费回拨及奖励的决定	各子公司工会、集团公司各单位工会
03·22	[2004]12号	关于对勘测设计院工会第一届委员会和经费审查委员会选举结果的批复	勘测设计院工会
03·23	[2004]13号	关于对三处有限公司工会第一届委员会和经费审查委员会选举结果的批复	三处有限公司工会
03·29	[2004]14号	关于转发《中华全国总工会办公厅关于认真学习宣传贯彻新颁布的＜集体合同规定＞的通知》的通知	各子公司工会，集团公司各单位工会
03·31	[2004]15号	中铁隧道集团公司工会二季度工作要点	各子公司、集团公司各单位工会、各指挥部工会工委
04·14	[2004]16号	关于对科研所工会第一届委员会和经费审查委员会选举结果的批复	科研所工会
04·14	[2004]17号	关于成立中国铁路工会中铁隧道集团有限公司上海轨道交通9号线一期R404项目经理部工作委员会的通知	上海轨道交通9号线一期R404项目经理部工会工委
04·19	[2004]18号	关于深化全员素质工程，开展“创建学习型组织，争做知识型员工”活动的通知	各子公司党政工团，集团公司各单位党政工团
04·26	[2004]19号	关于成立中国铁路工会321国道内江段改建工程施工管理总指挥部工作委员会的通知	321国道内江段改建工程施工管理总指挥部工会工委
04·26	[2004]20号	关于对物资供应中心工会全委会议选举结果的批复	物资供应中心工会
04·26	[2004]21号	关于成立中国铁路工会中铁隧道集团有限公司213国道改造工程(沐新)项目经理部工作委员会的通知	213国道改造工程(沐新)项目经理部工会工委
04·27	[2004]22号	关于表彰奖励群众性经济技术创新成果的决定	各子公司工会、集团公司各单位工会
05·24	[2004]23号	关于命名表彰“三工”建设示范单位的决定	各子公司党政工团，集团公司各单位党政工团

续表 11－4

日期	隧工发	文 件 标 题	收 文 单 位
06·28	[2004]24 号	关于成立洛阳中铁隧道职工科技服务中心的决定	集团公司工会各部、室
07·02	[2004]25 号	关于成立中国铁路工会中铁隧道集团有限公司郎川路 B 合同段项目经理部工作委员会的通知	郎川路 B 合同段项目经理部工会工委
07·02	[2004]26 号	关于成立中国铁路工会中铁隧道集团有限公司沿江高速公路 YJ1－6 标项目经理部工作委员会的通知	沿江高速公路 YJ1－6 标项目经理部工会工委
07·02	[2004]27 号	关于对宁波分公司工会第一届委员会和经费审查委员会选举结果的批复	宁波分公司工会
07·05	[2004]28 号	中铁隧道集团公司工会三季度工作要点	各子公司工会,集团公司各单位工会、各指挥部工会工委
07·12	[2004]29 号	关于成立中国铁路工会中铁隧道集团有限公司宜万铁路 15 标项目经理部工作委员会的通知	宜万铁路 15 标项目经理部工会工委
07·15	[2004]30 号	关于开展工会资产清查、产权登记年检工作的通知	各子公司工会、集团公司各单位工会、各指挥部工会工委
07·29	[2004]31 号	关于对直属机关工会增补选举结果的批复	直属机关工会
07·29	[2004]32 号	关于加强职工互助合作保险工作管理的通知	各子公司工会,集团公司各单位工会、各指挥部工会工委
08·11	[2004]33 号	关于转发《总公司工会经审工作考核办法》的通知	各子公司工会并经审会、集团公司各单位工会并经审会
08·13	[2004]34 号	关于建立单亲困难女职工档案和帮扶计划的通知	各子公司工会并女职工委员会、集团公司各单位工会并女职工委员会
08·14	[2004]35 号	关于加强工会组织建设的意见	各子公司工会,集团公司各单位工会、各指挥部工会工委
08·22	[2004]36 号	关于 2003 年度财务工作竞赛结果的通报	各子公司工会,集团公司各单位工会、各指挥部(项目部)工会工委
08·22	[2004]37 号	关于印发《工会主席季度报告工作制度》的通知	各子公司工会,集团公司各单位工会
08·26	[2004]38 号	关于印发《中铁隧道集团女职工素质工程实施意见》的通知	各子公司工会并女职工委员会、集团公司各单位工会并女职工委员会
09·15	[2004]39 号	关于印发《中铁隧道集团工程项目“三工”建设标准》的通知	各子公司、集团公司各单位、各指挥部党政工团组织
09·16	[2004]40 号	关于印发《中铁隧道集团公司工会财务工作竞赛评比办法》的通知	各子公司工会,集团公司各单位工会、各指挥部、项目部工会工委
09·21	[2004]41 号	关于对北京分公司技协更名的批复	北京分公司工会
10·10	[2003]42 号	中铁隧道集团公司工会四季度工作要点	各公司工会,集团公司各单位工会、各指挥部工会工委

续表 11－4

日期	隧工发	文件标题	收文单位
10·26	[2004]43 号	关于重新明确西安指挥部工会工委主任的通知	西安指挥部工会工委
10·26	[2004]44 号	关于撤销宜万铁路 15 标项目经理部工会工委和成立宜万铁路工程指挥部工会工委的通知	宜万铁路指挥部工会工委
10·26	[2004]45 号	关于表彰职工互助合作保险工作先进单位的决定	各子公司工会，集团公司各单位工会
11·09	[2004]46 号	关于变更“中国铁路工会中铁隧道集团有限公司宁波分公司委员会”名称的通知	集团公司宁波分公司工会
11·09	[2004]47 号	关于评选优秀安全检查员的通知	各子公司工会，集团公司各单位工会
11·12	[2004]48 号	关于认真做好 2005 年元旦、春节“送温暖”工作的通知	各子公司党政工，集团公司各单位党政工
11·29	[2004]49 号	关于做好 2005 年各级职代会筹备工作的通知	各子公司党政工，集团公司各单位党政工
11·29	[2004]50 号	关于对洛阳中铁隧道职工科技服务中心变更营业执照经营范围的批复	洛阳中铁隧道职工科技服务中心
12·07	[2004]51 号	关于评选表彰 2004 年度劳动模范、先进生产(工作)者、先进集体(班组)的通知	各子公司党政工团，集团公司各单位党政工团(指挥部、工委)
12·14	[2004]52 号	关于编制 2004 年度工会经费决算和 2005 年度工会经费预算报表的通知	各子公司工会，集团公司各单位工会、各指挥部、项目部工会工委
12·17	[2004]53 号	关于成立云万高速公路 U 合同段项目经理部工会工委的通知	云万高速公路 U 合同段项目经理部工会工委
12·30	[2004]54 号	中铁隧道集团公司工会 2005 年一季度工作要点	各子公司工会，集团公司各单位工会、各指挥部工会工委

表 11－5

团委发文目录

时间	隧团发	文件标题	接收单位
01·04	[2004]1 号	2003 年团的工作总结	各子公司团委、集团公司各单位团委(工委)
01·13	[2004]2 号	关于对三处有限公司第一次团代会及一届一次全委会选举结果的批复	三处有限公司团委
01·14	[2004]3 号	关于对第一工程处召开第一次团员代表大会请示的批复	第一工程处团委
01·18	[2004]4 号	关于对四处有限公司召开第一次团员代表大会请示的批复	四处有限公司团委
02·04	[2004]5 号	关于对二处有限公司第一次团代会及一届一次全委会选举结果的批复	二处有限公司团委
02·04	[2004]6 号	关于成立共青团中铁隧道集团有限公司乌鞘岭隧道工程指挥部工作委员会的通知	各子公司团委、集团公司各单位团委(工委)

续表 11－5

时间	隧团发	文 件 标 题	接 收 单 位
02·04	[2004]7 号	关于对设计院召开第一次团代会请示的批复	设计院团委
02·10	[2004]8 号	2003 年度团内信息工作考核情况通报	各子公司团委、集团公司各单位团委(工委)
02·10	[2004]9 号	2003 年度团费收缴情况通报	各子公司团委、集团公司各单位团委(工委)
02·10	[2004]10 号	关于评选 2003 年度先进集体和先进个人的通知	各子公司团委、集团公司各单位团委(工委)
02·17	[2004]11 号	关于召开共青团中铁隧道集团有限公司第一次代表大会有关事宜的通知	各子公司团委、集团公司各单位团委(工委)
02·20	[2004]12 号	关于对直属机关召开第一次团员代表大会请示的批复	直属机关团委
02·20	[2004]13 号	关于对共青团中铁隧道集团有限公司物资供应中心总支委员会选举结果的批复	物资供应中心团总支
03·10	[2004]14 号	关于对设计院第一次团代会及一届一次全委会选举结果的批复	设计院团委
03·11	[2004]15 号	关于公布集团公司青年“创新创效”成果暨第七届青工“五小”成果评选结果的通知	各子公司团委、集团公司各单位团委(工委)
03·12	[2004]16 号	关于表彰 2003 年度青工安全生产及“双争”活动先进集体和个人的决定	各子公司团委、集团公司各单位团委(工委)
03·17	[2004]17 号	关于表彰 2003 年度先进集体和先进个人的决定	各子公司团委、集团公司各单位团委(工委)
03·16	[2004]18 号	关于对直属机关第一次团代会及一届一次全委会选举结果的批复	直属机关团委
03·22	[2004]19 号	关于对第一工程处第一次团代会及一届一次全委会选举结果的批复	第一工程处团委
03·22	[2004]20 号	关于对四处有限公司第一次团代会及一届一次全委会选举结果的批复	四处有限公司团委
03·22	[2004]21 号	二季度工作要点	各子公司团委、集团公司各单位团委(工委)
04·27	[2004]22 号	关于表彰“中隧集团共青团网页制作大赛”优胜者的决定	各子公司团委、集团公司各单位团委(工委)
04·28	[2004]23 号	关于举办中隧集团第三期团干部培训班的通知	各子公司团委、集团公司各单位团委(工委)
04·14	[2004]24 号	关于印发党委书记林万里同志在集团公司第一次团代会上讲话的通知	各子公司团委、集团公司各单位团委(工委)
04·14	[2004]25 号	关于印发工作报告的通知	各子公司团委、集团公司各单位团委(工委)
04·30	[2004]26 号	关于公布第一次团代会及一届一次全委会选举结果的通知	各子公司团委、集团公司各单位团委(工委)
05·11	[2004]27 号	关于参加总公司青年创新创效成果推介大会的通知	各子公司团委、集团公司各单位团委(工委)

续表 11－5

时间	隧团发	文件标题	接收单位
05·26	[2004]28 号	关于授予苏付瑞同学“见义勇为优秀团干部”称号的决定	各子公司团委、集团公司各单位团委(工委)
06·21	[2004]29 号	三季度工作要点	各子公司团委、集团公司各单位团委(工委)
06·21	[2004]30 号	关于表彰青工安全生产先进个人的决定	各子公司团委、集团公司各单位团委(工委)
06·21	[2004]31 号	关于成立共青团中铁隧道集团有限公司南京地铁 D2 — TA01 标向兴路站项目经理部工作委员会的通知	各子公司团委、集团公司各单位团委(工委)
08·02	[2004]32 号	关于成立共青团中铁隧道集团有限公司郎川路 B 合同段项目经理部工作委员会、共青团中铁隧道集团有限公司广西平钟公路项目经理部工作委员会的批复	第一工程处团委
08·20	[2004]33 号	关于成立共青团中铁隧道集团有限公司北京地铁四号线 07 标项目经理部工作委员会、共青团中铁隧道集团有限公司北京地铁五号线 05 标项目经理部工作委员会、共青团中铁隧道集团有限公司北京地铁五号线 06 标项目经理部工作委员会的通知	各子公司团委、集团公司各单位团委(工委)
09·22	[2004]34 号	四季度工作要点	各子公司团委、集团公司各单位团委(工委)
09·29	[2004]35 号	关于成立共青团中铁隧道集团有限公司宜万铁路工程指挥部工作委员会的通知	各子公司团委、集团公司各单位团委(工委)
10·10	[2004]36 号	关于规范中隧集团各类项目部团组织设立及有关事宜的通知	各子公司团委、集团公司各单位团委(工委)
10·13	[2004]37 号	关于举行集团青年读书演讲比赛的通知	各子公司团委、集团公司各单位团委(工委)
12·20	[2004]38 号	关于评选 2004 年度青工安全生产及“双争”活动先进集体和个人的通知	各子公司团委、集团公司各单位团委(工委)
11·22	[2004]39 号	关于启用“中国共产主义青年团中铁隧道集团有限公司宜万铁路工程指挥部工作委员会”印章的通知	各子公司团委、集团公司各单位团委(工委)
12·15	[2004]40 号	关于开展团内调研活动的通知	各子公司团委、集团公司各单位团委(工委)
12·15	[2004]41 号	关于印发《集团公司团委二〇〇五年工作要点(征求意见稿)》的通知	各子公司团委、集团公司各单位团委(工委)
12·17	[2004]42 号	2005 年一季度工作要点	各子公司团委、集团公司各单位团委(工委)
12·21	[2004]43 号	关于组建共青团中铁隧道集团有限公司杭州分公司委员会的通知	各子公司团委、集团公司各单位团委(工委)

重 要 文 件

中铁隧道集团有限公司C类项目管理办法

2004年11月16日隧企划[2004]68号文件发布

第一章　总则

第一条　为充分利用社会施工资源,适应集团公司承揽的工程项目数量快速增长的需求,提高集团公司经济效益,规范集团公司项目管理,特制定本办法。

第二条　集团公司承揽并组建项目管理机构实施管理,由集团外施工队伍施工的工程项目,称为集团公司C类项目。

第三条　本办法适用于除铁路工程以外合同价款5000万元(人民币)以下的工程项目,目前仅适用于专业分包。

第四条　集团公司C类项目按项目法组织施工,采用矩阵式项目组织形式,集团公司设立项目经理部为项目的直接管理层。项目经理部是集团公司实施项目管理的临时派出机构,是代表集团公司履行合同的责任主体,是项目目标管理的责任实体。

项目目标主要有:质量目标、工期目标、成本目标、上缴费用目标、职业健康与安全目标、环境管理及文明施工目标。这些目标是对项目部绩效考核的主要依据。

第五条　集团公司工程部是C类项目的主管部门,对C类项目的管理负总责。

第二章　职责

第六条　集团公司机关部门职责

(一)工程部

1.负责组织拟定项目各项管理目标;

2.负责项目施工策划和施工管理;

3.负责工程分包管理和分承包方管理;

4.负责项目的监视与测量及工程试验管理;

5.负责项目技术管理和施工信息管理;

6.负责组织项目竣工文件、工程总结编写、归档管理;

7.负责项目环境因素管理;

8.负责组织竣工项目的质量问题治理工作。

(二)企划部

1.负责项目经理部机构设立、撤销；
2.负责项目的计划、统计管理；
3.负责项目部绩效考核。
(三)人事部
1.负责项目部人力资源管理；
2.负责项目部外部劳务管理。
(四)财务部
1.负责推荐财务主管；
2.负责收取各项费用；
3.负责项目财务、成本、会计核算管理。
(五)经营部
1.负责组织合同交底及分包合同管理；
2.负责制订项目上缴费用、成本目标；
3.负责指导项目部做好二次经营及索赔工作；
4.负责顾客满意度分析、工程售后回访管理。
(六)安质处
1.负责制订项目质量目标、职业健康安全目标；
2.负责项目安全、质量控制；
3.负责工程创优管理。
(七)设物部
1.负责项目设备控制；
2.负责项目物资控制。
(八)公司办
1.负责项目管理文件交底与分发管理；
2.负责项目印章管理；
3.负责项目信息管理。
(九)审计、监察处
负责对项目经理部的审计和执法检查。

第七条 项目经理部主要职责

(一)负责项目施工生产要素策划和实施控制；
(二)负责推荐分包单位,签订分包合同及合同清算；
(三)组织编制实施性施工组织设计和关键、特殊工序的作业指导书；
(四)负责实现项目质量目标、工期目标、成本目标、上缴费用目标、职业健康安全目标、环境及文明施工目标；
(五)负责项目经济管理、验工计价和工程清算,搞好验工计价和二次经营以及监理、设计现场配合工作；
(六)负责编制施工计划、竣工文件、工程总结、按时上报各类报表；
(七)负责成本管理,按规定上缴各项费用；

(八)负责主要施工物资、电力资源、机械设备的现场协调管理和对分包队伍的管理控制；

(九)负责协调与地方政府、业主、设计、监理等相关方之间的关系。

第三章 项目组织管理

第八条 集团公司机构编制委员会下达项目部机构定员。

第九条 项目部人员管理

(一)有关部门推荐、集团公司领导确认的项目经理、书记、副经理、总工、财务主管、验工计价人员,由人事部任命。

(二)项目部其他人员由项目经理根据工程进度及施组安排提名,人事部任命。

第四章 工程分包及合同管理

第十条 工程分包由集团公司工程部负责统一组织。

第十一条 工程分包工作程序及要求

(一)集团公司工程部对分包方进行评价,并在每年元月和7月公布合格分包方名录。

1.资格评价:应包括营业执照、资质证书、施工安全许可证、法人代表委托书;

2.能力评价:应包括(但不仅限于)近三年资质证书范围的相近过程的业绩及顾客评价、设备情况、工程技术人员情况、资金情况。

(二)集团公司工程部在工程投标时或中标后,向集团公司领导建议项目管理类型,当集团公司领导确定为C类项目时,通知项目经理部。

(三)项目经理部在工程部公布的合格分包方名录中选择若干家,发出专业分包邀请。并推荐二、三家给工程部。

(四)集团公司工程部核定一家(备选一家)报公司领导,批准后通知项目部。

(五)项目部按照《中铁隧道集团有限公司C类项目合同管理规定》与分包方洽谈合同,将合同草案报集团公司主管部门核准。

(六)集团公司主管部门依据《中铁隧道集团有限公司C类项目合同管理规定》对合同草案核准后,答复项目部。

(七)项目部与分包方确定项目专业分包合同。

(八)项目部每年12月份对分包方进行评价,并报工程部存档。评价内容至少包括(但不仅限于)工程质量、施工进度、施工安全管理、环境管理、按时支付民工工资情况。

(九)项目部在项目施工结束并分包清算后,对分包方项目施工管理进行评价,并报送工程部存档。评价内容除以上内容外,增加"分包方项目效益评价"和"民工工资清算评价"。

第十二条 分包工程合同管理在工程部统一协调下由集团公司经营部负责具体业务工作,依据《中铁隧道集团有限公司C类项目分包合同管理规定》执行。

第十三条 项目合同管理执行《合同管理程序》及《中铁隧道集团有限公司合同管理实施办法》。

集团公司经营部要及时做好合同交底及补充合同评审工作,指导项目部做好二次经营及索赔工作。

第十四条 禁止任何集团外企业以集团公司名义或用集团公司资质承揽工程。

第五章　分包工程施工技术及施工过程管理

第十五条　集团公司工程部拟定项目各项管理目标,经批准后下达《项目管理目标责任书》。

第十六条　施工技术及施工过程管理执行《中铁隧道集团有限公司C类工程项目施工管理规定》。

第十七条　项目职业安全健康、质量、环境控制按《中铁隧道集团优质工程管理办法》(隧理事工程[2002]7号)、《中铁隧道集团安全生产管理制度》(隧理事[2002]4号)和集团公司一体化管理体系的要求执行。

第十八条　物资管理按分包合同规定采购、管理。项目部应在分包合同中明确材料采购主体、质量要求、不合格控制处理及检验、验收方式。

第十九条　设备管理按分包合同规定配备、管理。项目部应在分包合同中明确当施工设备不能满足项目要求时的控制措施。设物部、项目部要定期检查项目所用设备的动态,及时提出改进意见。

第六章　财务及成本管理

第二十条　财务管理

(一)项目部财务受项目经理领导,业务上受集团公司财务部指导。

(二)项目部的经费管理按集团公司规定管理,不得突破经费计划。

(三)项目部应按合同要求及时做好对业主和分包单位的结算。

第二十一条　成本管理

(一)项目部应在保证项目工期、质量符合合同要求的情况下,利用各种有效手段把成本控制在计划范围内,并进一步寻求最大程度的成本节约,力求实现项目利润最大化。

(二)项目部应在集团公司的指导下做好成本预测、成本计划、成本控制、成本核算、成本分析和考核。

(三)项目部应认真研究合同约定,及时做好施工过程中的索赔证据收集,并及时处理施工过程及竣工索赔问题。

(四)项目部应建立成本台帐,积累并提供成本管理数据,定期进行成本费用分析。

(五)项目部应按集团公司规定建立项目亏损预警机制。

第七章　费用及规定

第二十二条　集团公司根据《中铁隧道集团有限公司经济关系若干规定》(隧经合[2003]53号)A类项目收取费用的150%标准收取集团公司费用。

片区指挥部现场管理费及经营成果增加费、例外费用等其它费用按《中铁隧道集团有限公司经济关系若干规定》(隧经合[2003]53号)A类项目规定执行。

第二十三条　对项目部费用支出实行比例和计划双控制管理。各类项目的项目部费用原则上按《中铁隧道集团有限公司经济关系若干规定》(隧经合[2003]53号)规定的A类项目相应比例的130%进行控制。

第八章　沟通管理

第二十四条　项目部成立后应及时与集团公司建立有效的信息交流渠道，使需要的信息及时发送给项目涉及人，信息传播应尽量采用集团网络办公系统，项目经理应及时与集团公司各有关部门沟通信息。

第二十五条　项目部应按集团公司要求收集和传播信息，定期向集团公司汇报项目目标完成情况；及时上报规定的报表。

第九章　无形资产管理

第二十六条　项目部对施工过程中的企业标识、对外报导、技术保密、技术总结等管理要按集团公司相关规定执行。

第十章　项目竣工、回访、保修管理

第二十七条　工程结尾时，项目部要组织最终检验和试验，并保留检验记录。项目部应提前策划竣工文件编制及项目技术总结的组织方案并实施，工程部督导实施。

第二十八条　工程竣工交付后，工程部组织项目部将全套技术资料移交给公司办档案科。

第二十九条　集团公司经营部应建立顾客服务联系网络，及时获得信息，拟制回访工作办法，并监督、检查执行。

第三十条　项目部负责生产过程中顾客回访，工程交验后的回访由集团公司经营部负责。

第三十一条　保修工作必须履行施工合同的约定和其他形式的承诺。保修期内，经济责任按国家规定和合同约定执行；保修期后，出现施工方面的质量问题需维修时，由集团公司工程部组织原项目部人员进行处理。

第十一章　奖惩规定

第三十二条　对项目部的奖惩按项目策划目标规定由集团公司人事部定期考核兑现。对项目部人员奖罚严格按《中铁隧道集团有限公司C类项目奖惩规定》执行。

第十二章　附则

第三十三条　本办法自发文之日起执行。

第三十四条　本办法由企划部负责解释。

集团公司党委工作网站管理(试行)办法

2004 年 11 月 23 日隧党宣[2004]109 号文件发布

第一章　总则

第一条　为了加强集团公司党委工作网站(以下称“网站”)的管理和维护,确保整个网络能够及时更新并安全可靠地运行,充分发挥网站在促进我集团党群工作中的作用,依据《中华人民共和国计算机信息网络国际互联网管理暂行规定》、《中华人民共和国计算机信息系统安全保护条例》等有关法规和规章,结合我集团党群工作的实际情况,特制定本办法。

第二条　党委工作网站是利用集团公司内部网络服务系统建立的工作网站,是加强集团党群工作交流,实现党群工作上下沟通的重要渠道。注册域名为 http://www.ctg.ha.cn/ctg-dwgzw/index.html。

第三条　网站的任务是:传达上级重要指示、发布政治工作信息、及时了解行业动态、实现全集团上下互动,为集团党群工作和政工人员建立一个沟通的媒介,为集团实现“大政工”拓展一种新渠道。

第二章　组织管理

第四条　在集团公司党建网络领导小组的领导下,成立集团公司党委工作网站网络组。网络组负责网站的规划、结构设计、内容更新和安全维护等方面工作。上网的成员单位:集团公司纪委、工会、团委,集团公司党委组织部、宣传部、干部部、办公室。

第五条　网站的维护遵循总体规划、统一格式、分工负责原则。网站相关栏目的设立或变更应经网络小组审议,各栏目的内容以及相应的维护工作实行部门责任制。各部门从本部门指定一名人员兼任网络管理员,负责本部门网页的更新、管理,以及本部门的政务公开与服务信息的收集、整理工作,部门负责人要对上网内容的真实性和可靠性进行认真审查。

第六条　集团公司党委宣传部负责对网站栏目形式进行总体构图和安排,更新信息的编排、上传、数据统计以及网站的日常维护,密切监督网站的运行状况,确保网站的正常运行。

第七条　网络组负责主页上的新闻和工作动态等宣传信息的收集、编辑工作,保证新闻及工作动态的及时更新。

第八条　各部门负责向网络组提供本系统、本部室的政务公开信息以及发布有关业务信息的电子文档。

第九条　网站所设的留言板由网络组负责查看,对其中提出的有关咨询问题,根据其内容所涉及职能范围,及时转相关部门解答。各有关部门应在规定期限内(一般不超过两周)予以解答。对于部门解答不了的,要提出解答建议报送分管领导审阅后,送网络组上网回复,回复内容要保留原稿待查。

第十条 网站按照如下工作流程运行：

（一）各子、分公司，集团公司片区指挥部，各类工程项目部均可向网站提供有关新闻、工作动态等宣传稿件和工作信息，信息内容可以是文字或图片等形式。

（二）属于新闻、工作动态类型宣传信息要及时报送宣传部报社，由报社加工整理，形成电子文件后送网络组。属于业务类信息，经有关部门审查后，制成电子文档送网络组。

（三）网络组负责将报送来的电子文档，按网页格式进行编辑制作，并及时上传至网站服务器。

（四）对超过一定期限以上的新闻或者其他时效性较强的信息，网络组要定期进行删除或者建立相关数据库进行管理。更新时效：重要新闻及时上传，一般新闻每周一次。

第三章 信息管理

第十一条 网站发布、转载有关信息应该依据国家有关规定执行，网站内容应当以集团的经营、生产、生活方面的信息为主。网站信息不得包含下列内容：

（一）反对宪法所确定的基本原则的；

（二）危害国家安全，泄露国家秘密，颠覆国家政权，破坏国家统一的；

（三）损害国家荣誉和利益的；

（四）煽动民族仇恨、民族歧视，破坏民族团结的；

（五）破坏国家宗教政策，宣扬邪教和封建迷信的；

（六）散布谣言，扰乱社会秩序，破坏社会稳定的；

（七）散布淫秽、色情、赌博、暴力、凶杀、恐怖或者教唆犯罪的；

（八）侮辱或者诽谤他人，侵害他人合法权益的；

（九）含有法律、行政法规禁止的其他内容的。

第十二条 各部门信息更新及管理办法：

（一）党委工作网站采用 ASP 动态管理系统，有庞大的后台数据库支持，动态信息更新与管理由网络后台实现，静态信息的更新、管理通过登陆服务器实现。

（二）为便于管理、记录，网站的后台设计为单一通道，所有栏目通过一个路径实现更新、管理，各部门通过进入相应的目录实现信息的更新和管理。路径的地址为：http://www.ctg.ha.cn/ctg-dwgzw/admin/login.asp

（三）管理中心登陆密码暂定用户名为：XXXXX 用户密码暂定为：XXXXX。密码只限网管人员自己所有。

（四）各部门只需负责本部门信息的更新和管理，各部门网站管理人员在登陆后，系统将自动形成数据库信息保存，网管人员做的每一项添加和更改，ASP 系统都会在服务器上自动生成数据库，以此来规范网络的运行。

（五）登陆到管理中心页面以后，点击信息管理栏目，由于系统设置上的不足，部门信息管理员的权限只能限制在信息管理栏目，其他栏目请勿改动，以免造成操作不当，引起网络瘫痪。对擅自改动引起网络瘫痪的，要追究当事人的全责。

（六）部门信息管理员根据本部门栏目设置收集信息，并及时进行更新。信息更新的实效为：重要信息及时更新，一般信息半月更新一次，业务交流类信息每周添加一条。信息的更新每月检查一次,并对检查情况进行通报。

(七)根据需要,一些栏目被设定为静态页面。各部门如需更改静态页面的信息,请以书面形式通知网络组,网络组应及时通过服务器进行更新和修改。

(八)主页上的信息由网络组负责,各部门页面的信息由各部门负责,网络组负责督促部门管理员及时履行职责。对影响网络整体效果的信息,网络组通知部门管理员后有权进行修改。

(九)由于网站所在的集团公司内部服务器已同互联网连接,信息在上传之前要经过保密审查,已防止内部信息的泄密。

(十)在网站运行期间,部门管理员如发现操作上的不足和漏洞,应及时将这些问题反馈给网络组,网络组应根据这些问题给出修改意见。

第四章　保密管理

第十三条　提高安全保密意识,按照“谁公布,谁负责”的原则,建立健全网络信息安全的相应管理制度,加强对上网设备及相关信息的安全检查。网站在建设中应当加强安全技术和手段的应用,对网站系统的安全进行实时监控,网站内容定期进行备份,指定专人保管,对相应操作系统和应用系统进行安全保护。

第十四条　严格执行国家《保密法》和企业有关法规的要求,凡国家秘密、涉及国家秘密内容的相关资料及文件、企业商业秘密、内部办公信息或暂不宜向公众公开的事项不得上网,载有秘密(含秘密级以上)信息的计算机不得上网,上网计算机不得处理、保存涉密内容的信息。

第十五条　保密办和网络组要每月组织专人对网上的信息进行一次保密检查。

第十六条　保密管理的其它事项参照《隧公安 1991[228]号关于印发〈全国电子计算机安全管理实施办法〉的通知》、《隧公安 1998[04]号关于加强计算机安全管理的通知》等文件执行。

第五章　附则

第十七条　本管理办法正式实行后,对各子、分公司政治工作网也具有指导意义。

第十八条　本网站管理(试行)办法由集团公司党委宣传部负责解释。

中铁隧道集团
CHINA RAILWAY TUNNEL GROUP

统计资料

编辑：董俊保

统 计 资 料

表 12－1

2004 年国内施工项目中标统计表

编号	工程名称	投标单位	标价(万元)	中标时间	工程类别
1	陕西省靖边至安塞高速公路(榆林段)路基工程 L11 标	西安指	10583	1·9	公路
2	沈阳市文安路地下过街通道工程	北京指	345	2·18	市政
3	广东阳江核电进山口边坡加固工程	广州指	593	2·20	市政
4	广东阳江核电进厂道路海朗桥工程	广州指	657	2·20	市政
5	国道 318 线海子山至竹巴笼、雅江过境段公路改建工程 BT8 标(子公司)	三处	11335	2·23	公路
6	湖南省怀化至新晃高速公路工程 11 标	广州指	15878	3·1	公路
7	广州开发区永和隧道及连接线扩建工程	广州指	11898	3·2	市政
8	广西玉林欧景嘉园 2＃、5＃、6＃楼工程(子公司)	四处	671	3·5	房建
9	成都市天府隧道工程土建施工 3 标	成都指	2906	3·6	市政
10	云南曲靖白龙山煤矿井巷工程二号副斜井(子公司)	四处	1341	3·11	其它
11	北京地铁四号线工程土建施工 19 合同段	北京指	33567	3·29	地铁
12	沿江高速公路张韩至朱村段路基工程 YJ1－06 标	南京指	9173	4·7	公路
13	沪蓉国道主干线湖北沪蓉西(宜昌至恩施)高速公路土建工程设计施工总承包 28 标(集团公司)	股份公司	18217	4·23	公路
14	阿荣旗至深圳国家重点公路平舆至正阳高速公路土建工程 6 合同段(集团公司)	四处	10045	4·25	公路
15	华师附中学生公寓楼人工挖孔桩工程(子公司)	三处	500	4·25	市政
16	广州大学城供热供冷管道过江隧道工程设计及施工总承包(子公司)	股份公司	4298	5·8	市政
17	烟台市南大街海港路地下过街通道工程(子公司)	二处	1459	5·13	市政
18	广西玉林欧景嘉园 26＃、28＃楼工程(子公司)	四处	475	5·18	房建
19	青岛至银川国道主干线子洲至靖边高速公路路基桥涵工程 N－2 标	西安指	10874	5·20	公路
20	青岛至银川国道主干线子洲至靖边高速公路路基桥涵工程 N－11 标(子公司)	三处	12899	5·20	公路
21	舟山市普陀区沈应线公路隧道工程	杭州分公司	8800	5·21	公路
22	S323 八官线洛宁长水至洛(阳)三(门峡)交界段改建工程 CL－03 标(集团公司)	四处	1479	5·24	公路
23	杭州市 502 改扩建工程(续签合同)	杭州分公司	705	5·26	市政

续表 12－1

编号	工程名称	投标单位	标价(万元)	中标时间	工程类别
24	北京地铁十号线工程土建施工第 11 合同段(承包)	北京分公司	7953	5·28	地铁
25	北京惠新西街～太阳宫路电力沟工程	京隧建	253	5·28	市政
26	北京杨庄大街 2003 配合道路燃气管线首钢段夯管工程	京隧建	70	5·28	市政
27	北京平谷应急水源过大秦铁路暗挖工程	京隧建	340	5·28	市政
28	北京地铁五号线崇文门外大街热力外线改造	京隧建	40	5·28	市政
29	北京朝阳路—青年路中水管线工程	京隧建	446	5·28	市政
30	北京回龙观雨水管线下穿城铁区间工程	京隧建	200	5·28	市政
31	北京石景山路热力外线下穿长安街延长线顶管工程(承包)	京隧建	91	5·28	市政
32	北京杨庄大街热力外线 3 # 竖井支线夯管工程(承包)	京隧建	103	5·28	市政
33	北京和平东桥—太阳宫热力外线隧道大管棚工程(承包)	京隧建	26	5·28	市政
34	广东省西部沿海高速公路珠海金鼎至新会古井段 3 标左线工程(子公司)(承包)	二处	3387	5·31	公路
35	宜昌至万州铁路土建工程第 15 标	经营部	25581	6·1	铁路
36	安徽省世行贷款项目铜陵至汤口高速公路 11 标	南京指	18298	6·2	公路
37	重庆至长沙公路水江至界石段高速公路项目土建工程 A7 合同段(子公司)	二处	8251	6·6	公路
38	南宁市南国花园康城 1、3、4、6 号楼(子公司)	四处	1227	6·14	房建
39	广西玉林华商国际上海城 1、2、3、4 号楼一期工程(子公司)	四处	1000	6·14	房建
40	西安市 2004 年人行天桥通道工程 A 标段	西安指	1410	6·22	市政
41	深圳前湾燃机电厂过海管廊工程	广州指	4111	6·24	市政
42	西安市南二环桃园路立交工程(子公司)	三处	3918	7·1	市政
43	江西省九江市庐山环南山公路建设项目隘口至仓房段 A9－2 标(子公司)	二处	2092	7·2	公路
44	上海轨道交通 6 号线 18 标区间隧道盾构施工	南京指	9813	7·2	地铁
45	杭州湾跨海大桥南岸接线工程 8 标	南京指	14000	7·5	公路
46	武汉长通南路黄龙山隧道(子公司)	二处	3388	7·7	市政
47	金沙江向家坝水电站太平料场骨料输送线土建工程总承包 1 标	北京分公司	8308	7·12	水电
48	云南昆明白龙山煤矿独路河井口至五乐集中工业场地隧道工程 1 标(子公司)	四处	798	7·21	其它
49	武汉市解放大道(武汉剧院)地下通道工程(子公司)	二处	1348	7·25	市政
50	陕西省洋县至勉县公路洋勉段房建工程 XHF－05 标	西安指	283	8·4	房建
51	浙江瑞安市安阳新区新城路一期工程(子公司)	二处	1181	8·4	市政

续表 12－1

编号	工程名称	投标单位	标价(万元)	中标时间	工程类别
52	新建铁路宜万线外资 W8 标	经营部	23332	8·24	铁路
53	广东东莞市港口大道 9 标	深圳指	3348	8·24	市政
54	重庆轻轨三号线火车客站地下车站及部分区间隧道工程(BT 模式)(子公司)	三处	5000	8·25	地铁
55	湖南省永州双牌何家洞水电站隧洞土建施工工程(子公司)	四处	802	9·2	水电
56	四川资中至内江城市引水(濛溪河应急)工程 ZN-TJ1 标(子公司)	四处	289	9·15	市政
57	杭州至兰州国家重点干线重庆云阳至万州高速公路 U 标	成都指	20864	10·1	公路
58	武汉市徐东平价地下人行通道工程及中北路水果湖地下人行通道工程(子公司)	二处	1989	10·10	市政
59	广西南宁阳光新城三组团商住楼(子公司)	四处	1559	10·12	房建
60	黄骅南至天津地方铁路万家码头铁路工程及朔黄铁路其他配套工程线下综合 A2 标	经营部	4626	10·25	铁路
61	南宁市江南路、南站大道污水管工程(集团公司)	四处	1064	10·26	市政
62	武汉长江隧道工程设计采购施工总承包工程	中原指	99777	11·2	市政
63	湖北省十堰至漫川关高速公路(世行标)6 标(子公司)	二处	39793	11·3	公路
64	金沙江溪洛渡水电站渡口乡至新市镇辅助道路Ⅰ标	北京分公司	11100	11·4	公路
65	北京地铁十号线一期工程土建施工(第三批)20 标	北京指	15261	11·11	地铁
66	上海至武威国家重点公路内乡至豫陕界 7 标(承包)(总公司)	第一工程处	9500	11·15	公路
67	新建铁路大理至丽江线第一批土建工程 7 标	成都指	24878	11·17	铁路
68	新建铁路宜万线外资 W1 标(承包)	经营部	9000	11·17	铁路
69	新建铁路精伊霍线 S5 标(承包)	西安指	6000	11·17	铁路
70	江西省景德镇市环城高速公路南环段新建工程 A4 标(子公司)	三处	10659	11·18	公路
71	云南省保山至龙陵高速公路 9 标(亚行标)(集团公司)	四处	19543	11·18	公路
72	四川省盐源县巴基河一级水电站发电引水隧洞工程(子公司)	四处	804	11·19	水电
73	广西阳光新城三组团 12、19、20 号楼(子公司)	四处	398	11·29	房建
74	洛湛线永州至岑溪段站前工程 2 标	广州指	40332	12·10	铁路
75	深圳湖贝路拓宽改造工程(地下通道)(承包)	深圳指	1143	12·10	市政
76	深圳地铁 32 标补充协议	深圳指	642	12·10	地铁
77	重庆至遂宁高速公路土主至丁沟村土建工程 E2 标(子公司)	二处	11883	12·16	公路
78	重庆至遂宁高速公路土主至丁沟村土建工程 H4 标(子公司)	三处	5041	12·16	公路
79	云南保山至龙陵高速公路(亚行标)11 标(承包)(子公司)	二处	13900	12·16	公路

续表 12－1

编号	工程名称	投标单位	标价(万元)	中标时间	工程类别
80	天津地铁营口道站2号开发地块	天津指	1500	12－17	地铁
81	宝鸡冯家山水处理厂二期工程(承包)	北京分公司	834	12·20	市政
82	国家工商行政管理总局行政学院场平及边坡整治工程	深圳指	2219	12·21	市政
83	广州新国际机场高速公路北延线北段工程施工10标(子公司)	二处	5399	12·21	公路
84	深圳地铁一期工程31标(承包)(子公司)	三处	1047	12·21	地铁
85	西安市南二环桃园路立交工程补充合同(子公司)	三处	4153	12·21	市政
86	重庆轻轨三号线火车客站地下车站及部分区间隧道工程设计变更(BT模式)(子公司)	三处	4000	12·21	地铁
87	阳江核电进厂道路A标段果园临时道路、电缆槽工程(子公司)	三处	45	12·21	市政
88	重庆酉阳金家坝导流洞及其他临时工程(集团公司)	四处	1618	12·22	水电
89	南京地铁一号线TA30标小行车辆基地箱涵工程	南京指	287	12·22	地铁
90	大连市政管线铺设工程等非开挖工程10项	北京分公司	728	12·28	其它
91	清河污水处理厂再生水回用中水管线4标等市政工程14项	京隧建	1915	12·28	其它
92	重庆彭水至贵州务川二级公路PW3标(集团公司)	四处	4078	12·29	公路
93	在建工程合同外增加		94000		

(焦莉丽)

表 12－2

2004年企业营业额完成情况表(一)

计量单位:万元

顺号	单位名称	合计			施工营业额			多经营业额		
		计划	完成	%	计划	完成	%	计划	完成	%
	集团总计	535000	602093.7	112.5	415000	495134.7	119.3	120000	136959.0	114.1
一	集团公司合计	307500	388942.5	126.5	260000	330780.0	127.2	47500	58162.5	122.4
1	第一工程处	55500	94424.0	170.1	43000	80006.0	186.1	12500	14418.0	115.3
2	北京分公司	30500	29886.6	98.0	27000	25587.6	94.8	3500	4299.0	122.8
3	杭州分公司	5000	7291.3	145.8	5000	7291.3	145.8			
4	物资供应中心	27000	31461.0	116.5				27000	31461.0	116.5
5	科研所	2000	2200.0	110.0				2000	2200.0	110.0
6	物业管理中心	300	429.5	143.2				300	429.5	143.2
7	生活服务中心	300	440.0	146.7				300	440.0	146.7
8	专用设备中心	300	2757.0	919.0				300	2757.0	919.0
9	建材有限公司	500	840.0	168.0				500	840.0	168.0
10	上海物业公司	100	105.0	105.0				100	105.0	105.0
11	中心医院	400	450.0	112.5				400	450.0	112.5

续表 12－2

顺号	单位名称	合计			施工营业额			多经营业额		
		计划	完成	%	计划	完成	%	计划	完成	%
12	职工大学	250	386.0	154.4				250	386.0	154.4
13	中小学校	200	194.0	97.0				200	194.0	97.0
14	广州办事处	150	150.0	100.0				150	150.0	100.0
15	成都办事处		33.0						33.0	
二	各子公司合计	412500	452328.9	109.7	340000	373532.4	109.9	72500	78796.5	108.7
1	股份有限公司	139000	149839.8	107.8	120000	126826.8	105.7	19000	23013.0	121.1
2	二处有限公司	102000	143484.9	140.7	80000	119332.4	149.2	22000	24152.5	109.8
3	三处有限公司	111400	114886.2	103.1	95000	97940.2	103.1	16400	16946.0	103.3
4	四处有限公司	47200	32875.2	69.7	40000	27590.2	69.0	7200	5285.0	73.4
5	其他(京隧建)	5000	1842.8	36.9	5000	1842.8	36.9			
6	勘测设计院	4000	4500.0	112.5				4000	4500.0	112.5
7	汤姆洛克公司	400.0	400.0	100.0				400.0	400.0	100.0
8	强力机械公司	3500.0	4500.0	128.6				3500.0	4500.0	128.6

注:集团完成营业额为,施工:A 类 137453.3 万元 + B 类 200408.2 万元 + Z 类 157273.2 万元 = 495134.7 万元;多经:136959 万元;合计:632093.7 万元。实际按 602094 万元计算企业营业额,多经只计 106959 万元。

(谢辉)

表 12－3

2004 年营业额完成情况表(二)

顺号	指标名称	计量单位	计划	完成	%
一	企业营业额	万元	535000	602094	112.5
	其中 1:施工营业额	万元	415000	495135	119.3
	多经营业额	万元	120000	106959	89.1
	其中 2:铁路工程	万元	36652	46269	126.2
	公路工程	万元	197950	228246	115.3
	市政项目	万元	153737	179696	116.9
	水工项目	万元	11773	7305	62.0
	房建项目	万元	5613	16164	288.0
	其他项目	万元	3492	17455	499.9
	其中 3:A 类项目	万元	124763	137454	110.2
	B 类项目	万元	167636	200408	119.5
	Z 类项目	万元	116718	157273	134.7
二	主要实物量				
1	土石方	万立方米	2443	1170	47.9
2	桥梁	折合米	10878	13252	121.8
3	涵洞	横延米	3964	4213	106.3
4	隧道	折合米	59712	59698	100.0
	其中:铁路隧道	折合米		1461	
	公路隧道	折合米		31917	
	城市轨道及地铁	折合米		10659	
5	房屋	平方米	23518	115589	491.5

(谢辉)

表 12－4

2004 年管理人员基本情况统计表

		总数	其中：女	其中：管理人员	其中：领导班子	其中：聘用人员	其中：少数民族	文化程度：博士生毕业	文化程度：硕士生毕业	文化程度：大学本科	文化程度：大学专科	文化程度：中专毕业	文化程度：高中	文化程度：初中及以下	政治面貌：中共党员	政治面貌：共青团员	政治面貌：民主党派	政治面貌：无党派	年龄结构：25岁及以下	年龄结构：26岁至30岁	年龄结构：31岁至35岁	年龄结构：36岁至40岁	年龄结构：41岁至45岁	年龄结构：45岁至50岁	年龄结构：51岁至55岁	年龄结构：56岁至59岁	年龄结构：60岁及以上
总计		6096	1450	5379	106	1546	93	2	21	1693	1747	1565	537	531	2566	1736	2	1792	1019	1524	1157	970	599	436	182	208	1
党群工作人员	小计	275	42	0	18	77	3	0	1	59	123	28	33	31	257	4	1	13	9	19	33	53	56	42	26	37	0
	党委	181	22	0	11	49	2	0	1	39	85	19	20	17	171	2	0	8	7	11	21	36	39	30	12	25	0
	纪委	18	1	0	3	2		0	0	4	9	1	1	3	18	0	0	0	0	0	1	1	5	2	4	5	0
	工会	67	16	0	4	24	1	0	0	13	24	7	12	11	61	0	1	5	1	3	9	15	12	10	10	7	0
	共青团	9	3	0	0	2	0	0	0	3	5	1	0	0	7	2	0	0	1	5	2	1	0	0	0	0	0
合计		5158	1246	4887	106	1071	81	2	21	1528	1652	1477	267	211	2162	1567	2	1427	831	1435	1001	805	467	321	141	156	1
技术职务级别	正高级	22	0	22	10	0	0	1	6	15	0	0	0	0	19	0	0	3	0	0	0	5	13	1	0	2	1
	副高级	328	49	306	46	16	3	0	11	287	27	3	0	0	227	0	1	100	0	0	39	144	69	37	23	16	0
	中级	1113	253	1003	36	115	18	1	3	419	498	151	10	31	647	124	1	341	1	168	350	221	138	128	55	52	0
	助理级	2430	535	2339	12	432	54	0	1	755	766	721	96	91	893	997	0	540	428	1008	353	259	179	101	43	59	0
	员级	1178	388	1130	0	485	6	0	0	9	347	597	147	78	352	426	0	400	359	254	251	162	62	50	17	23	0
	未聘任职务	87	21	87	2	23	0	0	0	43	14	5	14	11	24	20	0	43	43	5	8	14	6	4	3	4	0
1.工程人员	小计	3133	408	3114	70	479	57	2	18	1198	890	971	23	31	1172	1209	1	751	620	1053	634	456	200	95	42	32	1
	土建类	1735	215	1735	40	267	35	2	11	677	493	539	5	8	586	745	0	404	418	629	333	232	68	26	19	9	1
	机械类	443	67	443	5	66	8	0	3	172	106	159	1	2	168	154	0	121	62	132	99	77	42	21	6	4	0
	电子类	38	12	38	0	6	0	0	0	12	16	9	0	1	10	12	0	16	9	7	2	13	5	1	0	1	0
	管理类	208	34	208	6	44	2	0	0	66	79	54	3	6	108	41	1	58	22	50	56	38	21	16	3	2	0
2.卫生人员		357	214	356	0	108	2	0	0	32	117	121	36	51	100	60	0	197	17	46	85	44	53	57	28	27	0
3.教育人员		168	107	164	3	34	4	0	2	43	71	26	14	12	70	18	0	80	15	13	22	51	32	17	10	8	0
4.经济人员		421	128	404	11	114	6	0	0	51	164	130	48	28	220	94	0	107	63	100	74	57	45	39	19	24	0
5.会计人员		602	283	595	6	172	9	0	0	111	221	173	71	26	189	165	0	248	98	168	117	100	55	40	9	15	0
6.统计人员		27	17	27	0	8	1	0	0	1	6	12	4	4	7	5	0	15	1	4	7	2	2	5	3	3	0
7.翻译人员		22	8	22	0	0	0	0	0	14	8	0	0	0	10	8	0	4	3	11	1	2	4	1	0	0	0
8.图书档案人员		17	17	17	0	5	0	0	0	3	8	2	2	2	11	0	0	6	0	0	0	4	6	7	0	0	0
9.新闻出版人员		7	0	3	0	2	0	0	0	5	0	1	0	1	5	2	0	0	2	1	0	1	1	0	1	1	0
10.体育人员		0	0	0	0	0	0	0	0	0	0	0	0	0	0	0	0	0	0	0	0	0	0	0	0	0	0
11.政工人员		402	63	183	16	147	2	0	1	69	167	41	68	56	377	6	1	18	11	39	61	87	69	29	46	0	
12.其他人员		2	1	2	0	2	0	0	0	1	0	0	1	0	1	0	0	1	1	0	0	1	0	0	0	0	0
当年增加人员		616	94	571	4	62	12	1	1	408	103	70	18	15	120	377	0	119	466	78	48	16	5	1	2	0	0

表 12－5

2004 年员工工资总额构成情况表

	合计	股份有限公司	二处有限公司	三处有限公司	四处有限公司	强力机械公司	设计院	京隧建公司	第一工程处	北京分公司	杭州分公司	科研所	物资供应中心	专用设备中心	集团公司机关	其他单位
全部员工工资总额	316246295	51016749	68622809	59103745	17761865	2732006	16496131	253893	29537986	16841612	1803940	4763082	4425949	625578	15248615	27012335
1.在岗员工工资总额	295133765	49256384	65116120	52562864	14359898	2694406	16080996	253893	27593881	15725785	1803940	4689385	4082619	625578	13275681	20260496
1)岗位技能工资	102757773	14346944	21239216	22563921	8671611	1313411	3411862	80658	8620830	6046814	397958	1213638	2213097	173140	4074255	8390418
2)效益工资	20123332		5151545		976395	474639	1580855	55971	716940	790100	279967	449826	1291917	121180	2819125	5414872
3)各种奖金	86651445	15011398	19215159	15259466		329004	9706977	57914	9268892	3999896	726612	2085927	450900	221242	3566219	
4)加班加点工资	23490515	7488463	6339831	1877647	1189452	18987	3551		4376500	1674029	61294	183250			39949	237562
5)各种津补贴	62110700	12409579	13170369	12861830	3522440	558365	1377751	59350	4610719	3214946	338109	756744	126705	110016	2776133	6217644
政府及中青年科技津贴	22690	1440	2040	2040	720		360		1080	840		2760		60	8520	2830
施工津贴	13340372	4451328	2393194	2925648	935481	64253			1334360	687960	52035					496113
2.非在岗员工生活费	21112530	1760365	3506689	6540881	3401967	37600	415135	0	1944105	1115827	0	73697	343330	0	1972934	0
1)内部退养人员	12182137	1123519	2341512	4864858	334421	37600	383668		411231	543520		70220	337906		1733682	0
2)长期休假人员	937395	70556	199362	210600	154241		31467		35659	220846		1202			13462	0
3)长期学习人员	312381		84931	86400	87500				23986	24140			5424			0
4)内部下岗人员	7680617	566290	880884	1379023	2825805				1473229	327321		2275			225790	0

表 12－6

2004年机械现存状况表

顺号	机械名称	分布单位												机况分类				装备能量(KW)	原值(万元)	净值(万元)
		股份有限公司	二处有限公司	三处有限公司	四处有限公司	强力有限公司	第一工程处	北京分公司	杭州分公司	设备中心	物资中心	集团公司机关	其它	一	二	三	四			
														合计						
1	线路机械	1	1		1									3				35.00	67.05	57.68
														3台						
2	土石方机械	96	66	71	48		66	14	5	13				315	64	19	2	43501.60	58756.81	31911.66
		2	13	5						1				400台						
3	动力机械	170	185	138	42	3	95	30	2					315	350	20	4	44335.60	6070.14	3011.23
		5	6	7	1	5								689台						
4	起重机械	18	6	13	7	6	6	6						18	44	5		3549.10	3124.31	1809.58
		1		2	1	1								67台						
5	运输机械	174	122	137	56	5	46	32	11	18	3	73	6	118	563	30	1	60751.50	19583.47	6886.83
			18	4	5		2							712台						
6	混凝土机械	63	119	144	38		30	14	3	1				221	151	30	1	16241.30	6567.91	2546.00
		1	15	6	7		1			1				403台						
7	基础水工机械	4	28	26	12		16	10						34	62	11	2	5158.30	1635.63	1242.80
		2	1	8		1	1							109台						
8	木工机械					2								2		1		13.70	2.62	0.20
				1										3台						
9	维修机械	35	18	27	3	55	8	22						101	67	51		1358.10	977.40	372.85
		6	9	21	2		10	3						219台						
10	测量设备					12				2				12	2	2		103.00	245.33	14.07
			2											16台						
集团合计		561	545	516	207	83	267	128	21	34	3	73	6	1139	1303	169	10	175047.20	97030.67	47852.91
		17	64	54	16	7	14	3		2				2621台						

（秦玉萍）

表 12－7

2004 年技术动力装备情况表

单位名称	机械设备台数（台）	机械设备价值(万元)		总功率（kw）	职工人数(人)		技术装备率（万元/人）		动力装备率（KW/人）		年建安价值（万元）	装备生产率	设备新度系数
		原 值	净 值		全 员	生产工人	全 员	生产工人	全 员	生产工人			
集团合计	2621	97030.67	47852.91	175047.20	14541	8632	3.29	5.54	12.04	20.28	495134.70	1034.70%	49.32%
股份有限公司	578	26335.16	11178.26	45892.40	2467	2127	4.53	5.26	18.60	21.58	126826.80	1134.58%	42.45%
二处有限公司	609	12979.97	4816.73	37359.60	2779	1451	1.73	3.32	13.44	25.75	119332.40	2477.46%	37.11%
三有限公司处	570	9276.49	3484.05	30834.10	3759	2456	0.93	1.42	8.20	12.55	97940.20	2811.10%	37.56%
四处有限公司	223	4569.19	1533.71	15611.00	1442	979	1.06	1.57	10.83	15.95	27590.20	1798.92%	33.57%
第一工程处	281	5856.05	3215.66	20832.50	1432	748	2.25	4.30	14.55	27.85	8006.00	248.97%	54.91%
北京分公司	131	3295.45	1423.56	8215.8	733	404	1.94	3.52	11.2	20.3	25587.60	1797.44%	43.20%
杭州分公司	21	394.70	296.01	1868.00	43	0	5.36	0	43.89	0	7291.30	2463.19%	75.00%

（秦玉萍）

表 12－8

2004 年施工机械设备资产变动情况表

序号	单位	新增机械				报废机械				年初原值
		台数	价值（万元）	功率（KW）	所占资产比重	台数	价值（万元）	功率（KW）	所占资产比重	
1	股份有限公司	96	6318.59	9872.1	31.00%	29	381.52	1953	1.87%	20383.61
2	二处有限公司	90	1039.02	6293.4	8.53%	45	242.63	1010	1.99%	12183.57
3	三处有限公司	82	1275.11	6081.7	13.93%	81	1188.06	4568	12.98%	9156.27
4	四处有限公司	14	157.81	383	3.19%	18	238.94	1072	4.82%	4953.62
5	北京分公司	9	132.94	709.5	4.05%	14	148.89	1407	4.54%	3280.74
6	专用设备中心	5	12170.34	2097	64.70%	5	104.86	118	0.56%	18810.13
7	第一工程处	72	1660.60	4761.5	34.35%	29	624.20	2885	12.91%	4834.16
8	杭州分公司	11	248.30	1023	169.60%					146.4
9	其它	16	547.52	1744		8	214.5608	659		
	集团合计	395	23550.23	32965.2	30.54%	229	3144	13672	4.08%	77122.6

（秦玉萍）

表 12－9

2004 年在建工程物资供应方式统计汇总表

单位:万元

单位	工程类别	完成建安产值	物资消耗总额	物资消耗占产值比率(%)	物资供应方式									
					材料供应总额	占产值比率(%)	甲方供应		物资中心供		子公司供应		分公司自购	
							金额	占总额比率(%)	金额	占总额比率(%)	金额	占总额比率(%)	金额	占总额比率(%)
全集团	合计	407151.9	169238.4	41.6	173337.2	42.57	17162.618	9.90	56260.087	32.46	59130.38	34.11	40784.075	23.53
	A类	121102.4	58488.0	48.3	61655.6	50.91	2063.9265	3.35	44031.701	71.42	9661.47	15.67	5898.5326	9.57
	B类	189705.7	75784.1	39.9	75272.2	39.68	12017.788	15.97	9195.927	12.22	27898.02	37.06	26160.473	34.75
	Z类	96343.8	34966.2	36.3	36409.3	37.79	3080.9037	8.46	3032.4592	8.33	21570.89	59.25	8725.0699	23.96
一处	合计	73747.4	37617.8	51.0	37949.3	51.46	8445.615	22.25	5.99	0.02	11621.94	30.62	17875.788	47.10
	A类	90.0	27.0	30.0	27.0	30.00	0	0.00	5.99	22.19	0.00	0.00	21.01	77.81
	B类	73657.4	37590.8	51.0	37922.3	51.48	8445.615	22.27	0	0.00	11621.94	30.65	17854.778	47.08
	Z类													
二处	合计	94908.8	44756.5	47.2	45803.8	48.26	2193.58	4.79	20130.47	43.95	20337.11	44.40	3142.67	6.86
	A类	34866.9	22574.6	64.7	23453.7	67.27	0	0.00	2013.47	85.83	2458.32	10.48	864.88	3.69
	B类	32601.9	12067.5	37.0	11806.8	36.22	1180.33	10.00	0	0.00	9651.79	81.75	974.68	8.26
	Z类	27440.0	10114.4	36.9	10543.4	38.42	1013.25	9.61	0	0.00	8227.00	78.03	1303.11	12.36
三处	合计	66410.2	28763.6	43.3	30297.6	45.62	3310.5195	10.93	6746.358	22.27	15591.75	51.46	4648.94	15.34
	A类	27725.0	14015.7	50.6	14400.3	51.94	1105.0305	7.67	6699.771	46.53	4335.22	30.11	2260.277	15.70
	B类	5581.0	2569.3	46.0	2714.1	48.63	1389.393	51.19	46.587	1.72	404.24	14.89	873.838	32.20
	Z类	33104.2	12178.7	36.8	13183.2	39.82	816.096	6.19	0	0.00	10852.30	82.32	1514.825	11.49

续表 12－9

单位 \ 项目	工程类别	完成建安产值	物资消耗总额	物资消耗占产值比率（%）	材料供应总额	占产值比率（%）	物资供应方式							
							甲方供应		物资中心供		子公司供应		分公司自购	
							金额	占总额比率（%）	金额	占总额比率（%）	金额	占总额比率（%）	金额	占总额比率（%）
四处	合计	23673.4	9498.6	40.1	9511.0	40.18	1201.9477	12.64	1884.0368	19.81	2247.00	23.63	4178.0012	43.93
	A类	6837.2	2310.3	33.8	2251.8	32.93	0	0.00	1800.2477	79.95	247.63	11.00	203.90731	9.06
	B类													
	Z类	16836.2	7188.2	42.7	7259.2	43.12	1201.9477	16.56	83.789164	1.15	1999.37	27.54	3974.0939	54.75
股份公司	合计	111862.7	35303.3	31.6	36297.5	32.45	1020.75	2.81	22923.646	63.15	1422.56	3.92	10930.567	30.11
	A类	38645.2	12806.9	33.1	14474.9	37.46	953.52	6.59	10825.636	74.79	153.56	1.06	2542.2203	17.56
	B类	62564.7	17839.5	28.5	16942.7	27.08	67.23	0.40	9149.34	54.00	1269.00	7.49	6457.1767	38.11
	Z类	16848.3	4656.9	27.6	4879.8	28.96	0	0.00	2948.67	60.43	0.00	0.00	1931.17	39.57
北京分公司	合计	30353.9	13298.5	43.8	13477.9	44.40	990.206	7.35	4569.586	33.90	7910.01	58.69	8.109	0.06
	A类	12938.1	6753.5	52.2	7047.9	54.47	5.376	0.08	4569.586	64.84	2466.74	35.00	6.238	0.09
	B类	15300.7	5717.0	37.4	5886.3	38.47	935.22	15.89	0	0.00	4951.05	84.11	0	0.00
	Z类	2115.1	828.0	39.1	543.7	25.71	49.61	9.12	0	0.00	492.23	90.53	1.871	0.34

备注：产值仅为施工产值，未含劳务协作产值

表 12 – 10

2004 年度荣获部级、企业级工法项目一览表

序号	工法编号	工法名称	开发单位	级别	文号与日期
1	TLEJGF – 03 ~ 04 – 37	导洞施工防护隔离桩墙施工工法	北京指挥部、二处有限公司	部级	2004.8.4.建协[2004]16 号
2	TLEJGF – 03 ~ 04 – 43	1800T 大轴力桩基托换施工工法	三处有限公司	部级	2004.8.4.建协[2004]16 号
3	TLEJGF – 03 ~ 04 – 35	城市浅埋硬岩特大断面隧道施工工法	三处有限公司	部级	2004.8.4.建协[2004]16 号
4	TLEJGF – 03 ~ 04 – 36	软流塑地层浅埋暗挖隧道施工工法	勘测设计院	部级	2004.8.4.建协[2004]16 号
5	TLEJGF – 03 ~ 04 – 44	复合盾构施工系列工法	广州指挥部	部级	2004.8.4.建协[2004]16 号
6	TLEJGF – 03 ~ 04 – 42	地下裸岩水封式储气库修建工法	科研所	部级	2004.8.4.建协[2004]16 号
7	TLEJGF – 03 ~ 04 – 41	软弱围岩深大竖井机械化快速施工工法	股份有限公司	部级	2004.8.4.建协[2004]16 号
8	TLEJGF – 03 ~ 04 – 45	富水砂质粉土层超浅埋小净距市政隧道修建工法	科研所	部级	2004.8.4.建协[2004]16 号
9	TLEJGF – 03 ~ 04 – 40	高压富水深埋充填型岩溶隧道施工工法	渝怀指挥部	部级	2004.8.4.建协[2004]16 号
10	GZSJGF07 – 04 – 02	盾构法隧道硬岩段矿山法开挖管片衬砌施工工法	股份有限公司	企业级	2004.8.19. 隧总函[2004] 83 号
11	GZSJGF07 – 04 – 04	富水砂质粉土层明挖双联拱市政隧道修筑工法	科研所	企业级	2004.8.19. 隧总函[2004] 83 号
12	GZSJGF07 – 04 – 07	大跨黄土公路隧道施工工法	第一工程处	企业级	2004.8.19. 隧总函[2004] 83 号
13	GZSJGF07 – 04 – 08	高原严寒地区隧道冬期混凝土施工工法	第一工程处	企业级	2004.8.19. 隧总函[2004] 83 号
14	GZSJGF07 – 04 – 09	高压富水深埋充填型溶洞注浆施工工法	科研所	企业级	2004.8.19. 隧总函[2004] 83 号
15	GZSJGF07 – 04 – 10	饱和粉土不降水深基坑预应力锚索施工工法	勘测设计院	企业级	2004.8.19. 隧总函[2004] 83 号
16	GZSJGF07 – 04 – 11	富水流砂地层长管棚施工工法	勘测设计院	企业级	2004.8.19. 隧总函[2004] 83 号
17	GZSJGF07 – 04 – 13	咬合大管棚自动取土顶进施工工法	北京指挥部	企业级	2004.11.17. 隧总函[2004] 240 号
18	GZSJGF07 – 04 – 14	二重管钻机注浆地表建筑物纠偏工法	北京分公司	企业级	2004.11.17. 隧总函[2004] 240 号
19	GZSJGF07 – 04 – 15	水平定向钻 + 夯管锤施工大管棚工法	北京分公司	企业级	2004.11.17. 隧总函[2004] 240 号
20	GZSJGF07 – 04 – 16	地下工程膨润土防水卷材施工工法	北京分公司	企业级	2004.11.17. 隧总函[2004] 240 号
21	GZSJGF07 – 04 – 17	旋喷桩加固地层工法	北京分公司	企业级	2004.11.17. 隧总函[2004] 240 号

表 12 – 11

2004 年科研成果鉴定、评审、验收项目一览表

序号	成果名称	鉴评验单位	证书编号	级别
1	软硬不均地层及复杂环境隧道复合盾构的研究与掘进技术	河南省科技厅	豫科鉴字[2004]第 42 号	省级
2	高速公路高边坡压力分散型锚索设计施工技术	浙江省交通厅		省级
3	高压富水岩溶深埋特长隧道修建技术	河南省科技厅	豫科鉴委字[2004]第 753 号	省级
4	高寒高原软弱地质深竖井快速施工技术研究	河南省科技厅	豫科鉴委字[2004]第 752 号	省级
5	富水砂质粉土地层超浅埋小间距大跨城市隧道修建技术	河南省科技厅	豫科鉴字[2004]第 169 号	省级
6	隧道坍方原因预防对策研究	集团公司	隧科评[2004]第 01 号	企业级
7	粉土及粉细砂地层不降水条件下基坑预应力锚索施工技术研究	集团公司	隧科评[2004]第 02 号	企业级
8	盾构管片模具国产化研制	集团公司	隧科评[2004]第 03 号	企业级
9	小型盾构机的研究设计	集团公司	隧科评[2004] 第 04 号	企业级
10	高原高寒地区隧道施工技术	集团公司	隧科评[2004]第 05 号	企业级
11	隧道管片局部破损原因分析及防治	集团公司	隧科评[2004]第 06 号	企业级
12	软土地区地下水压力对地下工程的影响	集团公司	隧科评[2004] 第 07 号	企业级
13	盾构机在硬岩地层掘进技术研究及盾构空载通过矿山法隧道施工技术研究	集团公司	隧科评[2004]第 08 号	企业级
14	工程测量控制网数据处理软件编制开发报告	集团公司	隧科评[2004]第 09 号	企业级
15	中铁隧道集团网络信息平台研发(一期工程)[隧研合(2002) – 23 号]	集团公司	隧科验[2004] 第 01 号	企业级
16	盾尾密封油脂的研制与工艺研究[隧研合(2002) – 13 号]	集团公司	隧科验[2004] 第 02 号	企业级
17	局工程技术信息及成果管理系统的研究与应用	集团公司	隧科验[2004] 第 03 号	企业级
18	集团工程技术信息及成果管理系统的研究与应用(续研)隧研合[2002] – 29	集团公司	隧科验[2004] 第 03 号	企业级
19	混凝土外观质量提高与修整研究	集团公司	隧科验[2004] 第 04 号	企业级
20	《国外部分土木工程设计、施工规范(译编)》	集团公司	隧科验[2004] 第 05 号	企业级
21	GPS 定位技术在工程测量中的应用	集团公司	隧科验[2004] 第 06 号	企业级
22	手持液压钻替代风钻的研究与推广应用	集团公司	隧科鉴[2004] 第 01 号	企业级
23	城市景区公路大跨四车道隧道综合施工技术研究	集团公司	隧科鉴[2004] 第 02 号	企业级
24	25t 交直流变频牵引机车的研制	集团公司	隧科鉴[2004] 第 03 号	企业级
25	45t 直交流变频牵引机车的研制	集团公司	隧科鉴[2004] 第 04 号	企业级
26	南京地铁软弱、富水地层 EPB 模式盾构施工综合配套技术研究	集团公司	隧科鉴[2004] 第 05 号	企业级

中铁隧道集团
CHINA RAILWAY TUNNEL GROUP

附 录

编辑：董俊保

中铁隧道集团有限公司通讯录

中铁隧道集团有限公司总部

地址:河南省洛阳市西工区陵园东路 3 号
邮编:471009　区号:059(路电) 0379(市电)
总机:33141(路电) 62633141(市电)
传真:32040(路电) 62312419(市电)
http://www.ctg.ha.cn　E-mail:gsb@ctg.ha.cn

科学技术研究所 物资供应中心 物业管理中心 生活服务中心 中心医院 职工大学 中隧洛阳中小学校

地址:河南省洛阳市西工区陵园东路 3 号
邮编:471009　区号:0379(市电) 059(路电)

专用设备中心

地址:河南省洛阳市孟津县新庄
邮编:471121　区号:0379(市电) 059(路电)

第一工程处

地址:河南省新乡市人民路 51 号
邮编:453000　区号:0525(路电) 0373(市电)
总机:24560(路电) 2626791(市电)
值班:37177(路电)　传真:37178(路电)
E-mail: cb37100@vip.163.com

杭州分公司

地址:浙江省杭州市西湖区北商贸园 18 幢 113-117 号
邮编:310030　区号:0571
传真:56818304

片区指挥部通讯录

北京指挥部

地址:北京市朝阳区广渠门外大街 9 号院 3 号楼
邮编:100022　区号:010(市电)
值班:67766016　传真:87779180
E-mail:jingzhiban@sohu.com

南京指挥部

地址:江苏省南京市龙幡路湖景花园 6 栋 101 号
邮编:210037　区号:025(市电)
总机:85601192　传真:85601194
E—mail:ecec@vip.sina.com

广州指挥部

地址:广东省广州市农林下路 81-3 隧局大厦 7 楼
邮编:510080　区号:057(路电) 020(市电)
值班:26483(路电)　传真:87760004(市电)
E-mail:ctggz@163.com

西安指挥部

地址:陕西省西安市雁塔区青龙小区 G 组团 2 号楼中门 1 层
邮编:710054　区号:029
值班:82250639　传真:82244705
E-mail:dt702@163.com

成都指挥部

地址:四川省成都市金桥路 17 号
邮编:610031
区号:028(市电) 061(路电)
传真:87684135
E-mail:7684135@sohu.com

中原指挥部

地址:河南省郑州市陇海中路 5 号院 2 号楼
邮编:450052　区号 0371(市电) 051(路电)
传真:68882210(市电)

A 类项目部通讯录

渝怀铁路工程指挥部

地址:重庆市酉阳县钟多镇复兴街 6 号人武部将军楼
邮编:409800　区号:023
传真:75410004

赣龙铁路工程指挥部

地址:福建省长汀县东关大街61号
邮编:366300　区号:0597
传真:6881701

青藏铁路工程指挥部

地址:西藏自治区那曲县辽宁南路体育场对面
邮编:852000　区号:0896
传真:3820880　3822111

乌鞘岭隧道工程指挥部

地址:甘肃省古浪县黑松驿乡龙沟堡村
邮编:733109　区号:0935
传真:5935171　5935437

宜万铁路工程指挥部

地址:湖北省巴东县野山关镇名相路267号
邮编:444324　区号:0718
传真:4714867

大丽铁路项目经理部

地址:云南省大理市上关镇苏家登
邮编:671011　区号:0872
传真:2435604

洛湛铁路工程指挥部

地址:广西贺州市八达路凤凰巷9-10号
邮编:542800　区号:0774
传真:5101716
E-mail:pangyun@sohu.com

石太客运专线Z5标段项目经理部

地址:山西省阳泉市盂县牛村镇
邮编:045108　区号:0353
传真:8021171

合武铁路隧道项目经理部

地址:湖北省麻城市金桥大道金源大酒店六楼
邮编:438300　区号:0713
传真:2951230

武广客运专线SD2标项目经理部

地址:广东省乐昌市坪石镇群众路99号
邮编:512229　区号:0751
传真:5527188

武康线XYS-03标段项目经理部

地址:湖北省丹江口市浪河镇
邮编:442712　区号:0719
传真:5616205

温福铁路项目经理部

地址:福建省宁德市蕉城区天王路5号北山邮政培训中心一楼
邮编:352100　区号:0593
传真:2829494

襄渝二线项目经理部

地址:陕西省汉中市镇巴县巴山乡巴山公务指导区
邮编:723607　区号:0915(市电)0548(路电)
传真:2360973(市电)

南友高速公路项目经理部

地址:广西壮族自治区凭祥市北环路白云加油站北侧
邮编:532600　区号:0771

西汉高速公路项目经理部

地址:陕西省宁陕县江口镇邮政支局转
邮编:711602　区号:0915
传真:6948030

武汉长江隧道工程中隧集团联合体指挥部

地址:湖北省武汉市武昌友谊大道三层楼校区
邮编:430062　区号:027
传真:50852358

怀新高速公路11标段项目经理部

地址:湖南省芷江县土桥乡草鞋坳村
邮编:419106　区号:0745

321国道内江段改建工程总指挥部

地址:四川省内江市开发区西林大道719号
　　市总工会三楼
邮编:641003　区号:0832
办公室:2278151

上海轨道交通6号线15A标项目经理部

地址:上海市普陀区真南路209弄20号转
邮编:200333　区号:021
传真:58730425

上海轨道交通9号线R404标段项目经理部

地址:上海市松江区九亭镇沪松公路1467号
邮编:201615　区号:021
办公室:67639199

北京地铁五号线05标项目经理部

地址:北京市东城区崇文门路口东北角
邮编:100005　区号:010
办公室:65595057

北京地铁五号线06标项目经理部

地址:北京市东城区东单公园东南侧小门
邮编:100005　区号:010
办公室:65283354

北京地铁四号线07标项目经理部

地址:北京市宣武门宣西大街2号楼一门404室
邮编:100053　区号:010
办公室:63159377

北京地铁十号线20标项目经理部

地址:北京市朝阳区安外小关北里43号
　　市运招待所112房间
邮编:100029　区号:010
传真:64953239

广州地铁小新盾构项目经理部

地址:广州市番愚区新造镇
邮编511436　区号:020　总机:34721702

广州地铁五号线小北站项目经理部

地址:广州市东山区黄华路42号302房
邮编:510050　区号:020
办公室:83549785

天津地铁8标段项目经理部

地址:天津市和平区解放路邮电局12信箱
邮编:300040　区号:022
传真:27110906

南京地铁D2－TA1标项目经理部

地址:江苏省南京市江东南路向兴路地铁车站
邮编:210017　区号:025
传真:6456659－801

子公司通讯录

中铁隧道股份有限公司

地址:河南省新乡市人民路51号
邮编:453000　区号:0525(路电)0373(市电)
总机:24560(路电)2626791(市电)
值班:47777(路电)　传真:2647487(市电)
http://www.cnteg.com　E-mail:tz@cnteg.com

二处有限公司

地址:河北省三河市燕郊开发区
邮编:065201
总机:010-61592091　0316-3312000
传真:010-61592094
http://www.179.9.19.12.com
E-mail:chuban@crtg-2.com

三处有限公司

地址:广东省深圳市南山区建工村建厂路33号
邮编:518060　区号:0755(市电)057(路电)
http:www.crtg-3.com
E-mail:sanchu@crtg-3.com

四处有限公司

地址:广西区南宁市科园大道29号
邮编:530003　区号:0771
值班:3218885　传真:3219849
E-mail:zs4-bgs@sohu.com

京隧建有限公司

地址:北京市朝阳区广渠门外大街9号院
邮编:100022　区号:010
值班:67741135　传真:67741083
http://www.crtg-5.com
E-mail:s5cbgs@crtgjz.com

中铁隧道勘测设计院有限公司

地址:河南省洛阳市西工区道北陵园路4号
邮编:471009　区号:0379(市电)059(路电)
传真:62313632(市电)
http://www.CRTDI.com.cn
E-mail:CRTDI01@163.com

强力机械有限公司

地址:洛阳市孟津火车站
邮编:471121　区号:0379
传真:67851237　值班:67851677
E-mail:hqy0379@163.net

汤姆洛克(洛阳)机械有限公司

地址:河南省洛阳市孟津县新庄
邮编:471121　区号:0379(市电)
总机:7851380　值班:7851380
传真:7851381　E-mail:zhuyw@sina.com

新鸿路业发展有限公司

地址:四川省内江市开发区西林大道719号
内江市总工会三楼
邮编:641003　区号:0832
传真:2279622

上海中隧物业管理有限公司

地址:上海市普陀区真南路209弄20号
邮编:200333　区号:023
办公室:63635155